D1722496

Festschrift für Konrad Gelzer
zum 75. Geburtstag

Konrad Gilges

FESTSCHRIFT FÜR KONRAD GELZER

zum 75. Geburtstag

Herausgegeben von
Wolfgang Lenz

Werner-Verlag

Die Deutsche Bibliothek — CIP-Einheitsaufnahme

Festschrift für Konrad Gelzer zum 75. [fünfundsiebzigsten]
Geburtstag am 27. Oktober 1991 / hrsg. von
Werner Lenz. —
Düsseldorf: Werner, 1991
ISBN 3-8041-4083-1
NE: Lenz, Werner [Hrsg.]; Gelzer, Konrad:
Festschrift

ISB N 3-8041-4083-1

© Werner-Verlag GmbH · Düsseldorf · 1991
Printed in Germany
Zahlenangaben ohne Gewähr
Archiv-Nr.: 887 — 10.91
Bestell-Nr.: 04083

Konrad Gelzer

Er wurde am 27. Oktober 1916 in Jena geboren. Nach Besuch der Volksschule und des humanistischen Gymnasiums studierte er in Königsberg und Jena Rechtswissenschaft. Es folgten das erste Staatsexamen 1940 und die zweite Staatsprüfung 1944.

Gelzer war die letzten Kriegsmonate und die ersten Monate nach dem Krieg bei der Kreisverwaltung Iserlohn, später fünf Jahre bei der Kreisverwaltung in Altena tätig. Am 1. Januar 1952 begann er seine richterliche Laufbahn als Verwaltungsrichter beim Verwaltungsgericht in Arnsberg. Der 4. November 1970 war für ihn ein bedeutsamer Tag. Gelzer wurde zum Senatspräsidenten ernannt. Er war dann bis zum Oktober 1981 Vorsitzender des VII. Senates, der für Baurechts-, Immissionsschutzrechts- und Atomrechtsverfahren zuständig war.

Dem Baurecht im weitesten Sinne galt die Liebe Konrad Gelzers. Hier war er nicht nur als Richter tätig, sondern auch als Lehrer, als Honorarprofessor an der Universität Wuppertal und als Dozent in unzähligen Fortbildungsveranstaltungen.

Von besonderer Bedeutung ist das literarische Schaffen Konrad Gelzers. Im Mittelpunkt steht das Standardwerk zum Bauplanungsrecht, 1984 in 4. Auflage erschienen. Bedeutsam ist auch die von Gelzer herausgegebene Baurechtsammlung, ohne die im Baurecht nicht gearbeitet werden kann. So ist die Rechtsprechung zum Baurecht bis hin zu angrenzenden Bereichen, wie z. B. dem Enteignungs- und Entschädigungsrecht vollständig und stets zeitnah aufgearbeitet. Daneben ist Gelzer Mitherausgeber der Fachzeitschrift „baurecht", sowie Verfasser zahlreicher Veröffentlichungen zum Bau- und Bodenrecht.

Wer Konrad Gelzer als Richter, insbesondere im Vorsitz des Bausenats, häufig erleben durfte, der weiß seine Menschlichkeit und sein feines Gespür für Recht oder Unrecht zu schätzen. Er konnte auch verwegenen Gedanken gegenüber aufgeschlossen sein. Die Entscheidungen wurden nicht diktiert, sondern er versuchte sie auch dem Unterlegenen verständlich zu machen.

In seiner Arbeit ist Konrad Gelzer bis heute nicht erlahmt. Mögen ihm noch viele Jahre in Schaffenskraft vergönnt sein und mögen die im Baurecht Tätigen daraus Früchte ziehen.

Der Herausgeber

Inhaltsverzeichnis

Bauplanungsrecht

Bauordnungsrecht

Haftungsrecht

Verfahrensrecht

Ziviles Baurecht

Abkürzungsverzeichnis

A

a. A.	anderer Ansicht
a. a. O.	am angegebenen Ort
Abl. EG = AEG	Amtsblatt der Europäischen Gemeinschaften
AbfG	Abfallbeseitigungsgesetz
Abs.	Absatz
Abschn.	Abschnitt
a. F.	alte Fassung
AGB	Allgemeine Geschäftsbedingungen
AGBG	Gesetz über die allgemeinen Geschäftsbedingungen
AgrarR	Zeitschrift für das Recht der Landwirtschaft, der Agrarmärkte und des ländlichen Raumes
Allg.	Allgemein
AllgVwV	Allgemeine Verwaltungsvorschrift
ALR	Allgemeines Landrecht für die Preußischen Staaten
a. M.	anderer Meinung
Amtl. Samml.	AS – Amtliche Sammlung
Anh.	Anhang
Anm.	Anmerkung
AnwBl.	Anwaltsblatt
ARGEBAU	Arbeitsgemeinschaft der für das Bau-, Wohnungs- und Siedlungswesen zuständigen Minister der Länder
Art.	Artikel
ASOG Bln	Allgemeines Gesetz zum Schutz der Sicherheit und Ordnung des Landes Berlin
AtG	Atomgesetz
ATV Gerüst-arbeiten	Allgemeine Tarifvereinbarungen über Gerüstarbeiten
Aufl.	Auflage

B

B	Beschluß
B-Plan	Bebauungsplan
BAK	Bundesaufsicht für Kreditwesen
BAnz	Bundesanzeiger
BauGB	Baugesetzbuch
BauGBMaßnG	Maßnahmengesetz zum Baugesetzbuch

BauNVO	Baunutzungsverordnung
BauO	Bauordnung
BauR	Baurecht
BauZVO	Bauplanungs- und Zulassungsverordnung (Verordnung zur Sicherung einer geordneten städtebaulichen Entwicklung und der Investitionen in den Gemeinden der ehemaligen DDR)
BaWü = BW	Baden-Württemberg
Bay. = Bayer	Bayerisch, Bayerischer
BayRS	Bayerische Rechtssammlung
BayVGH	Bayerischer Verwaltungsgerichtshof
BB	Betriebsberater
BBahnG	Bundesbahngesetz
BBauBL	Bundesbaublatt
BBauG	Bundesbaugesetz (bis 1986)
Bd.	Band
Beil.	Beilage
BergG = BBergG	Bundesberggesetz
bergrechtl.	bergrechtlich
Berl. Komm.	Berliner Kommentar zum Baugesetzbuch
bes.	besonders
Beschl.	Beschluß
Betr.	Der Betrieb
Betr. Beil.	Beilage zu Der Betrieb
betr.	betreff
BFH	Bundesfinanzhof
BGB	Bürgerliches Gesetzbuch
BGBl.	Bundesgesetzblatt
BGE	Entscheidungen des Bundesgerichtshofes der Schweiz
BGH	Bundesgerichtshof
BGHR	Rechtsprechung des Bundesgerichtshofes
BGHZ	Entscheidungen des Bundesgerichtshofes in Zivilsachen
BHO	Bundeshaushaltsordnung
BImSchG	Bundesimmissionsschutzgesetz
BM	Bundesminister
BNatSchG	Bundesnaturschutzgesetz
BR	Bundesrat
Bra	Brandenburg
BReg.	Bundesregierung
BRD	Bundesrepublik Deutschland
BRS	Baurechtssammlung
BT	Bundestag
BV	Bayerische Verfassung
BVerfG	Bundesverfassungsgericht
BVerfGE	Entscheidungen des Bundesverfassungsgerichts
BVerwG	Bundesverwaltungsgericht
BVerwGE	Entscheidungen des Bundesverwaltungsgerichts
BVG	Gesetz über die Versorgung der Opfer des Krieges
BWVPr	Baden-Württembergische Verwaltungspraxis

bzw.	beziehungsweise

C

ca.	cirka
cbm	Kubikmeter

D

d	der, die, das
dB (A)	Dezibel
DB	Deutsche Bundesbahn
DDR	Deutsche Demokratische Republik
DenkmalschutzG	Denkmalschutzgesetz
ders.	derselbe
DerWEer	Der Wohnungseigentümer
d. h.	das heißt
DIN	Deutsches Institut für Normung e.V., Deutsche Industrie Norm
Diss.	Dissertation
DM	Deutsche Mark
DÖV	Die Öffentliche Verwaltung
DRiZ	Deutsche Richter Zeitung
Drucks. = Ds.	Drucksache
DStR	Deutsches Steuerrecht (Deutsche Steuerrundschau)
DTZ	Deutsch-Deutsche Rechtszeitschrift
DVBl.	Deutsches Verwaltungsblatt
DVH	Deutsches Volksheimstättenwerk
DWW	Zeitschrift für deutsche Wohnungswirtschaft

E

E	Entscheidung
ebd.	ebenda
EBE	Eildienst bundesgerichtlicher Entscheidungen
EG	Erdgeschoß
EG	Europäische Gemeinschaften
Einl.	Einleitung
EPlaR	Bonath, Entscheidungen zum Planungsrecht
Erl.	Erläuterungen
ES	Entscheidungssammlung
ESVGH	Entscheidungssammlung des Hessischen und des Württembergisch-Badischen Verwaltungsgerichtshof
EWiR	Entscheidungssammlung zum Wirtschaftsrecht
evtl.	eventuell

F

f.	folgende
ff.	fortfolgende
Fa.	Firma
FNL	Fünf Neue Bundesländer
FN Plan = F-Plan	Flächennutzungsplan

| FStrG | Fernstraßengesetz |
| Fußn. = FN | Fußnote |

G

GBl.	Gesetzblatt
GE	Gewerbegebiet
gem.	gemäß
GeWArch.	Gewerbearchiv
GewO	Gewerbeordnung
GG	Grundgesetz
ggf.	gegebenenfalls
GKG	Gerichtskostengesetz
GMBl.	Gemeinsames Ministerialblatt
Grundstücks-verkehrsVO	Grundstücksverkehrsverordnung
GVBl.	Gesetzes- und Verordnungsblatt des Landes Berlin
GVNW	Gesetzes- und Verordnungsblatt des Landes Nordrhein-Westfalen
GWB	Gesetz gegen Wettbewerbsbeschränkungen

H

Halbs.	Halbsatz
Hmb = Hbg	Hamburg
HbgDSchG	Hamburger Deichschutzgesetz
HeimG	Heimgesetz
HGrG	Haushaltsgrundsätzegesetz
HmbWoBauErlG	Hamburgisches Gesetz zur Erleichterung des Wohnungsbaus
HBO	Hessische Bauordnung
Hess.	Hessen
Hrsg.	Herausgeber
HSGZ	Hessische Gerichtszeitung

I

IBR	Immobilien- und Baurecht
ID	Informationsdienst
i. Erg.	im Ergebnis
insbes.	insbesondere
i. S. d.	im Sinne des
i. V.m.	in Verbindung mit

J

JA	Juristische Arbeitsblätter
JBl.	Juristische Blätter
JR	Juristische Rundschau
JurBüro	Das Juristische Büro
JuS	Juristische Schulung
JW	Juristische Wochenschrift
JZ	Juristenzeitung

K

Kap	Kapitel
Komm.	Kommentar
KostRsp	Kostenrechtsprechung
KTBL Arbeitsblatt	Arbeitsblatt des Kuratoriums für Technik und Bauwesen in der Landwirtschaft
KWG	Kreditwesengesetz

L

LAI Hinweise	Hinweise des Länderausschusses für Immissionsschutz
LandschaftsG	Landschaftsgesetz
LBO	Landesbauordnung
LG	Landgericht
LM	Lindenmeyer-Möhring, Nachschlagewerk des Bundesgerichtshofes
LPlG	Landesplanungsgesetz
Lsbl.	Loseblatt
LT	Landtag
LuftVG	Luftverkehrsgesetz
LVNW	Landesverfassung Nordrhein-Westfalen

M

m.	mit
MaBV	Makler- und Bauträgerverordnung
m. a. W.	mit anderen Worten
MBl.	Ministerialblätter
MBO	Musterbauordnung
MDR	Monatsschrift für Deutsches Recht
m. E.	meines Erachtens
MeVo	Mecklenburg-Vorpommern
MI	Mischgebiet
MittRhNotK	Mitteilungen der Rheinischen Notarkammer
MittNWStGB	Mitteilungen des Nordrhein-Westfälischen Städte- und Gemeindebundes
Münch. Komm.	Münchener Kommentar zum Bürgerlichen Gesetzbuch
m. w. N.	mit weiteren Nennungen

N

NBauO	Die Neue Bauordnung
Nds = NS	Niedersachsen, Niedersächsisch
n. F.	neue Fassung
NJ	Neue Justiz (DDR)
NJW	Neue Juristische Wochenschrift
Nr.	Nummer
Nrn	Nummern
N & R = NuR	Natur und Recht
NVwZ	Neue Zeitschrift für Verwaltungsrecht
NW = NRW	Nordrhein-Westfalen

O

o. ä.	oder ähnlich

OBG	Ordnungsbehördengesetz
o. g.	oben genannt
OGHSZ	Entscheidungen des österreichischen Obersten Gerichtshofes in Zivil- und Justizverwaltungssachen
ÖPNV	öffentlicher Personennahverkehr
OVG	Oberverwaltungsgericht

P

PBefG	Personenbeförderungsgesetz
Prot.	Protokolle
PuR	Planungs- und Umweltrecht

Q

qm	Quadratmeter

R

RA	Rechtsanwalt
RBG	Rechtsberatungsgesetz
Rdnr = RN = Rn = Rnr = Rdn	Randnummer
RG	Reichsgericht
RGBl.	Reichsgesetzblatt
RGRK	Kommentar zum Bürgerlichen Gesetzbuch unter besonderer Berücksichtigung der Rechtsprechung des Reichsgerichts und des Bundesgerichtshofes
RIW/AWD	Recht der internationalen Wirtschaft
RKWG	Reichskreditwesengesetz
RP = RhPf	Rheinland-Pfalz
RPfl.	Der Deutsche Rechtspfleger
ROG	Raumordnungsgesetz
RR	Rechtsprechungsreport
Rspr	Rechtsprechung

S

s.	siehe
S.	Seite
Sa	Sachsen
SaAnh	Sachsen-Anhalt
Saarl	Saarland
SchlH	Schleswig-Holstein
S/F/H	Schäfer/Finnern/Hochstein, Rechtsprechung zum privaten Baurecht, Loseblattsammlung
sog.	sogenannt
st.	ständig, ständige
StHG	Staatshaftungsgesetz der ehemaligen DDR
StVG	Straßenverkehrsgesetz

T

TA Lärm	Technische Anleitung zum Schutz gegen Lärm
Thü	Thüringen

U

u. a.	unter anderem
UPR	Umwelt und Planungsrecht
Urt. = U	Urteil
usw.	und so weiter
u. U.	unter Umständen
UVP	Umweltverträglichkeitsprüfung

V

v.	vom
VA	Verwaltungsakt
VAG	Versicherungsaufsichtsgesetz
VBl	Verwaltungsblätter
VDI	Verein Deutscher Ingenieure
VerfGH	Verfassungsgerichtshof
VersR	Versicherungsrecht
VerwArch.	Verwaltungsarchiv
VG	Verwaltungsgericht
VGH	Verwaltungsgerichtshof
vgl.	vergleiche
VO	Verordnung
VOB	Verdingungsordnung für Bauleistungen, Teile A und B
VRspr	Verwaltungsrechtsprechung
VV	Verwaltungsvorschrift
VwGO	Verwaltungsgerichtsordnung
VwVfG	Verwaltungsverfahrensgesetz

W

WA	Allgemeines Wohngebiet
WaStrG	Wasserstraßengesetz
WEG	Wohnungseigentum, Wohnungseigentumsgesetz
WertV	Wertermittlungsverordnung
WHG	Wasserhaushaltsgesetz
WiVerw	Wirtschaft und Verwaltung
WM	Wertpapiermitteilungen
WRV	Weimarer Reichsverfassung
WUM = WoM	Wohnungswirtschaft- und Mietrecht
WUR	Wirtschaft und Recht
WV	Wirtschaft und Verwaltung

Z

z	zum zur
ZAP	Zeitschrift für Anwaltspraxis
z. B.	zum Beispiel

ZfBR	Zeitschrift für Deutsches und Internationales Baurecht
ZGesVersW	Zeitschrift für das Gesamte Versicherungswesen
Ziff.	Ziffer
ZIP	Zeitschrift für Wirtschaftsrecht und Insolvenzpraxis
ZMR	Zeitschrift für Miet- und Raumrecht
ZRP	Zeitschrift für Rechtspolitik
z. Zt.	zur Zeit

HANS-JÖRG BIRK

Die Schnittstelle zwischen kommunaler Planungshoheit und Fachplanungshoheit — dargestellt an der Frage der Geltung des Bauplanungsrechts auf Bundesbahnflächen

I. Probleme in der kommunalen Praxis

Die Deutsche Bundesbahn (DB) gibt — seit geraumer Zeit — viele ihrer Bahnstrecken auf; das ist ein zwischenzeitlich kaum mehr ungewöhnlicher Vorgang. Die Flächen werden „vermarktet"; oftmals haben die jeweiligen Städte und Gemeinden diese Flächen übernommen und dann einer baulichen oder sonstigen Nutzung, sei es mit oder ohne Bebauungsplan, zugeführt; ein Vorgang ohne Dramatik — keinen Festschriftbeitrag wert!

Neu ist seit einigen Jahren, daß die DB ihre Einrichtungen flächenmäßig „abspeckt", also Teile der vor über 100 Jahren erworbenen Flächen veräußert oder einer langfristigen bahnfremden Nutzung (Verkauf, Erbpacht oder Miete) zuführt, gleichzeitig aber auf den Restflächen den (in manchen Fällen eingeschränkten und stark rationalisierten) Bahnbetrieb fortsetzt. Dabei ist zu beobachten — ich meine, durchaus verstärkt — daß die DB versucht — vorbei an den Städten und Gemeinden —, eine höchstmögliche Rendite dadurch zu erreichen, daß diese für den eigentlichen Bahnbetrieb nicht mehr benötigten Teilflächen einer besonders intensiven oder sonst gewinnbringenden Nutzung zugeführt werden. Konflikte mit städtebaulichen Zielvorstellungen der Kommunen bleiben dabei verständlicherweise nicht aus. In der Praxis sind drei Formen dieser Verwertung von Bundesbahnflächen besonders häufig:

– Eine nicht mehr benötigte Fläche wird — ggf. unter Abbruch bestehender, ehemals für Bahnzwecke genutzter Gebäude — verkauft, in Erbpacht weitergegeben oder verpachtet, damit darauf ein Dritter eine neue bauliche Anlage errichtet (Einzelhandelsbetrieb, Altöllager). Der Dritte errichtet auf eigene Kosten das neue, von ihm benötigte Gebäude.

– Bestehende, bisher für den Bahnbetrieb genutzte Gebäude oder Flächen werden zu bahnfremden Nutzungen vermietet oder verpachtet (Gartenmarkt in einer bestehenden Güterbahnhofhalle, Schrottplatz auf bisherigen Freiflächen). Baumaßnahmen finden vor der Aufnahme der neuen Nutzung nur in untergeordnetem Umfang statt.

– Schließlich macht die Deutsche Bundesbahn Teilflächen für bahnfremde Nutzungen in Gebäuden frei, die ansonsten weiter für Bahnzwecke genutzt werden sollen (Drogeriemarkt oder Spielhalle im Bahnhofsgebäude). Der bahnfremde Nutzer oder die DB führt evtl. notwendige Umbauarbeiten durch.

Soweit diese Umnutzungen mit Zustimmung oder in Absprache mit der jeweiligen Kommune stattfinden, tauchen städtebauliche Abstimmungsprobleme nicht auf; die Frage der notwendigen Baugenehmigung soll an anderer Stelle behandelt werden.[1] Der vorliegende Beitrag will sich mit der — gar nicht so selten auftauchenden — Situation beschäftigen, wie die planungsrechtlichen Reaktionsmöglichkeiten einer Kommune aussehen, wenn die

---

1) Vgl. unten III 4.

DB solche Umnutzungen ohne Abstimmung mit der jeweiligen Gemeinde oder Stadt und ohne Baugenehmigung zu realisieren versucht.

II. Das „Konkurrenzverhältnis" von privilegierter Fachplanung und kommunaler Bauleitplanung

Die kommunale Bauleitplanung und die Fachplanung stehen deshalb in einem Konkurrenzverhältnis, weil beide bodenbezogene Planungsinstrumentarien sind und schon aus diesem Grund mehrere Planungen ein und dieselbe Fläche betreffen können. Das löst die Frage aus, in welchem Verhältnis solche identische Flächen betreffende Planungen zueinander stehen.

1. Lösungsmethoden dieses Konkurrenzverhältnisses

Unser Rechtssystem kennt drei Methoden zur Lösung dieses aufgezeigten Konkurrenzverhältnisses zwischen der kommunalen Bauleitplanung und anderen rechtswirksamen Planungen:

- Bei der *nichtprivilegierten Fachplanung*[2] bleibt der Vorrang der kommunalen Bauleitplanung bestehen. Sie ist also wie ein normales Bauvorhaben zu beurteilen und zu behandeln.[3] Die Gemeinde kann also umgekehrt über einen Bebauungsplan die Zulässigkeit einer solchen Anlage mitbestimmen.
- Die *privilegierte Fachplanung* zeichnet sich dadurch aus, daß sie der kommunalen Bauleitplanung vorgeht, von dieser also „freigestellt" ist.[4]
  Die Gemeinde hat in diesen Verfahren keine Steuerungsmöglichkeiten durch die Bauleitplanung. Ihre städtebaulichen Belange gehören − nicht bevorzugt − aber zum Abwägungsmaterial im jeweiligen Planfeststellungsverfahren.[5] § 38 BauGB nennt die Fälle der privilegierten Fachplanung; dazu gehört auch das bahnrechtliche Planfeststellungsverfahren.[6]
- Bei der *Parallelplanung*[7] fehlt es − auf den ersten Blick − an jeder gegenseitigen Abhängigkeit. Die Bauleitplanung und die Parallelplanung (z. B. Wasserschutzgebiet nach § 19 WHG) stehen nebeneinander und schließen sich gegenseitig nicht aus.[8] Erst im Rahmen der konkret zulässigen baulichen Nutzung setzt sich ggf. das Wasserrecht über § 29 BauGB durch, da das einzelne Bauvorhaben nicht nur den bauplanungsrechtlichen Vorschriften, sondern auch den „sonstigen Rechtsvorschriften" entsprechen muß, um genehmigungsfähig zu sein.[9]

---

2) Zum Beispiel Vorhaben nach dem Energiewirtschaftsgesetz, Verteidigungsvorhaben, bergrechtl. Betriebspläne u. ä.
3) *Kühling*, Fachplanungsrecht, 1988, Rdn. 111.
4) *Kühling*, a. a. O., Rdn. 102; *Erbguth*, Auswirkungen des Planfeststellungsverfahrens auf die Bauleitplanung, NVwZ 89, 608 ff.; *Gaentzsch*, Bauleitplanung, Fachplanung, Landesplanung, WiVerw 85, 235 ff., 241; *Paetow*, Zum Verhältnis von Fachplanung und Bauleitplanung, UPR 90, 321 ff.
5) BVerwG, Urt. v. 4. 5. 1988, 4 C 22.87, DVBl. 88, 835; *Gaentzsch*, a. a. O., 242; *Battis/Krautzberger/Löhr*, BauGB, 3. Aufl. 1991, § 38 Rdn. 14.
6) Vgl. § 36 BBahnG v. 13. 12. 1951 mit zahlreichen Änderungen, zuletzt vom 28. 6. 1990, BGBl. I S. 1221.
7) Der Begriff ist nicht allgemein üblich; er soll vom Blickwinkel der Gemeinde aus kennzeichnen, daß die Bauleitplanung aus sich heraus weder vor- noch nachrangig ist.
8) Vgl. *Schmidt-Aßmann*, DÖV 86, 985 ff.; *Peters*, UPR 88, 325 ff.; *Gieseke/Wiedemann/Czychowski*, Komm. z. WHG, 5. Aufl. 1989, § 19 Rdn. 57 m. w. N.
9) Vgl. vorstehende Fußnote.

2. Unterschiede zwischen der kommunalen Bauleitplanung und der privilegierten Fachplanung nach Inhalt und Umfang

Uns interessiert die privilegierte Fachplanung und ihr Verhältnis zur Bauleitplanung. Dazu sind Inhalt und Umfang beider Planungsarten zu definieren und gegeneinander abzugrenzen.

Die kommunale Bauleitplanung ist als Ausfluß der kommunalen Planungshoheit räumlich umfassend in dem Sinne, daß die Gemeinde unter Beachtung der gesetzlichen Vorschriften grundsätzlich das gesamte Gemeindegebiet beplanen kann. Die kommunale Planungshoheit umfaßt dabei nicht nur die Auswahl der Festsetzungen in Bebauungsplänen unter steter Einbeziehung der Erforderlichkeit des § 1 Abs. 3 BauGB, sonden auch die Entscheidung − vorrangig im Flächennutzungsplan −, welche Flächen von einer baulichen Nutzung freigehalten werden sollen.[10] Daneben eröffnet die Bauleitplanung, wiederum im Rahmen der gesetzlichen Bestimmungen, auch eine sachliche Allzuständigkeit der Gemeinden hinsichtlich der raumbedeutsamen Planungen im Gemeindegebiet. Grenzen sind hier durch die städtebauliche Erforderlichkeit und Aufgabenstellungen, §§ 1 Abs. 3 und 5 sowie durch die Ausweisungs- und Festsetzungsmöglichkeiten der §§ 5 und 9 BauGB gezogen. Im Rahmen dieser Grenzziehung ist die Gemeinde im wesentlichen frei, wo, wie und wann sie die als erforderlich erachteten Aufgaben zu erfüllen trachtet.

Dieser raum- und aufgabenbezogenen Allzuständigkeit der Gemeinde steht eine, sehr streng definierte, konkrete Raum- und Aufgabenbezogenheit der privilegierten Fachplanung gegenüber: Das jeweilige (Fachplanungs-)Gesetz definiert die Aufgabenstellung im einzelnen und bestimmt damit gleichzeitig den räumlichen Bedarf.[11] Die Grundsätze der Planrechtfertigung, des Abwägungsgebotes und des geringsten Eingriffes − soweit sie sich nicht sowieso decken − beschränken räumlich wie sachlich den Festsetzungsinhalt und -umfang eines Planfeststellungsbeschlusses. Der „Gesamtzuständigkeit" der kommunalen Bauleitplanung in räumlicher und sachlicher Hinsicht steht damit eine konkret definierte „Einzelzuständigkeit" in räumlicher und sachlicher Hinsicht gegenüber. Nur im Bereich der „Einzelzuständigkeit" der Planfeststellung tritt das Konkurrenzverhältnis zur kommunalen Bauplanungshoheit als Überschneidung direkt zutage und harrt einer Lösung. Diese Überschneidung tritt bei den raumbedeutsamen Fachplanungen in der Regel sachlich und räumlich auf.

3. Die Konkurrenzlösung des § 38 BauGB

§ 38 BauGB hat sich für die Privilegierung der dort genannten Fachplanungen entschieden. Sie sind nicht den Vorschriften der §§ 29 bis 35 BauGB, damit auch nicht der kommunalen Bauleitplanung[12] unterworfen, gehen dieser damit vor. Für unsere Fragestellung ist von besonderer Bedeutung, ob dieser Vorrang der Fachplanung die kommunale Bauleitplanung für den räumlichen Bereich der Planfeststellung sachlich völlig ausschließt oder nur so weit, wie das gesetzlich umschriebene Fachplanungsrecht reicht.

---

10) Vgl. *Birk*, Kommunale Selbstverwaltungshoheit und überörtliche Planung, NVwZ 89, 905 ff.
11) BVerwG, Urt. v. 16. 12. 1988, 4 C 48.86, DVBl. 89, 458 ff. m. w. N; OVG NRW, Urt. v. 6. 10. 1988, 4 A 2966/86, NVwZ 89, 576.
12) Deshalb bedarf es für diese Verfahren auch keines gemeindlichen Einvernehmens, BVerwG, Urt. v. 3. 4. 1981, 4 C 11.78, DVBl. 81, 930 und Urt. v. 4. 5. 1988, 4 C 222.87, BVerwGE 79, 318.

Nach allgemeiner Ansicht schließt das Fachplanungsrecht nur den sachlichen Bereich der kommunalen Planungshoheit aus, der zur konkreten Aufgabenerfüllung der Fachplanung in deren räumlichem Geltungsbereich im Einzelfall benötigt wird.[13] Dies definiert das jeweilige Fachplanungsgesetz allgemein, der konkrete Planfeststellungsbeschluß im einzelnen. Die Fachplanung reduziert also die kommunale Planungshoheit und damit die Anwendung der Vorschriften des BauGB, führt aber gerade nicht zu einer völligen Unanwendbarkeit dieser Vorschriften im Bereich einer planfestgestellten Anlage.[14]

Im folgenden soll anhand der Fachplanungsbefugnis der Deutschen Bundesbahn überprüft werden, ob dieser „Rest" der kommunalen Bauplanungshoheit, der neben einer privilegierten Planfeststellung verbleibt, mehr als eine theoretische Feststellung in bezug auf die rechtlichen Rahmenbedingungen des § 38 BauGB ist. Kann ein solches Mehr festgestellt werden, dann interessieren die praktische Einsatzfähigkeit dieses kommunalen „Restplanungsrechtes" und die Möglichkeiten ihres Wiedererstarkens für den Fall, daß die DB für ihre Flächen ganz oder teilweise ihre Fachplanungshoheit aufgibt.

III. Konsequenzen aus der Konkurrenzlösung nach § 38 BauGB

1. Die kommunale Bauleitplanung während der Geltung eines privilegierten Planfeststellungsbeschlusses

a) Umfang der Bauleitplanung

Die aufgezeigten Beispiele zeigen, daß ein Bedarf einer Bauleitplanung aus kommunaler Sicht auch für Flächen bestehen kann, die unter der Fachplanungshoheit der DB stehen. Dies wirft die Grundsatzfrage auf, welche Regelungsbereiche denn der kommunalen Bauleitplanung zulässigerweise zugänglich sind. Die Abgrenzung hat gleichzeitig positiv wie negativ zu erfolgen: Die kommunale Bauleitplanung kann sachlich nur das planerisch regeln, was durch den Planfeststellungsbeschluß nicht geregelt wurde, weil dafür im Rahmen der durch die Fachplanung vorgegebenen Aufgabenstellung kein Raum war und keine Befugnis bestand.[15]

In diesem (nach der Planfeststellung verbleibenden) Freiraum darf die Gemeinde durch einen Bebauungsplan nur solche Festsetzungen treffen, die ihrerseits die planfestgestellte Nutzung nicht hindern oder gar unmöglich machen. Die Grenzlinie dürfte im Einzelfall nicht ganz einfach rechtssicher zu ziehen sein: Die bisher vorliegende Rechtsprechung,[16] die allerdings zur Frage der Genehmigungspflicht von Umnutzungen auf Bahngelände ergangen ist, unterscheidet danach, ob eine „bahnbezogene" Nutzung vorliegt oder nicht. Die bahnbezogene Nutzung bleibt dem Fachplanungsvorbehalt des § 38 BauGB unterworfen, ist damit also weder dem § 34 oder 35 BauGB noch einem Bebauungsplan unterworfen; anders dagegen die nicht bahnbezogene Nutzung. Diese Überlegung kann auf die Frage

---

13) BVerwG, Urt. v. 16. 12. 1988, 4 C 48.86, DVBl. 86, 458 ff.; OVG NRW, Urt. v. 6. 10. 1988, 4 A 2966/86, NVwZ 89, 576.

14) BVerwG, Urt. v. 16. 12. 1988, 4 C 48.86, DVBl. 89, 458 ff.; Urt. v. 6. 10. 1988, 4 A 2966/86, NVwZ 89, 576.

15) BVerwG, Beschl. v. 17. 11. 1989, 4 B 207.89, UPR 90, 185; OVG NRW, Urt. v. 6. 10. 1988, 4 A 2966/86, NVwZ 89, 576.

16) BVerwG, Urt. v. 16. 12. 1988, 4 C 48.86, DVBl. 89, 458 ff.; OVG Lüneburg, Urt. v. 7. 7. 1977, BRS 32 Nr. 126.

zulässiger Festsetzungsinhalte von Bebauungsplänen auf Bahngelände übertragen werden: Nutzungen, die einen Bahnbezug haben, so z, B. Speditionen mit Bahnverladung, Reisebüros (auch) für Bahnreisen, Einzelhandelsbetriebe für Reisebedarf, können oder Bebauungspläne für ein planfestgestelltes Bahngelände weder ausdrücklich zugelassen noch — was in der kommunalen Praxis bedeutsamer ist — ausgeschlossen werden.[17] Anderes gilt für dauerhaft bahnfremde Nutzungen. Hierzu gehören Spielhallen, Einzelhandelsbetriebe, die aufgrund ihrer Verkaufsfläche und ihres Sortiments eindeutig über den Reisebedarf hinausgehen, Büroräume und Wohnungen, die nicht an Bundesbahnmitarbeiter vergeben werden.

Besonders „spannend" sind natürlich die Nutzungen, die sowohl bahnbezogen wie auch nicht bahnbezogen vorstellbar sind. Damit stellt sich die Frage: Wie wird die „bahnbezogene" Nutzung definiert? Ist der Schrottplatz mit Gleisanschluß bahnbezogen mit der Folge, daß er von der Gemeinde nicht über einen Bebauungsplan verhindert oder ausdrücklich zugelassen werden kann? Kann die DB auf einer freien, nicht mehr benötigten Güterbahnhoffläche jedes Gewerbe — ohne Baugenehmigung(!) — dadurch ansiedeln, daß behauptet wird, es fänden An- und Ablieferungen über die Schiene statt? Die Antwort muß für beide Beispielsfälle „nein"[18] lauten, weil sonst der hier bedeutsame Begriff der „Bahnbezogenheit" nicht mehr dem allein zulässigen Umfang entspricht, den das einschlägige Bundesbahngesetz als Fachplanungsgesetz vorgibt. „Bahnbezogen" im Sinne des Bundesbahngesetzes sind nur jene Einrichtungen und Nutzungen, die die DB zur Schaffung, Durchführung und Aufrechterhaltung ihres (konkret) nach der Planfeststellung durchzuführenden Verkehrs benötigt.[19] Daraus folgt, daß — entgegen vor allem der von der DB immer wieder vertretenen Ansicht — gewerbliche Nutzungen nur in äußerst seltenen Ausnahmefällen bahnbezogen sind. Der Gleisanschluß, der übliche oder auch häufige Ab- und Antransport von Gütern schafft keine Bahnbezogenheit. Bahnbezogen sind nur jene Einrichtungen und Nutzungen, die direkt den Bahnbetrieb betreffen. Außer den Einrichtungen für den Verkauf von Reisebedarf aller Art (Zeitungen, Bücher, Reiseproviant) und für den Umschlag von Personen, Waren und Gütern von der Schiene auf die Straße[20] und umgekehrt bleiben keine bahnbezogenen Nutzungen, die der Fachplanungshoheit unterfallen und damit der Geltung des BauGB und der kommunalen Bauplanungshoheit entzogen sind. Eine entgegen der Aufgabenstellung der bahnrechtlichen Planfeststellung erweiterte Bahnbezogenheit führt nicht nur zu einer nach § 38 BauGB nicht gedeckten Freistellung der DB von den Vorschriften des BauGB, sondern zu einer ebensowenig gedeckten Einschränkung der kommunalen Planungshoheit. § 38 BauGB soll den dort genannten Fachplanungsträgern die Möglichkeit einräumen, auf der Basis bestehender Fachplanungsgesetze ihre Aufgaben zu erfüllen; nicht weniger, aber auch nicht mehr. Alle Fachplanungsträger, so auch die DB, überschreiten ihre Fachplanungsbefugnis, wenn sie Einrichtungen schaffen und Nutzungen

---

17) So auch für einen „park and ride"-Parkplatz, VGH BW, Urt. v. 24. 2. 1989, 5 S 958/88, NVwZ 90, 585; OVG NRW, Urt. v. 6. 10. 1988, 4 A 2966/86, NVwZ 89, 576.

18) Für den Schrottplatz entschieden wie hier: OVG Lüneburg, Urt. v. 7. 6. 1977, VI 162/75, BRS 32 Nr. 126. Jüngst für ein Altöllager: VGH BW, Beschl. v. 24. 7. 1991 — 5 S 1375/91.

19) Siehe auch § 36 Abs. 1 und 3 BBahnG: Dort ist ausdrücklich von „Betriebsanlagen" der Bahn die Rede; vgl. auch § 41 BBahnG, das die Nebenbetriebe anspricht und von der Geltung der Gewerbeordnung und dem Gaststättengesetz freistellt. *Ronellenfitsch*, Einführung in das Planungsrecht, 1986, S. 118 zählt auf, was zu den Bundesbahnanlagen gehört. OVG NRW, Urt. v. 6. 10. 1988, 4 A 2966/88, NVwZ 89, 576 ff. geht von einer Bahnbezogenheit einer Nutzung nur dann aus, wenn diese einen „funktionalen Bezug zum Betrieb der Eisenbahn" hat. So auch *Battis/Krautzberger/Löhr*, BauGB, 3. Auflage 1991, § 38 Rdn. 15.

20) Deshalb gehört der „park and ride"-Parkplatz richtigerweise zu der bahnbezogenen Nutzung, VGH BW, Urt. v. 24. 2. 1989, 5 S 958/88, NVwZ 90, 585.

ermöglichen, die mit der konkreten Aufgabenstellung nichts zu tun haben, in Wirklichkeit auch nur den wirtschaftlichen Interessen des Fachplanungsträgers dienen sollen. Interessant ist, daß diese Problematik in der Praxis bisher nur bei dem Fachplanungsträger DB auftritt. Niemand käme auf die Idee, der zuständige Fachplanungsträger einer Bundesstraße könne planfestgestellte Flächen außerhalb der Straße für gewerbliche Nutzungen verwenden, weil sie so wirtschaftlich sinnvoll verwertet werden könnten!

b) Erforderlichkeit

Bebauungspläne sind nach § 1 Abs. 3 BauGB zulässig, „sobald und soweit sie erforderlich" sind.

Es stellt sich die Frage, ob besonderes gilt, wenn die Gemeinde in Bereiche hineinplant, die durch einen Fachplanungsträger schon räumlich und sachlich in Anspruch genommen sind. Dies ist zu bejahen. Nutzt die DB sämtliche planfestgestellte Flächen für „echte" bahnbezogene Zwecke, dann fehlt einer gemeindlichen Bauleitplanung die Erforderlichkeit; reine Vorsorgepläne werden zu Recht als unzulässig angesehen,[21] weil ihnen gerade die nach § 1 Abs. 3 BauGB für einen Bebauungsplan mit all seinen Rechtswirkungen konkrete, d. h. „jetzige" städtebauliche Erforderlichkeit fehlt. Erforderlich ist eine Bauleitplanung in bezug auf planfestgestellte Bahnflächen erst und nur dann, wenn die DB zu erkennen gibt, daß sie bestimmte Flächen − aus welchen Gründen auch immer − nicht mehr zu Bahnzwecken zu nutzen gedenkt. Dies muß nicht erst dann der Fall sein, wenn tatsächlich bahnfremde Nutzungen auftauchen. Vorbereitungshandlungen (z. B. Anzeigen in Zeitungen), aber auch das offensichtliche „Nichtnutzen" von Gebäuden, Flächen oder Teilen davon sind Anzeichen, die der Gemeinde Anlaß geben können, eine Erforderlichkeit im Sinne des § 1 Abs. 3 BauGB anzunehmen. Man wird auch hier die Voraussetzungen nicht allzu streng werten dürfen, da die Gemeinde ja von der mangelnden Bahnnutzung, anders als in den Fällen der Aufgabe der Privilegierung von der DB, nichts erfährt. Die hier behandelte Situation zeichnet sich gerade dadurch aus, daß die DB die Planfeststellung insgesamt bestehen läßt, aber bestimmte Flächen nicht mehr benötigt: Das Bahnhofsgebäude wird nur noch zu einem geringen Teil für die Abfertigung der Reisenden gebraucht; deshalb kann es aber aus der Fachplanungshoheit nicht entlassen werden. In jedem Fall tut die Gemeinde gut daran − am besten vor einem Aufstellungsbeschluß nach § 2 Abs. 1 BauGB − die DB zu fragen, welche weiteren bahnbezogenen Nutzungen beabsichtigt sind.

c) Festsetzung

Für die in einem Bebauungsplan auf planfestgestellten Bahnflächen zulässigen Festsetzungen gelten folgende Besonderheiten: Die Fläche ist im Bebauungsplan als planfestgestellt zu kennzeichnen, § 9 Abs. 6 BauGB.[22]

Als Gebiete im Sinne der §§ 2−11 BauNVO dürfte nur MK, MI, GE, GI und SO in Frage kommen, da die „Beeinträchtigungen" durch den Bahnverkehr in vorrangiger Weise zu berücksichtigen sind. Aus der praktischen Erfahrung heraus spricht vieles dafür, Bereiche

---

21) So ausdrücklich BVerwG, Urt. v. 16. 12. 1988, 4 C 48.86, DVBl. 89, 458 ff.; a. A. *Brohm*, NVwZ 85, 1 ff., 8.

22) Nach BVerwG, Beschl. v. 17. 11. 1989 ist wohl Voraussetzung für eine Bauleitplanung auf planfestgestellten Flächen, daß darauf hingewiesen und verdeutlicht wird, daß die Zweckbestimmung der planfestgestellten Nutzung unberührt bleibt.

des Bahnhofsgebäudes als SO nach § 11 BauNVO,[23] Bereiche des Güterbahnhofes als GE auszuweisen. Die differenzierenden Festsetzungen des § 1 Abs. 4 bis 10 BauNVO bieten sich in bis zumindest im Maße an, wenn nicht die Festsetzung SO zur Anwendung gelangt. Im jeweiligen Einzelfall sollte entschieden werden, ob Festsetzungen des Maßes der baulichen Nutzung notwendig sind; wenn ja, wie sie sinnvollerweise ausgestaltet werden. Die Gemeinde wird besonders darauf zu achten haben, daß keine der Festsetzungen die planfestgestellten, bahnbezogenen Nutzungen hindert.

d) Abwägung

Die Abwägung gem. § 1 Abs. 6 BauGB muß die dreifache Funktion der DB berücksichtigen: Sie ist Planungsträger des bahnrechtlichen Planfeststellungsverfahrens, Grundstückseigentümer (in aller Regel) der vom beabsichtigten Bebauungsplan betroffenen Flächen und Träger öffentlicher Belange für den weiterhin stattfindenden Schienenverkehr. Aussagen der DB zu Festsetzungsüberlegungen, die eine bahnfremde Nutzung ausschließen, sind genauso sorgfältig in die Abwägung einzustellen wie bestimmte Nutzungsvorstellungen der DB. Bisher ist in diesem Beitrag von einer „Konfrontation" zwischen Gemeinde und DB ausgegangen worden (eine Situation, die eher häufig als selten zu sein scheint); natürlich kann eine solche Überplanung auch im Einvernehmen oder gar auf Wunsch der DB begonnen und durchgeführt werden; das soll uns aber hier nicht vorrangig interessieren.

e) Wirkung eines Bebauungsplans

Der in Kraft getretene Bebauungsplan läßt bestimmte Nutzungen im räumlichen Bereich seiner Geltung zu und schließt damit gleichzeitig andere städtebauliche Nutzungen aus; das ist nichts Besonderes gegenüber sonstigen Bebauungsplänen. Rechtlich „spannend" ist allein die Frage, was denn mit der für die identische Fläche geltenden Planfeststellung geschieht. Sie gilt uneingeschränkt weiterhin, da der rechtmäßige Bebauungsplan allein Nutzungen regelt, die „bahnfremd" sind und deshalb nicht Gegenstand und Inhalt eines bahnrechtlichen Planfeststellungsbeschlusses sein können. Eine Überschneidung kann also durch einen rechtmäßigen Bebauungsplan gerade nicht erfolgen.[24] Ein Beispiel mag das verdeutlichen: Setzt ein Bebauungsplan für ein Bahnhofsgebäude fest, daß dort Einrichtungen für Verwaltungen zulässig, Einzelhandelsbetriebe und Spielhallen aber ausgeschlossen sind, so können diese Flächen entweder entsprechend der Bebauungsplanfestsetzung – z. B. für freie Berufe oder als Bank – genutzt werden oder aber weiterhin von der DB für bahnbezogene Zwecke – z. B. für den Fahrkartenverkauf oder als Wartesaal. Auch eine Umnutzung von einer Bank in eine neue Abfertigungshalle für den schienengebundenen Nahverkehr ist ohne ein neues bahnrechtliches Planfeststellungsverfahren möglich. Beide Planungen – die bahnrechtliche Planfeststellung und der Bebauungsplan – stehen nebeneinander, ergänzen sich gegenseitig, ohne identische Regelungsinhalte zu haben.

---

23) So auch in dem vom OVG NRW, Urt. v. 6. 10. 1988, 4 A 2966/86, NVwZ 89, 576 ff. entschiedenen Fall.

24) Eine solche Planung hält auch das BVerwG, Beschl. v. 17. 11. 1989, 4 B 207.89, UPR 90, 185, 186 für zulässig.

f) Überschreitung der gemeindlichen Planungshoheit

Der Bebauungsplan ist ungültig, wenn er mit seinem Regelungsinhalt sachlich in Bereiche eingreift, die — da bahnbezogen — der bahnrechtlichen Planfeststellung vorbehalten sind.[25] Der Vorrang der privilegierten Fachplanung des § 38 BauGB führt zur Ungültigkeit jeder Festsetzung, die die planfestgestellte Nutzung unmöglich macht. Um solchen Gefahren zu entgehen, spricht vieles dafür, von der DB noch zu Bahnzwecken genutztes Gelände als „SO-Bahnfläche" auszuweisen und die einzelnen Festsetzungen mit dem Hinweis zu versehen, daß sämtliche planfestgestellte (bahnbezogene) Nutzungen hiervon unberührt bleiben. Dies entbindet die Gemeinde natürlich nicht von der eingehenden Prüfung im Rahmen der Abwägung, ob „Behinderungen" der planfestgestellten Nutzung auftreten können. Dies festzustellen ist aber schon deshalb nicht allzu schwer, weil die DB sich im allgemeinen recht deutlich im Bebauungsplanverfahren zu Wort meldet — allerdings auch mit mancher Behinderung, die keine ist!

Ob der Bebauungsplan im Falle einer Behinderung der planfestgestellten Bahnnutzung ganz oder nur teilweise ungültig ist, ist eine Frage des Einzelfalles.[26]

g) Sicherung durch Zurückstellung und Veränderungssperre?

Für die Zurückstellung und Veränderungssperre zur Sicherung einer Bauleitplanung auf planfestgestellten Bahnflächen gelten „eigentlich" keine Besonderheiten.[27] Zurückstellung und Veränderungssperre setzen einen Aufstellungsbeschluß nach § 2 Abs. 1 BauGB und eine hinreichende Konkretisierung der Planungsabsichten[28] voraus. Eine — weniger rechtliche, sondern mehr tatsächliche — Besonderheit kann aber darin liegen, daß der Anlaß zur gemeindlichen Planung in der Auseinandersetzung mit der DB liegt, ob eine von dieser einem Dritten zugebilligte Nutzung „noch" bahnbezogen, und damit dem BauGB entzogen ist oder nicht. Die Gemeinde hat oftmals in diesen Fällen nichts zurückzustellen, weil ein Bauantrag gar nicht vorgelegt wird.[29]

h) Vorkaufsrechte der Gemeinde?

Vorkaufsrechte nach § 24 oder § 25 BauGB stehen bei der hier behandelten Konstellation deshalb nicht zur Diskussion, weil die DB im Eigentum der Flächen bleibt, um ihre eigene bahnbezogene Nutzung weiter ausüben zu können. Vorkaufsfälle tauchen also gar nicht auf.

2. Die kommunale Bauleitplanung und das Ende der Privilegierung

In der Praxis sind (noch) die Fälle vorherrschend, in denen die DB Teilflächen aus ihrer Fachplanungshoheit entläßt, um sie endgültig vermarkten zu können. Anders als in der bisher behandelten Situation entscheidet sich hier die DB zur Aufgabe einer räumlich definierten planfestgestellten Fläche, damit zur Entlassung aus ihrer Fachplanungshoheit und der Privilegierung nach § 38 BauGB. Dabei ist (leider) zu beobachten, daß die DB die

---

25) BVerwG, Beschl. v. 17. 11. 1989, 4 B 207.89, UPR 90, 185 f.
26) BVerwG, Beschl. v. 17. 11. 1989, 4 B 207.89, UPR 90, 185 f.
27) OVG NRW, Beschl. v. 6. 10. 1988, 4 A 2966/86, NVwZ 89, 576.
28) Vgl. *Birk*, Bauplanungsrecht in der Praxis, 1990, Rdn. 371 ff. m. w. N.; *Gelzer/Birk*, Bauplanungsrecht, 5. Aufl. 1991, Rdn. 1489 m. w. N.
29) Vgl. dazu unten III 4.

sich aus der Privilegierung nach § 38 BauGB ergebende Freistellung von der gemeindlichen Planungshoheit zu nutzen sucht, um sich Vorteile bei der Verwertung dieser Flächen zu sichern. Eine möglichst späte (wenn überhaupt) Bekanntgabe der „Entlassung" aus der bahnrechtlichen Fachplanungshoheit führt – in aller Regel zur direkten Anwendung des § 34 BauGB; oft fehlt es der Gemeinde an konkreten Planvorstellungen, so daß auch ein Bebauungsplanaufstellungsbeschluß und eine Veränderungssperre in kurzer Zeit rechtmäßig – nach derzeitigem Rechtsprechungsstand[30] – nicht zu erreichen sind. Dieser überraschenden „Entlassung aus der Fachplanungshoheit" hat das BVerwG mit seiner Entscheidung vom 16. 12. 1988 ein Ende gesetzt;[31] alle Fragen sind damit aber noch nicht geklärt.[32]

a) Die teilweise oder vollständige Aufgabe der Privilegierung

Das BVerwG hat in der genannten Entscheidung verdeutlicht, daß die DB zumindest durch eine ortsübliche, öffentliche Bekanntmachung die Entlassung einer Fläche aus ihrer Fachplanungshoheit und damit ihren „Wiedereintritt" in die Planungshoheit der Gemeinde – durch den Wegfall der Anwendbarkeit des § 38 BauGB – mitteilen müsse. Diese öffentliche Bekanntmachung hat nach Ansicht des BVerwG konstitutive Wirkung:[33] Erst nach der Entlassung der Fläche aus der Fachplanungshoheit der DB stellt sich die Frage der Genehmigungsfähigkeit einer bahnfremden Nutzung nach den Vorschriften des BauGB, erst danach kann ein Bebauungsplan in Kraft treten.

Die Gemeinde hatte in dem genannten Verfahren die Ansicht vertreten,[34] die DB könne Flächen nur durch ein entsprechendes Planfeststellungsverfahren (in Form eines „actus contrarius") entlassen, weil nur so hinreichend überprüfbar festgestellt werden könne,

---

30) Vgl. *Gelzer/Birk*, Bauplanungsrecht, 5. Aufl. 1991, Rdn. 1489 und *Birk*, Bauplanungsrecht in der Praxis, 1990, Rdn. 371 ff., jeweils m. w. N. Die Rechtsprechung verlangt ein „Mindestmaß an Konkretisierung" der Planungsvorstellungen für eine materiell zulässige Veränderungssperre.

31) BVerwG, Urt. v. 16. 12. 1988, 4 C 48.86, DVBl. 89, 458 ff.

32) So auch *Paetow*, Zum Verhältnis von Fachplanung und Bauleitplanung, UPR 90, 321 ff., 234. Meines Erachtens unterscheidet das Urteil des BVerwG vom 16. 12. 1988, a. a. O. (noch) nicht ausreichend die beiden „Grundkonstellationen", die herauszuarbeiten dieser Beitrag versucht: Es ist zu unterscheiden zwischen einer baulichen, nicht bahnbezogenen Nutzung (die deshalb nicht der Privilegierung des § 38 BauGB unterliegt), die neben der weiterbestehenden planfestgestellten Nutzung ausgeübt werden soll (Architekturbüro im Bahnhofsgebäude), und einer Nutzung, die nur unter völliger Aufgabe der Bahnnutzung vorstellbar ist (Tankstelle auf – ehemaliger – Güterbahnhofsfläche).
Das BVerwG differenziert in der Entscheidung vom 16. 12. 1988, a. a. O. in einer Weise, die tatsächlich nicht praktikabel ist: „Wenn und solange ein solches Vorhaben mit der Fachplanung nicht vereinbar ist, scheitert es bereits an § 38 BauGB. Der besondere Rechtscharakter einer Fläche als Bahnanlage ist ein der Baugenehmigung entgegenstehendes rechtliches Hindernis ... Steht dagegen ein solches Vorhaben, das auf Bahngelände errichtet werden soll, mit dessen fachplanerischer Zweckbindung in Einklang, so ergeben sich aus § 38 BauGB keine Einschränkungen. Seine Zulässigkeit richtet sich in bodenrechtlicher Hinsicht nach den §§ 30 ff. BauGB." A. a. O., S. 461.
Vgl. zum Problem der Veränderungssperre auch unten III 2 c.

33) BVerwG, Urt. v. 16. 12. 1988, 4 C 48.86, DVBl. 89, 458 ff.: „Ein Wechsel der Planungshoheit von der Bahn als privilegierter anlagenbezogener Planungsträgerin zur Gemeinde als Trägerin der umfassenden gebietsbezogenen Bauplanungshoheit muß schon wegen der rechtsstaatlich gebotenen Eindeutigkeit öffentlich-sachenrechtlicher Rechtsverhältnisse durch einen hoheitlichen Akt erfolgen, der für jedermann klare Verhältnisse darüber schafft, ob und welche bisher als Bahnanlagen dienende Flächen künftig wieder für andere Arten von Nutzungen offenstehen ... Das hiernach gebotene Mindestmaß an Publizität setzt vielmehr voraus, daß der Wechsel der Planungshoheit jedenfalls in einer geeigneten Weise bekanntgemacht wird (vgl. etwa zur Bekanntmachung der Einziehung von Bundesfernstraßen § 2 Abs. 5 und 6 FStrG)."

34) Prozeßbevollmächtigter war der Verfasser dieses Beitrags.

welche Flächen die DB denn überhaupt noch benötige.[35] Das BVerwG hat dies als eine
mögliche, die eigentliche „richtige" Methode bezeichnet,[36] sie aber nicht zur ausschließlichen Anwendung bestimmt. Das Problem bleibt: Mit der öffentlichen Bekanntmachung der
aus der Fachplanungshoheit zu entlassenden Fläche bestimmt die Bahn als Fachplanungsträger selbst, welche Flächen der Fachplanungshoheit und damit § 38 BauGB unterworfen
bleiben. Die DB muß Art und Umfang der „Entlassung" nicht begründen, eine gerichtliche
Überprüfung findet nicht statt. Will die Gemeinde mehr DB-Flächen (wieder) in ihre
kommunale Planungshoheit bekommen, muß sie dies beantragen, einen rechtsmittelfähigen
Bescheid der DB abwarten und dann ggf. dagegen klagen. Ich halte diesen Weg deshalb für
„unangemessen", weil von der Grundkonstruktion der privilegierten Fachplanung her der
Fachplanungsträger Art und Umfang der benötigten Fläche nachweisen muß. Dies kann
nicht nur für das Planfeststellungsverfahren für die erstmalige Errichtung der Anlage gelten,
sondern bleibt der Fachplanung immanent.

Durch die Rechtsprechung des BVerwG[37] ist geklärt, daß eine Entlassung aus der
Fachplanungshoheit jedenfalls dann nicht vorliegt, wenn von der DB oder einem Dritten nur
ein Baugesuch oder eine Bauvoranfrage eingereicht wird. Die zuständige Baurechtsbehörde
muß in diesem Fall jeden Antrag ablehnen, weil das Vorhaben aufgrund der Sperrwirkung
des § 38 BauGB nicht nach den Vorschriften des öffentlichen Baurechts zu beurteilen ist.
Etwas anderes gilt nur, wenn die DB zum Ausdruck bringt, es bleibe im übrigen für diese
Fläche bei der bahnbezogenen, planfestgestellten Nutzung, es gehe allein um eine zusätzliche Parallelnutzung. In Zweifelsfällen wird die Baurechtsbehörde von der DB als Trägerin
der Fachplanungshoheit eine entsprechende Erklärung verlangen.

Auch der Verkauf von planfestgestellten Teilen der Bahnfläche ersetzt ebensowenig wie
der Abschluß eines Erbpachtvertrages die geforderte Entlassung aus der Fachplanungshoheit. Diesen zivilrechtlichen Vorgängen fehlt der ausdrückliche, dem Träger der Fachplanungshoheit zugeordnete „Entwidmungswille".

b) Bauleitplanung im Rahmen der Entprivilegierung

Erst mit der rechtlich verbindlichen Entlassung der Fläche aus der Fachplanungshoheit
der DB erstarkt die Bauplanungshoheit der Gemeinde wieder in vollem Umfang. Erst nach
diesem Zeitpunkt kann ein gemeindlicher Bauleitplan in Kraft treten. Die schon mehrfach
zitierte Entscheidung des BVerwG[38] erweckt den Eindruck, als ob vor diesem Zeitpunkt das
gemeindliche Bebauungsplanverfahren begonnen und bis zum Satzungsbeschluß hin „vorbereitet" werden könne. Dieser weite Verfahrensfortschritt vor der realisierten Entlassung der
Bahnfläche aus der Fachplanungshoheit begegnet praktischen und rechtlichen Zweifeln,
ausgenommen die Fälle, in denen die Gemeinde zusammen mit der DB eine bestimmte,
konkret abgesprochene Fläche überplant.

Diese Zweifel beginnen in den Fällen mangelnder Absprache schon damit, daß der
Gemeinde vor der Entlassung von Teilflächen, z. B. des bisherigen Güterbahnhofes, deren
genaue Abgrenzung unbekannt ist und deshalb die im Detail notwendige Begrenzung des
Bebauungsplangebietes oder beabsichtigter Festsetzungen nicht möglich ist. Nicht selten
wird die Gemeinde von einer beabsichtigten Entlassung nichts erfahren, so daß schon

---

35) Vgl. zu diesen Fragen auch: *Brohm*, NVwZ 85, 1 ff.; *Finger*, AEG und BBahnG, S. 240 f.; *Ronellenfitsch*, Einführung in das Planungsrecht, S. 118.
36) BVerwG, Urt. v. 16. 12. 1988, 4 C 48.86, DVBl. 89, 458 ff.
37) Vgl. BVerwG, Urt. v. 16. 12. 1988, 4 C 48.86, DVBl. 89, 458 ff.
38) BVerwG, Urt. v. 16. 12. 1988, 4 C 48.86, DVBl. 89, 458 ff.

deshalb in der Praxis ein Beginn der Bauleitplanung vor der bekanntgemachten „Entlassung" aus der Fachplanungshoheit ausgeschlossen ist. Eine rein vorsorgliche Überplanung von Bundesbahnflächen, von denen die Gemeinde annimmt, sie würden in absehbarer Zeit aus der Fachplanungshoheit entlassen, scheitert m. E. an § 1 Abs. 3 BauGB und der dort geregelten Erforderlichkeit für jede städtebauliche Planung; dies gilt nicht nur für den Satzungsbeschluß und das Inkrafttreten, sondern schon für das Verfahren: Wie können Planungsziele für die Bürgerbeteiligung definiert werden, wenn offenbleibt, ob die Gemeinde überhaupt bis zum Satzungsbeschluß gelangt, der erst nach der Beseitigung der Sperrwirkung des § 38 BauGB möglich ist?

Fraglich ist, ob die Gemeinde mit der Planung „beginnen" kann, wenn ihr durch die Einreichung eines Baugesuches, den Verkauf einer Teilfläche mögliche Entwidmungsabsichten bekannt werden, ohne daß die DB eine solche Entlassung aus ihrer Fachplanungshoheit im Augenblick vornimmt. Andere Formen der Kenntnisnahme durch die Gemeinde sind vorstellbar. Gegen Planungsüberlegungen einschließlich ihrer Behandlung außerhalb des im BauGB festgesetzten Verfahrens bestehen keinerlei Bedenken. Fraglich ist allein, ob in diesem Zeitpunkt schon ein rechtlich wirksamer Aufstellungsbeschluß nach § 2 Abs. 1 BauGB beschlossen und mit den allgemein bekannten Rechtswirkungen (z. B. für die Veränderungssperre) bekanntgemacht werden kann. Dies ist zu bejahen.

Zum Zeitpunkt eines Aufstellungsbeschlusses müssen nicht sämtliche formellen und materiellen Voraussetzungen für die Aufstellung eines Bebauungsplanes gegeben sein, vgl. z. B. § 8 Abs. 4 BauGB. Ein Aufstellungsbeschluß ist hinreichend begründet und damit zulässig, wenn zum Zeitpunkt seines Erlasses die Gemeinde bei ordnungsgemäßer Prognose davon ausgehen kann, daß die Voraussetzungen für das weitere Bebauungsplanverfahren zum jeweils notwendigen Zeitpunkt erfüllt werden können.

Mit der bekanntgemachten Entlassung einer (Teil-)Fläche aus der bahnrechtlichen Fachplanungshoheit gilt das BauGB und erstarkt die kommunale Planungshoheit in vollem Umfang. Das bedeutet: Die Bekanntmachung der Entlassung führt zur unmittelbaren Geltung der §§ 34 und 35 BauGB; die Gemeinde kann für diese Fläche einen Bebauungsplan aufstellen und das Verfahren über die Zurückstellung und Veränderungssperre sichern. Besonderheiten gelten ab diesem Zeitpunkt nicht.

c) Zurückstellung und Veränderungssperre

Besonderheiten gelten zugunsten und zu Lasten der Gemeinde nicht! Ohne eine entsprechende planerische Vorbereitung bleibt die Gemeinde benachteiligt. Ein Beispiel mag das verdeutlichen: Entläßt die DB ohne Vorankündigung eine Teilfläche durch öffentliche Bekanntmachung aus ihrer Fachplanungshoheit und reicht ein Dritter zur gleichen Zeit einen Bauantrag ein, weil die DB die öffentliche Bekanntmachung erst veranlaßt hat, nachdem sie mit dem Dritten „einig" geworden ist, so hat die Gemeinde im allgemeinen erhebliche Schwierigkeiten, sich so kurzfristig über Planvorstellungen klarzuwerden, daß es zeitlich für eine rechtlich zulässige Veränderungssperre „reicht". Die für eine Veränderungssperre notwendige Konkretisierung[39] von Planungsvorstellungen benötigt Zeit und Abstimmung in den Gremien. Genau dies wird mit der im Beispielsfall geschilderten Methode verhindert; man hat (leider öfter) den Eindruck, dies sei bezweckt. Jede Gemeinde tut deshalb gut daran, frühzeitig Vorstellungen zu entwickeln, was mit freiwerdenden DB-Flächen städtebaulich geschehen könnte. Ganz überraschend kommt eine Entlassung aus der

---

39) Ständige Rechtsprechung des BVerwG seit Urt. v. 10. 9. 1976, IV C 39/74, NJW 77, 400 ff.

Fachplanungshoheit meistens nicht; dem geht in aller Regel eine längere Zeit der „Nichtnutzung" voraus.

Trotz dieser möglichen Vorüberlegungen bleiben die Gemeinden in dieser speziellen Situation des Wiedererstarkens ihrer kommunalen Planungshoheit benachteiligt – noch dazu gegenüber einem hoheitlichen Fachplanungträger und den Verwertungswünschen. Will man in dieser Situation nicht nach dem Gesetzgeber rufen,[40] so kann eine Lösung nur darin gefunden werden, daß die Gemeinde in diesem Fall von der Konkretisierungspflicht beim Erlaß der (ersten) Veränderungssperre befreit ist, indem ihr eine grundsätzliche städtebauliche Bedenkfrist eingeräumt wird. Dies scheint nun deshalb nicht unangemessen zu sein, weil das Wiedererstarken der kommunalen Planungshoheit für den fraglichen räumlichen Bereich Grundsatzfragen aufwirft, die sich einer Konkretisierung von Anfang an entziehen. Der Unterschied zum sonst bestehenden Konkretisierungsgebot macht die Richtigkeit dieser Überlegung zusätzlich deutlich: Die „normale" Veränderungssperre trifft immer auf eine bestehende, dem BauGB unterworfene städtebauliche Situation, für die die Gemeinde die bauplanungsrechtliche Zuständigkeit und Verantwortung hat. Hier muß sie sagen können, was sie planerisch will; deshalb ist die Ansicht richtig, für eine Veränderungssperre reiche nicht die Aussage, man wolle eine bestimmte Nutzung nicht, die planende Gemeinde müsse vielmehr sagen, welche planerischen Vorstellungen sie habe.[41]

d) Vorkaufsrechte der Gemeinde?

Die systembedingte Schwäche der Gemeinden zeigt sich in besonderem Maße bei der Frage nach den Vorkaufsrechten gegenüber freiwerdenden Bahnflächen. Die Voraussetzungen des § 24 BauGB bei einem Verkauf von Bahnflächen im Zusammenhang mit ihrer Entlassung aus der Fachplanungshoheit der DB sind ausnahmslos nicht gegeben, weil die bauplanerischen und sonstigen Voraussetzungen des § 24 Abs. 1 Ziff. 1 bis 4 BauGB zu diesem Zeitpunkt nicht vorliegen (können).[42] Das gilt auch für ein Satzungsvorkaufsrecht nach § 25 Abs. 1 Satz 1 Ziff. 1 BauGB, weil zum Zeitpunkt des Verkaufs kein in Kraft getretener Bebauungsplan vorliegen kann.[43] Ein Vorkaufsrecht nach § 25 Abs. 1 Satz 1 Ziff. 2 BauGB wird in der Praxis oft daran scheitern, daß eine Gemeinde DB-Flächen nicht in den Bereich eines solchen Satzungsvorkaufsrechtes einbezieht.

Fraglich ist, ob DB-Flächen vor ihrer Entlassung aus der Fachplanungshoheit mit einem Satzungsvorkaufsrecht nach § 25 Abs. 1 Satz 1 Ziff. 2 BauGB belegt werden können; nach der Entlassung bestehen daran keine Zweifel. Unterstellt, die sonstigen Voraussetzungen für den Erlaß eines Satzungsvorkaufsrechtes nach § 25 Abs. 1 Satz 1 Ziff. 2 BauGB sind erfüllt, bestehen m. E. keine Bedenken gegen die Zulässigkeit einer solchen Satzung. Die bahnrechtliche Planfeststellung wird dadurch deshalb in keiner Weise beeinträchtigt, weil der Verkauf einer planfestgestellten Bahnfläche stets die tatsächliche Aufgabe der bahnbezogenen Nutzung voraussetzt, ohne daß es auf die rechtliche Nutzungsaufgabe (öffentliche Bekanntmachung)[44] ankäme. Tritt der Vorkaufsfall ein, ist also damit die tatsächliche Entprivilegierung schon erfolgt. Der Erlaß einer formell und materiell gültigen Vorkaufssat-

---

40) Vgl. *Schlichter*, in: Berliner Kommentar zum BauGB, 1988, § 38 Rdn. 14 m. w. N. mit seinem Bericht über die Überlegungen im Gesetzgebungsverfahren zum BauGB.
41) BVerwG, Beschl. v. 9. 2. 1989, 4 B 236.88, NVwZ 89, 661.
42) Die Voraussetzungen für die Ausübung eines Vorkaufsrechtes müssen zum Zeitpunkt des Abschlusses des Wirksamwerdens des Kaufvertrages vorliegen.
43) Vgl. vorstehende Fußnote.
44) Vgl. dazu oben III 2 b.

zung hat zudem den Vorteil, daß die Gemeinde in aller Regel zumindest Grundvorstellungen einer zukünftigen Planung entwickelt hat; das hilft nach der tatsächlichen Entlassung aus der bahnrechtlichen Planfeststellungshoheit beim Erlaß einer Veränderungssperre.

3. Der Gültigkeitsbereich der §§ 34 und 35 BauGB neben einer bestehenden oder aufgehobenen bahnrechtlichen Planfeststellung

Entsprechend den obigen Ausführungen[45] ist für die Anwendbarkeit der §§ 34 und 35 BauGB zu unterscheiden, ob diese Vorschriften ergänzend, also neben der weiterbestehenden Planfeststellung oder nach Aufgabe der bahnrechtlichen Privilegierung, Anwendung finden sollen. Will die DB oder ein Dritter (mit Zustimmung der DB) eine baurechtliche Genehmigung für eine bahnfremde Nutzung auf planfestgestelltem Gelände, so ist diese – besteht kein Bebauungsplan – an den Voraussetzungen nach § 34 oder § 35 BauGB zu messen. Das gilt ebenso für den Fall der endgültigen, formell ordnungsgemäßen Entlassung einer Teilfläche aus der Fachplanungshoheit der DB. Interessant ist in diesem Fall allein, ob die umgebende planfestgestellte Fläche heranzuziehen ist, um die Einordnung nach § 34 oder § 35 BauGB vorzunehmen und konkret die Genehmigungsfähigkeit des Vorhabens[46] zu bestimmen. Diese Frage stellt sich bei beiden hier angesprochenen Genehmigungsfällen. Für die Beurteilung nach §§ 34 oder 35 BauGB kommt es nicht auf den Inhalt der Planfeststellung, wohl aber auf die (aufgrund der Planfeststellung) ausgeführten Bauvorhaben an, soweit sie zum Zeitpunkt der Entscheidung (noch) bestehen. Die „Freistellung" dieser planfestgestellten Vorhaben von den Vorschriften des BauGB gem. § 38 BauGB führt nicht dazu, daß diese nicht zur Beurteilung eines diesen Vorschriften unterworfenen Bauvorhabens herangezogen werden kann.

4. Genehmigungsverfahren für bahnfremde Nutzungen auf planfestgestelltem Bahngelände und Reaktionsmöglichkeiten bei Verstößen der DB gegen das anzuwendende BauGB

In der Praxis entsteht immer wieder Streit zwischen den Gemeinden und der DB darüber, ob eine beabsichtigte oder schon begonnene Nutzung bahnbezogen ist, mit der Folge, daß sie von der Planfeststellung gedeckt wird, oder ob sie bahnfremd ist und deshalb einer baurechtlichen Genehmigung bedarf. Der Streit wird meist dadurch „entschieden", daß die DB einem Dritten eine Nutzungsmöglichkeit gestattet und dieser sie (eventuell nach notwendigen Bauarbeiten) beginnt. Wie ist die Rechtslage, wenn es sich tatsächlich um keine bahnbezogene, also der Privilegierung des § 38 BauGB nicht unterworfene Nutzung handelt?

Die erste Frage, die sich in einem solchen Fall die Baurechtsbehörde und die Gemeinde stellen müssen, geht dahin, ob mit der fraglichen Nutzung die Bahnnutzung auf der in Anspruch genommenen Fläche erhalten bleibt oder tatsächlich aufgegeben wird.

Bleibt die Bahnnutzung im übrigen erhalten (Beispiel: Nutzung eines Teils des Bahnhofsgebäudes als Architekturbüro), so haben Baurechtsbehörde und Gemeinde die formell rechtswidrige Nutzung daraufhin zu überprüfen, ob sie materiell-rechtlich genehmigungsfähig ist. Will die Gemeinde eine Genehmigung verhindern, so hat sie die Möglichkeit, einen

---

45) Vgl. oben III 1 und 2.
46) Zum Beispiel hinsichtlich des Einfügens nach § 34 BauGB.

(ergänzenden) Bebauungsplan aufzustellen und das Verfahren durch eine Zurückstellung oder Veränderungssperre zu sichern. Veranlaßt die Gemeinde dies, so kann sie die formell rechtswidrige Nutzung untersagen und dies mit den üblichen Zwangsmitteln durchsetzen.

Setzt dagegen die (baurechtliche) ungenehmigt begonnene Nutzung die Aufgabe der bahnrechtlichen Planungshoheit für diese Fläche voraus (Beispiel: Nutzung einer Güterbahnhofsfläche nach Bau eines entsprechenden Gebäudes als Tankstelle), so ist eine materiell-rechtliche Prüfung der Nutzung erst möglich, wenn die Fläche entprivilegiert und damit den Vorschriften des Baurechts unterworfen ist.[47] In diesem Fall kann die Baurechtsbehörde die nach der bahnrechtlichen Planungsfeststellung unzulässige Nutzung durch eine Nutzungsuntersagung (ggf. mit Sofortvollzug) unterbinden. Die für die baurechtliche Nutzungsuntersagung anzuwendenden Vorschriften sind entsprechend heranzuziehen, weil die „Nichtanwendbarkeit" des BauGB und der bauordnungsrechtlichen[48] Vorschriften allein darauf beruhen, daß der Fachplanungsträger DB die Entlassung der Fläche aus einer Planungshoheit verhindert. Stimmt man dieser entsprechenden Anwendung nicht zu,[49] so bleibt der Gemeinde und der Baurechtsbehörde die Möglichkeit, die Nutzungsuntersagung bezüglich der fraglichen Fläche bei der Planfeststellungsbehörde zu beantragen (!) und gegebenenfalls mit einer einstweiligen Verfügung vorläufig durchzusetzen. In diesem Verfahren kann der beantragten Nutzungsuntersagung nicht entgegengehalten werden, sie nehme die Hauptsache vorweg, da diese Nutzungsuntersagung nur bis zu einer Entlassung der Fläche aus der Planungshoheit der DB oder bis zur Feststellung wirkt, es liege doch eine bahnbezogene Nutzung vor, die der Privilegierung des § 38 BauGB unterworfen sei.

IV. Schluß

Die Untersuchung wollte aufzeigen, daß den Gemeinden während und nach einer fachplanerischen Privilegierung die notwendigen Instrumentarien — jedenfalls größtenteils — zur Verfügung stehen, um ihre städtebaulichen Belange zu wahren. Bedenklich stimmt allein, daß einem Unternehmen wie der DB gar nicht selten so begegnet werden muß, weil dort die gewinnbringende Vermarktung von Flächen unter Zuhilfenahme der — dafür nicht geschaffenen — Privilegierung der Fachplanung versucht wird. Es bleibt nur zu hoffen, daß andere Fachplanungsträger (z. B. der Bund für militärische Flächen) anders an die Verwertung ihrer Flächen nach einer möglichen Entprivilegierung herangehen.

---

47) BVerwG, Urt. v. 16. 12. 1988, 4 C 48.86, DVBl. 89, 458 ff.

48) Der Frage, in welchem Umfang die bauordnungsrechtlichen Vorschriften der Länder Anwendung finden, wenn die bahnrechtliche Planfeststellung erhalten bleibt, die nach BauGB zu beurteilenden baulichen Nutzungen nur „ergänzend" zugelassen werden, vgl. dazu oben III 1 e, kann im Rahmen dieses Beitrages nicht nachgegangen werden. Wie hier jüngst: VGH BW, Beschl. v. 24. 7. 91 — 5 S 1375/91.

49) Weil die Anwendbarkeit des Baurechtes die (konstitutive) Entlassung der Fläche aus der Fachplanungshoheit der DB voraussetzt.

HANS CARL FICKERT

Übergangsregelungen und Besonderheiten des Städtebaurechts in den neuen (Bundes-)Ländern der ehemaligen DDR

I. Vorbemerkungen

1. Zur rechtshistorischen Entwicklung (seit der „Wende") bis zum Einigungsvertrag

a) Wohl kaum jemand in der Bundesrepublik Deutschland und in der ehemaligen DDR hat es nach den revolutionsartigen Ereignissen im Herbst 1989 in der DDR und der „Wende" im November mit der Beseitigung der Mauer als äußeres Zeichen für möglich gehalten, daß der Wunsch des deutschen Volkes nach (Wieder-)Vereinigung beider Staaten in nicht einmal einem Jahr Wirklichkeit sein würde. Jedermann wußte, auch nach der Bestätigung des Verlangens der Bevölkerung der DDR nach Wiedervereinigung aufgrund der Wahl am 18. 3. 1990, daß die zeitliche Verwirklichung weitgehend von der Lösung der schwierigen völkerrechtlichen Situation aufgrund des Zweiten Weltkriegs, insbesondere von dem Einverständnis der sog. Siegermächte, abhängig war.
Nur vor diesem Hintergrund, dessen notwendige außenpolitische gemeinsame Regelung von der Bundesrepublik Deutschland und der DDR bei der Konstituierung des Ministerrats der DDR[1] noch keinen zeitlich bestimmbaren Rahmen erkennen ließ, wird die Entwicklung der Gesetzgebung der damaligen DDR im allgemeinen, auf dem Gebiet des Baurechts im besonderen verständlich. Zum notwendigen Verständnis der in den neuen Ländern für eine Übergangszeit bestehengebliebenen besonderen Regelungen, insbesondere auf dem Gebiet des Städtebaurechts, ist ferner der − nun bereits zur Rechtsgeschichte gehörende − „Vertrag über die Schaffung einer Währungs-, Wirtschafts- und Sozialunion" zwischen der Bundesrepublik Deutschland und der DDR in die Erinnerung zu rufen. In dem Vertrag verpflichtete sich die DDR u. a., zur Planungs- und Investitionssicherheit für bauliche Vorhaben baldmöglichst Rechtsgrundlagen zu schaffen, die dem Baugesetzbuch (BauGB) und dem Raumordnungsgesetz (ROG) der Bundesrepublik Deutschland entsprechen.
b) Zur Erfüllung dieser Verpflichtung erließ der Ministerrat der DDR[2] am 20. 6. 1990 die „Verordnung zur Sicherung einer geordneten städtebaulichen Entwicklung und der Investitionen in den Gemeinden (Bauplanungs- und Zulassungsverordnung − BauZVO −);[3] am 5. 7. 1990 erging das „Gesetz über die Inkraftsetzung des Raumordnungsgesetzes der Bundesrepublik Deutschland in der Deutschen Demokratischen Republik".[4] Die BauZVO führte die nach damaligem Rechtszustand möglichen und vordringlichen Regelungen in der

---

1) Als Ergebnis der Wahl vom 18. 3. 1990.
2) Auf Vorlage des Ministers für Bauwesen, Städtebau und Wohnungswirtschaft.
3) GBl. I S. 739 (der DDR).
4) GBl. I S. 627.

DDR ein. Sie sah bemerkenswerte Abweichungen vom BauGB vor,[5] um den Besonderheiten,[6] vor allem der neuen Situation der Gemeinden in der DDR, zu entsprechen;[7] das ROG wurde dagegen fast unverändert übernommen. Die Volkskammer der DDR hat über die genannten Vorschriften hinaus eine Bauordnung erlassen,[8] die mit ihrem dazu erlassenen Ausführungsrecht als Landesrecht der fünf neuen Bundesländer fortgilt; in Berlin gilt einheitlich die BauO Berlin (West).[9]

c) Die BauZVO[10] und die BauO[11] haben bereits wesentliche Teile des bis dahin geltenden Baurechts der DDR ohne Überleitungsregelungen aufgehoben.

2. Allgemeines zum Baurechtszustand aufgrund des Einigungsvertrages

a) Mit dem Wirksamwerden des Einigungsvertrages vom 31. 8. 1990[12] am 3. 10. 1990 ist durch den Beitritt der DDR das gesamte Bundesrecht der Bundesrepublik Deutschland in den Ländern Brandenburg, Mecklenburg-Vorpommern, Sachsen, Sachsen-Anhalt und Thüringen sowie in Berlin (Ost) in Kraft getreten, soweit der Einigungsvertrag in der Anlage I zum Einigungsvertrag (Art. 8) nicht ausdrücklich Übergangs- und Sonderregelungen getroffen hat. Im Bereich des *Städtebaurechts* sind am 3. 10. 1990 mithin in Kraft getreten
— das Baugesetzbuch *(BauGB)* vom 8. 12. 1986 (BGBl. I S. 2253) mit den bis dahin erfolgten Änderungen,
— die Baunutzungsverordnung *(BauNVO)* vom 23. 1. 1990 (BGBl. I S. 132) und
— die Wertermittlungsverordnung *(WertV)* vom 6. 12. 1988 (BGBl. I S. 2209).
Das bisherige Recht der DDR ist, sofern es nach der Kompetenzordnung des Grundgesetzes (GG) als Bundesrecht einzuordnen wäre, gleichzeitig außer Kraft getreten, es sei denn, daß in Anlage II (nach Art. 9 Abs. 2 Einigungsvertrag) etwas anderes geregelt ist. Das im Zeitpunkt der Unterzeichnung des Einigungsvertrages (31. 8. 1990) geltende Recht der DDR, das nach der Kompetenzordnung des GG Landesrecht wäre, gilt grundsätzlich als Landesrecht der neuen Länder im Gebiet der ehemaligen DDR fort (Art. 9 Abs. 1).

b) Für die Fortgeltung des bisherigen Rechts der DDR als Bundesrecht ist nach Art. 9 Abs. 4 Einigungsvertrag maßgebend, ob es in Anlage II zum Einigungsvertrag aufgeführt ist. Soweit es Gegenstände der konkurrierenden Gesetzgebung oder der Rahmengesetzgebung betrifft, gilt es als Bundesrecht fort, „wenn und soweit es sich auf Sachgebiete bezieht, die im übrigen Geltungsbereich des Grundgesetzes bundesrechtlich geregelt sind" (Art. 9 Abs. 4). Zu den in Anlage II nicht erwähnten und sonach mit Inkrafttreten des Einigungsvertrages außer Kraft getretenen Gesetzen — und zwar ohne Überleitungsregelungen für

---

5) Auf die im einzelnen in den Abschnitten II und III eingegangen wird.
6) Vgl. dazu *Bielenberg*, Neues Baurecht für die Deutsche Demokratische Republik, DVBl. 90, 841; ferner *Bielenberg/Krautzberger/Söfker*, Das neue Städtebaurecht der DDR, 1990.
7) Die Gemeinden haben durch das „Gesetz über die Selbstverwaltung der Gemeinden und Landkreise in der Deutschen Demokratischen Republik" vom 17. 5. 1990 (GBl. I S. 255) überhaupt erst (wieder) eigene Rechtspersönlichkeit erlangt.
8) Vom 20. 7. 1990 (GBl. I S. 929 und S. 950), zusammen mit dem „Gesetz zur Einführung des Gesetzes vom 20. 7. 1990 über die Bauordnung (BauO)".
9) Inkraftgesetzt aufgrund der Ermächtigung in § 9 EinführungsG z. BauO v. 20. 7. 1990.
10) Fn. 3 in § 67.
11) Vgl. die Aufführung der aufgehobenen Vorschriften in § 10 Abs. 3 EinführungsG z. BauO (Fn. 8).
12) Gesetz zum Einigungsvertrag vom 31. 8. 1990 und zu den Vereinbarungen vom 18. 9. 1990 und vom 23. 9. 1990 (BGBl. II S. 885).

eingeleitete Verfahren[13] − gehören das Baulandgesetz[14] und das Entschädigungsgesetz.[15] Die GrundstücksverkehrsVO[16] gilt dagegen − wenn auch unter Aufhebung wesentlicher Teile − im Rahmen des „Gesetzes über besondere Investitionen in dem in Artikel 3 des Einigungsvertrages genannten Gebiet" weiter.[17]

c) Die genannten Grundsätze (Buchst. a und b) sind, auf das Städtebaurecht bezogen, in den Anlagen I und II zum Einigungsvertrag jeweils im Kapitel XIV konkretisiert.[18] Danach ist das *BauGB* in den neuen Ländern unter gleichzeitiger Einfügung eines § 246 a „Überleitungsregelungen aus Anlaß der Herstellung der Einheit Deutschlands" in Kraft getreten;[19] es handelt sich insoweit um als „Maßgaben" bezeichnete Abweichungen und Ergänzungen, die in der Regel auf die im übrigen außer Kraft getretene BauZVO[20] zurückgehen.

Außerdem ist der in den neuen Ländern in Kraft getretenen *BauNVO* (siehe Buchst. a) als unbefristete Übergangsregelung ein § 26 a eingefügt worden,[21] nach dem in den neuen Ländern § 17 Abs. 3 BauNVO auf Gebiete anzuwenden ist, die am 1. 7. 1990 überwiegend bebaut waren.

Ausgenommen vom Inkrafttreten in den neuen Ländern ist das *Maßnahmengesetz* zum BauGB,[22] soweit nicht Vorschriften dieses Gesetzes in § 246 a BauGB für anwendbar erklärt werden.

II. Die „Maßgaben" nach § 246 a Abs. 1 BauGB in den neuen Ländern

1. Allgemeines zur Anwendung

a) Die Vorschrift des § 246 a BauGB enthält in Abs. 1 Satz 1 in 18 Nummern die „Maßgaben", mit deren Besonderheiten das BauGB in den neuen Ländern und in Berlin (Ost) gilt. Die Maßgaben sind bis zum 31. 12. 1997 befristet. Nach Ablauf des Zeitpunkts treten sie selbsttätig außer Kraft, es sei denn, der Bundesgesetzgeber beschließt vorher eine

---

13) Worauf *Bielenberg*, Die Besonderheiten des Städtebaurechts nach dem Einigungsvertrag im Gebiet der neuen Länder, DVBl. 90, 1314 (1315) hinweist; zit „Besonderheiten".

14) Gesetz über die Bereitstellung von Grundstücken für Baumaßnahmen (Baulandgesetz) vom 15. 6. 1984 (GBl. I S. 201); die Enteignung für städtebauliche Maßnahmen richtet sich nunmehr nach den §§ 85 ff. BauGB.

15) Gesetz über die Bereitstellung von Grundstücken (Entschädigungsgesetz) vom 15. 6. 1984 (GBl. I S. 209; die Entschädigungsregelungen im Zusammenhang mit städtebaulichen Maßnahmen richten sich nunmehr gleichfalls nach dem BauGB (§§ 93 ff.); die im Bereich des Städtebaurechts der ehemaligen DDR bisher geltenden und mit Wirkung vom 3. 10. 1990 außer Kraft getretenen Vorschriften sind in dem Gemeinsamen Einführungserlaß zum BauGB der „Landessprecher" der Beitrittsländer von Oktober 1990 (veröffentl. BM Bau Bonn-Bad Godesberg, Deichmannsaue) in der Anlage 7 als „beispielhafte Aufzählung" aufgeführt.

16) VO über den Verkehr mit Grundstücken (GrundstücksverkehrsVO) vom 15. 12. 1977 (GBl. I 1978 S. 73) m. Änderungen.

17) Vgl. Einigungsvertrag, Anlage II, Kapitel III, Sachbereich B: Bürgerliches Recht, Abschnitt I Nr. 1; im Rahmen des Gesetzes über besondere Investitionen in den neuen Ländern und im bisherigen Teil Ost des Landes Berlin (Art. 3 Einigungsvertrag) s. besonders § 2 des Gesetzes; Einzelheiten bei *Bielenberg*, Besonderheiten, a. a. O., S. 1316.

18) Anlage I, Kapitel XIV: Geschäftsbereich des Bundesministers für Raumordnung, Bauwesen und Städtebau.

19) Kapitel XIV, Abschnitt II, Nr. 1.

20) Vgl. Fn. 3; Einzelheiten hier unter Abschnitt II, 1 Buchst. b.

21) Vgl. Kapitel XIV, Abschnitt II, Nr. 2.

22) Kapitel XIV, Abschnitt I, BauGB-MaßnahmenG vom 17. 5. 1990 (BGBl. I S. 926).

davon abweichende Regelung; es wird wohl davon auszugehen sein, daß er vor Ablauf der Geltungsfrist des BauGB-MaßnahmenG (bis 31. 5. 1995) tätig wird, um darüber zu entscheiden, welche Vorschriften in das BauGB als Dauerregelung übernommen werden sollen. Soweit § 246 a BauGB im Rahmen der „Maßgaben" Vorschriften des BauGB-MaßnahmenG in den neuen Ländern für anwendbar erklärt hat, gilt die Frist der „Maßgaben" (31. 12. 1997) auch für diese.[23] Zur besseren Ein- und Abgrenzung der im Rahmen des Einigungsvertrages verständlicherweise sehr knapp gehaltenen Maßgaben ist bei den einzelnen Nummern in Klammern jeweils ein auf die Maßgabe hinweisender Bezug vorangestellt. Er wird dazu beitragen, sich in dem „Paragraphengestrüpp" etwas schneller zurechtzufinden.

b) Durch die Maßgaben sind überwiegend *Vorschriften der BauZVO* der (ehemaligen) DDR für weiter anwendbar erklärt worden, mit denen zum einen bauliche Investitionen planungsrechtlich – insofern abweichend von entsprechenden Vorschriften des BauGB – erleichtert und zum anderen durch Schließung planerischer Verfahrenslücken und Ergänzung des Instrumentariums eine zügigere geordnete städtebauliche Entwicklung in den Gemeinden der neuen Länder ermöglicht werden sollen.[24] Die Maßgaben stellen in ihrer Reihenfolge weitgehend auf den Aufbau des BauGB ab. Für die wirksame Anwendung der Maßgaben nach § 246 a Abs. 1 BauGB wird es entscheidend darauf ankommen, daß die bis 31. 12. 1997 weiter geltenden Vorschriften der ansonsten außer Kraft getretenen BauZVO, ggf. in der geänderten Fassung, durch die betreffende Maßgabe nach § 246 a Abs. 1 BauGB – gewissermaßen als bereinigter Text der bisherigen BauZVO im Sinne einer „Annex-Vorschrift" zum BauGB – verfügbar ist.

2. Zu den Maßgaben im einzelnen, soweit sie der rechtsstaatlichen Absicherung und Beschleunigung des städtebaulichen Instrumentariums dienen

Nr. 1 umfaßt mehrere Vorschriften über die Bauleitplanung, so in ihrem Verhältnis zur Raumordnung und zur Landesplanung, für die das Recht der DDR keine Regelungen enthielt. Da in den neuen Ländern Ziele der Raumordnung und Landesplanung vorerst noch fehlen, sind nach *§ 1 Abs. 4 Satz 2 BauZVO* die aus den Grundsätzen der Raumordnung und aus Raumordnungsverfahren entwickelten *sonstigen Erfordernisse* der Raumordnung in die Abwägung nach § 1 Abs. 6 BauGB einzubeziehen. Das dafür in enger Anlehnung an die entsprechenden Anpassungsvorschriften der Landesplanungsgesetze der Altbundesländer[25] in der BauZVO vorgesehene Verfahren nach *§ 4 Abs. 3 BauZVO* wird für weiter anwendbar erklärt.[26]

Um die *Ausarbeitung von Bauleitplänen* zu beschleunigen, kann nach dem weitergeltenden *§ 2 Abs. 4 Satz 1 BauZVO* die Landesregierung „allgemein Stellen bestimmen, die

---

23) Zur einheitlichen Frist vgl. unter Anlage I, Kapitel XIV, Abschnitt II § 246 a Abs. 1 Satz 1 – Einleitung – und Satz 3.
24) Vgl. Fn. 20 und 3.
25) Vgl. u. a. § 20 Landesplanungsgesetz (LPlG) NW, § 17 LPG ND.
26) Danach hat die Gemeinde „die Absicht, einen Bauleitplan aufzustellen, der für die Raumordnung und Landesplanung zuständigen Stelle unter allgemeiner Angabe ihrer Planungsabsichten mitzuteilen und anzufragen, welche Ziele der Raumordnung und Landesplanung für den Bereich bestehen. Äußert sich die für die Raumordnung und Landesplanung zuständige Stelle nicht innerhalb einer Frist von zwei Monaten, kann die Gemeinde davon ausgehen, daß raumordnerische Bedenken nicht erhoben werden"; zu weiteren Einzelheiten vgl. *Bielenberg,* Besonderheiten, a. a. O., S. 1317.

verpflichtet sind, auf Antrag der Gemeinden Bauleitpläne auszuarbeiten". Nach *Satz 2* bleibt „das Recht der Gemeinden, andere fachlich geeignete Personen oder Stellen zu beauftragen, unberührt"; d. h. die Gemeinden können auch abweichend von Satz 1 selbst geeignete Fachkräfte beauftragen.

Wegen des weitgehenden Fehlens von Flächennutzungsplänen (FN-Plänen), die im Regelfall Voraussetzung für die Aufstellung von Bebauungsplänen (B-Plänen) sein sollen, erhalten die Gemeinden das Recht zur Aufstellung von *Teil-FN Plänen*. Nach § 5 Abs 1 Satz 3 BauZVO, der in § 5 Abs. 1 BauGB nicht enthalten ist, können bis zur Aufstellung des FN-Plans Darstellungen für räumliche und sachliche Teile getroffen werden, wenn dies für die städtebauliche Entwicklung der Gemeinde vordringlich ist; die Verpflichtung, einen FN-Plan für das ganze Gemeindegebiet aufzustellen (§ 5 Abs. 1 Satz 1 BauGB), gilt daneben weiter. Ein Teil-FN-Plan wird in allen den Fällen für die Gemeinden hilfreich sein, in denen die Aufstellung des FN-Plans für das *ganze* Gemeindegebiet wegen der daran gekoppelten Aufstellung von B-Plänen in nicht vertretbarer Weise die städtebauliche Entwicklung und entsprechende städtebauliche Maßnahmen, vor allem bei dringenden Investitionen, verzögern würde.

Nr. 2 sieht hinsichtlich der gemeindlichen *Planungspflicht,* die durch § 1 Abs. 3 BauGB „an sich" zwar vorgegeben ist, wegen der fehlenden Vollzugserfahrung vor allem der ganz kleinen Gemeinden mit dem Planungsinstrumentarium des BauGB aber nicht immer in der gebotenen Weise gewährleistet sein wird, ein in *§ 2 Abs. 6 BauZVO* bereits enthaltenes besonderes *aufsichtsrechtliches Planungsgebot* an die Gemeinde vor; es gilt mit einer geringfügigen Einschränkung weiter. Ist aus Gründen des Wohls der Allgemeinheit, insbesondere um eine geordnete städtebauliche Entwicklung zu gewährleisten, die Aufstellung eines Bauleitplans geboten und kommt die Gemeinde ihrer Verpflichtung nach § 1 Abs. 3 BauGB nicht nach, kann die Landesregierung — und zwar nur sie selbst, d. h. ohne Delegierung an eine nachgeordnete staatliche Behörde, —[27] *anordnen,* daß die Gemeinde den Bauleitplan aufstellt. Leitet die Gemeinde die Aufstellung des Bauleitplans nicht binnen drei Monaten nach Anordnung durch einen Aufstellungsbeschluß ein oder führt sie ein eingeleitetes Verfahren nicht fort, kann die höhere Verwaltungsbehörde anstelle der Gemeinde den Bauleitplan nach den Vorschriften des BauGB aufstellen. Stellt die höhere Verwaltungsbehörde einen Bauleitplan auf, richtet sich auch in derartigen Fällen das Bauleitplanverfahren nach den hierfür einschlägigen Vorschriften des BauGB (§ 2 Abs. 6 BauZVO); die Vorschrift ist entsprechend auf einen gemeinsamen FN-Plan benachbarter Gemeinden nach § 204 Abs. 1 BauGB anzuwenden.

Nr. 3 erleichtert die *Aufstellung vorzeitiger B-Pläne.* § 8 Abs. 4 BauZVO sah bereits eine derartige Regelung vor, um den Gemeinden insbesondere die beschleunigte Durchführung von Investitionen auch in den Fällen zu ermöglichen, in denen einerseits der Zulässigkeitsrahmen der §§ 34, 35 BauGB nicht ausreicht und andererseits die an sich notwendige Beachtung des Entwicklungsgebots nach § 8 Abs. 2 bis 4 BauGB eine beschleunigte Schaffung rechtsverbindlichen Baurechts behindern würde. Für eine Übergangszeit konnte nach der BauZVO und kann nach § 8 Abs. 4 *Satz 1* BauZVO in der nach § 246 a Abs. 1 Nr. 3 maßgebenden Fassung ein gelockertes Entwicklungsgebot Platz greifen, indem „*dringende*" städtebauliche Gründe nicht vorausgesetzt werden. Ein B-Plan kann danach aufgestellt, geändert, ergänzt oder aufgehoben werden, *bevor* der FN-Plan oder ein Teil-FN-Plan aufgestellt ist, wenn die Aufstellung, Änderung, Ergänzung oder Aufhebung des B-Plans für

---

27) Diese Einschränkung kommt darin zum Ausdruck, daß in § 2 Abs. 6 BauZVO *Satz 1* der Zusatz „oder die von ihm bezeichnete Stelle" bei Abfassung der Maßgaben gestrichen worden ist.

die geordnete städtebauliche Entwicklung erforderlich ist und wenn der B-Plan der beabsichtigten städtebaulichen Entwicklung des Gemeindegebiets nicht entgegenstehen wird
(vorzeitiger Bebauungsplan).[28]

Nr. 4 unterwirft *alle* städtebaulichen *Satzungen* nach dem BauGB der *Genehmigungspflicht* durch die höhere Verwaltungsbehörde. Dies gilt abweichend von § 11 BauGB für alle
B-Pläne und gleichfalls für Veränderungssperren, Satzungen im Zusammenhang mit dem
besonderen Vorkaufsrecht[29] und Erhaltungssatzungen. Diese Regelung entspricht dem
Rechtszustand, der für die Gemeinden der Altbundesländer bis zum Inkrafttreten des
BauGB (1. 7. 1987) gegolten hat. Die einheitliche Genehmigungspflicht der Satzungen in
den neuen Ländern ist insbesondere zur Gewährleistung von unter Beachtung der rechtsstaatlichen Grundsätze durchzuführenden Satzungsrechtsverfahren sinnvoll. Den zahlreichen Kleinstgemeinden[30] mit naturgemäß nicht vorhandener Verwaltungskraft und noch
weniger Verwaltungserfahrung wird durch die Maßgabe eine Hilfestellung durch die höhere
Verwaltungsbehörde geboten.

Der Genehmigungspflichtigkeit seitens der Gemeinden wird eine besondere Sorgfalts-
pflicht der höheren Verwaltungsbehörde bei der Ausübung ihrer Rechtsaufsicht gegenüberstehen müssen; diese Sorgfaltpflicht konnte unter der Herrschaft des BBauG nicht immer in
dem erforderlichen Umfang festgestellt werden.[31] Die rechtsaufsichtliche Überprüfung hat
sich nicht nur auf das ordnungsgemäße *verfahrensrechtliche* Zustandekommen der B-Pläne
und der anderen Satzungen zu erstrecken, sondern gleichermaßen auf die Beachtung der
rechtsstaatlichen Gebote wie *Rechtfertigung* der städtebaulichen Planung (§ 1 Abs. 3
BauGB), das *Abwägungsgebot* des § 1 Abs. 6 BauGB oder Einhaltung des verfassungsrechtlich gebotenen *Verhältnismäßigkeitsgrundsatzes.*

In den Fällen, in denen nach § 13 Abs. 1 BauGB ein B-Plan oder nach § 143 Abs. 3
BauGB eine Sanierungssatzung im *vereinfachten* Verfahren ohne Anzeige gegenüber der
höheren Verwaltungsbehörde geändert werden soll, bedarf dies weiterhin keiner Genehmigung. Im Falle der *Verlängerung* und des *erneuten Erlasses* einer Veränderungssperre ist die
Zustimmung der höheren Verwaltungsbehörde dagegen weiterhin erforderlich.

Nr. 5 eröffnet der Gemeinde – wie bereits § 12 Abs. 1 Satz 2 BauZVO –, in der
Veränderungssperre einen dem BauGB unbekannten Tatbestand aufzunehmen, der zusätzlich der Genehmigung unterliegt. Die Gemeinde kann in der Veränderungssperre bestimmen, daß Vereinbarungen, durch die ein schuldrechtliches Vertragsverhältnis über den
Gebrauch oder die Nutzung eines Grundstücks, Gebäudes oder Gebäudeteils auf bestimmte
Zeit von mehr als einem Jahr begründet wird, ihrer Genehmigung bedürfen; dies gilt nicht
für Mietverträge über die Nutzung von Wohnraum zu Wohnzwecken. Die Genehmigung
darf nur versagt werden, wenn für die mit dem Rechtsvorgang bezweckte Nutzung eine
Ausnahme nach § 14 Abs. 2 nicht erteilt werden könnte.[32] Mit dieser Maßgabe wird der
Schutz des Grundstücksverkehrs, wie er bis zum Einigungsvertrag in § 12 Abs. 4 BauZVO

---

28) Nach § 8 Abs. 4 Satz 2 BauZVO ist in der Begründung des B-Plans darzulegen, daß der B-Plan der
   beabsichtigten städtebaulichen Entwicklung des Gemeindegebiets, insbesondere den künftigen Darstellungen des in Aufstellung befindlichen FN-Plans oder, wenn ein entsprechender Stand nicht erreicht ist,
   den Zielen und Zwecken des FN-Plans nicht entgegenstehen wird.
29) Vgl. § 25 Abs. 1 BauGB.
30) Häufig mit weniger als 100 Einwohnern.
31) Anders ist es nicht zu erklären, daß im Zuge der von Betroffenen angestrengten Normenkontrollverfahren oder der Inzidentüberprüfung wiederholt eine hohe Zahl von B-Plänen durch die Gerichte für nichtig
   erklärt werden mußte.
32) Nach Maßgabe des § 246 a Abs. 1 Nr. 5 Satz 1 BauGB.

bestimmt war, auf den schuldrechtlichen Vertrag vorverlegt, allerdings beschränkt auf die Fälle, bei denen für die Nutzungsänderung keine Ausnahme von der Veränderungssperre erteilt werden kann.[33]

Nach § 246 a Abs. 1 Nr. 5 *Satz 2* BauGB kann die Geltungsdauer der erstmals erlassenen Veränderungssperre[34] bis zu drei Jahren (anstelle von zwei Jahren des BauGB für die Altbundesländer) festgelegt werden; dementsprechend ist die entschädigungslose Gesamtdauer gegenüber § 18 Abs. 1 Satz 1 BauGB auf fünf Jahre verlängert worden. Diese Regelung trägt der besonderen Planungssituation der Gemeinden in den neuen Ländern[35] Rechnung. Sie ist auch unter Berücksichtigung des verfassungsrechtlich gebotenen Eigentumsschutzes nach Art. 14 GG vertretbar.

Nr. 6 wird unter Abschnitt III 2 behandelt.

Nr. 7 regelt die *gesetzlichen Vorkaufsrechte der Gemeinde* unter Berücksichtigung der besonderen Bodenmarktsituation in den neuen Bundesländern. Da es dort infolge des fehlenden Bodenmarktes keine „gewachsene" Bodenpreisentwicklung mit transparenten Vergleichspreisen gibt, haben sich nach Entstehen der Währungs- und Wirtschaftsunion teils sehr unrealistische, häufig auf eng begrenzten örtlichen Situationen beruhende Bodenwerte ergeben. Die Vorkaufsrechte sind gegenüber dem BauGB zwar nicht räumlich erweitert und sachlich ausgedehnt worden. Der Gesetzgeber hielt es aus den genannten Gründen aber für erforderlich, für *alle* Vorkaufsrechte der §§ 24 und 25 BauGB die Preislimitierung unter Rückgriff auf die Regelungen des § 3 Abs. 3 BauGB-MaßnahmenG einzuführen.[36] Die Preislimitierung nach § 28 Abs. 3 BauGB, d. h. die Ausübung zum Entschädigungswert bei Veräußerung von Flächen, die im B-Plan für öffentliche Zwecke festgesetzt sind und nach dem festgesetzten Verwendungszweck enteignet werden könnten, gelten daneben auch im Gebiet der neuen Länder.[37]

Nr. 8: Die Maßgabe über die *Zulässigkeit von Vorhaben* erklärt bestimmte Regelungen des *BauGB-MaßnahmenG* für anwendbar. Es handelt sich einmal um die Erweiterung der Abweichungsregelung des § 34 Abs. 3 BauGB um Vorhaben, die Wohnzwecken dienen.[38] Zum anderen wird die erleichterte Zulassung von Wohnzwecken dienenden Vorhaben im Außenbereich im Sinne des § 35 Abs. 2 BauGB und gleichfalls für Vorhaben, die kleinen Handwerks- und Gewerbebetrieben dienen, ermöglicht. Voraussetzung ist eine von der Gemeinde zu erlassende *Satzung für den Außenbereich,* in der nähere Bestimmungen über die Zulässigkeit getroffen werden können.[39]

Nr. 9 enthält das *Recht des Vertrauensschadens,* das aufgrund des sozialistischen, kollektivistisch strukturierten Baurechts naturgemäß vordem unbekannt war. Die Vorschrift des § 56 BauZVO hatte lediglich einen Entschädigungsanspruch bei Beeinträchtigung einer *ausgeübten* Nutzung geregelt. Sinn und Zweck der Maßgabe nach § 246 a Abs. 1 Nr. 9 anstelle des § 39 BauGB liegen darin, daß die sofortige Einführung des vermögensrechtli-

---

33) Ebenso *Runkel,* Die Maßgaben des Baugesetzbuchs in den neuen Ländern − § 246 a BauGB −, Informationsdienst (ID) Deutsches Volksheimstättenwerk (DVH), 1990, 286 (288).

34) In Übereinstimmung mit § 14 Abs. 3 und 4 BauZVO.

35) Vgl. Fn. 7 und Vorb. Abschn. I 1 Buchst. b.

36) Nach § 3 Abs. 3 BauGB-MaßnahmenG bemißt sich der von der Gemeinde zu zahlende Betrag abweichend von § 28 Abs. 2 Satz 2 BauGB nach dem Verkehrswert des Grundstücks (§ 194 BauGB) im Zeitpunkt des Verkaufsfalls, wenn der vereinbarte Kaufpreis den Verkehrswert in einer den Rechtsverkehr erkennbaren Weise deutlich überschreitet.

37) Weitere Einzelheiten bei *Bielenberg,* Besonderheiten, a. a. O., S. 1319.

38) Vgl. § 4 Abs. 2 Satz 1 BauGB-MaßnahmenG.

39) Vgl. zu den Einzelheiten § 4 Abs. 4 BauGB-MaßnahmenG.

chen Schutzes der *nicht ausgeübten* Nutzung in Gebieten nach § 34 BauGB die Gemeinden vielfach daran hindern würde, für das Gebiet B-Pläne aufzustellen. Übermäßige zusätzliche finanzielle Belastungen der Gemeinden im Zusammenhang mit der städtebaulichen Planung könnten der dringend erforderlichen städtebaulichen Ordnung entgegenstehen.[10] Aus diesem Grund erklärt die Maßgabe zu den §§ 39 ff. BauGB das Planungsschadensrecht des § 42 Abs. 1 bis 3 und 5 bis 10 auf die bei Wirksamwerden des Beitritts nach § 34 zulässigen Nutzungen für nicht anwendbar. Dafür wird ein angemessener Ausgleich zwischen den Interessen der Eigentümer sowie sonstigen Nutzungsberechtigten und den Gemeinwohlinteressen dadurch bewirkt, daß der Entschädigungstatbestand für Vertrauensschäden nach § 39 BauGB auch auf Fälle des § 34 BauGB ausgedehnt[41] und zugleich auch die Erstattung der Kosten eines Grundstückserwerbs erfaßt wird.

Nr. 10 dehnt die *Zulässigkeit der Enteignung* auf Satzungen über einen Vorhaben- und Erschließungsplan nach § 55 BauZVO aus, um Grundstücke entsprechend den Bestimmungen der Satzung, die im B-Plan als Festsetzungen nach § 9 BauGB getroffen werden können, für städtebauliche Zwecke zu nutzen oder eine solche Nutzung vorzubereiten.

Nr. 11 wird unter Abschnitt III, 3 behandelt.

Nr. 12 erweitert im Rahmen *städtebaulicher Sanierungsmaßnahmen* das bauplanungsrechtliche Instrumentarium durch Anwendung des § 28 Abs. 4 BauZVO. *Ergänzend* zu den vorbereitenden Untersuchungen nach § 141 BauGB können danach Anträge auf Genehmigung von Vorhaben und Teilungen von Grundstücken entsprechend den Vorschriften über die befristete Zurückstellung von Baugesuchen zur Sicherung der beabsichtigten Sanierungsmaßnahmen für höchstens *zwei* Jahre zurückgestellt werden. Durch die längere Frist erhalten die Gemeinden erheblich mehr Zeit für die vorbereitenden Untersuchungen. In den neuen Ländern beschränkt sich das Wahlrecht der Gemeinde darauf, sich zwischen dem üblichen umfassenden Verfahren mit den besonderen sanierungsrechtlichen Vorschriften (§§ 152 ff. BauGB) und dem vereinfachten Verfahren zu entscheiden; Differenzierungen innerhalb des vereinfachten Verfahrens nach § 142 Abs. 4, 2. Halbsatz BauGB, durch die einzelne Genehmigungsvorbehalte des § 144 ausgeschlossen werden können, sind nach Maßgabe des § 246 a Abs. 1 Satz 1 Nr. 2 BauGB nicht vorgesehen. In der besonderen Situation der Gemeinden ist davon auszugehen, daß stets auf das gesamte für Sanierungsmaßnahmen vorgehaltene Instrumentarium zurückgegriffen werden muß.

Nr. 13 ermöglicht *städtebauliche Entwicklungsmaßnahmen*, in deren Rahmen den Gemeinden die geschlossene Bereitstellung von Bauland und die Heranziehung der Bodengewinne zur Finanzierung der jeweiligen Maßnahmen eröffnet wird.[42] Dazu sind die entsprechenden Vorschriften des BauGB-MaßnahmenG, insbesondere die §§ 6 und 7, für anwendbar erklärt worden.[43]

Nr. 14 enthält für die *Erhaltungssatzung* in Form der sog. *Milieuschutzsatzung* des § 172 Abs. 1 Satz 1 Nr. 2 BauGB zum einen die Maßgabe, daß ergänzend § 43 Abs. 1 Satz 3 BauZVO anzuwenden ist. Danach kann die Gemeinde zur Sicherstellung des Milieuschutzes in der Satzung ähnlich wie bei der Veränderungssperre einen zusätzlichen Genehmigungstat-

---

40) Ebenso *Bielenberg,* Besonderheiten, a. a. O., S. 1319; dort weitere Einzelheiten.

41) § 39 BauGB erstreckt sich nicht auf Fälle nach § 34 BauGB, worauf *Bielenberg,* in: *Ernst/Zinkahn/ Bielenberg,* Loseblattkomm. z. BauGB Vorb. §§ 39 bis 44 und § 39 Rdn. 37 hinweist.

42) Im einzelnen dazu, insbesondere zu dem durch das BauGB-MaßnahmenG fortentwickelten Instrumentarium, vgl. *Bielenberg,* in: *Ernst/Zinkahn/Bielenberg,* zu §§ 6 und 7 BauGB-MaßnahmenG, erläutert nach § 171 BauGB.

43) Nach § 246 a Abs. 1 Satz 1 Nr. 13 BauGB sind anstelle der §§ 165 bis 171 BauGB die §§ 6, 7, 9 Abs. 3 und 10 Abs. 3 BauGB-MaßnahmenG anzuwenden.

bestand für bestimmte schuldrechtliche Verträge aufnehmen.[44] Dadurch können für bau-rechtsrelevante Nutzungsänderungen die sie vorbereitenden schuldrechtlichen Verträge bereits unter Genehmigungsvorbehalt gestellt werden. Die andere Maßgabe befaßt sich im Rahmen des beabsichtigten Milieuschutzes nach § 172 Abs. 1 Satz 1 Nr. 2 BauGB mit dem Genehmigungsversagungsgrund des § 172 Abs. 4 BauGB. Nach letzterer Vorschrift ist die Genehmigung zu erteilen, wenn auch unter Berücksichtigung des Allgemeinwohls die Erhaltung der baulichen Anlage nach objektiven Kriterien wirtschaftlich nicht mehr zumutbar ist. Diese Genehmigungspflicht ist durch den Übernahmeanspruch nach § 173 Abs. 2 BauGB ersetzt worden. Diese Maßgabe trägt dem bekannten schlechten Bauzustand gerade der Miethäuser Rechnung, bei denen in zahlreichen Fällen die Genehmigung zum Abbruch sonst nicht versagt werden könnte.

Nr. 15 behandelt die *städtebaulichen Gebote*, von denen § 47 BauZVO bisher lediglich das Modernisierungs- und Instandsetzungsgebot i. S. von § 177 BauGB geregelt hatte. Nachdem die Rechtsprechung des BVerwG für die (bessere) Handhabung des Baugebots des § 176 BauGB in der Praxis eine Klärung in grundsätzlicher Hinsicht gebracht hat, die zum Teil in § 8 BauGB-MaßnahmenG berücksichtigt worden ist, kann die Vorschrift über das Baugebot in der ergänzenden Fassung des § 8 BauGB-MaßnahmenG in den Gemeinden (sehr) hilfreich sein.[45]

Nr. 16 enthält Maßgaben zum *Recht der Wertermittlung* (§§ 192 bis 199 BauGB). Danach sind bis zum Inkrafttreten der RechtsVO nach § 199 Abs. 2 BauGB durch die Landesregierungen § 50 Abs. 1 und § 51 Abs. 1 und 2 BauZVO weiter anzuwenden. Die Vorschriften regeln einmal die *Vorbereitung* der Bildung von Gutachterausschüssen[46] und nach § 51 BauZVO im einzelnen die Aufgaben der Geschäftsstelle, insbesondere die Führung einer *Kaufpreissammlung*. Im übrigen gilt aufgrund des Einigungsvertrages nunmehr insgesamt das Recht der Wertermittlung nach den §§ 192 ff. BauGB einschließlich der WertV.[47]

Nr. 17 regelt das *Verfahren vor den Kammern (Senaten) für Baulandsachen*. Die §§ 217 bis 232 BauGB sind mit der Maßgabe anzuwenden, daß die Kammern für Verwaltungsrecht bei den Kreisgerichten und die Senate für Verwaltungsrecht bei den Bezirksgerichten zuständig sind; für das Verfahren gelten die Vorschriften der Verwaltungsgerichtsordnung (VwGO). Dritte Instanz ist der BGH. Diese Maßgabe gilt nicht in Berlin (Ost).

III. Fortentwicklung des städtebaurechtlichen Instrumentariums; Überleitungsregelungen allgemeiner und besonderer Art

1. Allgemeines zu den betreffenden Maßgabenvorschriften

Die Maßgabenregelungen des § 246 a Abs. 1 BauGB haben gezeigt, daß das in den Leitsätzen zu dem Vertrag über die Schaffung einer Währungs-, Wirtschafts- und Sozial-

---

44) Vgl. dazu Abschn. II, 2 Nr. 5.
45) Zum Baugebot unter Berücksichtigung der Rechtsprechung des BVerwG und des BauGB-MaßnahmenG
   Bielenberg/Krautzberger/Söfker, BauGB mit BauGB-MaßnahmenG und BauNVO, 3. Aufl., Rdn. 454.
46) § 50 Abs. 1 BauZVO: „Zur Vorbereitung der Bildung von Gutachterausschüssen zur Ermittlung von
   Grundstückswerten und für sonstige Wertermittlungen wird für jede kreisfreie Stadt und für jeden
   Landkreis bei dem zuständigen Liegenschaftsamt (Kataster- oder Vermessungsamt) oder einer anderen
   vorhandenen geeigneten kommunalen oder staatlichen Behörde eine Geschäftsstelle eingerichtet."
47) Vgl. Abschn. I 1 Buchst. a.

union[48] vorgegebene Ziel, zur Planungs- und Investitionssicherheit für bauliche Anlagen kurzfristig das erforderliche städtebaurechtliche Instrumentarium zu schaffen, als gelungen bezeichnet werden kann. Diese Feststellung bezieht sich nicht nur auf den *materiellrechtlichen Gehalt* der Vorschriften, wie er in den jeweiligen Maßgaben zum Ausdruck kommt, sondern gilt gleichermaßen für die *verfahrensrechtlichen* Bestimmungen, die die Besonderheiten und den andersartigen Behördenaufbau der ehemaligen DDR zu berücksichtigen hatten. Darüber hinaus hat es die offensichtlich kooperative Zusammenarbeit der Vertreter beider Bauministerien[49] trotz der geringen zur Verfügung stehenden Zeitspanne vermocht, dem besonderen Anliegen gerecht zu werden, nämlich durch zusätzliche, städtebaurechtlich neuartige Regelungen die Gemeinden *beschleunigt* in die Lage zu versetzen, bei weitgehender Sicherstellung einer geordneten städtebaulichen Entwicklung Investitionen und städtebauliche Sanierungsmaßnahmen bereits in einem frühen Stadium der städtebaulichen Planung zu genehmigen und zu fördern. Diesem Anliegen dienten in besonderer Weise der *„Vorhaben- und Erschließungsplan"* nach § 55 BauZVO[50] und der *„Erschließungsvertrag; städtebaulicher Vertrag"* nach § 54 BauZVO.[51] Beide Rechtsinstitute, auf die nachfolgend noch einzugehen ist, können als Fortentwicklung des in den Altbundesländern (vorhandenen) städtebaurechtlichen Vorschriftenwerks angesehen werden.

2. Vorhaben- und Erschließungsplan (Nr. 6 der Maßgabenregelung)

a) Nach dieser für das Städtebaurecht neuartigen Vorschrift kann die Gemeinde *durch Satzung* die Zulässigkeit von Vorhaben abweichend von den §§ 30, 31 und 33 bis 35 BauGB bestimmen, wenn die Vorhaben ohne Aufstellung eines B-Plans nicht zugelassen werden können und die Durchführung der Vorhaben für die Sicherung oder Schaffung von Arbeitsplätzen, zur Deckung eines Wohnbedarfs der Bevölkerung oder für erforderliche Infrastrukturmaßnahmen dringlich ist. Es handelt sich bei der rechtlichen Einordnung dieses neuen städtebaurechtlichen Instruments um eine *Ergänzung des Zulässigkeitsrechts.* Denn es ist kein B-Plan nach dem herkömmlichen Verständnis, weil er zum einen nicht *von der Gemeinde* durch Beschluß aufgestellt wird. Zum anderen enthält er weder die rechtsverbindlichen Festsetzungen für die (künftige) städtebauliche Ordnung, noch wird er aus dem FN-Plan entwickelt; er erfüllt auch nicht die Voraussetzung nach § 8 Abs. 2 Satz 2 BauGB, wonach ein FN-Plan nicht erforderlich ist, wenn der B-Plan ausreicht, um die städtebauliche Entwicklung zu ordnen. Der Vorhaben- und Erschließungsplan ist mithin kein B-Plan; er begründet jedoch wie ein B-Plan die Zulässigkeit von Vorhaben.[52] Seiner Rechtsqualität nach ist es ein „Ad-hoc-B-Plan" oder ein B-Plan „sui generis", der durch den Vorhabenträger in Abstimmung mit der Gemeinde zur Durchführung eines (bestimmten) Vorhabens und der dazu erforderlichen Erschließungsmaßnahmen erstellt wird. *Zum Inhalt* des Vorhabens- und Erschließungsplans gehört bei Vorlegung des Plans die Erklärung, daß der Vorhabenträger zur Durchführung der darin enthaltenen Vorhaben und Erschließungsmaßnahmen

---

48) Zwischen der Bundesrepublik Deutschland und der Deutschen Demokratischen Republik.
49) Des Bundesministers für Raumordnung, Bauwesen und Städtebau der Bundesrepublik Deutschland und des Ministers für Bauwesen, Städtebau und Wohnungswirtschaft der (ehemaligen) Deutschen Demokratischen Republik; vgl. dazu *Bielenberg,* Neues Baurecht für die Deutsche Demokratische Republik, DVBl. 90, 841 m. w. N.
50) Als Maßgabe Nr. 6 in die Überleitungsregelungen des § 246 a Abs. 1 BauGB übernommen.
51) Als Maßgabe Nr. 14 der Überleitungsregelungen.
52) Ebenso *Bielenberg,* Besonderheiten, a. a. O., S. 1317.

bereit und in der Lage[53] ist sowie die Verpflichtung zur Durchführung innerhalb eines – im Regelfall mit der Gemeinde abgestimmten – Zeitraums. Nach § 55 Abs. 1 Satz 2 BauZVO[54] wird der von der Gemeinde gebilligte Vorhaben- und Erschließungsplan *Bestandteil der Satzung*. Die „Billigung" wird durch Beschluß der Stadtverordnetenvertretung zu erfolgen haben und kann mit dem Satzungsaufstellungsbeschluß gekoppelt werden. Nach § 55 Abs. 1 Satz 3 BauZVO können in der Satzung ergänzende Bestimmungen entsprechend § 9 BauGB und nach der BauNVO getroffen werden. Da der Vorhaben- und Erschließungsplan gerade dazu dienen soll, investitionsbereiten und rechtlich wie tatsächlich dazu in der Lage befindlichen Investoren schnell das erforderliche Baurecht zu verschaffen, dürften die Gemeinden tunlichst alles vermeiden, die Satzung nach § 55 BauZVO mit weiteren Festsetzungen zu befrachten.

b) Beim Vorhaben- und Erschließungsplan handelt es sich um eine *Einzelfallregelung*, die in einem üblichen Bauleitplanverfahren – etwa für ein immissionsträchtiges Industrieunternehmen – zwar auch dargestellt und festgesetzt werden könnte. Das durch § 55 BauZVO angebotene Verfahren kann bei kooperativem Zusammenwirken von Investitionswilligen und Gemeinde aber wesentlich zur beschleunigten Verwirklichung strukturwirksamer Vorhaben beitragen. Da die Satzung nach § 55 BauZVO unter dem Gesichtspunkt der Beschleunigung vielfach Einzelfallregelungen enthalten wird, kommt es besonders auf die *Rechtfertigung* der Planung im Hinblick auf eine geordnete städtebauliche Entwicklung an. Die *Begründung* des Vorhaben- und Erschließungsplans i. S. von § 9 Abs. 8 BauGB, die nach Maßgabe des § 246a Abs. 1 Nr. 6 Buchst. a Satz 3 BauGB ausdrücklich verlangt wird, sollte jedenfalls kurz darlegen, aus welchen Gründen das Vorhaben im Rahmen der städtebaulichen Planungsabsichten *vernünftigerweise geboten*[55] ist. § 55 *Abs. 3* BauZVO regelt Einzelheiten des Satzungsverfahrens einschließlich der Bekanntmachung und *Abs. 5* im einzelnen den Fall, daß der Vorhaben- und Erschließungsplan nicht fristgerecht durchgeführt wird.

c) Daß der Gesetzgeber im Rahmen des Einigungsvertrages die Bedeutung des neuen Rechtsinstituts erkannt hat, erhellt u. a. daraus, daß nach Maßgabe der Nr. 6 Buchst. b die (Un-)Beachtlichkeits- und Heilungsvorschriften der §§ 58, 59 BauZVO auf die Satzung anzuwenden sind unter ausdrücklicher Erweiterung, daß § 58 Abs. 1 Satz 1 Nr. 2 BauZVO auch für die Begründung der Satzung nach § 55 Abs. 1 BauZVO gilt. Ferner sind nach Nr. 6 Buchst. c Beschlüsse nach § 55 Abs. 1 BauZVO (zugleich) Entscheidungen i. S. des § 2 Abs. 1 Satz 1 des UVP-Gesetzes; dabei ist § 17 des UVP-Gesetzes entsprechend anzuwenden. Die Maßgabe nach Nr. 6 Buchst. c zeigt zugleich, daß auch der Gesetzgeber beim Vorhaben- und Erschließungsplan nach § 55 BauZVO von einer Einzelfall-(Objekt-)Planung ausgeht. Die Umweltverträglichkeitsprüfung (UVP) hat, sofern sie erforderlich ist, im Rahmen des Satzungsaufstellungsbeschlusses zu erfolgen. Eine gesonderte UVP ist wie beim B-Plan nicht vorgesehen. Die (Aufstellungs-)Beschlüsse nach § 55 Abs. 1 BauZVO sind dann „Entscheidungen" nach dem UVP-Gesetz. Durch die Maßgaben nach Nr. 6 Buchst. b und c hat der Vorhaben- und Entschließungsplan noch an Sicherheit gegenüber Dritten gewonnen. Dagegen könnte die nach der Maßgabe des Nr. 6 Buchst. a zu beachtende Bestimmung des § 4 Abs. 3 BauZVO, die in § 55 BauZVO nicht angezogen ist, der

---

53) „In der Lage" bedeutet bei den häufig nicht eindeutig geklärten Eigentumsverhältnissen, daß der Vorhabenträger zumindest Besitzer der dem Vorhaben- und Erschließungsplan unterliegenden Grundstücke und/oder jedenfalls baurechtlich verfügungsberechtigt ist.
54) In Verbindung mit § 246a Abs. 1 Nr. 6 Buchst. a BauGB.
55) St. Rspr. des BVerwG.

möglichst raschen Schaffung des erforderlichen Baurechts abträglich sein. Das wäre der Fall, wenn die Gemeinde der Mitteilungs- und Anfragepflicht bei der für die Raumordnung und Landesplanung zuständigen Stelle[56] nicht *frühzeitig*, d. h. bei Beginn der Überlegungen zur Erstellung des Vorhaben- und Erschließungsplans, genügt. Selbst dann kann die Vorschrift des § 4 Abs. 3 BauZVO bereits zum deutlichen Hemmnis werden, da unter der „Absicht, einen Bauleitplan aufzustellen", im Regelfall die ersten Schritte i. S. der Flächennutzungsplanung nach § 5 Abs. 1 BauGB zu verstehen sind. Hier wird es entscheidend auf die kooperative Zusammenarbeit der zuständigen (Bezirks-)Planungsbehörde und der Gemeinde ankommen.

3. Erschließungsvertrag; städtebaulicher Vertrag (Nr. 11 der Maßgabenregelung)

Unter § 246 a Abs. 1 Nr. 11 BauGB heißt es nach dem vorangestellten Maßgabenbegriff *„Erschließung"* in Nr. 11 Satz 1 lediglich, daß anstelle von § 124 BauGB § 54 BauZVO anzuwenden ist. In den weiteren Bestimmungen des § 246 a Nr. 11 Satz 2 bis 5 werden dann weitere Regelungen in bezug auf die Erschließungsanlagen getroffen. Der „städtebauliche Vertrag" als eigenes Rechtsinstitut wird in den Maßgaben der Nr. 11 nicht mehr erwähnt. Daraus darf jedoch nicht gefolgert werden, daß er lediglich als „Anhängsel" der Erschließung i. allg., des Erschließungsvertrags im besonderen anzusehen ist. Es kann vielmehr davon ausgegangen werden, daß die Bestimmungen über den städtebaulichen Vertrag nach Maßgabe der Nr. 11 durch die Anwendung des § 54 BauZVO im Rahmen der Erschließung insgesamt ohne Einschränkung durch Änderungen übernommen worden ist. Das spricht für eine umsichtige gesetzgeberische Vorarbeit im Rahmen der BauZVO. *Bielenberg* weist mit Recht darauf hin, daß der städtebauliche Vertrag in § 124 Abs. 2 BauGB nur „angesprochen" ist.[57] Mit der Formulierung „Die Zulässigkeit anderer Verträge . . . bleibt unberührt" hat der Gesetzgeber des BauGB s. Z. die Auskleidung möglicher Verträge der Rechtsprechung und den Kommentatoren überlassen.

Nach § 54 Abs. 1 Satz 1 Nr. 2 BauZVO kann die Gemeinde einem Dritten durch Vertrag „die Vorbereitung und Durchführung anderer städtebaulicher Maßnahmen übertragen oder hierüber andere Vereinbarungen treffen (städtebaulicher Vertrag)". In Abs. 1 Satz 2 und 3 werden der Gegenstand eines städtebaulichen Vertrages und sein möglicher Umfang umschrieben. § 54 Abs. 1 Satz 4 stellt in diesem Zusammenhang klar – um Mißverständnissen vorzubeugen, daß in den vorangehenden Rechtssätzen eine abschließende Regelung enthalten sein könnte –, daß der Abschluß öffentlich-rechtlicher Verträge über andere als die in Satz 2 genannten Gegenstände, die nicht städtebaurechtlicher Natur sind, weiterhin möglich ist.

Nach § 54 *Abs. 2* können sich Bauwillige gegenüber der Gemeinde durch Vertrag verpflichten, Kosten und sonstige Aufwendungen zu übernehmen, die der Gemeinde für städtebauliche Planungen, andere städtebauliche Maßnahmen sowie Anlagen und Einrichtungen, die der Allgemeinheit dienen, entstehen. Hierbei wird es sich insbesondere um zusätzliche Infrastrukturmaßnahmen in dem jeweiligen Gebiet handeln. Die Kosten und Aufwendungen, die vertraglich vereinbart werden, müssen ursächlich auf das vom Bauwilligen geplante Vorhaben als „Voraussetzung oder Folge" zurückgehen. Die Ausgewogenheit der Vorschrift mag daraus ersichtlich sein, daß von dem Bauwilligen keine Leistungen

---

56) Vgl. Maßgabe Nr. 1 (Abschn. II 2) und Fn. 26.
57) *Bielenberg*, Neues Baurecht in der DDR, Fn. 49, a. a. O., S. 847.

verlangt werden dürfen, wenn er auch ohne sie einen Anspruch auf Erteilung der Genehmigung hätte und sie auch nicht als Nebenbestimmung gefordert werden könnte.[58] In dieser Ausformung kann der städtebauliche Vertrag dazu beitragen, in den Gemeinden die erforderlichen Investitionen durchzuführen, die zugleich im Interesse des Bauwilligen liegen. Es ist unschwer zu erkennen, daß das Rechtsinstitut zwar in erster Linie der besonderen Situation der Gemeinden in den neuen Ländern gerecht werden soll und mit diesem Anliegen im engen Zusammenhang mit dem Vorhaben- und Erschließungsplan nach § 55 BauZVO (Abschn. III, 2) steht. Der städtebauliche Vertrag könnte aber auch in den Altbundesländern immer dann hilfreich sein, wenn größere industrielle Großbauvorhaben einschließlich der wohnungswirtschaftlichen Anlagen geplant und durchgeführt werden sollen. Der städtebauliche Vertrag kann jedenfalls als eine gelungene Fortentwicklung der städtebaulichen Vertragsgestaltung bezeichnet werden.

4. Zu den Überleitungsregelungen allgemeiner und besonderer Art

a) Die Vorschriften des § 246 a BauGB sind, um für die zu regelnden Maßgaben „aus Anlaß der Herstellung der Einheit Deutschlands" einen einheitlichen Bezug zu haben, zusammenfassend als „Überleitungsregelungen" bezeichnet worden. Bei Qualifizierung der Überleitungsregelungen im einzelnen zeigt sich, daß unter den Maßgaben nach § 246 a Abs. 1 Nr. 1 bis 18 und den Abs. 2 bis 4 BauGB ganz unterschiedliche Tatbestandsregelungen zuammengefaßt sind, die zum Teil mit der *befristeten Geltung* bis zum 31. 12. 1997 *nichts zu tun* haben wie unter Nr. 16 und Nr. 18. Bei einem größeren Teil der Maßgaben nach § 246 a Abs. 1 BauGB handelt es sich bei genauer begrifflicher Einordnung um *„Übergangs"*regelungen, worunter auch die Tatbestandsregelungen der Nr. 16 und 18 fallen.

b) Die Maßgabe nach § 246 a Abs. 4 BauGB betrifft zum einen die Änderung einer Frist, zum anderen eine Überleitungsregelung besonderer Art. Soweit die in § 64 Abs. 1 Satz 1 BauZVO aufgeführten „Pläne" nach *Nr. 1* als FN-Pläne oder Teil-FN-Pläne einzustufen sind, gelten sie trotzdem nicht in jedem Falle fort. Nach § 64 Abs. 2 kann die Gemeinde die in Abs. 1 bezeichneten Pläne insgesamt oder räumliche und sachliche Teile dieser Pläne durch Beschluß der Gemeindevertretung von der Fortgeltung nach Abs. 1 ausnehmen. Der Beschluß bedarf der Genehmigung durch die höhere Verwaltungsbehörde; die Erteilung der Genehmigung ist ortsüblich bekanntzumachen. Durch diese Vorschrift soll es *in die Hand der Gemeinde* gelegt werden, ob und inwieweit sie bestehende Pläne (Planungen), die möglicherweise mit der geordneten städtebaulichen Entwicklung einer nunmehr frei darüber entscheidenden Gemeinde nicht in Einklang stehen, fortgelten lassen will. Für diesen Beschluß nach § 64 Abs. 2 BauZVO ist in der Maßgabenregelung des § 246 a Abs. 4 BauGB keine bestimmte Frist vorgesehen, so daß das „Ausnehmen" von der Fortgeltung in das Planungsermessen der Gemeinde gestellt ist.

Bei *bestehenden* baurechtlichen *Vorschriften* und festgestellten städtebaulichen Plänen, die verbindliche Regelungen der in § 9 BauGB bezeichneten Art enthalten, ist nach § 64 Abs. 3 BauZVO dagegen eine Bestimmung getroffen, nach der die Vorschriften und Pläne nur dann als B-Pläne (fort-)gelten, wenn sie von der Gemeinde bis zum 30. 6. 1991 durch Beschluß der Gemeindevertretung bestätigt worden sind. Es handelt sich hierbei um eine Ausschlußfrist, innerhalb derer der Beschluß *gefaßt* sein muß. Die Genehmigung durch die höhere

---

58) Weitere Einzelheiten bei *Bielenberg*, a. a. O., S. 847.

Verwaltungsbehörde sowie die ortsübliche Bekanntmachung der erteilten Genehmigung kann mithin nach dem 30. 6. 1991 erfolgen. Die Überleitungsvorschrift des § 64 Abs. 3 BauZVO i. V. m. § 246a Abs. 4 BauGB setzt materiell-rechtliche „verbindliche Regelungen der in § 9 BauGB bezeichneten Art" voraus, koppelt die Fortgeltung jedoch an den konstitutiven Bestätigungsbeschluß der Gemeindevertretung. Auch hier werden die Motive des Gesetzgebers darin zu suchen sein, daß die Gemeinde aufgrund der ihr nunmehr zustehenden Planungshoheit selbst entscheiden können soll, ob — und inwieweit (vgl. § 64 Abs. 3 *Satz 3* BauZVO) — die bestehenden baurechtlichen Vorschriften und städtebaulichen Pläne derzeit noch mit den Vorstellungen der Gemeinde über ihre geordnete städtebauliche Entwicklung in Einklang stehen. Zu den Plänen nach § 64 Abs. 3 BauZVO zählen insbesondere die Fluchtlinien- und Baulinienpläne nach früherem (Landes-)Recht, soweit sie die überbaubaren von den nichtüberbaubaren Grundstücksflächen i. S. von § 9 Abs. 1 Nr. 2 BauGB abgegrenzt haben.[59]

Bei den Maßgabenregelungen des § 246a Abs. 2 und 3 BauGB handelt es sich um Überleitungsregelungen herkömmlicher Art. *Abs. 2* regelt, wie die Tatbestände nach Abs. 1 Nr. 1 bis 15 *nach* dem 31. 12. 1997 zu behandeln sind, wenn die Verfahren nach den Maßgaben des Abs. 1 *bis* zum 31. 12. 1997 eingeleitet worden sind. *Abs. 3* enthält das Überleitungsrecht *zur BauZVO*, das einen nahtlosen Übergang der nach der BauZVO eingeleiteten Verfahren auf die entsprechenden Vorschriften des BauGB gewährleistet.

---

59) Beispielsweise nach den §§ 1 ff. des Preußischen Fluchtliniengesetzes von 1875.

GÜNTER GAENTZSCH

Sport im Bauplanungs- und Immissionsschutzrecht

Konrad Gelzers Name ist mit dem öffentlichen Baurecht verbunden wie wohl kaum ein anderer, vor allem mit dem Bauplanungsrecht, das *Gelzer* − zuletzt in vierter Auflage 1984[1] − monographisch so umfassend und anschaulich dargestellt hat wie bisher niemand. Der Sport ist ein weiteres Feld, auf dem man *Gelzer* begegnet. Private Neigung und juristische Professionalität treffen beim Thema Sport und Recht in der Person des Jubilars zusammen. Die Diskussion bauplanungs- und immissionsschutzrechtlicher Probleme des Sports und auch die Rechtsentwicklung in diesem Bereich sind gerade auch von *Gelzer* angestoßen und bereichert worden.[2] Das gibt Anlaß, Bilanz zu ziehen in einem dem Jubilar besonders am Herzen liegenden, bisher stark von der Judikatur geprägten Rechtsbereich; zu sehen, was sich getan hat nach dem „Aufschrei" auf das Tennisplatz-Urteil des BGH vom 17. 12. 1982,[3] in den auch *Gelzer* eingestimmt hat;[4] und Ausblick zu halten, was noch zu tun ist, insbesondere auch, wie die auf der Suche nach einer allgemeinen und rechtssicheren Lösung eines potentiellen Dauerkonflikts überforderten Gerichte entlastet werden können.

I. Sport als abwägungserheblicher Belang in der Bauleitplanung

Das seit dem erwähnten Tennisplatz-Urteil des BGH besonders virulent gewordene Problem der Abwehrhaltung von Wohnnachbarn gegenüber Sportplätzen, bei deren Benutzung unvermeidbar Lärm entsteht, war sicherlich Anlaß für den Gesetzgeber, im Baugesetzbuch die Rolle des Sports als eines wichtigen Belangs in der städtebaulichen Planung stärker hervorzuheben, als dies das Bundesbaugesetz von 1960 auch noch nach den Novellierungen von 1976 und 1979 tat. Der Sport ist in § 1 Abs. 5 BauGB in der Reihe der beispielhaft aufgezählten abwägungserheblichen Belange nach vorn gerückt und wird als ein Unterfall der sozialen und kulturellen Bedürfnisse der Bevölkerung gesehen. Zwar sind die in § 1 Abs. 5 Satz 2 Nrn. 1 bis 8 BauGB aufgeführten Belange, abstrakt betrachtet, alle miteinander gleichwertig, so daß die Reihenfolge, in der das Gesetz sie nennt, keine Rangfolge ausdrückt. Keiner der genannten Belange hat kraft Gesetzes Vorrang vor einem anderen der genannten oder ungenannten öffentlichen und privaten Belange, und keiner ist nur deshalb abwägungserheblich, weil das Gesetz ihn nennt. Bedeutung und spezifisches Gewicht

1) *Gelzer, Konrad:* Bauplanungsrecht, Bundesbaugesetz, Baunutzungsverordnung, Städtebauförderungsgesetz, 4. Aufl., Köln 1984.
2) Vgl. z. B. *Pikart/Gelzer/Papier,* Umwelteinwirkungen durch Sportanlagen, Düsseldorf 1984; *Konrad Gelzer:* Sportanlagen für die Wohngebiete − Ohne Änderung der Baunutzungsverordnung geht es nicht; Selbstverlag 1989; ferner ders. in NuR 1989, 29 ff.
3) V ZR 55/82 − NJW 1983, 751; WM 1983, 176; LM § 906 BGB Nr. 67; UPR 1983, 124.
4) Bauplanungsrecht, Rdn. 599.

erhalten die einzelnen Belange in naturgemäß unterschiedlicher Weise jeweils nur in der
konkreten Planungssituation, d. h. unter dem Blickwinkel der mit dem jeweiligen Plan
verfolgten Ziele der städtebaulichen Ordnung und Entwicklung und vor dem Hintergrund
der Örtlichkeit, in der geplant wird. Gleichwohl können auch in redaktionellen Gesetzesänderungen Wertungen des Gesetzgebers zum Ausdruck kommen, die für die Rechtsanwendung Bedeutung haben, und wenn es sich nur darum handelt, daß der Gesetzgeber
ausdrückt, was allgemeiner gesellschaftlicher Anschauung entspricht, was sich aber nach
Auffassung des Gesetzgebers in der Rechtsanwendung noch nicht genügend durchgesetzt
hat.

Man wird in der erwähnten, den Sport betreffenden redaktionellen Umstellung den
gesetzgeberischen Willen oder auch nur den Hinweis sehen können, daß der Sport in der
Bauleitplanung nicht nur als ein Interesse sporttreibender Bürger zu bewerten ist, die
Flächen und Anlagen für die Entfaltung ihrer (individuellen) Aktivitäten benötigen, sondern
auch als ein gesellschaftliches Bedürfnis. Sport, vor allem Breitensport und Jugendsport, hat
neben seiner gesundheitlichen Bedeutung für die Bevölkerung auch eine wichtige gesell-
schaftliche Funktion, die, wie das BVerwG im Tegelsbarg-Urteil vom 19. 1. 1989[5] betont,
förderungswürdig ist. Nicht ohne Grund werden Ausschreitungen vor allem Jugendlicher in
hochverdichteten Stadtvierteln oder Trabantensiedlungen als Folge auch einer vernachlässig-
ten oder verfehlten Städtebaupolitik angesehen, in der außer für Wohnen, Arbeiten,
Einkaufen und Verkehr kein Raum war für andere Funktionen individueller und gesellschaftlicher Aktivität. Die französische Regierung hat jüngst als Reaktion auf Massenaus-
schreitungen Jugendlicher in Großsiedlungen um Paris ein groß angelegtes Programm zur
Errichtung von Sportanlagen in diesen Siedlungen angekündigt.

Es ist also nicht richtig, die Nachbarschaftssituation zwischen Wohnen und Sport nur als
einen Fall möglicher oder gar schon gegebener Konflikte zwischen dem Ruhebedürfnis von
Bewohnern des Gebiets einerseits und dem Bedürfnis nach ungehemmter Freizeitaktivität
sportbegeisterter Bürger andererseits zu sehen und die Planung allein danach auszurichten,
nämlich, wie § 50 BImSchG es nahelegen könnte, die beiden Nutzungen möglichst weit
voneinander zu trennen. Das entspräche, als Prinzip, sicherlich nicht einer sinnvollen
städtebaulichen Ordnung und Entwicklung. Gelegenheiten zum Sporttreiben sollten wegen
des funktionellen Zusammenhangs möglichst auch in räumlichem Zusammenhang mit den
Wohngebieten stehen. Das bringt es mit sich, daß auch die unmittelbare Nachbarschaft
zwischen Wohnnutzung und offenen Sportanlagen (Sportplätzen) nicht immer vermieden
werden kann und die Ruhe jedenfalls unmittelbarer Wohnanlieger durch den Betrieb auf
dem Platz in Mitleidenschaft gezogen wird. Das BVerwG hat eine solche Planung im
Tegelsbarg-Urteil[6] wie auch jüngst im Dortmund-Sölde-Urteil vom 24. 4. 1991[7] für
rechtlich möglich und nicht für abwägungsfehlerhaft schon deshalb gehalten, weil durch die
Nachbarschaft zwischen Wohnnutzung und Sportbetrieb eine Spannungssituation geschaffen oder hingenommen werde. Es hat sich dabei zur Begründung auch auf die Baunutzungsverordnung – BauNVO – in der Fassung der Bekanntmachung vom 23. 1. 1990 (BGBl. I
S. 132) berufen. Sie läßt Anlagen für sportliche Zwecke in reinen Wohngebieten ausnahmsweise und in allgemeinen Wohngebieten allgemein zu (§ 3 Abs. 3 Nr. 2, § 4 Abs. 2 Nr. 3),

---

5) 7 C 77.87 – BVerwGE 81, 197, 208; DÖV 1989, 675; DVBl. 1989, 463; NJW 1989, 1291; NVwZ 1989,
   936 (mit Anm. *Schwerdtner*): JuS 1989, 845; JZ 1989, 951 (mit Anm. *Peine*); *Buchholz* 406.25 § 22
   BImSchG Nr. 6; BauR 1989, 172; ZfBR 1989, 127; UPR 1989, 189; NuR 1989, 435; BayVBl. 1989, 406.
6) A. a. O., S. 209.
7) 7 C 12.90.

ohne daß es einer darauf gerichteten, einen Standort im einzelnen bezeichnenden Festsetzung im Bebauungsplan bedarf. Darin liege die Wertung des Verordnungsgebers, daß Sport und Wohnen nicht zwei in Nachbarschaft zueinander von vornherein miteinander unvereinbare Nutzungen und deshalb stets und unter allen Umständen voneinander zu trennen sind.

Für den Schulsport hat das BVerwG im Dortmund-Sölde-Urteil geradezu eine Affinität zu den Wohngebieten festgestellt. Schulen − zu ihnen gehörten auch Einrichtungen für den Schulsport − seien Anlagen des Gemeinbedarfs, die im Rahmen einer sinnvollen städtebaulichen Ordnung und Entwicklung ihren Standort in Wohnbereichen oder deren Nähe haben sollten. Der von Schulen, auch vom Schulsport, ausgehende Lärm sei im Rahmen des Üblichen auch in Wohngebieten zumutbar. Dabei spiele zum einen eine Rolle, daß die vom Schulsport ausgehenden Geräusche sich in Grenzen hielten, weil die Teilnehmerzahlen nicht hoch seien, die Schüler den Sport unter Aufsicht von Lehrern ausübten und Beifalls- und Mißfallensbekundungen von größeren Zuschauermengen nicht zu erwarten seien. Zum anderen seien für die Beurteilung der belästigenden Wirkung von Geräuschen nicht nur physikalische Eigenschaften wie Schalldruck und Frequenz zu berücksichtigen, sondern auch Gesichtspunkte der Sozialadäquanz und der allgemeinen Akzeptanz in der Bevölkerung.[8] Das bedeute indes nicht, daß in der Nachbarschaft von Wohnnutzung überhaupt nur Sportplätze zugelassen werden könnten, auf denen Schulsport betrieben werde. Sportplätze für die Allgemeinheit und für Vereine einerseits und das Wohnen andererseits sollten durchaus auch in Nachbarschaft miteinander eine Existenz haben können. Eine Planung, die dies zuläßt, ist nicht deshalb abwägungsfehlerhaft.

Der Gesichtspunkt der Sozialadäquanz, mit dem das BVerwG die Zumutbarkeit des von Schulen und vom Schulsport ausgehenden Lärms in Wohngebieten begründet hat, ist übrigens der entscheidende Grund, weshalb auch der von Kinderspielplätzen ausgehende Lärm für Bewohner in der Nachbarschaft zumutbar ist. Sport und Spiel sind auch als Nutzungen im bodenrechtlichen Sinne nahe verwandt; auch das BauGB nennt sie in einem Atemzug. Das Tegelsbarg-Urteil des BVerwG[9] enthält − anders als es z. T. in der Öffentlichkeit dargestellt worden ist − keine, insbesondere keine einschränkende Aussage zur Zulässigkeit von Spielplätzen für Kinder in Wohngebieten oder in deren Nachbarschaft. Kinderspiel einschließlich des dabei entstehenden Lärms gehört zum Wohnen.[10] Spielplätze für Kinder, die nach der Landesbauordnung erforderlich sind, sind als Nebenanlagen in Wohngebieten stets zulässig. Als Gemeinschaftsanlagen können sie gemäß § 9 Abs. 1 Nr. 22 BauGB auch in reinen und allgemeinen Wohngebieten festgesetzt werden. Die Festsetzung eines öffentlichen Spielplatzes für Kinder in einem reinen oder allgemeinen Wohngebiet oder in dessen unmittelbarer Nachbarschaft durch Bebauungsplan ist deshalb zulässig. Das bedeutet allerdings nicht, daß die planende Gemeinde den von einem festgesetzten Kinderspielplatz ausgehenden Lärm in der Abwägung einfach unberücksichtigt lassen dürfte. Sie muß vielmehr die in der konkreten Situation gegebenen Möglichkeiten, Nachbarbeeinträchtigungen zu vermeiden oder gering zu halten, in Betracht ziehen und ausschöpfen.[11] Darüber hinaus muß die Festsetzung eindeutig sein. Die Ausweisung nur einer Grünfläche ohne den Zusatz „Kinderspielplatz" gestattet nicht ohne weiteres die

8) Vgl. dazu schon Urt. des Senats vom 7. 10. 1983 − BVerwG 7 C 44.81 − BVerwGE *68, 62, 67.*

9) A. a. O.

10) So auch *Gelzer,* Bauplanungsrecht, Rdn. 559.

11) Vgl. hierzu auch VGH Bad.-Württ., Urt. v. 27. 4. 1990 − 8 S 1820/89 − Städtetag 1991, 238.

Nutzung der Fläche als Spielplatz.[12] Die z. T. aus dem Urteil des BVerwG vom 16. 2. 1973[13] gezogene Folgerung, eine solche allgemeine Festsetzung sei wegen Unbestimmtheit nichtig, ist unzutreffend; sie läßt sich insbesondere nicht der Rechtsprechung des BVerwG entnehmen. Im Gegenteil, das BVerwG hat die Gemeinde für befugt gehalten, sich im Maß der Konkretisierung planerischer Festsetzungen − im Rahmen des § 1 Abs. 3, 5 und 6 BauGB (Erforderlichkeit, sachgerechte Abwägung) − auch zurückzuhalten.

II. Die Ausweisung von Sportflächen und -anlagen in Bauleitplänen

Bei den Darstellungsmöglichkeiten des Flächennutzungsplans (im folgenden F-Plan genannt) und den Festsetzungsmöglichkeiten des Bebauungsplans (im folgenden B-Plan genannt) taucht der Sport mehrfach und in unterschiedlichen Zusammenhängen auf. Sportanlagen können als Anlagen des Gemeinbedarfs, aber auch ohne Gemeinbedarfsbindung nur als Sportanlagen (§ 5 Abs. 2 Nr. 2, § 9 Abs. 1 Nr. 5 BauGB) dargestellt oder festgesetzt werden, daneben aber auch als Grünflächen (§ 5 Abs. 2 Nr. 5, § 9 Abs. 1 Nr. 15 BauGB), soweit es sich nämlich um Sportplätze, d. h. offene Sportanlagen, handelt.

1. Flächennutzungsplan

Anlagen des Gemeinbedarfs sind solche Sportanlagen, die der Allgemeinheit zu dienen bestimmt sind. Der F-Plan als Konzept für die geordnete städtebauliche Entwicklung des gesamten Gemeindegebiets hat für die Vielzahl unterschiedlichster Bodennutzungsinteressen in einer Art Gesamtbilanz vorsorgend die räumlichen Voraussetzungen zu schaffen, wenn auch noch relativ global und nicht ins einzelne differenziert. Beim Gemeinbedarf geht es § 5 Abs. 2 Nr. 2 BauGB nicht in erster Linie um die Ausweisung von Flächen als solcher, sondern um die − natürlich flächenhaft geschehende − Darstellung der *Ausstattung* des Gemeindegebiets mit Anlagen des Gemeinbedarfs, wozu, wie gesagt, auch die Sportanlagen gehören. Es geht also nicht nur darum, daß im F-Plan Flächen für Sportanlagen ausgewiesen werden, die nach der Lage innerhalb der Gemeinde dafür geeignet sind, sondern auch und sogar vordringlich darum, Flächen planerisch vorzuhalten, die einen bestehenden und für die Zukunft prognostizierten Bedarf befriedigen. Das hat vor allem zwei Konsequenzen: Zum einen muß der Gemeinbedarf konkretisiert werden, soweit es in unserem Zusammenhang interessiert, also auf den Sport; denn es gibt unterschiedliche, nicht global zu erfassende Arten von Gemeinbedarf, deren Befriedigung jeweils im Rahmen einer geordneten städtebaulichen Entwicklung der F-Plan gewährleisten soll. Zum anderen kann die Gemeinde, wenn es um die Ausstattung des Gemeindegebiets mit Anlagen für den Gemeinbedarf geht, nicht in „planerischer Zurückhaltung" sich einer Aussage dazu im F-Plan überhaupt enthalten, jedenfalls nicht bei einem so wichtigen Gemeinbedarf wie dem nach Sportanlagen, der in jeder Gemeinde besteht. Zwar führt § 5 Abs. 2 BauGB nur Darstellungsmöglichkeiten („kann") auf und überläßt es damit in gewissem Maße der Gemeinde,

---

12) BVerwG, Urt. v. 16. 2. 1973 − 4 C 66.69 − BVerwGE 42, 5; DÖV 1973, 712; DVBl. 1973, 635; NJW 1973, 588; MDR 1974, 72; *Buchholz* 406.11 § 9 BBauG Nr. 10; VerwRspr. 25, 317; BauR 1973, 168; BRS 27, 9; BBauBl. 1974, 232; DWW 1974, 18; Beschl. v. 27. 7. 1989 − 4 NB 19.89 − *Buchholz* 406.11 § 214 BauGB Nr. 3.
13) A. a. O.

inwieweit sie davon Gebrauch macht, wie konkret sie den F-Plan ausgestaltet und sich damit für die spätere Bebauungsplanung im Hinblick auf § 8 Abs. 2 Satz 1 BauGB bindet. Auf der anderen Seite sind im F-Plan Darstellungen zu treffen, sobald und soweit es für die städtebauliche Entwicklung und Ordnung erforderlich ist (§ 1 Abs. 3 BauGB), was vor allem davon abhängt, ob der F-Plan den voraussehbaren Bedürfnissen der Gemeinde (§ 5 Abs. 1 Satz 1 BauGB) angemessen Rechnung trägt. Im Regelfall wird die Gemeinde jedenfalls die großen Sportanlagen ausweisen, die dem Bedarf in der Gemeinde insgesamt dienen oder − baugebietsübergreifend − dem Bedarf in größeren Bereichen der Gemeinde.[14] Da die für den engeren Bedarf einzelner Baugebiete erforderlichen Sportanlagen, wie noch auszuführen ist, ohne besondere Festsetzung in späteren B-Plänen errichtet werden können, sind sie in dem Flächenbedarf enthalten, den die Gemeinde als Grundlage für die Ausweisung von Baugebieten im F-Plan ermittelt. Gänzlich verzichten auf die Darstellung von Flächen für Sportanlagen kann die Gemeinde im allgemeinen nicht, wenn sie sich nicht spätestens bei der Vorlage des F-Plans zur Genehmigung bei der höheren Verwaltungsbehörde (§ 6 Abs. 1 und 2 BauGB) dem Vorwurf aussetzen will, sie habe die Belange des Sports bei der Abwägung (§ 1 Abs. 5 und 6 BauGB) nicht ausreichend berücksichtigt.

Sportanlagen, deren Darstellung im F-Plan in Betracht kommt, werden in der Regel Anlagen des Gemeinbedarfs sein. Gleichwohl erwähnt § 5 Abs. 2 Nr. 2 BauGB Sport- und Spielanlagen noch besonders. Dafür waren − ebenso wie für die Parallelregelung in § 9 Abs. 1 Nr. 5 BauGB − zwei Motive des Gesetzgebers ausschlaggebend: Zum einen sollte herausgestellt bzw. ermöglicht werden, auch Sport- und Spielanlagen darzustellen und festzusetzen, die weder Gemeinbedarfsanlagen noch Grünflächen sind. Zum anderen sollte die „öffentliche Bedeutung von Sport und Spiel unterstrichen werden".[15]

Grünflächen können im F-Plan ohne nähere Konkretisierung dargestellt werden. Eine so allgemeine Darstellung reicht als Grundlage aus, um daraus einen B-Plan mit der Festsetzung von Sportplätzen zu entwickeln (§ 8 Abs. 2 BauGB).

2. Bebauungspläne

Die Zulässigkeit von Sportanlagen kann durch B-Plan auf zwei verschiedenen Wegen begründet werden. Der eine Weg ist die ausdrückliche Festsetzung einer Sportanlage oder eines Sportplatzes, letzteres ggf. als Zusatz zu der Festsetzung „Grünfläche", auf einer bestimmten Fläche (§ 9 Abs. 1 Nr. 5 oder 15 BauGB). Dabei muß es sich nicht um einen qualifizierten B-Plan handeln (§ 30 Abs. 1 BauGB). Auch durch einfachen B-Plan kann eine Sportanlage oder ein Sportplatz festgesetzt werden; allerdings sind dann die weiteren Zulässigkeitsvoraussetzungen des § 34 oder des § 35 Abs. 2 BauGB zu beachten, weil mit dem einfachen B-Plan die Zulässigkeit nur nach der Art der Nutzung entschieden ist (§ 30 Abs. 2 BauGB).

Der andere Weg, die Zulässigkeit (auch) von Sportanlagen zu begründen, ist die Festsetzung eines Baugebiets nach der BauNVO. In den meisten allgemeinen Baugebieten sind Anlagen für sportliche Zwecke allgemein zulässig (§§ 4 bis 8 BauNVO), in den anderen können sie ausnahmsweise zugelassen werden (§§ 2, 4, 9 BauNVO i. V. m. § 31 Abs. 1 BauGB). In Sondergebieten, die der Erholung dienen, kann die Gemeinde im B-Plan

---

14) *Gelzer*, Bauplanungsrecht, Rdn. 66.
15) BTDrucks. 10/6166, S. 182.

festsetzen, daß Anlagen für sportliche Zwecke allgemein oder ausnahmsweise zulässig sind (§ 10 Abs. 2 BauNVO), und zwar ohne diese Festsetzung auf bestimmte Flächen in dem festgesetzten Sondergebiet zu beschränken.

Die Aufzählung einzelner allgemein oder ausnahmsweise in den Baugebieten zulässiger Nutzungen in der BauNVO, wie z. B. der Anlagen für sportliche Zwecke, bedeutet, daß diese Anlagen ohne eine darauf gerichtete Festsetzung des B-Plans in dem Baugebiet zulässig sind bzw. zugelassen werden können, und zwar grundsätzlich an jeder Stelle des Baugebiets. Dies steht jedoch immer unter dem Vorbehalt, daß die konkret in Rede stehende Anlage nach Anzahl, Lage, Umfang oder Zweckbestimmung der Eigenart des Baugebiets nicht widerspricht und daß von ihr keine Störungen ausgehen können, die nach der Eigenart des Baugebiets in diesem selbst oder in dessen Umgebung unzumutbar sind (§ 15 Abs. 1 BauNVO). § 15 Abs. 1 BauNVO ist drittschützend,[16] so daß Nachbarn sich darauf berufen können, die Anlage habe im konkreten Fall nicht zugelassen werden dürfen.

Die BauNVO schließt mit ihren Nutzungszuweisungen, z. B. für Sportanlagen, zu den einzelnen Baugebieten nicht aus, daß der B-Plan einzelnen Nutzungen in dem Baugebiet durch Festsetzung einer Fläche einen bestimmten Standort zuweist. Die Festsetzung kann sogar dahin lauten, daß bestimmte in dem Baugebiet nach der BauNVO zulässige Nutzungen, wie Anlagen für sportliche Zwecke, nur auf der dafür im Baugebiet festgesetzten Fläche und sonst nirgendwo im Baugebiet zulässig sind. Die BauNVO schließt es grundsätzlich auch nicht aus, daß der B-Plan — aufgrund sachgerechter Abwägung gemäß § 1 Abs. 3, 5 und 6 BauGB — in einem Baugebiet oder in dessen unmittelbarer Nachbarschaft eine Fläche für eine Nutzung festsetzt, die die BauNVO im Katalog der allgemein oder ausnahmsweise zulässigen Nutzungen bei dem entsprechenden Baugebiet nicht aufführt. Die planerische Ausweisung von Flächen für bestimmte Nutzungen, wie für den Sport, hat gegenüber der allgemeinen oder ausnahmsweisen Zulässigkeit von „Anlagen für sportliche Zwecke" aufgrund der BauNVO in einem Baugebiet den Vorteil der Standortsicherheit. § 15 BauNVO kann gegenüber einer solchen Festsetzung nicht zum Zuge kommen.

Das BauGB zwingt die Gemeinde nicht, bei der Festsetzung von Sportplätzen oder Sportanlagen die dort auszuübenden Sportarten im einzelnen zu konkretisieren, die Spielfelder, Laufbahnen, Sprunggruben usw. zu lokalisieren und dergleichen mehr. Das Maß der Konkretisierung hängt in erster Linie von den städtebaulichen Zielen ab, die die Gemeinde in der konkreten örtlichen Situation verfolgt; danach bestimmt sich, was i. S. des § 1 Abs. 3 BauGB für die städtebauliche Ordnung und Entwicklung erforderlich ist.[17] Die Gemeinde darf sich, je nach Situation, auch planerische Zurückhaltung auferlegen, um Entwicklungen offenzuhalten. Ein B-Plan ist folglich nicht deshalb nichtig, weil er in der Nachbarschaft zu einem Wohngebiet einen Sportplatz ohne weitere Konkretisierung festsetzt. Eine solche Festsetzung ist i. d. R. dahin auszulegen, daß auf dem Sportplatz nur eine mit der Wohnnutzung verträgliche Sportausübung zulässig ist.[18] Hingegen hat die Konkretisierung den Vorteil der rechtlichen Absicherung der sich im Rahmen der Festsetzungen haltenden

---

16) BVerwG, Urt. v. 5. 8. 1983 – 4 C 96.79 – BVerwGE 67, 334; DÖV 1984, 295; DVBl. 1984, 143; NJW 1984, 138; NVwZ 1984, 102; JuS 1984, 488; MDR 1984, 428; *Buchholz* 406.19 Nachbarschutz Nr. 55; BauR 1983, 543; BRS 40, 4; BBauBl. 1983, 759; ZfBR 1983, 243; UPR 1984, 24; NuR 1984, 303; VR 1984, 182; BayVBl. 1984, 25; VBlBW 1984, 111.

17) BVerwG, Urt. v. 11. 3. 1988 – 4 C 56.84 – DÖV 1988, 686; DVBl. 1988, 845; *Buchholz* 406.11 § 9 BBauG Nr. 30; BauR 1988, 448; ZfBR 1988, 189; UPR 1988, 268; BayVBl. 1988, 568; Beschl. v. 13. 2. 1989, DVBl. 1989, 683; NVwZ 1989, 663; *Buchholz* 406.11 § 9 BBauG/BauGB Nr. 35; BauR 1989, 439; ZfBR 1989, 278; UPR 1989, 274.

18) BVerwG, Urt. v. 19. 1. 1989, Tegelsbarg, a. a. O.; Urt. v. 24. 4. 1991, Dortmund-Sölde, a. a. O.

Nutzung des Sportplatzes. Sie kann den Nachteil haben, daß eine flexible Anpassung an veränderte Anforderungen von seiten des Sports, sogar auch von seiten des Lärmschutzes behindert wird.

III. Die Nutzung von Sportplätzen

Die Nutzung eines Sportplatzes muß sich im Rahmen des Zwecks halten, dem er in Übereinstimmung mit den Festsetzungen des B-Plans oder dem sonst einschlägigen Bebauungsrecht, im unbeplanten Innenbereich also dem § 34 BauGB, zu dienen bestimmt ist. Zweckfremde Nutzungen kann die Bauaufsichtsbehörde untersagen. Gehen von zweckfremden Nutzungen Belästigungen für die Nachbarschaft aus, so kann der Nachbar sie abwehren. So muß der Nachbar nicht Belästigungen hinnehmen, die dadurch entstehen, daß Jugendliche auf einem Sportplatz abends lärmende Mopedrennen[19] oder daß Vereine Feste mit lauten Musikdarbietungen und Alkoholausschank veranstalten.[20] Solche zweckfremden Nutzungen sind jedoch nicht der Hauptfall von Konflikten, die aus der Nachbarschaft zwischen Wohnnutzung und der Nutzung von Sportanlagen entstehen. Die meisten Streitigkeiten betreffen Lärm, der von sportlichen Aktivitäten auf Sportplätzen ausgeht und von dem sich die Nachbarschaft erheblich belästigt fühlt. Der Streit geht oft gar nicht darum, ob die Sportanlage überhaupt für sportliche Aktivitäten genutzt werden darf, sondern darum, welcher Sport und zu welchen Zeiten er dort ausgeübt werden darf. Sportanlagen gibt es für eine Vielzahl unterschiedlicher, auch mit unterschiedlichen Lärmauswirkungen verbundener Sportarten, von der Gymnastikhalle bis zur immissionsschutzrechtlich genehmigungspflichtigen Motorsport- oder Schießsportanlage.[21] Das Baurecht kennt nur den weiten Begriff des Sports[22] bzw. des Sportplatzes,[23] der Sportanlage[24] oder der Anlage für sportliche Zwecke,[25] ohne nach Sportarten oder Sportanlagen unterschiedlichen Störgrads zu unterscheiden. Ein B-Plan, der eine Fläche als Sportplatz festsetzt, kann zwar eine nähere Konkretisierung treffen (z. B. 8 Tennisspielfelder oder für Fußball und Leichtathletik) und damit die Möglichkeiten der Nutzung auch im Hinblick auf Lärmauswirkungen einschränken. Häufig treffen B-Pläne aber keine solche Konkretisierung, oder es geht um eine Sportanlage, die ohne Flächenfestsetzung im B-Plan in einem Baugebiet errichtet worden ist, in dem nach der BauNVO Anlagen für sportliche Zwecke allgemein zulässig sind, oder es geht um einen Sportplatz im unbeplanten Innenbereich (§ 34 BauGB). In solchen Fällen kommt es auf die konkrete Bewertung des Einzelfalls an. Die Frage, ob Lärmbelästigungen für die Wohnnachbarschaft unzumutbar, d. h. im Sinne des § 3 Abs. 1 BImSchG erheblich sind, ist nämlich nicht nach einem für alle Fälle gleichen, etwa nach dB-(A)-Werten ermittelten Maßstab zu beurteilen. Das ist deshalb nicht der Fall, weil erheblich und damit

---

19) BVerwG, Beschl. v. 30. 1. 1990 − 7 B 162.89 − NVwZ 1990, 858; JZ 1990, 347; *Buchholz* 11 Art. 14 GG Nr. 257; UPR 1990, 267; NuR 1990, 322; GuG 1990, 95; DokBer A 1990, 112; BWVPr 1990, 159; NWVBl. 1990, 411.
20) BVerwG, Urt. v. 24. 4. 1991, Dortmund-Sölde.
21) Vgl. Nrn. 10.18 und 10.19 des Anhangs zu § 1 der 4. BImSchV; zum Lärm einer Schießsportanlage vgl. BVerwG, Beschl. v. 6. 8. 1982 − 7 B 67.82 − DÖV 1982, 906; NVwZ 1983, 152; *Buchholz* 406.25 § 5 BImSchG Nr. 5; UPR 1983, 27; Betrieb 1982, 2184; DokBer A 1982, 369.
22) § 1 Abs. 5 Nr. 3 BauGB.
23) § 5 Abs. 2 Nr. 5, § 9 Abs. 1 Nr. 15 BauGB.
24) § 5 Abs. 2 Nr. 2, § 9 Abs. 1 Nr. 5.
25) § 2 Abs. 3 Nr. 3, § 3 Abs. 3 Nr. 2, § 4 Abs. 2 Nr. 3, § 4a Abs. 2 Nr. 5, § 5 Abs. 2 Nr. 7, § 6 Abs. 2 Nr. 5, § 7 Abs. 2 Nr. 4, § 8 Abs. 2 Nr. 4, § 9 Abs. 3 Nr. 2, § 10 Abs. 2 BauNVO.

unzumutbar nicht erst eine Lärmeinwirkung ist, die zu gesundheitlichen Schäden führen kann. Städtebaurecht und Immissionsschutzrecht stehen in enger Beziehung zueinander und beeinflussen sich wechselseitig. Auf der einen Seite begründet das BImSchG einen über die Vermeidung von Gefahren für Leben und Gesundheit weit hinausgehenden Schutz der Allgemeinheit und der Nachbarschaft vor Immissionen, nämlich bereits vor erheblichen Belästigungen. Auf der anderen Seite wird durch das Baurecht, insbesondere durch B-Pläne i. V. m. § 30 BauGB sowie durch die §§ 34 und 35 BauGB, der Gebietscharakter und die Schutzwürdigkeit der einzelnen Baugebiete und Bereiche bestimmt, was von entscheidender Bedeutung für die Anwendung des unbestimmten immissionsschutzrechtlichen Rechtsbegriffs der „erheblichen Belästigung" ist. „Was in einem Baugebiet als Belästigungsquelle sich legal ansiedeln darf, muß vom Nachbarn in den Grenzen hingenommen werden, die auch für jedes andere planungsrechtlich zulässige Vorhaben gelten."[26]

Geht es danach um einen Sportplatz in Wohnnachbarschaft, der in einem B-Plan auf einer bestimmten Fläche ausdrücklich festgesetzt wird, so bedarf die Festsetzung „Sportplatz" der Auslegung. Sie muß im Zusammenhang mit der örtlichen Situation und den anderen im Bebauungsplan getroffenen Festsetzungen gesehen werden. Sie läßt nur eine Sportausübung auf dem Platz zu, die mit der Wohnnutzung in der Nachbarschaft noch verträglich ist.[27] Mit dieser Aussage ist allerdings auch kein für alle Fälle gleicher Maßstab vorgegeben. Zu berücksichtigen ist nämlich auch, ob die lärmerzeugende Nutzung, hier der Sport, zuerst zulässig und vorhanden war (sog. rechtliche bzw. „plangegebene" und faktische Vorbelastung)[28] und die Wohnbebauung später herangerückt ist, oder ob umgekehrt die Wohnnutzung zuerst zulässig und vorhanden war und die lärmerzeugende Nutzung später hinzugetreten ist (so im Fall Tegelsbarg).[29] Werden Sportplatz und Wohngebiet in Nachbarschaft zueinander in einem B-Plan gleichzeitig festgesetzt, spielt für die Schutzwürdigkeit der Zeitpunkt der Verwirklichung der einen und der anderen Nutzung keine Rolle; die Nutzungen sind von vornherein mit einem Gebot gegenseitiger Rücksichtnahme in einem vom Plangeber gewollten „nachbarschaftlichen Gemeinschaftsverhältnis" belastet (so im Fall Dortmund-Sölde).[30] Die Gültigkeit des B-Plans hängt allerdings davon ab, ob er dem Abwägungsgebot (§ 1 Abs. 3, 5 und 6 BauGB) entspricht. Im Dortmund-Sölde-Fall hat das BVerwG die Benutzung des im B-Plan festgesetzten Sportplatzes für das Fußballspiel von Vereinen und der Allgemeinheit für grundsätzlich zulässig gehalten − trotz des in der Nachbarschaft festgesetzten reinen Wohngebiets. Es gebe keinen Rechtssatz etwa der Art, daß Sportplätze in Wohnnähe für den Vereinssport oder die Allgemeinheit überhaupt nicht oder nicht zu Zeiten besonderen Ruhebedürfnisses nutzbar seien oder daß sie für den Vereinssport und die Allgemeinheit zu Zeiten besonderen Ruhebedürfnisses nicht genutzt werden dürften, wenn auf ihnen nach der Art der Ausstattung Fußball gespielt werden könne. Erforderlich sei eine umfassende Ermittlung und Bewertung aller Umstände des

---

26) BVerwG, Beschl. v. 6. 8. 1982 − 7 B 67.82 − NVwZ 1983, 155; DÖV 1982, 906; UPR 1983, 27; *Buchholz* 406.25 § 5 BImSchG Nr. 5.

27) So schon das Tegelbarg-Urteil, a. a. O., BVerwGE 81, 197, 209; ebenso das Dortmund-Sölde-Urteil des BVerwG vom 24. 4. 1991 − 7 C 12.90.

28) Dazu im einzelnen BVerwG, Urt. v. 22. 3. 1985 − 4 C 63.80 − BVerwGE 71, 150, 155 ff.; DÖV 1985, 786; DVBl. 1985, 896; NJW 1985, 3034; NVwZ 1986, 39; *Buchholz* 407.4 § 17 FStrG Nr. 60; BRS 44, 21; UPR 1985, 363; NuR 1986, 248; VR 1985, 401; BImSchG-Rspr. § 41 Nr. 4; DB 1985, 150; BayVBl. 1985, 601; Urt. v. 22. 5. 1987 − 4 C 33-35.83 − BVerwGE 77, 285, 292 f.; DÖV 1987, 913: DVBl. 1987, 907; NJW 1987, 2286; ZfBR 1987, 290.

29) BVerwG, Urt. v. 19. 1. 1989, a. a. O.

30) BVerwG, Urt. v. 24. 4. 1991 − 7 C 12.90.

Einzelfalls. Es hat deshalb die Sache zu erneuter Verhandlung und Entscheidung an das Oberverwaltungsgericht Münster zurückverwiesen, damit dieses prüfe, ob, wie und bis auf welches Maß die in der ersten Entscheidung lediglich beanstandeten Aufprallgeräusche des Fußballs auf ein metallenes Ballfanggitter gemindert werden können, wie hoch die sonstigen Geräusche sind, die von einem der üblicherweise auf dem Sportplatz durchgeführten Fußballspiele ausgehen, und wie diese Geräusche in bezug auf ihre Erheblichkeit in einem Wohngebiet zu beurteilen sind, das in Nachbarschaft zu einem Sportplatz geplant wurde, insofern also von vornherein in dieser Weise rechtlich vorbelastet war. Das vom Oberverwaltungsgericht ausgesprochene Verbot der Benutzung schallerzeugender oder schallwiedergebender Geräte außer der Schiedsrichterpfeife hatte das BVerwG bestätigt. Im Tegelsbarg-Urteil hat das BVerwG[31] ein vom Oberverwaltungsgericht Hamburg ausgesprochenes Verbot der Benutzung von Megaphonen und Startschußpistolen, des gezielten Torschußtrainings auf ein bestimmtes Tor sowie von Fußballspielen werktags nach 19 Uhr und sonn- und feiertags bestätigt, weil dem Verbot durch Messungen belegte Feststellungen zur erheblichen Lästigkeit der entsprechenden Geräusche zugrunde lagen. Die örtliche Situation in jenem Fall war zudem dadurch geprägt, daß das Wohngebiet schon seit Jahrzehnten vorhanden war, als die dort streitige Bezirkssportanlage geplant und errichtet wurde.

Handelt es sich um eine Sportanlage, die ohne ausdrückliche Festsetzung im B-Plan in dem festgesetzten Baugebiet nach der BauNVO allgemein zulässig ist (§ 30 BauGB i. V. m. § 1 Abs. 3 Satz 2 BauNVO) oder ausnahmsweise zugelassen werden kann (§ 31 Abs. 1 BauGB i. V. m. § 1 Abs. 3 Satz 2 BauNVO), so kommt es darauf an, ob und inwieweit die auf der Anlage auszuübenden Sportarten und die davon typischerweise ausgehenden Geräusche der Zweckbestimmung und Eigenart des jeweiligen Baugebiets entsprechen. So wird innerhalb eines reinen oder allgemeinen Wohngebiets (§§ 3, 4 BauNVO) ohne ausdrückliche planerische Entscheidung kein Sportplatz mit Fußballfeld zur Benutzung für die Allgemeinheit oder den Vereinssport zulässig sein; denn dafür bedürfte es einer die widerstreitenden Belange abwägenden begründeten Planungsentscheidung. Die Absage des Dortmund-Sölde-Urteils des BVerwG[32] an eine generalisierende Bewertung des Fußballspiels derart, daß es stets mit dem Ruhebedürfnis von Wohnnachbarn unvereinbar sei, gilt für einen B-Plan, der in Nachbarschaft zueinander ein reines Wohngebiet und einen Sportplatz festsetzte. Dies hat das BVerwG für nicht von vornherein ausgeschlossen gehalten. Ein Sportplatz, auf dem regelmäßig und nicht nur gelegentlich Fußball gespielt wird, ist deshalb jedoch nicht eine Nutzung, die der allgemeinen Zweckbestimmung und der Eigenart eines reinen oder allgemeinen Wohngebiets entspricht; darauf ist gemäß § 30 BauGB i. V. m. den jeweiligen Baugebietsvorschriften der BauNVO abzustellen, wenn zu entscheiden ist, ob und welche Anlagen für sportliche Zwecke in dem jeweiligen Baugebiet, also z. B. in einem reinen oder allgemeinen Wohngebiet, ohne ausdrückliche Festsetzung im B-Plan zulässig sind.

Handelt es sich um eine Sportanlage innerhalb eines im Zusammenhang bebauten Ortsteils (§ 34 BauGB), so gelten ähnliche Maßstäbe wie bei der Beurteilung der Frage, ob eine Sportanlage der konkreten Art innerhalb des Geltungsbereichs eines qualifizierten B-Plans zulässig ist, der ein bestimmtes Baugebiet nach der BauNVO festsetzt. Das ist eindeutig, soweit die nähere Umgebung nach der Art der vorhandenen Nutzungen einem Baugebiet im Sinne der BauNVO entspricht (§ 34 Abs. 2 BauGB). Aber auch wo dies nicht der Fall ist, gilt grundsätzlich Entsprechendes. Entscheidend ist auch in solchen Fällen vor allem, durch welche Nutzungsarten die Eigenart der näheren Umgebung vorgeprägt ist.

---

31) A. a. O.
32) 24. 4. 1991 − 7 C 12.90.

Übrigens gilt das bisher zur Zulässigkeit von nicht ausdrücklich festgesetzten Sportanlagen im beplanten und unbeplanten Innenbereich Gesagte für die Fälle, in denen die Sportanlage die Hauptnutzung ist. Als untergeordnete Nebenanlagen sind Sportanlagen weniger problematisch, da sie im allgemeinen von geringer Größe sind und nicht intensiv genutzt werden. Nach § 14 BauNVO sind sie unter den dort genannten Voraussetzungen in allen Baugebieten zulässig, also z. B. auch in einem durch B-Plan festgesetzten reinen Wohngebiet wie auch in einem im Zusammenhang bebauten Ortsteil, in dem nur gewohnt wird. Das BVerwG[33] hat dies z. B. für einen privaten Tennisplatz im Garten eines großen Wohngrundstücks positiv entschieden.

IV. Besonderheiten der Zumutbarkeitsbeurteilung beim Sportlärm

Die Unzumutbarkeit (im Sinne des § 3 Abs. 1 BImSchG die Erheblichkeit) von Lärm wird im allgemeinen anhand von dB-(A)-Werten ermittelt und bewertet. Dabei ist es üblich, Mittelungspegel zugrunde zu legen, d. h. die Lärmereignisse über einen bestimmten Zeitraum zu messen und daraus einen Durchschnittswert zu bilden. Jedoch können auch herausragende Einzelgeräusche, wie beim Fußballspiel der „Tor"-Schrei oder das Aufprallen des Balls auf ein metallenes Ballfanggitter, entscheidende Faktoren für die Erheblichkeitsbeurteilung sein (Wirkpegel als Spitzenpegel). Solange für die Ermittlung und Bewertung von Sportlärm rechtlich keine bestimmten Meß- und Berechnungsverfahren sowie Lärmwerte vorgegeben sind, obliegt es der tatrichterlichen Würdigung, unter Berücksichtigung sowohl der einzelnen Schallereignisse, ihres Schallpegels und ihrer Eigenart (z. B. Dauer, Häufigkeit, Impulshaltigkeit) wie auch ihres Zusammenwirkens die Erheblichkeit der Lärmbelästigung zu beurteilen.

Im Dortmund-Sölde-Urteil hat es das BVerwG als rechtsfehlerhaft angesehen, für die Beurteilung der Erheblichkeit der von dem Sportplatz ausgehenden Geräuscheinwirkungen allein auf den Pegel eines bei einem Fußballspiel mehrfach auftretenden Einzelgeräuschs wie des Ballaufpralls auf ein Gitter in der Größenordnung von 64 und 67 dB (A) abzustellen.

Im Tegelsbarg-Urteil hat das BVerwG die Eignung der TA Lärm für die Beurteilung von Sportlärm in Frage gestellt, weil sie sich auf Geräusche gewerblicher Anlagen beziehe und von auf 16 Stunden des Tages bezogenen äquivalenten Dauerschallpegeln ausgehe. Geräusche, die von der Benutzung von Sportanlagen ausgehen, unterschieden sich von gewerblichem Lärm in vielerlei Beziehung. Die Lästigkeit von Geräuschen sei um so eher auf der Grundlage eines Mittelungspegels zu bewerten, je gleichmäßiger und gleichförmiger sie seien; daß dabei aus dem allgemeinen Grundgeräusch herausragende Spitzen nivelliert würden, liege in der Natur einer Mittelungsmethode und sei bis zu einem gewissen Grade unbedenklich. Lärm mit einem relativ niedrigen und gleichmäßigen Grundgeräusch könne eine erhebliche und damit unzumutbare Belästigung werden, wenn besonders hohe Einzelgeräusche „herausragen". Erst recht problematisch werde die schematische Mittelung von Geräuschen, wenn von einer Anlage nicht ein gleichmäßiges, von „herausragenden" Einzelgeräuschen nur gelegentlich überlagertes Grundgeräusch ausgehe, sondern wenn von ihr – je nach Benutzung wechselnd – über den Tag verteilt nach Art und Stärke ganz unterschiedliche Geräusche ausgingen. Eine Mittelungsmethode, wie sie der TA Lärm und

---

33) Urt. v. 30. 8. 1985 – 4 C 50.82 – DÖV 1986, 77; NJW 1986, 393; NVwZ 1986, 200; *Buchholz* 406.11 § 34 BBauG Nr. 106; BauR 1985, 652; BRS 44, 185; BBauBl. 1986, 812; ZfBR 1985, 285; UPR 1986, 26; NuR 1987, 171; WuM 1986, 122; StädteT 1986, 288; BayVBl. 1986, 249; HSGZ 1986, 166.

der VDI-Richtlinie 2058 zugrunde liege, verliere ihre Aussagefähigkeit für die Bewertung der Zumutbarkeit von Lärm folglich um so mehr, je mehr es um die Bewertung von Geräuschen gehe, die von wechselnden Ereignissen ausgingen und jeweils von ganz unterschiedlicher Art und Stärke seien wie bei einem Sportplatz, auf dem im Wechsel Schulsport, nicht organisierte Leichtathletik wie Laufen und Springen, organisierte Leichtathletikwettkämpfe, Fußballtraining, einfache Fußballspiele und Fußballspiele mit Wettkampfcharakter und anfeuernden Zuschauergruppen stattfänden. Im Tegelsbarg Urteil hatte das BVerwG noch die „Hinweise zur Beurteilung der durch Freizeitanlagen verursachten Geräusche" des Länderausschusses für Immissionsschutz (sog. LAI-Hinweise)[34] kritisch beurteilt, allerdings unter dem Aspekt, daß das Berufungsgericht allenfalls die inzwischen überholte Fassung von 1982 hatte berücksichtigen können und daß die Neufassung von 1987 − weil nicht Rechtsnorm − im Revisionsverfahren außer acht zu bleiben hatte.

Im Dortmund-Sölde-Urteil hat das BVerwG es für nicht ausgeschlossen erklärt, daß bei der tatrichterlichen Ermittlung und Bewertung von Sportlärm auch Regelwerke wie die sog. LAI-Hinweise, der Entwurf einer VDI-Richtlinie 3724 zum Freizeitlärm (Entwurf Februar 1989) oder die „Hinweise zur Beurteilung der durch Freizeitanlagen verursachten Geräusche" des Niedersächsischen Umweltministers vom 14. 11. 1988[35] bewertend mit herangezogen werden können. Sie böten für die Beurteilung von Sportlärm bessere Anhaltspunkte als die TA Lärm oder die VDI-Richtlinie 2058; denn sie wandelten die für die Ermittlung und Bewertung von gewerblichem Lärm entwickelten Regelwerke im Hinblick auf die Besonderheiten von Freizeit-, insbesondere Sportlärm, ab. Dabei sei aber zu beachten, daß das Gericht sie nicht wie Normen anwenden und die in ihnen vorgeschlagenen Meß- und Rechenverfahren, Richtwerte sowie Zu- und Abschläge nicht ungeprüft zugrunde legen dürfe. Die kritischen Äußerungen in der Tegelsbarg-Entscheidung zur Anwendung der sog. LAI-Hinweise im dort entschiedenen Fall seien dadurch veranlaßt gewesen, daß der seinerzeitige Revisionsführer eine Rechtsfehlerhaftigkeit des Berufungsurteils damit belegen wollte, daß die nach diesen Hinweisen (zumal einer Fassung, die bei der letzten Tatsachenverhandlung noch nicht existiert habe) errechneten Lärmwerte unterhalb der in den Hinweisen für Wohngebiete genannten Richtwerte gelegen hätten. Ein Gericht habe Regelwerke ohne Rechtssatzqualität daraufhin zu überprüfen, ob sie den vom Bundes-Immissionsschutzgesetz gestellten Anforderungen entsprechen und diese regelhaft nachvollziehen; denn sie könnten keine Allgemeinverbindlichkeit beanspruchen und dürften weder den vom Bundes-Immissionsschutzgesetz mit der Grenze der Erheblichkeit von Belästigungen gesetzten Maßstab ändern noch durch die vorgeschlagenen Meß- und Bewertungsmethoden sowie Zu- und Abschläge zu Ergebnissen führen, die den Bewertungen des Bundes-Immissionsschutzgesetzes nicht entsprechen. Soweit vor allem den Regelwerken wertende Entscheidungen über die Lästigkeit spezifisch sportbedingter Geräuscheinwirkungen zugrunde lägen, habe das Gericht zu prüfen, ob diese Bewertungen der allgemeinen Einschätzung in der Bevölkerung und damit dem entsprechen, was mit den Begriffen „Sozialadäquanz" und „Akzeptanz" als für die Lärmbeurteilung auch maßgeblichen Merkmalen ausgedrückt werde.

Eine besondere Bedeutung im Nachbarschaftsverhältnis zwischen Wohnen und Sport spielt die Frage, ob und inwieweit der Sportplatz werktags an den Feierabenden sowie an Sonntagen und gesetzlichen Feiertagen benutzt werden darf. In bezug auf gewerblichen

---

34) Ursprünglich Fassung v. 28. 10. 1982, veröffentlicht in NVwZ 1985, 98, neugefaßt am 25. 11. 1987, veröffentlicht in NVwZ 1988, 135.
35) NdsMBl. 1989, S. 23.

Lärm gelten die Zeiten werktags nach 19 Uhr sowie die Sonn- und Feiertage als Zeiten besonderen Ruhebedürfnisses. Im Tegelsbarg-Urteil hat das BVerwG Samstage den anderen Werktagen gleichgestellt, so daß also nicht schon die Samstagnachmittage Zeiten besonderen Ruhebedürfnisses sind. Es hat in dieser Entscheidung nicht beanstandet, daß das OVG Hamburg als Zeiten besonderen Ruhebedürfnisses außerhalb der Nachtzeit (22 bis 6 Uhr) angesehen hat an Werktagen die Zeiten von 6 bis 7 und von 19 bis 22 Uhr sowie an Sonn- und Feiertagen die ganze Tageszeit. Das ist vielfach als allgemeingeltender Rechtssatz verstanden worden. Im Dortmund-Sölde-Urteil hat das BVerwG die Existenz eines solchen allgemeinen Rechtssatzes jedoch verneint und darauf hingewiesen, daß es im Tegelsbarg-Urteil ausdrücklich offengelassen habe, inwieweit die Einhaltung derartiger Ruhezeiten generell bei Konflikten zwischen Wohn- und Sportnutzung geboten sei. Möglicherweise sei dies anders zu beurteilen, wenn Wohn- und Sportnutzung etwa gleichzeitig entstehen oder wenn gar eine Wohnnutzung an eine bereits bestehende Sportanlage heranrücke. Würden Wohn- und Sportnutzung in einem B-Plan gleichzeitig ausgewiesen, d. h. mit einer von vornherein gegebenen Pflicht zu gegenseitiger Rücksichtnahme belastet, so könne dies bedeuten, daß die Wohnnutzung auf Sport, zumal Breitensport als eine typische Freizeitbetätigung, Rücksicht zu nehmen habe. In einem Gebiet, in dem Wohnen und Sport in Nachbarschaft zueinander geplant würden, könne nicht damit gerechnet werden, daß die Sportanlage während wesentlicher Teile von Zeiten, in denen üblicherweise Sport getrieben wird, nicht benutzt wird. Auf der anderen Seite müsse der Betreiber einer Sportanlage in solcher Lage in Rechnung stellen, daß die Wohnnachbarn ihrerseits die Freizeit zur Entspannung auch im Außenwohnbereich (Terrasse, Balkon) nutzen wollen; er könne nicht erwarten, daß sie zugunsten des Sports gänzlich auf Ruhe während der üblicherweise der Entspannung dienenden Freizeit verzichten wollen. Deshalb sei eine Reduzierung des Sportbetriebs zwecks Lärmminderung schon ab 19 Uhr rechtlich nicht in jedem Fall und unter allen Umständen geboten. Ähnliches gelte für die Sportausübung an Sonn- und Feiertagen. Es könne nicht von vornherein gefordert werden, an Sonn- und Feiertagen überhaupt und in jeder örtlichen Situation von Sportlärm unbehelligt zu bleiben. Sonn- und Feiertage genössen zwar als Tage der Arbeitsruhe und der seelischen Erbauung besonderen Schutz. Der Schutz der Bevölkerung vor Lärm sei nicht das eigentliche Ziel des Sonn- und Feiertagsschutzes, sondern dessen Folge. Zwar sei diese Folge als etwas, worauf man sich eingestellt habe, auch bei der Beurteilung der Lästigkeit von Lärm zu berücksichtigen. Auf der anderen Seite sei zu berücksichtigen, daß Sonn- und Feiertage schon immer auch Tage für Freizeitveranstaltungen wie Volksfeste, Umzüge und dgl. seien. Somit komme es jedenfalls in einer Lage, in der Wohnen und Sport in Nachbarschaft zueinander geplant worden sind, darauf an, einen Ausgleich dahin zu finden, daß zwar, der örtlichen Übung entsprechend, an diesen Tagen Sport in gewissen Grenzen, z. B. für ein Fußballspiel oder für einige Stunden, zu dulden sei, nicht jedoch in gleichem Umfang wie an den Werktagen. Diese Grenzen der Zumutbarkeit zu ermitteln sei, solange der Gesetz- oder Verordnungsgeber keine verbindlichen Regeln gesetzt habe, eine Sache tatrichterlicher Würdigung.

V. Ausblick

Die Gerichte sind überfordert, ohne ein konkretisierendes Regelwerk eine gleichmäßige Anwendung der für die Beurteilung des Sportlärms einschlägigen unbestimmten Rechtsbegriffe zu gewährleisten. Mit Bindungswirkung kann aber nur der Gesetz- oder Verordnungsgeber ein solches Regelwerk schaffen. § 23 Abs. 1 BImSchG ermächtigt die Bundesre-

gierung, verbindliche Regeln für die Ermittlung und Bewertung der Erheblichkeit von
Sportlarm zu erlassen. Die Tegelsbarg Entscheidung des BVerwG hat sicherlich einen
Anstoß dazu gegeben. Die von der Bundesregierung beschlossene Achtzehnte Verordnung
zur Durchführung des Bundes-Immissionsschutzgesetztes (Sportanlagenlärmschutzverord-
nung — 18. BImSchV)[36] wird, falls der Bundesrat ihr zustimmt, erstmals dB-(A)-Werte als
Immissionsrichtwerte für die Erheblichkeit von Sportgeräuschen und das Verfahren zu ihrer
Ermittlung und Beurteilung normativ festlegen. Der Verordnungsgeber ist bei der Konkreti-
sierung der Maßstäbe für die Erheblichkeit von Lärmbelästigungen und bei der Bestimmung
der dabei anzuwendenden technischen Verfahren in der 18. BImSchV an die Wertungen des
Bundes-Immissionsschutzgesetzes gebunden; zu einer „Korrektur seiner Maßstäbe auf ein
niedrigeres Niveau"[37] ist er in § 23 BImSchG nicht ermächtigt. Einen Bonus zugunsten des
Sports und zum Nachteil der Anwohner im Sinne einer erhöhten Duldungspflicht gegenüber
Sportgeräuschen könnte nur der Gesetzgeber einräumen. Ob der Entwurf der 18. BImSchV
in der jetzt dem Bundesrat vorliegenden Fassung dies beachtet, bedarf noch der Prüfung.

Die 18. BImSchV — vorausgesetzt, sie tritt in Kraft — gilt unmittelbar nur für die
Beurteilung der von Sportanlagen ausgehenden Geräusche im Rahmen behördlicher Verfahren, nämlich bei der (Bau-)Genehmigung von Sportanlagen oder bei der Entscheidung über
(nachträgliche) Anordnungen (Anwendungsbereich der §§ 22, 24, 25 BImSchG). Da jedoch
das BVerwG § 22 BImSchG als Maßstab für die Zumutbarkeit von Lärm auch im Nachbarschaftsverhältnis zwischen öffentlichem Betreiber der Anlage und gestörtem Nachbarn
(öffentlich-rechtliche Abwehrklage) anwendet, wird es auch die 18. BImSchV als Konkretisierung des § 22 BImSchG in diesem Verhältnis anwenden müssen. Entsprechendes wird
man nach der Gleichsetzung der Maßstäbe der immissionsschutzrechtlichen Erheblichkeit
von Belästigungen (§ 3 Abs. 1 BImSchG) und der bürgerlich-rechtlichen Wesentlichkeit von
Beeinträchtigungen (§ 906 Abs. 1 BGB) in der Rechtsprechung auch des BGH[38] für die
zivilrechtliche Duldungspflicht (§ 906 Abs. 1 BGB) bzw. den zivilrechtlichen Abwehranspruch (§ 1004 BGB) sagen können.

---

36) BRDrucks. 17/91.
37) BVerwG, Urt. v. 22. 5. 1987, a. a. O. (Fn. 10), S. 290, zum Verkehrslärmschutz.
38) Urt. v. 23. 3. 1990 — V ZR 58/59 — DVBl. 1990, 771; NJW 1990, 2485; NVwZ 1990, 1104
   (Kirmesplatz).

WERNER HOPPE

Die Rechtswirkungen eines Flächennutzungsplans gegenüber nach § 35 Abs. 1 BauGB privilegierten Außenbereichsvorhaben in der Rechtsprechung des Bundesverwaltungsgerichts

I. Problemstellung

Die Darstellungen eines Flächennutzungsplans konnten nach der früheren − inzwischen überholten − Rechtsprechung des BVerwG − wie sie in der Entscheidung vom 25. 10. 1967 ihren Ausdruck gefunden hat[1] −, einem nach § 35 Abs. 1 BBauG/BauGB privilegierten Vorhaben nicht *„entgegenstehen"*.

Das BVerwG hatte in dieser Entscheidung nicht etwa nur die *Durchsetzungsfähigkeit* von Darstellungen eines Flächennutzungsplans als öffentliche Belange gegenüber einem privilegierten Vorhaben *im Einzelfall* verneint, sondern ihre *generelle* Fähigkeit, die Funktion eines entgegenstehenden öffentlichen Belangs zu erfüllen *(Berücksichtigungsfähigkeit)*. Privilegierte Vorhaben seien vom Gesetzgeber dem Außenbereich in planähnlicher Art zugewiesen; der Gesetzgeber habe selbst eine „generelle Verplanung" vorgenommen. Das Urteil ging von der grundsätzlichen Erkenntnis aus, daß die rechtliche Regelung der Nutzung des Außenbereichs für die Errichtung privilegierter Bauten in § 35 Abs. 1 BBauG dem Bürger dem grundsätzlichen Rang nach keine geringeren Rechte eingeräumt habe als dem Bauwilligen, der ein in einem nach § 30 BBauG endgültig verplanten Gebiet gelegenes Grundstück nutzen wolle. Die grundsätzliche Verweisung solcher Bauten in den Außenbereich bedeute eine der Regelung des § 30 BBauG nahekommende rechtliche Sicherung. Diese Qualifikation des § 35 Abs. 1 BBauG wirke sich insbesondere bei der Berücksichtigung entgegenstehender Flächennutzungspläne aus. Ihre Bedeutung gegenüber *sonstigen* Vorhaben rechtfertige sich daraus, daß bei diesen Vorhaben durch den Plan gewissermaßen nur eine Unzulässigkeit bestätigt und konkretisiert werde, die im Ansatz bereits in § 35 Abs. 2 BBauG enthalten sei. Darin liege es bei *privilegierten* Vorhaben grundlegend anders. Ihre Bevorzugung schlage sich gerade darin nieder, daß § 35 Abs. 1 BBauG in einer dem § 30 BBauG immerhin nahekommenden Weise ihre Errichtung im Außenbereich vorsehe. Damit seien sie zwar nicht generell gegenüber allen öffentlichen Belangen bessergestellt. Flächennutzungspläne jedoch könnten sich bei ihnen nicht auswirken, weil diese Pläne in der Art und Qualität ihrer Aussage unmittelbar der Ebene angehörten, in der die („planerische") Aussage des § 35 Abs. 1 BBauG selbst liege. Aus diesem Grund müsse ihre Heranziehung insoweit ebenso scheitern, wie im Rahmen des § 30 BBauG Flächennutzungspläne einem Vorhaben nicht entgegengesetzt werden könnten.[2] Diese Rechtsprechung hat das BVerwG − vor

---

1) BVerwG v. 25. 10. 1967 − IV C 86.66 −, BVerwGE 28, 148 = DVBl. 1968, 385 = DÖV 1968, 579
= NJW 1968, 1105 = BRS 18 Nr. 50. − Siehe dazu *Gelzer*, Bauplanungsrecht, 4. Aufl. (1984),
Rdn. 1224, S. 482 m. w. N.
2) BVerwG v. 25. 10. 1967 (Fn. 1), BVerwGE 28, 150 ff.

allem mit der Entscheidung vom 20. 1. 1983[3] – inzwischen aufgegeben und „modifiziert“.
Das Urteil will an dem Vergleich der Regelung des § 35 Abs. 1 BBauG mit der eines
Bebauungsplans, den das Urteil vom 25. 10. 1967 gezogen hatte, „in dieser Allgemeinheit“
nicht festhalten.

Zwar habe der Gesetzgeber in einer der Rechtslage im beplanten (§ 30 BBauG) und
unbeplanten (§ 34 BBauG) Innenbereich vergleichbaren Weise entschieden, daß im Außenbereich bestimmte, nämlich die in § 35 Abs. 1 BBauG genannten Vorhaben allgemein
zulässig seien. Mit § 35 Abs. 1 BBauG habe der Gesetzgeber jedoch keine Entscheidung
über den *konkreten Standort* der von ihm im Außenbereich grundsätzlich für zulässig
erklärten Vorhaben getroffen, sondern diese Vorhaben einschließlich ihres Standortes der
Prüfung im konkreten bauaufsichtlichen Verfahren an dem Maßstab überlassen, ob öffentliche Belange entgegenstehen. Beim qualifizierten Bebauungsplan (§ 30 BBauG) dagegen sei
die Standortfrage, nämlich was jeweils wo gebaut werden dürfe, verbindlich entschieden. Im
Falle des § 34 BBauG sei die Standortfrage durch das Vorhandensein des Ortsteils und durch
die vorhandene Bebauung als Maßstab für die konkrete Bebaubarkeit der Grundstücke
entschieden. Für privilegierte Vorhaben habe der Gesetzgeber mit § 35 Abs. 1 BBauG eine
vergleichbare Entscheidung, nämlich etwa dahin, daß der Außenbereich Baubereich für
diese Vorhaben wäre und daß diese Vorhaben an jedem beliebigen Standort im Außenbereich errichtet werden könnten, nicht getroffen. Weil der Gesetzgeber die Frage des
konkreten Standortes privilegierter Vorhaben nicht „planartig“ entschieden, sondern der
Prüfung am Maßstab öffentlicher Belange unterworfen habe, könnten *konkrete standortbezogene Aussagen*[4] in Plänen, die keine unmittelbare Außenverbindlichkeit gegenüber Dritten hätten, aber der Vorbereitung rechtsverbindlicher Planungen oder bestimmter verwirkli-
chender Maßnahmen dienten, also auch konkrete Standortaussagen in Flächennutzungsplänen und in Programmen und Plänen der Landesplanung, als öffentliche Belange der
Zulässigkeit eines privilegierten Vorhabens an einem solchermaßen „anderweitig verplanten“ Standort entgegenstehen. Eine solche konkrete, einem privilegierten Vorhaben entgegenstehende Standortbindung lasse sich allerdings nur Planungsaussagen entnehmen, die
über den Regelungsgehalt des § 35 Abs. 2 BBauG hinausgingen. Unbeachtlich sei daher
etwa eine landesplanerische Aussage, daß der Außenbereich vor Bebauung zu schützen, daß
eine Zersiedelung zu vermeiden sei oder ähnliches. Das gelte im allgemeinen auch für die
Darstellung von Flächen von Land- und Forstwirtschaft in einem Flächennutzungsplan;
denn sie seien im allgemeinen keine qualifizierten Standortzuweisungen, sondern wiesen im
Außenbereich nur die ihm ohnehin nach dem Willen des Gesetzes (§ 35 Abs. 2 und
3 BBauG) in erster Linie zukommende Funktion zu, der Land- und Forstwirtschaft – und
dadurch zugleich auch der allgemeinen Erholung – zu dienen.

Mit dieser Wandlung der Rechtsprechung, die bestimmten Darstellungen eines Flächennutzungsplans einen gewichtigen Stellenwert als ein – einem privilegierten Vorhaben
entgegenstehender – öffentlicher Belang einräumt, stellen sich die Fragen, wie diese
Rechtswirkung der Darstellungen eines Flächennutzungsplans bei mangelnder unmittelbarer
Außenverbindlichkeit zu begründen ist und wie die standortbezogenen konkreten Aussagen
in Flächennutzungsplänen beschaffen sein müssen, um als berücksichtigungs- und durchset-
zungsfähige öffentliche Belange anerkannt werden zu können.

---

3) BVerwG v. 20. 1. 1984 – 4 C 43.81 –, BVerwGE 68, 311 ff. = DVBl. 1984, 627 = ZfBR 1984, 200
= BauR 1984, 269 = NVwZ 1984, 367.
4) Kritisch zu dem Erfordernis der „hinreichend konkretisierten Planung“ *Birk*, Kommunale Selbstverwaltungshoheit und überörtliche Planung, NVwZ 1989, 905 ff., insbesondere 907 f., 910 ff.

II. Der Rechtscharakter und die Rechtswirkungen des Flächennutzungsplans in der Rechtsprechung des BVerwG

Um diese Fragen beurteilen zu können, ist auf den Rechtscharakter und die Rechtswir kungen des Flächennutzungsplans einzugehen (s. unten 1) und die Durchsetzungsfähigkeit des Flächennutzungsplans als öffentlicher Belang zu untersuchen (s. unten II 2).

1. Der Flächennutzungsplan als Element der rechtlichen Beurteilung im Rahmen des § 35 BauGB

Kürzlich hat das BVerwG in einem Beschluß vom 20. 7. 1990 festgestellt,[5] der Flächen-nutzungsplan habe keinen *förmlichen* Normcharakter, dieser Plan könne auch *materiell-rechtlich* nicht als Rechtsnorm oder Rechtssatz angesehen werden. Denn unabhängig davon, wie diese Begriffe im einzelnen zu definieren bzw. untereinander sowie gegenüber dem Begriff einer Rechtsvorschrift abzugrenzen seien: Eine Rechtsvorschrift erfordere jedenfalls in materieller Hinsicht, daß es sich um eine (abstrakt-generelle) Regelung *mit dem Anspruch auf Verbindlichkeit* handele. Der Flächennutzungsplan enthalte jedoch keine *verbindlichen* „Regelungen".[6]

Der Flächennutzungsplan sei allerdings nicht rechtlich bedeutungslos, vielmehr als Ele-ment der rechtlichen Beurteilung im Rahmen anderer Vorschriften von erheblicher Trag-weite. Aus sich selbst heraus entfalteten die Darstellungen des Flächennutzungsplans aber keine rechtlichen Wirkungen. Dies geschehe vielmehr immer nur durch Vermittlung bestimmter Tatbestandsmerkmale in anderen Normen, für deren Anwendung die Darstel-lungen des Flächennutzungsplans als Tatsachen eine Rolle spielen könnten. So enthielten die Darstellungen des Flächennutzungsplans bei der Beurteilung der bodenrechtlichen Zulässig-keit eines Bauvorhabens im Außenbereich nach § 35 Abs. 3 BauGB zwar einen wesentlichen Anhaltspunkt für die Feststellung, ob das Vorhaben öffentliche Belange beeinträchtige oder nicht. Als Ausdruck der in ihnen niedergelegten planerischen Vorstellungen der Gemeinde könnten sie – wie auch andere faktische Gegebenheiten – im Einzelfall die Zulässigkeit eines Vorhabens nach § 35 BauGB oder eine Grundstücksteilung nach § 20 Abs. 1 Nr. 3 BauGB hindern. Flächennutzungspläne seien aber andererseits – in wesentlich stärkerem Maße als Bebauungspläne – von der tatsächlichen Entwicklung abhängig. Diese könne dazu führen, daß sich das Gewicht ihrer Aussagen bis hin zum Verlust der Aussagekraft abschwäche, wodurch der Flächennutzungsplan auch seine Bedeutung als Konkretisierung öffentlicher Belange und einer geordneten städtebaulichen Entwicklung verliere. Die Dar-stellungen des Flächennutzungsplans seien also nur *„Unterstützung und einleuchtende Fortschreibung bestimmter tatsächlicher Gegebenheiten".*

Das BVerwG sieht die Rechtswirkungen des Flächennutzungsplans allein von der Ver-

---

5) BVerwG v. 20. 7. 1990 – 4 N 3.88 – DVBl. 1990, 1352 = BauR 1990, 685. Der Beschluß geht auf eine Vorlage des OVG Koblenz zurück, die die Rechtsfrage zur Entscheidung gestellt hat, ob die Vorschrift des § 47 Abs. 1 Nr. 2 VwGO so auszulegen sei, daß der dort enthaltene Begriff der anderen im Range unter dem Landesgesetz stehenden Rechtsvorschriften auch die Darstellung einer Wohnbaufläche im derzeit landwirtschaftlich genutzten Außenbereich einer Gemeinde durch den Flächennutzungsplan nach § 5 BauGB umfasse.

6) Zum Meinungsstreit über den Rechtscharakter des Flächennutzungsplans siehe *Gaentzsch,* in: Berliner Kommentar zum BauGB, Erster Halbband (1988), § 5 BauGB Rdn. 3; *Löhr,* Die kommunale Flächennut-zungsplanung, 1977, 133 ff.

mittlung durch Tatbestandsmerkmale in anderen Rechtsnormen ausgehen, als Elemente rechtlicher Beurteilung im Rahmen anderer Vorschriften. Es handelt sich mithin um eine durch andere Rechtsnormen vermittelte rechtliche Außenwirkung. Diese (unmittelbare) Rechtswirkung geht aber von diesen Rechtsnormen aus, nicht vom Flächennutzungsplan, der lediglich als rechtsfolgebedingende Tatbestandsvoraussetzung im Rahmen eines anderen gesetzlichen Tatbestandes fungiert.

In diesem Zusammenhang nimmt das BVerwG auf den Flächennutzungsplan in seiner Funktion als öffentlicher Belang nach § 35 BauGB Bezug (§ 35 Abs. 3 BauGB). Es wiederholt die gängige Formulierung eines Bildes, dessen sich das BVerwG bedient, wenn es die konkrete Aussagekraft des Flächennutzungsplans gegenüber einem (privilegierten) Vorhaben ausdrücken will: *„die Unterstützung und einleuchtende Fortschreibung bestimmter tatsächlicher Gegebenheiten"*, die für die Beachtlichkeit des Flächennutzungsplans als öffentlicher Belang unabdingbare Voraussetzung sein sollen.

2. Die Durchsetzungsfähigkeit des Flächennutzungsplans als öffentlicher Belang

Dieses Bild von der *„Unterstützung und einleuchtenden Fortschreibung bestimmter tatsächlicher Gegebenheiten"* spielt eine große Rolle in der Rechtsprechung des BVerwG bei der Frage nach dem Gewicht dieses Plans als öffentlicher Belang.

a) „Unterstützung und einleuchtende Fortschreibung bestimmter tatsächlicher Gegebenheiten"

Das Fehlen der Übereinstimmung eines Vorhabens mit dem Inhalt des Flächennutzungsplans sei — so das BVerwG — nicht „schematisch" Grund dafür, einen relevanten öffentlichen Belang anzunehmen; Darstellungen des Flächennutzungsplans seien nicht einfach wie Rechtssätze „anwendbar", sondern „immer nur als Unterstützung und einleuchtende Fortschreibung bestimmter tatsächlicher Gegebenheiten geeignet, zum Vorliegen eines beeinträchtigten öffentlichen Belanges beizutragen".[7] Das BVerwG wird nicht müde, diese etwas kryptische Formulierung — mit geringen Veränderungen im Wortlaut — immer wieder zu wiederholen.[8]

In der Entscheidung vom 20. 1. 1984[9] differenziert das BVerwG allerdings präziser, welche Funktion dieser Tatsachenbezug *(„bestimmte tatsächliche Gegebenheiten")* hat. Es stellt zunächst fest, daß die in § 35 Abs. 3 BBauG (jetzt BauGB) genannten Belange „grundsätzlich auch einem privilegierten Vorhaben entgegenstehen" können. Diese Fähigkeit sollte man als *Berücksichtigungsfähigkeit* bezeichnen.[10] Bildlich gesprochen betrifft das die Frage, ob dieser Belang überhaupt auf die Waagschale der (nachvollziehenden) Abwägung gelegt werden darf.

Ob sich diese Belange im einzelnen Fall durchsetzen, ist nach den weiteren Ausführungen des BVerwG eine Frage ihres jeweiligen Gewichts und der Abwägung mit dem Vorhaben,

---

7) BVerwG v. 28. 2. 1975 — IV C 30.73 —, BVerwGE 48, 81 = DVBl. 1975, 516 = BauR 1975, 404 = BRS 29 Nr. 70.

8) Siehe die eingehenden Nachweise bei *Dürr*, in: Brügelmann, Baugesetzbuch Bd. 2, Loseblatt (Stand Mai 1990) § 35 BauGB Rdn. 78 und BVerwG v. 6. 10. 1989 — 4 C 28.86 —, ZfBR 1990, 41 f.

9) Siehe oben Fn. 3.

10) Die Rechtsprechung zum Flächennutzungsplan als öffentlichem Belang im einzelnen siehe bei *Dürr* (Fn. 8), § 35 BauGB Rdn. 78.

dessen — aufgrund der gesetzlichen Privilegierung gesteigertes — Durchsetzungsvermögen dabei gebührend in Rechnung zu stellen sei. Das Durchsetzungsvermögen der öffentlichen Belange im Einzelfall nennt das BVerwG die die Zulässigkeit von Außenbereichsvorhaben *hemmende Wirkung*. Man sollte insoweit von *Durchsetzungsfähigkeit* sprechen. Die Durchsetzungsfähigkeit besagt etwas über das Gewicht, das der öffentliche Belang in den Abwägungsvorgang einbringt und das geeignet ist, die Waagschale der (nachvollziehenden) Abwägung zu Lasten der Durchsetzbarkeit der Belange des Außenbereichsvorhabens herunterzudrücken.

Der in dem Bild von der *„Unterstützung und einleuchtenden Fortschreibung"* angesprochene Tatsachenbezug spielt also eine Rolle bei der Durchsetzungsfähigkeit des Flächennutzungsplans als öffentlicher Belang. Die Durchsetzungsfähigkeit derartiger Darstellungen als öffentliche Belange gegenüber Außenbereichsvorhaben beruhe — so das BVerwG — nicht allein auf dem Inhalt der Planung, vielmehr „resultiert (sie) wesentlich daraus, daß sie ,Unterstützung und einleuchtende Fortschreibung bestimmter tatsächlicher Gegebenheiten'" sei.

Auf diese Formulierung und auf dieses Bild ist noch zurückzukommen (s. unten III).

Vorher ist aber darauf einzugehen, wie ein Flächennutzungsplan inhaltlich beschaffen sein muß, um gegenüber privilegierten Außenbereichsvorhaben überhaupt durchsetzungsfähig sein zu können.

Denn *neben* dem soeben beschriebenen Tatsachenbezug muß der Flächennutzungsplan eine konkrete Darstellung dahingehend enthalten, daß ein genau festgelegter Bereich in einer bestimmten Weise genutzt werden soll und diese Nutzungsfestlegung dem beabsichtigten privilegierten Vorhaben entgegensteht.[11] Insoweit ist inhaltlich auf die erkennbaren Planungsabsichten und den hinreichend konkret und eindeutig geäußerten Planungswillen der Gemeinde abzuheben.[12]

b) Notwendigkeit der Konkretisierung standortbezogener Aussagen

Um als öffentlicher Belang gegenüber einem privilegierten Außenbereichsvorhaben durchsetzungsfähig zu sein, müssen die Darstellungen der konkreten Standortfestlegung für die Abwägung hinreichend bestimmbar, sachlich und räumlich eindeutig festgelegt, hinreichend konkretisiert und für eine gerichtliche Überprüfung, die sich auf die Erfüllung der Tatbestandsvoraussetzungen des § 35 Abs. 1 BauGB bezieht, zugänglich sein.[13] *Weyreuther* begründet das damit, daß die legitime Wirkung einer jeden „Aussage" mit ihrem greifbaren Gehalt ende.[14] Das BVerwG hebt hervor: „Da (nur) die Frage des konkreten Standorts der im Außenbereich privilegiert zulässigen Vorhaben von § 35 Abs. 1 BauGB nicht entschieden ist, können in der Regel auch (nur) konkrete standortbezogene Aussagen in einem Flächennutzungsplan der Zulässigkeit eines privilegierten Vorhabens im Außenbereich als öffentliche Belange an einem solchermaßen ,anderweitig verplanten' Standort entgegenstehen".[15]

Die Darstellung von unspezifizierter Nutzung als Land- und Forstwirtschaft im Flächen-

---

11) Siehe *Dürr* (Fn. 8), § 35 BauGB Rdn. 67.
12) Siehe *Dürr*, ebenda.
13) *Weyreuther*, Bauen im Außenbereich (1979), 514 im Hinblick auf Ziele der Raumordnung und Landesplanung mit Nachweisen im einzelnen.
14) *Weyreuther*, ebenda.
15) BVerwG v. 6. 10. 1989 — 4 C 28.86 —, ZfBR 1990, 42; siehe auch BVerwG v. 20. 1. 1984 (Fn. 3); BVerwG v. 22. 5. 1987 — 4 C 57.84 —, BVerwGE 77, 300, 301 f., 303. — a. A. *Birk* (Fn. 4), 911.

nutzungsplan kann also nicht als konkrete Standortfestlegung angesehen und einem privilegierten Vorhaben entgegengehalten werden. Es muß sich vielmehr um eine qualifizierte
Standortzuweisung handeln, nicht um Darstellungen, die dem Außenbereich die ihm
ohnehin nach dem Willen des Gesetzes (§ 35 Abs. 2 und 3 BauGB) in erster Linie
zukommenden Funktionen zuweisen.

So hat das BVerwG es in seinem Urteil vom 6. 10. 1989[16] für ausgeschlossen gehalten, daß
ein Interesse der Gemeinde, bestimmte Teile ihres Gebiets von jeder auf Veränderung des
Bestehenden zielender Planung auszunehmen und für die noch ungewisse künftige Entwicklung offenzuhalten (sog. „Freihaltebelang"), mit dem Mittel einer Darstellung als Fläche für
die Landwirtschaft in einem Flächennutzungsplan in den Rang eines öffentlichen Belangs,
der einem im Außenbereich gemäß § 35 Abs. 1 BauGB privilegiert zulässigen Vorhaben
entgegengehalten werden dürfe, erhoben werden könne.

Das BVerwG sieht nur in *besonderen* Fällen und bei *besonderen* Gegebenheiten und nur
in bezug auf *bestimmte* Außenbereichsflächen einen Flächennutzungsplan dahin auslegungs-
fähig, „daß gerade *diese* Fläche für die Landwirtschaft vorbehalten sein soll und für nichts
anderes". Gegen eine allgemeine Ausschließlichkeit der landwirtschaftlichen Nutzung *aller*
für die Landwirtschaft zur Verfügung stehenden Flächen einer Gemeinde spräche schon,
daß eine konkrete Standortbezogenheit dann für *sämtliche* im Flächennutzungsplan für die
Landwirtschaft dargestellten Flächen gälte. Das wäre jedoch mit § 35 Abs. 1 BBauG
(BauGB) nicht zu vereinbaren, weil damit nahezu der *gesamte* Außenbereich der Gemeinde
generell für *alle* privilegierten Vorhaben, außer solchen nach Nummern 1 bis 3 des § 35
Abs. 1 BBauG, grundsätzlich, d. h. vorbehaltlich einer noch vorzunehmenden Gewichtung
im Einzelfall, gesperrt wäre. Eine konkrete (positive) Standortbezogenheit der Darstellung
„Fläche für die Landwirtschaft" komme allenfalls für *bestimmte* Außenbereichsflächen in
Betracht, für die besondere Verhältnisse gerade in bezug auf deren landwirtschaftliche
Nutzung vorlägen. Ziel einer solchen (positiven) standortbezogenen Darstellung müsse es
– ebenso wie bei der Festsetzung von Flächen für die Landwirtschaft in einem Bebauungsplan – sein, gerade die Landwirtschaft wegen besonderer Gegebenheiten zu sichern und zu
fördern, nicht aber jegliche andere Nutzung unabhängig von § 35 Abs. 1 und 2 BBauG
(BauGB) zu verhindern.[17]

c) Positive und negative Standortausweisungen

Der in erster Linie vorkommende Fall des Flächennutzungsplans als durchsetzungsfähiger
öffentlicher Belang ist der der *positiven* Ausweisung eines Standorts im Flächennutzungsplan, ein im Flächennutzungsplan dokumentierter *positiver* Planungswille der Gemeinde,
nicht hingegen eine *negative* Bestimmung.[18]

Dürr sieht im Anschluß an das BVerwG den Fall der *positiven* Standortfestlegung als

---

16) BVerwG v. 6. 10. 1989 – 4 C 28.86 –, UPR 1990, 30 ff., 31 = ZfBR 1990, 41 = NuR 1990, 79; siehe
auch BVerwG v. 27. 7. 1990 – 4 B 156/89 –, NVwZ 1991, 62, 63.

17) BVerwG v. 22. 5. 1987 – 4 C 57.84 –, BVerwGE 77, 300, 302 = DVBl. 1987, 1008 = BauR 1987, 651
= DÖV 1987, 1015 = NVwZ 1988, 54 –. Das BVerwG nennt als Beispiel (a. a. O., S. 303) das von der
Flächennutzungsplanung verfolgte Ziel, große zusammenhängende Flächen für die landwirtschaftliche
Bewirtschaftung und für leistungsfähige Hofgüter zu sichern. Ein solches Ziel könne für bestimmte
Flächen die Wirkung einer konkreten standortbezogenen Aussage haben, z. B., wenn die Darstellung
aufgrund einer Abstimmung zwischen agrarstruktureller und städtebaulicher Planung (vgl. §§ 144 a,
144 b BBauG) dazu dienen solle, eine in Aussicht genommene agrarstrukturelle Maßnahme zu ermöglichen (vgl. auch §§ 144 d und 144 f BBauG). Ebenso BVerwG v. 6. 10. 1989 [Fn. 16] = UPR 1990, 31.

18) Siehe *Erbguth*, Bauplanungsrecht 1989, Rdn. 314, S. 131.

Regelfall an.[19] Das BVerwG habe allerdings im Urteil vom 22. 5. 1987[20] eine Einschränkung gemacht: Es geht um die Festlegung eines einzigen Standorts für eine bestimmte – unter einen Privilegierungstatbestand des § 35 Abs. 1 BauGB fallende Nutzung – im Gebiet einer Gemeinde durch einen Flächennutzungsplan unter Ausschluß auch der privilegierten Nutzung an anderen Standorten in derselben Gemeinde; konkret gesprochen um eine sog. *„Abgrabungskonzentrationszone"*, die im Flächennutzungsplan diejenigen Flächen kennzeichnen soll, an der Abgrabungen stattfinden dürfen. Diese gegenüber einem privilegierten Außenbereichsvorhaben nach § 35 Abs. 1 Nr. 4 BauGB[21] wirksame negativ ausschließende Wirkung kann nach Auffassung des BVerwG auch der Darstellung einer Fläche für die Landwirtschaft zukommen: Die positive Bestimmung einer „Abgrabungsfläche" im Flächennutzungsplan an *einer* Stelle sei aufgrund des Erläuterungsberichts, der von „Abgrabungskonzentrationszone" spricht, so zu verstehen, daß die Darstellung „Landwirtschaft" auf *anderen* Flächen in der Gemeinde jedenfalls Vorrang vor der Nutzung dieser Flächen für Abgrabungen haben solle. Auch eine solche Aussage eines Flächennutzungsplans könne eine konkrete standortbezogene Aussage sein und als öffentlicher Belang einem privilegierten Vorhaben entgegenstehen, für das der Flächennutzungsplan – mit Ausschlußziel – für andere Standorte bestimmte Flächen im Außenbereich darstelle. Das BVerwG sah dies um so eher gelten, als im konkreten Fall für die gemäß § 35 Abs. 1 Nr. 4 BBauG privilegierte Nutzung weite Flächen des Außenbereichs oder gar nahezu der ganze Außenbereich in Betracht kamen, wie es für die Abgrabung von Kies und Sand im Bereich der betroffenen Gemeinde aufgrund des geologischen Abbaus des Untergrundes der Fall sei. In einer solchen Situation stelle – zumal in einem großstädtischen Raum – die Verhinderung einer allgemeinen „Verkraterung" der Außenbereichslandschaft durch Abgrabungen einen allgemeinen öffentlichen Belang dar, den der Flächennutzungsplan durch Konzentration des Abbaus von Kies und Sand auf dafür geeignete Flächen konkretisiere. In diesem Sinne könne die Darstellung von Abgrabungsflächen „Unterstützung und einleuchtende Fortschreibung tatsächlicher Gegebenheiten" sein.[22]

Für eine solche Darstellung im Flächennutzungsplan mit negativer Aussage für Abgrabungen auf anderen als den dafür dargestellten Flächen fehle der Gemeinde nicht die Ermächtigung.

Die Darstellung dürfe nicht nur unter dem Gesichtspunkt einer möglichen Ausschlußwirkung für privilegierte Vorhaben im Rahmen des § 35 BBauG betrachtet werden. Aufgabe des Flächennutzungsplans sei es, nach Maßgabe insbesondere des § 1 Abs. 1, 6 und 7 BBauG (jetzt § 1 Abs. 1, 5 und 6 BauGB) ein gesamträumliches Entwicklungskonzept für das Gemeindegebiet darzustellen, das vor allem für die verbindliche Bauleitplanung (§ 8 Abs. 2 BBauG) und für Planungen anderer öffentlicher Aufgabenträger (vgl. § 7 BBauG) Bindungen erzeugen solle. Der Gemeinde die Befugnis abzusprechen, in einem solchen gesamträumlichen Entwicklungskonzept eine Konzentration des Abbaus von Kies und Sand auf eine bestimmte Zone als Ziel künftiger städtebaulicher Ordnung und Entwicklung vorzusehen und sie damit in anderen Bereichen möglichst zu vermeiden, würde den Verzicht auf die Steuerungsaufgabe des Flächennutzungsplans in einem wichtigen Bereich bedeuten. Daß Darstellungen des Flächennutzungsplans auch die Bedeutung eines der Zulässigkeit von

19) *Dürr* (Fn. 8), § 35 BauGB Rdn. 67.
20) BVerwG v. 22. 5. 1987 (Fn. 17), BVerwGE 77, 300.
21) Zur Privilegierung siehe *Krautzberger*, in: *Battis/Krautzberger/Löhr*, BauGB, Kommentar, 3. Aufl. 1991, § 35 BauGB Rdn. 38; *Gelzer* (Fn. 1), Rdn. 1171, S. 438; BVerwG v. 18. 3. 1983 – 4 C 17.81 –, Amtl. Umdruck S. 7.
22) BVerwG v. 22. 5. 1987 (Fn. 17), BVerwGE 77, 304.

Vorhaben im Außenbereich entgegenstehenden öffentlichen Belangs haben könnten, sei nicht der primäre Zweck solcher Darstellungen, sondern eine mittelbare Wirkung. Denn der Flächennutzungsplan sei keine rechtssatzmäßige Regelung zulässiger Bodennutzungen. Eine unmittelbare, die Zulässigkeit privilegierter Nutzungen ausschließende Wirkung könne die Darstellung einer Abgrabungsfläche folglich nicht haben. Es gehe nur um die Frage, ob eine solche Darstellung mit ihrer negativen Zielaussage in bezug auf andere Flächen als *„Unterstützung und einleuchtende Fortschreibung tatsächlicher Gegebenheiten"* den Rang öffentlicher Belange im Sinne des § 35 Abs. 1 und 3 BBauG haben könne. Ob sie sich dann im Einzelfall gegenüber einem Abgrabungsvorhaben auf einer nicht für diese Nutzung dargestellten Fläche durchsetze, sei eine Frage der *Anwendung* des § 35 Abs. 1 BBauG und nicht einer diese Vorschrift aushebelnden anderweitigen Regelung. Die Entscheidung über die Zulässigkeit oder Unzulässigkeit von Abgrabungen an bestimmten Standorten im Außenbereich sei — anders als dies bei rechtssatzmäßigen Regelungen der Fall wäre — mit der Darstellung einer „Auskiesungskonzentrationszone" noch nicht abschließend gefallen. Bedenken gegenüber einer solchermaßen nach den Gegebenheiten des Einzelfalls zu beurteilenden negativen Wirkung des Flächennutzungsplans bestünden um so weniger, als der Flächennutzungsplan Abgrabungen im Außenbereich nicht *schlechthin* sperren, sondern sie mit der Darstellung einer Abgrabungsfläche als Konzentrationszone gleichsam „kanalisieren" wolle.[23]

Das BVerwG hat für die Gewichtung bei der Abwägung von privilegierten Vorhaben einerseits und Ausschluß von Abgrabungen im Flächennutzungsplan andererseits Grundsätze aufgestellt:

Voraussetzung für die Wirksamkeit der Darstellung einer derartigen Abgrabungsfläche sei, daß sie auf einer gerechten Abwägung im Sinne des § 1 Abs. 6 und 7 BBauG beruhe. Bei der Gewichtung des Belangs im Rahmen des § 35 Abs. 1 BBauG sei jedoch von Bedeutung, daß einer solchen Darstellung in bezug auf die von Abgrabungen ausgeschlossenen Flächen notwendigerweise eine globalere Abwägung zugrunde liege als einer Darstellung, die — nur positiv — einer einzelnen Fläche standortbezogen eine bestimmte Nutzung zuweise; denn die Gemeinde werde nicht für jede Fläche im Außenbereich, die Kies- und Sandvorkommen aufweise, abwägen können, ob die städtebaulichen Gründe so stark seien, um auch hier im Hinblick auf die Abgrabungskonzentration an anderer Stelle den Abbau zu verhindern. Das mache die planerische Abwägung nicht fehlerhaft; denn der Flächennutzungsplan habe gerade keine rechtssatzmäßige Wirkung, sondern konkretisiere allenfalls öffentliche Belange, die sich nur nach Maßgabe einer noch gebotenen Gewichtung im Einzelfall durchsetzen könnten. Auf der anderen Seite habe der notwendigerweise eher globale Charakter der negativen Seite einer „Abgrabungskonzentrationsfläche" Bedeutung für das Gewicht und die Durchsetzungsfähigkeit als öffentlicher Belang. Eine solche Darstellung habe mit ihrer negativen Seite der Tendenz nach im allgemeinen geringeres Gewicht und geringere Durchsetzungskraft, als dies eine positive standortbezogene Darstellung habe. Die besonderen Umstände des Einzelfalls hätten eher eine Chance, sich gegenüber dem in gewisser Weise nur global gewichteten öffentlichen Belang durchzusetzen; denn sie hätten bei der Konkretisierung des öffentlichen Belangs im Flächennutzungsplan eine geringere Rolle gespielt, als dies im allgemeinen bei einer positiven standortbezogenen Darstellung der Fall sei.[24]

Die Untergerichte folgen der Rechtsprechung des BVerwG, wobei der Erläuterungsbe-

---

23) BVerwG v. 22. 5. 1987 (Fn. 17), BVerwGE 77, 304 f.
24) BVerwG v. 22. 5. 1987 (Fn. 17), BVerwGE 77, 307 f.

richt für die Erkenntnis des negativ-ausschließenden Planungswillens der Gemeinde ein nicht geringes und zunehmend stärkeres Gewicht als Interpretationshilfe einnimmt.

d) Funktionsverlust der Standortfestsetzung

Es liegt auf der Hand, daß der Flächennutzungsplan seine Bedeutung als Konkretisierung öffentlicher Belange verliert, wenn er oder einzelne seiner Darstellungen funktionslos werden, weil entgegenstehendes Baugeschehen es ausgeschlossen erscheinen läßt, daß die Darstellungen realisiert werden.[25]

Das BVerwG hat zwei Fälle genannt, in denen der Verlust der Funktion eintreten kann:[26]
- wenn die örtlichen Gegebenheiten (natürliche Beschaffenheit des Geländes, soziale Struktur usw.) *von vornherein* der Verwirklichung dieser planerischen Vorstellungen entgegenstehen oder
- wenn die Entwicklung des Baugeschehens *nach Inkrafttreten des Flächennutzungsplans* unter Förderung oder Duldung durch die Baugenehmigungsbehörde oder Gemeinde dessen Darstellungen in einem sowohl qualitativ wie quantitativ so erheblichen Maß zuwiderläuft, daß die Verwirklichung der ihnen zugrundeliegenden Planungsabsichten entscheidend beeinträchtigt ist.

III. Anmerkungen zur Rechtsprechung des BVerwG

1. Die Interpretationsbreite zum vom BVerwG entwickelten Tatsachenbezug des Flächennutzungsplans

Das Bild und die sibyllinische Wortprägung von der *„Unterstützung und einleuchtenden Fortschreibung bestimmter tatsächlicher Gegebenheiten"* erscheint nicht glücklich gewählt. Es steht sehr unterschiedlichen Interpretationen offen und wird auch vom BVerwG selbst mit so unterschiedlichem Inhalt eingesetzt, daß seine eingrenzende Funktion, die es offenbar haben soll, nicht recht erkennbar wird. Die Urteile des BVerwG sind schon sehr variabel in ihren Formulierungen: Die Darstellungen eines Flächennutzungsplans als entgegenstehender öffentlicher Belang und ihre gegenüber Außenbereichsvorhaben hemmende Wirkung beruhe *nicht allein* darauf, daß sie Inhalt einer Planung seien; ihre Durchsetzungsfähigkeit als öffentliche Belange gegenüber Außenbereichsvorhaben resultiere *wesentlich* daraus, daß sie „Unterstützung und einleuchtende Fortschreibung bestimmter tatsächlicher Gegebenheiten" seien. Wenn sie also nicht „Unterstützung und einleuchtende Fortschreibung bestimmter tatsächlicher Gegebenheiten" sind, fehlt ein wesentliches Element ihrer Durchsetzungsfähigkeit, das über den Inhalt — damit ist wohl der vom Planungswillen getragene Inhalt einer bestimmten und konkreten Standortfestsetzung im Flächennutzungsplan gemeint — hinausgeht.[27]

An anderer Stelle heißt es, die Darstellungen des Flächennutzungsplans seien *„nur"* als „Unterstützung und einleuchtende Fortschreibung bestimmter tatsächlicher Gegebenheiten geeignet, zum Vorliegen eines beeinträchtigten öffentlichen Belangs *beizutragen"*.[28] Die bestimmten tatsächlichen Gegebenheiten sind in dieser Formulierung nicht als wesentliches

---

25) *Gaentzsch* (Fn. 6), § 5 BauGB Rdn. 2.
26) BVerwG v. 15. 3. 1967 — 4 C 205.65 —, BVerwGE 26, 287, 293 f. = DVBl. 1968, 41 = NJW 1967, 1385.
27) BVerwG v. 20. 1. 1984 (Fn. 3), BauR 1984, 270.
28) BVerwG v. 28. 2. 1975 (Fn. 7), BauR 1975, 407 (Unterstreichungen vom Verfasser).

Element anzusehen, das zum Inhalt des Planungswillens hinzutritt; sie sind mit ihrer Unterstützung und einleuchtenden Fortschreibung lediglich geeignet, den öffentlichen Belang durchsetzungsfähig zu machen.[29]

Der sachliche Gehalt dieser kryptischen und interpretationsfähigen Wortprägung wird völlig überdehnt, wenn − Nutzungen ausschließende − negative Darstellungen im Flächennutzungsplan, die der Verhinderung einer „Verkraterung" der Außenbereichslandschaft durch Abgrabungen aufgrund von Genehmigungen nach § 35 Abs. 1 Nr. 4 BauGB dienen, als „Unterstützung und einleuchtende Fortschreibung (bestimmter) tatsächlicher Gegebenheiten" gewertet werden.[30]

Man fragt sich, welche tatsächlichen Gegebenheiten in einem solchen Fall unterstützt und einleuchtend fortgeschrieben werden. Die Eignung des Außenbereichs für die Abgrabung von Kies und Sand kann es nicht sein, weil sie gerade nicht unterstützt und einleuchtend fortgeschrieben wird; die negative Wirkung bleibt von dieser Formulierung unabgedeckt. Das ist darin begründet, daß eine Verhinderung einer tatsächlichen Entwicklung − z. B. die zur „Verkraterung" − schlechterdings nicht als Unterstützung und einleuchtende Fortschreibung von irgendwelchen tatsächlichen Gegebenheiten angesehen werden kann. Diese vom BVerwG vorgenommene Verknüpfung erscheint bei negativen Ausweisungen mehr als gezwungen.

Nicht von ungefähr spricht *Dürr*[31] davon, die Rechtsprechung laufe darauf hinaus, ohne feste Auslegungsgrundsätze auf den im Flächennutzungsplan zum Ausdruck kommenden Willen der Gemeinde abzustellen.[32] Das aber will offensichtlich das BVerwG mit seinem Tatsachenbezug gerade nicht.

2. Die Deutungen in der Literatur

Noch verwirrender sind die Äußerungen in der Literatur mit ihren Bemühungen, der Formulierung einen tragfähigen Sinn abzugewinnen.

Nach *Gaentzsch* darf diese Formulierung nicht dahin verstanden werden, der Flächennutzungsplan konkretisiere mit solchen Darstellungen nur öffentliche Belange, die in der Örtlichkeit bereits vorhandene Nutzungen fortschreiben. Der Flächennutzungsplan solle gerade auch Entwicklungen, die negative städtebauliche Auswirkungen hätten, in eine andere Richtung lenken oder umkehren. Deshalb sei das vom BVerwG wiederholt verwendete Bild der „Unterstützung und einleuchtenden Fortschreibung tatsächlicher Gegebenheiten" im Sinne von *städtebaulich* einleuchtender Fortschreibung tatsächlicher Gegebenheiten" oder von „*städtebaulich* einleuchtenden *Folgerungen* aus tatsächlichen Gegebenheiten" zu verstehen.[33]

Es liegt auf der Hand, daß mit dieser Umformulierung der Inhalt der Wortprägung des BVerwG verändert wird, um auch die negativen Ausweisungen mit dem Bild der „Unterstützung und einleuchtenden Fortschreibung bestimmter tatsächlicher Gegebenheiten" zu versöhnen. Bei näherem Zusehen muß man allerdings feststellen, daß die Formulierung von

---

29) Noch entschiedener BVerwG v. 20. 7. 1990 (Fn. 5), DVBl. 1990, 1353 r. Sp.

30) BVerwG v. 22. 5. 1987 (Fn. 17), BVerwGE 77, 304.

31) *Dürr* (Fn. 8), § 35 BauGB Rdn. 67.

32) *Dürr*, ebenda, stellt folgerichtig nur auf die Planungsabsichten ab, sofern sie eine konkrete Standortaussage hinsichtlich der Nutzung einer bestimmten Fläche im Außenbereich enthalten.

33) *Gaentzsch* (Fn. 6), § 35 BauGB Rdn. 2, S. 279 f. nimmt auf das Urteil des BVerwG v. 15. 3. 1967 (Fn. 26) Bezug. Hervorhebungen vom Verfasser.

Gaentzsch kaum noch etwas mit der Formulierung des BVerwG zu tun hat, denn die „einleuchtende Fortschreibung tatsächlicher Gegebenheiten" ist vom Wortsinn her — auch in der weitestgehenden Interpretation — etwas völlig anderes als die „städtebauliche Folgerung aus tatsächlichen Gegebenheiten". *Gaentzsch* führt normative Elemente in die ganz auf Tatsachen bezogene und auf sie ausgerichtete Klausel des BVerwG ein.

Paßlick, der sich mit dieser Formulierung im Rahmen der „Ziele der Raumordnung und Landesplanung" befaßt, die nach der Rechtsprechung des BVerwG auch nur als Unterstützung und einleuchtende Fortschreibung tatsächlicher Gegebenheiten Wirkungen als öffentliche Belange im Sinne des § 35 Abs. 3 BauGB sollen entfalten können,[34] ändert — ebenso wie *Gaentzsch* — die Formulierungen des BVerwG: Es könnten keine Entscheidungen getroffen werden „*ohne Berücksichtigung*" der tatsächlichen räumlichen Gegebenheiten. Sie müßten sich immer „aus der bestehenden räumlichen Situation, in die sie eingriffen, rechtfertigen lassen". Die Forderung des BVerwG (mit seiner Formulierung) könne demnach richtigerweise nur so verstanden werden, daß die Durchsetzungsfähigkeit (der Darstellungen eines Flächennutzungsplans) stets durch die tatsächlichen Gegebenheiten und Verhältnisse „belegt" werden können müsse, insbesondere die tatsächlichen Gegebenheiten einer Realisierung der Darstellungen des Flächennutzungsplans nicht entgegenstehen dürften. Unerheblich sei hingegen, ob die Darstellungen des Flächennutzungsplans die räumliche Situation, auf die sie träfen, „unterstützten oder einleuchtend fortschrieben" oder ob sie zu einer *Umgestaltung* führten.

Auch diese Formulierung erweitert das Bild des BVerwG in einer Weise, die nicht mehr von dessen Wortlaut gedeckt ist. Zum Teil deckt sich seine Aussage mit den Ausführungen des BVerwG zum Funktionsloswerden von Flächennutzungsplänen (s. oben II 2 d).

Ähnlich argumentiert *Dürr:*[35] Das Abstellen auf die tatsächlichen Gegebenheiten bedeute nicht, daß der Flächennutzungsplan grundsätzlich nur dort ein öffentlicher Belang sei, wo seine Darstellungen mit der tatsächlichen Situation übereinstimmten; dann wäre seine Erwähnung als öffentlicher Belang nämlich weitgehend überflüssig. Vielmehr solle lediglich klargestellt werden, daß der Flächennutzungsplan nicht mehr maßgeblich sein könne, wenn seine Darstellungen den besonderen örtlichen Verhältnissen nicht mehr gerecht würden. So würde z. B. der Errichtung eines Gebäudes in einem aufgelassenen Steinbruch oder einer Kiesgrube nicht entgegengehalten werden können, der Flächennutzungsplan stelle den gesamten Bereich als landwirtschaftliche Nutzfläche dar, denn diese Planungsvorstellung sei gar nicht mehr zu realisieren. Es könne nicht auf den Flächennutzungsplan abgestellt werden, wenn dieser durch die zwischenzeitliche Entwicklung überholt sei.

Soweit der Flächennutzungsplan dagegen deswegen nicht mit den tatsächlichen Gegebenheiten übereinstimme, weil seine Darstellungen nicht realisiert seien, komme dem Flächennutzungsplan durchaus die Bedeutung eines öffentlichen Belangs nach § 35 Abs. 3 BauGB zu. Wenn etwa der Flächennutzungsplan eine Fläche für Sportanlagen oder Verkehrsanlagen darstelle, sei ein nichtprivilegiertes Vorhaben auf dieser Fläche auch dann wegen § 35 Abs. 1 1. Alternative unzulässig, wenn dort noch keine Sportanlagen (Verkehrsanlagen) vorhanden seien. Der Flächennutzungsplan beschränke sich nämlich nicht auf die Wiedergabe der tatsächlichen Situation, sondern enthalte auch die planerischen Vorstellungen der Gemeinde

---

34) *Paßlick*, Die Ziele der Raumordnung und Landesplanung, Beiträge zum Siedlungs- und Wohnungswesen und zur Raumplanung, Bd. 105, Münster 1986, S. 192 ff., S. 228 ff.; siehe auch *Christ*, Raumordnungsziele und Zulässigkeit privater Vorhaben, Verfassungs- und Verwaltungsrecht unter dem Grundgesetz, Bd. 8 (1990), S. 106 ff.

35) *Dürr* (Fn. 8), § 35 BauGB Rdn. 79.

hinsichtlich der Veränderung der vorgegebenen Verhältnisse; dies gelte insbesondere für Projekte mit größerem Flächenbedarf.

Zum Teil bezieht sich die Argumentation auf das Funktionsloswerden des Flächennutzungsplans (s. oben d), zum Teil hebt sie auf die planerischen Vorstellungen der Gemeinde „hinsichtlich der Veränderung der vorgegebenen Verhältnisse" ab.

An der Formulierung des BVerwG ist soviel richtig, daß der Flächennutzungsplan nur dann als öffentlicher Belang — gegenüber privilegierten und nichtprivilegierten Vorhaben — in Betracht kommt, wenn er einen Tatsachenbezug hat.

Das stellt auch *Weyreuther*[36] fest: Flächennutzungspläne bei der Beurteilung von Vorhaben im Außenbereich zu berücksichtigen komme im Kern darauf hinaus, das Wollen der jeweiligen Gemeinde zu respektieren. Dann müsse sich aber auch dieses Wollen den Anspruch gefallen lassen, hinreichend realistisch zu sein. Was in den Flächennutzungsplänen stecke, sei die Verlautbarung eines Wollens, das sowohl auf Tatsachen beruhe als auch Tatsachen zum Gegenstand habe und das sich von diesen Tatsachen nicht abzulösen vermöge. Insofern lieferten Flächennutzungspläne letztlich nicht mehr als einen „wesentlichen Anhaltspunkt", seien sie — anders ausgedrückt — „immer nur als Unterstützung und einleuchtende Fortschreibung bestimmter tatsächlicher Gegebenheiten geeignet, zum Vorliegen eines beeinträchtigten öffentlichen Belangs beizutragen". Was darin an Eigenart zum Ausdruck komme, werde verständlicherweise in seinen Konsequenzen durch die „Grobmaschigkeit" der Darstellungen in Flächennutzungsplänen wesentlich verstärkt und führe alles in allem zu einer beträchtlichen Abschwächung der von Flächennutzungsplänen ausgehenden Sperrwirkung. Von der zutreffenden Formulierung von *Weyreuther* ist jedenfalls die *negative* Darstellung nicht erfaßt, die bei anderen Autoren und bei der Rechtsprechung des BVerwG auch nicht mehr durch den für den Flächennutzungsplan als öffentlichen Belang zu fordernden Tatsachenbezug gedeckt ist.[37]

3. Ergebnis

Festzustellen bleibt, daß dieser Tatsachenbezug in der Formulierung des BVerwG von der „Unterstützung und einleuchtenden Fortschreibung tatsächlicher Gegebenheiten" nicht gerade glücklich zum Ausdruck gebracht ist, vor allem dann, wenn sie auch noch für die Verhinderung von Nutzungen, also für negative Darstellungen, herangezogen wird, zumal sich Bedenken gegen die negative Wirkung eines Flächennutzungsplans als öffentlicher Belang aus anderen Überlegungen ergeben (s. unten IV).

Die Klausel des BVerwG von der *„Unterstützung und einleuchtenden Fortschreibung (bestimmter) tatsächlicher Gegebenheiten"* sollte ganz aufgegeben werden. Der Tatsachenbezug sollte hergestellt bleiben, aber auf die Realisierbarkeit der Darstellungen unter dem Aspekt der tatsächlichen Gegebenheiten bezogen werden, so daß der Planungswille sich nicht von den Tatsachen „abzulösen vermag" *(Weyreuther)*.

---

36) *Weyreuther* (Fn. 13), 131 ff.
37) Siehe zu positiven Festsetzungen auch *Weyreuther*, ebenda, 131.

IV. Bedenken gegen ein Darstellungsprivileg für bestimmte Nutzungen

Wie gesagt, geht das BVerwG in seiner Entscheidung vom 22. 5. 1987[38] davon aus, daß der Darstellung einer „Abgrabungsfläche" im Flächennutzungsplan nicht nur den so dargestellten Standort für Abgrabungen vorhalten und gegen andere Nutzungszuweisungen sichern, sondern auch im Sinne einer „Abgrabungskonzentrationszone" den einzigen Standort im Gebiet einer Gemeinde kennzeichnen kann, an dem noch Abgrabungen stattfinden sollen, so daß die Darstellung einer Fläche für die Landwirtschaft in diesem Plan nach dem Erläuterungsbericht so zu verstehen ist, daß die Landwirtschaft jedenfalls Vorrang vor der Nutzung der Fläche für Abgrabungen haben solle. Es seien auf diese Weise bestimmte Flächen im Außenbereich für eine bestimmte Nutzung mit „Ausschlußziel" für andere Flächen vorgesehen.

Der Flächennutzungsplan enthält also − *positiv* − einen Standort für die bestimmte Nutzungsart Ausgrabungen an einer Stelle mit *negativer* Aussage für Abgrabungen auf allen anderen als den dafür dargestellten Flächen der Gemeinde.[39] Während die Darstellung der „Abgrabungsfläche" im Flächennutzungsplan erfolgt, wird die Regelung einer „Abgrabungskonzentrationszone" aus entsprechenden Ausführungen im Erläuterungsbericht entnommen, und zwar − wie das BVerwG meint − durch Heranziehung des Erläuterungsberichts als Auslegung der Darstellung „Abgrabungsfläche".

1. Die Betroffenheit von privilegierten Vorhaben durch negative Ausweisungen

Durch „Abgrabungskonzentrationszonen" werden bestimmte, nämlich nach § 35 Abs. 1 Nr. 4 BauGB privilegierte ortsgebundene Vorhaben betroffen; über § 35 Abs. 3 BauGB kommt einer solchen Darstellungsweise eine − privilegierte Vorhaben ausschließende − Wirkung zu, weil die Abgrabung von Kies, Sand usw. nach § 35 Abs. 1 Nr. 4 BauGB privilegiert ist.[40] Damit erhält der Flächennutzungsplan die Funktion eines *Darstellungsprivilegs*.

a) Negative, nutzungskonzentrierende Darstellungen als Darstellungsprivileg

Der Begriff des Darstellungsprivilegs ist dem nordrhein-westfälischen Landesplanungsrecht entnommen.[41] Wenn eine raumbedeutsame Planung ein Darstellungsprivileg für sich in Anspruch nimmt, dann beruft sie sich auf eine Ermächtigung zur Festsetzung von Standorten (für bestimmte Nutzungen) mit der Wirkung, daß solche Vorhaben innerhalb des Plangebiets des Planungsträgers auf anderen als den planerisch vorgesehenen und ausgewiesenen Flächen nicht verwirklicht werden können. Bei dem Darstellungsprivileg geht die Darstellungswirkung stets über die Sicherungsfunktion für eine bestimmte Nutzung an einem Standort hinaus, die darüber hinausgehende Wirkung ist eine Ausschlußwirkung für Nutzungen dieser Art an anderer Stelle, also die Regelung der Ausschließlichkeit an diesem Standort.

Nimmt die Flächennutzungsplanung für sich die Befugnis zu einem Darstellungsprivileg in Anspruch, so wirkt sich das in zweierlei Hinsicht aus.

Es hat über das Gebot der Entwicklung des Bebauungsplans aus dem Flächennutzungsplan

---

38) BVerwG v. 22. 5. 1987 (Fn. 17), BVerwGE 77, 303 ff.
39) BVerwG v. 22. 5. 1987 (Fn. 17), BVerwGE 77, 303 f.
40) Statt vieler siehe *Krautzberger* (Fn. 21), § 35 BauGB Rdn. 38, Rdn. 54; *Gelzer* (Fn. 1), Rdn. 1224, S. 482.
41) Siehe *Paßlick* (Fn. 34), 267 ff.

(§ 8 Abs. 2 BauGB) bindende Wirkung für den Bebauungsplan, wirkt sich also in der Stufenfolge der Planung aufgrund der Priorität der Flächennutzungsplanung aus.[42] Außerdem entfaltet er die Anpassungsverpflichtung für öffentliche Planungsträger nach Maßgabe des § 7 BauGB.

Das Darstellungsprivileg erhält aber – nach der Rechtsprechung des BVerwG – vor allem seine Wirkung über § 35 Abs. 3 BauGB insofern, als sich die Ausschließungswirkung des Darstellungsprivilegs auf nach § 35 Abs. 1 BauGB privilegierte Außenbereichsvorhaben erstreckt. Diese Feststellung ist insofern wichtig, als bei der Auswirkung des Darstellungsprivilegs auf privilegierte Vorhaben nicht nur mit dem BVerwG gefragt werden muß, ob für eine solche Planung der Gemeinde die Ermächtigung fehle und ihr keine unmittelbare rechtliche Außenwirkung zukomme.[43] Bei der Untersuchung der Auswirkungen des Darstellungsprivilegs ist vielmehr stärker, als dies in der verschleiernden Formel der „mittelbaren Wirkung", die das BVerwG stets gebraucht, zum Ausdruck kommt, zu fragen, ob diese über § 35 Abs. 3 BauGB i. V. m. § 35 Abs. 1 BauGB „vermittelten" Rechtswirkungen zulässig sind. Es geht also – entgegen der Auffassung des BVerwG – nicht „nur um die Frage, ob eine solche Darstellung mit ihrer negativen Zielaussage in bezug auf andere Flächen als ‚Unterstützung und einleuchtende Fortschreibung tatsächlicher Gegebenheiten' den Rang öffentlicher Belange im Sinne des § 35 Abs. 1 und 3 BauGB haben kann."[44]

Welche weittragenden Auswirkungen ein solches Darstellungsprivileg gegenüber bestimmten privilegierten Vorhaben hat, wird deutlich, wenn man sich die unterschiedlichen Arten von privilegierten Vorhaben vergegenwärtigt.

b) Standortgebundenheit von Vorhaben und Darstellungsprivileg

Die Regelung einer „Abgrabungskonzentrationszone" dient der Abwehr von standortbezogenen Vorhaben, insbesondere bei entsprechendem geologischen Aufbau des Untergrundes der landwirtschaftlichen Flächen, die für eine Abgrabung im Außenbereich geeignet sind. Das BVerwG benutzt das Bild von der allgemeinen „Verkraterung" einer solchen Außenbereichslandschaft.

Es ist allerdings schwer vorstellbar, daß der Gesetzgeber des BBauG und des BauGB, als er die ortsgebundenen Betriebe und damit auch Abgrabungsbetriebe in den Privilegierungstatbestand des § 35 Abs. 1 Nr. 4 BBauG/BauGB aufnahm, nicht bewußt in Kauf genommen hätte, daß sich solche Situationen ergeben können, in denen infolge der geologischen Beschaffenheit des Untergrundes in einer Gemeinde sich eine Vielzahl von Abgrabungsbetreibern auf die Privilegierung berufen kann. Das ist darin begründet, daß der ortsgebundene gewerbliche Betrieb eine spezielle, sehr weittragende Privilegierung erfahren hat. Insofern ist es auch fehlsam, wenn das BVerwG im Urteil vom 6. 10. 1989[45] feststellt, *nur* die Frage des konkreten Standorts der im Außenbereich privilegiert zulässigen Vorhaben sei von § 35 Abs. 1 BauGB *nicht* entschieden. Das Gegenteil trifft für § 35 Abs. 1 Nr. 4 BauGB für die ortsgebundenen gewerblichen Betriebe zu. Ob diese spezielle Privilegierung über das Darstellungsprivileg überwunden werden kann, bedarf der Überlegung.

Ein vom Flächennutzungsplan in Anspruch genommenes Darstellungsprivileg zielt nämlich gerade auf die Einschränkung dieser Privilegierung ab, und zwar räumlich sehr

---

42) M. E. kann man nicht aus § 8 Abs. 3 BauGB ableiten, daß diese Priorität nur noch der Form, nicht aber dem Inhalt nach aufrechterhalten werde. So aber *Krautzberger* (Fn. 21), § 8 BauGB Rdn. 2.
43) So das BVerwG v. 22. 5. 1987 (Fn. 17), 304 f.
44) So BVerwG v. 22. 5. 1987 (Fn. 17), BVerwGE 77, 305.
45) BVerwG v. 6. 10. 1989 (Fn. 15), ZfBR 1990, 42.

weitgreifend insofern, als es für alle Fälle gilt, für die ein privilegiertes Vorhaben dieser Art in Betracht kommt, vornehmlich bei Flächen für die Landwirtschaft.[46]

Diese starke Wirkung eines Darstellungsprivilegs zeigt sich deutlich, wenn man sich die verschiedenen Arten der Privilegierung vor Augen hält und ihre Bezogenheit zu einem bestimmten Standort.

c) Die unterschiedliche Standortbezogenheit der Außenbereichsvorhaben

Eine Unterscheidung der Außenbereichsvorhaben nach ihrer Standortbezogenheit erscheint erhellend, nicht nur im Hinblick auf die (nachvollziehende) Gewichtung des Flächennutzungsplans als eines öffentlichen Belangs gegenüber einem privilegierten Außenbereichsvorhaben, sondern auch im Hinblick auf die Eingriffsintensität der ausschließenden Wirkung des Darstellungsprivilegs, vermittelt über den „entgegenstehenden" öffentlichen Belang.

Man kann zwischen *standortvariablen* und *standortgebundenen* Außenbereichsvorhaben unterscheiden.

Für die standortvariablen Außenbereichsvorhaben gilt, daß § 35 Abs. 1 BauGB nicht − durch Anknüpfung an bestimmte geographisch-geologische Gegebenheiten − den Standort bestimmt: Der Standort ist für diese Vorhaben offen, also variabel. Sie haben lediglich eine *generelle funktionale Affinität* zum Außenbereich schlechthin. Zu ihnen gehören alle Außenbereichsvorhaben außer den ortsgebundenen gewerblichen Betrieben in § 35 Abs. 1 Nr. 4 BauGB.[47]

Die standortgebundenen Vorhaben sind räumlich nicht variabel, sie sind durch die geographische oder geologische Eigenart dieser Stelle festgelegt und können nach Gegenstand und Wesen „hier und so nur an der fraglichen Stelle betrieben werden".[48] Sie haben eine *spezielle räumliche Affinität zu einem bestimmten Standort* im Außenbereich, sie sind geographisch-räumlich radiziert. Ihnen kommt deswegen eine stärkere Durchsetzungskraft zu als variablen Außenbereichsvorhaben.[49]

Läßt man dem Flächennutzungsplan die Möglichkeit eines Darstellungsprivilegs mit negativ ausschließender Wirkung gegenüber bestimmten Vorhaben zukommen, steht die (negative) Standortfestlegung im Flächennutzungsplan der (positiven) Standortfestlegung im Privilegierungstatbestand des § 35 Abs. 1 Nr. 4 BauGB gegenüber.

Diese Konfrontation zweier Standortzuweisungen hat sich in der Rechtsprechung des BVerwG nur bei der (nachvollziehenden) Gewichtung ausgewirkt mit dem Hinweis, die Darstellung habe mit ihrer „negativen Seite" der Tendenz nach im allgemeinen geringeres Gewicht und geringere Durchsetzungskraft, als dies eine positive standortbezogene Darstellung habe.[50]

Sie hat aber nicht beim BVerwG zu der Frage geführt, ob ein solches Darstellungsprivileg überhaupt zulässig ist.

Dieses Problem ist unter verschiedenen Fragestellungen zu untersuchen:

---

46) Siehe BVerwG v. 22. 5. 1987 (Fn. 17), BVerwGE 77, 304.
47) Ob die Ortsgebundenheit, die das BauGB ausdrücklich nur für gewerbliche Betriebe als Zulassungsvoraussetzung regelt, auch bei den Vorhaben des Fernmeldewesens, der öffentlichen Versorgung und der Abwasserwirtschaft vorliegen muß, ist strittig; siehe dazu mit weiteren Nachweisen *Krautzberger* (Fn. 21), § 35 BauGB Rdn. 36.
48) BVerwG v. 5. 7. 1974 − IV C 76.71 −, DÖV 1974, 814.
49) Siehe dazu *Paßlick* (Fn. 34), 168.
50) BVerwG v. 22. 5. 1987 (Fn. 17), BVerwGE 77, 307 f.

– Führt das Darstellungsprivileg im Flächennutzungsplan überhaupt zu einer Darstellung *des Flächennutzungsplans,* fehlt nicht die Ermächtigung zur Darstellung *durch den Erläuterungsbericht* (IV 2 a)?

– Ist die negative „Darstellung" im Darstellungsprivileg hinreichend bestimmt, und kann ihr überhaupt mit hinreichender Gewißheit der *Planungswille* der Gemeinde entnommen werden (4.2.2)?

– Liegt der negativen Darstellung unter Inanspruchnahme des Darstellungsprivilegs überhaupt eine ordnungsgemäße Abwägung nach § 1 Abs. 6 BauGB zugrunde (IV 2 c)?

– Entspricht die räumlich weitgreifende Sperrwirkung des Darstellungsprivilegs einer *eigentumskonformen Auslegung* des § 35 Abs. 1 Nr. 4 BauGB i. V. m. § 35 Abs. 3 BauGB (IV 2 d)?

Diese Probleme sind im Urteil des BVerwG vom 22. 5. 1987[51] nicht ausreichend diskutiert.

Auch *Birk*[52] hat diese Fragen nicht behandelt, der sich für die Zulässigkeit von Negativplanungen einsetzt und sich dafür ausspricht, daß kommunale Planungshoheit auch durch „Nichtplanen" (Nichtveränderung) ausgeübt werden könne. Den Außenbereich in seiner bisherigen Nutzungsfunktion im Flächennutzungsplan als Fläche für Land- und Forstwirtschaft auszuweisen, sei eine klassische Form dieser Nichtveränderung und damit Erhaltung des bisherigen (durchaus städtebaulich zu wertenden) Nutzungsbestandes. Die Gemeinde müsse auch ohne hinreichende „konkrete Planung" in die Planung einbringen können, daß solche Flächen bewußt freigehalten worden seien und noch würden. Eine entsprechende „begründungslose" Ausweisung einer solchen Fläche in einem Flächennutzungsplan konkretisiere dies hinreichend.[53] Damit bringe die Gemeinde zum Ausdruck, daß ihr derzeitiger Planungswille die Beibehaltung des bisherigen Zustands sei. *Birk* nennt dies einen „Freihaltebelang"[54], über den auch eine Steuerung von privilegierten Außenbereichsvorhaben entscheidungserheblich gemacht werden könne.[55]

2. Die Zulässigkeit eines negativ-ausschließenden Darstellungsprivilegs für privilegierte ortsgebundene gewerbliche Betriebe

a) Die „Darstellungen" im Erläuterungsbericht

Im Fall eines Darstellungsprivilegs werden die negativen Darstellungen dem Erläuterungsbericht entnommen, sie gehen weder aus den Planzeichen noch aus der – die im Flächennutzungsplan verwendeten Planzeichen erklärenden – Legende, noch aus den textlichen Darstellungen im Flächennutzungsplan hervor. Die Darstellung erfolgt in einem erläuternden Bericht, der nicht Bestandteil des Flächennutzungsplans ist, auch wenn er das Verfahren durchläuft; er ist nur Bestandteil des Planaufstellungsverfahrens, nicht des Flächennutzungsplans.[56]

Dargestellt im Flächennutzungsplan wird lediglich *positiv* der Standort für Abgrabungen;

---

51) BVerwG v. 22. 5. 1987 (Fn. 17), BVerwGE 77, 300 ff.
52) *Birk* (Fn. 4), 911.
53) *Birk* untersucht vor allem das Verhältnis der Flächennutzungsplanung zur überörtlichen Planung.
54) Zum „Freihaltebelang" siehe auch die in Fn. 16 angegebene Rechtsprechung des BVerwG.
55) Auch *Schneider,* Bauleitplanerische Möglichkeiten einer Gemeinde zur Steuerung von Abgrabungsvorhaben im Außenbereich, DÖV 1988, 858 ff., 863 ff., setzt sich nicht kritisch mit der Rechtsprechung des BVerwG auseinander; er behandelt die genannten Probleme nicht.
56) *Gaentzsch* (Fn. 6), § 5 BauGB, Rdn. 40; *Grauvogl* (Fn. 8), § 5 BauGB Übersicht VII 2, Rdn. 151.

ohne den Erläuterungsbericht würde diese Darstellung lediglich positive Wirkungen haben. Die negative Wirkung stammt also nicht aus dem Flächennutzungsplan, sondern als eigenständige Darstellung aus dem Erläuterungsbericht.

Der Erläuterungsbericht hat aber nicht die Funktion einer – über den Flächennutzungs- plan hinausgehenden – Darstellung von Planungsinhalten. Der Erläuterungsbericht hat andere Funktionen. Er dient der Begründung des Flächennutzungsplans und *seiner* Darstel- lungen im einzelnen zwecks Rechtskontrolle, auch der Kontrolle der Abwägung durch die Aufsichtsbehörde und durch das Gericht; er soll den Planinhalt verdeutlichen und zu einem besseren Verständnis des Planinhalts beitragen. Er kann Ausnahmegründe bei Abweichung von Soll-Vorschriften darlegen. Es sind die wesentlichen Ziele, Zwecke und Auswirkungen darzulegen. Er stellt eine wesentliche Hilfe für die und Auslegung der einzelnen – im Flächennutzungsplan befindlichen – Darstellungen dar.[57] Er hat also nur Hilfsfunktionen zur Verdeutlichung der Darstellungen des Flächennutzungsplans. Jedenfalls hat er nicht die Funktion, selbst Darstellungen zu produzieren.[58]

Darüber kann nicht hinweggetäuscht werden, indem man die Ausweisungen, die angeb- lich durch den Erläuterungsbericht „dargestellt" werden sollen, als „Konkretisierung" der öffentlichen Belange als Maßstab für die Beurteilung der Zulässigkeit von Außenbereichs- vorhaben bezeichnet.[59] Es ist nicht die Frage der Konkretisierung der öffentlichen Belange, sondern die Frage, ob es Darstellungen per Erläuterungsbericht gibt, die als solche öffentli- chen Belange fungieren können. Das ist nach Wesen und Funktion des Erläuterungsberichts nicht der Fall.

In diesem Sinne fehlt auch der Gemeinde die Ermächtigung, Darstellungen via Erläute- rungsbericht aufzustellen. Es kommt nicht darauf an, daß auf die Steuerungsaufgabe des Flächennutzungsplans verzichtet wird, sondern entscheidend ist, daß nur mit dem Mittel ordnungsgemäßer Darstellung *im* Flächennutzungsplan gesteuert werden darf.[60] Hier wird aber die positive Darstellung „Flächen der Landwirtschaft" überdeckt durch eine negative „Darstellung" ausschließlich durch den Erläuterungsbericht.

b) Unzureichend bestimmte Angabe des Planungswillens der Gemeinde

Der Flächennutzungsplan wird als Träger des Planungswillens der Gemeinde angesehen, der einem privilegierten Vorhaben nach § 35 Abs. 1 i. V. m. § 35 Abs. 3 1. Spiegelstrich BauGB als öffentlicher Belang entgegengehalten werden kann. Der Planungswille muß aber eindeutig, und zwar eindeutig *im* Flächennutzungsplan, zum Ausdruck gebracht werden. Daran fehlt es bei dem durch den Erläuterungsbericht vermittelten Willen. Er kann im Erläuterungsbericht erläutert, begründet, erklärt, verständlich gemacht und dokumentiert werden. Der Erläuterungsbericht selbst ist aber kein Instrument der Willensbildung und kein Ausdruck der durch Flächennutzungsplan getroffenen Willensentscheidung.

Hinzu kommt, daß die Darstellungen, um als öffentlicher Belang gegenüber einem privilegierten Außenbereichsvorhaben durchsetzungsfähig sein zu können, einen konkreten

---

57) *Gaentzsch* (Fn. 6), ebenda; *Grauvogl* (Fn. 8), ebenda.
58) *Birk* (Fn. 4), 912, sieht keine Probleme, bewußte „planerische Freiräume" zu schaffen, indem im Flächennutzungsplan Flächen für die Landwirtschaft dargestellt werden *und* im Erläuterungsbericht verdeutlicht wird, daß dieser Bereich von *jeglicher* Veränderung freigehalten werden soll.
59) So aber *Gaentzsch* (Fn. 6), a. a. O. unter Berufung auf die Entscheidung des BVerwG v. 22. 5. 1987 (Fn. 17). Diese Bezugnahme macht deutlich, daß das BVerwG dieses Problem überhaupt nicht in den Blick genommen hat.
60) Siehe dazu BVerwG v. 22. 5. 1987 (Fn. 17), BVerwGE 77, 304 f.

Standort zum Gegenstand haben müssen und daß dieser Standort für die Abwägung hinreichend bestimmbar, eindeutig sachlich und räumlich festgelegt sowie hinreichend konkretisiert sein muß (s. oben II 2 b). Ob dies der Fall ist, erscheint bei einem Darstellungsprivileg zweifelhaft, weil — außer einem positiven Standort im Flächennutzungsplan — lediglich im Erläuterungsbericht das Darstellungsprivileg mit seiner negativ-ausschließenden Wirkung zum Zuge kommt in einer sehr vagen, allenfalls — wenn überhaupt — global abgewogenen Weise. Es geht dabei nicht um die „Auslegung der Darstellung Abgrabungsfläche" im Flächennutzungsplan, sondern um einen konstitutiven Akt der Willensbildung, der durch den Erläuterungsbericht soll vorgenommen werden können. Der Erläuterungsbericht vermag dies aber nicht zu leisten.

Birk,[61] der auf das Kriterium der „hinreichend bestimmten Planung" ganz verzichten will, gerät in Gefahr, daß der Planungswille keinen greifbaren Gehalt mehr hat, der für die legitime Wirkung jeder Aussage unentbehrlich ist. Der Planungswille wird — bei *Birks* Ansatz — nicht mehr erkennbar und nachvollziehbar, weder für den vom Plan Betroffenen noch für die aufsichtliche und gerichtliche Kontrolle. Eine „begründungslose" Ausweisung, bei der aus einer positiven Darstellung ein negativer Planungswille in bezug auf andere dargestellte Flächen soll *geschlossen* werden können, konkretisiert keinen Planungswillen.

c) Die mangelnde Abwägung beim Darstellungsprivileg

Außerdem stellt sich die Frage, ob die „Darstellung" überhaupt abgewogen ist. Abgesehen davon, daß sich die Abwägung nur auf Darstellungen im Flächennutzungsplan, zu deren Erläuterung der Erläuterungsbericht dient, beziehen kann, sind erhebliche Zweifel anzumelden, ob bei der Inanspruchnahme eines Darstellungsprivilegs überhaupt eine ordnungsgemäße Abwägung stattfinden kann. Das BVerwG hat diese Frage selbst angesprochen, indem es von einer „globaleren" Abwägung spricht: Es mache allerdings die planerische Abwägung nicht fehlerhaft, wenn die Gemeinde nicht für jede Fläche im Außenbereich, die Kies- und Sandvorkommen aufweise, abwägen könne, ob die städtebaulichen Gründe so stark seien, um auch hier im Hinblick auf die Abgrabungskonzentration an anderer Stelle den Abbau zu verhindern. Wenn das BVerwG diese Zweifel beiseite schiebt mit der Begründung, die Abwägung sei nicht fehlerhaft, weil der Flächennutzungsplan gerade keine rechtssatzmäßige Wirkung habe, sondern „allenfalls" öffentliche Belange konkretisiere, die sich nur nach Maßgabe einer noch gebotenen Gewichtung im Einzelfall durchsetzen könnten, so ist dem entgegenzuhalten, daß nur ein ordnungsgemäß abgewogener Flächennutzungsplan die Funktion eines öffentlichen Belangs nach § 35 Abs. 3 1. Spiegelstrich BauGB erfüllen und er diesen Belang nur auf dem Wege einer ordnungsgemäßen Abwägung so konkretisieren kann, nicht aber ein nicht ordnungsgemäß abgewogener, also rechtlich unwirksamer Flächennutzungsplan.

Es muß in Frage gestellt werden, ob eine solche negative Darstellung aufgrund eines in Anspruch genommenen Darstellungsprivilegs überhaupt eine angemessene Abwägung ermöglicht. *Paßlick* jedenfalls verneint das für das landesplanerische Darstellungsprivileg mit guten Gründen.[62] Das Darstellungsprivileg muß die Qualitätsmerkmale eines fehlerfrei gewonnenen und abgewogenen Ergebnisses aufweisen. Angesichts seiner „globalen", auf weite Gebiete bezogenen Verbotswirkung drängen sich insoweit Zweifel auf. Ergebnisse bauleitplanerischer Abwägung, wie sie Darstellungen in Flächennutzungsplänen sein müs-

---

61) *Birk* (Fn. 4), 907, 911.
62) Siehe *Paßlick* (Fn. 34), 271 ff. auch zu folgendem.

sen, lassen sich nur konkret raumbezogen gewinnen. Erst im konkreten Raum kristallieren und materialisieren sich die abstrakt kaum sichtbaren und noch weniger lösbaren Interessenkonflikte, die einer planerisch-abwägenden Prioritätsentscheidung harren. Auch Verbotsziele in Form der Geltendmachung eines Darstellungsprivilegs müßten daher, wollten sie den Charakter eines ordnungsgemäß erzielten, einwandfreien Abwägungsergebnisses wahren, auf überschaubare Situationen bezogen sein und ihrem Inhalt nach speziell für die in Bezug genommenen Räume aufgrund überwiegender anderer Belange zu rechtfertigen sein. Dazu reicht ein Verweis auf anderswo ausgewiesene Standorte allein keinesfalls aus, schon gar nicht ein allgemeiner, mehr oder weniger vermuteter Freihaltewille. Ein Planungsverbot muß sich auch und gerade aus den Verhältnissen am Ort seiner Geltung nachvollziehbar herleiten lassen. Dies setzt grundsätzlich eine entgegenstehende *positiv*-planerische Nutzungszuweisung voraus, in deren Gefolge zwangsläufig auch Restriktionen in der Gestalt von Planungsverboten in dem von der *Positiv*planung erfaßten Bereich Platz greifen können. Solche – abgewogenen – Verbote sind dann aber keine eigenständigen Planaussagen, sondern vom Regelungsgehalt des positiven Planungsziels, das *im* Flächennutzungsplan enthalten und mit seiner Aufstellung abgewogen ist, umfaßt.

Ein Darstellungsprivileg stellt demgegenüber eine isolierte Negativplanung dar, die gerade nicht auf einer Positivplanung beruht. In ihrer global-räumlichen Wirkung ist diese Negativplanung nicht das Ergebnis einer situationsbezogenen Abwägung zwischen verschiedenen Nutzungen, sondern zwischen dem Ja und Nein zu einer einzigen Nutzungsform.[63] Dem Darstellungsprivileg fehlt das Qualitätsmerkmal einer hinreichend durch Abwägung ermittelten Prioritätsentscheidung; es fehlt die notwendige planerische Abwägung.

d) Widerspruch zur eigentumssichernden Funktion des § 35 Abs. 1 Nr. 4 BauGB

Die Regelungen der gesetzlichen Planungstatbestände der §§ 34 und 35 BBauG/BauGB sind Ausdruck des verfassungsrechtlichen Eigentumsschutzes von Grund und Boden (Art. 14 Abs. 1 GG). Eine Beschränkung der Bautätigkeit auf die *beplanten* Gebiete ist deswegen im BBauG/BauGB unterblieben, weil dies verfassungsrechtlich bedenklich gewesen wäre; denn gesetzliche Eigentumsbindungen müssen vom geregelten Sachbereich her geboten sein. Sie dürfen nicht weiter gehen, als der Schutzzweck reicht, dem die Regelung dient.[64]

Die Privilegierung hat also eine eigentumssichernde, nutzungsermöglichende Funktion. Alle auf diese – durch die Eigentumsgarantie geprägte – Privilegierung einwirkenden gesetzlichen Regelungen müssen deswegen im Sinne dieser eigentumssichernden Funktion ausgelegt werden. Hinzu kommt, daß den Tatbeständen des § 35 BauGB die Funktion der Bestimmung von Schranken und Inhalt des Eigentums zukommt.[65] Als Inhalts- und Schrankenbestimmung gemäß Art. 14 Abs. 1 Satz 2 GG muß die Regelung der §§ 35 Abs. 1, Abs. 3 BauGB den materiellrechtlichen Anforderungen des GG entsprechen. Nach Auffassung des BVerfG hat der Gesetzgeber deshalb bei der Wahrnehmung seines Auftrags,

---

63) Siehe dazu *Kühne, Gunther,* Möglichkeiten einer gebündelten Gewinnung übereinander liegender Bodenschätze, Gutachten (1984), 21; *Paßlick* (Fn. 34), 272.

64) *Dyong,* in: *Ernst/Zinkahn/Bielenberg,* BauGB Kommentar, Loseblatt (Stand 1. 5. 1990), § 34 BauGB Rdn. 2 unter Berufung auf die Rechtsprechung des BVerfG im Urt. v. 12. 1. 1967 – 1 BvR 169/63 –, BVerfGE 21, 73.

65) Es kann in diesem Zusammenhang nicht darauf abgestellt werden, daß dem Flächennutzungsplan nicht die Funktion zukommt, Inhalt und Schranken des Eigentums zu bestimmen, so insoweit zutreffend *Gaentzsch* (Fn. 6), § 5 BauGB Rdn. 2.

Inhalt und Schranken des Eigentums zu bestimmen, sowohl die grundgesetzliche Anerkennung des Privateigentums durch Art. 14 Abs. 1 Satz 1 GG als auch das Sozialgebot des
Art. 14 Abs. 2 GG zu beachten und sich im Einklang mit allen anderen Verfassungsnormen
zu halten; insbesondere ist er an den verfassungsrechtlichen Grundsatz der Verhältnismäßigkeit und den Gleichheitsgrundsatz (Art. 3 Abs. 1 GG) gebunden.[66]

Wenn über ein Darstellungsprivileg im Flächennutzungsplan § 35 Abs. 1 Nr. 4 BauGB
eingeschränkt wird, so ist mithin zu fragen, ob damit die eigentumssichernde Funktion
dieses Privilegierungstatbestandes, der wegen der Angewiesenheit auf diesen Standort und
wegen der mangelnden Variabilität in bezug auf den Standort besonderes Gewicht hat,
gewahrt ist und — bei einer solchen Interpretation — dem Verhältnismäßigkeitsgrundsatz für
die Bestimmung von Inhalt und Schranken entsprochen ist.

Das erscheint für eine allenfalls global abgewogene, räumlich weitgreifende Nutzungssperre nicht der Fall zu sein. Es wird durch ein solches Darstellungsprivileg zwar nicht ein
totaler, aber ein räumlich ausgedehnter Nutzungsentzug bewirkt, der die eigentumssichernde Intention des eigentumsgeprägten Privilegierungstatbestandes des § 35 Abs. 1
Nr. 4 BauGB unverhältnismäßig einschränkt.[67]

Mit dem Darstellungsprivileg wird keine positiv-planerische Prioritätsentscheidung
zugunsten bestimmter, auf konkrete Bereiche *begrenzter* Raumfunktionen getroffen. Eine
solche negative Planung und zugleich weitreichende Nutzungssperre könnte — wenn sie
einem privilegierten Vorhaben nach § 35 Abs. 1 Nr. 4 BauGB entgegengehalten werden
kann —, mit der durch § 35 Abs. 1 BauGB getroffenen generellen gesetzlichen positiven
Planung für die privilegierten Vorhaben im Außenbereich kollidieren, da diese Entscheidung
aus verfassungsrechtlichen Gründen getroffen worden ist. Die Zulassung des Darstellungsprivilegs im Flächennutzungsplan wäre mit dem sich aus der Eigentumsgarantie des Art. 14
Abs. 1 GG und der Baufreiheit[68] ableitenden Sinn und Zweck der Zulässigkeitsregelung des
§ 35 Abs. 1 BauGB unvereinbar. Der Bundesgesetzgeber hat mit der generellen planerischen
Verweisung der privilegierten Vorhaben in den Außenbereich zwar keine konkret auf jeden
beliebigen Standort — wohl aber auf den Standort des ortsgebundenen Betriebs — bezogene
planungsrechtliche Zulässigkeit dieser Vorhaben ausgesprochen; er will aber als zulässig-
keitshindernde Gesichtspunkte nur solche gelten lassen, die dem Vorhaben in Form von
öffentlichen Belangen „vor Ort" entgegenstehen. Wollte man hingegen allgemeine, von den
örtlichen Gegebenheiten abgehobene Erwägungen, die nur abstrakt gegen die Zulässigkeit
von Vorhaben im Außenbereich sprechen, über das Tatbestandsmerkmal der entgegenstehenden öffentlichen Belange in das Genehmigungsverfahren einfließen lassen, würde man
die grundsätzlich positiv ausgerichtete gesetzliche Planung des § 35 Abs. 1 BauGB unterlau-
fen und damit den mit dieser Regelung bewirkten Eigentumsschutz konterkarieren. Auf der
Grundlage dieser Überlegungen zur ratio legis des § 35 Abs. 1 BauGB auf dem Hintergrund
der verfassungsrechtlichen Verortung dieser Vorschrift ist die Frage nach der Zulässigkeit
der negativ-hindernden Wirkung eines Darstellungsprivilegs in dem hier verstandenen Sinne
eines flächendeckenden Verbots bestimmter Vorhaben zu verneinen.[69]

---

66) BVerfG v. 7. 7. 1971 — 1 BvR 765/66 —, BVerfGE 31, 229, 240; BVerfG v. 8. 11. 1972 — 1 BvL 15/68
    und 26/69, BVerfGE 34, 139, 146; BVerfG v. 12. 6. 1979 — 1 BvL 19/76 —, BVerfGE 52, 1, 27, 29 f.;
    BVerfG v. 15. 7. 1981 — 1 BvL 77/78 —, BVerfGE 58, 300, 338.
67) Zur Unzulässigkeit eines weitreichenden Planungsvorbehalts siehe *Hoppe*, DVBl. 1982, 101 ff., 109.
68) Siehe hierzu *Hoppe*, in: *Ernst/Hoppe*, Das öffentliche Bau- und Bodenrecht, Raumplanungsrecht,
    2. Aufl. 1981, Rdn. 159 ff.
69) *Paßlick* (Fn. 34), 275.

3. Ergebnis

Das vom BVerwG entwickelte Darstellungsprivileg im Flächennutzungsplan mit negativ-ausschließenden Wirkungen gegenüber den privilegierten Außenbereichsvorhaben des § 35 Abs. 1 Nr. 4 BauGB, das als entgegenstehender öffentlicher Belang seine Wirkung soll entfalten können, findet im BauGB keine Stütze, es ist mit ihm nicht zu vereinbaren.

Diesem Ergebnis kann nicht die — nur durch den Flächennutzungsplan zu verhindernde — Horrorvision der „Verkraterung" einer Landschaft entgegengehalten werden, die vom BVerwG so eindringlich beschworen wird. Schließlich gibt es hinreichend rechtliche Instrumente, eventuelle Fehlentwicklungen zu steuern: Man denke nur an die Möglichkeiten der Landschaftsplanung nach dem BNatSchG, an die Eingriffsregelung des § 8 BNatSchG, das Abgrabungsrecht und das Wasserhaushaltsgesetz.[70] Schließlich enthält der Tatbestand des § 35 Abs. 1 Nr. 4 BauGB selbst Voraussetzungen, die erfüllt sein müssen.[71]

---

70) Siehe dazu auch *Schneider* (Fn. 55), 858 ff.
71) Siehe *Krautzberger* (Fn. 21), § 35 BauGB Rdn. 40; BVerwG v. 7. 5. 1976 — IV C 43.74 —, BVerwGE 50, 346 ff. (Leitsatz).

HERIBERT JOHLEN

Unzumutbarkeit, Erheblichkeit und Beachtlichkeit tatsächlicher („realer") Wirkungen eines Vorhabens und ihre Rechtsfolgen

Ein Grundstückseigentümer kann durch ein öffentliches oder privates Vorhaben in unterschiedlicher Form betroffen werden. Er kann einmal verpflichtet sein, sein Grundstück ganz oder teilweise für das Vorhaben zur Verfügung zu stellen. Zum anderen können von dem Vorhaben, ohne daß das Eigentum unmittelbar in Anspruch genommen wird, nachteilige tatsächliche „reale" Wirkungen, z. B. Lärm, Luftverunreinigungen, Gerüche, Erschütterungen, ausgehen, die die Nutzungsmöglichkeiten und damit auch den Wert des Grundstücks beeinträchtigen. Diese − mittelbaren − Einwirkungen werden unterschiedlich bezeichnet und lösen abhängig von ihrem Störungsgrad unterschiedliche Rechtsfolgen aus. Nachfolgend soll der Versuch einer Klärung der Begriffsvielfalt und einer rechtlichen Systematisierung unternommen werden.

I.

In der Skala nachteiliger Wirkungen stehen die mit „enteignendem" Charakter an erster Stelle. Man spricht hier von „im enteignungsrechtlichen Sinne unzumutbaren" Wirkungen, von Wirkungen, die den Grundstückseigentümer „im enteignungsrechtlichen Sinne schwer und unerträglich" treffen,[1] weil sie z. B. die vorgegebene Grundstückssituation nachhaltig verändern.[2] Im Straßenbaurecht werden insbesondere Lärmimmissionen jenseits einer bestimmten Grenze als „enteignend" angesehen.[3] Im Baurecht kann „enteignend" die „erdrückende" Wirkung eines Bauvorhabens sein.[4]

Die Charakterisierung tatsächlicher Wirkungen eines Vorhabens als „enteignend" legt die Frage nahe, ob sich diese Wirkungen an Art. 14 GG messen lassen müssen. Dies ist von Bedeutung insbesondere im Hinblick auf Art. 14 Abs. 3 GG, also auf das Gemeinwohlerfordernis (Satz 1), das Gesetzmäßigkeitsprinzip (Satz 2), die Entschädigungspflicht (Satz 2 und 3) und den Rechtsweg wegen der Höhe einer Entschädigung (Satz 4).

1. Nach der Rechtsprechung des BVerfG[5] erfordert eine Enteignung als formelle Voraussetzung einen hoheitlichen Eingriff in der Form eines Rechtsaktes. Der Eingriff muß inhaltlich auf eine vollständige oder jedenfalls teilweise Entziehung konkreter subjektiver Rechtspositionen, die durch Art. 14 Abs. 1 Satz 1 GG gewährleistet und geschützt werden,

---

1) So z. B. BVerwG BRS 40 Nr. 206.
2) BVerwG DVBl. 1981, 932/934.
3) BGH DVBl. 1978, 110/111; NJW 1986, 2423/2424; BauR 1986, 426/427; 1988, 204.
4) BVerwG BRS 38 Nr. 186.
5) E 52, 1/27 (Kleingarten); 70, 191/199 (Fischerei); 74, 264/280 (Boxberg); 79, 174/191 (Verkehrslärm).

gerichtet sein. Dieser Rechtsprechung haben sich das BVerwG[6] und der BGH[7] angeschlossen.

Ob auch sonstige Nutzungs- oder Verfügungsbeschränkungen, etwa die Einschränkung der Nutzung eines Grundstücks durch einen Bebauungsplan oder durch Eintragung in die Denkmalliste oder durch Unterstellung unter den Landschaftsschutz, eine Enteignung darstellen[8] oder dies deshalb nicht der Fall ist, weil die Beschränkungen „keinen rechtlich verselbständigbaren Teil des Grundeigentums betreffen und ‚herauslösen‘",[9] ist umstritten[10] und soll hier nicht behandelt werden. Denn bloß tatsächliche „reale" Wirkungen eines Vorhabens können in keinem Fall als Entziehung einer *Rechts*position angesehen werden und stellen deshalb unabhängig von ihrem Schweregrad keine Enteignung i. S. d. Art. 14 Abs. 3 GG dar.[11]

Die Charakterisierung dieser Wirkungen als „enteignend"[12] ist fragwürdig. Denn bei normalem Sprachverständnis muß angenommen werden, daß eine „enteignende" Wirkung enteignet, also im Sinne der neueren Rechtsprechung eine Rechtsposition entzieht. Dies tun bloß „reale" Wirkungen aber gerade nicht.

Dagegen kann nicht eingewandt werden, eine Enteignung sei nicht in den tatsächlichen Wirkungen des Vorhabens, sondern in dem Entzug von Abwehrrechten zu sehen.[13] Richtig ist zwar, daß zum Inhalt des Eigentums nach § 903 Satz 1 BGB auch die Befugnis gehört, andere von einer Einwirkung auf das Eigentum auszuschließen, und daß dieses Recht durch einen Planfeststellungsbeschluß ausgeschlossen wird, § 75 Abs. 2 Satz 1 VwGO. Dieses dem Eigentümer entzogene Abwehrrecht stellt jedoch keinen ausreichend rechtlich selbständigen und „herauslösbaren" Teil des Grundeigentums dar[14] und kann damit nicht als „Rechtsposition" im Sinne der Rechtsprechung des BVerfG angesehen werden.

Auch wäre es verfehlt, in diesem Zusammenhang von einem „enteignungsgleichen Eingriff" zu sprechen. Der enteignungsgleiche Eingriff unterscheidet sich von der Enteignung nur durch die Rechtswidrigkeit, nicht aber durch die Art des Eingriffs in das Eigentum.[15]

2. Da tatsächliche „reale" Wirkungen eines Vorhabens unabhängig von der Schwere der Eigentumsbeeinträchtigung keine Enteignung darstellen, gilt für sie Art. 14 Abs. 3 GG nicht. Vorhaben, die solche Wirkungen hervorrufen, unterliegen damit u. a. nicht dem Gesetzmäßigkeitsprinzip (Art. 14 Abs. 3 Satz 2 GG).

Dies hat Konsequenzen für den Rechtsschutz: Art. 14 Abs. 3 Satz 2 GG schützt vor einem Eigentumsentzug, der nicht gesetzmäßig ist, der also an einem objektiven Rechtsmangel leidet. Nicht erforderlich ist, daß dieser Rechtsmangel speziell auf der Verletzung von Vorschriften beruht, die ihrerseits die Belange des Eigentümers schützen sollen. So kann z. B. der Grundstückseigentümer in einem Klageverfahren gegen einen Planfeststellungs-

---

6) E 77, 295/298 = DVBl. 1987, 1011; E 84, 361 = NJW 1990, 2572 = DVBl. 1990, 585 = DÖV 1991, 24.

7) Z 91, 20/26; 99, 24/28 f.

8) Vgl. z. B. § 7 Satz 1 LandschaftsG NW und § 33 DenkmalschutzG NW, die jeweils von einer „enteignenden" Wirkung sprechen. Der BGH (UPR 1990, 214 ff.) sieht den Ausgleichsanspruch nach § 22 Abs. 1 HmbDSchG als Ausgleichsregelung i. S. d. Art. 14 Abs. 1 Satz 2 GG und nicht als Enteignungsentschädigung i. S. d. Art. 14 Abs. 3 GG an.

9) *Maurer*, Das akzeptierte Grundgesetz, Festschrift für Günter Dürig, 293/304.

10) Nachweise bei *Maurer*, a. a. O.

11) BGH BauR 1988, 204 f.; BVerwGE 77, 295 = DVBl. 1987, 1011; NVwZ-RR 1991, 129/133 (Flughafen Stuttgart).

12) BGHZ 54, 384/389; 91, 20/27; BauR 1988, 204.

13) So *Kleinlein* DVBl. 1991, 365/367.

14) Siehe dazu *Maurer*, a. a. O.

15) BGHZ 83, 190/195.

beschluß, der die unmittelbare Inanspruchnahme seines Grundstücks für Straßenbauzwecke vorsieht, geltend machen, der Planfeststellungsbeschluß leide an einem objektiven Rechtsmangel, da die Belange des Landschaftsschutzes nicht ausreichend berücksichtigt seien.[16] Anders ist die Rechtslage, wenn der Grundstückseigentümer nur mittelbar, nämlich durch tatsächliche Wirkungen des Vorhabens, etwa durch Immissionen, betroffen wird. Hier kann der Grundstückseigentümer bei Nichtanwendung des Art. 14 Abs. 3 Satz 2 GG und des in ihm begründeten Gesetzmäßigkeitsprinzips nur geltend machen, der Planfeststellungsbeschluß verletze zu seinen Gunsten bestehende Rechtsvorschriften, z. B. das Abwägungsgebot, weil seine Belange verkannt oder nicht ausreichend gewichtet seien. Auf andere, objektive Rechtsmängel kann er sich nicht berufen.[17] Das ist allerdings umstritten. Kühling[18] geht offenbar davon aus, daß Klagen von Personen, die von einem Vorhaben „schwer und unerträglich" betroffen werden, mit Rechtsverletzungen jedweder Art begründet werden können.

3. Daß Art. 14 Abs. 3 GG für „schwere und unerträgliche" Einwirkungen, weil sie als bloße Realakte keine Enteignung darstellen, nicht gilt, bedeutet nicht, daß sie von Verfassungs wegen schranken- und sanktionslos hingenommen werden müßten.

a) Soweit solche Einwirkungen von Vorhaben ausgehen, die Gegenstand eines Planungsvorganges (Bebauungsplan, Planfeststellungsbeschluß) sind, sind sie als ein dem Vorhaben entgegenstehender privater Belang in den Abwägungsvorgang einzustellen. Die Pflicht, eine Abwägung vorzunehmen und dabei alle dem Vorhaben entgegenstehenden Belange mit dem ihnen zukommenden Gewicht zu berücksichtigen, wurzelt letztlich im Rechtsstaatsprinzip und damit im Verfassungsrecht.[19] Dieses schränkt die planerische Gestaltungsfreiheit ein und gebietet, die von einer Planung berührten öffentlichen und privaten Belange gegeneinander und untereinander abzuwägen. Damit bestimmt die Intensität der nachteiligen Wirkungen das Gewicht der Belange, die für das zu planende oder planfestzustellende Vorhaben sprechen müssen: Je größer die nachteiligen Wirkungen, z. B. die Immissionsbelastungen, sind, die von einem Vorhaben ausgehen, desto gewichtiger müssen die das Vorhaben „vernünftigerweise gebietenden" öffentlichen Interessen sein.[20] Damit gilt im Ergebnis, trotz Unabwendbarkeit des Art. 14 Abs. 3 Satz 1 GG, das Allgemeinwohlerfordernis. Erreichen die nachhaltigen Wirkungen den Grad des „Schweren und Unerträglichen", so können die privaten Belange des betroffenen Grundstückseigentümers zugunsten des überwiegenden öffentlichen Interesses an dem Vorhaben nur bei gleichzeitiger Anordnung ausgleichender Maßnahmen überwunden werden.[21] Solche Maßnahmen können reale Schutzvorkehrungen (Lärmschutzwände, Schallschutzfenster) oder auch Ausgleichszahlungen sein. Gegebenenfalls kommt auch eine Übernahme des Grundstücks gegen Ersatz seines Verkehrswertes in Betracht.[22]

---

16) BVerfG NVwZ 1987, 969; BVerwGE 67, 74 = NJW 1983, 2459; VGH Mannheim DÖV 1984, 896; OVG Koblenz DÖV 1985, 157; VGH Kassel NVwZ 1986, 680/682, 683.

17) BVerwGE 48, 56/66; NVwZ 1987, 969 (Flughafen München II); *Eckhardt* NVwZ 1985, 388/392.

18) Fachplanungsrecht Rdn. 397; ebenso offenbar OVG Berlin DÖV 1986, 388; *Schwabe* DVBl. 1984, 140. – Daß nur eine Verletzung eigener Belange geltend gemacht werden kann, gilt nur bei planerischen Entscheidungen in der Form eines Verwaltungsaktes. Hat der Plan, wie z. B. der Bebauungsplan, § 10 BauGB, den Charakter einer Rechtsnorm, führt jeder Abwägungsmangel zur Nichtigkeit, die wiederum von jedem durch den Plan Betroffenen geltend gemacht werden kann.

19) BVerwG 64, 270/272.

20) „Die Anforderungen an die Erforderlichkeit" werden „vom Gewicht der entgegenstehenden Belange bestimmt", OVG Lüneburg BRS 46 Nr. 157 unter Hinweis auf OVG Münster BRS 38 Nr. 172.

21) BVerwG, NJW 1990, 925/929; DVBl. 1990, 589/590; VGH München DVBl. 1990, 114/115.

22) BVerwG NVwZ-RR 1991, 129/133 m. w. N. (Flughafen Stuttgart).

b) Nachteilige Wirkungen eines Vorhabens, die „schwer und unerträglich" sind, sind auch unter einem zweiten Aspekt verfassungsrechtlich relevant.

Gesetzliche Vorschriften, die den Grundstückseigentümer zur Duldung nachteiliger Wirkungen öffentlicher oder privater Vorhaben verpflichten, bestimmen Inhalt und Schranken des Eigentums i. S. v. Art. 14 Abs. 1 Satz 2 GG.[23] Ist diese Inhalts- und Schrankenbestimmung so belastend, daß sie auch unter Berücksichtigung der Sozialgebundenheit des Eigentums (Art. 14 Abs. 2 GG) nicht ohne weiteres hingenommen werden kann, erfordert es der verfassungsrechtliche Grundsatz der Verhältnismäßigkeit, durch Gewährung eines Ausgleichs eine Abmilderung der Belastung vorzunehmen.[24] Der Eigentümer ist in diesem Falle nur gegen eine ausgleichende Maßnahme zur Duldung der von dem Vorhaben ausgehenden Einwirkungen verpflichtet. Diese ausgleichende Maßnahme kann, wie bereits ausgeführt wurde, in realen Schutzvorkehrungen und/oder in einer Geldentschädigung bestehen.[25]

c) Schließlich kann es auch der Gleichheitsgrundsatz des Art. 3 Abs. 1 GG gebieten, bei besonders schweren tatsächlichen Einwirkungen einen Ausgleich vorzusehen.[26] Denn dem Grundstückseigentümer wird durch die Belastung mit den nachteiligen Wirkungen des Vorhabens ein Sonderopfer auferlegt, das andere Grundstückseigentümer in einer vergleichbaren Situation nicht zu tragen haben.

4. Die bei nachteiligen Wirkungen eines bestimmten Schweregrades nach Verfassungsrecht vorzusehenden ausgleichenden Maßnahmen sind grundsätzlich im Rahmen der Gesetze, die die Duldung dieser Wirkungen vorsehen, zu regeln, Art. 14 Abs. 1 Satz 2 GG. Auf diese Regelungen wird nachfolgend (Ziffer II 3) noch näher eingegangen werden.

5. Die tatsächlichen Wirkungen eines Vorhabens, die den Grad des „Schweren und Unerträglichen" erreichen, sollten, wie oben dargelegt wurde (Ziffer I 1), nicht mit dem Begriff „enteignend" versehen werden. Eher bietet es sich an — ohne daß diese Kennzeichnung zwingend wäre —, sie als (nach Verfassungsrecht ohne entsprechenden Ausgleich) *„unzumutbare"* Wirkungen zu bezeichnen.

II.

In der Skala nachteiliger Wirkungen an zweiter Stelle stehen jene, die zwar nicht den Schweregrad der nach Verfassungsrecht (ohne entsprechenden Ausgleich) unzumutbaren Wirkungen erreichen, jedoch nach Maßgabe der jeweils anzuwendenden einfachgesetzlichen Vorschriften Abwehrrechte begründen oder eines Ausgleichs bedürfen oder sonstige Rechtsfolgen auslösen. Es handelt sich hierbei z. B. um die „wesentlichen Beeinträchtigungen" i. S. d. § 906 BGB, die „erheblichen Nachteile und Belästigungen" i. S. d. §§ 3, 4 und 5 BImSchG, die „Gefahren und Nachteile" i. S. d. § 9 Abs. 2 LuftVG, die „nachteiligen Wirkungen" i. S. d. § 8 Abs. 3 Nr. 3 AbfG und des § 74 Abs. 2 Satz 2 VwVfG sowie die nachteiligen Wirkungen, die die Annahme einer Verletzung des nachbarlichen Rücksichtnahmegebotes im Baurecht rechtfertigen. Nach der Entscheidung des BVerwG vom

---

23) BVerfGE 79, 174/192 (Verkehrslärm); BGHZ 102, 350/359; BVerwG BRS 40 Nr. 206; NVwZ-RR 1991, 129/132 f.

24) BVerfGE 58, 137/149 f. (Pflichtexemplar); 79, 174/198 (Verkehrslärm); BGHZ 102, 350/360.

25) Zu der Rechtsfigur der ausgleichs- bzw. entschädigungpflichtigen Inhaltsbestimmung des Eigentums i. allg. s. ferner *Schulze-Osterloh* NJW 1981, 2543; *Kleinlein* DVBl. 1991, 365.

26) Zur Beachtung des Gleichheitsgrundsatzes bei Regelungen i. S. d. Art. 14 Abs. 1 Satz 2 GG BVerfGE 58, 137/150 f. (Pflichtexemplar); 79, 174/198 (Verkehrslärm).

29. 4. 1988[27] setzen „§ 906 BGB und auch §§ 5 Abs. 1 Nr. 1 und 22 BImSchG . . . die Grenze, ab der Immissionen nicht mehr zu dulden und deshalb rechtswidrig sind, unterhalb der Gesundheitsgefährdung und unterhalb des schweren und unerträglichen Eingriffs in das Eigentum an". Dabei ist selbstverständlich, daß jede nachteilige Wirkung, die im Sinne der Ausführungen unter Ziffer I ohne entsprechenden Ausgleich unzumutbar ist, (erst recht) die − minderen − Anforderungen der vorgenannten Bestimmungen erfüllt.

1. In der Rechtsprechung ist die Tendenz erkennbar, die Inhalte der einfachgesetzlichen Begriffe der „wesentlichen", „erheblichen" usw. Wirkungen einander anzupassen und damit zur Einheit der Rechtsanwendung beizutragen.

a) So sind nach Auffassung des BGH[28] und des BVerwG[29] wesentliche Geräuschimmissionen i. S. v. § 906 Abs. 1 BGB identisch mit den erheblichen Geräuschbelästigungen und damit schädlichen Umwelteinwirkungen i. S. d. §§ 3 Abs. 1, 22 Abs. 1 BImSchG. „Was für die Nachbarschaft erhebliche Geräuschbelästigungen und damit schädliche Umwelteinwirkungen i. S. d. §§ 3 Abs. 1 und 22 Abs. 1 BImSchG sind, sind auch Geräuscheinwirkungen, die i. S. d. § 906 Abs. 1 BGB die Benutzung eines Nachbargrundstücks nicht nur unwesentlich beeinträchtigen."[30]

b) Entsprechendes gilt für das baurechtliche Rücksichtnahmegebot: Nach den Entscheidungen des BVerwG vom 30. 9. 1983[31] kommt eine Verletzung des nachbarlichen Rücksichtnahmegebotes nicht in Betracht, wenn schädliche Umwelteinwirkungen i. S. d. BImSchG nicht hervorgerufen werden. Erst recht begründen solche Immissionen keinen schweren und unerträglichen Eingriff in das Eigentum. „Das Bebauungsrecht vermittelt gegenüber schädlichen Umwelteinwirkungen i. S. d. § 3 Abs. 1 BImSchG keinen andersartigen oder weitergehenden Nachbarschutz als § 5 Nr. 1 BImSchG."[32]

c) Wenn aber einerseits die Begriffe „erheblich" in den §§ 3, 5 und 22 BImSchG und „wesentlich" in § 906 BGB inhaltlich übereinstimmen und andererseits das nachbarliche Rücksichtnahmegebot nicht verletzt ist, wenn von einem Vorhaben keine schädlichen Umwelteinwirkungen i. S. d. BImSchG ausgehen, so stellen auch das Rücksichtnahmegebot und § 906 BGB keine unterschiedlichen Anforderungen an den Nachbarschutz. Damit stellt sich die Frage, ob rechtliche Bindungen und Vorgreiflichkeiten im Verhältnis zwischen dem öffentlichen und privaten Nachbarrecht denkbar sind.[33] Diese können, wenn überhaupt, nur von dem öffentlich-rechtlichen Genehmigungsverfahren ausgehen. Dieses geht naturgemäß der Inbetriebnahme der Anlage, die ihrerseits zivilrechtliche Abwehransprüche nach den §§ 1004, 906 BGB auszulösen vermag, voraus.

Nach § 75 Abs. 3 Satz 1 VwVfG sind, wenn der Planfeststellungsbeschluß unanfechtbar geworden ist, Ansprüche auf Unterlassung des Vorhabens, auf Beseitigung oder Änderung der Anlagen oder auf Unterlassung ihrer Benutzung ausgeschlossen. Eine ähnliche Regelung enthalten § 9 Abs. 4 LuftVG und − für die genehmigungsbedürftigen Anlagen nach dem BImSchG − § 14 BImSchG.

Das Baurecht kennt einen solchen Ausschluß privatrechtlicher Abwehransprüche nicht. Die Baugenehmigung wird vielmehr unbeschadet der privaten Rechte Dritter erteilt (vgl.

---

27) NJW 1988, 2396/2397.
28) DÖV 1990, 698.
29) NJW 1988, 2396; DVBl. 1989, 463/464.
30) BVerwG NJW 1988, 2396.
31) BRS 40 Nr. 205 und Nr. 206.
32) BVerwG BRS 40 Nr. 206.
33) Vgl. zum Verhältnis des privatrechtlichen zum öffentlich-rechtlichen Immissionsschutz *Gaentzsch* NVwZ 1986, 601.

§ 70 Abs. 3 Satz 1 BauO NW). Deshalb schließt eine auch im Verhältnis zum Nachbarn bestandskräftige Baugenehmigung die Geltendmachung privatrechtlicher Ansprüche auf eine Einschränkung der Nutzung der genehmigten baulichen Anlage nach den §§ 1004, 906 BGB nicht aus. Dies gilt auch dann, wenn der Nachbar die Baugenehmigung wegen der Verletzung des nachbarlichen Rücksichtnahmegebotes hätte erfolgreich anfechten können und die zivilrechtlichen Abwehransprüche genau wegen jener nachteiligen Wirkungen, deretwegen das Rücksichtnahmegebot verletzt ist, erhoben werden.

Anders ist die Situation jedoch dann, wenn durch eine verwaltungsgerichtliche Entscheidung festgestellt ist, daß eine Verletzung des nachbarlichen Rücksichtnahmegebotes nicht vorliegt. Ficht z. B. ein Grundstückseigentümer die dem Nachbarn erteilte Baugenehmigung wegen Verletzung des nachbarlichen Rücksichtnahmegebotes an und wird die Klage als unbegründet abgewiesen, so steht mit materieller Rechtskraft auch zwischen dem klagenden Grundstückseigentümer und dem beigeladenen Bauherrn fest (§§ 63 Nr. 3, 121 VwGO), daß die Baugenehmigung rechtmäßig und das Rücksichtnahmegebot nicht verletzt ist. Damit ist auch entschieden, daß von dem Vorhaben keine wesentlichen und nicht ortsüblichen Beeinträchtigungen i. S. v. § 906 BGB ausgehen. Voraussetzung ist allerdings, daß sich die verwaltungsgerichtliche Prüfung exakt auch auf jene konkreten Beeinträchtigungen bezogen hat, deren Unterlassung mit der zivilrechtlichen Klage begehrt wird.[34]

2. Die vom einfachen Gesetzgeber mit bestimmten Rechtsfolgen ausgestatteten realen Wirkungen eines Vorhabens, die nicht notwendig den Schweregrad des (verfassungsrechtlich) Unzumutbaren erreichen müssen, sollen in Anlehnung an die §§ 3, 5 und 22 BImSchG als *„erhebliche"* Wirkungen bezeichnet werden.[35]

Welchen Schweregrad sie erreichen müssen, um „erheblich" zu sein, läßt sich nur von Fall zu Fall und unter besonderer Berücksichtigung der Schutzwürdigkeit und Schutzbedürftigkeit des beeinträchtigten Eigentums entscheiden.

Für Verkehrsanlagen setzt § 2 der aufgrund von § 43 Abs. 1 Satz 1 Nr. 1 BImSchG erlassenen 16. BImSchV (Verkehrslärmschutzverordnung) Immissionsgrenzwerte fest. Diese bestimmen, wann unter Berücksichtigung des Gebietscharakters Geräuscheinwirkungen schädliche Umwelteinwirkungen darstellen, also „erheblich" sind. Mit ihnen ist nicht die Grenze zur schweren und unerträglichen (verfassungsrechtlich unzumutbaren) Belastung bestimmt.[36] Diese Grenze ist höher anzusetzen.

3. Nachteilige reale Wirkungen eines Vorhabens bedürfen − je nach ihrem Schweregrad − kraft Verfassungsrechts (s. Ziffer I 3) oder kraft einfachgesetzlicher Regelungen oder allgemeiner Rechtsgrundsätze eines Ausgleiches.

a) Im Planfeststellungsrecht sehen einige Fachgesetze ausgleichende Maßnahmen vor (§§ 31 Abs. 2 WHG, 9 Abs. 2 LuftVG, 19 Abs. 3 WaStrG, 8 Abs. 4 AbfG; früher auch §§ 29 Abs. 2 PBefG, 17 Abs. 4 FStrG, 9b Abs. 2 AtG). Soweit besondere Vorschriften fehlen, gilt die allgemeine Regelung des § 74 Abs. 2 Satz 2 und 3 VwVfG. Danach hat die Planfeststellungsbehörde dem Träger des Vorhabens Vorkehrungen oder die Errichtung und Unterhaltung von Anlagen aufzuerlegen, die zum Wohl der Allgemeinheit oder zur Vermeidung nachteiliger Wirkungen auf Rechte anderer erforderlich sind, Satz 2. Sind solche Vorkehrungen oder Anlagen untunlich oder mit dem Vorhaben unvereinbar, so hat der Betroffene Anspruch auf angemessene Entschädigung in Geld, Satz 3.

Über Ausgleichsmaßnahmen oder Entschädigungen ist bei vorhersehbaren Wirkungen im

---

34) Anderer Ansicht OLG Köln 9. 1. 1991 − 11 U 178/87 − n. v.
35) So auch VGH Kassel NVwZ 1986, 668.
36) BVerfGE 79, 174/200.

Planfeststellungsbeschluß selbst zu entscheiden. Ist eine solche Entscheidung unterblieben oder sind Ansprüche ausgeschlossen, können nach Bestandskraft des Planfeststellungsbeschlusses Ausgleichsmaßnahmen oder Entschädigungen nicht mehr verlangt werden.[37] Bei unvorhersehbaren Auswirkungen besteht ein Anspruch auf Planergänzung nach § 75 Abs. 2 Satz 2 und 3 VwVfG.[38]

Mit den einfachgesetzlichen Ausgleichsregelungen wird das verfassungsrechtliche Gebot eines Ausgleiches bei (sonst) unzumutbaren nachteiligen Wirkungen erfüllt.[39] Darauf beschränken sich jedoch § 74 Abs. 2 Satz 2 und 3 VwVfG und die ihm entsprechenden fachgesetzlichen Bestimmungen nicht. Sie gewähren — weitergehend — Ausgleichsansprüche auch in den Fällen, in denen tatsächliche nachteilige Wirkungen „nur" den Schweregrad der „Erheblichkeit" erreichen.[40]

b) Nach § 9 Abs. 1 Nr. 24 BauGB können die Gemeinden im Bebauungsplan Vorkehrungen gegen schädliche Umwelteinwirkungen festsetzen. Diese Befugnis erstreckt sich nicht darauf, auch Festsetzungen über die Erstattung der Kosten solcher Vorkehrungen mit rechtsbegründender Wirkung in den Bebauungsplan aufzunehmen. Sind die Vorkehrungen, z. B. Maßnahmen des passiven Schallschutzes (Schallschutz- oder Doppelfenster, Geräuschdämmung an den Außenfassaden usw.) festgesetzt, so ergab sich bisher ein Anspruch des Eigentümers auf Kostenerstattung aus dem „das gesamte öffentliche Planungsrecht beherrschenden, allgemeinen Rechtsgrundsatz, wonach unzumutbare Beeinträchtigungen durch ein öffentlicher Planung bedürftiges Vorhaben im nachbarlichen Austauschverhältnis vom Betroffenen nicht ohne Ausgleich hingenommen werden müssen."[41] Nunmehr ergibt sich ein Anspruch des Eigentümers auf Aufwendungsersatz für Maßnahmen des passiven Lärmschutzes in diesen Fällen aus § 42 BImSchG mit § 2 der 16. BImSchV.[42]

c) Über die Höhe einer als Ausgleich für tatsächliche nachteilige Wirkungen zu gewährenden Entschädigung entscheiden nicht schon kraft Verfassungsrecht die Zivilgerichte. Dies gilt selbst in den Fällen, in denen diese Wirkungen im verfassungsrechtlichen Sinne unzumutbar sind, sie nach bisherigem allgemeinem Sprachgebrauch „enteignenden" Charakter haben. Denn da der Tatbestand der Enteignung nicht vorliegt, findet Art. 14 Abs. 3 Satz 4 GG keine Anwendung. Der einfache Gesetzgeber kann damit den Rechtsweg bestimmen.[43]

Die Ausgleichsansprüche sind öffentlich-rechtlicher Natur, und zwar unabhängig davon, ob die Zumutbarkeitsschwelle einer schweren und unerträglichen Betroffenheit überschritten wird.[44] Damit entscheiden über ihre Höhe grundsätzlich die Verwaltungsgerichte, soweit nicht ein anderer Rechtsweg gesetzlich vorgeschrieben ist, § 40 Abs. 1 Satz 1 VwGO. Dies ist z. B. in § 42 Abs. 3 Satz 2 BImSchG i. V. m. den Enteignungsgesetzen der Länder geschehen. Danach entscheiden beim Streit über die Höhe der Entschädigung für

---

37) BVerwGE 58, 154 = DVBl. 1980, 289; DVBl. 1981, 403.
38) UPR 1987, 379; E 77, 295 = DVBl. 1987, 1012; *Johlen* DVBl. 1989, 287/288. Dazu BVerwG NVwZ 1989, 253 = DVBl. 1988, 964 = UPR 1988, 364.
39) BVerwGE 77, 295/298 = DVBl. 1987, 1011; VGH Mannheim DÖV 1983, 512/514; *Kastner* DVBl. 1982, 669/670; VerwArch. 1989, 74/89; a. A. der BGH (DÖV 1987, 152), nach dem § 17 Abs. 4 Satz 2 FStrG a. F. nur fachplanungsrechtliche Ausgleichsansprüche im Vorfeld der Enteignung, nicht aber Entschädigungsansprüche „enteignungsrechtlicher Art" regelt.
40) BVerwG NJW 1988, 2396/2398.
41) BVerwGE 80, 184/190 m. w. N.
42) *Alexander* NVwZ 1991, 318/320.
43) BVerwGE 77, 295/298 = DVBl. 1987, 1011; a. A. *Kleinlein* DVBl. 1991, 365/371, nach dem es sich bei dem Anspruch aus § 74 Abs. 2 Satz 3 VwVfG um eine Enteignungsentschädigung handelt.
44) BVerwGE 77, 295/296 = DVBl. 1987, 1011.

Schallschutzmaßnahmen an Straßen und Schienenwegen die Zivilgerichte. Die gleiche Regelung enthält § 19 a FStrG. Im übrigen könnte der Zivilrechtsweg nach § 40 Abs. 2 Satz 1 VwGO gegeben sein, wenn und soweit man die Ausgleichsansprüche als Ansprüche aus Aufopferung charakterisiert. Nach Auffassung des BGH[45] haben die Zivilgerichte über Ausgleichsansprüche zu entscheiden, sofern der Ausgleich für „enteignende" Maßnahmen gewährt wird. Das BVerwG[46] nimmt diese „Aufspaltung" des Rechtsweges nicht vor und bejaht die Zulässigkeit des Verwaltungsrechtsweges auch in den Fällen, in denen der Ausgleich für im verfassungsrechtlichen Sinne unzumutbare, weil schwere und unerträgliche Wirkungen des Vorhabens gewährt wird, ja selbst dann, „wenn wegen der faktischen Eingriffsintensität dem betroffenen Eigentümer aus rechtsstaatlichen Gründen ein Anspruch auf Übernahme einzuräumen ist."

III.

Neben den nach Verfassungsrecht unzumutbaren, nämlich nicht ohne Ausgleich hinnehmbaren (Ziffer I), und den nach einfachgesetzlichen Regelungen erheblichen, nämlich mit bestimmten Rechtsfolgen ausgestatteten (Ziffer II) nachteiligen Wirkungen gibt es solche, die zwar nicht den Schweregrad der vorgenannten Gruppen erreichen, jedoch immerhin noch ein solches Gewicht besitzen, daß sie bei der planerischen Abwägung zu berücksichtigen sind. Sie sollen als (bei der Abwägung) „*beachtliche*" Wirkungen bezeichnet werden.[47]

1. Nach der Rechtsprechung des BVerwG[48] sind bei der planerischen Entscheidung alle mehr als nur geringfügig betroffenen schutzwürdigen Interessen der Anlieger zu berücksichtigen. Wann Interessen schutzbedürftig und schutzwürdig sind, läßt sich nicht für alle denkbaren Fallgestaltungen entscheiden. Unzweifelhaft ist jedenfalls, daß auch solche nachteiligen Wirkungen zu berücksichtigen sind, die weder nach Verfassungsrecht noch nach einfachgesetzlichen Bestimmungen einen Anspruch auf einen physisch-realen oder geldlichen Ausgleich begründen.[49] Aus diesem Grunde sind z. B. bei der Planung von Verkehrsanlagen im Rahmen des Abwägungsvorganges auch solche Lärmeinwirkungen zu berücksichtigen, die noch nicht die Grenzwerte des § 2 der 16. BImSchV erreichen, aber wie z. B. in dem vom BVerwG mit Urteil vom 4. 5. 1988[50] entschiedenen Falle „mit etwa 55 dB (A) am Tage und etwa 45 dB (A) des Nachts bis an die Grenze des beim Neubau von Bundesfernstraßen ohne Ausgleich hinzunehmenden Geräuschpegels" heranreichen.

2. Daß von einem Vorhaben (abwägungs-)beachtliche nachteilige Wirkungen ausgehen, wirkt sich nicht nur auf die objektiv-rechtliche Pflicht zur gerechten Abwägung, sondern auch auf den individuellen Rechtsschutz aus.

a) Ist Ergebnis des Abwägungsvorganges ein Verwaltungsakt, etwa ein Planfeststellungsbeschluß, so kann dieser mit der Begründung angegriffen werden, das Recht des von den nachteiligen Wirkungen betroffenen Grundstückseigentümers auf gerechte Abwägung sei

---

45) BGHZ 91, 20/28; DÖV 1987, 152; für diese Aufspaltung ebenso VGH Mannheim DÖV 1983, 512/514; *Alexander* DÖV 1983, 515; *Korbmacher* DÖV 1982, 517/528.

46) E 77, 295/298 = DVBl. 1987, 1011.

47) „Nachteilige Wirkungen, die oberhalb der Schwelle der Unbeachtlichkeit liegen, sind stets abwägungserheblich", BVerwG NVwZ-RR 1991, 129/133 (Flughafen Stuttgart).

48) UPR 1984, 271; NVwZ 1988, 363; 1989, 151.

49) BVerwG NVwZ 1988, 363.

50) NVwZ 1989, 151.

verletzt. Nicht die nachteiligen Wirkungen als solche, sondern die Pflicht, sie im Rahmen des Abwägungsvorganges zu berücksichtigen, begründen hier die Annahme einer Rechtsverletzung i. S. d. §§ 42 Abs. 2, 113 Abs. 1 Satz 1 VwGO.[51]

b) Entsprechendes gilt für das Normenkontrollverfahren gegen einen Bebauungsplan: Hier liegt ein zur Klageerhebung berechtigender Nachteil i. S. d. § 47 Abs. 2 Satz 1 VwGO vor, wenn der Betroffene durch den Bebauungsplan in einem Interesse negativ berührt wird, das bei Aufstellung des Bebauungsplanes zu berücksichtigen war,[52] hier also in seinem Interesse, von den nachteiligen Wirkungen der in dem Bebauungsplan festgesetzten baulichen oder sonstigen Anlage verschont zu bleiben.

3. Daß nachteilige Wirkungen unterhalb eines bestimmten Schweregrades zwar im Rahmen des Abwägungsvorganges zu berücksichtigen sind, im Ergebnis jedoch sanktionslos „überwunden" werden können, stellt eine zulässige Inhaltsbestimmung des Eigentums i. S. v. Art. 14 Abs. 1 Satz 2 GG dar.[53]

IV.

Unterhalb der Schwelle der im Rahmen des Abwägungsvorganges zu beachtenden, jedoch sanktionslos überwindbaren nachteiligen Wirkungen liegen alle sonstigen Nachteile, Einflüsse und Folgen, die ein Vorhaben für seine Nachbarschaft haben kann. Sie müssen in einem dichtbesiedelten Industriestaat mit einer Vielzahl unvermeidlicher wechselseitiger Störungen hingenommen werden. Sie alle mit Rechtsfolgen irgendwelcher Art auszustatten, würde den Bogen des Rechtsschutzes überspannen und ist deshalb zu Recht von der Rechtsprechung nie in Erwägung gezogen worden.

In diesem Sinne können bei der Abwägung alle (betroffenen) Interessen unbeachtet bleiben, die entweder – objektiv – geringwertig oder aber nicht schutzwürdig sind,[54] also auch das Interesse, von jeglichen tatsächlichen Wirkungen eines Vorhabens in der Nachbarschaft ungeachtet ihres Schweregrades verschont zu bleiben. Dabei fehlt es an der Schutzwürdigkeit des Interesses insbesondere dann, wenn der Grundstückseigentümer bei Berücksichtigung der Situation seines Grundstücks vernünftigerweise damit rechnen muß, daß „so etwas geschieht".[55]

Ganz ohne rechtliche Bedeutung sind solche sonstigen, nicht (mehr) abwägungsbeachtlichen Wirkungen allerdings nicht. Denn nach § 73 Abs. 4 Satz 1 VwVfG kann gegen den Plan jeder Einwendungen erheben, dessen Belange durch das Vorhaben berührt werden. Für dieses Recht, Einwendungen zu erheben, reicht jedwede Art von Betroffenheit aus. Diese Betroffenheit braucht also nicht den Grad eines abwägungserheblichen Belanges (Ziffer III) zu erreichen. Dem entspricht es, daß nach der Rechtsprechung nicht jeder, der nach § 73 Abs. 4 Satz 1 VwVfG Einwendungen erheben kann, zur Klageerhebung gegen den Planfeststellungsbeschluß i. S. d. § 42 Abs. 2 VwGO berechtigt ist.[56] Diese Klagebefugnis setzt vielmehr die Möglichkeit der Verletzung eines (mindestens) abwägungsbeachtlichen Belanges voraus.

---

51) BVerwG, NJW 1988, 1228; NVwZ 1989, 151; VGH Mannheim DÖV 1986, 118.
52) BVerwGE 59, 87.
53) So BVerwG BRS 40 Nr. 206 zu den Vorschriften des BImSchG als Inhaltsbestimmung des Eigentums.
54) BVerwGE 59, 87/102.
55) BVerwG a. a. O. (Fn. 54), S. 103.
56) BVerwG DVBl. 1967, 917; NVwZ 1983, 672.

V.

Fraglich ist, welche Rechtsfolgen es hat, wenn ein planfeststellungsbedürftiges Vorhaben, von dem nachteilige Wirkungen ausgehen, ohne den erforderlichen Planfeststellungsbeschluß durchgeführt wird.

1. Nach der Rechtsprechung gibt es einen Rechtsanspruch potentiell Drittbetroffener auf Durchführung eines Verfahrens für die Zulassung eines Vorhabens und auf Unterlassung des Vorhabens bei Fehlen eines solchen Verfahrens grundsätzlich nicht.[57] Eine Ausnahme wurde wegen des besonderen Erfordernisses eines speziellen atomrechtlichen Verfahrens für das Atomrecht[58] sowie im Bereich des Luftverkehrsrechts in dem Falle gemacht, daß ein Vorhaben die Planungshoheit einer Gemeinde berührt.[59]

2. Von diesen Ausnahmefällen abgesehen, können Leistungs-, Unterlassungs- oder Folgenbeseitigungsansprüche bestehen, wenn durch das − objektiv rechtswidrige, weil nicht planfestgestellte − Vorhaben materielle Rechte eines Dritten betroffen werden.[60]

a) Ein Leistungsanspruch auf Schutzvorkehrungen wurde in dem Falle anerkannt, in dem bei Durchführung eines Planfeststellungsverfahrens im Planfeststellungsbeschluß solche Schutzvorkehrungen nach § 74 Abs. 2 Satz 2 VwVfG oder den entsprechenden fachgesetzlichen Regelungen vorzusehen gewesen wären.[61]

Es handelt sich also um die Fälle, in denen von dem Vorhaben unzumutbare (Ziffer I) oder erhebliche (Ziffer II) Wirkungen ausgehen. Ferner wurde ein Unterlassungsanspruch vom BVerwG[62] für möglich gehalten, wenn ein nicht planfeststellungsbedürftiger Flugplatz ohne die nach § 6 Abs. 1 Satz 1 LuftVG erforderliche Genehmigung betrieben wird.

b) Umgekehrt dürfte der Umstand allein, daß das Vorhaben die Belange des Dritten i. S. v. § 73 Abs. 4 Satz 1 VwVfG berührt (Ziffer IV), eine für Abwehrrechte ausreichende materielle Rechtsposition nicht begründen. Denn aus diesem Grad der Betroffenheit folgt lediglich das Recht zur Teilnahme am Anhörungsverfahren, und dieses ist als solches kein materielles Recht.

c) Problematisch sind die Fälle, in denen durch das nicht planfestgestellte Vorhaben abwägungsbeachtliche Belange (Ziffer III.) berührt werden. Nach Auffassung von *Korbmacher*[63] können private Belange nur durch das Planfeststellungsverfahren überwunden werden. Unterbleibt diese Überwindung, „so kann sich jeder, der mehr als nur unerheblich in seinem Eigentum berührt wird, jeden Eingriff durch das Planvorhaben verbitten und sich erforderlichenfalls mit der Unterlassungs- oder Beseitigungsklage dagegen wehren."

Gegen diese Auffassung bestehen Bedenken. Daraus, daß durch ein Vorhaben abwägungsbeachtliche Belange berührt werden, folgt zunächst nur die Pflicht, diese Belange im Rahmen der Abwägung zu berücksichtigen. Würde man schon aus dem Unterlassen einer solchen Abwägung Abwehransprüche herleiten, so liefe das darauf hinaus, den Abwägungsvorgang um seiner selbst willen durchzusetzen und damit im Ergebnis dem Betroffenen doch einen Rechtsanspruch auf Durchführung des Verfahrens zuzubilligen. Dabei würde

---

57) BVerwG DÖV 1981, 719; DVBl. 1980, 996/997; 1982, 359/360; NVwZ 1990, 263 = UPR 1989, 432; NVwZ 1991, 369/371; VGH Mannheim NVwZ-RR 1989, 530.
58) BVerwG NVwZ 1990, 967 = DVBl. 1990, 593/594 m. w. N.
59) BVerwGE 81, 95 = NVwZ 1989, 750 = DVBl. 1989, 363; NVwZ 1991, 369/371.
60) BVerwG DÖV 1981, 719; DVBl. 1980, 996/997; 1982, 359; UPR 1989, 426; NVwZ 1990, 263 = UPR 1989, 432; VGH Mannheim NVwZ-RR 1989, 530.
61) BGH DÖV 1978, 688; BVerwG DVBl. 1980, 996.
62) UPR 1989, 426.
63) DÖV 1982, 517/524.

auch nicht ausreichend berücksichtigt werden, daß sich die planende Behörde letztlich sanktionslos über den zu berücksichtigenden privaten Belang hinwegsetzen kann, dieser also weder die Planung insgesamt verhindern noch zur Anordnung von Schutzmaßnahmen führen muß. Aus diesem Grunde wird man einen Unterlassungsanspruch nur dann zuerkennen können, wenn bei Durchführung des Planfeststellungsverfahrens und Beachtung der dem Vorhaben entgegenstehenden privaten Belange ein Absehen von der Planfeststellung nicht auszuschließen wäre.

JOHANNES KIRCHMEIER

Rechtliches Gehör in der Bauleitplanung

I.

Es geht um die Frage, ob nicht doch die individuelle Unterrichtung[1] planungsbetroffener Grundstückseigentümer über die vorgesehene Planung und womöglich deren Belehrung[2] über die eigentumsinhaltsändernde Wirkung der vorgesehenen Festsetzung zur Gewährung rechtlichen Gehörs verfassungsgeboten[3] ist.

II.

Der Befund ist vertraut: Gehör kann sich der Planungsbetroffene im Rahmen der Bürgerbeteiligung beschaffen, die nach ihrer bemerkenswert wechselvollen gesetzlichen Entwicklung[4] derzeit in den §§ 3, 214 und 215[5] sowie Art. 2 § 9 WoBauErlG geregelt ist. Danach gibt es *erstens* die frühzeitige Bürgerbeteiligung, die die Gemeinde mit Einschränkungen verpflichtet, die Bürger öffentlich zu unterrichten und ihnen Gelegenheit zu geben, sich zu äußern und die Planung zu erörtern, und *zweitens* das Anregungsverfahren,[6] das die Gemeinde verpflichtet, die Entwürfe der Bauleitpläne mit Begründung auf die Dauer eines Monats öffentlich auszulegen, Ort und Dauer der Auslegung eine Woche vorher ortsüblich bekanntzumachen, die während der Auslegungszeit vorgebrachten Bedenken und Anregun-

---

1) *Laubinger*, Grundrechtsschutz durch Gestaltung des Verwaltungsverfahrens, VerwArch. 73 (1982), 60/75.

2) BVerfG, Beschluß v. 13. 11. 1979, 1 BvR 1022/78, BVerfGE 52, 380/390. Der „verfahrensrechtlichen Auswirkung des Art. 12 Abs. 1 GG" hat das BVerfG die Belehrungspflicht der Prüfungskommission entnommen.

3) *Schlichter*, Baurechtlicher Nachbarschutz, NVwZ 83, 641/648 meint, die Bürgerbeteiligung diene dem Hinweis auf etwa berührte Interessen und solle deren Berücksichtigung bei der Abwägung sichern. Die Frage, ob sie verfassungsgeboten sei, beantwortet er verneinend. Er meint: „Gibt es einen Anspruch auf Planaufstellung nicht, so gibt es – ohne Planaufstellung – noch viel weniger einen Anspruch auf Durchführung einzelner Verfahrensschritte, die lediglich Bestandteile des Planaufstellungsverfahrens sind." Ebenso BVerwG, Urteil v. 3. 8. 1982, 4 B 145.82, BRS 39 Nr. 193. Im Anschluß an BVerfGE 53, 30 ff. (Mülheim-Kärlich, Beschluß v. 20. 12. 1979, 1 BvR 385/77) halten die Bürgerbeteiligung für verfassungsnotwendig u. a. *Battis*, in: *Battis/Krautzberger/Löhr* BauGB, 3. Aufl., § 3 Rdn. 4; *Schmidt-Aßmann*, in: *Maunz/Dürig/Herzog*, Art. 103 Rdn. 64 und Verwaltungsverfahren, in: *Isensee/Kirchhof* (Hrsg.), Handbuch des Staatsrechts III, S. 623 Rdn. 19 ff. *Laubinger* (Fn. 1) stellt den Meinungsstand dar. *Battis* a. a. O., § 3 Rdn. 4 gibt eine Übersicht über den Meinungsstand.

4) Siehe die Darstellung mit Synopse bei *Bielenberg*, in: *Ernst/Zinkhahn/Bielenberg* BauGB, § 3 Rdn. 2 bis 7.

5) Paragraphenzeichen ohne Gesetzesangabe beziehen sich auf das BauGB.

6) *Gelzer*, Bauplanungsrecht, 4. Aufl., Rdn. 324.

gen zu prüfen und das Ergebnis der Prüfung dem, der angeregt hatte, mitzuteilen. Das Bedenken- und Anregungsverfahren ist zu geänderten oder ergänzten Teilen zu wiederholen. Die Folgen der Verletzung dieser Regelungen sind durch die §§ 214 und 215 BauGB sowie Art. 2 § 9 WoBauErlG begrenzt. Ob dies die Regelung rechtlichen Gehörs in der Bauleitplanung ist, ist die Frage.

III.

Rechtsträger der frühzeitigen Bürgerbeteiligung sind „die Bürger", § 3 Abs. 1. Der Rechtsträger des Anregungsverfahrens ist im Gesetz nicht bezeichnet. Es besteht Einigkeit darüber, daß es *jedermann*[7] ist, wobei unterschiedslos jeder Gelegenheit hat, sich zu unterrichten, zu erörtern und Bedenken und Anregungen zu erheben, gleichgültig ob er Eigentümer eines Grundstücks im Planbereich ist oder nicht, wie er sein Grundstück nutzt, oder ob er sonst befugt ist, ein betroffenes Grundstück zu nutzen, oder ob er, ohne Eigentümer oder Nutzungsberechtigter zu sein, eigene wirtschaftliche oder ideelle Interessen hat, oder ob er (nur) engagierter Bürger ist. Das wirft die Frage meines Themas auf, ob nicht unter Gehörsgesichtspunkten doch unter den Jedermanns zu differenzieren ist. *Battis*[8] schlägt vor, nach dem Grad der individuellen Betroffenheit zu differenzieren.

IV.

Unter den Jedermanns sind unschwer die Grundstückseigentümer als Grundrechtsträger nach Art. 14 Abs. 1 Satz 1 GG auszumachen. Insbesondere ihretwegen muß die öffentliche Bekanntmachung einen Namen mit Anstoßfunktion angeben[9] und gegebenenfalls das Anregungsverfahren wiederholt werden.[10] Unter den Eigentümern wiederum sind solche auszumachen, die ihre durch Art. 14 Abs. 1 Satz 1 GG gewährleisteten Freiheitsrechte[11] besonders intensiv ausgeübt haben, und solche, die das weniger getan haben. Der Eigentümer kann sein Lebenskonzept verwirklicht haben, indem er durch legale Eigentumsausübung einen Bestand geschaffen hat. Die solchem Bestand zugrundeliegende Eigentumsausübung wird gem. Art. 14 Abs. 1 GG mit dem Bestandsschutz honoriert.[12] Das Ergebnis der Bauleitplanung soll Eigentumsinhaltsbestimmung gem. Art. 14 Abs. 1 Satz 2 GG sein. [13] Was der Plangeber so inhaltsbestimmend ändert, betrifft einen individuell-konkreten Bestand, oder anders gewendet: Die Bestand betreffende Inhaltsbestimmung erfolgt auf der mikroökonomischen Ebene.[14]

---

7) *Gelzer* weist schon in seiner ersten Auflage darauf hin: „Die Befugnis, Bedenken und Anregungen vorzubringen, steht einem unbeschränkten Personenkreis zu", S. 73, in der 4. Aufl., Rdn. 294 und 324.

8) *Battis* (Fn. 3) § 3 Rdn. 4.

9) *Gelzer* (Fn. 6) Rdn. 315 mit Nachweisen.

10) *Gelzer* (Fn. 6) Rdn. 327 f.

11) BVerfG, Beschluß v. 10. 5. 1983, 1 BvR 820/79, BVerfGE 64, 87 und Urteil v. 28. 2. 1980, 1 BvL 17/77, BVerfGE 53, 257/292.

12) *Weyreuther*, Die Situationsgebundenheit des Grundeigentums, S. 33, m. w. N. in Fn. 69, insbesondere BVerwG, Urteil v. 12. 12. 1975, IV C 71.73 (Tunnelofen), BRS 29 Nr. 135 = BauR 76, 100.

13) BVerfG, Beschluß v. 8. 11. 1972, 1 BvL 15/68 und 26/69, BVerfGE 34, 139/145; *Gelzer* (Fn. 6) Rdn. 449.

14) *Scholz*, in: *Maunz/Dürig/Herzog* Art. 12 Rdn. 394; *Hoppe*, Planung, in: *Isensee/Kirchhof* (Fn. 3) III S. 653, Rdn. 100.

V.

Jedenfalls: Die planende Gemeinde darf die planungsbetroffenen Grundstückseigentümer individuell über den Festsetzungsentwurf unterrichten. Über die eigentumsinhaltsbestimmende Wirkung darf sie die Betroffenen auch belehren. Es gibt keine Regelung, die der Gemeinde solche individuelle Unterrichtung oder individuelle Belehrung verböte. Tatsächlich findet ein solcher Informationsfluß häufig statt. Zwischen einem besonders Interessierten und der Gemeinde kann er erfahrungsgemäß sehr intensiv sein, gar zu Vorabentscheidungen führen.[15] Ob die Initiative hierzu vom Planungsbetroffenen oder von der Gemeinde ausgeht, erscheint belanglos. Bei Großprojekten pflegt ein intensiver Informationsaustausch auch über den Gang des Planaufstellungsverfahrens einschließlich der Beteiligung und Mitwirkung anderer Planungsträger mit dem ins Auge gefaßten Unternehmer selbst dann stattzufinden, wenn er (noch) nicht Grundstückseigentümer ist. Daß die Gemeinde individuell unterrichten — und auch belehren — darf, wird nicht bezweifelt.

VI.

Bedenkt man, daß der Informationsfluß bei Interesse an einer Änderung des Eigentumsinhalts durch Festsetzung gemäß § 9, nämlich damit das Vorhaben ausgeführt werden kann, tendenziell intensiver sein kann als im umgekehrten Fall, in dem der Grundstückseigentümer seinen durch Eigentumsausübung geschaffenen Bestand genießt und weiterhin genießen möchte, fällt ein Mißverhältnis auf. Wer das Geschaffene genießt, kann sich unter dem Schutz des Art. 14 Abs. 1 Satz 1 und des Art. 2 Abs. 1 Satz 1 GG wähnen. Er meint, er brauche nicht ständig zu beobachten, ob das, was er sich als seine Lebensgestaltung unter der Sonne des Art. 14 Abs. 1 und des Art. 2 Abs. 1 GG vorstellt, auch rechtlich gesichert ist. Seine Ruhe ist nicht berechtigt. Er kann durch eine gemäß Art. 14 Abs. 1 Satz 2 GG eigentumsinhaltsbestimmende Festsetzung gemäß § 9 — also auf seiner mikroökonomischen Ebene[16] — enttäuscht werden. Unter Gleichheitsgesichtspunkten[17] ist solch unterschiedlicher Informationsfluß nicht gerechtfertigt. Zwei unterschiedliche Fälle sind im Blick zu behalten: Die Gemeinde kann — erstens — einen anderen, der keine grundrechtlich geschützte Rechtsposition hat, individuell unterrichtet und möglicherweise auch belehrt haben, während dem grundrechtlich Geschützten die öffentliche Bekanntmachung der Auslegung und die Auslegung des Planentwurfs selbst verborgen geblieben sind. Interessierte ohne herausgehoben geschützte Rechtsposition können — zweitens — an der frühzeitigen Bürgerbeteiligung teilgenommen und Bedenken erhoben und Anregungen gemacht haben (es soll Gruppen geben, die sich systematisch oder gar gewerbsmäßig damit befassen), wohingegen dem grundrechtlich Geschützten die öffentliche Bekanntmachung und die Auslegung des Planentwurfs selbst unentdeckt geblieben sind. Was er nicht vorgebracht hat und was der Gemeinde auch nicht erkennbar war und sie deshalb schon nicht in das Abwägungsmaterial eingestellt hat, führt nach der Rechtsprechung des Bundesverwaltungsgerichts nicht zu einem Abwägungsfehler.[18] Soweit es sich um etwas unter Grundrechtsschutz Stehendes handelt — hierauf ist unter der folgenden Nummer XII zurückzukom-

---

15) BVerwG, Urteil v. 5. 7. 1974, IV C 50.72 (Flachglas), Leitsatz 4; BRS 28 Nr. 4 = BauR 1974, 311.
16) Siehe Fn. 14.
17) *Laubinger* (Fn. 3, S. 81).
18) BVerwG, Urteil v. 13. 9. 1985, 4 C 64.80, BRS 44 Nr. 20 = BauR 1986, 59.

men –, leuchtet weder die Ungleichbehandlung des Grundstückseigentümers mit dem durch die Gemeinde individuell Unterrichteten und möglicherweise auch Belehrten ein noch die Gleichbehandlung mit dem Interessierten, der ohne geschützte Rechtsposition die Bürgerbeteiligung genutzt hat. *Weyreuther*[19] weist die Verknüpfung von Anhörung und Einflußnahme nach. Einflußnahme läßt sich als Zweck der Bürgerbeteiligung beschreiben. Dabei geht es zunächst um die Einflußnahme auf die Zusammenstellung des Abwägungsmaterials. Das zahlt sich im Abwägungsverfahren aus, nämlich bei der Pflicht, den vorgetragenen Belang in Erwägung zu ziehen, dies möglicherweise nach der Erwägung *anderer* Belange wiederholt. Das Mißverhältnis bei der Art, wie sich der nicht individuell unterrichtete Grundstückseigentümer rechtliches Gehör im Vergleich zum individuell Unterrichteten bzw. im Vergleich zu jedermann und damit *Einfluß* verschaffen kann, kann sich in der Abwägung für ihn negativ auszahlen. Soweit er einen grundrechtlich geschützten Belang hat, den die planende Gemeinde nicht wahrgenommen hat, könnte er geltend machen, hätte ihn die Gemeinde individuell unterrichtet, hätte er seinen Belang vorgetragen, und dieser hätte dann aufgrund seines Vortrags in das Abwägungsmaterial eingestellt werden müssen.

VII.

Bei der Beantwortung der Frage, welcher Belang des Grundstückseigentümers zwingend in das Abwägungsmaterial eingestellt werden muß, ist der Blick zunächst auf folgenden Umstand gerichtet: Je intensiver und phantasievoller der Eigentümer sein Freiheitsrecht[20] ausgeübt hat, desto eher kann sein Belang an seinem konkreten Ausschnitt aus der Erdoberfläche hängen. In seinem Garten kann er jeden Baum, jeden Strauch und jeden Stein beseelen. Er kann seinen individuellen architektonischen Geschmack – u. U. kostenaufwendig – verwirklicht haben. Bei einer am gesunden Grundstücksmarkt orientierten Grundstücksbewertung[21] braucht sich das kaum oder gar nicht auszuwirken. Was für den einen viel bedeutet, gar Gestalt gewordenes Lebenswerk ist, kann dem anderen – oder bei objektiver Betrachtung – bestenfalls Respekt hervorrufen. Je mehr Individuelles in der Ausübung der Freiheit entstanden ist, desto eher entzieht es sich tendenziell einer objektiven, insbesondere objektiven wirtschaftlichen Bewertung. Der ungebrochenen Eigentumserhaltung[22] trotz geänderten Ausschnitts aus der Erdoberfläche in der Umlegung gegenüber wird mißtrauisch sein, wer sein Freiheitsrecht konkret in seinem bisherigen Ausschnitt aus der Erdoberfläche für ihn Gestalt werdend ausgeübt hat. Das „schöne Fleckchen Erde" ist nicht nur dasjenige, das von Natur aus so ist, sondern im Hinblick auf Art. 14 Abs. 1 Satz 1 i. V. m. Art. 2 Abs. 1 GG, was der Eigentümer in Ausübung seines Freiheitsrechts dazu gemacht hat und, das ist anzufügen, was möglicherweise (nur) seine subjektive Wertung[23] ist, die vom sogenannten Durchschnittsbeurteiler nicht geteilt zu werden braucht. Je individueller die Wertung des konkreten Eigentümers in bezug auf das, was er für sich in seinem Ausschnitt aus der Erdoberfläche gemacht hat, desto eher ist die planende Gemeinde

---

19) *Weyreuther,* Einflußnahme durch Anhörung, in: Festschrift für Sandler, S. 183/189 ff.
20) Siehe Fn. 11.
21) BGH, Urteil v. 8. 2. 1971, III ZR 200/69, BRS 26 Nr. 93 = BauR 1971, 257; *Krohn/Löwisch,* Eigentumsgarantie, Enteignung, Entschädigung, 3. Aufl., Rdn. 311. Auch das Sachwertverfahren ist am Markt orientiert und honoriert nicht die subjektive Wertung des Eigentümers; *Krohn/Löwisch* Rdn. 396.
22) BGH, Urteil v. 21. 2. 1980, III ZR 84/78, BRS 45 Nr. 194 und *Dieterich,* Baulandumlegung Recht und Praxis, 2. Aufl., Rdn. 39.
23) *Schmitt Glaeser,* Planung und Grundrechte, DÖV 1980, S. 1/3 und 5; *Hoppe* (Fn. 14) Rdn. 89 und 90.

darauf angewiesen, daß sie der Eigentümer ihr auch offenbart, damit sie sie bei der Zusammenstellung des Abwägungsmaterials berücksichtigen kann. Die subjektive Wertung des Grundstückseigentümers[22] verlangt mit Blick auf Art. 14 Abs. 1 Satz 1 i. V. m. Art. 2 Abs. 1 GG sich auszahlenden Respekt, weil sie in rechtmäßiger Ausübung eines subjektiven Freiheitsrechts entstanden ist.

VIII.

Hinzu kommt: Die Träger öffentlicher Belange werden nach § 4 Abs. 1 einzeln benachrichtigt. Die öffentliche Unterrichtung gemäß § 3 Abs. 1 Satz 1 und die öffentliche Auslegung gemäß § 3 Abs. 2 zu beachten, könnte ihnen im Rahmen ihrer Aufgabe durchaus auch zugemutet werden. Daß sie beteiligt werden sollen und — nach Maßgabe einzelner Fachgesetze[24] — beteiligt werden müssen, ist als erste Stufe an Beteiligung eine Benachrichtigungspflicht zu entnehmen. Beteiligen beinhaltet verfahrensrechtlich mehr als die Möglichkeit, einen Belang vorzutragen. Dennoch ist der Belang, den der Träger öffentlicher Belange einbringen kann, im Ansatz demjenigen gleichwertig,[25] den der private Grundstückseigentümer einbringen kann.

IX.

Sachlich rechtfertigen läßt es sich nicht, den Grundrechtsträger nicht individuell zu unterrichten, wohl aber einen anderen. Den Grundrechtsträger mit jedermann in bezug auf die Unterrichtung gleich zu behandeln, läßt sich ebensowenig rechtfertigen. Je stärker in den in legaler Eigentumsausübung geschaffenen Bestand inhaltsbestimmend eingegriffen werden soll, um so bedenklicher wäre es, die subjektive Wertung des Eigentümers[26] als Belang unbeachtet zu lassen. Bleibt dem Grundrechtsträger die öffentliche Unterrichtung nach § 3 Abs. 1 oder die öffentliche Bekanntmachung der Auslegung oder diese selbst nach § 3 Abs. 2 unbemerkt, ist der grundrechtsrelevante Belang in Gefahr, auch für die planende Gemeinde unentdeckt zu bleiben. Daß zwar die Belange, die Jedermann eingebracht hat, und solche Belange, die ein individuell Unterrichteter ohne Rechtsposition vorgebracht hat, in die Abwägung eingestellt werden, nicht aber der unentdeckt gebliebene Belang des Grundrechtsträgers, läßt sich wegen der in der Gewährleistung des Eigentums und des darin enthaltenen Freiheitsrechts sachlich nicht rechtfertigen. Daß daneben die Träger öffentlicher Belange lückenlos benachrichtigt werden, nicht aber die Grundrechtsträger, läßt sich bei im Ansatz gleichwertigen Belangen ebenfalls sachlich nicht rechtfertigen, wenn der Belang des Grundrechtsträgers für die planende Gemeinde dadurch unentdeckt bleibt.

---

24) BVerwG, Urteil v. 20. 11. 1987, 4 C 39.84; *Buchholz* 442.40 § 6 Nr. 17 und BVerwG, Urteil v. 20. 7. 1990, 4 C 30.87; *Buchholz* 406.11 § 38 Nr. 9, beides Beispiele zum Luftverkehrsrecht.
25) *Battis* (Fn. 3) § 4 Rdn. 2.
26) Siehe Fn. 22.

X.

Die Pflicht der Gemeinde, die oder einzelne Grundstückseigentümer individuell zu benachrichtigen, zu unterrichten oder gar zu belehren, läßt sich § 3 oder einer sonstigen Bestimmung des BauGB nicht entnehmen. Ob § 3 die Gewährung rechtlichen Gehörs überhaupt regelt[27] und möglicherweise insoweit verfassungsgeboten ist,[28] bringt für die hier gestellte weitergehende Frage, ob der Grundstückseigentümer als Grundrechtsträger individuell zu benachrichtigen, zu unterrichten oder gar zu belehren ist, keinen Ertrag. Daß rechtliches Gehör durch öffentliche Unterrichtung oder öffentliche Bekanntmachung der Auslegung des Plans gewährt werden kann, schließt aus, einer derartigen Regelung die Pflicht zu individueller Benachrichtigung zu entnehmen. Wird doch der in § 3 vorgeschriebenen Gehörsgewährung sogar Vorbildwirkung für andere Verfahren zugeschrieben.[29]

XI.

§ 28 VwVfG analog zu entnehmen, daß rechtliches Gehör dem Grundrechtsträger durch individuelle Unterrichtung zu gewähren ist, bietet sich zwanglos an.[30] Den überschaubaren Kreis der Grundstückseigentümer festzustellen, ist zuzumuten. Spätestens zur Erfüllung der Erschließungsbeitragserhebungspflicht und vorher schon zur eventuellen Durchführung eines Umlegungsverfahrens muß die Gemeinde diesen Kreis ohnehin feststellen. Die Pflicht zur individuellen Unterrichtung und ggf. Belehrung ergibt sich aus Art. 3 Abs. 1 GG.[31]

XII.

Danach ist ein Grundstückseigentümer in geeigneter Form individuell je nach Lage des Falles über den ihn betreffenden Inhalt der Planung zu unterrichten und ggf. zu belehren, welche Folge die Planung für sein Eigentum haben kann. Er wird in der Regel anzuschreiben sein. Der Kreis der Betroffenen ist durch die Begründung aus Art. 3 Abs. 1 i. V. m. Art. 14 Abs. 1 Satz 1 und Art. 2 Abs. 1 GG begrenzt. Er schließt damit nicht ausnahmslos jeden Grundstückseigentümer ein. Die Schwierigkeit für die planende Gemeinde, wem sie rechtliches Gehör gewähren muß, liegt darin, daß sie den grundrechtsrelevanten Belang (noch) nicht kennt. Auf der sicheren Seite wäre sie deshalb, wenn sie den Kreis weit zöge. Würde

---

27) Siehe hierzu Fn. 3.
28) *Laubinger* (Fn. 1), S. 83 f.; *Schmidt-Aßmann*, in: *Maunz/Dürig/Herzog* Art. 103 Rdn. 62 und Verwaltungsverfahren (Fn. 3), S. 638, die ein verfassungsgebotenes Anhörrecht dem Rechtsstaatsprinzip entnehmen. Das Rechtsstaatsprinzip erlaubt meines Erachtens, ein Anhörrecht überhaupt zu begründen, nicht aber, die Form − hier den Anzuhörenden individuell zu benachrichtigen −, in der es zu gewähren ist, näher auszugestalten.
29) *Schmidt-Aßmann*, in: *Maunz/Dürig/Herzog* Art. 103 Rdn. 64 mit Nachweisen.
30) Die Pflicht, Ungleiches ungleich und Gleiches gleich zu behandeln, führt hier weder zu Nichtigkeit von § 3 Abs. 1 Satz 1 oder Abs. 2 Satz 4 noch zu einer nur vom Gesetzgeber auszufüllenden verfassungswidrigen Lücke, sondern verpflichtet die Gemeinde unmittelbar zur Anwendung des Gleichheitssatzes. Siehe *Laubinger* (Fn. 1), S. 77.
31) *Laubinger* (Fn. 1), S. 166.

sie einzelne Eigentümer auslassen, würde sie diese ungleich behandeln und sich damit in den Zwang begeben, ihr Auswahlsystem sachlich zu begründen.[32]

XIII.

Der Verstoß gegen Art. 3 Abs. 1 GG, der ein formelles Grundrecht enthält,[33] führt zu den üblichen Folgen eines Verfahrensverstoßes.[34] Der Verstoß kann aber darüber hinaus zu einem Abwägungsfehler führen, wenn der grundrechtsrelevante Belang nicht in das Abwägungsmaterial eingestellt wird und infolgedessen beim Abwägungsvorgang unbeachtet bleibt. Das verletzt den materiellen Grundrechtsgehalt von Art. 3 Abs. 1 GG. Es handelt sich um einen der Abwägung zuzurechnenden Mangel.[35] Ob der Belang unschwer erkennbar war, bleibt in diesem Zusammenhang unerheblich. Macht der Betroffene geltend, wäre er gehört worden, hätte er seinen Belang vorgebracht, so hätte die Gemeinde diesen in die Abwägung einbeziehen müssen. Daß das unter Verstoß gegen den materiellen Gehalt von Art. 3 Abs. 1 GG unterblieben ist, ist der Abwägung zuzurechnen.

---

32) Eine weitverzweigte ungeteilte Erbengemeinschaft wird beispielsweise kaum je eine gemeinschaftliche subjektive Wertung, wie sie oben in unter Nr. XII beschrieben ist, haben. Im übrigen hat nicht ausnahmslos jeder Grundstückseigentümer den Grundrechtsschutz des Art. 14 Abs. 1 Satz 1 auf seiner Seite, sondern nur der Private.

33) *Laubinger* (Fn. 1), S. 85 Anm. 112.

34) *Hill*, Das fehlerhafte Verfahren und seine Folgen im VerwR, 1986, S. 232.

35) Entgegen BVerwG, Urteil v. 13. 9. 1985, 4 C 64,80, BRS 44 Nr. 20 = BauR 1986, 59.

WOLFGANG LENZ

Die Baunutzungsverordnung 1990 — Auswirkungen auf die Standortsicherheit der gewerblichen Wirtschaft

Die am 27. 1. 1990 in Kraft getretene Baunutzungsverordnung in der Fassung der Vierten Verordnung zur Änderung der Baunutzungsverordnung[1] soll den Umweltschutz verbessern, aber zugleich der bestandsgeschützten gewerblichen Wirtschaft mehr Standortsicherheit gewähren. Die Begründung[2] spricht von erweiterten Festsetzungsmöglichkeiten bei bestandsorientierter Planung. „Erforderlich ist daher eine Regelung, nach der mit der Festsetzung eines Baugebiets auch Festsetzungen zugunsten solcher Nutzungen verbunden werden können, die nach der Baugebietsvorschrift nicht vorgesehen sind. Dies ist eine wichtige Voraussetzung für eine bestandsorientierte Planung, wie sie in den Grundsätzen der Bauleitplanung (§ 1 Abs. 5 Satz 2 Nr. 4 BauGB: ‚Erhaltung, Erneuerung und Fortentwicklung vorhandener Ortsteile‘) bestimmt ist; u. a. wird hierdurch die planungsrechtliche Absicherung von Vorhaben an vorhandenen Gewerbestandorten ermöglicht." Eine entsprechende Regelung enthält § 1 Abs. 10 BauNVO.

Das bereits bisher in § 15 Abs. 1 BauNVO normierte Gebot der Rücksichtnahme wird ausdrücklich in Anlehnung an die Entwicklung der Rechtsprechung als ein Gebot der gegenseitigen Rücksichtnahme festgelegt.[3]

Einen Beitrag zum Umweltschutz soll der neue § 15 Abs. 3 BauNVO bedeuten, der nicht nur auf die typisierende Betrachtungsweise allein abstellt, sondern auch den tatsächlichen Störgrad Berücksichtigung finden läßt. Hier heißt es in der Begründung:

Von Bedeutung ist, daß die Vorschriften des Immissionsschutzrechtes insoweit nur das anzuwendende Verwaltungsverfahren festlegen und dabei auf das abstrakte Gefährdungspotential des Anlagetyps abstellen. Hingegen beziehen sich die bauplanungsrechtlichen Zulässigkeitsvorschriften der Baunutzungsverordnung auf die materiell-rechtliche Genehmigungsfähigkeit und folglich auf den konkreten Störgrad.

Einer verbesserten Standortsicherheit dient schließlich, daß im Dorfgebiet (§ 5 BauNVO) und im Kerngebiet (§ 7 BauNVO) als verbessernde Klarstellung nicht wesentlich störende Gewerbebetriebe zulässig sind. Die Begründung zu § 7 BauNVO sagt dazu:

Wie in Dorfgebieten bedeutet dies eine Klarstellung, weil die von den kerngebietstypischen Nutzungen ausgehenden Immissionsbelastungen dem „nicht wesentlich störend" entsprechen. Das Immissionsschutzrecht (z. B. TA — Lärm) und auch die DIN 18005 stellen hinsichtlich des zulässigen Störgrads in Kerngebieten gleiche oder sogar geringere Anforderungen als im Mischgebiet.

---

1) BGBl. I 1990 Nr. 3 S. 132 vom 23. 1. 1990.
2) BRDrucksache 354/893.
3) Vgl. *Bröll/Dölker* § 15 BauNVO Teil 5/ 2.8.4. Rdn. 1; *Müller/Weiss* § 15, BauNVO, S. 162; *Söfker*, Die vierte Verordnung zur Änderung der Baunutzungsverordnung — zu den wichtigsten Änderungen der Novelle 1990, in: BBauBl. 1990, 62, 65.

I. Unzulässige Gewerbebetriebe in der Bauleitplanung

Das Baugesetzbuch hat im nichtbeplanten Innenbereich erstmals über § 34 Abs. 3 eine Art dynamischen Bestandsschutz geschaffen. Unter bestimmten Voraussetzungen sind an sich unzulässige Erweiterungen, Änderungen, Nutzungsänderungen und Erneuerungen von zulässigerweise errichteten baulichen und sonstigen Anlagen zulässig. Wenn man sich vor Augen führt, daß § 34 Abs. 1 und 2 die Unzulässigkeit voraussetzt, daß ein Vorhaben eine bodenrechtlich beachtliche Spannung auslöst oder unzumutbar gegen das Gebot nachbarlicher Rücksichtnahme verstößt oder, wenn der Innenbereich einem Baugebiet der Baunutzungsverordnung entspricht, das Vorhaben nicht einmal im Sinne von § 31 Abs. 2 Ziffer 2 städtebaulich vertretbar ist, dann schafft § 34 Abs. 3 BauGB einen beachtlichen Schutz im Hinblick auf die Standortsicherheit gewerblicher Betriebe.[4]

Eine vergleichbare Möglichkeit kannte die Bauleitplanung nicht. Das Mischgebiet gewährt dem emittierenden Gewerbebetrieb keinen Bestandsschutz, weil nur Gewerbebetriebe zulässig sind, die das Wohnen nicht wesentlich stören. Damit scheiden bereits alle im Sinne des BImSchG genehmigungsbedürftigen Anlagen aus. Das besondere Wohngebiet des § 4 a BauNVO setzt voraus, daß ein Gebiet bereits vorwiegend dem Wohnen dient. In einem solchen Gebiet sind auch Gewerbebetriebe zulässig, soweit sie nach der besonderen Eigenart des Gebietes mit der Wohnnutzung vereinbar sind. Bisher kennt die Baunutzungsverordnung kein entsprechendes besonderes Gewerbegebiet. Dies wäre ein Gebiet, in dem vorwiegend Gewerbebetriebe vorhanden sind und in dem daneben eine Minderheit von Wohnnutzung gegeben ist, die über einen Bebauungsplan Bestandssicherheit einschließlich Erneuerung, Ergänzung und Veränderung erhalten soll. Auch die neue Baunutzungsverordnung kennt ein solches besonderes Gewerbegebiet nicht. Entsprechende Gemengelagen sind deshalb rechtmäßig nicht verbindlich beplanbar. Die Bauleitplanung muß mit dem Ergebnis leben, daß vorhandene Gemengelagen oder Konfliktbereiche teilweise überhaupt nicht verbindlich beplanbar sind. Dem entspricht die Forderung, daß es bei der Abwägung in Gemengelagen und Konfliktsituationen der Prüfung bedarf, ob überhaupt ein Ergebnis erzielbar ist, das einer rechtlichen Überprüfung standhält.[5]

Die neue Baunutzungsverordnung hat aber über § 1 Abs. 10 die Möglichkeit geschaffen, daß das, was über § 34 Abs. 3 im nichtbeplanten Innenbereich zulässig ist, auch verbindlich beplant werden kann.[6] In überwiegend bebauten Gebieten können Erweiterungen, Änderungen, Nutzungsänderungen und Erneuerungen von an sich unzulässigen betrieblichen Anlagen allgemein oder ausnahmsweise zugelassen werden. Soll also ein allgemeines Wohngebiet oder ein Mischgebiet festgesetzt werden, in dem sich z. B. eine Feuerverzinkerei oder eine Brauerei befindet, die dort planungsrechtlich nicht zulässig ist, so kann über einen verbindlichen Bauleitplan Standortsicherheit auf Dauer gewährleistet werden. Voraussetzung ist, daß die allgemeine Zweckbestimmung des Baugebietes in seinen übrigen Teilen gewahrt bleibt. Dies bedeutet, daß durch Erweiterungen, Änderungen, Nutzungsänderungen und Erneuerungen auf keinen Fall[7] die städtebauliche Situation verschlechtert werden darf. Es sind also keine erhöhten Emissionen zulässig. Dem dient auch § 1 Abs. 10 Satz 2,

---

4) Vgl. *Bielenberg/Krautzberger/Söfker*, Baugesetzbuch mit BauGB-MaßnahmenG und BauNVO § 34 III BauGB Rd. 184; *Bröll/Dölker*, Das neue Baugesetzbuch, § 34 BauGB Teil 4/6.5 Rdn. 5, 28 f.

5) *Lenz*, Die neue Baunutzungsverordnung, in: BauR 1990, 157, 159; OVG NW, Urt. v. 5. 10. 1988, 7 a NE 38/87, bisher nicht veröffentlicht.

6) Vgl. *Bröll/Dölker*, Die BauNVO-Novelle 1990 Teil 5/2.2 Rdn. 2 sowie § 1 BauNVO Teil 5/2.3 Rdn. 24.

7) Vgl. *Bielenberg/Krautzberger/Söfker*, Baugesetzbuch mit BauGB-MaßnahmenG und BauNVO § 1 BauNVO Rdn. 19.

wonach im Bebauungsplan nähere Bestimmungen über die Zulässigkeit getroffen werden können. Hier sind z. B. Anforderungen an den aktiven Immissionsschutz möglich. Das kann zu Verpflichtungen im Hinblick auf den Grad von Verunreinigungen der Luft oder der Lärmemission führen, wobei hier auch städtebaulich zulässig ein Immissionsrichtwert festsetzbar ist.

„Nähere Bestimmungen über die Zulässigkeit" bedeutet, daß auch im Zusammenhang mit Erweiterungen, Änderungen, Nutzungsänderungen und Erneuerungen Verbesserungen des Bestandes gefordert werden können.[8] Denkbar wären z. B. bei der oben erwähnten Feuerverzinkerei eine Herabsetzung der Emissionen etwa über eine Lärmschutzwand und bei der Brauerei eine Verbesserung im Hinblick auf etwaige Geruchsbelästigungen. Das wäre die Anordnung einer Verbesserung der städtebaulichen Gesamtsituation, d. h. eine Art Verbesserungsgebot.

Die Möglichkeit, nähere Bestimmungen über die Zulässigkeit zu treffen, erlaubt auch eine Kompensation zwischen verschiedenen Emissionen, z. B. eine an sich zu lautstarke Anlage bei gleichzeitiger Verbesserung einer starken Luftverunreinigung. Im Ergebnis verbleibt allerdings eine nach wie vor „unzulässige" Anlage, so wie sie ebenfalls für § 34 Abs. 3 BauGB bejaht wird.

II. Nicht wesentlich störende Gewerbebetriebe im Dorf- und Kerngebiet

Im Dorfgebiet waren nach den Baunutzungsverordnungen 1962, 1968 und 1977 nur „sonstige nicht störende Gewerbebetriebe" zulässig. Vergleichbar galt für das Kerngebiet, daß „sonstige nicht störende Gewerbebetriebe" zulässig waren. Die Neufassung durch die Vierte Verordnung zur Änderung der Baunutzungsverordnung will das dahin klarstellen, daß in beiden Kategorien nicht wesentlich störende Gewerbebetriebe zulässig sind. Die Bewertung als Klarstellung ist wichtig, damit die Änderungen auch für alte Bebauungspläne gelten. Sie entspricht in der Tat der Rechtsprechung, die den Begriff „nicht störend" nicht absolut, sondern nur bezogen auf den jeweiligen Gebietscharakter verstanden hat.[9] Dabei hatten Dorf- und Kerngebiete immer einen dem Mischgebiet vergleichbaren Gebietscharakter. Dazu führten im Dorfgebiet die uneingeschränkt zulässigen land- und forstwirtschaftlichen Betriebsstellen mit hier vielfach unvermeidbaren Emissionen. Diese Emissionen gingen und gehen auch heute noch häufig über die im Mischgebiet zulässigen Emissionen hinaus. Vergleichbares gilt für ein Kerngebiet, wo stets neben der Wohnbebauung Vorhaben und Betriebe zulässig waren, die beachtliche Emissionen auslösen können wie z. B. Einzelhandelsbetriebe, Schank- und Speisewirtschaften, Betriebe des Beherbergungsgewerbes und Vergnügungsstätten. Die beiden Gebietstypen waren in ihrem Kern Mischgebiete, und zwar mit einer Tendenz zu mehr Emissionen als im Mischgebiet als solchem. Es ist damit eine gebotene Klarstellung, jetzt ausdrücklich auf „nicht wesentlich störende Gewerbebetriebe" abzustellen. Für diese Betriebe ist in solchen Gebieten die Standortsicherheit gewachsen.

---

8) Vgl. *Müller/Weiss* § 1 BauNVO S. 73; *Bielenberg/Krautzberger/Söfker,* Baugesetzbuch mit BauGB-MaßnahmenG und BauNVO § 1 Rdn. 14.

9) Vgl. BVerwG, Entscheidung v. 4. 7. 1980, in: DÖV 1980, 919, 921 (Schweinemästerfall).

III. Zulässigkeit von Vorhaben nach Störgrad

§ 15 Abs. 3 BauNVO soll klarstellen, daß die Beurteilung der Zulässigkeit der Anlagen in den einzelnen Baugebieten nicht allein nach den verfahrensrechtlichen Einordnungen des Bundesimmissionsschutzgesetzes und der auf seiner Grundlage erlassenen Verordnungen vorzunehmen ist. Bisher bedurfte ein Gewerbebetrieb neben seiner gewerberechtlichen Zulässigkeit auch einer planungsrechtlichen Standortqualität. Er mußte in einem Baugebiet nach der typisierenden Betrachtungsweise des Bundesimmissionsschutzgesetzes in Verbindung mit der bisherigen Baunutzungsverordnung zulässig sein.[10] Dabei galt, daß im Mischgebiet nur Gewerbebetriebe zulässig sind, die das Wohnen nicht wesentlich stören. Im Gewerbegebiet waren zulässig Gewerbebetriebe, die nicht erheblich belästigen. Gewerbebetriebe, die erheblich belästigen können, gehören nach der Aufteilung der Baunutzungsverordnung nur in das Industriegebiet.

Die Antwort auf die Frage, welche Betriebe erheblich belästigen können, gab und gibt das Bundesimmissionsschutzgesetz. Es sieht für Anlagen, die aufgrund ihrer Beschaffenheit oder ihres Betriebs in besonderem Maße geeignet sind, schädliche Umwelteinwirkungen hervorzurufen oder in anderer Weise die Allgemeinheit oder die Nachbarschaft zu gefährden, erheblich zu benachteiligen oder erheblich zu belästigen, eine besondere gewerberechtliche Genehmigung vor. Diese Genehmigung kann in einem vereinfachten Verfahren nach § 19 BImSchG ausgesprochen werden, sofern dies nach Art, Ausmaß und Dauer der von diesen Anlagen hervorgerufenen schädlichen Umwelteinwirkungen und sonstigen Gefahren, erheblichen Nachteilen und erheblichen Belästigungen mit dem Schutz der Allgemeinheit und der Nachbarschaft vereinbar ist. Auch die im vereinfachten Verfahren genehmigungsbedürftige Anlage bleibt damit eine Anlage, die erheblich belästigen kann und damit keine Standortqualität im Gewerbegebiet hatte.

Die „Klarstellung", wonach die Zulässigkeit der Anlagen in den Baugebieten nicht allein nach den verfahrensrechtlichen Einordnungen des Bundesimmissionsschutzgesetzes und der auf seiner Grundlage erlassenen Verordnungen zu beurteilen ist, ist damit im Kern eine Rechtsänderung.[11] Man sollte sie gleichwohl als Klarstellung belassen, weil sie nur so auch auf frühere Bauleitplanung notwendigerweise Anwendung findet. Notwendigerweise, weil die Klarstellung oder Änderung einem Gebot für die Standortsicherung in der Praxis entspricht. Die typisierende Betrachtungsweise des Bundesimmissionsschutzgesetzes und seiner Verordnungen stellt auf das abstrakte Gefährdungspotential der Anlagentypen ab. Das ist sicherlich für das förmliche Genehmigungsverfahren und die hier erfolgenden Prüfungen in Richtung auf Immissionsschutz notwendig. Für die planungsrechtliche Zulässigkeit eines Gewerbebetriebes ist aber nicht entscheidend, ob er abstrakt gefährden kann, sondern ob er konkret stört und ob er nach seinem Störgrad in dem einen oder anderen Gebiet sein darf oder nicht. Es macht keinen Sinn, etwa von einer Brauerei, die keinen Lärm verursacht und deren Luftverunreinigungsprobleme konkret gelöst sind, für die Standortqualität ein Industriegebiet zu verlangen. Auf der anderen Seite sind störende Gewerbebetriebe denkbar, die nicht genehmigungsbedürftig nach dem Bundesimmissionsschutzgesetz sind, aber nach ihrem konkreten Störgrad so erheblich belästigen, daß ein Industriegebiet erforderlich ist.

Mit den Worten „nicht allein" wird hervorgehoben, daß man auf den ersten Blick auch in Zukunft die mehr typisierende Betrachtung des Bundesimmissionsschutzgesetzes Platz

---

10) Vgl. *Fickert/Fieseler*, Baunutzungsverordnung, 5. Auflage 1985, § 15 BauNVO Rdn. 9.
11) Vgl. *Pietzcker*, Änderung bestehender Bebauungspläne durch Änderung der Baunutzungsverordnung?, in: NVwZ 1989, 601; *Lenz*, Baunutzungsverordnung, in: BauR 1990, 157.

greifen läßt. Es darf nur im Einzelfall für einen konkreten Betrieb oder eine bestimmte Anlage abweichend von der Typisierung darauf abgestellt werden, ob eine Störung erfolgt.[12] Diese Störungen müssen dann gebietstypisch qualifiziert werden. Sind sie so gering, daß sie das Wohnen nicht wesentlich stören, dann kann ein Betrieb oder eine Anlage auch im Mischgebiet planungsrechtlich zulässig sein. Ist eine Störung so, daß sie zwar das Wohnen wesentlich stört, aber nicht erheblich belästigt, so ist sie noch gewerbegebietstypisch. Eine solche Anlage kann im Gewerbegebiet Standortqualität haben. Anlagen und Betriebe mit einem höheren Störgrad sind nur im Industriegebiet zulässig.

Die Klarstellung in § 15 Abs. 3 hat damit Bedeutung für die Standortsicherheit der Betriebe. Sie dient im Ergebnis auch dem Umweltschutz, weil Betriebe versuchen werden, für Anlagen den Störgrad zu mindern, weil sie dadurch in Misch- oder Gewerbegebieten Standortqualität oder Standortsicherheit gewinnen können. Das ist deshalb wichtig, weil die Ausweisung von Industriegebieten in Konfliktbereichen rechtswirksam vielfach nicht möglich ist. Unabhängig davon sind Industriegebiete häufig politisch nicht durchsetzbar.

IV. Gebot wechselseitiger Rücksichtnahme
– Standortsicherung über Bildung von Mittelwerten –

In § 15 Abs. 1 Satz 2 BauNVO wird durch den Zusatz der Worte „oder wenn sie solchen Belästigungen oder Störungen ausgesetzt werden" das Gebot der wechselseitigen Rücksichtnahme normiert. Ein Gebot wechselseitiger Rücksichtnahme als Ansatz zur Konfliktbewältigung ist von der Rechtsprechung aus dem Bestandsschutz entwickelt worden. Der Bestandsschutz, den ein Grundstück genießt, ist Bestandteil der „Situation", in die dieses Grundstück und seine Umgebung hineingestellt sind; sie erweist sich nach der einen Seite als Situationsberechtigung, nach der anderen Seite hingegen als Situationsbelastung.[13]

Soweit die Situationsbelastung reicht, können etwaige Belästigungen eigentumsrechtlich gerechtfertigt sein. In den Bereichen, in denen Baugebiete von unterschiedlicher Qualität, unterschiedlicher Schutzwürdigkeit und unterschiedlichen Emissionen zusammentreffen, ist die Grundstücksnutzung mit einer gegenseitigen Pflicht zur Rücksichtnahme belastet. Diese Pflicht führt u. a. dazu, daß ein Belästigter Nachteile hinnehmen muß, die er außerhalb eines solchen Grenzbereiches nicht hinzunehmen braucht. Auf der anderen Seite ergeben sich auch zusätzliche besondere Pflichten des Belästigenden. Aus dem Gebot der wechselseitigen Rücksichtnahme folgt, daß es für Bereiche, in denen Gebiete von unterschiedlicher Qualität und unterschiedlicher Schutzwürdigkeit zusammentreffen, die „Bildung einer Art von Mittelwert" erforderlich wird.[14] Die für den Umweltschutz und zugleich die Standortsicherheit der gewerblichen Wirtschaft maßgebliche Frage ist, welcher Mittelwert ist festsetzbar, wo liegt der äußerste Grenzwert, und wo wird eine Belästigung unzumutbar. Diese Frage sei anhand der Lärmemission behandelt.

Die Frage nach dem richtigen Mittelwert läßt sich sicherlich nicht mit dem lapidaren Satz vieler Genehmigungsbehörden beantworten, daß über die Werte für das Mischgebiet mit 45 dB(A) nachts und 60 dB(A) tags nichts gehe. Bei der Suche nach konkreten, faßbaren

---

12) *Fickert/Fieseler*, Baunutzungsverordnung, 6. Auflage 1990, § 15 BauNVO Rdn. 33.1; *Bröll/Dölker*, Das neue Baugesetzbuch, § 15 BauNVO Teil 5/2.8.4 Rdn. 7, 21.
13) BVerwG, Entscheidung v. 13. 6. 1969, in: BVerwGE 32, 173, 178.
14) BVerwG, Entscheidung v. 12. 12. 1975, in: BVerwGE 50, 49, 54 (Tunnelofen); BVerwG, Entscheidung v. 29. 10. 1984, in: NVwZ 1985, 186 f. (Schiffswerft).

und meßbaren Werten wird von den Gerichten auf den Entwurf eines Verkehrslärmschutzgesetzes, auf die technischen Anleitungen nach dem Bundesimmissionsschutzgesetz, auf
DIN-Normen und auf sonstige wissenschaftliche Erkenntnisse verwiesen.[15]

In der Rechtsprechung werden die sogenannten Standards noch unterschiedlich bewertet.
Könnten Sie in irgendeinem Sinne Norm sein? Handelt es sich um antizipierte Sachverstän-
digenäußerungen oder vielleicht sogar um beeinflußte Regelwerte, wie es das Bundesverwaltungsgericht für DIN-Normen und VDI-Richtlinien sehr konkret anspricht?

Richtig gesehen indiziert die Unterschreitung oder Überschreitung in den genannten
Norm- oder Regelwerken die Wesentlichkeit oder Erheblichkeit einer Beeinträchtigung
oder Belästigung. Hierzu sagt das Bundesverwaltungsgericht in der Entscheidung vom
29. 4. 1988 wörtlich:

*Zwar ist grundsätzlich nichts dagegen einzuwenden, wenn ein Gericht im Rahmen der
gebotenen umfassenden Würdigung der Gegebenheiten des Einzelfalles auch die Überschreitung und Unterschreitung von solchen Richtwerten als Indizien in eine Würdigung einbezieht, die von privaten Institutionen unter sachverständiger Beratung und unter Beteiligung
der Fachöffentlichkeit aufgestellt werden, wie etwa VDI-Richtlinien, DIN-Normen oder
sonstige Regelwerte. Eine weitergehende Bedeutung als die eines Indizes haben solche
Richtlinien für die gerichtliche Beurteilung der Erheblichkeit von Immissionen aber nicht.*

Da der Gesetzgeber bisher bei der Beschaffung von Richtwerten oder Grenzwerten
versagt hat, mußten die Gerichte irgendwann zu konkreten Zahlen kommen, damit in der
täglichen Praxis die Möglichkeit einer möglichst einheitlichen Handhabung besteht. Das
Bundesverwaltungsgericht hat in der Entscheidung vom 29. 4. 1988 — Feueralarmsirenenurteil — zunächst festgehalten, daß die Zumutbarkeit des Lärms nicht bis zur Grenze der
Gesundheitsgefahr oder des schweren und unerträglichen Eingriffs in das Eigentum reicht.
Dieser Satz muß auch für andere Emissionen wie etwa Luftverunreinigung oder Erschütte-
rung gelten. Er macht zu Recht deutlich, daß sich schutzwerte Bereiche nicht bis unmittelbar an die Grenze einer Gesundheitsgefahr durch Immissionen belasten lassen müssen. Es
heißt in der Entscheidung: „Schädliche Umwelteinwirkungen sind danach nicht nur Geräusche, die nach Art, Ausmaß und Dauer geeignet sind, für die Nachbarschaft Gefahren
herbeizuführen, sondern auch solche, die geeignet sind, erheblich zu belästigen. Die Grenze
der erheblichen Belästigung liegt unterhalb der Grenze der Gefahr von Gehörschäden oder
sonstigen gesundheitlichen Schäden." Zu konkreten Werten, die auch nur wiederum wie
eine Art Standard zu sehen sind, hat das Bundesverwaltungsgericht in der Meersburger
Entscheidung vom 22. 5. 1987 gefunden. Hier ist unter Berücksichtigung des Entwurfs eines
Verkehrslärmschutzgesetzes und der vielfältigen technischen Standards einmal gesagt, daß
für ein von anderen Störfaktoren nicht vorbelastetes Wohngebiet im Sinne der §§ 3 und
4 BauNVO die Grenze des noch zumutbaren Straßenverkehrslärms etwa bei einem äquivalenten Dauerschallpegel (Außenpegel) von 55 dB (A) am Tage und 45 dB (A) in der Nacht
erreicht wird. Das ist in etwa der Wert der TA Lärm für ein Mischgebiet mit dort 45 dB (A)
in der Nacht und 60 dB (A) am Tage. Die problematischen Fälle sind aber nicht Wertgren-
zen an nicht vorbelasteten Bereichen, sondern Gemengelagen und Konfliktsituationen, wo
oft eigentlich unverträgliche Nutzungen gewachsen aneinanderstoßen und zur Situationsbelastung und Situationsberechtigung führen. Hier muß man bei der konkreten Lösung zuerst
immer danach suchen, welche Gebietszuordnung erfolgen muß. Dabei darf die Grenzzie-

---

15) BVerwG, Entscheidung v. 22. 5. 1987, in: ZfBR 1987, 290 ff. (Meersburger Entscheidung); BVerwG,
    Entscheidung v. 29. 4. 1988, in: NJW 1988, 2396 ff. (Feuerwehrsirene); BVerwG, Entscheidung v.
    12. 12. 1975 = BVerwGE 50, 49, in: DÖV 1976, 387.

hung nicht da verlaufen, wo jeweils ein unterschiedliches Gebiet endet. Es kann ein Wohnsplitter von vielleicht 20 bis 30 Wohnhäusern inmitten gewerblicher Betätigung nicht einfach als ein Wohngebiet, vielleicht sogar noch als ein reines Wohngebiet angesehen werden. Berücksichtigt werden muß die Umgebung insoweit, als sich Vorhaben und Nutzungen auf sie auswirken können, und insoweit, als die Umgebung ihrerseits den bodenrechtlichen Charakter anderer Baugrundstücke prägt oder noch beeinflußt. Dabei muß die Betrachtung auf das Wesentliche zurückgeführt werden, es darf aber nicht nur die unmittelbare Nachbarschaft betrachtet werden, so ist die weitere Umgebung insoweit einzubeziehen, als sie noch prägend auf die Grundstücke einwirkt.[16]

Das bedeutet z. B. für einen größeren Bereich mit sehr viel Gewerbe, aber auch mehreren Wohnsplittern, daß man im Sinne der TA Lärm von Wohnen und Gewerbe sprechen kann, wobei aber keines überwiegt. Erst nach der Gebietsfindung steht die Frage an, ob und welche Mittelwerte an den konkreten Grenzen zwischen dem Wohnbereich und dem emittierenden gewerblichen Bereich festzusetzen sind.

Ein klarer Wert für die Zumutbarkeitsgrenze und für richtige Mittelwerte ist für belastete Bereiche oder für Bereiche, zu denen ein Mittelwert gebildet werden muß, nicht benannt. Man wird aber dem Urteil entnehmen können, daß es sich um Werte handelt, die in der Gegend bis zu 65 dB (A) am Tage und 55 dB (A) in der Nacht liegen dürfen. So bewertet offensichtlich das Bundesverwaltungsgericht die korrigierten Werte des Verkehrslärmschutzgesetzes mit 62 dB (A) bei Tage und 52 dB (A) des nachts zustimmend. Es sagt dann an anderer Stelle, daß es nicht erkennen könne, weshalb das Berufungsgericht eine Erhöhung der Zumutbarkeitsschwelle um 10 dB (A) für angemessen hält, und erklärt dann, daß im Ergebnis die Entscheidung aber auch in diesem Punkt nicht zu beanstanden sei. Nimmt man hier die 10 dB (A) als Erhöhung zu den Werten bei nicht vorbelasteten Bereichen, so ist man wieder im Bereich der 55 dB (A)/65 dB (A). Ähnlich bewerten es auch die Richtlinien für den Verkehrslärmschutz an Bundesfernstraßen in der Baulast des Bundes und inzwischen die Verkehrslärmschutzverordnung. Sie sehen bei reinen und allgemeinen Wohngebieten 62 dB (A) am Tage und 52 dB (A) in der Nacht und bei den kritischen Gebieten wie Mischgebieten 67 dB (A) bei Tag und 57 dB (A) zur Nachtzeit vor. Hier wird man aus der Interessensituation des Straßenbauers durchaus einen Abzug machen müssen. Zu der Handhabung der Lärmwerte bestand noch eine gewisse Unsicherheit, weil das Bundesverfassungsgericht, zu der Frage angerufen, noch nicht entschieden hatte. Nunmehr hat das Bundesverfassungsgericht mit Beschluß vom 30. 11. 1988[17] Stellung bezogen. Der Entscheidung liegt ein Fall zugrunde, wo der Beschwerdeführer an den Fenstern zur Straßenseite hin einen Außenlärm-Mittelungspegel von tagsüber 67 dB (A) hinzunehmen hat. Der Verwaltungsgerichtshof hatte den Normenkontrollantrag abgelehnt und dabei ausgeführt, daß die im gescheiterten Verkehrslärmschutzgesetz vorgesehenen Immissionsgrenzwerte heranzuziehen seien. Diese könnten als eine Zusammenfassung der derzeit neuesten technischen und medizinischen Erkenntnisse über die Zumutbarkeit von Straßen- und Verkehrslärm angesehen werden. Der VGH hatte auch unterschieden zwischen der Zumutbarkeitsgrenze und der „Enteignungsschwelle", die er bei den sogenannten Sanierungsgrenzwerten von 75 bis 65 dB (A) annimmt.

Das BVerfG hat die Überlegungen und Festlegungen des VGH unter keinem verfassungsrechtlichen Gesichtspunkt beanstandet. Damit dürfte sich eine Handhabung durch Verwaltung und Gerichte in der vorgenannten Größenordnung einspielen, es sei denn, der Gesetzgeber würde andere Normen setzen.

---

16) BVerwG, Entscheidung v. 26. 5. 1978, in: NJW 1978, 2564 ff.
17) BVerfG, Beschl. v. 30. 11. 1988, in: BVerfGE 79, 174 ff.

Die vorstehend genannten Grenzwerte für eine Zumutbarkeit und auch Mittelwerte allgemein sind keine Normen, auch kein Normersatz. Die Werte müssen für jeden Einzelfall anhand der besonderen Fallgestaltung und insbesondere der konkreten Situationsbelastung und Situationsberechtigung gesucht werden. Der richtige Mittelwert kann nicht schematisch im Sinne einer mathematischen Interpolation gefunden werden, sondern muß dem Interessenausgleich im konkreten Einzelfall dienen.[18] Dazu weist das Bundesverwaltungsgericht im Feueralarmsirenenurteil zutreffend darauf hin, daß die Erheblichkeit und damit die Zumutbarkeit von Geräuschimmissionen von wertenden Elementen wie solchen der Herkömmlichkeit, der sozialen Adäquanz und einer allgemeinen Akzeptanz mitgeprägt wird.[19]

Auf die Festsetzung eines richtigen Mittelwertes besteht aus dem Gesichtspunkt des Bestandsschutzes und damit aus Art. 14 GG ein Rechtsanspruch. Dieser Anspruch richtet sich jedoch nicht stets auf einen Mittelwert, der bis an die obere Grenze der Zumutbarkeit geht. Der Mittelwert muß sich an einigen Eckpunkten orientieren:

— Wesentlich ist zunächst, welche Werte ein Betrieb einhält bzw. bei zumutbarem Betrieb einhalten kann. Dabei muß sich allerdings ein Betrieb nicht darauf verweisen lassen, daß dieser Wert nun der Höchstwert sei.

— Bei der Suche nach dem richtigen Mittelwert ist die Priorität zu beachten. War z. B. langjährig eine Wohnbebauung vorhanden, bevor emittierende gewerbliche Betätigung heranrückte, so kann das strengere Anforderungen an die zulässigen Emissionen im Grenzbereich bedeuten. Ist auf der anderen Seite lange Zeit ein Gewerbebetrieb betrieben worden und es rückt dann schutzwerte Wohnbebauung an ihn heran, so kann dem Wohnbereich wegen der Priorität der industriellen Nutzung mehr an Immissionen zugemutet werden.

— In die Überlegungen zur Findung eines richtigen Mittelwertes müssen auch die Erweiterungsmöglichkeiten eines Gewerbebetriebes eingestellt werden. Der durch Art. 14 GG garantierte Bestandsschutz beinhaltet auch die Berücksichtigung von Kapazitätserweiterungen und Modernisierung von Anlagen, wie sie oft zur Erhaltung von Konkurrenzfähigkeit notwendig ist.[20]

— Schließlich wird bei der Suche nach dem richtigen Mittelwert auch überlagernder Fremdlärm zu berücksichtigen sein. Ist z. B. in einem bestimmten Bereich durch Straße und Schiene der Lärm zur Nachtzeit 65 dB(A), dann macht ein Lärmwert von unter 55 dB(A) keinen Sinn, weil bereits die 55 dB(A) bei dem Grundpegel nicht wahrnehmbar sind. Im Rahmen der Mittelwertbildung läßt sich so die Problematik der Summation der Emissionen ein wenig lösen.

---

18) BVerwG, Entscheidung v. 29. 10. 1984, in: NVwZ 1985, 186 ff.
19) BVerwG, Entscheidung zum methodischen Glockengeläut v. 7. 10. 1983, in: NJW 1984, 989 ff.
20) Kriterien für die Mittelwertbildung: BVerwG, Entscheidung v. 16. 4. 1971, in: BRS 24 Nr. 166; OVG Münster, Entscheidung v. 5. 10. 1988, 7 a NE 38/87.

HANS-JÜRGEN PAPIER

Die planungsrechtliche Zulässigkeit von Tennisanlagen in Baugebieten

Vorbemerkung

Die Urteilsflut wider störende Sportanlagen allgemein und Tennisanlagen im besonderen ist noch längst nicht abgeebbt. Zwar ertönt allerorts der Ruf: „Wir brauchen den Sportplatz an der Ecke", die Gemeinden als Träger der kommunalen Bauleitplanung sind aber entmutigt, waghalsigen Sportfreundlichkeiten wollen und können sie sich angesichts des Befundes der verwaltungs- und zivilgerichtlichen Praxis immer weniger hingeben. So heißt es in der Politik ebenso hilflos wie beschwörend, die Anlagen des Sports und des Umweltschutzes seien in Wirklichkeit keine Gegensätze, sondern einem gemeinsamen, übergeordneten Ziel verpflichtet, nämlich der Gesundheit und der Verbesserung der Lebensqualität des Menschen. Dieses Harmonieverständnis stößt in der Praxis indes vielfach auf den erheblichen Widerstand von Anliegern, die auch dem Sport gegenüber nach dem bewährten Sankt-Florians-Prinzip verfahren, sowie einer Judikatur, die der sportlichen Betätigung unter dem Aspekt des Umwelt- und Lärmschutzes keine spezifische Schutzbastion zuzubilligen bereit ist.

Symptomatisch ist insoweit ein Urteil des OVG Bremen vom 8. 5. 1984,[1] das lapidar feststellte, ein Tennisplatz sei im allgemeinen Wohngebiet grundsätzlich unzulässig. Die Judikatur berief sich auf die bisherigen Regelungen der Baunutzungsverordnung[2], nach der in den dem Wohnen dienenden Gebieten die Sportanlagen einer schärferen Beschränkung unterworfen gewesen seien als die Anlagen für kirchliche, soziale und gesundheitliche Zwecke. Sie sind in der bislang geltenden BauNVO als „eine Stufe störender" angesehen und eher mit den Gewerbegebieten und den Vergnügungsstätten verglichen worden. Zwar durften im allgemeinen Wohngebiet im Sinne des § 4 BauNVO alter Fassung ausnahmsweise auch Anlagen für sportliche Zwecke zugelassen werden, lärmemittierende Sportanlagen sind aber als im Widerspruch zur näheren Eigenart des Baugebiets stehend und als mit § 4 Abs. 1 BauNVO alter Fassung unvereinbar angesehen worden.

Schon vorher hatte die Tennisplatz-Entscheidung des Bundesgerichtshofs vom 17. 12. 1982[3] für Furore gesorgt, das allerdings weniger wegen seines Ergebnisses denn wegen seiner rechtsdogmatischen Begründung auf herbe Kritik stieß. Geradezu als eine Katastrophe ist die Entscheidung des Bundesverwaltungsgerichts vom 19. 1. 1989[4] bezeichnet worden. Mit dieser Entscheidung hat das Bundesverwaltungsgericht die Urteile der Vor-

---

1) DÖV 1985, S. 34.
2) Verordnung über die bauliche Nutzung der Grundstücke – BauNVO vom 26. 6. 1962 in der Fassung der Bekanntmachung der Neufassung vom 15. 9. 1977, BGBl. I S. 1763.
3) NJW 1983, 751.
4) NJW 1989, 1291 ff. = DÖV 1989, 675 ff. = JZ 1989, 951 ff. = DVBl. 1989, 463 ff.

instanzen weitgehend bestätigt, die der beklagten Freien und Hansestadt Hamburg unter anderem die Durchführung von Fußballspielen auf der Bezirkssportanlage Tegelsbarg montags bis samstags nach 19 Uhr und an Sonn- und Feiertagen untersagt hatten. Die vom Berufungsgericht darüber hinaus verfügte Unterlassung für den Samstagnachmittag ist vom Bundesverwaltungsgericht hingegen nicht akzeptiert, sondern kassiert worden. Auch wenn die Pressepolitik des Gerichts sich beeilte, auf die besonderen Umstände jenes zu entscheidenden „Extremfalles" hinzuweisen,[5] waren die Aufregung in der Öffentlichkeit und die Sorge um das künftige Schicksal zahlloser Sportanlagen in der Nachbarschaft von Wohnnutzungen groß. Die Wochenzeitung „Die Zeit" stellte dann auch die Frage:[6] „Wohin also mit dem Drang nach Auslauf in der Freizeit? Wann, wie und wo darf sich der Mensch seinem Spieltrieb noch hingeben, ohne fürchten zu müssen, der Umwelt zur Last zu fallen?" Und es wird dann auch gleich die Antwort gegeben:

„Guten Gewissens wohl nie und nirgends mehr. Nicht in Wohngebieten jedenfalls − da stoßen Spiel- und Sportanlagen an die Grenzen der Toleranz; nicht draußen in freier Landschaft − da stoßen sie auf ökologische Bedenken. Nicht bei Sonnenschein, wenn es die Anwohner in die Liegestühle auf ihren Terrassen zieht, und nicht bei Regen; nicht am frühen Morgen und nicht am späten Abend.

Ja, und nicht am Sonntag. Dafür wird der Mensch, wenn die Zeichen am Horizont nicht trügen, demnächst vielleicht in größerer Zahl des sonntags wieder zur Arbeit gehen dürfen. In aller Ruhe."

Wen wunderte es, wenn nach alledem der Ruf nach dem Gesetz- und Verordnungsgeber laut wurde? Dieser hat den Ruf − jedenfalls zum Teil − gehört. Die BauNVO ist Anfang des Jahres 1990 novelliert worden.[7] In der nunmehr seit dem 27. 1. 1990 geltenden Fassung werden die Anlagen für sportliche Zwecke den Anlagen für kirchliche, kulturelle, soziale und gesundheitliche Zwecke gleichgestellt; sie sind demgemäß vor allem im „allgemeinen Wohngebiet" generell und nicht nur − wie bislang − ausnahmsweise zulässig (§ 4 Abs. 2 Nr. 3 n. F.). Entsprechendes gilt für die Kerngebiete (§ 7 Abs. 2 Nr. 4 n. F.) und die Gewerbegebiete (§ 8 Abs. 2 Nr. 4 BauNVO n. F.). Eine Einbeziehung von Sportanlagen in die „reinen Wohngebiete" ist allerdings nur insoweit erfolgt, als Anlagen für sportliche Zwecke nur ausnahmsweise und nur insoweit zugelassen werden können, als sie den Bedürfnissen der Bewohner des Gebietes dienen. Besteht im Zusammenhang mit reinen Wohngebieten ein darüber hinausgehender Bedarf für wohnnahe Infrastruktureinrichtungen des Sports, sind die Gemeinden auf die Möglichkeit verwiesen, gezielt in Bebauungsplänen unter Ermittlung und Abwägung der davon berührten Belange konkret umrissene Sportstätten auf gesonderten Flächen festzusetzen. Die genannten Änderungen der BauNVO haben indes keine Auswirkungen für die Sicherung bzw. Erhaltung *bestehender* Sportanlagen.

I. Anforderungen des Baugesetzbuches

1. Die planende Gemeinde ist nicht darauf beschränkt, in ihren Bebauungsplänen die nach der BauNVO genannten Baugebiete (z. B. reine und allgemeine Wohngebiete, besondere Wohngebiete, Misch-, Kern-, Gewerbe- und Industriegebiete) festzusetzen. Um die

---

5) Siehe *Sendler*, Spiegel Nr. 5 v. 30. 1. 1989, S. 159.
6) Nr. 5 v. 27. 1. 1989, S. 69.
7) Verordnung über die bauliche Nutzung der Grundstücke (Baunutzungsverordnung − BauNVO) in der Fassung der Bekanntmachung vom 23. 1. 1990 (BGBl. I S. 132).

Errichtung von Sportstätten planungsrechtlich zu ermöglichen und zu sichern, kann und konnte sie von der Möglichkeit Gebrauch machen, außerhalb oder innerhalb festgesetzter Baugebiete gesondert Flächen für konkret umrissene Sportstätten festzusetzen.[8] Nach § 9 Abs. 1 Nr. 15 BauGB können insbesondere „öffentliche und private Grünflächen" wie unter anderem „Sport-, Spiel-, Zelt- und Badeplätze" festgesetzt werden. Dies umschließt beispielsweise die Ausweisung von Tennisplätzen einschließlich eines Klubhauses sowie bei größeren Tennissportanlagen eine Tennishalle für den Winterbetrieb. Sport- und Tennishallen sind allerdings auf ausgewiesenen „Grünflächen" nicht zulässig, wenn sie nicht mit Sportflächen im Freien verbunden sind.[9]

Nach § 9 Abs. 1 Nr. 5 BauGB können im Bebauungsplan Flächen für den Gemeinbedarf *sowie* für Sport- und Spielanlagen festgesetzt werden. Damit ist die ursprüngliche strikte Abhängigkeit der auszuweisenden Sportanlage von einer übergeordneten Gemeinbedarfsausrichtung aufgegeben worden. Sport- und Spielanlagen können nunmehr gewissermaßen um ihrer eigentlichen Zweckbestimmung willen ausgewiesen werden, ohne entweder einer Grün- oder einer Gemeinbedarfsfläche untergeordnet bzw. zugeordnet werden zu müssen. Schließlich kann die Gemeinde Sondergebiete nach näherer Maßgabe der §§ 10, 11 BauNVO festsetzen. Im § 11 BauNVO sind die „sonstigen Sondergebiete" angesprochen, wozu auch größere Sportgebiete (Beispiel: Sondergebiet „Wassersport") zählen können.[10]

2. Die hier angesprochenen Festsetzungen von Sportanlagen bedürfen infolge des auf dem Rechtsstaatsprinzip beruhenden Bestimmtheitsgrundsatzes und aus der Rechtsnatur, dem Sinn und Zweck der Bebauungspläne heraus einer möglichst genauen Konkretisierung.[11] Im Bebauungsplan müssen beispielsweise die spezifische Nutzungsart sowie die Stellung der Anlage hinreichend präzisiert werden. Der Bebauungsplan muß grundsätzlich konkret festsetzen, was für Sportanlagen (Art und Umfang) an welcher Stelle des Plangebiets zulässig sind, und sich unter anderem auch über die nötigen Stellplätze verhalten.[12] Ob die allgemeine Festsetzung „Grünfläche (Sportplatz)" dem eben erwähnten Bestimmtheitsgrundsatz genügt, ist zweifelhaft. Das Bundesverwaltungsgericht scheint in der bereits erwähnten Entscheidung vom 19. 1. 1989 (Tegelsbarg) unter dem Gesichtspunkt der hinreichenden Bestimmtheit keine Bedenken zu haben. Es nimmt vielmehr an, daß mit der allgemeinen Festsetzung „Grünfläche (Sportplatz)" nicht ohne weiteres jegliche Art von Sport zugelassen sei; vielmehr sei eine solche Festsetzung aus dem Zusammenhang mit anderen Festsetzungen des Plans – ggf. auch unter Zuhilfenahme der Planbegründung – und aus der örtlichen Situation, auf die er trifft und die er ordnet, heraus auszulegen. Das bedeutet nach Auffassung des Bundesverwaltungsgerichts, daß die Festsetzung eines Sportplatzes neben oder gar in einem Wohngebiet ohne nähere Konkretisierung der auf ihm zulässigen Sportarten lediglich solchen Sport zulasse, der mit der benachbarten Wohnnutzung verträglich sei.[13]

3. Alle hier angedeuteten planungsrechtlichen Instrumente zur Errichtung und Sicherung lärmintensiver Sportstätten greifen aber nur, wenn es der planenden Gemeinde gelingt, mit ihrer Ausweisung dem Abwägungsgebot des § 1 Abs. 6 BauGB zu genügen. In diesem

---

8) Dazu allgemein *Gelzer*, Umweltbeeinträchtigung durch Sportanlagen aus öffentlich-rechtlicher (planungsrechtlicher) Sicht, in: *Pikart/Gelzer/Papier*, Umwelteinwirkungen durch Sportanlagen, 1984, S. 68, 89 f.
9) *Papier*, UPR 1985, 73 (77).
10) *Gelzer*, a. a. O., S. 67.
11) *Papier*, UPR 1985, 73 (77).
12) VGH BW, NJW 1978, 2166.
13) BVerwGE 81, 197 (209) = NJW 1989, 1291 (1294); s. ferner BVerwG, Urt. v. 24. 4. 1991 – 7 C 12.90, S. 5.

Zusammenhang ist zunächst einmal festzuhalten, daß im Baugesetzbuch – § 1 Abs. 5 Satz 1 – der sogenannte „Hauptleitsatz" der Bauleitplanung eine umweltschutzrechtliche „Anreicherung" dergestalt erfahren hat, daß die Bauleitpläne auch dazu beitragen sollen, die „natürlichen Lebensgrundlagen zu schützen und zu entwickeln[!]." Es ist also nicht nur einer Verschlechterung der Umweltsituation entgegenzuwirken, sondern auch für eine Verbesserung Sorge zu tragen. Ferner ist auf die Vorschrift des § 50 BImSchG hinzuweisen, der sicherstellen soll, daß neue Sportanlagen in angemessenem Abstand von vorhandener Wohnnutzung geplant und errichtet werden. Das Abwägungsgebot des § 1 Abs. 6 BauGB, das in den Händen einer nicht gerade durch Kontrollenthaltsamkeit geprägten Verwaltungsgerichtsbarkeit zu einem manchmal geradezu unüberwindbaren Fallstrick für Bebauungspläne geworden ist, war und bleibt aber die eigentliche Crux einer – rechtsfehlerfreien und damit wirksamen – Planung von Sportstätten in Wohn- oder wohnnahen Bereichen. Das vielfach zu beobachtende „Massensterben" der Bebauungspläne vor den Bänken gestrenger Verwaltungsrichter gilt auch und gerade für die Planung von Sportstätten, das Baugesetzbuch hat insoweit keine substantiellen Änderungen gebracht.

Das Planungsermessen der Gemeinde ist zweifellos nicht unbegrenzt. Die Gemeinde kann also nicht ohne weiteres emittierende Sportanlagen neben einer ausgewiesenen oder vorhandenen Wohnbebauung planungsrechtlich zulassen. Die *rechtlichen Grenzen der Bauleitplanung* ergeben sich – kurz skizziert – vor allem aus folgenden Vorschriften des Baugesetzbuches: Gemäß § 1 Abs. 3 BauGB haben die Gemeinden Bauleitpläne aufzustellen, sobald und soweit es für die städtebauliche Entwicklung und Ordnung erforderlich ist. Den Gemeinden obliegt also unter den genannten Voraussetzungen eine Planungspflicht. Die Bauleitpläne sollen eine geordnete städtebauliche Entwicklung und eine dem Wohl der Allgemeinheit entsprechende sozialgerechte Bodennutzung gewährleisten und dazu beitragen, eine menschenwürdige Umwelt zu sichern und die natürlichen Lebensgrundlagen zu schützen und zu entwickeln – Hauptleitsatz der Planung (§ 1 Abs. 5 Satz 1 BauGB). Dabei ist eine Reihe gesetzlich ausdrücklich formulierter „abgeleiteter" Planungsziele (vgl. § 1 Abs. 5 Satz 2 BauGB) zu beachten, von denen bei der Ausweisung von Sportanlagen vor allem folgende relevant sein werden:
– allgemeine Anforderungen an gesunde Wohn- und Arbeitsverhältnisse (Nr. 1)
– die Wohnbedürfnisse (Nr. 2)
– Belange hilfloser und alter Menschen (Nr. 3)
– Belange des Umweltschutzes, des Naturschutzes und der Landschaftspflege (Nr. 7)
auf der einen Seite
– Belange von Sport, Freizeit und Erholung (Nr. 3)
– Belange der Jugendförderung (Nr. 3)
auf der anderen Seite.

Die Gemeinde muß in ihrer Bauleitplanung jenen Planungszielen gleichwertig Rechnung tragen. Es gibt kein gesetzlich festgelegtes Prioritätsverhältnis. Im Konfliktfall ist unter Beachtung des Abwägungsgebotes (§ 1 Abs. 6 BauGB) ein ausgewogener Ausgleich der widerstreitenden Belange herzustellen. Die Gemeinde hat also kraft ihrer Planungspflicht dafür Sorge zu tragen, daß Sportstätten in hinreichender Zahl errichtet und betrieben werden können; den Belangen des Sports und der Jugendförderung kann nur dann genügend Rechnung getragen werden, wenn auch Sportstätten in der Nachbarschaft zur Wohnbebauung und nicht allein auf weit abgelegenen Außenbereichsflächen vorgesehen werden.[14]

Der Planungsträger hat sich ganz allgemein von der – von den Verwaltungsgerichten

---

14) *Gelzer*, a. a. O., S. 86; *Papier*, UPR 1985 73 (79); vgl. auch OVG Rheinland-Pfalz, BauR 1985, 171 f.

z. T. noch nicht aufgegriffenen — Erkenntnis leiten zu lassen, daß eine gewisse Mischung unterschiedlicher Nutzungen eine der wichtigsten städtebaulichen Voraussetzungen für soziales Wohnen und Leben ist. Aus dem im § 1 Abs. 5 Satz 1 BauGB formulierten Hauptziel der städtebaulichen Planung ist die Forderung nach „Multifunktionalität" und „Pluralismus" der Stadtgestaltung abzuleiten. Dies impliziert vielfach Konflikte, unter anderem mit den Belangen des Umweltschutzes. Aber das gesetzlich eingeräumte Planungsermessen besagt gerade, daß sich die Gemeinde — unter Wahrung bestimmter gesetzlicher Grenzen — in rechtlich beachtlicher Weise im Konfliktfall für oder gegen bestimmte Belange entscheiden kann, ohne daß eine prinzipale oder inzidente richterliche Planprüfung und Plankassation in diesen kommunalen Gestaltungsraum einwirken könnte. Der gemeindlichen Konfliktbewältigung, der gemeindlichen Gewichtung und Bewertung und vor allem der gemeindlichen Prioritätensetzung und Entscheidung über Vorziehung oder Zurücksetzung relevanter Belange gebührt im Grundsatz der Vorrang.

4. Die Grenzen der planerischen Gestaltungsfreiheit ergeben sich in erster Linie aus dem Abwägungsgebot des § 1 Abs. 6 BauGB. Danach sind bei der Aufstellung der Bauleitpläne die öffentlichen und privaten Belange gegeneinander und untereinander gerecht abzuwägen. Die konkrete Planung ist rechtswidrig und daher unwirksam, wenn eine sachgerechte Abwägung überhaupt nicht erfolgt ist oder wenn bei der Abwägung Belange nicht berücksichtigt worden sind, die nach Lage der Dinge in den Abwägungsvorgang unbedingt hätten eingestellt werden müssen. Das Abwägungsgebot ist ferner verletzt, wenn die Bedeutung der betroffenen Belange schlechterdings verkannt und dadurch die Gewichtung der verschiedenen Belange im Verhältnis zueinander in einer Weise erfolgt ist, die die objektive Gewichtigkeit einzelner Belange völlig verfehlt.[15]

Ist damit zu rechnen, daß von der geplanten Sportanlage nachteilige Einwirkungen auf benachbarte (geplante bzw. vorhandene) Wohnbebauung ausgehen werden, sind die widerstreitenden öffentlichen und privaten Belange vom Rat sorgfältig gegeneinander abzuwägen. Daß ein solcher Abwägungsvorgang tatsächlich stattgefunden hat, muß den Ratsprotokollen bzw. der Entwurfs- bzw. Planbegründung zu entnehmen sein. Das Abwägungsgebot in dieser formellen Ausprägung verlangt regelmäßig, daß der Planer zunächst einmal über das genaue Ausmaß der den Anwohnern drohenden Lärmbelästigungen durch Einholung gutachterlicher Äußerungen Erkenntnis gewinnt. Erst ein solches Gutachten kann dem Rat vielfach das notwendige Abwägungsmaterial an die Hand geben und ihn damit in die Lage versetzen, über die Frage, ob der Sport- oder Spielplatz gleichwohl in unmittelbarer Nachbarschaft der Wohnhäuser errichtet werden soll, verantwortungsvoll zu entscheiden.[16]

Das Abwägungsergebnis ist in derartigen Fällen regelmäßig fehlerhaft, wenn jene unterschiedlichen Nutzungsarten nebeneinander festgesetzt werden, ohne daß Schutzmaßnahmen, wie z. B. Schutzstreifen, Bepflanzungen, Lärmwälle oder -wände und Nutzungsbeschränkungen, vorgesehen werden, die Konfliktbewältigung also gänzlich in das nachfolgende Stadium der Planverwirklichung verwiesen wird.[17] Im allgemeinen kann davon ausgegangen werden, daß die durch das Nebeneinander von Wohnbebauung und Sportanlagen auftretenden Probleme sachgerecht nur durch einen Bebauungsplan und nicht durch eine Einzelbaugenehmigung gelöst werden können.[18] Das Gebot der Problembewältigung wird nur dann nicht verletzt und die planende Gemeinde kann sich nur dann zurückhalten,

---

15) Grundlegend BVerwGE 34, 301; siehe auch *Weyreuther*, BauR 1977, 293.
16) Siehe dazu OVG Lüneburg, BRS 46 Nr. 26; OVG NW, BRS 46 Nr. 28; VGH BW, BRS 46 Nr. 29.
17) OVG NW, UPR 1983, 387.
18) OVG NW, BRS 42 Nr. 69.

wenn eine befriedigende Lösung im Baugenehmigungsverfahren möglich und sachgerecht erscheint.[19] Die Planung eines Sportgeländes im Anschluß an ein Wohngebiet ist z. B. nach der Auffassung des OVG Rheinland-Pfalz[20] nicht von vornherein städtebaulich bedenklich. Das Gericht stellt im konkreten Fall entscheidend darauf ab, daß es nicht um die Errichtung von Sportanlagen innerhalb, sondern am Rande eines Wohngebietes geht: „Wenn man sich nämlich vor Augen hält, daß die Wohngebäude der Antragsteller in einem allgemeinen Wohngebiet liegen, so wäre gegen die Ausweisung eines Mischgebietes nach § 6 BauNVO im Anschluß an dieses Gebiet aus städtebaulichen Gründen nichts einzuwenden. In einem Mischgebiet sind aber Anlagen für sportliche Zwecke gemäß § 6 Abs. 2 Nr. 5 BauNVO ohne weiteres zulässig. Darüber hinaus erscheint auch das Nebeneinander von Sportanlagen und Wohnbebauung durchaus verträglich, wenn man berücksichtigt, daß solche Sportflächen anders als ein normales Mischgebiet in der Regel stark durchgrünt sind und sich die meiste Zeit des Jahres ähnlich wie ein Park oder eine sogenannte grüne Lunge auswirken." In einer weiteren Entscheidung des OVG Rheinland-Pfalz[21] ist das Abwägungsergebnis ausdrücklich wegen der vorgesehenen Immissionsschutzeinrichtung rechtlich gebilligt worden. Die planende Gemeinde hatte zwischen den Sportanlagen (Freilufttennisplätzen) und dem vorhandenen Wohngebiet einen etwa 9 m breiten und 100 m langen Sicht- und Lärmschutzwall vorgesehen.

§ 9 Abs. 1 Nr. 24 BauGB ermöglicht ausdrücklich solche Festsetzungen für Anlagen und Vorkehrungen zum Schutz vor schädlichen Umwelteinwirkungen. Ausgeschlossen ist und bleibt allerdings die Festsetzung von Immissions- oder Emissionsgrenzwerten im Bebauungsplan.[22] Dies muß der Einzelgenehmigung oder Einzelanordnung vorbehalten bleiben. Entsprechendes gilt für Nutzungsbeschränkungen in zeitlicher Hinsicht.

Das Bundesverwaltungsgericht hat in seiner Entscheidung vom 19. 1. 1989 (Tegelsbarg) diese Grundsätze ausdrücklich bestätigt. Es hebt zunächst hervor, daß es aus Gründen der Förderung des Sports, der Erleichterung der Nutzung von Sportanlagen durch die Bevölkerung und auch aus städtebaulichen Gründen erwünscht sei, wohnnahe Gelegenheiten der sportlichen Betätigung zu schaffen und zu erhalten. Die gebotene Rücksichtnahme auf das Ruhebedürfnis der Wohnbevölkerung bedeute – so das Bundesverwaltungsgericht – nicht, daß Sportanlagen weitab von Wohngebieten, in der freien Landschaft oder gar in Gewerbe-, Industrie- oder Sondergebieten geplant und errichtet werden müßten. Eine Zuordnung von Sportanlagen zu Wohn- und sonstigen schutzbedürftigen Gebieten, die auf Vermeidung schädlicher Umwelteinwirkungen für die schutzbedürftigen Nutzungen achtet (vgl. § 50 BImSchG), sei nicht unbedingt auf die Einhaltung großer Entfernungen angewiesen. Es gäbe vielfältige, immer von den jeweiligen örtlichen Gegebenheiten abhängige Möglichkeiten der Planung, die diesem Grundsatz gerecht werden können. In diesem Zusammenhang erwähnt auch das Bundesverwaltungsgericht die Schaffung gewisser Zwischenräume, so daß Wohngrundstücke und Sportanlagen nicht unmittelbar aneinandergrenzen. Darüber hinaus gäbe es auch bauliche und technische Vorkehrungen, die aus geringen Abständen sich sonst ergebende Unzuträglichkeiten vermeiden helfen.[23] In einer neuerlichen Entscheidung vom 24. 4. 1991 – 7 C 12.90 (S. 7) – wird ferner dem Umstand besondere Bedeutung beigemes-

---

19) BVerwG, BRS 40 Nr. 4; OVG Bremen, BRS 44 Nr. 5; vgl. auch OVG Rheinland-Pfalz, BRS 44 Nr. 15 m. w. N.
20) BRS 44 Nr. 16.
21) BRS 44 Nr. 15.
22) *Bielenberg/Krautzberger/Söfker*, Baugesetzbuch, 1987, S. 348 (Rdn. 36) mit Nachw. der zu § 9 Abs. 1 Nr. 24 a. F. vertretenen unterschiedlichen Auffassungen.
23) BVerwGE 81, 2081 = NJW 1989, 1291 (1293 f.).

sen, daß Wohnnutzung und Sportstätte gleichzeitig geplant und errichtet worden sind. In diesem Fall muß die Wohnnutzung stärkere Einwirkungen von der Sportanlage hinnehmen als in dem Fall, in dem die Sportstätte nachträglich in der Nachbarschaft einer seit längerem vorhandenen Wohnsiedlung geplant und errichtet wird.

II. Zulässigkeit in allgemeinen Baugebieten

1. Liegt für das Gebiet der Sportstätte nur eine allgemeine Baugebietsausweisung im Sinne der §§ 1 bis 9 BauNVO vor, so richtet sich die planungsrechtliche Zulässigkeit der Anlage nach jenen Vorschriften der BauNVO. Nach der früheren Fassung der BauNVO wurden Sportanlagen einer schärferen Beschränkung unterworfen als die Anlagen für kirchliche, kulturelle, soziale und gesundheitliche Zwecke (vgl. § 4 Abs. 2 Nr. 3 einerseits und § 4 Abs. 3 Nr. 3 BauNVO alter Fassung andererseits). Diese Differenzierung veranlaßte die Rechtsprechung immer wieder zu dem Hinweis, der Verordnungsgeber gehe davon aus, daß Anlagen für sportliche Zwecke so störend seien, daß sie mit dem Hauptzweck des allgemeinen Wohngebiets, dem Wohnen, unvereinbar seien.[24] Die erwähnte Differenzierung oder Abstufung ist durch die Novellierung der BauNVO vom 27. 1. 1990 aufgegeben worden. In allgemeinen Wohngebieten (§ 4 Abs. 2 Nr. 3), Mischgebieten (§ 6 Abs. 2 Nr. 5), Kerngebieten (§ 7 Abs. 2 Nr. 4) und Gewerbegebieten (§ 8 Abs. 2 Nr. 4) sind nunmehr Anlagen für sportliche Zwecke generell und nicht mehr nur − wie bisher − ausnahmsweise zulässig.

Sehr umstritten war bei der Novellierung der BauNVO die Frage, ob Sportanlagen auch in reinen Wohngebieten zulässig sein sollten. Ursprünglich wurden Sportanlagen als mit der Zweckbestimmung des reinen Wohngebiets unvereinbar erachtet. Es wurde die Auffassung vertreten, es gäbe keine sachlichen Gesichtspunkte für eine Bevorzugung von Sportanlagen gegenüber Anlagen für kirchliche, kulturelle, soziale und gesundheitliche Zwecke. Man hielt es überwiegend für sachgerechter, daß die für Sportanlagen erforderlichen Flächen im Bebauungsplan gezielt festgesetzt und damit die Belange des Sports und der Anwohner angemessen berücksichtigt und zum Ausgleich gebracht werden würden. Schließlich ist man dann doch der Forderung der 11. Sportministerkonferenz vom 9. 12. 1988 gefolgt und hat die den Bewohnern des Gebiets dienenden Sportanlagen als ausnahmsweise auch in reinen Wohngebieten zulässig erachtet (§ 3 Abs. 3 Nr. 2 BauNVO n. F.).

Das bedeutet indes noch nicht, daß in jedem Fall eine Sportanlage im reinen Wohngebiet durch Erteilung einer Baugenehmigung zugelassen werden darf. Nach § 15 Abs. 1 Satz 2 BauNVO sind nämlich die Anlagen unzulässig, wenn von ihnen Belästigungen oder Störungen ausgehen können, die nach der Eigenart des Baugebiets im Baugebiet selbst oder in dessen Umgebung unzumutbar sind. Die Zumutbarkeitsfrage muß also in jedem Einzelfall geprüft werden. Der Begriff der Unzumutbarkeit im Sinne dieser bauplanungsrechtlichen Vorschrift dürfte identisch sein mit dem der Gefahren, erheblichen Nachteile oder erheblichen Belästigungen im Sinne des § 3 Abs. 1 BImSchG.[25] Der Gesetz- und Verordnungsgeber verwendet damit höchst unbestimmte Gesetzesbegriffe, die eine Entscheidung mit spezifisch abwägendem und wertendem Gehalt verlangen. Zwei gesicherte Aussagen können allerdings vorab getroffen werden: Nachteile und Belä-

---

24) Vgl. OVG Bremen, DÖV 1985, 34.
25) Vgl. nur *Fickert/Fiesler*, BauNVO, Komm., 5. Aufl. 1985, § 15 Rdn. 13.

stigungen können auch dann die Grenze des § 3 Abs. 1 BImSchG ebenso wie die des § 15 Abs. 1 Satz 2 BauNVO überschreiten, wenn sie (noch) keine Gesundheitsschäden bewirken (können). Auf der anderen Seite darf diese Zumutbarkeitsgrenze auch nicht mit der durch Art. 14 GG aufgerichteten eigentums- bzw. enteignungsrechtlichen Zumutbarkeitsschwelle verwechselt werden. Die einfachgesetzliche Zumutbarkeitsgrenze der erwähnten Bestimmungen des BImSchG und des Bauplanungsrechts liegt eindeutig im Vorfeld der enteignungsrechtlich unzulässigen Einwirkung.

2. Es sind weniger die gesetzlichen Maßstäbe, die für die Unsicherheiten in der rechtlichen Behandlung der Sportanlagen verantwortlich sind. Unsicherheiten bestehen vor allem in der Ermittlung und der Beurteilung der Geräuschimmissionen von Sport- und Freizeitanlagen. Es fehlen die − verbindlichen − Maßstäbe, nach denen die Lästigkeit des Sport- und Freizeitlärms zu bewerten ist.[26] Es gibt derzeit keine gesetzeskonkretisierenden Rechts- und Verwaltungsverordnungen, die für die Beurteilung des Sport- und Freizeitlärms unmittelbare Geltung beanspruchen könnten. Die TA Lärm (eine Verwaltungsvorschrift der Bundesregierung) befaßt sich − ebenso wie die VDI-Richtlinie 2058 − unmittelbar nur mit dem von gewerblichen Anlagen ausgehenden Lärm bzw. mit dem Arbeitslärm. Die „Hinweise zur Beurteilung der durch Freizeitanlagen verursachten Geräusche",[27] die der Länderausschuß für Immissionsschutz 1987 neu ausgearbeitet und dem die Umweltminister- ebenso wie die Sportministerkonferenz zugestimmt haben, können auch nicht mehr abgeben als eine Empfehlung oder Entscheidungshilfe. Eine Rechtsverbindlichkeit kommt ihnen ebensowenig zu wie die beweisrechtliche Funktion eines „antizipierten Sachverständigengutachtens". Letztere könnte nur einem speziell dem Sport- bzw. Freizeitlärm gewidmeten technischen Regelwerk zugebilligt werden. Die VDI-Richtlinie 3724 „Beurteilung der durch Freizeitaktivitäten verursachten und von Freizeiteinrichtungen ausgehenden Geräusche" liegt aber derzeit erst im Entwurf vor.

So bleibt es dann bei der Feststellung des Bundesverwaltungsgerichts,[28] die Beurteilung der Erheblichkeit von Belästigungen der Nachbarschaft sei weitgehend eine Frage tatrichterlicher Bewertung. Das macht die Beurteilungen der Instanzgerichte nicht nur weitestgehend revisionssicher, sondern den Verwaltungsprozeß auch mehr zu einem Lotteriespiel, der nach der Formel „Pi mal Schnauze" oder doch nach primär subjektiv gefärbten Anschauungen des Richters über das vorzugswürdigere Freizeitverhalten der Bürger entschieden wird.

3. Was die für die Erheblichkeitsbeurteilung wesentlichen *Immissionsrichtwerte* anbelangt, so orientiert sich die gerichtliche Praxis weitestgehend an der TA Lärm und an der VDI-Richtlinie 2058. Das gilt vor allem für die Gebietsklassifizierung der Einwirkungsorte, die wiederum den Baugebieten der BauNVO nachgebildet sind:
− Einwirkungsorte, in deren Umgebung nur gewerbliche Anlagen untergebracht sind (vgl. Industriegebiete § 9 BauNVO)
− Einwirkungsorte, in deren Umgebung vorwiegend gewerbliche Anlagen untergebracht sind (vgl. Gewerbegebiete § 8 BauNVO)
− Einwirkungsorte, in deren Umgebung weder vorwiegend gewerbliche Anlagen noch vorwiegend Wohnungen untergebracht sind (vgl. Kerngebiete § 7 BauNVO, Mischgebiete § 6 BauNVO, Dorfgebiete § 5 BauNVO)
− Einwirkungsorte, in deren Umgebung vorwiegend Wohnungen untergebracht sind (vgl. Allgemeine Wohngebiete § 4 BauNVO, Kleinsiedlungsgebiete § 2 BauNVO)

---

26) Siehe auch *E. Schwerdtner*, NVwZ 1989, 936 (937).
27) Abgedruckt in: NVwZ 1988, 135 ff.
28) BVerwGE 81, 197 (203) = NJW 1989, 1291 (1292); BVerwG, Urt. v. 24. 4. 1991 − 7 C 12.90, S. 10.

- Einwirkungsorte, in deren Umgebung ausschließlich Wohnungen untergebracht sind (vgl. Reine Wohngebiete § 3 BauNVO)
- Kurgebiete, Krankenhäuser, Pflegeanstalten, soweit sie als solche durch Orts- oder Straßenbeschilderung ausgewiesen sind.

Sind im Bebauungsplan Bauflächen oder Baugebiete ausgewiesen, so wird bei der Zuordnung regelmäßig vom Bebauungsplan ausgegangen. Weichen indes die tatsächlichen Verhältnisse in dem ausgewiesenen Baugebiet erheblich vom Bebauungsplan ab oder fehlt ein Bebauungsplan, so ist für die Einstufung des Einwirkungsgebietes von der tatsächlichen baulichen Nutzung auszugehen. Auch die für den Gewerbelärm allgemein anerkannte Bildung sogenannter Mittelwerte[29] wird auf den Sportlärm übertragen.[30] Liegen etwa die Grundstücke des Einwirkungsortes am Rande eines reinen Wohngebietes, an das die Sportanlage angrenzt, so wird gemeinhin ein Tagesrichtwert von 55 dB (A) angenommen, der nach den einschlägigen Regelwerken dem für allgemeine Wohngebiete maßgeblichen Immissionsrichtwert entspricht.

4. Die Bedenken bestehen vor allem wegen der Art und Weise, wie die jeweiligen — mit den Richtwerten zu vergleichenden — Mittelungs- und Beurteilungspegel vielfach in der Praxis ermittelt werden. Der Sportlärm ist nicht selten durch Zurechnung mehrerer Zuschläge zu den jeweils gemittelten Meßwerten als besonders lästig qualifiziert worden.[31] So ist nicht selten die besondere Impulshaltigkeit vieler Sportgeräusche betont und deswegen ein „Impulszuschlag" bis zu 5 dB (A) als gerechtfertigt angesehen worden. Der Informationsgehalt der vielfach von Sportanlagen ausgehenden Geräusche (Lautsprecherdurchsagen, Schiedsrichterdurchsagen, Rufe, Applaus usw.) ist vielfach mit einem weiteren Zuschlag von 5 dB (A) berücksichtigt worden. Schließlich ist auf die erhöhte Störwirkung der Sportgeräusche verwiesen worden, sofern diese in besonderen Ruhezeiten, also insbesondere von 19 bis 22 Uhr in der Woche sowie an Sonn- und Feiertagen auftreten. Dies ist im allgemeinen mit einem weiteren Zuschlag bis zu 6 dB (A) zu den Mittelungspegeln berücksichtigt worden. Diese sog. „Zuschlagsmentalität" führt sehr schnell zu einem Beurteilungspegel, der den zugrunde gelegten Tagesrichtwert, etwa den von 55 dB (A) für allgemeine Wohngebiete, bei weitem übersteigt und entweder das rechtliche K. o. für eine bestehende Anlage oder ein unüberwindbares Hindernis für die planerische Festsetzung wohnnaher Sportstätten bedeutet.

Gegen eine undifferenzierte Heranziehung von Zuschlägen wegen Impuls- und Informationshaltigkeit der Sportgeräusche sind wiederholt Bedenken vorgetragen worden. Sie haben zu einem beträchtlichen Teil Eingang in die novellierte Fassung der LAI-Hinweise sowie in den Entwurf der VDI-Richtlinie 3724 gefunden. So heißt es in den LAI-Hinweisen jetzt zu Recht, daß das Takt-Maximal-Verfahren bereits auffällige Pegeländerungen berücksichtige und daß sogar nicht ausgeschlossen werden könne, daß der Grad der Beeinträchtigung durch Geräusche von Tennis-, Bolz- und vergleichbaren Ballspielplätzen in größerer Entfernung durch den nach dem Takt-Maximal-Verfahren ermittelten Beurteilungspegel überbewertet werde. Die LAI-Hinweise schlagen daher unter bestimmten weiteren Voraussetzungen die Zugrundelegung eines arithmetischen Mittelwertes zwischen jenem Beurteilungspegel und einem energieäquivalenten Dauerschallpegel vor.[32] Das führt — wie Messungen des TÜV

---

29) Siehe BVerwGE 50, 49 (54 f.).

30) Siehe BVerwG, NJW 1989, 1291 (1292), wo allerdings insoweit mißverständlich nicht vom „Richtwert", sondern vom „Mittelungspegel" die Rede ist.

31) Siehe etwa OVG NW, BauR 1983, 147 (148); OVG NW, UPR 1984, 99 (101); BayVGH, BayVBl. 1983, 275 f.; zu dieser Judikatur siehe *Papier*, UPR 1985, 74 ff.; *Birk*, NVwZ 1985, 691.

32) Nr. 3.1.

Norddeutschland an über 40 Sportstätten ergeben haben – zu einem um durchschnittlich 4 bis 5 dB (A) herabgesetzten Beurteilungspegel. Auch der Entwurf der VDI-Richtlinie 3724 sieht unter 4.3 bei Tennisanlagen einen Abschlag von 3 dB (A) vor. LAI-Hinweise[33] und der Entwurf der VDI-Richtlinie 3724 sehen allerdings übereinstimmend vor, daß bei der Planung *neuer* Anlagen auf jene Korrektur verzichtet werden sollte.

Ein Zuschlag wegen besonderen Informationsgehalts sollte – was auch die LAI-Hinweise sowie der Entwurf der VDI-Richtlinie 3724 besagen – nur bei einem besonders hohen Informationsgehalt vorgenommen werden, der allein beim Einsatz technischer Geräte, wie z. B. bei Lautsprecherdurchsagen und Musikdarbietungen, anzutreffen ist. Die „sozialen" oder „menschlichen" Geräusche im Umfeld sportlicher Betätigungen sollten in dieser Hinsicht mit keinem Zuschlag bewertet werden.

Umstritten ist auch die Berechnung eines Zuschlags für besondere Ruhezeiten außerhalb der Nachtzeit. Als solche gelten im allgemeinen die Zeiten von 6 bis 9 Uhr und von 19 bis 22 Uhr in der Woche. Die Sonn- und Feiertage wurden bislang in der Judikatur ganz generell zu den besonderen Ruhezeiten gerechnet. Der Versuch des OVG Hamburg, auch den Samstagnachmittag einzubeziehen, ist vom Bundesverwaltungsgericht in der bereits mehrfach erwähnten Entscheidung zur Sportanlage „Tegelsbarg"[34] zurückgewiesen worden. Die erhöhte Lärmempfindlichkeit während jener Zeiten ist im allgemeinen durch einen Zuschlag von 6 dB (A) zu den jeweiligen Mittelungspegeln berücksichtigt worden.

Nach der TA Lärm sind Zuschläge bzw. verschärfte Immissionsrichtwerte nur für die Nachtzeit vorgesehen. Die VDI-Richtlinie 2058 kennt einen Zuschlag für Ruhezeiten nur für die Zeiten von 6 bis 7 Uhr und von 19 bis 22 Uhr in der Woche,[35] jedoch keinen Zuschlag generell für Lärmeinwirkungen an Sonn- und Feiertagen. Das gilt erst recht für die Zeit am Samstagnachmittag. Auch für die Lärmeinwirkungen, die von Verkehrsanlagen und anderen öffentlichen Kommunikationsanlagen ausgehen, werden solche Ruhezeiten außerhalb der Nachtzeit nicht veranschlagt. Das Bundesverwaltungsgericht rechtfertigt die unterschiedliche Behandlung des Sportlärms im Verhältnis zum Arbeitslärm in Ansehung der Ruhezeiten damit, daß an Sonn- und Feiertagen in Gewerbebetrieben im allgemeinen nicht gearbeitet werde und deshalb von dort kein Lärm ausgehe.[36] Das gibt allerdings – selbst wenn man einmal diese Prämisse akzeptiert – noch keine Rechtfertigung dafür, den sportlichen Betätigungen eine höhere Störwirkung zu unterstellen als den anderen öffentlichen Kommunikationsanlagen.

Die Zuschlagsproblematik betrifft die Frage der richtigen Beurteilung des Sportlärms und in diesem Zusammenhang der Erheblichkeit und der Zumutbarkeit der Belästigungen. Es ist evident, daß unter dem Aspekt der Zumutbarkeit und der Sozialadäquanz eine differenzierende Lärmbewertung zu Lasten sportlicher Betätigungen unstatthaft ist. Eine solche Differenzierung mißachtete die besondere gesellschafts- und gesundheitspolitische Funktion des Sports.[37] Es kommt hinzu, daß für weite Kreise der Bevölkerung die sportliche Betätigung genauso eine Erholungsfunktion und einen hohen Stellenwert in der Freizeitbetätigung hat wie Verhaltensweisen, zu deren Schutz die nachbarlichen Abwehrrechte reklamiert werden. Während der Gewerbe-, Industrie- und Arbeitslärm Folge eines sachlich gegenläufigen Tuns ist und sich im nachbarlichen Streit gewissermaßen konfligierende

---

33) Nr. 3.2.
34) BVerwGE 81, 197 (207) = NJW 1989, 1291 (1293).
35) Nr. 5.4.
36) BVerwGE 81, 197 (206) = NJW 1989, 1291 (1293).
37) Siehe auch *Gaentzsch,* UPR 1985, 204; *Birk,* NVwZ 1985, 692.

Interessen gegenüberstehen, geht es bei der Beurteilung des Sportlärms um die Abgrenzung im Grunde gleichgerichteter Belange der Erholung und der Freizeitgestaltung. Dem Sport fällt eine besondere gesellschafts- und gesundheitspolitische Funktion zu. Vor allem Kinder und Jugendliche müssen die Möglichkeit haben, sich in wohnnahen Gebieten sportlich zu betätigen. Die sportliche Betätigung erscheint wegen dieser ihrer Funktion sozialer Art in Wohngebieten oder in der Nähe von Wohngebieten weniger gebietsfremd oder sozial inadäquat als gewerbliche oder industrielle Nutzungen. Gerade der Gedanke der Sozialadäquanz spielt auch in der höchstrichterlichen Judikatur eine erhebliche Rolle, z. B. durch die Zubilligung einer erhöhten Akzeptanz des liturgischen Glockengeläuts.[38]

Die LAI-Hinweise in ihrer novellierten Fassung sehen einen Schutz ruhebedürftiger Zeiten demzufolge nur noch in begrenztem Umfang vor. Der Samstag nimmt im Verhältnis zu den übrigen Wochentagen keine Sonderstellung ein. Hier wie dort soll in den Zeiten von 6 bis 7 Uhr und 19 bis 22 Uhr das erhöhte Schutzbedürfnis durch einen Zuschlag von 6 dB (A) berücksichtigt werden. Im Hinblick auf die besonderen Bedürfnisse sportlicher Betätigungen soll an Sonn- und Feiertagen die erhöhte Störwirkung der von Sportanlagen ausgehenden Geräuschimmissionen jeweils nur für die Zeit von 6 bis 9 Uhr, 19 bis 22 Uhr und für zwei zusammenhängende Stunden zwischen 12 und 15 Uhr durch einen Zuschlag von 6 dB (A) zum Mittelungspegel für diese Stunden berücksichtigt werden.[39] Die im Entwurf der VDI-Richtlinie 3724 vorgesehenen Ruhezeiten weichen nur geringfügig von den eben genannten Zeiten ab: sie reichen werktags von 6 bis 8 Uhr und von 20 bis 22 Uhr, sonn- und feiertags von 7 bis 9 Uhr, 13 bis 15 Uhr und 20 bis 22 Uhr. Außerdem sieht der Richtlinienentwurf keine Zuschläge zu den Mittelungspegeln, sondern um 5 dB (A) herabgesetzte Immissionsrichtwerte vor.

III. Zulässigkeit im Innen- und Außenbereich

1. Liegt ein (qualifizierter) Bebauungsplan nicht vor, so richtet sich die Zulässigkeit der Sportstätte nach § 34 oder § 35 BauGB. Liegt die Sportstätte innerhalb eines im Zusammenhang bebauten Ortsteils, so ist sie nach § 34 Abs. 1 nur zulässig, wenn sie sich in die Eigenart der näheren Umgebung einfügt. Dies dürfte bei einer ausschließlichen Wohnnutzung der Umgebung nie, bei einer überwiegenden Wohnnutzung selten der Fall sein. In diesem Zusammenhang ist allerdings auf den neugeschaffenen Erweiterungstatbestand des § 34 Abs. 3 BauGB hinzuweisen. Danach können Vorhaben, die nach den Absätzen 1 und 2 des § 34 BauGB eine unzulässige Erweiterung, Änderung, Nutzungsänderung und Erneuerung darstellen, im Einzelfall zugelassen werden, wenn die Zulassung aus Gründen des Wohls der Allgemeinheit erforderlich ist (§ 34 Abs. 3 Nr. 1 BauGB).

Zu diesen öffentlichen Interessen und Aufgaben gehören auch die Errichtung und Unterhaltung sozialer und sportlicher Einrichtungen.[40] Diese Vorschrift kann daher für bestimmte Baumaßnahmen an vorhandenen Sportanlagen in Betracht kommen.[41] Sie bietet einen gewissen Ansatz, Anlagenerweiterungen oder -änderungen, selbst wenn sie sich

---

38) BVerwGE 68, 62 ff.; so jetzt auch BVerwGE, Urt. v. 24. 4. 1991 – 7 C 12.90 – für den Sportlärm.
39) Nr. 3.3.
40) Das neue Baugesetzbuch: Beschlußempfehlung mit Bericht des Ausschusses für Raumordnung, Bauwesen und Städtebau sowie Beratung im Plenum, 1986, S. 67.
41) Vgl. *Bielenberg/Krautzberger/Söfker*, a. a. O., S. 451 ff. (Rdn. 185 f.).

in ihre nähere Umgebung nicht einfügen, ohne ein Verfahren der Bauleitplanung durch Einzelfallregelung zuzulassen.

Entspricht die Eigenart der näheren Umgebung einem der Baugebiete im Sinne der BauNVO, beurteilt sich die Zulässigkeit des Vorhabens seiner Art nach gemäß § 34 Abs. 2 BauGB allein danach, ob es nach der BauNVO in dem Baugebiet allgemein zulässig wäre. Für diese sogenannten „fiktiven Baugebiete" gelten daher kraft des § 34 Abs. 2 BauGB ausschließlich die Vorschriften der BauNVO.[42] Es kann daher auf das verwiesen werden, was eben zur Zulässigkeit von Sportanlagen in Baugebieten gesagt wurde.

2. Liegt das Vorhaben im Außenbereich, so richtet sich seine Zulässigkeit regelmäßig nach § 35 Abs. 2 und 3 BauGB, eine Privilegierung nach § 35 Abs. 1 BauGB wird eher selten sein. Das Vorhaben kann danach ausnahmsweise zulässig sein, wenn es „öffentliche Belange" nicht beeinträchtigt. Eine solche Beeinträchtigung dürfte aber regelmäßig zu bejahen sein, etwa weil die natürliche Eigenart der Landschaft, die Belange des Natur- und Landschaftsschutzes beeinträchtigt werden oder weil wegen der Größe der Sportstätte ein Planungszwang besteht. Liegt die Sportstätte in unmittelbarer Nachbarschaft zu einer vorhandenen Wohnbebauung, kommt überdies eine Verletzung des auch im Rahmen des § 35 BauGB maßgeblichen Rücksichtnahmegebots in Betracht. Eine solche liegt vor, wenn im zu Wohnzwecken genutzten Einwirkungsgebiet wegen Überschreitung der eben angesprochenen Lärmgrenzwerte bzw. der zu bildenden Mittelwerte eine „erhebliche Belästigung" gegeben ist.[43]

---

42) *Bielenberg/Krautzberger/Söfker*, a. a. O., S. 448 (Rdn. 183).
43) Vgl. allgemein *Gelzer*, a. a. O., S. 73 ff.; *Papier*, UPR 1985, 73 (81).

HORST P. SANDER

Anmerkungen zum Wechselbezug zwischen Umweltrecht und Bauplanungsrecht

1. Begriff des Umweltrechts

Seit Beginn der siebziger Jahre werden Vorschriften, die für den Umweltschutz herangezogen werden können, unter dem Begriff Umweltrecht zusammengefaßt. Es handelt sich auch heute noch um eine in der Entwicklung befindliche Rechtsmaterie. Zu ihr zählen sowohl klassische Rechtsgebiete wie Bau-, Wasser- und Gewerberecht als auch erst in jüngster Zeit entwickelte Bereiche wie Atom-, Chemikalien- und Gentechnikrecht.

Nach zwei Forschungsvorhaben in den Jahren 1978 und 1986 wurden 1988 drei Professoren gebeten, den Entwurf eines Allgemeinen Teils eines Umweltgesetzbuches zu erarbeiten. Der unter Mitarbeit eines weiteren Professors erarbeitete Entwurf wird demnächst im Buchhandel erhältlich sein.

In einem Folgevorhaben sollen noch mehr Professoren auch den Entwurf eines Besonderen Teils erstellen. Gleichzeitig wird aber auch eine Sachverständigen-Kommission beim Bundesumweltministerium eingerichtet, die Entwürfe erarbeiten soll, die Grundlage für spätere Referentenentwürfe des Bundesumweltministeriums werden sollen.

Unter den vorerwähnten Professoren befindet sich *Kloepfer*, der hierzu erste Forschungsarbeiten geleistet hat, Verfasser einer umfassenden Monographie[1] und Herausgeber einer sehr verbreiteten Textsammlung[2] ist.

Andere Werke sind noch wesentlich umfangreicher und umfassen selbst für Einzelgebiete mehrere Bände.

Andererseits haben Autoren aus dem industriellen Bereich erfolgreich versucht, den wesentlichen Inhalt der wichtigsten Rechtsvorschriften für Produktion und umweltrelevante Produkte in systematischer Übersicht auf knapperem Raum zusammenzufassen und durch zusätzliches Material wie Anschriften zu ergänzen.[3]

1) *Kloepfer, M./Messerschmidt, Kl.:* Umweltrecht; München: Beck, 1989.
2) *Kloepfer, M.:* Umweltschutz. Textsammlung des Umweltrechts der Bundesrepublik Deutschland, Loseblattwerk aus dem Verlag C. H. Beck, München.
3) *Raeschke-Kessler/Schendel/Schuster* (Hrsg.): Betrieb und Umwelt – Umweltrecht für die betriebliche Praxis. Loseblattwerk aus dem E. Schmidt Verlag, Berlin; *Schiegl, W.-E.,* Betrieblicher Umweltschutz: Immissionsschutz, Gewässerschutz, Abfallbeseitigung. Loseblattwerk aus dem ecomed-Verlag, Landsberg.

2. Begriff des Bauplanungsrechts

Ebenso war das Bauplanungsrecht ursprünglich ein neues Rechtsgebiet. Anlaß zur Abtrennung des Bauplanungsrechts vom bis dahin umfassenden Bauordnungsrecht gab – wie *Gelzer* mehrfach herausgestellt hat – die unterschiedliche Gesetzgebungskompetenz durch das Grundgesetz. Im Anschluß an das Rechtsgutachten des Bundesverfassungsgerichts vom 16. 6. 1954[4] wurde in das Bundesbaugesetz und später in das Baugesetzbuch aufgenommen, wofür eine Zuständigkeit des Bundes angenommen wurde. Was dort nicht geregelt wurde, blieb als Bauordnungsrecht oder Bauaufsichtsrecht übrig und ist überwiegend Inhalt der Bauordnungen der Länder. Es beschäftigt sich vor allem mit der Ausführung des Bauvorhabens auf dem Grundstück. Hingegen widmet sich das Bauplanungsrecht vorrangig dem Einfügen eines Bauvorhabens in seine Umgebung.

3. Immissionsschutz und Bauplanung

Das Bundesverwaltungsgericht hat alsbald nach Inkrafttreten der Erstfassung des Bundes-Immissionsschutzgesetzes den § 50 BImSchG nur als Bestätigung dessen angesehen, daß Wohngebiete und die nach ihrem Wesen umgebungsbelastenden Industriegebiete möglichst nicht nebeneinander liegen sollten und daß darin ein wesentliches Element geordneter städtebaulicher Entwicklung und deshalb ein in der Tat elementarer Grundsatz städtebaulicher Planung gesehen werden muß.[5]

Bereits einige Tage vorher hatte der gleiche Senat des Bundesverwaltungsgerichts[6] aber auch ausgeführt, daß die an die für Planung zuständigen Körperschaften und Behörden gerichtete Aufforderung des Gesetzgebers, bei raumbedeutsamen Planungen und Maßnahmen die Flächen so einander zuzuordnen, daß schädliche Umwelteinwirkungen auf Wohngebiete möglichst vermieden werden, jedenfalls das Eigentum eines einzelnen nicht derart anzureichern vermag, daß ihm ein subjektiv-öffentliches Recht auf Einhaltung dieser Vorschrift zusteht. Rechtsprechung und Schrifttum sind dieser Auffassung bisher – soweit ersichtlich – ausnahmslos gefolgt. Das Bundesverwaltungsgericht hat späterhin noch einmal bestätigt, daß der allgemeine Planungsgrundsatz des § 50 BImSchG sich als objektivrechtliches Gebot an die für die Planungsentscheidung zuständige Stelle wendet, aber für den Planbetroffenen kein subjektives öffentliches Recht enthält.[7]

---

4) BVerfGE 3, 407.
5) Sogenanntes Flachglas-Urteil, Bundesverwaltungsgericht, Urt. v. 5. 7. 1974 – BVerwG IV C 50.72 – BVerwGE 45, 309 = BauR 1974, 311 = BBauBl. 1975, 71 = BRS 28 Nr. 19 = *Buchholz* 406.11 § 1 Nr. 9 = DÖV 1974, 767 mit Anm. *Schröder* 1975, 308 = DVBl. 1974, 767 = EPlaR I 1 BVerwG 7.74 mit Anmerkung *Tittel* und *Herzner* = JR 1975, 77 = JuS 1975, 257 (siehe auch *Müller*, Umweltschutz gegen Industrieansiedlung: Die Grenzen kommunaler Planungshoheit, JuS 1975, 228) = JZ 1974, 757 = *Feldhaus*, Immissionsschutz ES BBauG § 1–3 = NJW 1975, 70 mit Anm. *David*, S. 75 = Städtetag 1974, 678 (L) = *Stich/Porger*, Immissionsschutz Rechtsprechung BImSchG § 4 E 1 = *Ule/Laubinger*, BImSchG-Rspr. § 50 Nr. 3 = VRspr. 26, 724.
6) Sogenanntes Kinderspielplatz-Urteil, Bundesverwaltungsgericht, Urt. v. 21. 6. 1974 – BVerwG IV C 14.74 – Buchholz 11 Art. 14 Nr. 148 = BauR 1974, 330 BayVBl. 1975, 24 = BRS 28 Nr. 297 = DVBl. 1974, 777 mit Anm. von *Umbach* (S. 779) = DÖV 1974, 812 = EPlaR BVerwG 6.74 mit Anm. von *Dyong* und *Dahlhaus* = *Feldhaus*, Immissionsschutz ES BImSchG § 22–1 = JR 1975, 39 = *Stich/Porger*, Immissionsschutz Rechtsprechung BImSchG § 22 E 1 = *Ule/Laubinger*, BImSchG-Rspr. § 3 Nr. 18.
7) Bundesverwaltungsgericht, Beschl. v. 10. 9. 1981 – BVerwG 4 B 114.81 – *Buchholz* 406.25 § 50 BImSchG Nr. 2 = DÖV 1982, 203 = *Feldhaus*, Immissionsschutz ES § 50–3 = GewArch 1982, 348 = NJW 1982, 348 = *Ule/Laubinger*, BImSchG-Rspr. § 50 Nr. 20.

Andererseits hat das Bauplanungsrecht unter den nach § 6 Nr. 2 BImSchG eventuell der Errichtung und dem Betrieb einer immissionsschutzrechtlich genehmigungsbedürftigen Anlage entgegenstehenden und damit unter Umständen die Genehmigungsfähigkeit ausschließenden anderen öffentlich-rechtlichen Vorschriften eine besondere Bedeutung. So scheiterten mehrere Vorhaben an der bauplanungsrechtlichen Unzulässigkeit.[8]

Dazu hat das Bundesverwaltungsgericht[9] herausgestellt, daß die Gemeinden grundsätzlich befugt sind, durch Festsetzungen in Bebauungsplänen immissionsschutzbezogene Forderungen rechtsverbindlich zu machen, die inhaltlich von den Anforderungen abweichen, welche sich aus dem allgemeinen Immissionsschutzrecht ergeben. Immissionsschutz- und Bebauungsrecht stehen in einer Wechselwirkung zueinander: Einerseits konkretisiert das Bundes-Immissionsschutzgesetz die gebotene Rücksichtnahme auf die Nachbarschaft allgemein und folglich auch mit Wirkung für das Bebauungsrecht; andererseits bemißt sich die Schutzwürdigkeit eines Gebietes nach dem, was dort planungsrechtlich zulässig ist.[10] Daraus folgt, daß die normativen Anforderungen des Immissionsschutzes von beiden Seiten her konkretisiert werden können. Insbesondere vermag die Gemeinde durch ihre Bauleitplanung gebietsbezogen zu steuern, ob gewisse Nachteile oder Belästigungen im Sinne des § 3 Abs. 1 BImSchG „erhebliche" sind.[11] Die Gemeinden sind im Rahmen ihrer Bauleitplanung nicht auf die Abwehr von bereits eingetretenen schädlichen Umwelteinwirkungen beschränkt, sondern darüber hinaus ermächtigt, entsprechend dem Vorsorgeprinzip des § 5 Abs. 1 Nr. 2 BImSchG schon vorbeugenden Umweltschutz zu betreiben.[12]

4. Erfolge gewerblicher Abwehr

Der Betreiber einer umgebungsbelastenden Anlage kann in der Regel verlangen, daß sein Interesse, von künftigen emissionsmindernden Auflagen verschont zu bleiben, bei der Entscheidung über die Ausweisung eines Baugebietes in der Umgebung seines Betriebes als „Erfordernis der Wirtschaft" und nunmehr auch als Maßnahme zur Erhaltung, Sicherung und Schaffung von Arbeitsplätzen berücksichtigt wird. So verstieß die Ausweisung eines Wohngebietes in einer Entfernung von nur 600 m von einer Tierkörperbeseitigungs- und -verwertungsanstalt gegen den Grundsatz, ihrem Wesen nach umgebungsbelastende Nutzungsbereiche und Wohngebiete möglichst angemessen zu trennen. Sie wurde aufgehoben,

---

8) Beispiele: Sogenanntes Flachglas-Urteil gem. Fn. 5.

9) Bundesverwaltungsgericht, Urt. v. 14. 4. 1989 — BVerwG 4 C 52.87 — DÖV 1989, 772 = DVBl. 1989, 1050 = *Feldhaus*, Immissionsschutz ES BImSchG § 6—4 = GewArch 1990, 372 = JuS 1990, 572 mit Anm. von *Selmer* = NuR 1990, 115 = NVwZ 1990, 257 = *Ule/Laubinger*, BImSchG-Rspr. § 3 Nr. 89 = UPR 1989, 352 = ZfBR 1989, 225.

10) So beispielsweise anläßlich der Absicht, auf dem Gelände eines innerstädtischen Bahnhofs Zink- und Bleierz abzubauen, Bundesverwaltungsgericht, Urt. v. 4. 7. 1986 — BVerwG 4 C 31.84 — BVerwGE 74, 315 = *Buchholz* 406.27 § 48 Nr. 1 = DÖV 1987, 293 = DVBl. 1986, 1273 mit Anm. von *Seibert* = *Feldhaus*, Immissionsschutz ES BergG § 48—1 = NJW 1987, 1713 = NuR 1987, 125 = UPR 1987, 106 = ZfBR 1986, 240.

11) Im einzelnen hierzu: *Kraft, I.*, Immissionsschutz und Bauleitplanung. Schriften zum Umweltrecht, Band 9, Berlin 1988, S. 79 f.

12) Bundesverwaltungsgericht, Beschl. v. 7. 9. 1988 — BVerwG 4 N 1.87 — DVBl. 1988, 1167 = *Feldhaus*, Immissionsschutz ES BBauG § 9—2 = *Ule/Laubinger*, BImSchG-Rspr. § 41 Nr. 11 = UPR 1989, 34 = ZfBR 1989, 35 — und Beschl. v. 16. 12. 1988 — BVerwG 4 NB 1.88 — ZfBR 1989, 74.

weil für die Durchbrechung dieses Grundsatzes auch keine überzeugenden Gründe sprachen.[13]

Mit der Situation einer bestehenden, durch die Auswirkungen eines Betriebes vorbelasteten und deshalb — wie noch auszuführen sein wird — duldungspflichtigen Wohnbebauung ist eine neue, durch Planung ermöglichte Wohnbebauung nicht zu vergleichen. Eine Planung, die auch bei bereits vorhandener Wohnbebauung ein weiteres Heranrücken von Wohnbebauung an einen lärmintensiven Betrieb zuläßt, ohne planerische Vorkehrungen gegen die zu erwartende Lärmbeeinträchtigung zu treffen, leidet unter einem Abwägungsmangel und ist deshalb fehlerhaft. Wenn damit die Gemeinde noch die Betriebsgrundstücke aus dem Plangebiet ausgeklammert hat, umgeht sie das zu bewältigende städtebauliche Problem, statt dafür eine planerische Lösung zu finden. Der Abwehranspruch des Betriebsinhabers gegen die heranrückende neue Wohnbebauung führte zur Aufhebung der Planung.[14] Das gleiche Ergebnis kann immer dann herbeigeführt werden, wenn die Forderung nach einer gerechten Interessenabwägung dadurch verletzt wird, daß ein durch Planung hervorgerufener Interessenkonflikt einfach unbewältigt gelassen wird.[15] So konnte ein größerer Betrieb mit zahlreichen Anlagen zum Herstellen von Formstücken unter Verwendung von Zement durch Rütteln und Vibrieren auf Maschinen (Beton-Fertigteilwerk) die Nichtigkeit eines Bebauungsplanes für ein Hochschulgebiet geltend machen, das von diesem Betrieb nur durch eine etwa 40 m breite Trasse der zugleich geplanten Universitätsstraße getrennt sein sollte und die Errichtung einer mehrgeschossigen Universitätsbibliothek etwa 50 m von einer Werkshalle mit Anlagen zur Herstellung von Formstücken zulassen wollte.[16] Ein emittierender Industriebetrieb — nämlich eine Grau- und Tempergießerei — konnte in Furcht vor die Betriebsführung belastenden immissionsschutzrechtlichen Anordnungen der Gewerbeaufsicht die Nichtigkeitserklärung der Ausweisung einer Kleingartenanlage erreichen, der bei objektiver Würdigung der Immissionsverhältnisse keine wichtige Erholungsfunktion zukommen konnte.[17]

Sollen Grundstücke für eine Wohnbebauung in der Nähe eines emissionsträchtigen Betriebes — Aussiedlerhof mit 15 Milchkühen mit Nachzucht, insgesamt 38 Stück Rindvieh und 50 Mastschweine — ausgewiesen werden, ist zuvor zu prüfen, welche Emissionen vorhanden und etwa noch zu erwarten sind, um beurteilen zu können, ob der Abstand zwischen Wohnbebauung und emissionsträchtigem Betrieb ausreicht, um Störungen oder zusätzliche Störungen zu verhindern.[18] Unterbleibt diese Prüfung, dann leidet die Planung in der Regel an einem bei einem Normenkontrollantrag zur Aufhebung führenden Abwägungsfehler.[19] In besonders extremen Fällen haben vier um ein Dorf liegende Aussiedlerhöfe

---

13) Oberverwaltungsgericht des Saarlandes in Saarlouis, Urt. v. 3. 10. 1980 — 2 N 6 und 7/79 — AS 16, 93 = *Ule/Laubinger*, BImSchG-Rspr. § 50 Nr. 21.

14) Oberverwaltungsgericht für Niedersachsen und Schleswig-Holstein in Lüneburg, Urt. v. 24. oder 26. 2. 1981 — 6 OVG 4/80 — BauR 1981, 454 = ZfBR 1981, 196.

15) Oberverwaltungsgericht für Niedersachsen und Schleswig-Holstein in Lüneburg, Beschl. v. 14. 3. 1978 — VI OVG C 3/76 — BauR 1979, 215 = Die Nds. Gemeinde 1979, 100.

16) Bayerischer Verwaltungsgerichtshof in München, Normenkontroll-Urt. v. 25. 10. 1982 — Nr. 55 XIV 77 — BayVBl. 1983, 51.

17) Oberverwaltungsgericht für Nordrhein-Westfalen in Münster, Beschl. v. 20. 6. 1979 — XI a NE 14/77 — *Feldhaus*, Immissionsschutz ES BBauG § 1—6.

18) Sehen Sie dazu KTBL-Arbeitsblatt 3076 (1.84): Bauwesen; Planung im ländlichen Raum; Agrarplanung; Prognose; Prognose der Geruchsimmissionenbereiche landwirtschaftlicher Betriebe; Herausgeber: Kuratorium für Technik und Bauwesen in der Landwirtschaft (KTBL), Darmstadt; Bezug: Landwirtschaftsverlag, Postfach 48 02 10, 4400 Münster-Hiltrup.

19) Hessischer Verwaltungsgerichtshof in Kassel, Beschl. v. 19. 1. 1979 — IV N 13/76 — AgrarR 1980, 25.

in diesem Ort jede weitere Planung unmöglich gemacht. Da hilft auch nur wenig, daß gegenüber der schematischen Forderung, daß Reine Wohngebiete (WR), Allgemeine Wohngebiete (WA), Mischgebiete (MI) und Gewerbegebiete (GE) aus Gründen des Lärmschutzes nur in dieser Staffelung nebeneinanderliegen dürften und daß keines der Zwischenglieder übersprungen werden dürfte, zutreffend herausgestellt wurde: In kleinen Orten ist die gestaffelte Anordnung der einzelnen Gebietstypen nur schwer zu verwirklichen. Mit Rücksicht auf den vorhandenen Gebäudebestand und auf die entsprechend der Größe des Ortes geringeren Ausweitungsmöglichkeiten ist der planerische Gestaltungsspielraum weitaus geringer als in größeren Gemeinden mit großflächigen Planungsräumen. Würden die Grundsätze der Unverträglichkeit von Gebietstypen auch in kleinen Orten allzu streng gehandhabt, würden viele Gewerbebetriebe in den Außenbereich abgedrängt und damit entgegen dem Sinn des Bauplanungsrechts die Landschaft zersiedelt. Jedenfalls muß in kleineren Orten ein Nebeneinander von Wohnnutzung und gewerblicher Nutzung in gewissem Umfang hingenommen werden. Dies verpflichtet sämtliche Beteiligten zu verstärkter gegenseitigen Rücksichtnahme.[20] Mit dem baurechtlichen Gebot der Rücksichtnahme rechtfertigen Gerichte vielfach die Zulässigkeit oder Unzulässigkeit von einzelnen Vorhaben, ohne daß damit bereits die im Einzelfall zu erwartende Entscheidung voraussehbar wird.[21] So führte das Gebot der Rücksichtnahme auch zur Versagung der Baugenehmigung für ein konkretes Innenbereichsvorhaben − so für ein Einfamilienhaus − bzw. zu besonderen Bedingungen, weil anderenfalls ein benachbartes privilegiertes Außenbereichsvorhaben − landwirtschaftlicher Aussiedlerhof mit Mastschweinen und Rindern − anderenfalls in seiner Entwicklung behindert würde.[22] Maßgeblich ist, ob in Folge der Zulassung des angegriffenen Bauvorhabens die weitere Ausnutzung des privilegierten Bestandes nachhaltig gestört wird. Die Entscheidung hierüber ist abhängig von Art und Umfang der von dem privilegierten − landwirtschaftlichen − Betrieb ausgehenden Emissionen und von der Entfernung, in der diese als störend und im Sinne des Immissionsschutzes als auf die Dauer unzumutbar empfunden werden müssen.[23]

Auch ob die Auswirkungen der Nutzung einer Außensportanlage einer Grundschule für Bewohner eines angrenzenden Reinen Wohngebietes zumutbar sind, richtet sich danach, ob erhebliche Belästigungen zu erwarten sind (§§ 22 Abs. 1, 3 Abs. 1 BImSchG). Zur Ermittlung dessen, was danach hinzunehmen ist, ist nicht auf einen Mittelungspegel abzustellen, der auf 16 Tagesstunden bezogen ist. Auch der Entwurf der VDI-Richtlinie 3724[24] ist keine geeignete Bewertungsgrundlage. Wesentlich ist die Akzeptanz in der Bevölkerung, die unter anderem vom Anlaß des Lärms, seiner Dauer und seiner Häufigkeit abhängt.[25]

---

20) Bayerischer Verwaltungsgerichtshof in München, Urt. v. 11. 2. 1980 − Nr. 81 XIV 78 − BauR 1981, 172.

21) *Stühler, H.-U.,* Zur Geschichte und methodologischen Einordnung des Gebots der Rücksichtnahme im privaten und öffentlichen Nachbarrecht, VBlBW 1987, S. 126−131, nennt auch die maßgeblichen Entscheidungen und Stimmen der Literatur.

22) Bundesverwaltungsgericht, Urt. v. 10. 12. 1982 − BVerwG 4 C 28.81 − AgrarR 1983, 189 = BayVBl. 1983, 277 = BRS 39 Nr. 57 = DVBl. 1983, 349 = UPR 1983, 168 = ZfBR 1983, 95.

23) Sehen Sie für Aussiedlerhof gegen Außenbereichs-Wohnbau Oberverwaltungsgericht für Rheinland-Pfalz in Koblenz, Urt. v. 2. 12. 1982 − 1 A 71/81 − BauR 1983, 145 = BRS 39 Nr. 200; für Außenbereichs-Spedition gegen Außenbereichs-Obdachlosenunterkünfte Oberverwaltungsgericht für Nordrhein-Westfalen in Münster, Urt. v. 27. 10. 1982 − 11 A 1198/82 − BRS 42 Nr. 201.

24) Entwurf VDI-Richtlinie 3724 vom Februar 1989: Beurteilung der durch Freizeitaktivitäten verursachten und von Freizeiteinrichtungen ausgehenden Geräusche.

25) Oberverwaltungsgericht für Nordrhein-Westfalen in Münster, Urt. v. 5. 12. 1990 − 10 A 2111/87 − NWVBl. 4/1991 IV (L).

Eine möglicherweise künftig erforderlich werdende Erweiterung des privilegierten Betriebes fällt gleichfalls unter den Schutz vor heranrückender Bebauung und ist daher ebenfalls
schon zu berücksichtigen.[26] Allerdings hat der Satzungsgeber bei der Aufstellung eines
Bebauungsplanes für eine heranrückende Wohnbebauung von sich aus etwaige Veränderungen des betroffenen Betriebes nur insoweit in seine Abwägung einzustellen, wie sie von einer
normalen, kontinuierlichen Entwicklung des Betriebes zu erwarten sind. Weitergehende
Planungsabsichten eines Grundstückeigentümers, wie die Umstellung eines Aussiedlerhofes
von Großviehhaltung auf die geruchsintensivere Schweinemast, können grundsätzlich nur
Gegenstand der Abwägung sein, wenn sie dem Gemeinderat unterbreitet werden.[27]

Inhalt und Umfang des Rücksichtnahmegebots bei der Entscheidung über einzelne
Vorhaben richten sich grundsätzlich nach der vorhandenen Bebauung. Eine zukünftige
Bebauung ist nur insoweit von Bedeutung, als sie bereits bauaufsichtlich genehmigt ist oder
sich in der vorhandenen Bebauung niederschlägt. Auf sonstige, lediglich mögliche Planungen in der näheren Umgebung braucht keine Rücksicht genommen zu werden.[28] Jedoch
erlaubt das Rücksichtnahmegebot einem bestehenden emittierenden Betrieb auch die
Abwehr gegen eine an sich generell zulässige hinzukommende Nutzung, die das Emittieren
von Gerüchen oder Lärm erschwert. Dies kann auch dadurch geschehen, daß der Gebietscharakter in einer für den Emittierenden ungünstigen Weise geändert wird. Deshalb wurden
auf Klagen von Schweinezüchtern der Bau eines Wohngebäudes für einen anderen landwirtschaftlichen Betrieb in etwa zehn bis fünfzehn Meter Abstand von einer genehmigten
Schweinestallerweiterung trotz genereller Zulässigkeit nach § 5 Abs. 2 Nr. 1 BauNVO
unter Bezug auf die als antizipiertes Sachverständigen-Gutachten bewertete[29] VDI-Richtlinie 3471 „Auswurfsbegrenzung – Tierhaltung – Schweine"[30] untersagt[31] und die Baugenehmigung für ein Einfamilienhaus auf der einem Schweinemastbetrieb gegenüberliegenden
Straßenseite in etwa 40 m Entfernung aufgehoben. In letztem Falle half dem Bauherrn auch
nicht das Angebot eines Verzichts auf die Einhaltung des Gebots der Rücksichtnahme.
Dieses sei rechtlich nicht möglich, weil damit wegen des jederzeit möglichen Eigentumswechsels nicht alle zukünftigen Konfliktfälle entfallen würden.[32]

---

26) *Gehrmann, W.*, Abwehrrechte emittierender Gewerbebetriebe gegen heranrückende Wohnbebauung,
UPR 1982, 319 mit weiteren Nachweisen aus der Rechtsprechung; Hessischer Verwaltungsgerichtshof in
Kassel, Beschl. v. 2. 9. 1980 – IV TG 52/80 – BauR 1981, 177 = BRS 36 Nr. 83 = GewArch 1981, 83
– unter Hinweis auf Bundesverwaltungsgericht, Urt. v. 16. 4. 1971 – BVerwG IV C 66.67 – BauR
1971, 100 = BRS 24 Nr. 166; Oberverwaltungsgericht für Nordrhein-Westfalen in Münster, Urt. v.
27. 10. 1982 – 11 A 1198/82 – BauR 1983, 151.
27) Verwaltungsgerichtshof für Baden-Württemberg in Mannheim, Urt. v. 16. 12. 1982 – 5 S 350/82 – BRS
39 Nr. 15.
28) Verwaltungsgerichtshof für Baden-Württemberg in Mannheim, Urt. v. 13. 1. 1982 – 3 S 756/81 – BRS
39 Nr. 197.
29) Im Anschluß an das Urteil des Bundesverwaltungsgerichts zum STEAG-Kraftwerk in Voerde vom 17. 2.
1978 – BVerwG 1 C 102.76 – BVerwGE 55, 250 ‹256› = *Buchholz* 406.25 § 48 BImSchG Nr. 1 = BauR
1978, 201 = DVBl. 1978, 591 mit Anm. von *Breuer* (S. 598) = DÖV 1979, 559 mit Anm. von *Vallendar*
(S. 564) = *Feldhaus*, Immissionsschutz ES BImSchG § 6–1 = GewArch 1978, 232 = JA 1978, 587 mit
Anm. von *Battis* (S. 588) = JuS 1978, 741 = NJW 1978, 1450 mit Anm. von *Horn* (S. 2409) = *Stich/
Porger*, Immissionsschutzrecht, Rechtsprechung BImSchG § 5 Nr. 1 E 5 = *Ule/Laubinger*, BImSchG-
Rspr. § 6 Nr. 14 = VR 1978, 431 mit Anm. von *Sichtermann*.
30) Sehen Sie jetzt VDI-Richtlinie VDI 3471 „Emissionsminderung – Tierhaltung – Schweine" vom Juni
1986.
31) Verwaltungsgericht Sigmaringen, Urt. v. 15. 6. 1982 – 4 K 1158/81 – VBlBW 1983, 344.
32) Oberverwaltungsgericht für Niedersachsen und Schleswig-Holstein in Lüneburg, Urt. v. 25. 2. 1983
– 1 OVG A 151/81 – AgrarR 1984, 42.

Ein Installationsbetrieb konnte im unbeplanten Innenbereich die Errichtung von fünf Einfamilienhäusern auf dem Nachbargrundstück verhindern.[33] Maßgeblich für den Erfolg von Klagen gegen Baugenehmigungen war, daß sich eine Bebauung mit 29 Reihenwohnhäusern dann nicht in die Eigenart einer vorwiegend durch eine Schwermetallgießerei geprägten Umgebung einfügt, wenn sie auf einem der Gießerei benachbarten Grundstück errichtet werden soll. Daß die Gießerei an der entgegengesetzten, nicht mehr zur näheren Umgebung des zu bebauenden Grundstücks gehörenden Seite an eine vorhandene Wohnbebauung grenzt, bewirkt nicht, daß sich auch die neue Wohnbebauung in der für die Zulässigkeit eines Vorhabens im unbeplanten Innenbereich erforderlichen Weise „einfügt".[34]

Die Ausweisung eines besonderen Wohngebietes ist als „Etikettenschwindel" nichtig, wenn sie tatsächlich dazu dienen soll, ohne wirkliche Lösung des Immissionskonflikts eine Verdichtung der Wohnbebauung mit Einzel- und Doppelhäusern im Einwirkungsbereich eines Landhandelsbetriebes mit Futtermittelwerk, Getreidesilo, Getreidetrocknungsanlage und eines Baumaterialienhandels zu ermöglichen.[35] Hingegen kann sich ein kleines Hotel mit Restaurant in einem als Allgemeines Wohngebiet einzustufenden Baugebiet einfügen, wenn das Restaurant überwiegend der Bewirtung der Hotelgäste und Gästen aus der näheren Umgebung dient, in der nur Wohngebäude vorhanden sind, in denen zum Teil einzelne Zimmer und Eigentumswohnungen an Feriengäste vermietet werden.[36]

Ein Industriebetrieb im unbeplanten Innenbereich kann auf Grund der Pflicht zur Rücksichtnahme in Bereichen, in denen Nutzungen unterschiedlicher Art mit unterschiedlicher Schutzwürdigkeit zusammentreffen, die Genehmigung heranrückender Wohnbebauung im angrenzenden Außenbereich abwehren, wenn das Wohnbauvorhaben immissionsschutzrechtliche Auflagen auslösen würde.[37]

Sogar die Ausnahmezulassung für eine Betriebswohnung in einem Industriegebiet wurde in Frage gestellt,[38] obgleich die aus betriebswirtschaftlichen und betriebstechnischen Gründen in Gewerbe- und Industriegebieten ausnahmsweise zulässigen Wohnungen sich nach dem Sinn und Zweck der §§ 8 und 9 BauNVO mit der Immissionsbelastung abfinden müssen, die generell in solchen Gebieten zulässig ist: Aufsichts- und Bereitschaftspersonen sowie Betriebsinhaber und Betriebsleiter, die aus betrieblichen Gründen in unmittelbarer Nähe zu ihrem Betrieb wohnen, müssen ein höheres Maß an Störungen hinnehmen, als dies für die allgemeine Wohnnutzung gilt. Jedenfalls können Wohnungen für die in §§ 8 und 9 BauNVO genannten Personenkreise zulässig sein, wenn die Eigenart der näheren Umgebung nicht nur durch einen erheblich emittierenden Industriebetrieb, sondern auch durch

---

33) Verwaltungsgerichtshof für Baden-Württemberg in Mannheim, Urt. v. 17. 10. 1977 – V 782/77 – NJW 1978, 1821 Nr. 22.

34) Bundesverwaltungsgericht, Beschl. v. 2. 12. 1985 – BVerwG 4 B 189.85 – UPR 1986, 142.

35) Oberverwaltungsgericht für Niedersachsen und Schleswig-Holstein in Lüneburg, Urt. v. 30. 6. 1986 – 1 C 5/86 – BRS 46 Nr. 17 – mit Hinweis auf Urt. v. 10. 2. 1984 – 1 C 13/81 – und 21. 4. 1986 – 1 C 12/84, in denen vergleichbar die Festsetzung von Flächen für reine Wohnbebauung als Mischgebiete wegen „Etikettenschwindel" und der unterbliebenen Lösung der Immissionskonflikte für nichtig erklärt wurde.

36) Verwaltungsgerichtshof für Baden-Württemberg in Mannheim, Urt. v. 17. 4. 1986 – 8 S 3239/85 – BRS 46 Nr. 43.

37) Bundesverwaltungsgericht, Beschl. v. 25. 11. 1985 – BVerwG 4 B 202.85 – UPR 1986, 142.

38) Oberverwaltungsgericht für Niedersachsen und Schleswig-Holstein in Lüneburg, Beschl. v. 10. 11. 1982 – 6 B 69/82 – BauR 1983, 150 = BRS 39 Nr. 51 = ZfBR 1983, 98.

Wohnbebauung, Ladengeschäfte und einen Handwerksbetrieb geprägt ist.[39] Andererseits kann das Gebot der gegenseitigen Rücksichtnahme im Einzelfall dazu führen, daß der Betrieb oder die geplante Erweiterung eines Gewerbebetriebes die Nutzung eines benachbarten Gebäudes zu Wohnzwecken in Rechnung stellen muß. Die Grundregel des Baurechts, daß bauliche Anlagen den allgemeinen Anforderungen an gesunde Wohn- und Arbeitsverhältnisse entsprechen müssen, kann trotz der grundsätzlichen Gleichstellung von „Betriebswohnungen" mit den übrigen baulichen Anlagen in Industriegebieten im Einzelfall eine unterschiedliche Schutzbedürftigkeit für die Menschen, die auf dem Nachbargrundstück nur arbeiten, und diejenigen begründen, die hier auch wohnen. So kann etwa der TA-Lärm-Immissionsrichtwert für Industriegebiete von 70 dB (A) auch nachts bei einer in unmittelbarer Nähe eines Wohnhauses arbeitenden Anlage unterschritten werden müssen, wenn auch mit Schallschutzfenstern im Einzelfall ein hinreichender Lärmschutz nicht gewährleistet werden kann. Deshalb obliegt der Baugenehmigungsbehörde im Verhältnis zu den Grundstücksnachbarn die von diesen notfalls einzuklagende Pflicht zur fehlerfreien Ausübung des Ermessens, wenn sie im Weg der Ausnahme im Industriegebiet eine Betriebswohnung zulassen möchte.[40] Betriebe können auch geltend machen, daß betriebsbezogene Wohnungen nicht in allgemeine, frei verfügbare Wohnungen umgewidmet werden dürfen, um die Legalisierung einer nach Städtebaurecht und nach Immissionsschutzrecht vorbeugend zu verhindernden Gemengelage zu vermeiden. Die allgemeine Wohnnutzung würde hier bodenrechtlich beachtlich erst noch ausgleichsbedürftige Spannungen begründen, weil sie schädlichen Umwelteinwirkungen ausgesetzt wäre oder künftig ausgesetzt werden könnte.[41] Im übrigen fügt sich eine − damit nicht mehr mit Nachbarschaftsklagen zu verhindernde − Wohnbebauung in die Eigenart der durch Wohnbebauung und einen Gewerbebetrieb − hier: Auslieferungslager eines Molkereibetriebes − geprägte Umgebung ein, wenn sie nicht stärker[42] − zumutbaren − Belästigungen ausgesetzt sein wird als die bereits vorhandene Wohnbebauung.[43] Für die Frage, ob eine beabsichtigte Wohnnutzung sich in die Eigenart der durch einen Lärm emittierenden gewerblichen oder industriellen Betrieb geprägten näheren Umgebung innerhalb eines unbeplanten Innenbereichs einfügt, können die Richtwerte der TA Lärm zugrunde gelegt werden.[44] Sind die in der TA Lärm festgesetzten Richtwerte im Hinblick auf den erforderlichen Interessenausgleich zwischen benachbarten Gebieten unterschiedlicher Schutzwürdigkeit nicht ohne weiteres anwendbar, so darf der zu bildende „Mittelwert" nicht schematisch im Sinne einer mathematischen Interpolation festgesetzt werden. In einem mit der Pflicht zur Rücksichtnahme belasteten

---

39) Bundesverwaltungsgericht, Urt. v. 16. 3. 1984 − BVerwG 4 C 50.80 − BauR 1984, 612 = BRS 42 Nr. 73 = *Buchholz* 406.11 § 34 BBauG Nr. 100 = DÖV 1984, 857 = NVwZ 1984, 511 Nr. 10 = ZfBR 1984, 148.

40) Sehen Sie Fn. 38.

41) Bundesverwaltungsgericht, Urt. v. 27. 5. 1983 − BVerwG 4 C 67.78 − BauR 1983, 443 = BRS 40 Nr. 56 = *Buchholz* 406.11 § 29 BBauG Nr. 31 = DÖV 1984, 308 (L) = MDR 1984, 518 Nr. 118 = ZfBR 1984, 45.

42) Im Sinne eines „Mittelwertes" nach Bundesverwaltungsgericht, Tunnelofen- oder Herzstück-Urt. v. 12. 12. 1975 − BVerwG 4 C 71.73 = BVerwGE 50, ‹50 f.› = BauR 1976, 100 = BayVBl. 1976, 248 = Betrieb 1976, 363 = BRS 29 Nr. 249 = *Buchholz* 406.25 BImSchG § 5 Nr. 1 = DVBl. 1976, 214 = DÖV 1976, 387 mit Anm. von *Kutscheid* (S. 663) = EPlaR III BVerwG 12.75 = *Feldhaus*, Immissionsschutz ES BImSchG § 5−2 = GewArch 1976, 99 = JR 1976, 259 = JuS 1976, 599= MDR 1976, 607 = VerwRspr. 27, 857.

43) Bundesverwaltungsgericht, Beschl. v. 5. 3. 1984 − BVerwG 4 B 171.83 − *Buchholz* 406.11 § 34 BBauG Nr. 98 = DÖV 1984, 856 = NVwZ 1984, 646 Nr. 11 = ZfBR 1984, 147.

44) Bundesverwaltungsgericht, Beschl. v. 23. 8. 1983 − BVerwG 4 B 95.83 und 103.83 − Städtetag 184, 149.

Gebiet muß ein Mehr an Lärmimmissonen hingenommen werden und erhöht sich demgemäß die Grenze, jenseits derer schädliche Umwelteinwirkungen im Sinne von § 3 Abs. 1 Nr. 1 BImSchG vorliegen.[45] Die Erhöhung hat in der Weise graduell zu geschehen, daß die störende Nutzung der angrenzenden schutzwürdigen Nutzung die – im Verhältnis zu dem aus ihrer eigenen Gebietsstruktur sich herleitenden allgemeinen Störgrad – nächsthöhere Stufe des Lärmschutzes zugestehen, die gestörte Nutzung diese Stufe aber auch dann hinnehmen muß, wenn sie ihrem Charakter für sich gesehen nicht entspricht. So würden also auch für ein an ein Gewerbegebiet angrenzendes Reines Wohngebiet nicht die Mittelwerte der für beide Gebiete geltenden Regelwerte, sondern im Regelfall tagsüber 60 dB (A) und nachts 45 dB (A) gelten. Für die einzelne Anlage können sich weitergehende Anforderungen ergeben, wenn das Hinzutreten weiterer emittierender Anlagen berücksichtigt werden soll.[46]

Andererseits beeinflußt die Nähe einer Fabrik, deren Lärmimmissionen bis zu einem gewissen Grad geduldet werden müssen und die Schutzbedürftigkeit des Wohngebietes mindern, nicht den Gebietscharakter als solchen. Der Umstand, daß zwei Bereiche mit sehr verschiedenartiger Grundstücksnutzung aufeinandertreffen, rechtfertigt es nicht, diese Bereiche in der bodenrechtlichen Bewertung einander anzunähern. Vielmehr verschärft eine Neuausweisung eines Reinen Wohngebietes als Allgemeines Wohngebiet, die dem tatsächlichen Gebietscharakter nicht entspricht, eher die vorhandene Konfliktsituation, als daß sie zur Konfliktbewältigung beiträgt. Denn sie ermöglicht das Eindringen einzelner Störungsquellen.[47]

Jedoch darf eine Gemeinde im Rahmen eines Grundstücksverkaufsvertrages die Bestellung einer beschränkten persönlichen Dienstbarkeit des Inhalts durchsetzen, daß auf einem durch einen Bebauungsplan als Gewerbegebiet ausgewiesenen Grundstück eine bestimmte Art des Gewerbes nicht ausgeübt werden darf, um die Absicht zu verfolgen, ein in dem angrenzenden Wohngebiet gelegenes Einkaufszentrum zu stärken, das Gewerbegebiet selbst in Anbetracht der knappen Industrieansiedlungsfläche nur dem verarbeitenden Gewerbe vorzubehalten und vom benachbarten Wohngebiet zu entflechten.[48]

5. Natur- und Landschaftsschutz

Die Naturschutzgesetze der Länder mit ihren verschiedenartigen Regelungen über Inhalte, Zuständigkeiten und Verfahren für die Landschaftsplanung erschweren es, allgemeingültige Aussagen von ausreichender Präzision über deren Zusammenwirken mit der Bauleitplanung zu machen. Dies haben Beratungen in den zuständigen Gremien des Deutschen Städtetages erst kürzlich ergeben.[49] Danach läßt sich die in den einzelnen Bundesländern mit den jeweiligen Naturschutzgesetzen unterschiedlich ausgestaltete Landschaftsplanung im wesentlichen in drei Gruppen mit unterschiedlicher Rechtswirkung einteilen:

---

45) Bundesverwaltungsgericht, Beschl. v. 29. 10. 1984 – BVerwG 7 B 149.84 – DVBl. 1985, 397 = NVwZ 1985, 186 = *Ule/Laubinger*, BImSchG-Rspr. § 48 Nr. 12.
46) Bayerischer Verwaltungsgerichtshof, Beschl. v. 21. 11 1989 – 20 CS 89.1924 – NVwZ-RR 1990, 549 = *Ule/Laubinger*, BImSchG-Rspr. § 3 Nr. 90.
47) Oberverwaltungsgericht für Nordrhein-Westfalen in Münster, Urt. v. 16. 9. 1985 – 11 a NE 14/85 – UPR 1986, 151.
48) Bundesgerichtshof, Urt. v. 24. 6. 1983 – V ZR 167/82 – NJW 1984, 924 Nr. 9.
49) Zusammenwirken von Landschafts- und Bauleitplanung, der städtetag 2/1991, 166.

– Landschaftsplanung mit eigenständiger Rechtsverbindlichkeit,
– Landschaftsplanung, die ihre Rechtswirkung erst durch Übernahme in die Bauleitplanung erhält,
– Landschaftsplanung als integrierter Bestandteil der Bauleitplanung.

Die durch die Gemeinden aufzustellenden Landschaftspläne und Grünordnungspläne sind bei der Vorbereitung der Bauleitplanung mit ihren Aussagen zu Natur und Landschaft sowie den Fachbeiträgen zur Naturschutz- und Freiraumplanung auf kommunaler Ebene eigenständige Instrumente der Landschaftsplanung. Gleichzeitig dienen sie bei der Vorbereitung der Bauleitplanung als Abwägungsmaterial. Sie sind ein wesentliches Element der im Rahmen der Bauleitplanung vorzunehmenden Umweltverträglichkeitsprüfung. Sie kann vor allem

– Daten zum vorhandenen oder zu erwartenden Zustand von Natur und Landschaft einschließlich der Auswirkungen der vergangenen, gegenwärtigen und vorausschaubaren Raumnutzungen zu liefern sowie
– die Konkretisierung der Ziele und Grundsätze des Naturschutzes und der Landschaftspflege für den Planungsraum vornehmen.[50]

Es gibt eine größere Zahl von Entscheidungen zur Bedeutung der Belange des Natur- und Landschaftsschutzes im Rahmen der Bauleitplanung und der Fachplanung sowie insbesondere zur Wahrung naturschutzrechtlicher Belange bei Vorhaben im Außenbereich.[51]

Das Verhältnis der naturschutzrechtlichen Eingriffsregelung des § 8 BNatSchG zu den Vorschriften des Baugesetzbuches über die Zulässigkeit von Vorhaben und die Bauleitplanung versuchte jüngst eine Dissertation weiter aufzuhellen.[52]

In Bayern wurde eine selektive Erfassung wertvoller Biotope durchgeführt. Kriterien für die Einbeziehung bei der Stadtbiotopkartierung waren Seltenheit, Ersetzbarkeit, Nutzung, Nutzungsintensität, Alter, Größe, Entfernung vom Stadtzentrum, Arten- und Strukturenvielfalt, Störungen und Belastungen sowie Vernetzung. Dargestellt wurde, daß die Stadtbiotopkartierung nicht – wie vielfach befürchtet – lediglich ein Hemmschuh für die zügige bauliche Nutzung städtischer Freiflächen ist, sondern sachgerechte planungsrechtliche Entscheidungen ermöglicht und fördert.[53]

Allerdings wurde die Restverfüllung eines Kalksteinbruches gemäß § 8 Abs. 3 Satz 2 Nr. 1 AbfG mit dem Hinweis versagt, daß sich in den seit Anfang der sechziger Jahre stillgelegten Steinbrüchen Pflanzengesellschaften entwickelt haben, die wegen ihrer Seltenheit und Artenvielfalt besonders schutzwürdig sind. Der betroffene und ein weiterer Steinbruch des Inhabers wurden später unter Naturschutz gestellt. Nach rechtskräftiger Abweisung verwaltungsrechtlicher Klagen blieb auch die Klage auf Entschädigung ohne Erfolg:[54] Vorschriften zum Schutz von Biotopen gelten auch für Sekundärbiotope. Vorschriften zum Schutz von Biotopen verdrängen die abgrabungsrechtliche Verpflichtung zur Rekultivierung, wenn ein Biotop im Abgrabungsbereich entstanden ist. Die Versagung einer abfallrechtlichen Verfüllung aus Naturschutzgründen ist eine Sozialbindung des Eigentums.

---

50) *Gassner, E.*, Zum Zusammenwirken von Naturschutz und Baurecht, NVwZ 1991, ‹31›,
51) *Dürr, H.*, Das Verhältnis des Naturschutzrechts zum Baurecht und Fachplanungsrecht in der Rechtsprechung der Verwaltungsgerichte, UPR 1991, 81 mit Hinweisen auf frühere Übersichten anderer Autoren.
52) *Kuchler, F.*, Naturschutzrechtliche Eingriffsregelung und Bauplanungsrecht – Das Verhältnis der naturschutzrechtlichen Eingriffsregelung zu den Vorschriften des Baugesetzbuches über die Zulässigkeit von Vorhaben und die Bauleitplanung. Schriften zum Umweltrecht, Berlin 1989.
53) *Buchreiter-Schulz, M./Kreitmayer, Chr.*, Die Stadtbiotopkartierung – eine Herausforderung für die Bauleitplanung und die Baugenehmigungspraxis im Siedlungsbereich, NuR 1991, 107.
54) OLG Hamm, Urt. v. 2. 3. 1989 – 22 U 106/88 – NuR 1991, 43 mit Anm. von *Carlsen*.

Ist deshalb bereits auf Grund des Abfallgesetzes eine vom Inhaber als wirtschaftlich sinnvoll angesehene Nutzung des betroffenen Grundstücks versagt worden, kann im Hinblick auf diese Nutzung die Naturschutzverordnung keine enteignende Wirkung mehr entfalten.

Hingegen unterlag ein bayerisches Landratsamt, als es die in der wasserrechtlichen Erlaubnis von 1966 vorgesehene und über längere Zeit von den Behörden als zu langsam beanstandete weitere Verfüllung eines Kiesbaggerteiches 1988 untersagte, weil aus heutiger naturschutzfachlicher Sicht im westlichen Teil der ehemaligen Kiesabbaugeländes ein Sekundärbiotop größter Bedeutung für den Tierartenschutz entstanden sei und zudem die offene Wasserfläche, insbesondere zusammen mit dem Sekundärbiotop, ökologisch wertvoller sei als die nach Verfüllung geplanten Kleingartenparzellen:[55] Der Widerruf einer wasserrechtlichen Erlaubnis könne nicht auf naturschutzfachliche Gründe gestützt werden. Wasserwirtschaftlichen Bedenken in bezug auf die Wiederverfüllung eines Kiessees darf zur Wahrung des Verhältnismäßigkeitsgrundsatzes nur nach Ausschöpfen aller anderen Möglichkeiten durch Widerruf einer Naßauskiesungserlaubnis entsprochen werden, weil mit dem Widerruf ein erheblicher Eingriff in das Grundeigentum verbunden ist. Im Gegensatz zu anderen Gewässerbenutzungen, die ohne weiteres eingestellt werden können und lediglich vorhandene Anlagen überflüssig machen, entstünde hier auf Grund des Widerrufs der wasserrechtlichen Erlaubnis ein oberirdisches Gewässer. Das Grundeigentum würde substantiell umgestaltet. Die von der Eigentümerin beabsichtigte und der wasserrechtlichen Erlaubnis zugrundeliegende Nutzung und Verwertung als Erdoberfläche entfällt. Ein Bestehenbleiben des Gewässers erfordere hohen Aufwand zum Grundwasserschutz.

55) Bayerischer Verwaltungsgerichtshof in München, Urt. v. 31. 5. 1990 – 22 B 89.1582 – NuR 1991, 28.

EBERHARD SCHMIDT-ASSMANN

Verwaltungsverträge im Städtebaurecht

I. Baurechtstradition und Baurechtsprägung des allgemeinen Verwaltungsvertragsrechts

Zahlreiche Rechtsinstitute, die heute zu den Standardlehren des Verwaltungsrechts zählen, sind aus dem Baurecht hervorgegangen. Bauordnungs- und Bauplanungsrecht gehören so zu den klassischen „Referenzgebieten", aus denen das allgemeine Verwaltungsrecht seine Beispiele und seine Entwicklungsanstöße zu beziehen pflegt. *Konrad Gelzer* hat diese herausgehobene Stellung des öffentlichen Baurechts früh erkannt und zu seinem Teil über Jahrzehnte hin mitgestaltet. Nicht die einzelne Vorschrift allein, sondern die Systematik, die Verallgemeinerungsfähigkeit der Lösung, der Institutionenzusammenhang sind darstellungsleitende Gesichtspunkte, die seine Schriften prägen und ein Werk wie das „Bauplanungsrecht" zu seinem Erfolg geführt haben. Die jüngere verwaltungsrechtliche Dogmatik spiegelt zu einem nicht unerheblichen Teil Baurechtsentwicklung wider: Das Ermessen komplexer Verwaltungsentscheidungen und das ihm zugeordnete Gefüge der Abwägungskontrollen,[1] der Verwaltungsakt mit Drittwirkung und die prozeßrechtliche Ausformung des Drittschutzes,[2] die Verfahrensfehlerlehre der administrativen Normsetzung[3] − Eckpunkte heutiger allgemein-verwaltungsrechtlicher Erkenntnisse, sie alle sind wesentlich aus dem Baurecht abgeleitet und von der baurechtlichen Literatur geformt worden!

1. Entwicklungslinien und Spannungen des Verwaltungsvertragsrechts

Zu den Rechtsinstituten, in denen baurechtliche Traditionen kräftig wirken, gehört auch der *Verwaltungsvertrag.*[4] Wir verstehen darunter ohne Rücksicht auf ihre Zuordnung zum privaten oder öffentlichen Recht alle Verträge, an denen mindestens auf einer Seite als Vertragspartner die öffentliche Verwaltung beteiligt ist. Die weitaus meisten Gerichtsurteile, die die Amtliche Begründung zu den §§ 54 ff. VwVfG zitiert, beziehen sich auf städtebauli-

---

1) Dazu die Systematik der Planungsleitsätze bei *Gelzer,* Das neue Bauplanungsrecht, 1964, §§ 11 ff.; danach die grundlegenden Entscheidungen des Bundesverwaltungsgerichts vom 12. 12. 1969, BVerwGE 34, 301 ff., und vom 5. 7. 1974, BVerwGE 45, 309 ff. („Flachglas") mit dem Urteil der Vorinstanz OVG Münster DVBl. 1972, 672.

2) *Laubinger,* Der Verwaltungsakt mit Doppelwirkung, 1967, insbesondere S. 34 ff.; zu prozessualen Fragen *Gelzer* NJW 1958, 325 ff., 1959, 1985 ff. und BauR 1977, 1 ff.

3) *Gelzer,* Bauplanungsrecht, 4. Aufl., 1984, S. 177 ff.; *Morlock,* Die Folgen von Verfahrensfehlern am Beispiel von kommunalen Satzungen, 1988 (25 ff.).

4) *Schmidt-Aßmann/Krebs,* Rechtsfragen städtebaulicher Verträge. Schriftenreihe des Bundesministers für Raumordnung, Bauwesen und Städtebau, 1988.

che Verwaltungsverträge.[5] Die Realität der Ansiedlungs-, Folgekosten- und Ablösungsverträge begleiteten die gesetzgeberischen Überlegungen als Anschauungsmaterial gleichsam auf Schritt und Tritt. Auch die Spannungen, die die Entwicklung gerade dieses Instituts immer wieder beeinflußt und zu mancherlei bis heute spürbaren Friktionen geführt haben, sind hier bereits angelegt. So indiziert die zwischen den Obersten Bundesgerichten lange Zeit kontroverse Rechtswegfrage tieferliegende Schwierigkeiten in der Zuordnung gemischter, d. h. öffentlich-rechtliche und privatrechtliche Elemente verschränkender Vertragsgestaltungen, wie sie für das Baurecht typisch sind. Der nach der Entscheidung des Bundesgerichtshofs vom 12. 7. 1971[6] eingetretene Friede im Rechtswegstreit kann nicht darüber hinwegtäuschen, daß der Dualismus der Vertragsregime des öffentlichen und privaten Rechts auch heute noch zu Abgrenzungs- und Zuweisungsschwierigkeiten führt, die durch eine möglichst weitreichende inhaltliche Annäherung der beiden Vertragsrechtsordnungen behoben werden sollten (vgl. unter III).

Als Baurechtsfragen treten in der Rechtsprechung dann auch jene allgemeinen Probleme hervor, die nach wie vor das Kernthema des Verwaltungsvertragsrechts bilden: die Fragen nach dem *Verhältnis von Vertrag und Gesetz*. Die gegensätzlichen Determinanten dieses Verhältnisses sind bereits in der ersten Entscheidung vom 4. 2. 1966, in der sich das Bundesverwaltungsgericht dieses Gegenstandes ausführlich annahm, klar herausgearbeitet.[7] Die bisherige Rechtsentwicklung zusammenfassend, sagt das Gericht: „In hervorragendem Maße trägt die grundsätzliche Anerkennung der Rechtmäßigkeit des Verwaltungshandelns in Form von öffentlich-rechtlichen Verträgen auch der im modernen Rechtsstaat gegenüber obrigkeitsstaatlichen Vorstellungen völlig geänderten rechtlichen Stellung des früher lediglich als Verwaltungsobjekt betrachteten Bürgers Rechnung." Ebenso klar aber wird erkannt, daß die rechtlichen Schwierigkeiten der Überprüfung der Rechtsgültigkeit der vertraglichen Regelung allerdings erst jenseits der grundsätzlichen Anerkennung des Vertrages als Handlungsform beginnen: „Im letzteren Bereich wird die Rechtsgültigkeit des Vertrages im Einzelfall sorgfältig auf ihre Verträglichkeit mit den Grundsätzen der Gesetzmäßigkeit der Verwaltung, des Vorbehalts des Gesetzes und des Gleichheitsgrundsatzes geprüft werden müssen."[8] Die rechtsstaatlichen Spannungen, die im Institut des Verwaltungsvertrages selbst angelegt sind, und die Schwankungen, denen seine Wertschätzung wie die keiner anderen Handlungsformen der Verwaltung in der Rechtslehre immer wieder unterworfen gewesen ist, sind bereits in dieser ersten grundlegenden Entscheidung des Bundesverwaltungsgerichts spürbar.[9] Schwankungen aber sind für die Praktikabilität eines Instituts und für eine kontinuierliche und verläßliche Ausbildung seiner Dogmatik kein günstiger Rechtsboden.

Auch die höchstrichterliche Rechtsprechung blieb von solchen Schwankungen nicht frei: Deutlich zurückhaltendere Töne gegenüber Verwaltungsverträgen sind in der Entscheidung vom 6. 7. 1973 angeschlagen.[10] Hier wird zunächst an die Bindung allen Verwaltungshandelns an „Gesetz und Recht (Art. 20 Abs. 3 GG)" erinnert, die im Mittelpunkt der Beurteilung verwaltungsrechtlicher Verträge zu stehen habe und durch keinerlei Wendungen verdunkelt werden dürfe. Das Bundesverwaltungsgericht stellt die vertragschließende Verwaltung dann zwar vom allgemeinen Erfordernis einer gesetzlichen Ermächtigungsgrund-

---

5) BTDrucks. 7/910, S. 77 ff.
6) BGHZ 56, 365 (372).
7) BVerwGE 23, 213 (215 f.).
8) A. a. O., 216.
9) Vgl. die Analyse von *Weyreuther*, in: Festschrift für Reimers, 1979, 379 ff.
10) BVerwGE 42, 331 ff.

lage frei, formuliert jedoch im Anschluß daran zahlreiche Schranken und Klauseln, die beim Abschluß von Folgekostenverträgen zu beachten sind. Ganz allgemein heißt es zu ihrer Begründung:[11] „Verwaltungsrechtliche Verträge sind stärker als privatrechtliche anfällig dafür, daß ein dem Vertrag vorgegebenes Machtgefälle ausgenutzt wird und als Folge dessen von einer echten Freiheit der am Vertrag Beteiligten nicht gesprochen werden kann." Hier ist ein allgemeines Mißbehagen formuliert, das in unterschiedlichem Gewand immer wieder auftritt. Die strikte Ablehnung aller Arten von Planaufstellungsverträgen beispielsweise, so sehr sie positivrechtlich aus der Systematik der §§ 1 ff. BauGB abgeleitet werden mag,[12] dürfte in diesem Befund seine tiefere Ursache haben.

Deutlicher noch sind die Unsicherheiten und Spannungen des Vertragsrechts in der *Verwaltungsrechtslehre* zu spüren. Viel zu lange hatte sich das wissenschaftliche Schrifttum noch unter dem Grundgesetz mit allgemeinen Zulässigkeitsfragen beschäftigt, statt endlich eine Vertragsrechtsdogmatik von einer dem Zivilrecht vergleichbaren Präzision zu entwikkeln. Viel zu lange wurde *Otto Mayers* dem Vertrag gegenüber ablehnende Stellungnahme hin und her gewogen, obwohl — worauf jüngst *Hartmut Maurer* zutreffend aufmerksam gemacht hat[13] — nicht nur die Verwaltungspraxis, sondern auch fast alle seit dem 19. Jahrhundert erschienenen Darstellungen des Verwaltungsrechts den Verwaltungsvertrag als Institut grundsätzlich anerkannten. Mit der Normierung des öffentlich-rechtlichen Systemteils des Verwaltungsvertragsrechts im Verwaltungsverfahrensgesetz von 1976 sind zwar wichtige Grundpositionen ex lege festgestellt worden. Doch ging es in der Literatur auch in der Folgezeit nicht ohne fortgesetzte Bekundungen rechtsstaatlicher Zweifel ab. Insbesondere die Fehlerfolgenregelung des § 59 VwVfG hat sich als Ort erwiesen, immer wieder allerlei tatsächliche oder vermeintliche Bedenklichkeiten des Verwaltungsvertragswesens — regelmäßig in einer sehr abstrakten, einem konkreten Verwaltungsvertragsrecht wenig förderlichen Weise — vorzutragen.[14] Manche Stellungnahme des Schrifttums vermittelt den Eindruck, es finde das Vertragsrecht seine höchste rechtsstaatliche Erfüllung in einer extensiven Nichtigkeitslehre. Die Judikatur ist in diesem Punkt nüchterner und versucht, dem Grundsatz pacta sunt servanda möglichst Rechnung zu tragen.[15]

2. Städtebauliche Verträge in der Praxis

Die hier deutlich werdenden Unsicherheiten und Entwicklungsrückstände der Vertragsrechtslehre sind um so störender, je stärker sich vertragliche Gestaltungsformen die Verwaltungspraxis erobert haben. Auch hier kommt dem Baurecht eine führende Rolle zu. Eine für Vorarbeiten zum Baugesetzbuch im Bundesministerium für Raumordnung, Bauwesen und Städtebau gebildete Arbeitsgruppe faßte ihre Eindrücke von der städtebaulichen Vertrags-

---

11) A. a. O., 342.
12) BVerwG BauR 1980, 333 ff. und 1982, 30 ff.
13) *Maurer* DVBl. 1989, 798 ff.
14) *Schimpf,* Der verwaltungsrechtliche Vertrag unter besonderer Berücksichtigung seiner Rechtswidrigkeit, 1982; *Bleckmann* NVwZ 1990, 601 ff.
15) Vgl. z. B. OVG Münster NJW 1989, 1879 f.; VGH München NVwZ 1990, 979 ff. In diesem Sinne auch die Schrift von *Efstratiou,* Die Bestandskraft des öffentlich-rechtlichen Vertrages, 1988, insbesondere S. 194 ff.

praxis 1984 folgendermaßen zusammen:[16] „Vertragliche Vereinbarungen sind für den Städtebau von großer Bedeutung. Sie tragen viel zur Verwirklichung städtebaulicher Ziele im Einvernehmen von Gemeinde und Bürger bei." Systematische Auswertungen zeigen Schwerpunkte der städtebaulichen Praxis auf folgenden Gebieten:[17]

— *Kommunales Grundstückswesen:* Freihändiger Erwerb, Sonderverträge für spezielle Ziele der Baulandbereitstellung („Einheimischenmodelle"), Enteignungsverträge, Verträge im Vorfeld der Enteignung und vertragliche Gestaltungen zur Abwendung von Vorkaufsrechten.

— *Kooperationsformen im Umlegungsrecht:* Vorwegregelungen nach § 76 BauGB, Vereinbarungen zur Vorbereitung oder Erleichterung der amtlichen Umlegung sowie vertragliche Gestaltungen der sog. freiwilligen Umlegung.

— *Verträge im Zusammenhang mit Erschließungsmaßnahmen:* Erschließungs-, Vorfinanzierung-, Vorauszahlungs- und Ablösungsverträge.

— *Sanierungsbezogene Vertragsgestaltung:* Sanierungsträgerverträge, Vertragsregelungen bei Ordnungs- und Baumaßnahmen der Eigentümer, Verträge über Ausgleichsbeträge und Kostenerstattungen.

— *Kooperationsformen des Bebauungsrechts:* Ablösungs- und Dispensverträge, Formen einseitigen Verzichts oder Anerkenntnisses im Vorfeld einvernehmlicher Rechtsgestaltungen.

— *Planungs- und Plangewährleistungsabreden:* Vertragsgestaltungen außerhalb des Bereichs rechtlich unzulässiger Planaufstellungsabreden, z. B. Planvorbehaltsklauseln in Verbindung mit der Einräumung von Ankaufs- oder Rückkaufsrechten.

— Förderungsvereinbarungen nach § 87 b und § 88 d des II. WohnbauG.

Nur einige dieser Einsatzgebiete des Vertrages sind im positiven Recht als Bereiche vertraglicher Gestaltung ausdrücklich gekennzeichnet. Im übrigen hat sich der Vertrag ohne gesetzliche Grundlage zu einer zweiten Verwirklichungsform städtebaulicher Maßnahmen *neben* dem gesetzlichen Vollzugsinstrumentarium entwickelt. Der rechtskonstruktiven Phantasie, einzelne der soeben aufgezeigten Bauformen von Verträgen zu komplexen Vertragswerken zu kombinieren, scheinen kaum Grenzen gesetzt. Zu den eigentlich baurechtlichen Regelungsinhalten sind zunehmend auch umweltpolitische Zielsetzungen und Verschränkungen mit immissionsschutzrechtlichen Regelungen getreten.[18] Längst sind es nicht mehr nur Rechtsgeschäfte mit festem Bindungsgehalt, sondern auch Abreden und Vereinbarungen, deren Verbindlichkeit von den Parteien oft offengelassen wird und deren Bezeichnung als informales Verwaltungshandeln die ganze Unsicherheit ihrer Bedeutung anzeigt.[19] Praktikerberichte über den Ablauf komplexer Sanierungsmaßnahmen vermitteln den Eindruck, als sei der Typ des singulären Vertrages mit überschaubaren Leistungsrelationen längst von einem „Instrumentenmix im Konsensrahmen" verdrängt worden.[20]

So viel administrative Kreativität hat zweifellos ihre guten Seiten. Nur muß sichergestellt

---

16) „Materialien zum Baugesetzbuch". Schriftenreihe des Bundesministers für Raumordnung, Bauwesen und Städtebau, 1984, S. 149 ff. Zur Bedeutung baurechtlicher Verträge im Spiegel der Judikatur vgl. *Maurer/Huther,* Die Praxis des Verwaltungsvertrages im Spiegel der Rechtsprechung, 1989, S. 10 ff.

17) *Schmidt-Aßmann/Krebs,* Städtebauliche Verträge (Fn. 4), S. 2 ff.; „Materialien" (Fn. 16), S. 150; *Krebs,* in: *Hill* (Hrsg.), Verwaltungshandeln durch Verträge und Absprachen, 1990, S. 77 ff.

18) Dazu *Bulling,* in: *Hill,* Hrsg. (Fn. 17), 147 ff.; *Arnold* VerwArch 1989, 125 ff.

19) Dazu mit weiteren Nachweisen *Hoffmann-Riem/Schmidt-Aßmann,* Konfliktbewältigung durch Verhandlungen, 2 Bände, 1990; *Holznagel,* Konfliktlösung durch Verhandlungen, 1990, insbesondere S. 178 ff.

20) Vgl. die Berichte von *Offele* und *Funke,* in: *Hill,* Hrsg. (Fn. 17), S. 90 ff. und 177 ff.

sein, daß die Gesetzesbindung der Verwaltung bei dem allen nicht auf der Strecke bleibt. Dieses angesichts komplexer Vertragsgestaltungen konkret zu gewährleisten, scheint eine sich nach wie vor mit allgemeinen Zweifeln abmühende Vertragslehre freilich wenig gewappnet. Bei den Vorarbeiten zum Baugesetzbuch war deshalb überlegt worden, dem städtebaulichen Vertrag im Gesetz selbst klarere Grundlagen und Grenzen zu geben.[21] Eine solche Normierung wäre der praktischen Bedeutsamkeit des Vertrages und seiner Stellung im städtebaulichen Handlungsformenkanon an sich angemessen. Wenn von einer städtebaueigenen Normierung im Augenblick gleichwohl und im Ergebnis richtigerweise abgesehen worden ist, so einmal deshalb, weil der Zusammenhalt der allgemeinen Vorschriften über verwaltungsrechtliche Verträge in §§ 54 ff. VwVfG nicht vorschnell durch Sonderregelungen auseinandergerissen werden sollte. Zutreffend wurde zudem erkannt, daß die Vertragsproblematik vorrangig in der Struktur und in der Verbindlichkeit der einzelnen fachgesetzlichen Bestimmung liegt, Elementen also, die durch allgemeine Regeln weder generell relativiert noch sonst sicher aufgehellt werden können. Der Gesetzgeber entschloß sich jedoch, durch eine Vorbehaltsklausel auf die Bedeutung und den Gestaltungsspielraum städtebaulicher Verträge im Rahmen des Baugesetzbuchs aufmerksam zu machen: Im Anschluß an die Regelung der Erschließungsverträge heißt es im § 124 Abs. 2 BauGB: „Die Zulässigkeit anderer Verträge, insbesondere zur Durchführung von städtebaulichen Planungen und Maßnahmen, bleibt unberührt." Unbeschadet ihrer systematisch nicht ganz überzeugenden Stellung hat diese Bestimmung für den städtebaulichen Vertrag insgesamt eine Bedeutung, die sich nicht auf Dualismus konstitutiver oder nur deklaratorischer Aussagen reduzieren läßt. Der Gesetzgeber will vielmehr deutlich machen, daß im Baurecht neben den hoheitlichen Vollzug die vertragliche Umsetzung auch dort getreten ist, wo das Gesetz ihn nicht ausdrücklich zuläßt. Der Vorbehalt weist folglich auf eine Parallelisierung der verfügbaren Instrumente hin. Er zwingt zu einer sorgfältigen Analyse des jeweiligen fachgesetzlichen Handlungstatbestandes, der nicht notwendig so ausgelegt werden muß, als sei er exklusiv auf einen Vollzug mittels Hoheitsakt festgeschrieben. § 124 Abs. 2 BauGB hat folglich eine *heuristische Funktion* bei der vertragsangemessenen Bestimmung des Gesetzessinnes. Mit dieser Bedeutung wird er auch in der neueren Rechtsprechung zitiert.[22]

II. Vertrag und Gesetz

Der Angelpunkt des Verwaltungsvertragsrechts ist folglich das Gesetz. Das jeweilige Fachgesetz bezeichnet mit seinen Tatbeständen den Rahmen der vertraglichen Gestaltungsmöglichkeiten. Die Gesetzesbindung des Verwaltungsvertrages, in Art. 20 Abs. 3 GG unbezweifelbar fixiert, ist die notwendige Konsequenz jener elementaren verfassungsrechtlichen Vorgabe, derzufolge der Staat niemals Handlungsfreiheit genießt, sondern kompetenzgerecht zu handeln hat. Verpflichtungsgrundlage der Vertragserklärungen der Verwaltung ist folglich nicht die Vertragsfreiheit des Individuums, sondern die rechtsgebundene Handlungskompetenz, die in der Benutzung der Vertragsrechtsform eine rechtsinstrumen-

---

21) Bericht des Ausschusses für Raumordnung und Städtebau zum Entwurf des Baugesetzbuchs, BT-Drucks. 10/6166, S. 148 f. und 158; *Ernst*, in: *Ernst/Zinkahn/Bielenberg*, Baugesetzbuch, Kommentar (Lsbl., Stand 1990), § 124 Rdn. 19; *Löhr*, in: *Battis/Krautzberger/Löhr*, Baugesetzbuch, 3. Aufl., 1991, § 124 Rdn. 19.
22) BVerwG NVwZ 1990, 665 (666); VGH München NVwZ 1990, 979 (980).

tale Ausgestaltung erfährt. Das gilt für alle Verwaltungsverträge, sie mögen dem öffentlichen oder dem privaten Recht zuzuordnen sein.[23]

Die Bedeutung des einzelnen fachgesetzlichen Tatbestandes für das Verwaltungsvertragsrecht ist vom Bundesverwaltungsgericht zutreffend bereits in der Entscheidung vom 4. 2. 1966 herausgearbeitet worden.[24] Nicht so sehr in abstrakten Aussagen über den Verfassungsgrundsatz der Gesetzesbindung, sondern ganz vorrangig in der sorgfältigen Analyse der diese Bindung ausmachenden Tatbestände des jeweiligen Fachgesetzes liegt folglich die wichtigste Zukunftsaufgabe einer Lehre von den Verwaltungsverträgen. Man mag einwenden, daß die Ausrichtung des Vertragsrechts auf den einzelnen fachgesetzlichen Tatbestand zu einer Einzelnormjudikatur und nicht zu allgemeinen Vertragslehren führe. Das ist im Ausgangspunkt richtig, sagt aber noch nichts gegen die Angemessenheit des hier verfolgten Ansatzes. Zunächst muß es darum gehen, die Bedeutung und den Rang des fachgesetzlichen Tatbestandes für das Verwaltungsvertragsrecht in Erinnerung zu rufen. Die Bezugnahme auf den einzelnen Tatbestand ist zur Auffüllung der vorhandenen allgemeinen Vertragsregeln, insbesondere der §§ 54 ff. VwVfG, unverzichtbar. Aus den Erfahrungen, die bei der Interpretation einzelner Tatbestände gewonnen werden, mögen sich dann − zunächst bereichsspezifisch − übergreifende Vertragsrechtslehren einer „mittleren Konkretheitsebene" ableiten lassen.[25] Das soll an zwei Problemkreisen, der gesetzlichen Bestimmung der Vertragsgestaltung (1) und der Gesetzesabhängigkeit der Fehlerfolgenregelung (2), unter Bezugnahme auf jüngere Rechtsprechung weiter ausgeführt werden.

1. Gesetzesdirigierte Vertragsgestaltung

Das Gesetz gibt dem Vertrag Rahmen und Richtpunkte. Es ist nicht nur Grenze, sondern auch Determinante der Vertragsgestaltung. Die Umsetzung dieser Erkenntnis in das Vertragsrecht bereitet insoweit keine Schwierigkeiten, als es um die vertragliche Ausfüllung eines einzelnen rahmensetzenden Tatbestandes, z. B. einer Ermessensermächtigung, geht. Vielfach bewegen sich Verwaltungsverträge jedoch nicht innerhalb eines einzelnen Tatbestandes, sondern schöpfen Gestaltungsmöglichkeiten aus, die „zwischen" den einzelnen gesetzlich genannten Handlungsmöglichkeiten der Verwaltung liegen. Hier stellt sich die Frage, ob vertraglich etwas vereinbart werden kann, was die Verwaltung mittels ihres hoheitlichen Vollzugsinstrumentariums nicht erreichen könnte. Eine Antwort auf diese Frage läßt sich jedenfalls nicht aus der Lehre vom *Gesetzesvorbehalt* gewinnen.[26] Vertraglich vereinbarte Leistungen sind, unbeschadet ihrer belastenden Wirkung für den Bürger als Vertragspartner der Verwaltung, keine Rechtseingriffe. Man muß dazu nicht einmal die Lehre vom Grundrechtsverzicht bemühen. Die Annahme, der Bürger dürfe sich gegenüber der Verwaltung nur verpflichten, wenn das Gesetz dazu ermächtige, müßte den elementaren Sinn grundrechtlicher Freiheit und die Möglichkeiten ihrer Betätigung in das Gegenteil verkehren.

Fraglich bleibt jedoch, ob die Eingriffsinstrumente eines Gesetzes eine abschließende Regelung insofern darstellen, als sie den Zuschnitt auch der vertraglichen Bewirkungsmög-

---

23) *Schmidt-Aßmann/Krebs*, Städtebauliche Verträge (Fn. 4), S. 76 ff. m. w. N.

24) BVerwGE 23, 213 (216): sorgfältige Ermittlung der für die Gestaltung der Rechtsbeziehungen zwischen Staat und Bürger im Einzelfall geschaffenen spezialgesetzlichen Regelungen.

25) Ähnlich vorsichtig die Suche nach „Auslegungsrichtlinien" bei *Weyreuther* (Fn. 9), S. 392 f. und *Meyer/Borgs*, Verwaltungsverfahrensgesetz, 2. Aufl. 1982, § 59 Rdn. 25.

26) *Schmidt-Aßmann/Krebs,* Städtebauliche Verträge (Fn. 4), S. 110 ff.

lichkeiten begrenzen und sich dadurch als *Gesetzesvorrang* zur Geltung bringen. In älteren Urteilen findet sich dazu der Hinweis, es gebe keinen allgemeinen Satz des Inhalts,[27] „daß die Ausübung der staatlichen Gewalt durch rechtsgeschäftliche Vereinbarung anders geregelt werden könne, als durch das Gesetz vorgeschrieben, es sei denn, daß im Gesetz selbst solches ausdrücklich zugelassen worden ist". Auch heute gibt es einen allgemeinen Satz dieses Inhalts nicht. So werden etwa Abgabentatbestände bis in die jüngste Zeit hinein zutreffend in dem Sinne als exklusiv angesehen, daß ohne einen erkennbaren Ansatz im Gesetz keine abweichenden Vereinbarungen getroffen werden können.[28] Das Abgabenrecht ist aber für den Gesamtbestand der Verwaltungsgesetze nicht (mehr) repräsentativ. Gesetze sind heute nicht nur Reihungen von Eingriffstatbeständen, sondern Handlungsprogramme. Sie umreißen, wie *Ulrich Scheuner* es bereits 1969 formuliert hat, „Aufträge" an die Verwaltung.[29] Die dem Polizeirecht vertraute Unterscheidung von Aufgaben- und Befugnisnormen unterstreicht diesen Befund. Neuere Gesetze gehen in ihren Strukturen sogar darüber hinaus und stellen ihren Einzelregelungen allgemeine Zweckvorgaben voran.[30] Im Kontext eines solchen Gesetzes markiert die tatbestandliche Grenze der Eingriffsbefugnis nur jenen Bereich, den die Verwaltung unter Einsatz ihres hoheitlich-einseitigen Zugriffsinstrumentariums regeln kann, nicht aber das, was sie zur Erfüllung des gesetzlichen Auftrages sonst unternehmen darf und u. U. unternehmen muß. Das Bundesverwaltungsgericht hat dieser geänderten Gesetzesstruktur zunächst behutsam im Urteil vom 6. 6. 1984 für das bodenordnende Instrumentarium des Bundesbaugesetzes Rechnung getragen.[31] Die Planakzessorietät der Umlegung erscheint hier als konkreter Ausdruck des allgemeinen Gesetzeszwecks. Das Gericht arbeitet zutreffend den instrumentalen Charakter des einzelnen Eingriffstatbestandes im Rahmen des Planverwirklichungsprogramms heraus. Die Umsetzung des Plans ist der Auftrag an die Verwaltung, und in diesem Licht spricht nichts für eine Exklusivität der gesetzlich normierten Eingriffstatbestände. „Hinter der weitgehenden Offenheit des Umlegungsrechts für einvernehmliche Regelungen mit allen oder den betroffenen Eigentümern steht das gesetzgeberische Ziel, mit dem Abschluß des Verfahrens möglichst eine abschließende Bereinigung der Rechtsverhältnisse zu erreichen, so daß dann ohne weitere Verfahren unmittelbar der Plan vollzogen werden kann."[32] Im Urteil vom 15. 12. 1989 wird dieser Gedanke aufgenommen und weiter ausgebaut.[33] In dem zu beurteilenden Vertrag hatte sich eine Gemeinde für die Gewährung von Wirtschaftsförderungsmitteln u. a. das Recht einräumen lassen, über die gesetzlichen Vorschriften hinaus planungs- und immissionschutzrechtliche Anforderungen an den geförderten Betrieb zu stellen. Die Vertragsgestaltung lag folglich zwischen dem Handlungsarsenal des Baugesetzbuchs und dem des Bundesimmissionsschutzgesetzes. Das Bundesverwaltungsgericht analysiert das Instrumentarium beider Gesetze und gelangt zu der zutreffenden Erkenntnis, daß keines von beiden die Aktivitäten der Gemeinde versperre, sich vertraglich Bestimmungsmöglichkeiten einräumen zu lassen, die sie einseitig hoheitlich nicht besitzt. Beide Urteile interpretieren den einzelnen Eingriffstatbestand nicht mehr nur aus sich heraus, sondern

---

27) BVerwGE 4, 111 (114); 5, 128 (132).

28) BVerwG, Urt. v. 1. 12. 1989, DVBl. 1990, 438 (439) mit zust. Anmerkung von *Götz*, dort 441.

29) *Scheuner* DÖV 1969, 585 ff.; in jüngster Zeit grundsätzlich dazu *Schulze-Fielitz*, Theorie und Praxis parlamentarischer Gesetzgebung, 1988, S. 135 ff. (188 f.).

30) Vgl. § 1 BImSchG, §§ 1, 2 BNatSchG.

31) BVerwG NJW 1985, 989 f.

32) A. a. O., 990; für einen zivilrechtlichen städtebaulichen Vertrag im Ergebnis ebenso BGH, Urt. v. 23. 6. 1983; NJW 1984, 924 f. und v. 7. 2. 1985; NJW 1985, 1892 f.

33) BVerwG NVwZ 1990, 665 f.

entscheiden die Frage seiner Sperrfunktion für vertragliche Gestaltungen aus dem Gesamt-zusammenhang des im Licht der gesetzlichen Zwecksetzung gedeuteten Instrumentenkan-ons. Neben die einseitig-hoheitlichen Eingriffsermächtigungen tritt auf diese Weise die gesetzesdirigierte vertragliche Bewirkungsform. Für die aufgabenzuweisenden Fachgesetze neueren Zuschnitts kann folglich – vorbehaltlich genauerer Analyse – immerhin von einer Vermutung gegen die Exklusivität des Eingriffsinstrumentariums ausgegangen werden.

Die Vorstellung einer gesetzesdirigierten Vertragsgestaltung ist die dem Institut des Verwaltungsvertrages adäquate Form der Gesetzesgebundenheit. Sie beläßt den Vertrags-partnern den erforderlichen Gestaltungsrahmen, sorgt aber dafür, daß die Verwaltung diesen Rahmen nicht als Vertragsfreiheit mißversteht, sondern kompetenzgerecht im Rah-men gesetzlicher Zweckvorgaben durch Verständigung auszufüllen trachten muß. Wenn der *Zweck des Gesetzes* die gesetzlichen Handlungsmöglichkeiten bündelt und damit auch den vertraglichen Bewirkungsformen ihren legitimen Rang neben den Eingriffsermächtigungen zuweist, dann muß der Zweck des Gesetzes auch die Ausrichtung der vertraglichen Gestaltungsmöglichkeiten bestimmen.

Wirksam wird die Überlegung zum einen in einem Nichtstörungsgebot: Die Vertragsge-staltung darf nicht zu einem Ergebnis führen, das die unvoreingenommene Anwendung anderer Instrumente unzulässig vorwegnimmt. Insofern erwägt der Verwaltungsgerichtshof München im Urteil vom 11. 4. 1990 zutreffend,[34] ob dem Zusammenspiel des § 1 Abs. 3 und Abs. 6 BauGB ein gesetzliches Verbot zu entnehmen sei, im Umfeld der Bauleitplanung Verträge abzuschließen, für die es keine städtebauliche Rechtfertigung gibt oder die die Weichen für eine Planung stellen, die auch unter Berücksichtigung des weiten Planungser-messens der Gemeinde nicht als im Sinne von § 1 Abs. 3 BauGB erforderlich angesehen werden oder jedenfalls nicht das Ergebnis einer im Sinne von § 1 Abs. 6 BauGB ordnungs-gemäßen Abwägung sein kann.

Positiv wirkt die fachgesetzliche Zwecksetzung auf die Ausfüllung des § 56 Abs. 1 VwVfG ein. Diese für subordinationsrechtliche Verträge beachtliche Vorschrift ist nicht nur dann anwendbar, wenn der konkrete Gegenstand des Vertrages sonst durch Verwaltungsakt geregelt werden könnte, sondern überall dort, wo ein abstraktes Über-Unterordnungs-Verhältnis besteht. Der Verwaltungsgerichtshof München bejaht diesen Tatbestand für städtebauliche Verträge in weitem Umfang, weil die Gemeinde auf städtebaulichem Gebiet auch die Befugnis zu hoheitlicher Regelung besitze.[35] In der Sache selbst ist die Zweckana-lyse des jeweiligen Fachgesetzes zu nutzen, um das Tatbestandsmerkmal des „sachlichen Zusammenhangs" zu konkretisieren, in dem die vertragliche Leistung der Behörde und die Gegenleistung nach § 56 Abs. 1 Satz 2 VwVfG stehen müssen.

2. Gesetzesakzessorische Fehlerfolgenbestimmung

Die Analyse des fachgesetzlichen Tatbestandes und nicht abstrakte Vorgaben entscheiden auch über die Behandlung rechtswidriger Verwaltungsverträge. Auch die Fehlerfolgenbe-stimmung ist somit gesetzesakzessorisch. Das ist zunächst für die öffentlich-rechtlichen Verwaltungsverträge darzulegen, gilt aber vergleichbar auch für Verträge privaten Rechts. Daß nicht jeder Gesetzesverstoß die Nichtigkeit des Vertrages bewirkt, entspricht heute

---

34) NVwZ 1990, 979 (980).
35) A. a. O., ebenso *Schmidt-Aßmann/Krebs*, Städtebauliche Verträge (Fn. 4), S. 109 f.

trotz gelegentlicher Anzweiflungen der ganz herrschenden Ansicht.[36] Auch die Systematik des § 59 VwVfG ist anders nicht zu verstehen. Unsicherheiten bereitet allerdings nach wie vor der dogmatische Ansatz der Fehlerfolgenlehre.

Als wenig hilfreich hat sich in diesem Zusammenhang die Rechtsfigur der sog. *Handlungsformverbote* erwiesen.[37] Die Existenz solcher Verbote ist nur schwer nachweisbar.[38] Selbst ein Gebiet wie das Abgabenrecht, das in diesem Kontext gern genannt wird, erweist sich bei näherer Analyse einem rigorosen Verbot des Vertrages als Handlungsform nicht verpflichtet[39]. Unsicher wie die Existenz ist auch die Frage, aus welcher Vorschrift die Fehlerfolge bei der Verletzung eines Handlungsformverbots abgeleitet werden soll.[40] Das Formverbot ist keine herausgehobene Kategorie der Fehlerfolgenlehre. Insbesondere der Dualismus zwischen rechtlichem Können und rechtlichem Dürfen, der der Konstruktion dieses Verbots zugrunde liegen soll,[41] ist für die Fehler- und Fehlerfolgenlehre des Verwaltungsvertrages nicht angemessen. Die Gesetzesbindung der Verwaltung (Art. 20 Abs. 3 GG) zerfällt nicht in ein zweigliedriges Schema von Können und Dürfen. Sie gilt vielmehr durchgängig, unbeschadet der Erkenntnis, daß die als strikt bindend zu beachtenden Normen unterschiedliche Aufgaben und unterschiedliches Gewicht haben. Ein differenziertes Fehlerfolgensystem muß demnach so beschaffen sein, daß es auf die Gewichtungsunterschiede der hinter den einzelnen Vorschriften stehenden materiellen Interessen reagieren kann.

Für die Fehlerfolgenlehre des öffentlich-rechtlichen Verwaltungsvertrages ist allein § 59 VwVfG der richtige Ausgangspunkt, weil er in seiner Systematik die erforderliche Flexibilität zeigt. Sieht man einmal von den Sonderregelungen für subordinationsrechtliche Verträge in Absatz 2 ab, so erweist sich § 59 Abs. 1 VwVfG in Verbindung mit § 134 BGB als zentrale Fehlerfolgennorm. Jüngste Urteile knüpfen ihre Fehlerfolgenerwägungen erfreulich klar an das entscheidende Tatbestandsmerkmal, den *Verstoß gegen ein gesetzliches Verbot*, an.[42] § 134 BGB ist im Rahmen des § 59 VwVfG auf koordinationsrechtliche *und* auf subordinationsrechtliche Verträge anzuwenden.[43]

Gesetzliche Verbote können aus der Verfassung, dem einfachen Gesetz, aus Rechtsverordnungen oder Satzungen, aus dem Gewohnheitsrecht oder der richterrechtlich abgesicherten Dogmatik folgen. Zunehmende Bedeutung erlangt zudem das EG-Recht. Nicht *jeder* Verstoß gegen eine gesetzliche Vorschrift ist jedoch ein Verstoß gegen ein gesetzliches Verbot. Als Verbotsgesetz im Sinne des § 59 Abs. 1 VwVfG in Verbindung mit § 134 BGB läßt sich vielmehr nur eine solche Norm ansehen, die mit einer von *Felix Weyreuther* geprägten und seither in der Kommentarliteratur vielfach verwendeten Formulierung eine „qualifizierte Art des Konflikts"[44] widerspiegelt. Wann davon gesprochen werden kann, läßt sich nur durch Auslegung des einschlägigen Fachrechts ermitteln. Eine Einzelnormanalyse ist auch hier folglich in der Natur des Gegenstandes angelegt und keine besondere Schwäche der Verwaltungsvertragslehre.

---

36) *Meyer/Borgs* (Fn. 25), § 59 Rdn. 3 ff.; *Stelkens/Bonk/Leonhardt,* Verwaltungsverfahrensgesetz, 3. Aufl. 1990, § 59 Rdn. 1 ff.; ausführlich *Efstratiou*, Bestandskraft (Fn. 15), S. 208 ff.
37) Vgl. die Auseinandersetzung um die Fehlerfolge dieses Gebotes bei *Meyer/Borgs* (Fn. 25), § 54 Rdn. 66 ff.
38) Vgl. *Stelkens/Bonk/Leonhardt* (Fn. 36), § 54 Rdn. 51 ff.
39) Differenzierend *Sontheimer*, Der verwaltungsrechtliche Vertrag im Steuerrecht, 1987, insbesondere S. 124 ff.; *Heun* DÖV 1989, 1053 ff.
40) Siehe zu Fn. 37.
41) *Efstratiou*, Bestandskraft (Fn. 15), S. 215 f. und 230.
42) Vgl. BVerwG DVBl. 1990, 438 (439).
43) *Meyer/Borgs* (Fn. 25), § 59 Rn. 9 ff. m. w. N.
44) A. a. O. (Fn. 9), S. 383; *Stelkens/Bonk/Leonhardt* (Fn. 36), § 59 Rdn. 29 f.

Gleichwohl soll untersucht werden, inwieweit sich einige über die Einzelnormanalyse hinausreichende Auslegungsleitlinien aufzeigen lassen:[45] Hier gilt zunächst negativ, daß ein Rückgriff auf die zu § 134 BGB im Rahmen des zwischen Privatrechtssubjekten beachtlichen, sozusagen normalen zivilrechtlichen Vertragsrechts entwickelten Erkenntnisse wenig hilfreich ist. So haben Unterschiede in der Diktion des Gesetzestatbestandes („kann nicht", „ist unzulässig") für das öffentliche Recht so gut wie keine Bedeutung, während sie für die Struktur von Zivilrechtsnormen eher signifikant sein mögen.[46] Auch diejenigen speziell dem öffentlichen Recht entstammenden Vorschriften, die als Verbotsgesetze gegenüber der Vertragsgestaltung zwischen zwei Privaten anerkannt sind,[47] müssen nicht notwendig auch für Verwaltungsverträge diesen Charakter besitzen. Ein Schluß jedenfalls, mindestens alles das, was zwischen Privatpersonen als Verbotsgesetz anzusehen sei, habe diese Qualität auch in verwaltungsrechtlichen Vertragsrelationen, ist unmöglich, wie es umgekehrt sehr wohl Vorschriften geben mag, die sich im Rahmen der zwischen Privaten geschlossenen Verträge nicht als Verbotsgesetze erwiesen haben, es aber gegenüber Verwaltungsverträgen sind.

Nicht übernommen werden sollte auch die Beschränkung des zivilrechtlichen Tatbestandes des § 134 BGB auf solche Regeln, die den *Inhalt* des Rechtsgeschäfts betreffen. Auch Vorschriften, die (sofern sie sich finden lassen) die Handlungsform des Verwaltungsvertrages sperren, werden von § 59 Abs. 1 VwVfG in Verbindung mit § 134 BGB erfaßt.[48] Verfahrens- und Formvorschriften im Sinne des § 46 VwVfG wiederum werden in der Literatur für Normen gehalten, die keine Verbotsgesetze darstellen. Ein positiv-rechtlicher Beleg für diese Auffassung ist die den subordinationsrechtlichen Vertrag betreffende Klausel des § 59 Abs. 2 Nr. 2 VwVfG. Unrichtig wäre es allerdings, daraus allgemein zu schließen, daß Verfahrensrecht allenfalls in Ausnahmefällen den Charakter eines Verbotsgesetzes besitze. Eine solche Sicht übersähe die grundrechtssichernde Bedeutung von Verfahrensrecht. Zu prüfen ist allerdings, inwieweit die verletzte Verfahrensnorm, indem sie etwa nur dem Schutz des Vertragspartners zu dienen bestimmt ist, durch die Besonderheiten der gemeinsamen vertraglichen Gestaltungssituation kompensatorisch gesichert ist. Seltener sind Verbotsgesetze dagegen im öffentlichen Haushaltsrecht und in solchen gesetzlichen Regelungen anzutreffen, die planungs- und entscheidungssystematische Abläufe normieren sollen.[49]

Ein gesetzliches Verbot nur dort anzunehmen, wo das Gesetz die vertragliche Regelung „klar und unmißverständlich" verbietet,[50] wird der Bedeutung des § 134 BGB im Rahmen des § 59 Abs. 1 VwVfG nicht gerecht. Der *Schutzzweck der Norm* ist vielmehr unter Rückgriff auf ein ganzes Bündel von Kriterien zu ermitteln. In ihrem Zentrum steht die Bedeutung der Vorschrift für den Regelungszusammenhang. Ist sie ein Eckpfeiler dieses Zusammenhangs, dessen Verletzung auch andere Regelungen um ihre Wirksamkeit bringt, so spricht das für ein Verbotsgesetz. Grundrechte können den Rang einer Vorschrift herausheben; nicht jede Grundrechtsverletzung ist jedoch die Verletzung eines Verbotsgesetzes.[51] Die Wahrung drittschützender Normen gegenüber vertraglicher Beeinträchtigung wird durch § 58 VwVfG spezialgesetzlich sichergestellt, so daß es insoweit regelmäßig keiner Aufwertung drittschützender Normen zu Verbotsgesetzen bedarf.

---

45) Auflistung der dazu möglicherweise herauszuziehenden Kriterien bei *Efstratiou,* Bestandskraft (Fn. 15), S. 233; ausführlich *Meyer/Borgs* (Fn. 25), § 59 Rdn. 29 f.

46) Im Zivilrecht streitig; vgl. *Mayer-Maly,* in: Münchner Kommentar, BGB § 134 Rdn. 40 ff., 46.

47) Aufstellung bei *Mayer-Maly* (Fn. 46), Rdn. 74 ff.

48) Str., wie hier *Stelkens/Bonk/Leonhardt* (Fn. 36), § 59 Rdn. 29.

49) Ähnlich *Ehlers,* Verwaltung in Privatrechtsform, 1984, S. 232 f.

50) So OVG Münster NVwZ 1984, 522 (524).

51) Weitergehend *Gusy* DVBl. 1983, 1222 (1227 f.).

Trotz aller Auslegungsrichtpunkte bleibt die Qualifizierung einer dem Vertrag entgegenstehenden Vorschrift als Verbotsgesetz i. S. des § 134 BGB ein Vorgang der Einzelnormanalyse. Das ist gerade dann nicht zu vermeiden, wenn man nicht abstrakte Dogmen, sondern die rahmensetzenden Fachgesetze zum Angelpunkt der Vertragsrechtslehre macht, wie wir es für notwendig halten.

III. Notwendige Annäherungen der Vertragsrechtsordnungen

Verwaltungsverträge können nach der oben gegebenen Definition dem öffentlichen oder dem privaten Recht angehören.[52] Je nach ihrem Gegenstand unterfallen sie folglich unterschiedlichen Vertragsrechtsordnungen. Daraus ergeben sich vielfältige Rechtsunsicherheiten. Für die Gerichte stellt sich immer wieder die Frage, in welchem Rechtsweg Vertragsstreitigkeiten zu verfolgen sind. Ausführungen zu diesem Problem gehören bis in die jüngste Zeit hinein zu den Standardthemen gerichtlicher Urteile, die sich mit städtebaulichen Verträgen beschäftigen. Insgesamt ist eine Tendenz zu erkennen, Vertragstypen auf dem Gebiet des Städtebaus zunehmend der öffentlich-rechtlichen Vertragsrechtsordnung zu unterstellen: Nachdem die Zuordnung des Folgekostenvertrages zum öffentlichen Recht durch die Entscheidung des Bundesgerichtshofs vom 12. 7. 1971 sichergestellt worden war,[53] brachte die Entscheidung des Bundesverwaltungsgerichts zur freiwilligen Umlegung vom 6. 7. 1984 eine erneute Ausweitung des öffentlich-rechtlichen Vertragsregimes.[54] Doch ist das nur eine Tendenz. Nach wie vor gibt es Anwendungsfelder des städtebaulichen Vertrages, auf denen die Grenzziehung zwischen öffentlich-rechtlichem und privatrechtlichem Recht umstritten ist und wenig einleuchtet. Das gilt etwa für Grundstücksverkäufe an die öffentliche Hand zur Abwendung der Enteignung.[55] Während Verträge im Laufe des Enteignungsverfahrens als Enteignungsverträge dem öffentlichen Recht zugeordnet werden, soll Gleiches im Vorfeld der Enteignung nach herrschender Anschauung selbst dann nicht gelten, wenn das Grundstück nach den vorliegenden Planaussagen unzweifelhaft als Gemeinbedarfsfläche in Anspruch genommen werden muß, eine Übereignung folglich zwangsläufig notwendig wird. Daß sich in dieser Situation die Vorstellung eines sich nach Zivilrecht vollziehenden freihändigen Erwerbs dem bestehenden Machtgefüge nicht als angemessen erweist, wird in der Literatur zunehmend betont.[56]

Die Unsicherheiten der Zuordnung eines Vertrages zum öffentlichen oder zum privaten Recht belasten vor allem die Praxis beim Abschluß der Verträge. Zumal dort, wo in komplexen Vertragswerken Leistungen zusammen geregelt werden, die teilweise einen stärker öffentlich-rechtlichen, teilweise einen privatrechtlichen Bezug haben, läßt sich nur schwer vorhersagen, ob die Gerichte in einem späteren Streitfall den Vertrag als einen „gemischten" Vertrag mit dominierend öffentlich-rechtlichen Elementen behandeln oder aber als „zusammengesetzten" Vertrag nachträglich auf die beiden einwirkenden Rechtsregime wieder aufteilen werden.[57] Auch rechtlich gründlich beratene Verwaltungen wissen bei der Ausarbeitung solcher Vertragswerke häufig nicht, ob sie auf dem Gebiet des öffentlichen Rechts oder des Privatrechts handeln. Daraus erwachsen nicht nur hinsichtlich des Rechts-

---

52) Dazu *Schmidt-Aßmann/Krebs*, Städtebauliche Verträge (Fn. 4), S. 80 ff.
53) BGHZ 56, 365 ff.
54) BVerwG NJW 1985, 989 f.
55) Kritik daran bei *Gassner*, Der freihändige Grunderwerb der öffentlichen Hand, 1983, bes. S. 111 ff.
56) *Gassner* (Fn. 55), 167 f.; *Berkemann*, in: Berliner Kommentar 2. BauGB, 1989, § 87 Rdn. 86.
57) Zu diesen Abgrenzungsproblemen Nachweise bei *Stelkens/Bonk/Leonhardt* (Fn. 36), § 54 Rdn. 34 ff.

wegs, sondern vor allem hinsichtlich der bei Vertragsschluß zu beachtenden formellen und materiellen Rechtsvorschriften Unsicherheiten.

Die Konsequenzen solcher Unsicherheiten der Zuordnung, die auf dem Boden der dualistischen deutschen Rechtsordnung nicht vollständig auszuschalten sind, sollten durch die Ausbildung möglichst einheitlicher Vertragsstandards für den öffentlich-rechtlichen und den privatrechtlichen Verwaltungsvertrag neutralisiert werden.[58] Eine *substantielle Annäherung* der beiden Vertragsrechtsordnungen wird nicht zuletzt durch das zunehmend einflußreichere EG-Recht nahegelegt, das seine Anforderungen an bestimmte Verwaltungsverträge, z. B. Beschaffungsvorgänge, ohne Rücksicht auf die Zugehörigkeit des Vertrages zum öffentlichen oder zum privaten Recht normiert.[59] Die Angleichung der Vertragsrechtsordnungen ist in einer Richtung zu suchen, die der herausgehobenen Stellung der öffentlichen Verwaltung im Städtebaurecht Rechnung trägt. Zumal die Gemeinden sind im Grundstücks- und öffentlichen Bauwesen niemals wie ein schlichter privater Vertragspartner einzustufen. Ihre herausgehobene Stellung wird vielmehr in den vier Funktionen als Planungsträger, Leistungsträger (für Infrastruktur und Wohnungsbaumaßnahmen), privater Grundeigentümer und bodenordnende Instanz (§§ 45 ff. und §§ 123 ff. BauGB) deutlich. Dazu tritt sehr häufig als fünfte Funktion die Zuständigkeit als untere Baurechtsbehörde. Diese Funktionenhäufung und die in ihr angelegten Interessenkollisionen haben ihre eigene Problematik, der hier nicht nachzugehen ist. Für das städtebauliche Verwaltungsvertragsrecht jedenfalls folgt daraus, daß der Sonderstellung der Verwaltung Sonderbindungen entsprechen müssen, die unabhängig davon zu beachten sind, ob der konkrete Vertrag dem öffentlichen oder privaten Recht zuzuordnen ist.[60]

Für die hier empfohlene substantielle Angleichung bestehen klare verfassungsrechtliche Grundlagen: Schon nach herkömmlicher Auffassung unterliegt die öffentliche Verwaltung wenigstens dort, wo sie öffentliche Aufgaben in privatrechtlichen Formen erfüllt, den durch Art. 1 Abs. 3 GG vermittelten grundrechtlichen Bindungen. Diese im Rechtsinstitut des Verwaltungsprivatrechts zusammengefaßten Bindungen gelten angesichts der umfassenden städtebaulichen Aufgabe für jede Art städtebaulichen Verwaltungsvertrages. Für öffentlich-rechtliche und privatrechtliche Verwaltungsverträge gleichermaßen beachtlich ist ferner die Gesetzesbindung der Verwaltung gemäß Art. 20 Abs. 3 GG. Die oben herausgearbeitete vertragsdirigierende Wirkung des jeweiligen Fachgesetzes gilt folglich für jede Art städtebaulichen Vertrages ohne Rücksicht auf das ihn sonst beherrschende Rechtsregime.

Der weiteren Entwicklung wird es darum gehen, aus diesen gemeinsamen verfassungsrechtlichen Grundlagen möglichst einheitliche Anforderungen des Vertragsrechts zu formulieren. Dabei dürfte die Übertragung des Schriftformerfordernisses (§ 57 VwVfG) auf privatrechtliche städtebauliche Verträge kaum Schwierigkeiten bereiten. Die Schriftform entspricht schon der heutigen Vertragspraxis, sofern nicht wegen § 313 BGB ohnehin eine qualifiziertere Form beachtlich ist. Aus dem öffentlichen Recht zu übernehmen ist ferner die Drittschutzklausel des § 58 Abs. 2 VwVfG. Eine weitgehende Annäherung läßt sich auch im Bereich der Fehlerfolgenregelung dann erreichen, wenn man — wie es oben vorgeschlagen worden ist — § 134 BGB als zentrale Norm ansieht. Die Qualifikation einer die Verwaltung bindenden Vorschrift als Verbotsgesetz i. S. dieser Bestimmung stellt sich für Verwaltungsverträge ohne Rücksicht auf ihre Zuordnung einheitlich. Schließlich ist auch für Anforde-

---

58) Dazu *Schmidt-Aßmann/Krebs*, Städtebauliche Verträge (Fn. 4), S. 82 ff. (88 ff.).

59) Zum Beispiel die Bau- und die Lieferkoordinierungs-Richtlinien 1971/1976 und die 1988/1989 dazu ergangenen Änderungs-RL; vgl. *Schmittmann* EuZW 1990, 530 ff.

60) Einzelheiten bei *Schmidt-Aßmann/Krebs*, Städtebauliche Verträge (Fn. 4), S. 82 ff.

rungen an die inhaltliche Vertragsgestaltung der Boden für eine Annäherung bereitet: Vor allem das Koppelungsverbot, für öffentlich-rechtliche Verträge in § 56 Abs. 1 Satz 2 VwVfG ausgedrückt, ist ein allgemeiner rechtsstaatlicher Grundsatz, der auch für privatrechtliche Verwaltungsverträge beachtlich ist. Hier kann an die ältere Judikatur der Zivilgerichte aus der Zeit, da Folgekostenverträge noch dem Zivilrecht zugeordnet wurden, angeknüpft werden.[61] Für die genauere Ausformung des Verbots bietet § 56 Abs. 1 VwVfG weitere Kriterien, die nicht notwendig auf den subordinationsrechtlichen Verwaltungsvertrag beschränkt sind. Umgekehrt sollten die öffentlich-rechtlichen Konkretisierungen künftig nicht ohne Rücksicht auf die Erkenntnisse über sozialverträgliche Vertragsklauseln bleiben, die für das zivile Vertragsrecht aus der Bindung an das Wettbewerbsrecht und das AGB-Gesetz gewonnen worden sind.

Die Vielfalt des Anschauungsmaterials und die klare Strukturierung der städtebaulichen Aufgabe im Baugesetzbuch machen gerade das Recht der städtebaulichen Verträge zu einem Gebiet, auf dem neue Entwicklungen der Dogmatik günstige Entfaltungsbedingungen haben. Werden die hier liegenden Entwicklungsmöglichkeiten von Rechtsprechung und Lehre genutzt, so wird sich das Baurecht auch künftig als ein klassisches Referenzgebiet für ein modernes allgemeines Verwaltungsrecht bewähren.

---

61) BGHZ 26, 84 (87) und BGH DVBl. 1967, 36 (37).

GUSTAV-ADOLF STANGE

Das „Schicksal" der Vergnügungsstätten nach der neuen Baunutzungsverordnung

Um den Fragenkomplex im Zusammenhang mit den Vergnügungsstätten nach der neuen Baunutzungsverordnung (BauNVO 90) umfassend beleuchten zu können, bedarf es zunächst eines Blickes auf die bis zur Novellierung bestehende Rechtslage: Sie ist in vielerlei Hinsicht ohnehin weiter von Bedeutung; auch erschließt sich das „Neue" erst bzw. besser, vergleicht man es mit dem „Alten".

I. Zulässigkeit von Vergnügungsstätten nach der BauNVO 77

1. Es ist müßig, über etwas zu reden oder zu schreiben, wenn nicht klargestellt ist, was man unter dem in Rede stehenden Begriff zu verstehen hat. Insoweit bedarf es nur weniger Worte bzw. Sätze, wenn dieser Begriff so klare Konturen aufweist, daß er sich praktisch von seinem Wortlaut her bereits erschließt. So ist es hier allerdings nicht. Der *städtebaulich* zu interpretierende Begriff der Vergnügungsstätten besitzt eine Vielzahl von Facetten, die ihn nur relativ schwer greifen lassen, zumal der Verordnungsgeber sich (aus gutem Grund) einer Legaldefinition enthalten hat. Man wird ihn als einen Sammelbegriff für ganz bestimmte Gewerbebetriebe zu verstehen haben, unter den „gewerbliche Nutzungsarten" fallen, die sich in unterschiedlicher Ausprägung unter Ansprache oder Ausnutzung des Sexual-, Spiel- und/oder Geselligkeitstriebs einer bestimmten gewinnbringenden „Freizeit"-Unterhaltung widmen.[1] So fallen darunter Nachtlokale jeder Art mit Sexdarbietungen, Sexkinos und ähnliche Einrichtungen, vor allem auch Spielhallen jeglichen Zuschnitts sowie Diskotheken; ihnen allen ist zu eigen, daß sie — in aller Regel, was insoweit zu einer sog. *typisierenden* Betrachtungsweise führt — mit mannigfaltigen Belästigungen für andere Nutzungen, insbesondere Wohnnutzungen, einhergehen.

Streitig ist, ob z. B. Lichtspieltheater als Vergnügungsstätten im hier verstandenen Sinne anzusehen sind.[2] Führt man sich vor Augen, daß es in diesem Zusammenhang auf die städtebauliche Relevanz der Einrichtung ankommt, wird man ein Kino herkömmlicher Art, d. h. mit „normaler" Programmgestaltung, lediglich den Anlagen für kulturelle Zwecke, nicht aber den Vergnügungsstätten zuzurechnen haben.

Entsprechendes gilt für alle Einrichtungen und Anlagen, die im weitesten Sinne sportlichen Zwecken dienen. Mögen sie auch der Betätigung des Spieltriebs oder der Geselligkeit

---

1) *Fickert*, Einige aktuelle Fragen im Zusammenhang mit Regelungen über die „Art der baulichen Nutzung" aufgrund der (vierten) Änderungsverordnung 1990 zur Baunutzungsverordnung, BauR 1990, 263 (266) m. w. N.

2) Bejahend: *Boeddinghaus/Franßen/Rohde*, § 4 a Rdn. 23; *Dolde/Schlarmann*, Zulässigkeit von Vergnügungsstätten in beplanten Gebieten, BauR 1984, 121; verneinend: *Fickert*, a. a. O.

dienen, Freizeitgestaltung verkörpern, so ändert dies nichts daran, daß sie der besonderen Nutzungskategorie der Vergnügungsstätten nicht zuzuordnen sind.

Bordelle bzw. Eros-Center sind keine Vergnügungsstätten im Sinne der Baunutzungsverordnung, sondern Gewerbebetriebe.[3]

2. Die bis zur Novellierung im Jahre 1990 hinsichtlich der Vergnügungsstätten bestehende Rechtslage war dadurch gekennzeichnet, daß sie als solche, d. h. unter dieser Bezeichnung nur in zwei Vorschriften der Baunutzungsverordnung genannt waren: Nach § 7 Abs. 2 Nr. 2 waren sie in Kerngebieten *allgemein* zulässig; gemäß § 4 a Abs. 3 Nr. 2 konnten sie in besonderen Wohngebieten *ausnahmsweise* zugelassen werden.

a) Die ausschließliche Aufführung der Vergnügungsstätten in den erwähnten Baugebietsbestimmungen bedeutete aber nicht, daß Vergnügungsstätten in allen anderen Baugebieten generell unzulässig waren. Diese Ansicht wurde zwar bis zur „gerichtlichen" Klärung vor allem in der Literatur vertreten,[4] mit den beiden grundlegenden Urteilen des Bundesverwaltungsgerichts vom 25. 11. 1983[5] war diese Frage — zumindest für die (künftige) Rechtsprechung — im Sinne des „Eingangssatzes" geklärt: Vergnügungsstätten wurden danach (auch) als *Unterart* der planungsrechtlichen Nutzungskategorie „Gewerbebetrieb" angesehen mit der Folge, daß sie mit Blick darauf auch in anderen Baugebieten, vor allem in Mischgebieten, zulässig sein konnten. Maßgeblich für die Beantwortung der Frage, unter welchen Voraussetzungen dies der Fall war, war die Zuordnung der konkret zu beurteilenden Einrichtung zu einer sog. *kerngebietstypischen* oder einer (noch) *mischgebiets*- oder sogar *wohngebietsverträglichen* Vergnügungsstätte. Danach waren Vergnügungsstätten, die als zentrale Dienstleistungsbetriebe auf dem Unterhaltungssektor auf einen größeren (gesamtstädtischen oder noch weiter greifenden) Einzugsbereich ausgelegt waren und demzufolge ein entsprechend weitgefächertes Publikum ansprechen sollten, weiterhin allein dem Kerngebiet vorbehalten;[6] Einrichtungen, die indes der Entspannung und Freizeitbetätigung im jeweiligen Stadtviertel dienten, waren dagegen auch im Mischgebiet, ggf. auch im allgemeinen Wohngebiet, zulässig, wenn ihr Störgrad und ihre Größenordnung dem konkret vorhandenen Gebietscharakter entsprachen. Damit war eine *Einzelfallbetrachtung* angezeigt.

b) Für die vorgenannte Bewertung galt — ungeachtet der Notwendigkeit der Einzelfallbeurteilung — in aller Regel eine *typisierende* Betrachtungsweise, wie sie im folgenden anhand der Rechtsprechung zu den *Spielhallen*, einer besonders problemträchtigen Unterart der Vergnügungsstätten, kurz dargestellt werden soll. Bezüglich dieser Einrichtungen hat sich als maßgeblicher Beurteilungsfaktor die *Größe* der zur Verfügung gestellten Spielhallenflächen herauskristallisiert; zusätzlich bedeutsam sind die Art der veranstalteten Spiele, die Anzahl der Spielgeräte, auch die Zahl der Spielerplätze. Was die als maßgeblich erachtete Größe angeht, so hat sich zwar ein fixer Wert nicht herausgebildet, jedoch ist der obergerichtlichen bzw. höchstrichterlichen Rechtsprechung eine Tendenz dahin zu entnehmen, daß die *Grenze* der sog. Mischgebietsverträglichkeit bei rd. 100 m² liegen dürfte.[7]

3. Die kurze Betrachtung der Rechtslage zu den Vergnügungsstätten nach der BauNVO

---

3) *Fickert*, a. a. O., S. 267; *Fickert/Fischer*, § 8 Rdn. 52, § 3 Rdn. 16.7; *Bielenberg*, § 7 Rdn. 23; a. A. früher auch der Verfasser, in: *Knaup/Stange*, § 4 a Anm. 3 b; *Eggstein*, Das Eros-Center bauordnungsrechtlich gesehen.

4) *Fickert/Fieseler* noch in der 4. Aufl. 1979, § 4 a Tn. 23.

5) NJW 1984, 1572 ff.

6) Vgl. die umfangreichen Rechtsprechungsnachweise bei *Fickert*, a. a. O., S. 267.

7) BVerwG, Urt. v. 21. 2. 1986, NVwZ 1986, 643 = UPR 1986, 349; Beschl. v. 28. 7. 1988, BauR 1988, 693; VGH BW, Urt. v. 20. 4. 1988, BWVBl. 1988, 476; Beschl. v. 23. 2. 1989, NVwZ 1990, 86; Hess. VGH, Urt. v. 11. 7. 1986, GewArch 1987, 67.

1977 soll mit einem Blick auf die Möglichkeiten des Plangebers, hinsichtlich der von ihm in einem konkreten Baugebiet (zumeist Kerngebiet) als unerwünscht angesehenen Vergnügungsstätten von dem ihm insoweit zur Verfügung stehenden *Instrumentarium* des § 1 *Abs. 5* und *9* Gebrauch zu machen, abgeschlossen werden; diese Möglichkeiten bestehen auch nach der Novellierung unverändert fort.

a) Nach § 1 Abs. 5 kann im Bebauungsplan festgesetzt werden, daß bestimmte Arten von Nutzungen, die nach den §§ 2, 1 bis 9 und 13 allgemein zulässig sind, nicht zulässig sind oder nur ausnahmsweise zugelassen werden können, sofern die allgemeine Zweckbestimmung des Baugebiets gewahrt bleibt. Die in diesem Zusammenhang zunächst streitige Frage, was unter dem dort verwendeten Begriff der *„bestimmten Arten von Nutzungen"* zu verstehen ist, ob darunter im Sinne eines sog. Nummerndogmas immer nur die komplett unter einer Nummer einer Baugebietsvorschrift zusammengefaßten Nutzungen fallen (z. B. alle in § 7 Abs. 2 Nr. 2 genannten), mithin nur ein Ausschluß *en bloc* zulässig ist, oder ob auch *einzelne* dieser Nutzungsarten z. B. im Sinne eines Ausschlusses erfaßt werden können (z. B. Vergnügungsstätten in einem bestimmten Kerngebiet), ist seit der Entscheidung des Bundesverwaltungsgerichts vom 22. 5. 1987[8] zumindest für die Rechtsprechung in dem zuletzt genannten Sinne rechtsgrundsätzlich geklärt; die Begründung in allen Einzelheiten wiederzugeben, erscheint nicht notwendig, sie hebt vor allem auf den untrennbaren Sachzusammenhang des § 1 Abs. 5 und § 1 Abs. 9 ab und zeigt die Konsequenzen auf, die die Bejahung des sog. Nummerndogmas haben würde, nämlich die Möglichkeit, zwar bestimmte Unterarten von Vergnügungsstätten (z. B. Spielhallen) ausschließen zu können (nach dem noch zu erörternden § 1 Abs. 9), nicht aber die gesamte Nutzungsart „Vergnügungsstätte" als solche, es sei denn en bloc zusammen mit den weiteren in einer bestimmten Nummer zusammengefaßten Nutzungen. Danach kann also unter der Voraussetzung, daß die allgemeine Zweckbestimmung des konkreten Baugebiets (im übrigen) erhalten bleibt, die gesamte Nutzungskategorie „Vergnügungsstätten" ausgeschlossen werden. Daß die vorgenannte Voraussetzung bei einem Ausschluß aller Vergnügungsstätten aus einem konkret festgesetzten Kerngebiet erfüllt ist, hat das Bundesverwaltungsgericht a. a. O. ausdrücklich bestätigt; Vergnügungsstätten machen eben nicht das Wesen eines Kerngebiets im Sinne des § 7 Abs. 1 aus.

Nur der Vollständigkeit halber sei darauf hingewiesen, daß auch Differenzierungen nach § 1 Abs. 5, also auch der Ausschluß von Vergnügungsstätten in einem Kerngebiet, *städtebaulich motiviert* sein müssen, ungeachtet dessen, daß dies (anders als bei § 1 Abs. 9) der Bestimmung ausdrücklich nicht zu entnehmen ist; auch dies ist der zitierten Entscheidung des Bundesverwaltungsgerichts zu entnehmen. Mithin kann eine Gemeinde, die im Hinblick auf Vergnügungsstätten von der Möglichkeit des § 1 Abs. 5 Gebrauch machen will, nicht ihre eigene, von der Wertung des Bundesgesetzgebers abweichende „Vergnügungsstätten-" oder (noch enger) „Spielhallenpolitik" mit den Mitteln der Bauleitplanung betreiben, indem sie diese Einrichtungen unabhängig von Erwägungen der städtebaulichen Ordnung für ihr Gemeindegebiet insgesamt oder für Teile davon ausschließt.

b) Nach § 1 Abs. 9 kann — wenn besondere städtebauliche Gründe dies rechtfertigen — im Bebauungsplan bei Anwendung der Abs. 5 bis 8 festgesetzt werden, daß nur bestimmte Arten der in den Baugebieten allgemein oder ausnahmsweise zulässigen baulichen oder sonstigen Anlagen zulässig oder nicht zulässig sind oder nur ausnahmsweise zugelassen werden können.

---

8) BVerwGE 77, 308 = DVBl. 1987, 1001 = DÖV 1987, 1010 = NJW 1988, 723 = NVwZ 1987, 1072 = BRS 47 Nr. 54.

Diese Bestimmung erlaubt – bei Vorliegen der entsprechenden Voraussetzungen – mithin eine noch feinere Differenzierung auch hinsichtlich der Vergnügungsstätten, indem nur *bestimmte Arten* von *Anlagen*, d. h. *Unterarten* von *Nutzungen*, besonderen Regelungen, z. B. auch in Form von Ausschlüssen, unterworfen werden können. Die in diesem Zusammenhang mitunter nicht einfach zu beantwortende Frage, was bestimmte Arten von Anlagen im Sinne dieser Vorschrift sind, stellt sich nicht, wenn z. B. eine Gemeinde die ihr besonders unerwünschten Spielhallen ausschließen will: Die insoweit verwendete typisierende Bezeichnung „Spielhalle" genügt den inhaltlichen Anforderungen, die die hier erörterte Bestimmung stellt. Problematisch wird es aber dann, wenn (allein oder möglicherweise zusätzlich) auf die Größe der konkret betroffenen Anlagen als entscheidungserhebliches Differenzierungskriterium abgehoben werden soll.[9]

In § 1 Abs. 9 ist ausdrücklich festgelegt, daß danach vorgenommene Differenzierungen städtebaulich motiviert sein müssen, wenn es dort heißt, es müßten *besondere städtebauliche* Gründe die konkret erfolgte Differenzierung rechtfertigen. Auch dazu hat das Bundesverwaltungsgericht in der vorgenannten Entscheidung das erforderliche klärende „Wort" gesagt: Die Verwendung des Wortes „besondere" bedeute nicht, daß Festsetzungen nach § 1 Abs. 9 im Verhältnis zu solchen gemäß § 1 Abs. 5 nur unter erschwerten Voraussetzungen möglich seien. Das „Besondere" an den Gründen im Sinne des § 1 Abs. 9 liege nicht darin, daß diese von im Verhältnis zu denen des § 1 Abs. 5 größerem oder zusätzlichem Gewicht seien; vielmehr sei gemeint, daß es spezielle städtebauliche Gründe gerade für die gegenüber § 1 Abs. 5 noch feinere Differenzierung sein müßten. Als solche kommen für den Ausschluß bestimmter Vergnügungsstätten z. B. in Betracht die Erhaltung einer Angebotsvielfalt im innerstädtischen Bereich und die Verhinderung des sog. „Trading-down-Effekts".

II. Zulässigkeit von Vergnügungsstätten nach der BauNVO 90

1. Die mit der Novellierung 1990 erfolgte Neuregelung des „Rechts der Vergnügungsstätten" gehört nach Inhalt und Reichweite zu den *Kernstücken* der Novelle. Der Verordnungsgeber hat sich damit einer Problematik angenommen, die bereits im Gesetzgebungsverfahren betreffend den Erlaß des Baugesetzbuchs diskutiert, dort aber bewußt „ungeregelt" geblieben war. Vornehmlicher Anlaß dieser Diskussion und zugleich der Neuregelung war die im Laufe der Zeit immer dringender werdende Forderung der Gemeinden, der „Spielhallenflut" Herr zu werden; das vor dem Erlaß der Baunutzungsverordnungsnovelle zur Verfügung stehende Instrumentarium (vgl. dazu die Ausführungen unter I) reichte nicht aus, die mit der Spielhallenproblematik insgesamt einhergehenden Fragen unter Berücksichtigung aller betroffenen Interessen zu lösen. Dennoch war und ist die „Vergnügungsstättenproblematik" in städtebaulicher Sicht nicht nur eine solche der Spielhallen; der vor allem in innerstädtischen (Groß-)Stadtbereichen immer schärfer in Erscheinung tretende, eine Senkung des Niveaus beinhaltende „Trading-down-Effekt" ist in erster Linie auf Vergnügungsstätten zurückzuführen, die – etwas grob gesagt – im weitesten Sinne der „Befriedigung des Sexualtriebs" dienen.

Von daher war es das Anliegen des Verordnungsgebers, das „Recht der Vergnügungsstätten" insgesamt einschränkenden Regelungen zu unterziehen. Dabei hatte er die (unbestreitbar vorhandenen) städtebaulich nachteiligen Auswirkungen der zu dieser Nutzungsart gehörenden Betriebe zu erfassen, die insoweit bestehenden widerstreitenden Interessen zu

---

9) Vgl. auch dazu die zuletzt genannte Entscheidung des BVerwG a. a. O.

gewichten, in diesem Zusammenhang insbesondere die negativen Auswirkungen dieser Einrichtungen auf die Wohnbedürfnisse der in der Nachbarschaft lebenden Bevölkerung und andere vergleichbar sensible Nutzungen (z. B. Kirchen, Schulen, soziale Einrichtungen) zu berücksichtigen und sodann das „Ganze" im Wege einer Synthese einer insgesamt ausgewogenen Lösung zuzuführen. Dies hat zu *drei inhaltlichen* Schwerpunkten der Novellierung geführt: einmal zu einer umfassenden Neuregelung der *Zulässigkeit* von Vergnügungsstätten in den *Baugebieten*, zum anderen zu *Überleitungsvorschriften* für in *vorhandenen* Bebauungsplänen festgesetzte Baugebiete und schließlich zu einer Ermächtigung zum Erlaß von „Vergnügungsstätten-Satzungen" für Gebiete im Sinne des § 34 Abs. 1 BauGB.

2. Zukünftig wird es *zwei* (große) *Gruppen* von Vergnügungsstätten geben, die hinsichtlich ihrer Zulässigkeit in den Baugebieten eine unterschiedliche Regelung erfahren haben: zum einen diejenigen ohne Beschränkung in Größe, Umfang, Auswirkungen usw., also die sog. „aller Art", das, was man in der bisherigen Rechtsprechung und im Schrifttum *kerngebietstypische* Vergnügungsstätten nannte,[10] und zum anderen solche, die (insbesondere) von ihren Auswirkungen her ganz allgemein *unter* dieser „*Schwelle*" angesiedelt sind. Die letztgenannten Einrichtungen werden nunmehr legaliter definiert als „Vergnügungsstätten, soweit sie nicht wegen ihrer Zweckbestimmung oder ihres Umfangs nur in Kerngebieten allgemein zulässig sind" (so § 4 a Abs. 3 Nr. 2). Durch diese Differenzierung wird *zweierlei* deutlich: Die zur alten Rechtslage entwickelte Rechtsprechung von den zwei Typen von Vergnügungsstätten („kerngebietstypische" und „mischgebietsverträgliche") ist nach wie vor *aktuell*; der Verordnungsgeber wollte (nunmehr) für seinen Bereich eine *abschließende* Regelung für die Nutzungsart „Vergnügungsstätten" dahin treffen, daß sie (allgemein oder ausnahmsweise, alle oder nur solche von in ihrem Wirkungsgrad von geringerer Intensität) nur in den Baugebieten zulässig sind, in denen sie unter dieser Bezeichnung aufgeführt werden, mit anderen Worten: Werden sie so in der jeweils konkret in Rede stehenden Baugebietsvorschrift nicht erwähnt, so sind sie in Gebieten dieses Typs überhaupt nicht zulässig, auch nicht unter dem Aspekt, daß sie (nach wie vor an sich auch) Gewerbebetriebe sind und als solche (zusätzlich) auch in Gebieten zulässig sein könnten, in denen zwar expressis verbis keine Vergnügungsstätten, wohl aber bestimmte Gewerbebetriebe zugelassen sind.[11] Diesen Willen des Verordnungsgebers hat das Bundesverwaltungsgericht[12] inzwischen „abgesegnet", wenn von ihm zum Ausdruck gebracht wird, die *Zulässigkeit* von *Vergnügungsstätten* (hier: Spielhallen) sei in der *Baunutzungsverordnung 90 abschließend* geregelt, eine Zulassung dieser Einrichtungen als sonstige Gewerbebetriebe nicht (mehr) möglich. Für die Zulässigkeit von Vergnügungsstätten in den (festgesetzten) Baugebieten gilt nunmehr folgendes:

a) Vergnügungsstätten *aller Art* (also auch die sog. kerngebietstypischen) sind in Kerngebieten allgemein (§ 7 Abs. 2 Nr. 2) und in Gewerbegebieten ausnahmsweise (§ 8 Abs. 3 Nr. 3) zulässig. In allen sonstigen Baugebieten sind sie, soweit sie zu den kerngebietstypischen gehören, unzulässig. Hinsichtlich der letztgenannten Regelung hat es im Verlauf des Änderungsverfahrens gegenüber den ursprünglichen Zielvorstellungen eine Änderung gegeben: Vorgesehen war für die Gewerbegebiete zunächst (vgl. § 8 Abs. 2 Nr. 4 des Entwurfs)

---

10) Vgl. Fn. 6
11) Vgl. BR-Drucks. 354/89 unter Abschn. II 1 g der Begründung des Regierungsentwurfs; auch *Fickert*, a. a. O., S. 26 sowie *Jahn*, Die baurechtliche Zulässigkeit von Vergnügungsstätten nach Änderung der Baunutzungsverordnung, BauR 1990, 280 (285).
12) Beschl. v. 9. 10. 1990, UPR 91, 73 = GewArch 91, 7.

eine allgemeine Zulässigkeit der sonstigen Vergnügungsstätten unterhalb der Schwelle der kerngebietstypischen mit der Folge, daß die letzterwähnten dann nur in Kerngebieten zulässig gewesen wären.

b) Die *sonstigen* Vergnügungsstätten im Sinne des § 4a Abs. 3 Nr. 2 sind allgemein zulässig in den Teilen von Mischgebieten, die überwiegend durch gewerbliche Nutzungen geprägt sind (§ 6 Abs. 2 Nr. 8), nicht aber (siehe oben) in den Gewerbegebieten selbst, ein etwas „merkwürdiger Widerspruch"; eine überwiegende Prägung im Sinne dieser Vorschrift wird man dann anzunehmen haben, wenn in den betreffenden Mischgebietsteilen gewerbliche Nutzungen dominieren, wobei mit der Inbezugnahme von „Teilen" nur eine horizontale, nicht auch eine vertikale Betrachtungsweise gemeint ist. Abgesehen von dem vorerwähnten „Widerspruch" weist diese Regelung — bezogen auf das Regelungsgefüge der Baunutzungsverordnung insgesamt — eine (weitere) „Besonderheit" auf: Indem hier auf die tatsächlichen Gegebenheiten des jeweils konkret festgesetzten Mischgebiets abgehoben wird, durchbricht diese Neuregelung das sonst der Baunutzungsverordnung im Zusammenhang mit den Bestimmungen für die Baugebiete eigene System einer abstrakt typisierenden Betrachtungsweise;[13] eine Bestimmung dieser Art hätte man in der Tat rechtssystematisch eher im Bereich des § 15 „anzusiedeln" gehabt.

Die sonstigen Vergnügungsstätten können darüber hinaus ausnahmsweise zugelassen werden in besonderen Wohngebieten (§ 4 Abs. 3 Nr. 2), Dorfgebieten (§ 5 Abs. 3) und in allen übrigen Mischgebietsteilen (§ 6 Abs. 3).

Auch hier gilt, daß die sonstigen Vergnügungsstätten in allen anderen Baugebieten generell unzulässig sind, d. h. in den Kleinsiedlungsgebieten (§ 2), reinen Wohngebieten (§ 3) und allgemeinen Wohngebieten (§ 4) sowie Industriegebieten (§ 9). Das hat zur Folge, daß in den vorgenannten Gebieten überhaupt keine Vergnügungsstätten zulässig sind.

3. Die Baunutzungsverordnung 90 hat für die Vergnügungsstätten eine *Überleitungsvorschrift* gebracht, die unter verschiedenen Aspekten Fragen aufwirft und *rechtlichen Bedenken* begegnet. Es handelt sich um die im ursprünglichen Entwurf nicht enthaltene, erst auf Initiative des Bundesrates[14] eingefügte Bestimmung des § 25c Abs. 3 Satz 1, wonach die Vorschriften dieser Verordnung (idF der ÄnderungsVO 90) über die Zulässigkeit von Vergnügungsstätten in den Baugebieten auch in Gebieten mit Bebauungsplänen anzuwenden sind, die auf der Grundlage einer früheren Fassung dieser Verordnung aufgestellt worden sind; unberührt bleiben lediglich besondere Festsetzungen in diesen Plänen über die Zulässigkeit von Vergnügungsstätten. Eine ausführliche Auseinandersetzung mit dieser Vorschrift würde den Rahmen dieses Beitrags sprengen;[15] hier soll nur auf einige Punkte hingewiesen werden, die in der Tat zu nicht unerheblichen Bedenken Anlaß geben.

a) Dabei ist im Ansatz davon auszugehen, daß die in Rede stehende Regelung eine verfassungsrechtlich immer bedenkliche, stets einer besonderen Rechtfertigung bedürfende *echte Rückwirkung* entfaltet: Sofern nicht die Voraussetzungen des zweiten Halbsatzes gegeben sind, ist nunmehr Inhalt des (alten, d. h. vor Inkrafttreten der Baunutzungsverordnung 90 erlassenen) Bebauungsplans bezüglich der davon betroffenen Vergnügungsstätten nicht (mehr) die mit der Festsetzung des entsprechenden Baugebiets Planbestandteil gewordene (vgl. § 1 Abs. 3 Satz 2) Baugebietsbestimmung der im Zeitpunkt des Erlasses des

---

13) Ebenso *Bunzel*, Die neue Baunutzungsverordnung, DÖV 1990, 230 (235).

14) Vgl. BR-Drucks. 354/89, Nr. 10 zu Art. 1 Nr. 24 (§ 25c), S. 10 f.

15) Zu dem gesamten Problemkreis vgl. insbesondere *Pietzcker*, Zulässigkeit der Änderung bestehender Bebauungspläne durch Änderung der Baunutzungsverordnung, Schriftenreihe „Forschung" des „Bundesbauministers", Heft Nr. 473, Bonn 1989.

Bebauungsplans geltenden Baunutzungsverordnung, sondern kraft „Gesetzes" die entsprechende Vorschrift der Baunutzungsverordnung 90. Der Bebauungsplan bekommt damit einen *anderen* Inhalt als denjenigen, der vom kommunalen Verfassungsorgan nach Maßgabe des dafür geltenden Rechts, insbesondere des Bodenrechts, beschlossen worden ist; angesichts dessen, daß dem Plangeber durch dieses Recht eine die betroffenen Belange umfassend berücksichtigende Abwägung (vgl. heute § 1 Abs. 6 BauGB) aufgegeben worden ist, erhält der Plan von „Gesetzes" wegen einen Inhalt, der in dem in Rede stehenden Punkt nicht Gegenstand der Abwägung war. Das sich u. a. daraus ergebende Bedenken liegt auf der Hand: Mit der Überleitungsvorschrift des § 25 c Abs. 3 Satz 1 wird in die verfassungsrechtlich abgesicherte (vgl. Art. 28 Abs. 2 Satz 1 GG), auch einfachgesetzlich normierte (vgl. §§ 1 Abs. 3, 2 Abs. 1 Satz 1 BauGB) *kommunale Planungshoheit eingegriffen*, ein Vorgehen, das einer Rechtfertigung durch förmliches Gesetz bedürfte, soll es nicht gesetzwidrig, weil sowohl verfassungsrechtlich als auch einfachgesetzlich zu mißbilligen sein. Ob indes die insoweit in Betracht zu ziehende Verordnungsermächtigung des § 2 Abs. 5 BauGB „weiterhilft",[16] insbesondere eine Überschreitung dieser Ermächtigung deswegen nicht anzunehmen ist, weil die in Rede stehende Regelung im wesentlichen nur klarstellender Natur ist und nicht zu einer materiellen (konstitutiven) Rechtsänderung führt, dürfte mehr als zweifelhaft, ja abzulehnen sein.[17]

b) Geht man von der Wirksamkeit der Überleitungsregelung aus, so kann die Anwendung im Einzelfall Entschädigungsansprüche nach näherer Maßgabe des § 42 BauGB auslösen, ggf. auch solche nach § 39 BauGB.[18]

c) Nach § 25 c Abs. 3 Satz 1 2. Halbsatz bleiben in den alten Bebauungsplänen etwa getroffene besondere Festsetzungen unberührt. Als solche kommen insbesondere solche nach § 1 Abs. 5 und 9 in Betracht.

4. Die „letzte Neuerung" im Hinblick auf die Vergnügungsstättenproblematik hat die Vorschrift des § 25 c Abs. 3 Satz 2 gebracht, wonach unter bestimmten Voraussetzungen zur *Verhinderung* im einzelnen aufgeführter Beeinträchtigungen für *Gebiete* im Sinne des *§ 34 Abs. 1 BauGB* in einem Bebauungsplan Bestimmungen über die Zulässigkeit von Vergnügungsstätten festgesetzt werden können. Diese Neuregelung zielt darauf ab, „dem sich aus den Regelungen dieser Verordnung (Baunutzungsverordnung 90) über die Zulässigkeit von Vergnügungsstätten ergebenden städtebaulichen Anlagen auch in diesen Gebieten entsprechen zu können".[19] Damit wird den Gemeinden ein Instrumentarium zur Verfügung gestellt, mit dem sie unter den dort genannten Voraussetzungen auch ohne Festsetzung eines bestimmten Baugebiets im unbeplanten Innenbereich Vergnügungsstätten ausschließen können.[20] Auch diese Regelung unterliegt nicht unerheblichen *rechtlichen Bedenken*; sie in der gebotenen Kürze aufzuzeigen, kann nur Sinn dieses Beitrags sein.

a) Abgesehen davon, daß es sich bei der in Rede stehenden Bestimmung nicht – wie der Zusammenhang, in den sie gestellt ist, vermuten läßt – um eine Überleitungsvorschrift handelt, taucht die Frage auf, ob sie überhaupt von einer *Ermächtigungsnorm* gedeckt ist.

---

16) So der Verordnungsgeber in der bereits mehrfach zitierten BR-Drucks. (Einzelbegründung zu § 25 c Abs. 3 Satz 1) im Einklang mit dem ebenfalls bereits erwähnten Gutachten von *Pietzcker*.

17) So im Ergebnis ebenfalls *Jahn*, a. a. O., S. 283 f.; auch *Fickert/Fieseler*, a. a. O., § 25 c Rdn. 16.

18) Vgl. *Jahn*, a. a. O., S. 284 f.; auch *Pietzcker* in dem genannten Gutachten.

19) Vgl. die bereits zitierte BR-Drucks. (Einzelbegründung zu § 25 Abs. 3 Satz 2).

20) Insoweit weist *Jahn*, a. a. O., S. 289 zutreffend darauf hin, daß hiermit der seinerzeit erfolglos gebliebene Vorschlag des Bundesrates, das BauGB durch einen § 9 Abs. 1 a entsprechend zu ergänzen, wieder aufgegriffen worden ist; auch der erneute Versuch, einen sog. „Ausschlußbebauungsplan" über einen neuen § 9 Abs. 1 Nr. 27 BauGB zu ermöglichen, war im Vorfeld gescheitert.

Als solche kommt allein § 2 Abs. 5 Nr. 1 a BauGB in Betracht, wonach der Verordnungsgeber Vorschriften über die Art der baulichen Nutzung erlassen kann; das bedeutet, daß § 25 c Abs. 3 Satz 2 eine die Art der baulichen Nutzung betreffende Regelung beinhalten muß, soll sie durch die Ermächtigungsnorm gedeckt sein. Bei der Beantwortung der Frage, was man unter Art der baulichen Nutzung im Sinne des § 2 Abs. 5 Nr. 1 a BauGB zu verstehen hat, darf aber § 5 Abs. 2 Nr. 1 BauGB nicht außer Betracht bleiben, auch nicht, was § 9 BauGB als zulässigen Inhalt eines jeden Bebauungsplans festlegt. Danach wird man die *Ermächtigungsnorm* des § 2 Abs. 5 Nr. 1 a BauGB inhaltlich dahin zu *begrenzen* haben, daß sie nur die Befugnis verleiht, Typen von Bauflächen bzw. − bezogen auf die in Rede stehenden Bebauungspläne − *Typen* von *Baugebieten* zu *schaffen* und diese − wie auch geschehen − inhaltlich näher auszugestalten. Eine *isolierte Ausschlußplanung* ohne gleichzeitige Festsetzung eines bestimmten Baugebiets ist mit diesem Verständnis der Ermächtigungsnorm des § 2 Abs. 5 Nr. 1 a BauGB nicht vereinbar.[21]

b) Auch mit einigen Grundsätzen der *Bauleitplanung* dürfte die in Rede stehende Bestimmung nur schwerlich in Einklang zu bringen sein. Hier ist einmal zu nennen das Gebot positiver Planung, das kaum erlauben dürfte, allein eine auf die Mißbilligung einer bestimmten Nutzungsart abzielende Planung vorzunehmen;[22] zum anderen muß auch bezweifelt werden, daß bei Anwendung der Vorschrift im Einzelfall eine dem Abwägungsgebot des Baugesetzbuchs in vollem Umfang genügende Abwägung ermöglicht wird.[23]

III.

Man darf gespannt sein, wie sich die „Vergnügungsstättenproblematik" im Licht der Rechtsprechung zu den Neuerungen entwickeln wird; dies gilt vor allem mit Blick auf die (nicht nur vom Verfasser) für mit höherrangigem Recht unvereinbar gehaltenen Regelungen des § 25 c Abs. 3 Satz 1 und 2. Für die Gemeinden hat die Novellierung manchen, wenn auch nicht jeden Wunsch erfüllt.

---

21) So vor allem *Ellenrieder*, „Isolierter" Ausschluß von Vergnügungsstätten nach § 25 c Abs. 3 Satz 2 BauNVO 1990?, DVBl. 1990, 463 (465); auch *Fickert/Fieseler*, a. a. O., § 25 c Rdn. 19.
22) *Ellenrieder*, a. a. O., S. 465 m. w. N.
23) Auf diese Gefahr weist *Ellenrieder*, a. a. O., S. 465 zutreffend hin.

RUDOLF STICH

Planung als Weg zum Interessenausgleich: Die Bedeutung des Abwägungsgebots

oder: Über die ständig wachsende Schwierigkeit kommunaler Bauleitplanung

I. Rechtliche Anforderungen an die Planung eines für die Allgemeinheit bedeutsamen Geschehens

Planung ist das Bestreben, die Zukunft zu beherrschen, sie zumindest in ihrer Entwicklung maßgebend zu beeinflussen. Je komplexer das Geschehen ist, dessen künftige Entwicklung beherrscht, zumindest maßgeblich beeinflußt werden soll, desto komplexer sind die Interessen, die bei der Planung zu berücksichtigen und „auszugleichen" sind. Hat die Planung in einem Staat mit demokratisch-rechts- und sozialstaatlicher Verfassung ein Geschehen zum Gegenstand, das für die Allgemeinheit von großer Bedeutung und für dessen künftige Entwicklung einem demokratisch gewählten Selbstverwaltungsorgan die Hauptverantwortung auferlegt worden ist, so muß der Interessenausgleich durch Abwägung an allgemeinverbindlichen Verhaltensregeln (Rechtsvorschriften) ausgerichtet sein, die einen geordneten Ablauf des Planungsvorgangs und einen sachgerechten Inhalt der Planungsentscheidung gewährleisten. Ein derartiges Geschehen von erheblicher Bedeutung für alle Bürger ist ohne Zweifel die städtebauliche Entwicklung in den Gemeinden und damit die Stadtplanung.

II. Das Bundesbaugesetz von 1960 und die „Entdeckung" des Abwägungsgebots im Jahre 1969

Die Absicht der Bundesgesetzgebung, die rechtlichen Grundlagen für die Erarbeitung eines sachgerechten Inhalts der kommunalen Bauleitplanung auf ihren beiden Ebenen der Flächennutzungs- und der Bebauungsplanung bereitzustellen, führte in *§ 1 Abs. 4 und 5 des Bundesbaugesetzes in seiner ersten Fassung von 1960*[1] zu den folgenden Bestimmungen:

(4) Die Bauleitpläne haben sich nach den sozialen und kulturellen Bedürfnissen der Bevölkerung, ihrer Sicherheit und Gesundheit zu richten. Dabei sind die öffentlichen und privaten Belange gegeneinander und untereinander gerecht abzuwägen. Die Bauleitpläne sollen den Wohnbedürfnissen der Bevölkerung dienen und die Eigentumsbildung im Wohnungswesen fördern.

(5) Die Bauleitpläne haben die von den Kirchen und Religionsgesellschaften des öffentlichen Rechts festgestellten Erfordernisse für Gottesdienst und Seelsorge zu berücksichtigen, die Bedürfnisse der Wirtschaft, der Landwirtschaft, der Jugendförderung, des Verkehrs und der Verteidigung zu beachten sowie den Belangen des Natur- und Landschaftsschutzes und der Gestaltung des Orts- und Landschaftsbildes zu dienen. Landwirtschaftlich genutzte Flächen

---

1) Vom 23. 6. 1960, BGBl. I S. 341 ff.

sollen nur in dem notwendigen Umfang für andere Nutzungsarten vorgesehen und in Anspruch genommen werden.

Bei genauem Hinsehen findet man das *Abwägungsgebot im zweiten Satz des vierten Absatzes*, übrigens im wesentlichen mit dem gleichen Inhalt, den es (noch) heute in § 1 Abs. 6 des Baugesetzbuchs von 1986[2] hat. Eine besondere Bedeutung wurde ihm in den ersten Jahren der Geltung des Bundesbaugesetzes jedoch nicht beigemessen. In den Schlagwortverzeichnissen der *Kommentare von Meyer/Stich/Tittel aus dem Jahre 1966[3] und von Schrödter noch in der zweiten Auflage von 1969[4]* sucht man die Wörter „Abwägung" und „Abwägungsgebot" vergebens.

Der „Durchbruch" erfolgte mit dem *Urteil des Bundesverwaltungsgerichts vom 30. 4. 1969,[5]* dessen Gründen die folgende Feststellung zu entnehmen ist:

Der Schutz privater Interessen im allgemeinen und des Privateigentums im besonderen muß sich bei der Aufstellung von Plänen nach Regeln vollziehen, die dem Wesen der Planung angemessen sind. Zu diesen Regeln gehört in erster Linie das Gebot gerechter Abwägung der von der Planung berührten öffentlichen und privaten Belange, das sich für die Bauleitplanung aus § 1 Abs. 4 Satz 2 BBauG ergibt, jedoch, weil dem Wesen einer rechtsstaatlichen Planung entsprechend, unabhängig von dieser Vorschrift allgemein gilt.

Und noch im gleichen Jahr wurde vom *Bundesverwaltungsgericht* in den Gründen des *Urteils vom 12. 12. 1969[6]* die seither maßgebende Formel geprägt:

Das Gebot gerechter Abwägung ist verletzt, wenn eine (sachgerechte) Abwägung überhaupt nicht stattfindet. Es ist verletzt, wenn in die Abwägung an Belangen nicht eingestellt wird, was nach Lage der Dinge in sie eingestellt werden muß. Es ist ferner verletzt, wenn die Bedeutung der betroffenen privaten Belange verkannt oder wenn der Ausgleich zwischen den von der Planung berührten öffentlichen Belangen in einer Weise vorgenommen wird, die zur objektiven Gewichtigkeit einzelner Belange außer Verhältnis steht. Innerhalb des so gezogenen Rahmens wird das Abwägungsgebot jedoch nicht verletzt, wenn sich die zur Planung berufene Gemeinde in der Kollision zwischen verschiedenen Belangen für die Bevorzugung des einen und damit notwendig für die Zurückstellung eines anderen entscheidet. Innerhalb jenes Rahmens ist nämlich das Vorziehen oder Zurücksetzen bestimmter Belange überhaupt kein nachvollziehbarer Vorgang der Abwägung, sondern eine geradezu elementare planerische Entschließung, die zum Ausdruck bringt, wie und in welcher Richtung sich die Gemeinde städtebaulich geordnet fortentwickeln will. Damit ist notwendig der Plankontrolle der höheren Verwaltungsbehörde wie der Verwaltungsgerichte eine Grenze gezogen.

III. Die weitere Entwicklung des Rechtsverständnisses bezüglich des Abwägungsgebots

Es wird nicht als die Aufgabe der vorliegenden Abhandlung angesehen, die *immer wieder neuen Äußerungen des Bundesverwaltungsgerichts* zum Wesen des Abwägungsgebots, zu den sich aus ihm ergebenden Anforderungen an die Ermittlung und Bewertung des sogenannten Abwägungsmaterials, zu den Folgen seiner Verletzung und zur „Kontroll-

---

2) Vom 8. 12. 1986, BGBl. I S. 2253.
3) *Meyer/Stich/Tittel*, Kommentar zum Bundesbaugesetz, Köln 1966.
4) *Schrödter*, Kommentar zum Bundesbaugesetz, 2. Aufl., München 1969.
5) IV C 6.68, BauR 1970, S. 35.
6) IV C 105.66, BauR 1970, S. 31.

dichte" bei der Prüfung der Bauleitpläne durch die höheren Verwaltungsbehörden und durch die Gerichte in den Einzelheiten nachzuzeichnen. Dazu kann auf die *Kommentare zum Bundesbaurecht* verwiesen werden.[7]

Besonders hervorzuheben ist jedoch das Bemühen von *Werner Hoppe*, eine *differenzierte Lehre von den Fehlermöglichkeiten* zu entwickeln, die mit ihren Stichwörtern Ermittlungsausfall, Ermittlungsdefizit, Abwägungsausfall, Abwägungsdefizit, Abwägungsüberschuß, Abwägungsfehleinschätzung und Abwägungsdisproportionalität sowie mit der Unterscheidung zwischen dem Abwägungsvorgang und dem Abwägungsergebnis[8] den planenden Stellen, den Planprüfungsbehörden und den Gerichten wichtige Anhaltspunkte für den nicht gerade einfachen Umgang mit den Forderungen des Abwägungsgebots zur Verfügung stellt.

Die folgenden Überlegungen wollen an den *Begriff des „Abwägungsmaterials"* anknüpfen und aufzeigen, wie sich dessen Spektrum in den nunmehr dreißig Jahren der Geltung des Bundesbaurechts und damit des Abwägungsgebots fortwährend erweitert hat, so daß die kommunale Bauleitplanung — wie der vom Verfasser dem Aufsatzthema beigegebene Untertitel zum Ausdruck bringen soll — immer schwieriger geworden und zudem noch immer kein Ende des Erschwerungsprozesses abzusehen ist.

IV. Das Abwägungsmaterial für die Bauleitplanung in den sechziger Jahren

Bauleitplanung wurde in den sechziger Jahren und wohl auch noch in der ersten Hälfte der siebziger Jahre vorrangig (meist sogar ausschließlich) als *Mittel zur Bereitstellung von Bauland* für die Nutzung von Grundflächen im Sinne der in der Baunutzungsverordnung (zunächst in der Fassung von 1962,[9] dann von 1968)[10] vorgesehenen Arten der baulichen Nutzung, für die Errichtung von Anlagen des Gemeinbedarfs[11] und für die Herstellung von Verkehrsanlagen[12] und sonstigen Infrastruktureinrichtungen[13] angesehen. Zudem vollzog sich die Bauleitplanung ganz überwiegend in der Form der *Aufstellung von Bebauungsplänen ohne die Entwicklung aus den Flächennutzungsplänen*, denen der Bundesgesetzgeber an sich die Aufgabe zugedacht hatte, „für das ganze Gemeindegebiet die beabsichtigte Art der Bodennutzung nach den voraussehbaren Bedürfnissen der Gemeinde in den Grundzügen darzustellen".[14] Dementsprechend ist in dem ersten Jahrzehnt der Bauleitplanung nach dem Bundesbaurecht (wie auch schon vorher in dem Jahrzehnt der städtebaulichen Planungen nach den Aufbaugesetzen der Länder)[15] von einer umfassenden Abwägung der planungswesentlichen öffentlichen und privaten Belange nach ihrer vorausgegangenen sorgfältigen Ermittlung und Bewertung so gut wie nicht die Rede.

---

7) Siehe etwa *Gaentzsch*, in: *Schlichter/Stich* (Hrsg.), Berliner Kommentar zum Baugesetzbuch, Köln 1988, § 1 Rdn. 66 ff.; auch *Krautzberger*, in: *Battis/Krautzberger/Löhr*, Kommentar zum Baugesetzbuch, 2. Aufl., München 1987, § 1 Rdn. 87 ff.

8) Näheres in *Ernst/Hoppe*, Das öffentliche Bau- und Bodenrecht, Raumplanungsrecht, 2. Aufl., München 1981, S. 153 ff.

9) Vom 26. 6. 1962, BGBl. I S. 429.

10) Vom 26. 11. 1968, BGBl. I S. 1237.

11) Vgl. § 5 Abs. 2 Nr. 2 und § 9 Abs. 1 Nr. 5 BBauG.

12) Vgl. § 5 Abs. 2 Nr. 3 und § 9 Abs. 1 Nr. 11 BBauG.

13) Vgl. § 5 Abs. 2 Nr. 4 und 5 sowie § 9 Abs. 1 Nr. 13 bis 15 BBauG.

14) Vgl. § 5 Abs. 1 BBauG. Das Entwicklungsgebot des § 8 Abs. 2 BBauG wurde erst durch das Urt. des BVerwG v. 28. 2. 1975 — IV C 74.72 —, BauR 1975, S. 256, zur Geltung gebracht, jedoch durch spätere Gesetzesänderungen wieder abgeschwächt.

15) Die Aufbaugesetze der Länder sind durch § 186 Abs. 1 BBauG aufgehoben worden.

Erst die *Rechtsbehelfe von Grundstückseigentümern und Wirtschaftsunternehmen* bezüglich der unzulänglichen Beachtung ihrer Interessen im Rahmen der Bauleitplanung führten in der Verwaltungsrechtsprechung zur *„Aktivierung" des Abwägungsgebots*. Doch hatte dies bei der Ermittlung des „Abwägungsmaterials" zunächst nur zur Folge, daß (auch) diese Interessen festgestellt, bezüglich ihres Gewichts für die städtebauliche Entwicklung auf der Grundlage der verfassungsrechtlichen Vorgaben[16] bewertet und „mit dem ihnen zukommenden Gewicht in die Abwägung eingestellt" wurden.

Die Erweiterung des „Abwägungsmaterials" um Belange, die zunächst gar nicht im eigentlichen Sinne als solche der „städtebaulichen Entwicklung" betrachtet worden waren, erfolgte erst mit dem *Eindringen der Forderungen des Umweltschutzes mit seinen verschiedenartigen Anliegen in unsere gesellschaftspolitischen Grundvorstellungen* und ihre Umsetzung in Bundes- und Landesrecht. Diese Forderungen sind *erstmals mit der sogenannten großen Baurechtsnovelle von 1976*[17] auf breiter Front in das Bundesbaurecht integriert worden. Das *Baugesetzbuch von 1986* hat ihnen in den Vorschriften über die Bauleitplanung noch größeren Raum gegeben.[18] In den siebziger und achtziger Jahren wurden für diese verschiedenartigen Belange des Umweltschutzes *in bundes- und landesrechtlichen Spezialgesetzen umfassende Sach- und Verfahrensregelungen* festgelegt und zum Teil auch schon (wiederholt) weiterentwickelt.

In den folgenden Darlegungen wird versucht, für die Umweltschutzbereiche des Immissionsschutzes, des Naturschutzes und der Landschaftspflege, des Bodenschutzes und des Denkmalschutzes zu erläutern, welche Bedeutung nach dem Bundesbaurecht und nach den bundes- und landesrechtlichen Spezialgesetzen ihre Forderungen für die kommunale Bauleitplanung und damit für die rechtsfehlerfreie Beachtung des Abwägungsgebots haben.

V. Die Bedeutung der Forderungen des Immissionsschutzes

Im Jahre *1974* wurde das *Bundes-Immissionsschutzgesetz* erlassen.[19] Es enthält mit seinem § 50 eine *Gesetzesbestimmung über „Planung"*, deren Adressat in erster Linie die gemeindliche Bauleitplanung ist:[20]

Bei raumbedeutsamen Planungen und Maßnahmen sind die für eine bestimmte Nutzung vorgesehenen Flächen einander so zuzuordnen, daß schädliche Umwelteinwirkungen auf die ausschließlich oder überwiegend dem Wohnen dienenden Gebiete sowie auf sonstige schutzbedürftige Gebiete soweit wie möglich vermieden werden.

Nicht weniger wichtig ist für die städtebauliche Entwicklung die *Regelung über den Bau und die Änderung von Straßen und Schienenwegen (aller Arten) in den §§ 41 bis 43 BImSchG*, die zusammen mit dem bereits erwähnten § 50 als eine „lückenlose Regelung" in drei Stufen gedacht sind:[21]

---

16) Vor allem aufgrund der Eigentumsgarantie in Art. 14 GG.
17) Vom 18. 8. 1976, BGBl. I S. 2256.
18) Siehe dazu Näheres bei *Stich*, Schutz und Entwicklung der natürlichen Lebensgrundlagen als wichtige neue Aufgabe der gemeindlichen Bauleitplanung, ZfBR 1989, S. 9 ff.
19) Vom 15. 3. 1974, BGBl. I S. 721, ber. S. 1193.
20) Siehe dazu Näheres bei *Stich/Porger*, Immissionsschutzrecht des Bundes und der Länder, Loseblattkommentar, Stuttgart 1974 ff., Erl. zu § 50 BImSchG.
21) Siehe Ausschußbericht zum Entwurf des BImSchG, BTDrucks. 7/1513 – zu BTDrucks. 7/1508 – vom 14. 1. 1974, S. 3.

– Straßen und Schienenwege müssen so trassiert (geführt) werden, daß schädliche Umwelteinwirkungen in Wohngebieten sowie in sonstigen schutzbedürftigen Gebieten soweit wie möglich vermieden werden (§ 50).
– Kann bei der Trassierung dem Lärmschutz nicht ausreichend Rechnung getragen werden, müssen die notwendigen (sogenannten aktiven) Lärmschutzmaßnahmen beim Bau und bei der Änderung der Verkehrswege getroffen werden (§ 41).
– Wenn die für Lärmschutzmaßnahmen an den Verkehrswegen aufzuwendenden Kosten außer Verhältnis zu dem angestrebten Zweck ständen, kann von ihnen abgesehen werden; in diesen Fällen ist der Träger der Baulast verpflichtet, den durch Lärm Betroffenen Ersatz für (sogenannte passive) Schallschutzmaßnahmen an den Wohngebäuden oder sonstigen baulichen Anlagen zu leisten (§ 42).

Die näheren Einzelheiten (Grenzwerte für Lärmimmissionen, Verfahren zur Ermittlung der Emissionen und der Immissionen, technische Anforderungen an den Bau von Straßen, Eisenbahnen und Straßenbahnen sowie Art und Umfang der Schallschutzmaßnahmen) sollen durch Rechtsverordnung der Bundesregierung gemeinsam mit dem Bundesrat geregelt werden. Ein wesentlicher Teil dieses Regelungsauftrags ist durch die *Verkehrslärmschutzverordnung vom 12. 6. 1990*[22] erfüllt worden.[23]

Der *Schlüsselbegriff des Bundesimmissionsschutzrechts* sind die „*schädlichen Umwelteinwirkungen*" (§ 3 BImSchG). Gemeint sind Immissionen, die nach Art, Ausmaß oder Dauer geeignet sind, Gefahren, erhebliche Nachteile oder erhebliche Belästigungen für die Allgemeinheit oder die Nachbarschaft herbeizuführen. Immissionen in diesem Sinne sind auf Menschen sowie auf Tiere, Pflanzen oder andere Sachen einwirkende Luftverunreinigungen, Geräusche, Erschütterungen, Licht, Wärme, Strahlen und ähnliche Umwelteinwirkungen. Emissionen sind die von einer Anlage ausgehenden Luftverunreinigungen, Geräusche, Erschütterungen, Licht, Wärme, Strahlen und ähnliche Erscheinungen. Luftverunreinigungen sind Veränderungen der natürlichen Zusammensetzung der Luft, insbesondere durch Rauch, Ruß, Staub, Gase, Aerosole, Dämpfe oder Geruchsstoffe.

Wenn es *seit 1976 zu den Aufgaben der kommunalen Bauleitplanung gehört, zur Sicherung menschenwürdiger Umweltverhältnisse beizutragen* (§ 1 Abs. 6 Satz 1 BBauG 1976/1979; § 1 Abs. 5 Satz 1 BauGB) und bei der Aufstellung der Bauleitpläne *die allgemeinen Anforderungen an gesunde Wohn- und Arbeitsverhältnisse zu berücksichtigen* (§ 1 Abs. 6 Satz 2, erster Anstrich, BBauG 1976/1979; § 1 Abs. 5 Satz 2 Nr. 1 BauGB), so geht es dabei in erster Linie darum, mit den planerischen Instrumenten dafür zu sorgen, daß die Menschen in Wohngebieten und in sonstigen schutzwürdigen Gebieten keinen schädlichen Umwelteinwirkungen im vorgenannten Sinne ausgesetzt werden (s. dazu auch die in § 1 Abs. 5 Nr. 7 BauGB noch einmal ausdrücklich genannten Belange des Umweltschutzes). Die gesamte *Typisierung* der zulässigen und ausnahmsweise zulassungsfähigen Arten der baulichen und sonstigen Nutzung *in der Baunutzungsverordnung* geht von dem Grundgedanken aus, in den verschiedenen Baugebieten Nutzungen zusammenzubringen, die im Verhältnis zueinander keine schädlichen Umwelteinwirkungen verursachen.[24] Die Regelung über „Allgemeine Voraussetzungen für die Zulässigkeit baulicher und sonstiger Anlagen" in

---

22) BGBl. I S. 1036.
23) Näheres zur Entwicklung des Verkehrslärmschutzes bei *Stich*, Die rechtliche und fachliche Problematik von Grenzwerten für die zumutbare Belastung durch Verkehrslärm, ZfBR 1990, S. 10 ff., mit Hinweisen auf vorausgegangene Veröffentlichungen in UPR 1985, S. 265 ff. und UPR 1987, S. 281 ff.
24) Näheres zur Bedeutung der in den §§ 2 bis 10 BauNVO enthaltenen „Typisierungen" von Baugebietsarten bei *Stich*, Notwendigkeit der Weiterentwicklung der Baunutzungsverordnung zur Bodennutzungsverordnung, NuR 1988, S. 221 ff., besonders S. 223.

§ 15 Abs. 1 Satz 2 BauNVO stellt dafür zusätzlich eine Art „Immissionsschutzbremse" bereit.[25] Auch im städtebaulichen Sanierungsrecht sind die dahin gehenden Forderungen zu beachten (§ 136 Abs. 3 Nr. 1 Buchst. d und f sowie Abs. 4 Nr. 3 BauGB).

Der Schlüsselbegriff des Bundesimmissionsschutzrechts ist mit seinem dargelegten Inhalt auch ausdrücklich *in das Bundesbaurecht übernommen worden*. So können (d. h. bei entsprechender städtebaulicher Erforderlichkeit *müssen*) *im Flächennutzungsplan* Flächen für Nutzungsbeschränkungen oder für Vorkehrungen zum Schutz gegen schädliche Umwelteinwirkungen im Sinne des Bundes-Immissionsschutzgesetzes dargestellt werden (§ 5 Abs. 2 Nr. 6 BauGB). *Im Bebauungsplan* können Gebiete festgesetzt werden, in denen aus besonderen städtebaulichen Gründen oder zum Schutz vor schädlichen Umwelteinwirkungen im Sinne des Bundes-Immissionsschutzgesetzes bestimmte *luftverunreinigende Stoffe nicht oder nur beschränkt verwendet werden dürfen* (§ 9 Abs. 1 Nr. 23 BauGB); weiterhin können Flächen für besondere Anlagen und Vorkehrungen zum Schutz vor schädlichen Umwelteinwirkungen im Sinne des Bundes-Immissionsschutzgesetzes sowie die zum Schutz vor solchen Einwirkungen oder zur Vermeidung oder Minderung solcher Einwirkungen zu treffenden *baulichen und sonstigen technischen Vorkehrungen* festgesetzt werden (§ 9 Abs. 1 Nr. 24 BauGB).

Damit wird deutlich, welches Gewicht das geltende Städtebau- und Immissionsschutzrecht den bestehenden und zu erwartenden Immissionsverhältnissen für die Bauleitplanung zumißt. Diese *Immissionsverhältnisse müssen daher mit großer Sorgfalt ermittelt und prognostiziert, bewertet und mit der ihnen zukommenden Bedeutung für die geordnete städtebauliche Entwicklung in die Abwägung eingestellt werden*. Allerdings hört sich dies einfacher an, als es im gegebenen Planungsfall zu bewältigen ist. Schuld daran ist vor allem, daß es schwierig ist, eine zuverlässige Aussage darüber zu machen, wann eine Belästigung durch Lärm oder Luftverunreinigung als Gefahr, erheblicher Nachteil oder erhebliche Belästigung zu beurteilen ist. Dafür brauchte man als erstes *rechtsverbindliche Grenzwerte*, die es *nur für Verkehrslärm gibt*.[26] Aber auch sie können *nur Anhaltspunkte* für die planerische Lösung von Immissionskonflikten sein, wie vor allem die sehr *differenzierende Rechtsprechung des Bundesverwaltungsgerichts* zeigt.[27] Dennoch können die Probleme nicht als unlösbar angesehen werden, weil das Bundesbaurecht den *Gemeinden ein recht weites Planungsermessen* einräumt; allerdings müssen beim Flächennutzungsplan der Erläuterungsbericht (§ 5 Abs. 5 BauGB) und beim Bebauungsplan die Begründung (§ 9 Abs. 8 BauGB) erkennen lassen, daß sich die Gemeinde im konkreten Fall ihres Planungsspiel-

---

25) Sie ist durch die Ergänzung des § 15 Abs. 1 Satz 2 BauNVO in der Neufassung vom 23. 1. 1990, BGBl. I S. 132 in ihrem Anwendungsbereich dahin erweitert worden, daß sie nicht nur Vorhaben erfaßt, von denen Belästigungen oder Störungen ausgehen können, die nach der Eigenart des Baugebiets im Baugebiet selbst oder in seiner Umgebung unzumutbar sind, sondern auch Vorhaben, die „solchen Belästigungen oder Störungen ausgesetzt werden" (geboten ist demnach eine „wechselbezügliche" Betrachtungsweise).

26) Es gibt zwar eine Reihe von „amtlichen", „halbamtlichen" und „privaten" technischen Immissionsschutznormen, wie etwa die Technische Anleitung zum Schutz gegen Lärm (TA Lärm) vom 16. 7. 1968, Beil. BAnz. Nr. 137, die Technische Anleitung zur Reinhaltung der Luft (TA Luft) i. d. F. vom 27. 2. 1986, GMBl. S. 95, die DIN 18005 Schallschutz im Städtebau, Ausgabe Mai 1987, die VDI-Richtlinie 3471 Emissionsminderung Tierhaltung — Schweine und die VDI-Richtlinie 3472 Emissionsminderung Tierhaltung — Hühner, beide in der Fassung vom Juni 1986. Sie sind aber keine bindenden Rechtsvorschriften und werden von den Gerichten nur als eine Art von „antizipierten Sachverständigengutachten" herangezogen, wenn ihnen nicht sogar nur „indizielle Bedeutung" zugebilligt wird; vgl. dazu etwa das Sportstätten-Urteil des BVerwG vom 19. 1. 1989 — 7 C 77/88 —, BauR 1989, S. 172.

27) Siehe dazu vor allem das Urt. v. 22. 5. 1987 — 4 C 33—35.85 —, ZfBR 1987, S. 290.

raums bewußt war und aus welchen Gründen sie unter Abwägung der planungswesentlichen, vorher sorgfältig bewerteten Belange eine bestimmte Planungsentscheidung getroffen hat.

VI. Die Bedeutung der Forderungen des Naturschutzes und der Landschaftspflege

Wie der eingangs wiedergegebenen *ersten Fassung des § 1 Abs. 5 BBauG* zu entnehmen ist, wurde es schon damals zu den Aufgaben der gemeindlichen Bauleitplanung gerechnet, *den Belangen des Natur- und Landschaftsschutzes zu dienen.* Natur- und Landschaftsschutz wurden aber zu jener Zeit auf der Grundlage des als Landesrecht weitergeltenden *Reichsnaturschutzgesetzes von 1935*[28] als *Schutz höherwertiger Flächen und Arten* angesehen, die sich in flächenmäßiger Hinsicht als Naturschutzgebiete, Naturdenkmäler, Landschaftsschutzgebiete und geschützte Landschaftsbestandteile darstellten. Zu deren Unterschutzstellung waren jedoch *nur Staatsbehörden befugt,* die Gemeinden hatten diese Gebiete und Flächen in ihre Bauleitpläne „nachrichtlich" zu übernehmen (s. heute noch § 5 Abs. 4 und § 9 Abs. 6 BauGB).

Erst mit der ständig zunehmenden Inanspruchnahme noch naturhafter Flächen für die Bebauung sowie für die Schaffung von Verkehrsanlagen und sonstigen Infrastruktureinrichtungen wurde uns bewußt, daß sich *die Bemühungen um den Schutz von Natur und Landschaft mit den gesamten noch nicht für Siedlungszwecke „verbrauchten" Flächen zu befassen hatten.* Der „Flächenverbrauch" mußte eingeschränkt und, soweit er weiterhin erforderlich war, in geordnete Bahnen gelenkt werden. „In geordnete Bahnen lenken" ist aber nur ein anderer Ausdruck für das Planen einer weiteren Entwicklung, und folgerichtig wurde in Wissenschaft und Politik darauf gedrängt, die Vorschriften des Naturschutzrechts um *Regelungen über eine Landschaftsplanung* auf den Ebenen der Länder, der Regionen und auf örtlicher Ebene zu erweitern.[29]

Nachdem *einzelne Bundesländer* diesen Bestrebungen mit Änderungen und Ergänzungen des in ihrem Bereich als Landesrecht fortgeltenden Reichsnaturschutzgesetzes Raum gegeben hatten,[30] wurden in das *Bundesnaturschutzgesetz von 1976,*[31] zu dessen Erlassen der Bund im Bereich seiner Befugnis zur Rahmengesetzgebung (Art. 75 Nr. 3 GG) zuständig war, *Grundsatzregelungen über Landschaftsprogramme, Landschaftsrahmenpläne und Landschaftspläne (§§ 5 und 6)* aufgenommen. Von ihnen ausgehend, hatten die Länder in ihren Naturschutzgesetzen die unmittelbar geltenden (Vollzugs-)Vorschriften zu erlassen. Selbstverständlich wurde bei den Gesetzgebungsarbeiten *erkannt, daß die Landschaftsplanungen in ein Beziehungsverhältnis zu dem bereits vorhandenen System der Raumplanungen* (Landes- und Regionalplanung, kommunale Bauleitplanung) *gebracht werden mußten.* Doch überließ der Bund diese schwierige Aufgabe den Ländern. Bezüglich der Landschaftsplanung auf der örtlichen Ebene bestimmte er, daß die Länder das Verfahren und die

---

28) Vom 26. 6. 1935, RGBl. I S. 821.

29) Siehe dazu etwa *Stich,* Der heutige Stand des Rechts der Landschaft und seines Vollzugs, in: Festschrift für Werner Weber, Berlin 1974, S. 681 ff.; auch *Stich/Porger/Steinebach,* Örtliche Landschaftsplanung und kommunale Bauleitplanung − Rechts- und Fachgrundlagen, Planungs- und Verwaltungspraxis, Regelungsvorschläge −, Band A 100 der Beiträge zur Umweltgestaltung, Berlin 1986.

30) Siehe dazu Näheres bei *Stich,* Umweltrecht, in: *Buchwald/Engelhardt* (Hrsg.), Handbuch für Planung, Gestaltung und Schutz der Umwelt, Band 4: Umweltpolitik, München 1980, S. 111 f. (Naturschutz und Landschaftspflege − Rechtsentwicklung).

31) Vom 20. 12. 1976, BGBl. I S. 3573.

Verbindlichkeit der Landschaftspläne, „insbesondere für die Bauleitplanung", regeln, wobei sie bestimmen können, „daß Darstellungen des Landschaftsplans als Darstellungen oder Festsetzungen in die Bauleitpläne aufgenommen werden" (§ 6 Abs. 6 BNatSchG).

Es kann hier nicht im einzelnen dargelegt werden, *in welcher recht unterschiedlichen Art und Weise die Länder diese Aufgabe gelöst haben.*[32] Richtiger wäre: „zu lösen versucht haben", denn beim Umherschauen in der Praxis muß man leider zu dem Eindruck gelangen, daß sich die Landschaftsplanung für sich genommen bisher als wenig fruchtbar und im Verhältnis zur Bauleitplanung als wenig wirksam gezeigt hat.[33]

Dabei *können wir auf die Landschaftsplanung als wichtigen Sachbeitrag zur Bauleitplanung heute weniger denn je verzichten:* Das neue Bundesbaurecht hat den *Gemeinden als zusätzliche Aufgabe der Bauleitplanung auferlegt, zum Schutz und zur Entwicklung der natürlichen Lebensgrundlagen* Boden, Wasser, Luft, Klima, Tier- und Pflanzenwelt *beizutragen* (§ 1 Abs. 5 Satz 1 BauGB). Bei der Erwähnung der Belange von Natur und Landschaft im Rahmen der bei der Bauleitplanung vor allem zu berücksichtigenden Belange werden *ausdrücklich die Belange des Naturhaushalts hervorgehoben* (§ 1 Abs. 5 Satz 2 Nr. 7 BauGB). Die Gemeinden werden dazu angehalten, *mit Grund und Boden* nicht nur sparsam, sondern auch *„schonend" umzugehen* (§ 1 Abs. 6 Satz 3 BauGB). *Im Flächennutzungsplan* sind die Flächen für Maßnahmen zum Schutz, zur Pflege und zur Entwicklung von Natur und Landschaft darzustellen (§ 5 Abs. 2 Nr. 10 BauGB), *in den Bebauungsplänen* sind Maßnahmen zum Schutz, zur Pflege und zur Entwicklung von Natur und Landschaft (soweit solche Festsetzungen nicht nach anderen Vorschriften getroffen werden können) sowie die Flächen für Maßnahmen zum Schutz, zur Pflege und zur Entwicklung von Natur und Landschaft festzusetzen (§ 9 Abs. 1 Nr. 20 BauGB). Hinzu kommt ganz allgemein, daß die *Bestimmungen des Bundesnaturschutzrechts über die Ziele und die Grundsätze des Naturschutzes und der Landschaftspflege* kein Rahmenrecht sind, sondern *unmittelbare Geltung haben* (§§ 1 und 2 i. V. mit § 4 Satz 3 BNatSchG) und deshalb mit ihren weitgespannten Forderungen auch von den Gemeinden bei ihrer Bauleitplanung zu beachten sind.[34]

Diese vielgestaltigen Aufgaben kann der Bauleitplaner (= der Stadtplaner) allein nicht erfüllen. Das zu ihrer Bewältigung notwendige „Abwägungsmaterial" muß ihm die Landschaftsplanung bereitstellen. Allerdings nicht in der Gestalt von apodiktischen Forderungen, für die auch sonst in der Bauleitplanung kein Raum ist, sondern in der Gestalt von Zielvorstellungen, die sich auf eine umfassende Bestandsaufnahme und eine sorgfältige Bewertung des festgestellten Bestands an Natur- und Landschaftselementen gründen. Dafür geeignete *„landespflegerische Planungsbeiträge"*, wie sie das rheinland-pfälzische Naturschutzrecht nennt,[35] können aber nur von einer Landschaftsplanung erarbeitet werden, die das Wesen und die Aufgaben der kommunalen Bauleitplanung erfaßt hat und in dem Bewußtsein tätig wird, daß sie einen wichtigen „Beitrag" zur Ordnung der städtebaulichen Entwicklung zu leisten hat.

---

32) Siehe dazu Näheres bei *Stich/Porger/Steinebach*, oben Fn. 29.

33) Näheres dazu im Umweltgutachten 1987 des Rats von Sachverständigen für Umweltfragen, besonders S. 139 f. (Bilanz der bisherigen Landschaftsplanungs-Aktivitäten).

34) Über die „Belange von Natur und Landschaft, insbesondere des Naturhaushalts", die die Gemeinden bei der Aufstellung der Bauleitpläne neben vielen anderen Belangen zu berücksichtigen haben (§ 1 Abs. 5 Satz 2 BauGB), werden die Ziele und Grundsätze des Naturschutzes und der Landschaftspflege, wie sie im Bundesnaturschutzrecht festgelegt sind (§§ 1 und 2 BNatSchG), zum Bestandteil des Bauplanungsrechts.

35) Siehe § 17 a des rheinland-pfälzischen Landespflegegesetzes i. d. F. vom 5. 2. 1979, GVBl. S. 36.

Aus der Sicht der Bauleitplanung ist dabei *von der Landschaftsplanung vor allem zu erwarten,* daß sie aufgrund einer sorgfältigen Erhebung und Bewertung der noch naturhaften Flächen des Gemeindegebiets, aber auch der einer Wiedernutzung zuzuführenden Gewerbe-, Industrie- und Verkehrsbrachflächen[36] *eine Einteilung des Gemeindegebiets dahin gehend vornimmt,* welche noch naturhaften Flächen wegen ihres hohen ökologischen Wertes unter keinen Umständen angetastet werden dürfen, bei welchen noch naturhaften Flächen trotz ihres ökologischen Wertes aus ganz überwiegenden Gründen des Allgemeinwohls ein „Landschaftsverbrauch" ausnahmsweise vertretbar erscheint, welche Flächen wegen ihres nicht allzu hohen ökologischen Wertes für die weitere Siedlungsentwicklung in Anspruch genommen werden können und welche Flächen mit Landschaftsschäden wiederum einem naturhaften Zustand nähergebracht werden können. Dabei mag es Landschaftsplanern schwerfallen, Flächen zu bezeichnen, die im Falle des Erfordernisses der Bereitstellung und Aufschließung neuen Baulands für Wohn- und Arbeitsstätten sowie von sonstigen Anlagen und Einrichtungen, die zu einer mindestens teilweisen „Versiegelung" von Grund und Boden führen, „geopfert" werden können. Sie müssen sich aber damit abfinden, daß *solche „Flächenopfer" auch künftig noch gebracht werden müssen.* Es genügt, insoweit auf die Gründe für das Erlassen des *Wohnungsbau-Erleichterungsgesetzes vom Mai 1990*[37] und die in ihm enthaltene Bestimmung zu verweisen, daß bei der Aufstellung, Änderung, Ergänzung und Aufhebung von Bauleitplänen nach dem Baugesetzbuch *einem dringenden Wohnbedarf der Bevölkerung „besonders" Rechnung getragen werden soll.* Damit hat der Bundesgesetzgeber erstmals − wenn auch zunächst nur auf die Dauer von fünf Jahren − einem bei der Bauleitplanung zu berücksichtigenden Belang gewissermaßen einen Vorrang vor den anderen planungserheblichen Belangen, auch denen des Naturschutzes und der Landschaftspflege, eingeräumt.

Nicht weniger bedeutsam ist die Landschaftsplanung für die Bewältigung der Probleme, die aus den *Eingriffsregelungen im Bundes- und Landesnaturschutzrecht* auf die Bauleitplanung zukommen.[38] Zwar ist der Flächennutzungsplan niemals als unmittelbare Grundlage für einen Eingriff in Natur und Landschaft anzusehen. Gleiches gilt trotz ihrer rechtsverbindlichen Ordnung der Bodennutzung für die Bebauungspläne, sofern sie nicht an die Stelle von Planfeststellungsbeschlüssen nach dem Fachplanungsrecht treten (s. insbesondere § 17 Abs. 3 FStrG und entsprechende Vorschriften in den Landesstraßengesetzen).[39] Die Überplanung bisher noch naturhafter Flächen für Siedlungszwecke hat aber zu berücksichtigen, daß *die Verwirklichung der vorgesehenen baulichen und sonstigen Nutzungen in aller Regel zu Eingriffen in Natur und Landschaft führt, die in irgendeiner Weise ausgeglichen werden müssen.* Ist dieser Ausgleich nicht am Eingriffsort (also auf dem Baugrundstück selbst) möglich, sind *Ersatzmaßnahmen* zu ergreifen, für die − wie die Praxis es ausdrückt − „Ausgleichsflächen" bereitzuhalten sind. Dafür wird die Bauleitplanung rechtzeitig die erforderliche *Vorsorge im Flächennutzungsplan* und die *rechtsverbindliche Festsetzung in Bebauungsplänen* (§ 5 Abs. 2 Nr. 10, § 9 Abs. 1 Nrn. 20 und 22 BauGB) zu ergreifen haben. Ohne daß hier näher auf die damit angedeutete rechtliche und fachliche Komplexität der Forderungen und Auswirkungen der naturschutzrechtlichen Eingriffsrege-

---

36) Siehe dazu Näheres bei *Stich,* Wiedernutzung brachliegender Gewerbe-, Industrie- und Verkehrsflächen − Notwendigkeit, Entwicklungschancen, Hindernisse, Planung und Vollzug −, WuV 1990, S. 163 ff.

37) Vom 17. 5. 1990, BGBl. I S. 926.

38) Siehe dazu § 8 BNatSchG und die Regelungen der Landesnaturschutzgesetze.

39) Siehe dazu Näheres bei *Fickert,* Reichweite und Grenzen der Straßenplanung durch Bebauungsplan − Ein Beitrag zum Verhältnis des Bebauungsplans zur straßenrechtlichen Planfeststellung −, BauR 1988, S. 678 ff.

lung eingegangen werden kann,[40] läßt sich doch mit Sicherheit sagen, daß die Probleme, die insoweit auf der Ebene der Bauleitplanung zu bewältigen sind, ohne konstruktive Beiträge der Landschaftsplanung nicht gelöst werden können. Nur mit ihrer Hilfe ist die Gemeinde in der Lage, das erforderliche „Abwägungsmaterial" umfassend und sachgerecht zusammenzustellen und im Rahmen ihres Planungsermessens eine rechtlich haltbare Planungsentscheidung zu treffen.

VII. Die Bedeutung der Forderungen des Bodenschutzes

Diese Forderungen sind verhältnismäßig jung; sie haben erstmals in der sogenannten *Bodenschutzkonzeption der Bundesregierung vom März 1985*[41] ihren offiziellen Ausdruck gefunden. Es gibt auch *kein eigenständiges „Bodenschutzgesetz"*, weder im Bund noch in einem Land, und es wird wohl auch keines geben, weil Bodenschutz eine weitgespannte Aufgabe ist, die vielgestaltige Ausprägungen findet.

Es ist bei den Überlegungen zu den Auswirkungen der Forderungen des Naturschutzes und der Landschaftspflege auf die Bauleitplanung (s. oben VI) bereits von der Bestimmung des neuen Bundesbaurechts gesprochen worden, die die Gemeinden dazu verpflichtet, bei der Bauleitplanung mit Grund und Boden „sparsam und schonend" umzugehen (§ 1 Abs. 5 Satz 3 BauGB). Schon diese beiden Eigenschaftswörter verkörpern zwei verschiedenartige Anliegen: Wenn mit Grund und Boden „sparsam" umgegangen werden soll, bedeutet dies, daß der (weitere) Verbrauch noch naturhaften Bodens soweit wie möglich eingeschränkt werden soll. Zu diesem Zwecke können nunmehr in Bebauungsplänen für Wohnbaugrundstücke auch Höchstmaße für die Größe, Breite und Tiefe der Baugrundstücke festgesetzt werden (§ 9 Abs. 1 Nr. 3 BauGB). Das Erfordernis des *„schonenden"* Umgangs mit Grund und Boden weist darauf hin, bei seiner (in bestimmten Fällen nicht zu vermeidenden) Inanspruchnahme *alle sogenannten stadtökologischen Festsetzungsmöglichkeiten zu ergreifen*, mit denen der Verlust der Naturhaftigkeit vermindert werden kann.[42] Die *neue Baunutzungsverordnung*[43] versucht dazu einen Beitrag mit einer Bestimmung über die Berechnung der überbaubaren Grundstücksflächen zu leisten (§ 19 Abs. 3).

Das Gebot, bei der Bauleitplanung mit Grund und Boden sparsam und schonend umzugehen, wird *in den Kommentaren als „Optimierungsgebot" bezeichnet*,[44] ohne daß damit für seine praktische Anwendung und die rechtliche Beurteilung ihrer Ergebnisse viel gewonnen zu sein scheint. Es bestehen auch in der städtebaulichen Praxis noch keine rechten Vorstellungen darüber, wie den Forderungen nach einem sparsamen Umgang mit Grund und Boden im Verhältnis zu anderen Forderungen des Städtebaurechts, etwa nach Schaffung und Sicherung menschenwürdiger Umweltverhältnisse, Rechnung zu tragen ist. Dagegen

---

40) Vgl. dazu aus der neueren Literatur etwa *Ehrlein*, Die naturschutzrechtliche Eingriffsregelung (§ 8 BNatSchG), VBlBW 1990, S. 121 ff.; *Gaentzsch*, Bauleitplanung und Baugenehmigungspraxis unter den Anforderungen des Naturschutzes und der Umweltverträglichkeit, NuR 1990, S. 1 ff.; *Kuchler*, Das Verhältnis von Bauplanungsrecht und Naturschutzrecht, DVBl. 1989, S. 973 ff.

41) BTDrucks. 10/2977 vom 7. 3. 1985.

42) Siehe dazu Näheres bei *Stich/Porger/Steinebach/Jacob*, Berücksichtigung stadtökologischer Forderungen in der Bebauungsplanung nach dem BauGB, Forschungsbericht für das Bundesministerium für Raumordnung, Bauwesen und Städtebau, Kaiserslautern 1991 (Veröffentlichung steht bevor).

43) Siehe oben Fn. 25.

44) Vgl. etwa *Söfker*, in: *Bielenberg/Krautzberger/Söfker*, Baugesetzbuch − Leitfaden und Kommentierung −, 3. Aufl., München 1990, Erl. Rdn. 17 (S. 388 ff.).

sind in der Gestalt der bereits angesprochenen „stadtökologischen" Festsetzungen in Bebauungsplänen nicht wenige Ansatze für einen schonenden Umgang mit Grund und Boden.

Bodenschutz bedeutet aber auch, *Grund und Boden vor (weiteren) Verschmutzungen und Vergiftungen zu bewahren*, wie sie in der Bundesrepublik Deutschland als sogenannte Altlasten bereits in großer Zahl festgestellt worden sind und in noch nicht vorauszusagender Zahl wohl noch festgestellt werden. Und wo die *Altlasten schon erkannt sind*, bedeutet Bodenschutz, daß die von ihnen ausgehenden Gefährdungen nach unten (ins Grundwasser) und nach oben (zum Nachteil von Menschen, Tieren, Pflanzen und sonstigen Sachen) festgestellt und beseitigt werden müssen.

Dabei befinden wir uns noch *weithin im Anfangsstadium der fachlichen und rechtlichen Durchdringung der Probleme*.[45] Das neue Bundesbaurecht verpflichtet die Gemeinden, im Flächennutzungsplan für bauliche Nutzungen vorgesehene *Flächen zu kennzeichnen, „deren Böden erheblich mit umweltgefährdenden Stoffen belastet sind"* (§ 5 Abs. 3 Nr. 3 BauG). Eine entsprechende Verpflichtung gilt für alle Bebauungspläne (§ 9 Abs. 5 Nr. 3 BauGB). Doch ist dies *nur eine formale Verpflichtung*, die nichts darüber aussagt, wer für die Ermittlung von Altlasten zuständig ist, wer die Haftung für die von Altlasten ausgehenden Gefährdungen zu tragen hat, wer zur Vermeidung, Beseitigung oder zumindest „Entschärfung" der Gefahren verpflichtet ist und wer schließlich die im allgemeinen sehr hohen Kosten schon für die Ermittlung von Altlasten und ihres Gefährdungspotentials und erst recht für die Beseitigung zu tragen hat.

Bei der Bauleitplanung muß jedenfalls bei der Überplanung von Flächen mit festgestellten Altlasten oder mit Altlastenverdacht für Zwecke der Bebauung *ein Höchstmaß an Sorgfalt* angewandt werden.[46] Es ist nicht damit getan, daß die Gemeinde in den Bauleitplänen die vorgeschriebene Kennzeichnung vornimmt. Bei genauer Betrachtung stellt es sich sogar als Sinnwidrigkeit dar, wenn im *Flächennutzungsplan* für bauliche Nutzungen vorgesehene Flächen, deren Böden *erheblich* mit umweltgefährdenden Stoffen belastet sind, gekennzeichnet werden sollen. Denn Flächen, die in diesem Sinne „erheblich" belastet sind, werden sich in aller Regel im Hinblick auf die Forderungen nach Sicherung menschenwürdiger Umweltverhältnisse sowie nach Wahrung der gesunden Wohn- und Arbeitsverhältnisse (s. Näheres in § 1 Abs. 5 BauGB) *nicht für eine Bebauung eignen*. Umgekehrt *geht die auf (alle) Bebauungspläne bezogene Forderung zu weit*, weil — wie der ausführliche Katalog von Festsetzungsmöglichkeiten des Bundesbaurechts (§ 9 Abs. 1 BauGB) erkennen läßt — auch Flächen festgesetzt werden können, für deren Nutzung das Vorhandensein von Altlasten wenig störend ist (etwa Verkehrsanlagen).

Immerhin zeigen auch die materiellen und formellen Forderungen des Bodenschutzes, daß auch insoweit eine rechtmäßige Bauleitplanung ohne eine umfassende Erforschung aller einschlägigen Umstände und Zustände und ohne ihre Bewertung sowie ohne ihre Einstellung in die Abwägung mit dem ihnen zustehenden Gewicht nicht möglich ist. Nur stehen für die Erarbeitung der fachlichen Grundlagen zur Verwirklichung dieser rechtlichen Forderungen *bisher noch weniger zuverlässige technische Normen und sonstige Handlungs-*

45) Siehe dazu etwa *Krautzberger*, Altlasten − Rechts- und Finanzierungsfragen −, WuV 1990, S. 180 ff.
46) Siehe dazu die auch die gesamte neuere Rechtsprechung des BGH berücksichtigende Darstellung von *Schink*, Konfliktbewältigung und Amtshaftung bei der Bauleitplanung auf Altlasten, NJW 1990, S. 351 ff.; auch *Wurm*, Schadensersatzfragen bei der Überplanung sog. Altlasten, UPR 1990, S. 201 ff.

anleitungen zur Verfügung als in bezug auf die Forderungen des Immissionsschutzes sowie des Naturschutzes und der Landschaftspflege.[47]

VIII. Die Bedeutung der Forderungen des Denkmalschutzes

Schon früher hatten die Bauleitpläne auf die kulturellen Bedürfnisse der Bevölkerung Rücksicht zu nehmen, und zu ihnen wurden von der Verwaltungsrechtsprechung auch die *Belange des Denkmalschutzes und der Denkmalpflege* gerechnet.[48] *Ausdrücklich angesprochen* werden sie allerdings *erstmals im neuen Bundesbaurecht.* So sind bei der *Bauleitplanung* auch „die Belange des Denkmalschutzes und der Denkmalpflege sowie die erhaltenswerten Ortsteile, Straßen und Plätze von geschichtlicher, künstlerischer oder städtebaulicher Bedeutung" zu berücksichtigen (§ 1 Abs. 5 Satz 2 Nr. 5 BauGB). In den *Flächennutzungsplan* sollen unter anderem „nach Landesrecht denkmalgeschützte Mehrheiten von baulichen Anlagen" nachrichtlich übernommen werden (§ 5 Abs. 4 BauGB); in den *Bebauungsplänen* soll dies unter anderem für „Denkmäler nach Landesrecht" gelten (§ 9 Abs. 6 BauGB). Zudem steht den Gemeinden mit der *Möglichkeit von Erhaltungsfestsetzungen* entweder in einem Bebauungsplan oder in einer sonstigen Satzung (§§ 172 bis 174 BauGB) ein Instrumentarium für den „städtebaulichen Denkmalschutz" zur Verfügung.[49]

Was zunächst die *„nach Landesrecht denkmalgeschützten Mehrheiten von baulichen Anlagen"* und die *„Denkmäler nach Landesrecht"* angeht, sieht man sich bei einer Einsichtnahme in das *Landesrecht* einer *kaum zu überbietenden Verschiedenheit der Begriffsbestimmungen, der Verfahren zur Unterschutzstellung sowie ihrer Rechtswirkungen* gegenüber. Dabei besteht der größte Unterschied darin, daß *in einigen Ländern bauliche Anlagen Denkmäler „kraft Gesetzes"* sind, wenn sie die Merkmale der gesetzlichen Begriffsbestimmung erfüllen, während *in den anderen Ländern ein konstitutives Unterschutzstellungsverfahren* durchgeführt werden muß, allerdings die „Denkmalwürdigkeit" auch schon Vorwirkungen mit der Folge der Unzulässigkeit von baulichen Veränderungen erzeugen kann.[50] Gerade aus diesem grundlegenden Unterschied ergeben sich bei der Anwendung der angeführten bundesrechtlichen Regelungen in der Bauleitplanung nicht geringe Schwierigkeiten.

In den Ländern mit förmlichen Unterschutzstellungsverfahren (die allerdings wiederum nicht einheitlich ausgestaltet sind) ist die Rechtslage beim Vorliegen einer rechtsverbindlichen Schutzmaßnahme (Verwaltungsakt oder Rechtsverordnung bzw. Satzung) einigermaßen klar: Die Gemeinde muß die Schutzmaßnahme nachrichtlich in den Bauleitplan übernehmen. *Fehlt es (bisher) an einer förmlichen Unterschutzstellung, so ist die Gemeinde nicht etwa von einer Überlegung hinsichtlich des Denkmalschutzes freigestellt.* Zwar werden

---

47) Vgl. *Beckmann/Matuschak*, Altlastensanierung und Störerauswahl im Verwaltungsvertrag, WUR 1990, S. 70 ff. mit umfassenden Literaturhinweisen.

48) Vgl. *Stich*, Möglichkeiten des Schutzes und der Erhaltung von geschichtlich, künstlerisch und städtebaulich bedeutsamen Bauten und Gesamtanlagen nach Städtebau- und Bauordnungsrecht − dargestellt an exemplarischen Fällen aus der Verwaltungsrechtsprechung, in: Festschrift für Carl Hermann Ule zum 80. Geburtstag, Köln 1987, S. 375 ff.

49) Siehe dazu das Urteil des BVerwG vom 3. 7. 1987 − 4 C 26.85 −, abgedruckt unter GE/BU 711 26 bei *Stich/Burhenne*, Denkmalrecht der Länder und des Bundes, Loseblattsammlung, Berlin 1983 ff.; auch den Beschluß des BVerfG vom 26. 1. 1987 − 1 BvR 969/83 −, abgedruckt unter GE/BU 710 01 bei *Stich/Burhenne*, a. a. O.

50) Siehe dazu etwa das Urteil des OVG Rheinland-Pfalz vom 26. 5. 1983 − 12 A 54/81 −, abgedruckt unter GE/RH-Pf 771 16 bei *Stich/Burhenne*, a. a. O.

„Mehrheiten von baulichen Anlagen" in allen Ländern — außer in Hessen — durch einen besonderen Schutzakt (Rechtsverordnung oder Satzung) dem Denkmalschutz unterworfen, als *„Denkmäler nach Landesrecht"* sind aber *auch bauliche Anlagen* zu beurteilen, *die noch nicht förmlich unter Schutz gestellt sind, jedoch materiell die dafür im Landesgesetz genannten Voraussetzungen erfüllen.*[51] In den Ländern mit dem Schutz von Einzeldenkmälern „kraft Gesetzes" ist ebenfalls die materielle Denkmalwürdigkeit entscheidend.

Betrachtet man nun die Rechtsprechung der Verwaltungsgerichte zum Vorliegen der (materiellen) Denkmalschutzvoraussetzungen, so wird dafür weniger wie im Natur- und Landschaftsschutzrecht auf den „gebildeten Durchschnittsbetrachter" als vielmehr *auf die Beurteilung durch einen Kreis von Sachverständigen abgestellt, dessen Auffassungen in der Denkmalschutzpraxis bewährt und anerkannt sind.*[52] Dies zeigt, daß die Gemeinden in ihrer Eigenschaft als Inhaber der Planungshoheit im allgemeinen die Denkmaleigenschaft von baulichen Anlagen, die nicht förmlich unter Schutz gestellt sind, nicht allein abschließend beurteilen können, sondern die Denkmalschutzbehörden und die Denkmalfachbehörden beteiligen müssen. Andererseits ist eine *gesetzliche Voraussetzung* des Wirksamwerdens von Denkmalschutz nach beiden Systemen, *daß das Interesse der Allgemeinheit die Erhaltung des Denkmals oder die Unterlassung jeglicher Veränderung in der Umgebung eines Denkmals fordert.* Infolgedessen können städtebauliche Entwicklungsvorstellungen einer Gemeinde, die auf überzeugenden oder gar zwingenden Gründen beruhen, den Denkmalschutz zurückdrängen.[53]

Zum *städtebaulichen Denkmalschutz durch Erhaltungsfestsetzungen* (§§ 172 bis 174 BauGB) ist zu sagen, daß auch er von der bundesgesetzlichen Aufforderung an die Gemeinden umfaßt wird, bei der Bauleitplanung die Belange des Denkmalschutzes und der Denkmalpflege sowie die erhaltenswerten Ortsteile, Straßen und Plätze von geschichtlicher, künstlerischer oder städtebaulicher Bedeutung zu berücksichtigen (§ 1 Abs. 5 Satz 2 Nr. 5 BauGB). Soweit solche Erhaltungsfestsetzungen zum *Inhalt eines (gegebenenfalls auch einfachen) Bebauungsplans* gemacht werden, findet im Aufstellungsverfahren eine *Beteiligung der Denkmalschutz- und Denkmalfachbehörden* als Träger öffentlicher Belange statt (§ 4 BauGB). Erläßt die Gemeinde eine *Erhaltungssatzung,* ist die *Beteiligung irgendeiner anderen Behörde nicht vorgeschrieben.*

Zusammenfassend kann auch zu den Auswirkungen der Forderungen des Denkmalschutzes auf die gemeindliche Bauleitplanung festgestellt werden, daß sie ebenfalls zu einer erheblichen Ausweitung des zu erarbeitenden „Abwägungsmaterials" führen, für dessen *Erhebung und Bewertung die Zuständigkeit nicht allein bei den Gemeinden* liegt. Sie sind auf eine *konstruktive Zusammenarbeit mit den Denkmalschutz- und Denkmalfachbehörden* angewiesen, über deren Fehlen in der Praxis der gemeindlichen Bauleitplanung aber vielfach geklagt wird.[54]

---

51) Anderer Ansicht *Gaentzsch,* in: Berliner Kommentar zum Baugesetzbuch (s. oben Fn. 7), § 9 Rdn. 80.
52) Siehe etwa OVG Berlin, Urt. v. 10. 5. 1985 — 2 B 134/83 —, DVBl. 1985, S. 1185 mit Hinweisen auf andere Gerichtsentscheidungen.
53) Siehe dazu Näheres bei *Stich,* Das Spannungsverhältnis zwischen Bauvorhaben und Denkmalschutz im Licht der neueren Rechtsprechung, ZfBR 1991, S. 52 ff.
54) Siehe auch *Stüer,* Denkmalschutz vor Bauleitplanung?, BauR 1989, S. 251 ff.

IX. Umweltverträglichkeitsprüfung als Zauberformel zur Bewältigung der schwierigen Abwägungsprobleme?

Die vorausgegangenen Darlegungen zu den Auswirkungen der seit den siebziger Jahren „aktivierten" Forderungen des Immissionsschutzes, des Naturschutzes und der Landschaftspflege, des Bodenschutzes und des Denkmalschutzes auf die Bauleitplanung haben erkennen lassen, *in welcher nahezu lawinenartigen Weise die Planungsgrundlagen*, die für die Berücksichtigung dieser Forderungen ermittelt und bewertet werden müssen, *angeschwollen sind* und mit jeder weiteren Differenzierung des Umweltrechts noch zusätzlich anschwellen. Es liegt daher nichts näher, als *nach einem „Globalverfahren" zu suchen*, in dem diese Planungsgrundlagen erhoben, bewertet und in die Abwägung bei der Planungsentscheidung eingebracht werden. Dieses „Globalverfahren" wird seit einiger Zeit *in der Gestalt der sogenannten Umweltverträglichkeitsprüfung* (kurz: UVP) angeboten.

Sie wurde *zunächst auf Bundesebene in Ministerialerlassen* angeordnet, ohne daß gesagt werden könnte, daß davon spürbare Wirkungen auf die Verbesserung oder zumindest auf eine Vermeidung der Verschlechterung der Umweltverhältnisse ausgegangen wären.[55] Sodann forderte die *Richtlinie des Rates der Europäischen Gemeinschaft vom 27. 6. 1985 über die Umweltverträglichkeitsprüfung bei bestimmten öffentlichen und privaten Projekten*[56] die Integration sachinhaltlicher und verfahrensmäßiger Forderungen in das Recht der Mitgliedstaaten. Dieser Anweisung ist die *Bundesrepublik Deutschland* − wenn auch mit erheblicher Verspätung − mit dem *Gesetz zur Umsetzung der Richtlinie des Rates vom 27. 6. 1985 über die Umweltverträglichkeitsprüfung bei bestimmten öffentlichen und privaten Projekten (85/337/EWG) vom 12. 2. 1990*[57] nachgekommen.[58] Art. 1 dieses Umsetzungsgesetzes enthält das eigentliche *„Gesetz über die Umweltverträglichkeitsprüfung (UVPG)"*.

Nach dessen § 2 ist die *UVP ein unselbständiger Teil verwaltungsbehördlicher Verfahren*, die der Entscheidung über die Zulässigkeit von Vorhaben dienen; die UVP *umfaßt die Ermittlung, Beschreibung und Bewertung der Auswirkungen eines Vorhabens* auf Menschen, Tiere und Pflanzen, Boden, Wasser, Luft, Klima und Landschaft, einschließlich der jeweiligen Wechselwirkungen, sowie auf Kultur- und Sachgüter; sie wird *unter Einbeziehung der Öffentlichkeit* durchgeführt. Die − unter Umweltgesichtspunkten gewichtigen − öffentlichen und privaten Projekte, für die eine UVP in diesem Sinne durchzuführen ist, sind in einer Anlage zum Gesetz im einzelnen benannt. Beschlüsse nach § 10 BauGB über die *Aufstellung* von *Bebauungsplänen*, die die Grundlage für Entscheidungen über die Zulässigkeit solcher Projekte bilden sollen, sowie Beschlüsse über Bebauungspläne nach § 10 BauGB, die Planfeststellungsbeschlüsse für derartige Vorhaben ersetzen sollen, werden ausdrücklich als UVP-pflichtige Entscheidungen bezeichnet; gleiches gilt für Beschlüsse über die Aufstellung, Änderung und Ergänzung von *Flächennutzungsplänen*, die die Grund-

---

55) Vgl. *Stich/Läpke/Schöner*, Vorschriften zur Umweltverträglichkeitsprüfung in den Fachplanungen, Forschungsbericht für das Bundesministerium des Innern, Kaiserslautern 1980.

56) ABl. EG Nr. L 175/40; abgedruckt in Beck-Texte 5533 Umweltrecht, 5. Aufl., München 1989, S. 46 ff. Siehe dazu *Stich*, Probleme der Umsetzung der EG-Richtlinie 1985 über die Umweltverträglichkeitsprüfung in das Planungs-, Bau- und Umweltschutzrecht des Bundes und der Länder, UPR 1990, S. 121 ff.

57) BGBl. I S. 205.

58) Siehe dazu etwa *Weber/Hellmann*, Das Gesetz über die Umweltverträglichkeitsprüfung (UVP-Gesetz), NJW 1990, S. 1625 ff.; auch *Soell/Dirnberger*, Wieviel Umweltverträglichkeit garantiert die UVP?, NVwZ 1990, S. 705 ff.; ferner *Steinberg*, Die Bewältigung der Umweltauswirkungen eines Vorhabens nach dem Gesetz über die Umweltverträglichkeitsprüfung (UVPG), DVBl. 1990, S. 1369 ff.

lage für UVP-pflichtige Entscheidungen sein können (§ 2 Abs. 3 UVPG). Doch wird dazu ausdrücklich klargestellt (§ 17 UVPG), daß *bei der Aufstellung, Änderung und Ergänzung von Bauleitplänen in diesem Sinne die UVP „im Bauleitplanverfahren nach den Vorschriften des Baugesetzbuchs durchgeführt"* wird. Dieser Bestimmung liegt die Erkenntnis zugrunde, daß es bisher noch kein für die Gestaltung der Umweltverhältnisse bedeutsames Verfahren gibt, das wie die Bauleitplanung in ihrer Ausgestaltung durch das Städtebaurecht des Bundes in der umfassendsten Weise den sachinhaltlichen und verfahrensmäßigen Forderungen der vorgenannten EG-Richtlinie Rechnung trägt.[59)]

Man muß sogar, wie an anderer Stelle ausführlich dargelegt,[60)] die Feststellung treffen, daß *die Sach- und Verfahrensregelungen des Bundesbaurechts zumindest seit seiner Neufassung im Jahre 1976 für die Aufstellung, Änderung, Ergänzung und Aufhebung von Bauleitplänen eine UVP fordern,* wie sie die EG-Richtlinie von 1985 beschreibt. Nimmt man die *umweltschutzbezogenen Forderungen,* die derzeit nach dem *Baugesetzbuch* zu beachten sind, und den Inhalt der einschlägigen *Rechtsprechung des Bundesverwaltungsgerichts* zusammen, so werden die Bauleitpläne den heute maßgebenden Erfordernissen nur gerecht, wenn ihr Inhalt auf folgende Weise erarbeitet wird:

— Alle für die Planung erheblichen umweltschutzbezogenen Belange (Tatsachen, Bedürfnisse, Entwicklungen) sind umfassend zu ermitteln.
— Die ermittelten Belange sind bezüglich ihrer Bedeutung für die städtebauliche Entwicklung (im weitesten Sinne der in § 1 Abs. 5 BauGB bezeichneten Gesichtspunkte) zu bewerten.
— Die ermittelten Belange sind mit dem ihnen zukommenden Gewicht bei der Abwägung, die zur Planungsentscheidung führt, zu berücksichtigen.

Diese Vorgänge haben ihren schriftlichen Niederschlag sowohl im Erläuterungsbericht zu finden, der mit dem Entwurf des Flächennutzungsplans öffentlich auszulegen ist, wie auch in der Begründung, die den Entwurf des Bebauungsplans zu begleiten hat (§ 3 Abs. 3, § 5 Abs. 5 und § 9 Abs. 8 BauGB).

Der *Begriff der UVP als eines „Globalverfahrens"* zur umfassenden und gleichzeitigen Ermittlung und Bewertung aller für die Bauleitplanung erheblichen Umweltbelange und damit ihrer Einbringung in das „Abwägungsmaterial" darf allerdings nicht darüber hinwegtäuschen, daß *in sie alle Untersuchungen einzubeziehen sind, deren Erforderlichkeit in den vorangegangenen Abschnitten* über die Bedeutung der Belange des Immissionsschutzes, des Naturschutzes und der Landschaftspflege, des Bodenschutzes und des Denkmalschutzes für die Bauleitplanung *herausgearbeitet worden ist.* Auch das „Globalverfahren" der *UVP kann nur aus solchen Einzelprüfungen und Einzelabklärungen bestehen,* wenn es *auch die Bedeutung einer Zusammenschau der Wechselwirkungen* zwischen den einzelnen Umweltfaktoren und ihre Bedeutung für die gemeindliche Bauleitplanung *herausstellt* und damit einen wichtigen weiteren Gesichtspunkt in die Abwägung einbringt.

Letztlich soll nicht vergessen werden, darauf hinzuweisen, daß *nicht nur die umweltschutzbezogenen Belange in die Abwägung mit dem ihnen zukommenden Gewicht einzubringen sind;* ein Blick in die weitgefächerte Auflistung des § 1 Abs. 5 Satz 1 und 2 BauGB belehrt eines Besseren und zeigt die *große gesellschaftspolitische Aufgabenbreite der Bauleitplanung als des Instrumentes zur Ordnung und Lenkung der städtebaulichen Entwicklung in Stadt und Land* auf. Wenn es dennoch erforderlich war, im Rahmen der Überlegungen zur

---

59) Siehe Gesetzentwurf der Bundesregierung, BTDrucks. 11/3919 vom 26. 1. 1989, S. 30 „Zu § 17".
60) *Stich,* Notwendigkeit und Inhalt der Umweltverträglichkeitsprüfung (UVP) für die kommunale Bauleitplanung, UPR 1989, S. 166 ff.

Bedeutung des Abwägungsgebots als Mittel zum Interessenausgleich in der Stadtplanung nachdrücklich auf die Forderungen des Umweltschutzes einzugehen, so beruht dies auf der Erkenntnis, daß in diesen Hinsichten noch die größten rechtlichen und fachlichen Unsicherheiten herrschen und daß *die meisten Rechtsfehler, die zur Beurteilung von Bauleitplänen* durch die Verwaltungs- und Baulandgerichte als sachinhaltlich mangelhaft führen, *von den Gemeinden bei der Berücksichtigung der Forderungen der verschiedenen Bereiche des Umweltrechts begangen* werden.[61]

---

61) Für den Bereich des Immissionsschutzes kann hierzu auf die bei *Stich/Porger,* Immissionsschutzrecht des Bundes und der Länder (s. oben Fn. 20), in Band 3 zu den Paragraphen des BBauG/BauGB und der BauNVO abgedruckten zahlreichen Entscheidungen verwiesen werden.

BERNHARD STÜER

Gemeindliches Einvernehmen trotz Bebauungsplan?

Rechte der planenden Gemeinde im Baugenehmigungsverfahren

I. Einleitung

Durch Flächennutzungs- und Bebauungspläne bestimmen die Städte und Gemeinden maßgeblich das Erscheinungsbild unserer bebauten Umwelt. Die Bauleitplanung gibt dabei den rechtlichen Rahmen für vielfältige städtebauliche Lösungen und architektonische Formensprachen und bildet die Grundlage für den Willen der Bürger, durch eigene Investitionsentscheidungen und deren bauliche Umsetzung an der Gestaltung unserer Städte und Gemeinden mitzuwirken. Die Bauleitplanung hat hier die Kraft, nach sorgfältiger Abwägung aller betroffenen Belange Eigentumspositionen neu zu bewerten und ihnen einen gegenüber der bisherigen Lage auch veränderten Stellenwert zuzuweisen.[1] Diese überwindende Kraft der Bauleitplanung setzt verantwortungsvolles Handeln voraus, woraus zugleich die Erkenntnis folgt, daß der Bauleitplanung Grenzen gesetzt sind – Grenzen durch die Eigentumsgarantie und das Rechtsstaatsgebot, Grenzen durch das der Bauleitplanung immanente Abwägungsgebot.

Zur Sicherung der Bauleitplanung hat der Gesetzgeber der planenden Gemeinde ein immer weiter verfeinertes städtebauliches Instrumentarium an die Hand gegeben, das von dem Antrag auf Zurückstellung eines Baugesuches und dem Erlaß einer Veränderungssperre im Hinblick auf eine eingeleitete Bauleitplanung bis hin zu städtebaulichen Genehmigungsvorbehalten[2] und gemeindlichen Vorkaufsrechten reicht.

II. Einvernehmensregelung als Ausdruck gemeindlicher Mitwirkungsrechte

Ein wichtiges Instrument zur Sicherung gemeindlicher Mitwirkungs- und Planungsbefugnisse bildet auch das im Baugenehmigungsverfahren nach § 36 Abs. 1 BauGB einzuholende gemeindliche Einvernehmen, das in den Fällen der §§ 31, 33, 34 und 35 BauGB erforderlich ist. Soll mit der Baugenehmigung von den Festsetzungen des Bebauungsplans durch eine Ausnahme nach § 31 Abs. 1 BauGB oder durch eine Befreiung nach § 31 Abs. 2 BauGB abgewichen werden, eine Genehmigung bei formeller oder materieller Planreife nach § 33

1) Vgl. zur prägenden Wirkung der Bauleitplanung auch für die zivilrechtliche Bewertung von Eigentumspositionen *Gelzer*, Zivilrechtliche und öffentlich-rechtliche Probleme bei der Nutzung von Spiel- und Sportanlagen in Wohngebieten, Festschrift Korbion (1986), S. 117: Ein ordnungsgemäß aufgestellter und öffentlich-rechtlich nicht mehr anfechtbarer Bebauungsplan schließt die zivilrechtliche Abwehrklage aus.
2) Vgl. etwa die Teilungsgenehmigung nach §§ 19 ff. BauGB oder die sanierungsrechtliche Genehmigung in einem förmlich festgelegten Sanierungsgebiet nach §§ 144 f. BauGB.

BauGB, im nichtbeplanten Innenbereich (§ 34 BauGB) oder im Außenbereich[3] erteilt werden, so bedarf es des vorherigen gemeindlichen Einvernehmens nach § 36 Abs. 1 BauGB. Wird eine Baugenehmigung ohne das erforderliche gemeindliche Einvernehmen erteilt, so hat die Gemeinde wegen Verletzung dieser formalen gemeindlichen Rechte einen Rechtsanspruch auf Aufhebung der Genehmigung – selbst dann, wenn die Voraussetzungen für eine Genehmigung nach den Vorschriften des BauGB vorliegen.[4]

Die Einvernehmensregelung des § 36 Abs. 1 Satz 1 BauGB ist allerdings nicht auf die Fälle der plangemäß erteilten Genehmigung nach § 30 BauGB bezogen. Wird die Baugenehmigung entsprechend den Festsetzungen des Bebauungsplans nach § 30 BauGB erteilt, so bedarf es nach dem Wortlaut des § 36 Abs. 1 Satz 1 BauGB des gemeindlichen Einvernehmens nicht. Dahinter steht offenbar die gesetzliche Wertung, daß die Gemeinde durch den Erlaß eines qualifizierten Bebauungsplans ihren Planungswillen abschließend zum Ausdruck gebracht habe und daher bei einer plankonform erteilten Genehmigung ein zusätzliches gemeindliches Einvernehmen zur Sicherung der Planungshoheit nicht erforderlich sei.

III. Einvernehmen in der Bebauungsplanung

Allerdings sind Fallgestaltungen denkbar, in denen der aktuelle Planungswille der Gemeinde den Festsetzungen des Bebauungsplans nicht (mehr) entspricht. Hier hat die Gemeinde die Möglichkeit, durch den Antrag auf Zurückstellung nach § 15 BauGB oder den Erlaß einer Veränderungssperre nach §§ 14, 17 BauGB ihren geänderten Planungswillen zum Ausdruck zu bringen und so die Notwendigkeit des gemeindlichen Einvernehmens zu begründen.[5] Auch im Falle der Nichtigkeit des Bebauungsplans wird das gemeindliche Einvernehmen regelmäßig erforderlich sein, weil an die Stelle des für unwirksam erklärten Bebauungsplans eine Beurteilung des Vorhabens nach § 34 oder § 35 BauGB treten wird. Sollte jedoch bei Unwirksamkeit eines Bebauungsplans oder einer Bebauungsplanänderung ein älterer Bebauungsplan oder die ursprüngliche Fassung des Bebauungsplans wieder aufleben,[6] so stellt sich die Frage, ob auch in diesen Fällen das gemeindliche Einvernehmen

---

3) Vgl. zur Erweiterung des Begriffs der privilegierten landwirtschaftlichen Nutzung *Gelzer*, Die gartenbauliche Erzeugung, eine neue Formulierung zur Zuordnung des Gartenbaus zum bauplanungsrechtlichen Begriff der Landwirtschaft, BauR 1987, 485.

4) Vgl. zum nichtbeplanten Innenbereich etwa BVerwG, Urt. v. 7. 2. 1986 – 4 C 43.83 – BauR 1986, 425 (Gemeindliches Einvernehmen): „Die Baugenehmigungsbehörde darf eine Baugenehmigung in einem zusammenhängend bebauten Ortsteil (§ 34 BBauG) gegen den Willen der Gemeinde auch dann nicht erteilen, wenn sie nach Prüfung des Baugesuchs zu dem Ergebnis kommt, die Gemeinde habe ihr – gesetzlich erforderliches – Einvernehmen rechtswidrig versagt. Auch die Widerspruchsbehörde darf das Einvernehmen der Gemeinde nicht ersetzen, es sein denn, ihr ist nach Landesrecht eine entsprechende – über die Kompetenz der Baugenehmigungsbehörde hinausgehende – Befugnis zur Entscheidung in der Sache eingeräumt." Vgl. zum Außenbereich BVerwG, Beschl. v. 24. 5. 1984 – 4 CB 2.84 – NVwZ 1984, 566 (Steinbruch): „Die Gemeinde wird in ihrer rechtlich geschützten Planungshoheit auch dann verletzt, wenn ohne ihr Einvernehmen ein Außenbereichsvorhaben genehmigt wird, für das eine ausreichende Erschließung nicht gesichert ist."

5) Vgl. § 14 Abs. 2 Satz 2 BauGB: Die Entscheidung über Ausnahmen von der Veränderungssperre trifft die Baugenehmigungsbehörde im Einvernehmen mit der Gemeinde, vgl. *Gelzer*, Bauplanungsrecht, 4. Aufl. 1984, 1343; *Battis/Krautzberger/Löhr*, 3. Aufl., Rdn. 18 ff. zu § 14 BauGB.

6) Vgl. zur Frage des Wiederauflebens eines Ursprungsbebauungsplans bei Nichtigkeit des ändernden oder ersetzenden Plans BVerwG, Urt. v. 10. 8. 1990 – 4 C 3.90 – BVerwGE 85, 289 = BauR 1991, 51 (Bebauungsplanersetzung): „Wenn eine Gemeinde ihre frühere Bauleitplanung ändert, insbesondere einen Bebauungsplan durch einen neuen ersetzt, verliert der alte Bebauungsplan seine frühere rechtliche

bei Erteilung einer Baugenehmigung erforderlich ist. § 36 Abs. 1 Satz 1 BauGB erfaßt diesen Fall nach seinem Wortlaut nicht, weil die Genehmigung nicht nach den Vorschriften der §§ 31, 33, 34 oder 35 BauGB, sondern nach § 30 BauGB erteilt wird. Bedenklich erscheint dieses Ergebnis aber deshalb, weil die Baugenehmigung auf ein Planungsrecht gestützt wird, das dem aktuellen gemeindlichen Planungswillen offenbar nicht mehr entspricht – ein Planungsrecht, das nur deshalb zur Anwendung gelangt, weil die gemeindliche Folgeplanung sich als unwirksam herausgestellt hat.

Das OVG Münster[7] hat hierzu die Auffassung vertreten, daß bei einer solchen Fallgestaltung das gemeindliche Einvernehmen nach § 36 Abs. 1 Satz 1 BauGB nicht erforderlich sei, die Baugenehmigungsbehörde auch gegen den Willen der Gemeinde die Baugenehmigung erteilen könne und dazu sogar verpflichtet sei, wenn das wegen der Nichtigkeit der Folgeplanung wieder wirksam gewordene ursprüngliche gemeindliche Planungsrecht einen solchen Anspruch gewähre. Mehr noch: Die Gemeinde sei durch eine solche Genehmigungserteilung nicht in rechtlich geschützten Interessen verletzt und daher in einem Rechtsstreit auf Erteilung einer Baugenehmigung nach § 65 VwGO weder notwendig noch fakultativ beizuladen.[8] Eine im verwaltungsgerichtlichen Rechtsstreit zwischen dem Bauherrn und der Baugenehmigungsbehörde erfolgte Beiladung sei wieder aufzuheben, wenn die Änderungsplanung abgeschlossen sei – auch dann, wenn sie sich im nachhinein als unwirksam herausstelle und die Beurteilung nach einem Bebauungsplan erfolge, den die Gemeinde durch die erneute Planung gerade habe ändern wollen. In dem vom OVG Münster zu entscheidenden Fall hatte die Gemeinde einen Bebauungsplan im Rahmen eines Änderungsverfahrens dahin gehend eingeschränkt, daß die dort ursprünglich zulässigen Spielhallen und vergleichbaren Vergnügungsstätten nicht mehr zulässig waren. Zur Sicherung dieser Änderungsplanung hatte die Gemeinde eine Veränderungssperre beschlossen. Die Baugenehmigungsbehörde hatte daraufhin den Antrag des Bauherrn auf Erteilung einer Nutzungsänderungsgenehmigung zur Einrichtung einer Spielhalle abgelehnt. Das Verwaltungsgericht hatte die Baugenehmigungsbehörde nach Beiladung der Gemeinde zur Erteilung einer Nutzungsänderungsgenehmigung mit der Begründung verpflichtet, daß die Einschränkung der Kerngebietsnutzung wegen eines Abwägungsfehlers nichtig sei und daher der Bebauungsplan in seiner ursprünglichen Fassung Anwendung finden müsse. Das OVG Münster verwarf die ausschließlich von der Gemeinde eingelegte Berufung mit der Begründung, daß die Gemeinde durch die nach § 30 BauGB zu erteilende Genehmigung in ihren Rechten nicht beschwert sei. Bei der Erteilung einer Nutzungsänderungsgenehmigung im beplanten Bereich sei weder das Einvernehmen der betroffenen Gemeinde nach § 36 Abs. 1 BauGB erforderlich, noch werde sie in ihren Rechten aus der Selbstverwaltungsgarantie in Art. 28 Abs. 2 GG berührt. In Fällen der Abweichung vom Bebauungsplan durch Ausnahmen oder Befreiungen nach § 31 Abs. 1 und Abs. 2 BauGB, bei Erteilung einer

---

Wirkung, weil über § 10 BauGB der gewohnheitsrechtlich anerkannte Rechtssatz gilt, daß die spätere Norm die frühere verdrängt. Unerheblich ist, ob ein gerade hierauf zielender Wille der Gemeinde besteht oder als bestehend zu unterstellen ist. Entfällt wegen der Unwirksamkeit der späteren Norm die Möglichkeit der Normkollision, dann gilt die alte Rechtsnorm unverändert fort."

7) Vgl. Urt. v. 28. 3. 1991 – 10 A 2113/87 –; vgl. aber auch den Revisionszulassungsbeschluß des BVerwG v. 11. 7. 1991 – 4 B 107.91.

8) Vgl. zur Beiladung BVerwG, Urt. v. 15. 4. 1977 – 4 C 3.74 – BVerwGE 52, 226 (Querspange Kelsterbach); Urt. v. 15. 1. 1982 – 4 C 26.78 – BVerwGE 64, 325 (geringfügige Änderung B 14); Urt. v. 7. 2. 1986 – 4 C 30.84 – BVerwGE 74, 19 = BauR 1986, 421 (Innenbereich Außenbereich); vgl. auch *Kopp*, Rdn. 1 ff. zu § 65 VwGO; *Mußgnug*, Die Beiladung zum Rechtsstreit um januskÖpfige und privatrechtsrelevante Verwaltungsakte, NVwZ 1988, 33; *Stober*, Beiladung im Verwaltungsprozeß, Menger-Festschrift, 1985, 401.

Baugenehmigung im Vorgriff auf die künftigen Festsetzungen eines Bebauungsplans nach § 33 BauGB, bei Vorhaben im nichtbeplanten Innenbereich oder auch im Außenbereich sei nach § 36 Abs. 1 BauGB das gemeindliche Einvernehmen erforderlich. Werde jedoch eine Genehmigung nach § 30 BauGB erteilt, so sei ein gemeindliches Einvernehmen nicht erforderlich.[9] Es spreche zwar viel dafür, daß das Verwaltungsgericht die Beigeladene zunächst zu Recht während des Planänderungsverfahrens an dem Rechtsstreit beteiligt habe. Diese Beteiligungsmöglichkeit sei jedoch mit Abschluß des Planänderungsverfahrens entfallen.[10] Die Beteiligung der Gemeinde sei daher aufzuheben, selbst wenn sie inzwischen in einer weiteren Änderungsplanung ihren der Genehmigungserteilung entgegenstehenden Willen dokumentiert habe.

Im Hinblick auf die Nichtanwendung des gemeindlichen Planungsrechts stellt sich die Frage, ob das gemeindliche Einvernehmen nach § 36 BauGB auch dann nicht erforderlich ist, wenn eine Baugenehmigung entgegen den Festsetzungen des Bebauungsplans erteilt wird und hierbei die Prüfung der Ausnahmen und Befreiungen in § 31 Abs. 1 und Abs. 2 BauGB umgangen wird. Außerdem ist zu fragen, ob das gemeindliche Einvernehmen nach § 36 BauGB auch dann nicht erforderlich ist, wenn bei der Erteilung einer Baugenehmigung nach § 30 Abs. 1 BauGB eine neuere, von der Gemeinde beschlossene Änderung für rechtsunwirksam erklärt wird und daher eine ältere, nicht mehr dem Planungswillen der Gemeinde entsprechende Fassung des Bebauungsplans angewandt wird. Schließlich bedarf der Prüfung, ob bei der im Baugenehmigungsprozeß beabsichtigten Abweichung von den Festsetzungen eines Bebauungsplans oder bei der Nichtanwendung einer dem Planungswillen der Gemeinde entsprechenden Planfassung rechtlich geschützte Belange der Gemeinde betroffen

---

9) Das OVG Münster fährt sodann fort: „In beplanten Gebieten (§ 30 BauGB), in denen die Gemeinde Geltung beanspruchendes Ortsrecht durch Erlaß eines Bebauungsplans bereits gesetzt hat, ist eine Beteiligung der Gemeinde nach den Vorschriften des BauGB nicht vorgesehen; einer Beteiligung zur Sicherung der Planungshoheit bedarf es auch nicht, weil das Stadium des (sicherungsbedürftigen) Planungsprozesses, in dem Planungsabsichten noch keine Verbindlichkeit erlangt haben, abgeschlossen und der gemeindliche Planungswille durch Erlaß des Bebauungsplans ortsrechtlich gesichert sind. An diesen ist die Baugenehmigungsbehörde gebunden. Es ist Aufgabe der in den Fällen des § 30 BauGB für die Entscheidung allein zuständigen Genehmigungsbehörde, dem von der Gemeinde gesetzten Ortsrecht Geltung zu verschaffen und solchen Vorhaben, die den in Bebauungsplänen verbindlich zum Ausdruck gebrachten Planungsvorstellungen der Gemeinde widersprechen, die Genehmigung zu versagen bzw. Rechtsmittel gegen ein Urteil einzulegen, das sie zur Erteilung einer Genehmigung eines ihrer Ansicht nach den Planfestsetzungen widersprechenden Vorhabens verpflichtet. Eine Beiladung der Gemeinde ist insbesondere auch nicht etwa deshalb angezeigt, weil sie als Normgeberin in dem Verfahren Gelegenheit erhalten muß, die Norm zu rechtfertigen und gegen Angriffe zu verteidigen. Das ist vielmehr allein Aufgabe der Genehmigungsbehörde."

10) Wörtlich wird sodann ausgeführt: „Nachdem der Änderungsplan aber mit seiner Bekanntmachung am 28. 5. 1986 in Kraft getreten ist, hatte sich der Streit um die Rechtmäßigkeit des Zurückstellungsbescheides vom 17. 7. 1985 erledigt; er hätte in entsprechender Anwendung des § 17 Abs. 4 BBauG/BauGB aufgehoben und der Genehmigungsantrag nach Maßgabe des geltenden Rechts beschieden werden müssen (vgl. *Ernst/Zinkahn/Bielenberg*, BauGB § 15 Rdn. 16). An dem weiteren Genehmigungsverfahren war die Beigeladene nicht zu beteiligen. Denn über den Genehmigungsanspruch des Klägers war in bauplanungsrechtlicher Hinsicht allein auf der Grundlage des § 30 BBauG/BauGB zu entscheiden. Bei Gültigkeit der 1986 in Kraft getretenen Planänderung richtete sich die Zulässigkeit des Vorhabens nach dieser Vorschrift in Verbindung mit den Festsetzungen des Bebauungsplans in der Fassung der genannten Änderung. Anhaltspunkte für die Erteilung einer Ausnahme oder Befreiung, die gem. § 36 Abs. 1 Satz 1 BBauG/BauGB die Beteiligung der Beigeladenen erfordert hätten, waren nicht gegeben. Im Fall der Ungültigkeit der Planänderung war das Vorhaben nach § 30 BBauG/BauGB in Verbindung mit den Festsetzungen des ‚Mutterplans‘ zu beurteilen. Denn bei Unwirksamkeit der Planänderung galt der ‚Mutterplan‘ mit seinen bisherigen Festsetzungen unverändert fort (vgl. BVerwG, Urt. v. 10. 8. 1990 – 4 C 3.90 – BauR 1991, 51)."

sind, die eine notwendige Beiladung der Gemeinde nach § 65 Abs. 2 VwGO erfordern oder zumindest als fakultative Beiladung nach § 65 Abs. 1 VwGO ermöglichen.

Das OVG Münster läßt in seinem Urteil offen, ob der Bebauungsplan in seiner Ursprungsfassung, der eine (uneingeschränkte) Kerngebietsausweisung enthält, oder in einer der späteren Änderungsfassungen anzuwenden sei, nach denen Spielhallen ausdrücklich ausgeschlossen sind. Selbst wenn eine der Änderungsfassungen wirksam sei (und danach Spielhallen gem. § 30 Abs. 1 BauGB nicht genehmigungsfähig seien), werde die Gemeinde in ihren rechtlich geschützten Interessen nicht betroffen, da mit Abschluß des Rechtssetzungsverfahrens die Anwendung des Bebauungsplans ausschließlich in der Verantwortung der Baugenehmigungsbehörde und der Gerichte liege und die Gemeinde selbst durch eine fehlerhafte Anwendung, Nichtanwendung oder Abweichung von den Festsetzungen des Bebauungsplans nicht in ihren rechtlich geschützten Belangen betroffen werde. Ein solches Verhalten der Baugenehmigungsbehörde löse weder das Erfordernis des gemeindlichen Einvernehmens nach § 36 Abs. 1 BauGB aus, noch seien überhaupt gemeindliche Belange hierdurch betroffen, so daß auch eine Beiladung im Baugenehmigungsprozeß für den Zeitpunkt ab Planverabschiedung nicht mehr in Betracht komme. Eine solche Bewertung gemeindlicher Interessen dürfte aber mit der Einvernehmensregelung in § 36 Abs. 1 BauGB und mit der in Art. 28 Abs. 2 GG garantierten kommunalen Selbstverwaltung nicht vereinbar sein.

IV. Verstoß gegen die Bebauungsplanfestsetzungen löst Einvernehmensnotwendigkeit aus

Will eine Baugenehmigungsbehörde, abweichend von den Festsetzungen eines rechtsverbindlichen Bebauungsplans, eine Baugenehmigung erteilen, so steht hierfür die Möglichkeit einer Ausnahme nach § 31 Abs. 1 BauGB oder einer Befreiung nach § 31 Abs. 2 BauGB unter den dort genannten Voraussetzungen zur Verfügung. Die Genehmigungserteilung ist in diesen Fällen an das gemeindliche Einvernehmen nach § 36 Abs. 1 Satz 1 BauGB gebunden, setzt also die vorherige Zustimmung der Gemeinde voraus. Ist die Gemeinde mit einer Ausnahmegenehmigung nach § 31 Abs. 1 BauGB oder einer Dispensgewährung nach § 31 Abs. 2 BauGB nicht einverstanden, so kann sie die Erteilung der Baugenehmigung durch die Verweigerung ihres gemeindlichen Einvernehmens verhindern.

Diese das gemeindliche Selbstverwaltungsrecht schützenden Einvernehmensregelungen[11)]

---

11) Vgl. zum gemeindlichen Einvernehmen BVerwG, Urt. v. 14. 2. 1969 – 4 C 215.63 – BVerwGE 31, 263 (gemeindliches Einvernehmen); Beschl. v. 16. 12. 1969 – 4 B 121.69 – DÖV 1969, 349 (Gemeindebeteiligung Baugenehmigungsverfahren); Urt. v. 21. 6. 1974 – 4 C 71.72 – BVerwGE 45, 207 (Stadtrechtsausschuß); Urt. v. 3. 4. 1981 – 4 C 11.79 – DVBl. 1981, 930 (wasserrechtliche Planfeststellung); Urt. v. 3. 2. 1984 – 4 C 54.80 – BVerwGE 68, 342 – BauR 1984, 380 (Verbrauchermarkt); Beschl. v. 24. 5. 1984 – 4 CB 2.84 – NVwZ 1984, 566 (Steinbruch); Urt. v. 7. 2. 1986 – 4 C 43.83 – BauR 1986, 825 (Einvernehmen); Urt. v. 10. 8. 1988 – 4 C 20.84 – BauR 1988, 604 = BRS 48 (1988), Nr. 144 (S. 358) (Einvernehmen Flughalle); Urt. v. 6. 10. 1989 – 4 C 28.86 – UPR 1990, 30 (Gipsabbau); Beschl. v. 6. 10. 1989 – 4 CB 23.89 – NVwZ 1990, 460 (ehrenamtlicher Richter); Urt. v. 15. 12. 1989 – 4 C 36.86 – DVBl. 1990, 417 (gemeinnachbarlicher Immissionsschutz); Urt. v. 15. 12. 1989 – 7 C 6.88 – BVerwGE 84, 236 (Immissionsschutz Wirtschaftsförderung) m. Anm. *Ehlers*, JZ 1990, 594; Beschl. v. 26. 2. 1990 – 4 B 31.90 – NVwZ 1990, 657 (interkommunale Nachbarklage Friedhof); Urt. v. 20. 7. 1990 – 4 C 30.87 – BVerwGE 85, 251 (Clubheim Aeroclub); Urt. v. 31. 10. 1990 – 4 C 45.88 – BauR 1991, 55 (Ersatzbau-Erschließung); *Gelzer*, Bauplanungsrecht, 4. Aufl. 1984, 1343; *Battis/Krautzberger/ Löhr*, 3. Aufl. 1990, Rdn. 5 ff. zu § 36 BauGB; *Schlichter*, in: Berliner Kommentar, 1988, Rdn. 3 ff. zu § 36 BauGB.

dürfen nicht umgangen werden, indem die Baugenehmigungsbehörde in Fällen entgegenstehender Festsetzungen des Bebauungsplans die Genehmigung gleichwohl auf § 30 Abs. 1 BauGB stützt und damit die Prüfung der Ausnahme- und Befreiungsmöglichkeiten in § 31 Abs. 1 und Abs. 2 BauGB umgeht. Die Gemeinde wird vielmehr in ihren schützenswerten Belangen nur dann nicht berührt, wenn die Festsetzungen des Bebauungsplans dem Vorhaben nicht entgegenstehen (§ 30 Abs. 1 BauGB) und damit eine Genehmigung erteilt wird, die dem Planungswillen der Gemeinde entspricht. Will die Baugenehmigungsbehörde jedoch von den Festsetzungen des Bebauungsplans abweichen, so bedarf es der Prüfung der Ausnahme- und Befreiungsmöglichkeiten in § 31 Abs. 1 und Abs. 2 BauGB mit der sich daraus ergebenden Notwendigkeit, vor Genehmigungserteilung das gemeindliche Einvernehmen nach § 36 Abs. 1 Satz 1 BauGB einzuholen. Weicht die Baugenehmigung eindeutig von den Festsetzungen des Bebauungsplans ab, so darf die Baugenehmigungsbehörde ohne das gemeindliche Einvernehmen keine Baugenehmigung erteilen. Dies gilt auch im verwaltungsgerichtlichen Verfahren. Das Gericht darf sich zwar über das verweigerte gemeindliche Einvernehmen hinwegsetzen und die Baugenehmigungsbehörde zur Erteilung einer Baugenehmigung verpflichten. Dies setzt aber eine Beteiligung der Gemeinde im Verwaltungsprozeß voraus. Die Gemeinde wird durch ein Urteil, das die Baugenehmigungsbehörde zur Erteilung einer den Festsetzungen eines Bebauungsplans nicht entsprechenden Baugenehmigung verpflichtet, in ihren schützenswerten gemeindlichen Belangen betroffen. Dies führt dazu, die Gemeinde in solchen Fällen der beabsichtigten Verpflichtung einer Baugenehmigungsbehörde zur Erteilung einer planwidrigen Genehmigung als notwendige Beigeladene im Verwaltungsprozeß zu beteiligen. Eine Beteiligungsnotwendigkeit besteht nur dann nicht, wenn die Festsetzungen des Bebauungsplans dem Vorhaben nicht entgegenstehen und daher bei objektiver Auslegung ein Verstoß gegen das gemeindliche Satzungsrecht nicht festgestellt werden kann. Entspricht das Vorhaben jedoch dem Bebauungsplan nicht, so ist die Beiladung der Gemeinde wegen der möglichen Verletzung gemeindlicher Interessen erforderlich, wie sich aus § 31 Abs. 1 und Abs. 2 BauGB ergibt.

Nur eine solche Auslegung der Einvernehmens- und Beiladungsvorschriften wird dem Sinngehalt dieser Regelung gerecht: Der Gesetzgeber wollte durch die Notwendigkeit des gemeindlichen Einvernehmens nach § 36 Abs. 1 BauGB die Belange der planenden Gemeinde weitgehend absichern. In allen Fällen, in denen von dem Planungswillen der Gemeinde abgewichen wird, soll nach diesem Sinngehalt des § 36 Abs. 1 BauGB das gemeindliche Einvernehmen erforderlich sein. Will etwa die Baugenehmigungsbehörde von den Festsetzungen des Bebauungsplans durch Erteilung einer Ausnahme oder einer Befreiung nach § 31 Abs.1 und Abs. 2 BauGB abweichen, so ist dies nur mit vorherigem gemeindlichem Einvernehmen zulässig. Auch der Vorgriff auf die künftigen Festsetzungen eines Bebauungsplans nach § 33 BauGB bei formeller oder materieller Planreife erfordert das gemeindliche Einvernehmen. Dasselbe gilt für Vorhaben im nichtbeplanten Innenbereich nach § 34 BauGB oder im Außenbereich nach § 35 BauGB, die jeweils nur mit gemeindlichem Einvernehmen nach § 36 Abs. 1 BauGB genehmigt werden dürfen.

Zwar ist für die Erteilung der plankonformen Genehmigung das gemeindliche Einvernehmen nach § 36 Abs. 1 BauGB nicht erforderlich. Dies gilt aber nur dann, wenn eine Baugenehmigung entsprechend den Festsetzungen des Bebauungsplans erteilt wird. Weicht die Baugenehmigungsbehörde von den Festsetzungen des Bebauungsplans etwa durch Erteilung einer Ausnahme oder einer Befreiung ab, so bedarf es des gemeindlichen Einvernehmens, wie sich aus § 36 Abs. 1 BauGB ausdrücklich ergibt. Die danach im Falle der Planabweichung erforderlichen Einvernehmensregelungen in § 36 Abs. 1 BauGB können nicht dadurch umgangen werden, daß die Baugenehmigungsbehörde die Baugenehmigung trotz offenbar entgegenstehender Festsetzungen des Bebauungsplans erteilt und damit die Ausnahme- und Befreiungsregelungen in § 31 Abs. 1 und Abs. 2 BauGB umgeht. Vielmehr muß auch zumindest bei offenbaren und eindeutigen Abweichungen von den rechtsverbindlichen Festsetzungen des Bebauungsplans aus dem Sinngehalt des § 36 Abs. 1 BauGB die Notwendigkeit der Einholung des gemeindlichen Einvernehmens bestehen. Anderenfalls könnte die Baugenehmigungsbehörde durch eine den Festsetzungen des Bebauungsplans widersprechende, nach § 30 Abs. 1 BauGB rechtswidrige Baugenehmigung die einvernehmensgebundenen Ausnahme- und Befreiungsregelungen in § 31 Abs. 1 BauGB umgehen und die gemeindlichen Mitwirkungsrechte sozusagen „aushebeln". Das gemeindliche Einvernehmen nach § 36 BauGB ist bei Vorliegen eines Bebauungsplans danach nur dann entbehrlich, wenn auch tatsächlich eine plankonforme Genehmigung erteilt wird, die den Festsetzungen des Bebauungsplans entspricht. Wird unter Verstoß gegen die Festsetzungen des Bebauungsplans und unter Umgehung der Ausnahme- und Befreiungsvorschrift des § 31 Abs. 1 und Abs. 2 BauGB eine Baugenehmigung erteilt, so ist das gemeindliche Einvernehmen nach dem Sinngehalt des § 36 Abs. 1 BauGB für diese Planabweichung erforderlich.

V. Einvernehmensnotwendigkeit bei Normverwerfung durch Baugenehmigungsbehörde

Das gemeindliche Einvernehmen nach § 36 BauGB ist auch dann erforderlich, wenn bei der Erteilung einer Baugenehmigung nach § 30 Abs. 1 BauGB eine von der Gemeinde beschlossene Änderung oder ein später aufgestellter neuer Bebauungsplan für rechtsunwirksam erklärt wird und daher eine ältere, nicht mehr dem Planungswillen der Gemeinde entsprechende Fassung des Bebauungsplans angewandt werden soll. Auch hier sind mit der Nichtanwendung des gemeindlichen Satzungsrechts kommunale Selbstverwaltungsbelange betroffen, die zu einer Einvernehmensnotwendigkeit führen.

Das OVG Münster vertritt demgegenüber die Auffassung, daß auch im Falle einer solchen Nichtanwendung gemeindlichen Satzungsrechts das gemeindliche Einvernehmen nach § 36 Abs. 1 Satz 1 BauGB oder eine Beiladung der Gemeinde im verwaltungsgerichtlichen Bauprozeß nicht erforderlich sei. Erweise sich die spätere Planung als nichtig und sei der Bebauungsplan in seiner ursprünglichen Fassung anzuwenden, so löse diese Nichtbeachtung des neueren gemeindlichen Satzungsrechts eine gemeindliche Einvernehmensnotwendigkeit nach § 36 Abs. 1 BauGB nicht aus.

Mit dieser Ansicht läßt das OVG Münster eine Verwerfung[12] des gemeindlichen Satzungsrechts durch die Baugenehmigungsbehörde ohne förmliche Beteiligung der planenden Gemeinde zu. Dies entspricht nicht dem Sinngehalt des § 36 Abs. 1 BauGB, der die Planungshoheit der Gemeinde dahin gehend schützen will, daß die Ergebnisse eines förmlichen Planaufstellungsverfahrens durch andere Behörden ohne gemeindliche Beteiligung respektiert werden. Nur wenn die Baugenehmigungsbehörde nach dem im Bebauungsplan zum Ausdruck kommenden Planungswillen der Gemeinde verfährt, soll deren Einvernehmen nach § 36 Abs. 1 BauGB nicht erforderlich sein. Verwirft die Baugenehmigungsbehörde das gemeindliche Satzungsrecht, so muß dies eine Einvernehmensnotwendigkeit nach § 36 Abs. 1 BauGB auslösen. Anderenfalls hätte die Baugenehmigungsbehörde die Möglich-

---

12) Vgl. zur Verwerfungskompetenz von Bebauungsplänen BVerwG, Urt. v. 21. 11. 1986 — 4 C 22.83 — BVerwGE 75, 142 = BauR 1987, 171 (Nichtigkeitserklärung Behörde); Urt. v. 21. 11. 1986 — 4 C 60.84 — UPR 1987, 118 (ungültiger Bebauungsplan); Beschl. v. 11. 8. 1989 — 4 NB 23.89 — NVwZ 1990, 57 (Verwerfungskompetenz Bezirksregierung).

keit, „über den Willen der Gemeinde hinweg" und ohne deren Beteiligung gemeindliches Satzungsrecht zu verwerfen. Dies ist aber durch die weitgefaßte Einvernehmensregelung in § 36 Abs. 1 BauGB gerade nicht gewollt.

VI. Beabsichtigte Planabweichungen oder Bebauungsplanverwerfungen lösen im Baugenehmigungsprozeß Beiladungsnotwendigkeit der Gemeinde aus

Will das Gericht im Baugenehmigungsprozeß von den Festsetzungen eines Bebauungsplans abweichen oder eine dem Planungswillen der Gemeinde entsprechende Planfassung nicht anwenden, so werden rechtlich geschützte Belange der Gemeinde betroffen, die eine notwendige Beiladung der Gemeinde nach § 65 Abs. 2 VwGO erfordern oder zumindest als fakultative Beiladung nach § 65 Abs. 1 VwGO ermöglichen.

Es kann für die Beteiligungsnotwendigkeit der Gemeinde letztlich offenbleiben, ob bei der beabsichtigten Abweichung von den Festsetzungen des Bebauungsplans oder bei Nichtanwendung einer dem Planungswillen der Gemeinde entsprechenden Planfassung eine förmliche Einvernehmensnotwendigkeit nach § 36 BauGB besteht. Selbst wenn in diesen Fällen das förmliche gemeindliche Einvernehmen nicht erforderlich wäre, sind zumindest gemeindliche Belange und Interessen betroffen, die zu einer notwendigen oder jedenfalls fakultativen Beiladung im Baugenehmigungsprozeß führen müssen.

Soll die Baugenehmigungsbehörde durch Gerichtsentscheidung zur Erteilung einer Baugenehmigung verpflichtet werden, die den Festsetzungen eines rechtsverbindlichen Bebauungsplans der Gemeinde nicht entspricht, so sind hierdurch gemeindliche Belange betroffen. Die Einvernehmensregelung des § 36 Abs. 1 BauGB dient gerade dazu, den gemeindlichen Planungswillen zu sichern. Ein vergleichbarer Eingriff in die gemeindliche Planungshoheit ist jedenfalls auch dann gegeben, wenn eine Baugenehmigung erteilt werden soll, die im eindeutigen Widerspruch zu den Festsetzungen des Bebauungsplans steht.

Ist die später erlassene gemeindliche Planung wirksam, so muß auch im verwaltungsgerichtlichen Bauprozeß dieser gemeindliche Planungswille beachtet werden. Die Verpflichtung der Baugenehmigungsbehörde, in Abweichung von diesem gemeindlichen Planungsrecht eine Genehmigung zu erteilen, würde gegen den im Plan dokumentierten gemeindlichen Planungswillen verstoßen. Die Gemeinde muß in einem solchen Fall zumindest die Möglichkeit haben, ihre Belange und ihren Planungswillen in das Gerichtsverfahren um den Streit über die Wirksamkeit des kommunalen Satzungsrechts einzubringen. Nach allgemeinen Grundsätzen des Verwaltungsprozeßrechts dürfte es sich hier um einen Fall der notwendigen Beiladung nach § 65 Abs. 2 VwGO handeln. Zumindest aber muß die Gemeinde im Hinblick auf den Eingriff in ihre Planungsvorstellungen fakultativ beigeladen werden können.

Im Ergebnis nichts anderes gilt, wenn das Gericht die nachträglich verabschiedete Änderungsplanung für rechtsunwirksam hält und den Bebauungsplan in seiner Ursprungsfassung der Beurteilung des Vorhabens zugrunde legen will. Auch in diesem Fall würden durch die gerichtliche Inzidentverwerfung der Änderungsfassungen gemeindliche Planungsbelange betroffen. Denn die Gemeinde verabschiedet sich nicht gleichsam durch den Erlaß eines Bebauungsplanes aus dem Planverfahren und aus der Verantwortung für die städtebauliche Ordnung des Gemeindegebietes. Auch nach Abschluß des Planaufstellungs- bzw. Änderungsverfahrens hat die Gemeinde ein rechtlich geschütztes Interesse daran, ihren in einem förmlichen Verfahren zustande gekommenen Planungswillen in einem entsprechenden Handeln der Behörden und Gerichte umgesetzt zu sehen. Die Anwendung, Nichtanwendung oder Auslegung des Bebauungsplans ist gerade nicht dem freien Belieben der Baugenehmigungsbehörden und Gerichte überantwortet. Die Gemeinde hat vielmehr ein rechtlich geschütztes Interesse daran, an diesem Prozeß der Rechtserkenntnis teilzunehmen und durch Beteiligung in den anstehenden Verwaltungs- und Gerichtsverfahren dafür Sorge zu tragen, daß der gemeindliche Planungswille nicht am Ende durch fehlerhafte Auslegung, Nichtanwendung und Normverwertung ganz auf der Strecke bleibt. Ob sich die Gemeinde mit ihren Argumenten dann schließlich durchsetzt, ist eine Frage der materiellen Rechtslage. Die planende Gemeinde muß aber die Möglichkeit haben, sich an diesem Erkenntnisprozeß zu beteiligen und darf nicht darauf verwiesen werden, der Verwerfung ihrer Bauleitplanung als unbeteiligte Zuschauerin tatenlos zuzusehen. Dies würde dem Verständnis einer für die städtebauliche Ordnung auf ihrem Gemeindegebiet über den Tag hinaus verantwortlichen kommunalen Selbstverwaltung nicht gerecht.

DIETER WILKE

Die juristische Konstruktion
der bebauungsrechtlichen Befreiung in der Rechtsprechung
des Bundesverwaltungsgerichts

I.

Schon in der ursprünglichen Fassung des Bundesbaugesetzes[1] war das spezifisch baurechtliche Instrument der gestuften Durchbrechung von Bebauungsplänen enthalten. Nach
§ 31 BBauG 1960[2] konnte die Baugenehmigungsbehörde von den Festsetzungen des Bebauungsplanes „solche Ausnahmen zulassen, die in dem Bebauungsplan nach Art und Umfang
ausdrücklich vorgesehen sind" (Abs. 1), und „im übrigen" − unter bestimmten Voraussetzungen − „Befreiung erteilen". Die bereits in der Überschrift des § 31 BBauG 1960
(„Ausnahmen und Befreiungen") zum Ausdruck kommende Differenzierung der Handlungsformen ist in anderen Bereichen des Verwaltungsrechts nicht gleichermaßen ausge-
prägt. Allerdings stellt sich auch dort das Problem, wie dem bei der exekutivischen
Normanwendung auftretenden Bedürfnis nach der Exemtion eines Einzelfalls entsprochen
werden kann. Soll es nicht mit den traditionellen Mitteln der engen (einschränkenden oder
restriktiven) Auslegung[3] oder der ihr verwandten „teleologischen Reduktion"[4] sein Bewen-
den haben, muß der Gesetzgeber Vorkehrungen dagegen treffen, daß eine Norm auch auf
solche Fälle bezogen wird, bei denen dies unangemessen wäre. Je umsichtiger und phantasievoller ein Urheber von Normen ist, um so besser wird er das künftige Subsumtionsmaterial
überschauen, es bei der Konzipierung seiner Direktiven durch den Einbau von Ausnahmen
zu berücksichtigen wissen,[5] und um so weniger wird es erforderlich sein, den gesetzesaus-
führenden Behörden die Betätigung einer Notbremse zu gestatten.

Im Schrifttum werden die damit verbundenen Fragen unter dem Stichwort „Dispens"
erörtert,[6] worunter die im Einzelfall vorgenommene Freistellung eines Normadressaten

---

1) BBauG v. 23. 6. 1960 (BGBl. I S. 341).
2) Die Urfassung des § 31 BBauG (= § 31 BBauG 1960) lautete:
   „(1) Von den Festsetzungen des Bebauungsplanes kann die Baugenehmigungsbehörde im Einvernehmen mit
   der Gemeinde solche Ausnahmen zulassen, die in dem Bebauungsplan nach Art und Umfang
   ausdrücklich vorgesehen sind. (2) Im übrigen kann die Baugenehmigungsbehörde im Einvernehmen mit
   der Gemeinde und mit Zustimmung der höheren Verwaltungsbehörde Befreiung erteilen, wenn die
   Durchführung des Bebauungsplanes im Einzelfall zu einer offenbar nicht beabsichtigten Härte führen
   würde und die Abweichung auch unter Würdigung nachbarlicher Interessen mit den öffentlichen Belangen
   vereinbar ist, oder wenn Gründe des Wohls der Allgemeinheit die Befreiung erfordern. Die Zustimmung
   der höheren Verwaltungsbehörde gilt als erteilt, wenn sie nicht binnen zwei Monaten versagt wird. Die
   höhere Verwaltungsbehörde kann für genau begrenzte Fälle allgemein festlegen, daß ihre Zustimmung
   nicht erforderlich ist."
3) Vgl. *Larenz, Karl:* Methodenlehre der Rechtswissenschaft, 5. Aufl. 1983, S. 337.
4) Vgl. *Larenz* (Anm. 3), S. 338, 375 f.
5) Zur Konstruktion von Ausnahmevorschriften vgl. *Larenz* (Anm. 3), S. 339 f.
6) Grundlegend *Mussgnug, Reinhard:* Der Dispens von gesetzlichen Vorschriften, 1964.

vom Normbefehl zu verstehen ist. Eine rechtsstaatlich befriedigende Bewältigung des gesetzgebungstechnischen Problems, wie eine abstrakt-generelle Norm mit der behördlichen Befugnis zur individuellen Abweichung in nicht voraussehbaren Situationen verknüpft werden kann, ist nicht einfach. Denn auch zur Durchbrechung ermächtigende Vorschriften müssen dem verfassungsrechtlichen Gebot der Bestimmtheit von Normen genügen und dürfen dem Prinzip der Gesetzmäßigkeit der Verwaltung (Art. 20 Abs. 3 GG) nicht widersprechen. Werden die Voraussetzungen der Abweichung nicht hinlänglich umschrieben, hätte es die Behörde in der Hand, über die Normanwendung nach Belieben zu verfügen.

II.

Das Baurecht ist durch eine besonders finessenreiche Konstruktion der Dispensation gekennzeichnet. Die Zurückdrängung planungsrechtlicher Normen des Ortsrechts findet nämlich in zweierlei Formen statt: durch Ausnahmen, die im „Bebauungsplan nach Art und Umfang ausdrücklich vorgesehen sind" (§ 31 Abs. 1 BBauG 1960, § 31 Abs. 1 BauGB)[7] und „im übrigen" durch Befreiungen, deren Voraussetzungen in § 31 Abs. 2 Satz 1 BBauG 1960 (§ 31 Abs. 2 BBauG 1979,[8] § 31 Abs. 2 BauGB) genannt werden. Gesetzestechnisch scheint der Unterschied zwischen den beiden Varianten nicht allzu bedeutend zu sein. Die Zulässigkeit von Ausnahmen hängt von einem Normativakt der den Bebauungsplan erlassenden Gemeinde ab.[9] Befreiungen sind dagegen generell und „flächendeckend" im Bundesbaugesetz (Baugesetzbuch) vorgesehen und unabhängig davon zulässig, ob sie dem Satzungsgeber erwünscht sind. § 31 Abs. 2 BBauG/BauGB überlagert somit sämtliche Bebauungspläne und ist sozusagen eine vor die Klammer gezogene Dispensregelung bundesrechtlichen Ranges.

1. Es gibt jedoch Variationen der Ausnahme, die zwar das in § 31 Abs. 1 BBauG/BauGB festgelegte Prinzip der auf einen konkreten Bebauungsplan bezogenen Zulassung von Ausnahmen nicht förmlich antasten, sich der Sache nach aber der in § 31 Abs. 2 BBauG/BauGB gewählten Gesetzestechnik nähern. Derartige Mischformen beruhen auf § 1 Abs. 3 Satz 2 der Baunutzungsverordnung.[10] Nach dieser Bestimmung werden durch die Festsetzung von Baugebieten (im Sinne des § 1 Abs. 2 BauNVO 1990), „die Vorschriften der §§ 2 bis 14 Bestandteil des Bebauungsplans". Entscheidet sich der Plangeber für einen bestimmten Baugebietstyp – z. B. den des allgemeinen Wohngebietes (§ 1 Abs. 2 Nr. 3, § 4 BauNVO 1990) –, so wird dadurch der in der Baunutzungsverordnung normativ festgelegte Gebietscharakter in den Bebauungsplan inkorporiert und mit ihm zugleich die dem jeweiligen Baugebietstyp attachierte Ausnahmeregelung. Im Falle eines allgemeinen Wohngebiets wird die Ausnahmeregelung in § 4 Abs. 3 BauNVO 1990 („Ausnahmsweise können zugelassen werden . . .") automatisch Inhalt des Bebauungsplanes, ohne daß es einer hierauf gerichteten Entscheidung der Gemeinde oder auch nur einer Erwähnung im Bebauungsplan

---

7) Baugesetzbuch i. d. F. v. 8. 12. 1986 (BGBl. I S. 2253).

8) Art. 1 Nr. 12 Gesetz zur Beschleunigung von Verfahren und zur Erleichterung von Investitionsvorhaben im Städtebaurecht v. 6. 7. 1979 (BGBl. I S. 949).

9) BVerwG, Beschl. v. 20. 11. 1989 – 4 B 163.69 – *Buchholz* 406.11 § 31 BBauG/BauGB § 31 Nr. 29 (S. 5): Im Falle des § 31 Abs. 1 BauGB „hat die Gemeinde als Ortsgesetzgeber die zulässigen Abweichungen selbst und vor allem vorhersehbar bestimmt".

10) BauNVO v. 26. 6. 1962 (BGBl. I S. 429) = BauNVO 1962; BauNVO i. d. F. v. 23. 1. 1990 (BGBl. I S. 132) = BauNVO 1990.

bedürfte.[11] Die von der Verweisung in § 1 Abs. 3 Satz 2 BauNVO 1990 erfaßten Ausnahmetatbestände sind infolge des Inkorporationseffekts Ausnahmen im Sinne des § 31 Abs. 1 BBauG/BauGB,[12] wenngleich solche hinter dem Rücken des Bebauungsplans, da sie in seinem Text selbst nicht erkennbar sind. Trotz dieser scheinbaren „Erweiterung des Ausnahmebegriffs"[13] wahrt § 1 Abs. 3 Satz 2 BauNVO 1990 das Prinzip des § 31 Abs. 1 BBauG/BauGB, wonach Ausnahmen „von den Festsetzungen des Bebauungsplan(e)s" zugelassen werden.

2. Das Rechtsinstitut der Ausnahme gefährdet die Verbindlichkeit des Bebauungsplans und seine Maßgeblichkeit für die Baugenehmigungsbehörde nicht. Insofern wirft die Ausnahme keine sonderlichen Probleme auf. Die Gemeinde hat es hinsichtlich jedes einzelnen Bebauungsplans in der Hand − und zwar sogar im Bereich der in der Baunutzungsverordnung den Gebietstypen beigegebenen Ausnahmebestimmungen −,[14] die Ermächtigung zur Durchbrechung im Wege der Ausnahme zu gewähren oder zu verweigern. Da die Ausnahmen im Bebauungsplan nach Art und Umfang ausdrücklich vorgesehen sein müssen, ist der Spielraum der Baugenehmigungsbehörde gering. Innerhalb des ihr eingeräumten Handlungsrahmens steht ihr Ermessen zu.[15]

3. Größer ist dagegen die Gefahr, daß die Befreiung als Instrument verwendet wird, mit dessen Hilfe sich Baugenehmigungsbehörden von den Festsetzungen der Bebauungspläne lösen. Daß die Befreiung den Anspruch normativer Geltung zu Lasten des „rechtsverbindlichen" Ortsrechts[16] beeinträchtigen kann, hat mehrere Gründe: § 31 Abs. 2 BBauG/BauGB nimmt der Gemeinde die Befugnis, „befreiungsresistente" Bebauungspläne zu erlassen. Befreiung kann von sämtlichen Festsetzungen aller Bebauungspläne gewährt werden, seien es qualifizierte Bebauungspläne[17] im Sinne des § 30 BBauG/BauGB oder sogenannte einfache (nicht qualifizierte) Bebauungspläne,[18] die nicht das „Minimalprogramm" der zur Qualifikation erforderlichen „Mindestfestsetzungen"[19] (Art und Maß der baulichen Nutzung, überbaubare Grundstücksflächen und örtliche Verkehrsflächen) aufweisen.[20] Ferner ist auch die sachliche Reichweite der Befreiung unbegrenzt. Während Ausnahmen von

---

11) Nur wenn die Gemeinde den Inkorporationseffekt des § 1 Abs. 3 Satz 2 BauNVO 1990 vermeiden will, muß sie handeln: Sie kann Ausnahmen, die in einzelnen Baugebieten vorgesehen sind, nicht Bestandteil des Bebauungsplans werden lassen (§ 1 Abs. 6 Nr. 1 BauNVO 1990) oder „ausnahmefähige" Anlagen im jeweiligen Baugebiet für allgemein zulässig erklären (§ 1 Abs. 6 Nr. 2 BauNVO 1990).

12) Vgl. *Finkelnburg*, in: *Finkelnburg, Klaus − Ortloff, Karsten-Michael:* Öffentliches Baurecht, 2. Aufl., Bd. I, 1990, S. 240.

13) Eine wirkliche „Erweiterung des Ausnahmebegriffs", wie *Finkelnburg* a. a. O. (Anm. 12) meint, ergibt sich aus § 1 Abs. 3 Satz 2 BauNVO nicht, wohl aber ein faktischer Druck auf die planenden Gemeinden, einen Mindestkatalog von Ausnahmetatbeständen zu übernehmen.

14) Vgl. oben II 1.

15) Vgl. *Schlichter*, in: *Schlichter, Otto − Stich, Rudolf* (Hrsg.): Berliner Kommentar zum Baugesetzbuch, Bd. 1, 1988, § 31 Rdn. 15.

16) Nach § 8 Abs. 1 Satz 1 BBauG enthält der Bebauungsplan „die rechtsverbindlichen Festsetzungen für die städtebauliche Ordnung". − Vgl. schon BVerwG, Urt. v. 18. 8. 1964 − I C 63.62 − BVerwGE 19, 164 (167).

17) Bereits BVerwGE 19, 164 (165) verwendet die Formulierung „sog. qualifizierter Bebauungsplan". Vgl. weiterhin z. B. BVerwG, Urt. v. 4. 11. 1966 − IV C 36.65 − BVerwGE 25, 243 (249, 251).

18) Auch dieser Bezeichnung, die inzwischen zu einem gesetzlichen Terminus avanciert ist (§ 30 Abs. 2 BauGB), hat sich das Bundesverwaltungsgericht schon früh bedient (BVerwGE 19, 164 [166, 167, 168]; 25, 243 [250, 251]).

19) BVerwGE, 19, 164 (167, 170).

20) Daß aus der systematischen Stellung des § 31 BBauG 1960 keine Beschränkung auf qualifizierte Bebauungspläne folgt, vielmehr auch einfache Bebauungspläne einer Befreiung zugänglich sind, hat das Bundesverwaltungsgericht geklärt (BVerwGE 19, 164 [170]).

Festsetzungen nur innerhalb eines nach „Art und Umfang" ausdrücklich bezeichneten Rahmens möglich sind, ist jedwede Festsetzung eines Bebauungsplans einer Befreiung zugänglich, ohne daß der „Umfang" der Befreiung einer Einschränkung unterläge. Die Voraussetzungen der Befreiung werden in einem bundesgesetzlichen Tatbestand mit Hilfe zahlreicher unbestimmter Rechtsbegriffe umschrieben, während die Ausnahmetatbestände jeweils dem individuellen Bebauungsplan implantiert werden müssen. Eine Übereinstimmung liegt immerhin darin, daß ebenso wie die Ausnahme[21] auch die Befreiung ein Verwaltungsakt ist, dessen Erteilung im Ermessen der Behörde steht.[22]

Die konstruktiven Unterschiede zwischen der Ausnahme nach § 31 Abs. 1 und der Befreiung nach § 31 Abs. 2 BBauG/BauGB sind also beträchtlich. Dennoch sind es – zumindest dem Anschein nach – nur Unterschiede in der Gesetzestechnik. Die Grundregel ist die des Absatzes 1, die es der planenden Gemeinde überläßt, bereits im Zeitpunkt des Planbeschlusses für zweckmäßig erachtete Abweichungen vom Bebauungsplan in das Normprogramm einzufügen. Für alle anderen Fallkonstellationen stellt Absatz 2 („im übrigen")[23] einen Auffangtatbestand bereit.

III.

Soll § 31 Abs. 2 BBauG/BauGB der Baugenehmigungsbehörde nicht die Befugnis einräumen, nach Belieben über die Einhaltung planungsrechtlicher Festsetzungen zu disponieren, bedarf es einer Auslegung, die der Gefahr einer mißbräuchlichen Ausweitung der Vorschrift wehrt. Dieser Aufgabe hat sich das Bundesverwaltungsgericht in mehreren Entscheidungen gewidmet, die zweimal zu Reaktionen des Gesetzgebers geführt haben.

1. In seiner Urfassung enthielt § 31 Abs. 2 Satz 1 BBauG 1960 zwei Varianten der Befreiung: Sie konnte – erstens – erteilt werden, „wenn die Durchführung des Bebauungsplanes im Einzelfall zu einer offenbar nicht beabsichtigten Härte führen würde und die Abweichung auch unter Würdigung nachbarlicher Interessen mit den öffentlichen Belangen vereinbar ist"; sie war – zweitens – zulässig, „wenn Gründe des Wohls der Allgemeinheit die Befreiung erfordern".[24] Es ist offenkundig, daß ein so vager Tatbestand wie derjenige des § 31 Abs. 2 BBauG/BauGB, der mit den Begriffen der „öffentlichen Belange" und des „Wohls der Allgemeinheit" operiert, bei laxer Handhabung die Festsetzungen von Bebauungsplänen denaturieren kann. Die Entscheidung über die Zulässigkeit von Vorhaben würde dann kaum noch durch das Ortsrecht gesteuert, sondern läge primär in der Hand der Baugenehmigungsbehörden. An der „Befreiungspraxis" erweist sich aber der „Wert oder

---

21) Vgl. oben bei Anm. 15.

22) Vgl. BVerwG, Urt. v. 14. 7. 1972 – IV C 69.70 – BVerwGE 40, 268 (271); Urt. v. 9. 6. 1978 – 4 C 54.75 – BVerwGE 56, 71 (77); Urt. v. 4. 7. 1986 – 4 C 31.84 – BVerwGE 74, 315 (318 f.).

23) Diese „Subsidiaritätsklausel" ist in § 31 Abs. 2 BauGB nicht mehr enthalten.

24) Diese Aufgliederung des Befreiungstatbestands in zwei Varianten wird durch – ein grammatikalisch nicht unbedenkliches – Komma (vor: „oder wenn Gründe des Wohls der Allgemeinheit") bestätigt. Fehlte das Komma, ließe der Wortlaut jedenfalls logisch auch folgende Interpretation zu: Eine Befreiung setzt immer eine im Einzelfall vom Bebauungsplan offenbar nicht beabsichtigte Härte voraus und verlangt zusätzlich alternativ entweder die Vereinbarkeit der Abweichung mit den öffentlichen Belangen oder die Erforderlichkeit der Abweichung aus Gründen des Wohls der Allgemeinheit.

Unwert der verbindlichen Bauleitplanung".[25] Die Rechtsprechung des Bundesverwaltungsgerichts hat sich jedoch von jeher einer Erosion des § 31 Abs. 2 BBauG und einer Entwicklung dieser Vorschrift zu einem generellen Dispensvorbehalt oder einer allgemeinen Dispensklausel[26] entgegengestellt.

2. Bereits vor fast zwanzig Jahren hat das Bundesverwaltungsgericht in einem grundlegenden Urteil vom 14. Juli 1972[27] das dogmatische Fundament für die Befreiung gelegt. Von den damals gewählten Positionen ist es bis heute nicht abgewichen, hat sie vielmehr lediglich präzisiert und ist seiner judikativen Linie auch gegenüber legislativen Interventionen treu geblieben.

a) Das „Institut der Befreiung von dem Gebot oder Verbot einer Norm" rechtfertige sich daraus, „daß die mit einer Normierung regelmäßig verbundene Abstraktion oder doch Verallgemeinerung unvermeidbar zu Differenzen zwischen einerseits dem Regelungsinhalt und andererseits dem hinter der Regelung stehenden Schutzgut führt".[28] Eine Regelung, die nicht für einen konkreten Fall erfolge, „läuft immer Gefahr, mit ihren Aussagen besonders gelagerten Fällen — d. h. Sachverhalten, die aus tatsächlichen Gründen ‚aus der Regel fallen' — nicht gerecht zu werden";[29] um im Einzelfall diesem Mangel abhelfen zu können, kenne das Baurecht die Möglichkeit einer Befreiung: „Ihre Bewilligung setzt daher stets voraus, daß es sich um einen — aus welchen Gründen auch immer — ‚an sich' dem Schutzgut der Norm entzogenen (Sonder-)Fall handelt."[30] Leitsatz Nr. 2 der Entscheidung faßt den Ertrag dieser Passage folgendermaßen zusammen: „Die Zulässigkeit einer Befreiung setzt voraus, daß der jeweilige Fall in bodenrechtlicher Beziehung Besonderheiten aufweist, die ihn im Verhältnis zu der im Bebauungsplan getroffenen Festsetzung als Sonderfall erscheinen lassen."[31]

b) Schon in seiner Grundsatzentscheidung vom 14. Juli 1972 hat das Bundesverwaltungsgericht die Befreiung auf solche bauplanerischen Festsetzungen beschränkt, die ein „Mindestmaß an Verallgemeinerung oder Abstraktion" enthalten.[32] Beruht dagegen eine Festsetzung nicht auf einer Verallgemeinerung, sondern ist sie „„im Angesicht des Falles' für diesen

---

25) Vgl. *von Feldmann, Peter:* Berliner Planungsrecht, 2. Aufl. 1991, Rdn. 138, nach dessen Urteil (ebd. Rdn. 153) sich die Berliner Bauverwaltung „lange Zeit als legitimiert angesehen (habe), über Befreiungen jeweils nach ihrem städtebaulichen Gutdünken und ihren Vorstellungen über den wirtschaftspolitischen Nutzen der betreffenden Investitionen für Berlin zu entscheiden", wodurch die Geltung des Planungsrechts „hinsichtlich der darin niedergelegten Verpflichtung zu rechtsstaatlicher Planung und Genehmigung von Bauvorhaben . . . dementsprechend in Berlin entscheidend geschwächt" worden sei.

26) Vgl. *Finkelnburg,* a. a. O. (Anm. 12), S. 240, nach dem „ein genereller Ausnahmevorbehalt, eine allgemeine Ausnahmeklausel, im Bebauungsplan unzulässig" ist.

27) BVerwGE 40, 268.

28) BVerwGE 40, 268 (271 f.).

29) BVerwGE 40, 268 (272).

30) Ebd. — Der Plangeber muß „sich der Regel entziehende Sachverhalte erfaßt haben, ohne sie in ihrer Besonderheit erfassen zu wollen" (ebd., S. 273).

31) BVerwGE 40, 268 (269). — Der Zusatz „in bodenrechtlicher Beziehung" findet sich nur im Leitsatz (Nr. 2), nicht dagegen in der korrespondierenden Textpassage der Gründe (S. 272); vgl. unten III 4 c.

32) BVerwGE 40, 268 (272). — Zu den Spielarten der Verallgemeinerung bzw. Abstraktion vgl. ebd., S. 272 f.

Fall so und nicht anders gewollt",[33] dann ist „für eine Befreiung kein Raum".[34] Bei der Prüfung, ob eine Festsetzung „offenkundig so und nicht anders beabsichtigt"[35] ist, greift das Bundesverwaltungsgericht auf Plausibilitätserwägungen zurück: Es stellt etwa fest, daß eine vorhandene Bebauung eine „Besonderheit" sei, die „dem Plangesetzgeber nicht entgangen sein" könne; dieser müsse „nach Lage der Dinge die Festsetzung gerade auch unter diesen Umständen gewollt haben".[36] Beruht jedoch eine solche individuelle – und daher einer Befreiung nicht zugängliche – Festsetzung auf einem Abwägungsfehler, so ist sie nichtig: „Bei einer solchen Konstellation bedarf es daher auch keiner Befreiung, weil das, was zu ihr Anlaß geben könnte, in Wahrheit über § 1 Abs. 4 Satz 2 BBauG (1960 = § 1 Abs. 6 BauGB) zur Nichtigkeit des Planes führt."[37]

c) Die Konzeption der Befreiung als einer im Einzelfall vorzunehmenden Reduktion des die Bedürfnisse des Schutzguts „überschießenden" Normgehalts hat das Bundesverwaltungsgericht in seiner Grundsatzentscheidung anhand des ersten Befreiungstatbestands des § 31 Abs. 2 Satz 1 BBauG 1960 („offenbar nicht beabsichtigte Härte") exemplifiziert. Für die „Regelfälle" sei das, „was eine Vorschrift bzw. ein Plan bestimmt, grundsätzlich auch dann beabsichtigt, wenn es sich als Härte erweist". Die Erteilung einer Befreiung im Regelfall „wäre außerdem nicht ,mit den öffentlichen Belangen vereinbar'"; „eine solche Befreiung müßte sich notwendig über die Interessenabwägung hinwegsetzen, die der Vorschrift bzw. dem Plan zugrunde liegt und durch sie bzw. ihn als maßgeblich positiviert ist": „Eine Norm, von deren Einhaltung selbst in Regelfällen befreit werden muß, ist in Wahrheit bereits als Norm zu beanstanden."[38]

Wenn *Finkelnburg*[39] von diesen Erwägungen als „rechtspolitischen Gründen, die für die baurechtliche Befreiung streiten", spricht, so wird das der Befreiungskonzeption des Bundesverwaltungsgerichts nicht gerecht. Es handelt sich vielmehr bei ihr um eine restriktive Auslegungsvariante, die – gestützt auf gesetzgebungstechnische oder normtheoretische Überlegungen – dem § 31 Abs. 2 BBauG 1960 einen von den Baugenehmigungsbehörden in die Verwaltungspraxis umzusetzenden Inhalt zuweist. Das Bundesverwaltungsgericht hätte sich allerdings zur Bekräftigung seiner Interpretation auf den Wortlaut des § 31 Abs. 2 Satz 1 BBauG 1960 berufen können, da innerhalb der ersten Befreiungsvariante („wenn die Durchführung des Bebauungsplanes im Einzelfall zu einer offenbar nicht beabsichtigten Härte führen würde") ausdrücklich eine Verknüpfung von Befreiung und „Einzelfall" enthalten ist. Der Einbau der Worte „im Einzelfall" in den Gesetzestext wäre – strenggenommen – nicht nötig gewesen, so daß auch ihr Fehlen der vom Bundesverwaltungsge-

---

33) Ein Beispiel dafür, daß eine Festsetzung „offenkundig so und nicht anders beabsichtigt" (BVerwGE 40, 268 [273]) ist, bildet die durch Verwendung von Baulinien bewirkte Fixierung des Standorts einer baulichen Anlage (vgl. § 23 Abs. 2 Satz 1 BauNVO 1990).

34) BVerwGE 40, 268 (273). – Daß „typischerweise" der Bebauungsplan „mehr oder weniger konkret-individuell" ist und eine Regelung „sozuagen im Angesicht der konkreten Sachlage trifft", wird im Urt. v. 30. 1. 1976 – 4 C 26.74 – (BVerwGE 50, 114 [119 f.]) anhand der kontrastierenden „baurechtliche(n) Vorschriften" dargelegt, die „typischerweise . . . eine abstrakt-allgemeine Regelung treffen". Allerdings sind Bebauungspläne „auf konkret-individuelle Regelungen ,im Angesicht der konkreten Sachlage' . . . nicht festgelegt", sondern „können auch zulässig sein, wenn sie sich mehr oder minder von der konkreten Sachlage ablösen und die Gestalt von Vorschriften anzunehmen beginnen" (ebd., S. 121); Vorschriften und Pläne können also „gleichsam ineinander übergehen" (ebd., S. 120).

35) BVerwGE 40, 268 (273).

36) Ebd., S. 273 f.

37) BVerwGE 40, 268 (273); vgl. auch ebd., S. 274 (Abs. 1).

38) BVerwGE 40, 268 (272).

39) A. a. O. (Anm. 12), S. 241.

richt gewählten Interpretation nicht entgegengestanden hätte. Denn eine „offenbar nicht beabsichtigte Härte" bei der Durchführung eines Bebauungsplans wird immer nur in Einzel- oder Ausnahmefällen auftreten. Wenn ein Bebauungsplan in einer Vielzahl von Anwendungsfällen zu „offenbar nicht beabsichtigten Härte(n)" führt, dann hat der Plangeber die Folgen seiner Abwägungsentscheidung nicht zureichend bedacht, gegen das rechtsstaatliche Abwägungsgebot verstoßen und lediglich eine nichtige Norm erzeugt.[40] Der vom Gesetzgeber der Härtevariante beigegebene Zusatz „im Einzelfall" dient also nur der Akzentuierung einer im Gesetz angelegten Selbstverständlichkeit.

d) Die verdienstvolle Innovation des Bundesverwaltungsgerichts liegt darin, daß es die Fixierung der Einzelfallformel auf den Härtetatbestand beseitigt hat und dem „Einzelfall" statt dessen einen anderen Standort mit erweiterter Bedeutung zugewiesen hat. Nicht nur bei „offenbar nicht beabsichtigter Härte", sondern generell setzt eine (bebauungsrechtliche) Befreiung voraus, daß bei der Anwendung eines Bebauungsplans eine Situation besteht, die deshalb als „Einzelfall" bezeichnet werden kann, weil das Bauvorhaben das „Schutzgut" einer Festsetzung nicht beeinträchtigt und deshalb sozusagen „aus der Regel fällt". Die „für das Wesen der Befreiung kennzeichnende Entgegensetzung von Regel- und Sonderfall"[41] ist also ein Charakteristikum sämtlicher Tatbestände des § 31 Abs. 2 Satz 1 BBauG 1960.

3. Die Konzeption des Bundesverwaltungsgerichts konnte zunächst nur begrenzte Bedeutung erlangen, da die Urfassung des § 31 BBauG 1960 neben dem Härtetatbestand allein den Allgemeinwohltatbestand kannte. Dieser zweite Tatbestand wurde in dem Grundsatzurteil vom 14. Juli 1972 nicht erwähnt. Vielmehr sind die in ihm enthaltenen Überlegungen am Härtetatbestand orientiert. Wegen ihrer weiten Fassung, die das „Institut der Befreiung"[42] und das „Wesen der Befreiung"[43] zum Gegenstand haben, müssen aber auch sie auf die zweite Befreiungsvariante bezogen werden. Das Erfordernis des Einzel- oder Sonderfalls gilt somit auch dann, „wenn Gründe des Wohls der Allgemeinheit die Befreiung erfordern".

Im Unterschied zum Härtetatbestand, bei dem sich die Bedingung des Einzelfalls bereits aus der Natur der Sache oder der Normstruktur ergibt,[44] versteht sich die Verengung des Allgemeinwohltatbestands, die im Erfordernis eines Einzelfalls liegt, nicht von selbst. Denn Konstellationen, bei denen „Gründe des Wohls der Allgemeinheit" eine Befreiung erfordern, können im Bereich eines Bebauungsplans vielmehr auch gehäuft auftreten. Derartige Lagen führen nicht zur Nichtigkeit des Plans, denn anders als eine Häufung künftiger Härtefälle ist das spätere Entstehen öffentlicher Interessen an bestimmten Bauvorhaben für den Plangeber nicht erkennbar, so daß insoweit Abwägungsfehler ausscheiden. Dennoch ist eine restriktive Auslegung und Handhabung der Gemeinwohlvariante geboten. Die Erstreckung des Tatbestandsmerkmals „im Einzelfall" auf sie verhindert es, daß die „rechtsverbindlichen Festsetzungen" (§ 8 Abs. 1 Satz 1 BBauG/BauGB) von Bebauungsplänen unter dem generellen Vorbehalt gegenläufiger Gründe des Allgemeinwohls stehen, die für Bauvorhaben ins Feld geführt werden können.

---

40) Dies drückt das Bundesverwaltungsgericht mit der bereits (bei Anm. 38) zitierten Wendung aus, daß eine „Norm, von deren Einhaltung selbst in Regelfällen befreit werden muß, ... in Wahrheit bereits als Norm zu beanstanden" sei. Passend wäre auch die an anderer Stelle der erwähnten Entscheidung (BVerwGE 40, 268 [273]) benutzte Formulierung, daß das, „was zu ihr (sc. der Befreiung) Anlaß geben könnte, in Wahrheit über § 1 Abs. 4 Satz 2 BBauG (1960) zur Nichtigkeit des Planes führt".
41) BVerwGE 40, 268 (272). − Vgl. auch unten bei Anm. 57.
42) BVerwGE 40, 268 (271).
43) BVerwGE 40, 268 (272).
44) Vgl. oben III 2 c.

Allerdings sind die vom Bundesverwaltungsgericht in seinem Urteil vom 14. Juli 1972 gewählten Formeln zum „Wesen der Befreiung"[45] am Modell des Härtetatbestands entwikkelt worden, so daß sie dem Allgemeinwohltatbestand nicht ohne weiteres adäquat sind. Vorhaben, für die ein so dringliches öffentliches Interesse streitet, daß Festsetzungen eines Bebauungsplans zu weichen haben, müssen keine Sonderfälle sein, die „aus der Regel fallen" und dem „Schutzgut" der Norm entzogen sind. Derartige Vorhaben können vielmehr (und werden zumeist) auch so beschaffen sein, daß sie das Schutzgut der ihnen hinderlichen Festsetzung beeinträchtigen. Dennoch ist die Verknüpfung dieses Tatbestands mit dem Prinzip des Einzelfalls gerechtfertigt. Sie bewirkt, daß strengere Anforderungen an die Notwendigkeit der Abweichung gestellt werden („wenn Gründe . . . die Befreiung erfordern"), als wenn die Gemeinwohlvariante zum Nennwert genommen werden würde. Die Gemeinwohlgründe müssen daher so dringlich sein, daß ihnen nur „im Einzelfall" Genüge getan zu werden braucht; im Regelfall verdienen dagegen die Festsetzungen eines Bebauungsplans den Vorrang gegenüber Vorhaben von öffentlichem Belang. Die Erstreckung des Tatbestandsmerkmals „im Einzelfall" auch auf die zweite (Allgemeinwohl-)Variante akzentuiert oder verstärkt also das Merkmal der Erforderlichkeit und bewirkt, daß Abweichungen nur ausnahmsweise in Betracht zu ziehen sind.

4. In einem weiteren Grundsatzurteil vom 9. Juni 1978 hat das Bundesverwaltungsgericht[46] die Konstruktion der im § 31 Abs. 2 Satz 1 BBauG 1960 geregelten Befreiung vollendet und ihr die maßgebliche Form gegeben, die − ungeachtet gesetzgeberischer Modifikationen des Norminhalts[47] − bis heute maßgeblich geblieben ist. Zwar hatte bereits das Vorläuferurteil vom 14. Juli 1972 das „Wesen der Befreiung"[48] wenngleich nicht authentisch, so doch verbindlich umschrieben und damit zugleich die zweite Befreiungsvariante („wenn Gründe des Wohls der Allgemeinheit die Befreiung erfordern") erfaßt. Allerdings sind die dem „Institut der Befreiung" gewidmeten Passagen jener Entscheidung nur mit einer gewissen Gewaltsamkeit auf die vom Gemeinwohl geforderte Befreiung zu beziehen.[49] Daher lag es nahe, bei sich bietender Gelegenheit die insoweit noch bestehenden Begründungsmängel zu korrigieren. Der hierzu inspirierende Fall war dafür gut geeignet: Ein Bauherr erhielt eine Befreiung für die Errichtung und Nutzung eines Bettentrakts, in dem Kursteilnehmer und Lehrkräfte untergebracht werden sollten, die an Veranstaltungen der Erwachsenenbildung in einer Altbauvilla auf dem Baugrundstück teilnahmen.

a) Zunächst wiederholt das Bundesverwaltungsgericht seine Grundthese vom „Rechtsinstitut der Befreiung von dem Gebot oder Verbot einer Norm":[50] Es rechtfertige sich daraus, „daß die mit einer Normierung regelmäßig verbundene Abstraktion und Verallgemeinerung unvermeidbar zu Differenzen zwischen dem Regelungsinhalt und dem hinter der Regelung stehenden Schutzgut führen können, weil und soweit sie besonders gelagerten Sachverhalten, die aus tatsächlichen Gründen − atypisch − ‚aus der Regel fallen', nicht gerecht werden."[51] Damit diesem Mangel abgeholfen werden könne, bedürfe es der „Möglichkeit, in solchen atypischen Fällen von der Einhaltung der Norm, auch von den Festsetzungen

---

45) Vgl. oben bei Anm. 43.
46) 4 C 54.75 − BVerwGE 56, 71.
47) Vgl. unten III 5.
48) Vgl. oben bei Anm. 43.
49) Vgl. oben bei Anm. 28.
50) BVerwGE 56, 71 (74).
51) Ebd. − Vgl. schon oben bei Anm. 29.

eines Bebauungsplans, zu befreien."[52] Mit einer beide Befreiungsvarianten umfassenden Formulierung schließt das Bundesverwaltungsgericht seine dogmatische Qualifizierung ab: „Die Atypik ist Voraussetzung nicht nur für die Befreiung wegen einer offenbar nicht beabsichtigten Härte ..., sondern auch für die ... Befreiung aus Gründen des Wohls der Allgemeinheit."[53] Die Verwendung des Ausdrucks „Atypik" sowie des gleichbedeutenden „atypische Fälle" oder „atypische Sonderfälle" ist an sich nur eine terminologische Neuerung.[54] Als einprägsames Schlagwort hat er jedoch den zusätzlichen Effekt, daß er den rechtsanwendenden Behörden Zurückhaltung bei der Gewährung von Befreiungen einschärft.

b) In beiden Varianten setzt somit die Befreiung einen „Sonderfall" voraus.[55] Für die „Regelfälle" dagegen sind die bauplanerischen Festsetzungen einer Befreiung nicht zugänglich.[56] Die „Entgegensetzung von Regel- und Sonderfällen" markiere auch „die Grenze zwischen der Befreiung und ... Planänderung": Abweichungen von den Festsetzungen eines Bebauungsplans für „Regelfälle" könnten nur durch ein Planänderungsverfahren bewirkt werden.[57]

c) Naheliegend wäre die Annahme, daß das Erfordernis der Atypik ein — aus dem „Wesen" der Befreiung oder dem Gesetzestext des § 31 Abs. 2 Satz 1 BBauG 1960 („im Einzelfall") folgendes[58] — Tatbestandsmerkmal sei, das isoliert von den sonstigen Anforderungen der beiden Befreiungsvarianten geprüft werden könnte. Wäre dies zutreffend, müßte die Baugenehmigungsbehörde, die über einen Befreiungsantrag zu befinden hat, sich zunächst davon überzeugen, daß das Vorhaben einen atypischen Sachverhalt betrifft, ehe sie das Vorliegen besonderer Härte oder von Gründen des Allgemeinwohls bejahen könnte. Ob eine solche Abtrennung der Atypik von den sonstigen Bestandteilen der Befreiungsvorschriften möglich wäre, kann dahinstehen. Denn das Bundesverwaltungsgericht hat eine andere Konzeption gewählt: Die Atypik wird als Element des jeweiligen Befreiungstatbestandes aufgefaßt, mit dem sie untrennbar verknüpft ist.

Diese Methode wird in der zweiten Grundsatzentscheidung auch sogleich praktiziert. So ist die Atypik bei der „offenbar nicht beabsichtigten Härte" nach Auffassung des Bundesverwaltungsgerichts „in der Regel in dem zu bebauenden Grundstück selbst — etwa in seiner Lage oder seinem Zuschnitt — begründet".[59] Die herangezogenen Beispiele lassen zugleich erkennen, was es mit dem im Leitsatz der früheren Grundsatzentscheidung genannten Erfordernis auf sich hat, der jeweilige Fall müsse „in bodenrechtlicher Beziehung" Beson-

---

52) Ebd. – Vgl. schon oben bei Anm. 30.
53) Ebd.
54) Alle drei Formulierungen finden sich in BVerwGE 56, 71 (74).
55) BVerwGE 56, 71 (74).
56) Ebd., S. 74. – Hier findet sich auch eine bereits früher benutzte Wendung (vgl. oben bei Anm. 38), die allerdings im vorliegenden Zusammenhang auf die Gemeinwohlbefreiung beschränkt wird, wonach eine „Festsetzung, von deren Einhaltung selbst in Regelfällen befreit werden müßte, um eine dem Wohl der Allgemeinheit angemessene Bebauung zu erreichen, ... in Wahrheit bereits als Norm ungültig sein" könne.
57) BVerwGE 56, 71 (74).
58) Vgl. oben III 2 c und d.
59) BVerwGE 56, 71 (74). – Offenbar sollen aber auch andere als grundstücksbezogene Umstände nicht generell ungeeignet sein, eine Befreiung zu rechtfertigen.

derheiten aufweisen:[60] Die Atypik muß sich aus bodenrechtlichen Umständen ergeben, die im Baugrundstück selbst wurzeln.[61]

Für die Atypik der „zweiten Alternative",[62] des Gemeinwohltatbestands, gilt gleichfalls, „daß es sich in bodenrechtlicher Hinsicht um einen atypischen Sonderfall handelt".[63] Ein solcher Sachverhalt ist gegeben, wenn „ein besonderes, bei der planerischen Abwägung in dieser (konkreten) Stärke nicht berücksichtigtes und in dieser Stärke auch nicht abschätzbares Gemeininteresse eine Art Randkorrektur der planerischen Festsetzung erfordert".[64] Erfordert wird die Befreiung nicht erst, wenn „den Belangen der Allgemeinheit auf keine andere Weise als durch eine Befreiung entsprochen werden könnte",[65] sondern schon dann, „wenn es zur Wahrnehmung des jeweiligen öffentlichen Interesses vernünftigerweise geboten ist, mit Hilfe der Befreiung das Vorhaben an der vorgesehenen Stelle zu verwirklichen".[66] Somit muß die Befreiung „nicht schlechterdings das einzige denkbare Mittel für die Verwirklichung des jeweiligen öffentlichen Interesses sein"; seine „Erfüllung muß also nicht . . . mit der Erteilung der Befreiung ‚stehen und fallen'".[67] Obwohl es nicht ausreicht, daß „die Befreiung dem Gemeinwohl nur irgendwie nützlich oder dienlich ist", wird doch eine Befreiung nicht schon dadurch ausgeschlossen, daß „andere . . . Möglichkeiten zur Erfüllung des Interesses zur Verfügung stehen".[68]

d) Während in der ersten Grundsatzentscheidung die − in ihr noch nicht so genannte − bodenrechtliche Atypik zum Merkmal jedweder Befreiung erklärt wurde, ohne daß die Gemeinwohlbefreiung gesondert erwähnt worden wäre,[69] sucht das Urteil vom 9. Juni 1978 dieses Manko in seinem ersten Leitsatz zu beheben: „Die Zulässigkeit einer Befreiung aus Gründen des Wohls der Allgemeinheit setzt voraus, daß es sich in bodenrechtlicher Hinsicht um einen atypischen Sonderfall handelt."[70] Den korrespondierenden Partien der Gründe läßt sich jedoch nicht mit Sicherheit entnehmen, worin die bodenrechtliche Besonderheit eines Falles bestehen soll, der aus Gründen des öffentlichen Wohls nach einer Befreiung verlangt.[71] Da die Atypik bei der Härtebefreiung „in dem bebauenden Grundstück selbst" liegen soll (und auch dies nur „in der Regel"),[72] drängt sich die Annahme auf, daß die Gemeinwohlbefreiung durch eine andere Art bodenrechtlicher Atypik geprägt sei. Erwägenswert wäre es, das öffentliche Interesse durch eine „bodenrechtliche" Interpretation zu qualifizieren, zumal das Bundesverwaltungsgericht selbst von „atypischen Gemeinwohlin-

---

60) Vgl. oben bei Anm. 31.
61) Die bodenrechtlichen Umstände müssen − nimmt man eine andere Urteilspassage beim Wort (vgl. oben bei Anm. 51) − in „tatsächlichen Gründen" bestehen, so daß rechtliche Besonderheiten eine Befreiung nicht rechtfertigen könnten. − Vgl. demgegenüber aber BVerwG, Urt. v. 14. 2. 1991 − 4 C 51.87 −, Dok. Ber. BVerwG A 1991, 177 (180), wonach unter „Härten" i. S. des § 31 Abs. 2 Nr. 3 BauGB „nur grundstücksbezogene Härten, die sich gerade aus den boden- und planungsrechtlichen Besonderheiten des zu beurteilenden Grundstücks ergeben, zu verstehen" sind; ebenso schon BVerwG, Urt. v. 18. 5. 1990 − 4 C 49.89 −, NVwZ 1991, 264 (265).
62) BVerwGE 56, 71 (74).
63) BVerwGE 56, 71 f. (Ls. 1). − Auch hier (vgl. schon oben Anm. 31) findet sich die Kuriosität, daß die Wendung „in bodenrechtlicher Hinsicht" in den Entscheidungsgründen selbst nicht wiederkehrt.
64) BVerwGE 56, 71 (74).
65) So die vom Gericht zitierte (BVerwGE 56, 71 [73, 76]), aber verworfene Formulierung.
66) BVerwGE 56, 71 (76).
67) Ebd.
68) Ebd.
69) Vgl. oben III 2 a.
70) BVerwGE 56, 71 f.
71) Vgl. BVerwGE 56, 71 (74, 76).
72) Vgl. oben bei Anm. 59.

teressen"[73] spricht. Aber diesen Weg versperrt die Entscheidung durch die These, daß die „Gründe des Wohls der Allgemeinheit" sich nicht auf „spezifisch bodenrechtliche Belange" beschränkten, sondern alles erfaßten, „was gemeinhin unter den öffentlichen Belangen oder . . . den öffentlichen Interessen zu verstehen" sei.[74] Somit kann die bodenrechtliche Atypik nur in der besonderen Eignung des „vorgesehenen Standort(s)"[75] zur Aufnahme des vernünftigerweise gebotenen und vom öffentlichen Interesse motivierten Vorhabens gesehen werden.

e) Auch im übrigen enthält die Grundsatzentscheidung weitere Klärungen und Präzisierungen. So werden die tatbestandlichen Voraussetzungen der zweiten Befreiungsvariante der vollständigen gerichtlichen Kontrolle unterstellt und ein Beurteilungsspielraum abgelehnt.[76] Wichtiger noch ist die dogmatische Umgruppierung der scheinbar nur dem Tatbestand der Härtebefreiung attachierten Voraussetzung, daß „die Abweichung auch unter Würdigung nachbarlicher Interessen mit den öffentlichen Belangen vereinbar ist". Aus dem Sinn und Zweck des § 31 Abs. 2 Satz 1 BBauG 1960 „und damit aus dem Wesen der Befreiung" entnimmt das Bundesverwaltungsgericht, daß auch für die Gemeinwohlbefreiung nichts anderes gelten könne.[77] Die konfligierenden Belange oder Interessen dürfen nach Auffassung des Gerichts weder im Wege der Kompensation oder Saldierung noch durch „planerische" Abwägung ausgeglichen werden.[78] Stehe der Befreiung „ein bodenrechtlicher Belang in beachtlicher Weise entgegen", so sei eine Befreiung ausgeschlossen.[79] Dabei sei die Annahme der Unvereinbarkeit mit öffentlichen Belangen um so naheliegender, „je tiefer die Befreiung in das Interessengeflecht einer Planung eingreift".[80] Die Veränderung des Bebauungsplans in seinen „Grundzügen" oder seiner „Planungskonzeption" sei der Umplanung vorbehalten und dürfe nicht durch eine Befreiung vorgenommen werden.[81]

f) Die Berücksichtigung „nachbarlicher Interessen" bei der Ermittlung befreiungswidriger öffentlicher Belange ist konsequenterweise bei beiden Varianten der Befreiung geboten.[82] Dem Interesse des Nachbarn an der Einhaltung von Festsetzungen eines Bebauungsplans kommt dann besonderes Gewicht zu (mit der Folge einer Erschwerung von Befreiungen), wenn sie nachbarschützend sind; denn solche Festsetzungen „haben im Interessengeflecht eines Bebauungsplans in der Regel eine derart zentrale Bedeutung, daß ihre Durchbrechung das Bedürfnis nach einer Änderung des Bebauungsplans hervorruft".[83]

5. Die im vorstehenden geschilderte dogmatische Konzeption der Befreiung ist eindrucksvoll, wenngleich sie souverän mit dem Normtext umgeht und − bei genauer Lektüre und Analyse − einige Unstimmigkeiten aufweist.[84] Ihre Bewährungsprobe hat sie jedenfalls glanzvoll bestanden, denn die Novelle zum Bundesbaugesetz von 1979[85] hat dem § 31 Abs. 2 BBauG eine Fassung verliehen, bei der das Bundesverwaltungsgericht dem Gesetz-

---

73) BVerwGE 56, 71 (76); vgl. ebd., S. 77: „der atypische . . . Gemeinwohlgrund".
74) BVerwGE 56, 71 (72 [Ls.], 76); vgl. auch BVerwG, Beschl. v. 19. 2. 1982 − 4 B 21.82 − *Buchholz* 406.11 § 31 BBauG Nr. 20.
75) BVerwGE 56, 71 (72 [Ls.]).
76) BVerwGE 56, 71 (75).
77) BVerwGE 56, 71 (77).
78) Ebd., S. 77 f.
79) Ebd., S. 77.
80) Ebd., S. 78.
81) Ebd., S. 78.
82) Ebd., S. 79.
83) Ebd.
84) Vgl. oben III 3 und 4 c.
85) Vgl. oben Anm. 8.

geber die Feder geführt hat.[86] So hat das Gesetz sowohl die Qualifizierung der Wendung „im Einzelfall"[87] als auch das generelle Erfordernis der Vereinbarkeit mit den öffentlichen Belangen[88] übernommen: In beiden Fällen ist die Zuordnung zu einer einzigen Befreiungsvariante aufgegeben worden; die genannten Normbestandteile beziehen sich nunmehr ausdrücklich auf sämtliche Befreiungsarten. Zu den früheren zwei ist eine weitere getreten (§ 31 Abs. 2 Nr. 2 BBauG 1979): die Befreiung, die erteilt werden kann, „wenn ... städtebauliche Gründe die Abweichung rechtfertigen und die Grundzüge der Planung nicht berührt werden". Das Bedürfnis für diese Norm (deren „Berührungsverbot" bereits in der zweiten Grundsatzentscheidung anklingt)[89] wird allerdings in den Materialien nicht deutlich.[90] Obwohl sie die „Lenkungsfunktion" des Bebauungsplans betonen und die „Abweichung vom Bebauungsplan als Rechtssatz nur im Einzelfall und unter besonderen Voraussetzungen" zulassen,[91] ist das Ziel deutlich: Erleichterung der Befreiungspraxis[92] — bei gleichzeitiger Wahrung der Normativität des Satzungsrechts oder wenigstens eines entsprechenden Anscheins.

Die heutige Fassung des § 31 Abs. 2 BauGB[93] weicht von derjenigen der Novelle 1979 im wesentlichen dadurch ab, daß in Nr. 2 die Formulierung „wenn ... städtebauliche Gründe die Abweichung rechtfertigen" durch die Wendung ersetzt worden ist: „wenn ... die Abweichung städtebaulich vertretbar ist". Hierdurch sollen, wie es in der Regierungsbegründung heißt, „Einengungen vermieden werden, die in der Rechtsprechung zur Auslegung der Nr. 2 zu finden sind".[94]

6. Auch unter dem Regiment der Neufassungen des § 31 Abs. 2 BBauG 1979/BauGB hat das Bundesverwaltungsgericht seine Konzeption der Befreiung beibehalten. Weiterhin setzt jede Befreiung „im Grundsatz voraus, daß es sich um einen — aus welchem Grunde auch immer — an sich dem Schutz der Norm entzogenen (Sonder-)Fall handelt", also um eine

---

86) § 31 Abs. 2 BBauG 1979 lautet: „Im übrigen kann die Baugenehmigungsbehörde im Einzelfall im Einvernehmen mit der Gemeinde und mit Zustimmung der höheren Verwaltungsbehörde Befreiung erteilen, wenn
    1. Gründe des Wohls der Allgemeinheit die Befreiung erfordern oder
    2. städtebauliche Gründe die Abweichung rechtfertigen und die Grundzüge der Planung nicht berührt werden oder
    3. die Durchführung des Bebauungsplans zu einer offenbar nicht beabsichtigten Härte führen würde und wenn die Abweichung auch unter Würdigung nachbarlicher Interessen mit den öffentlichen Belangen vereinbar ist."
87) Vgl. oben III 2.
88) Vgl. oben III 4 e.
89) Vgl. BVerwGE 56, 71 (78).
90) BTDrucks. 8/2451, S. 23, 42, 50; 8/2885, S. 41.
91) BTDrucks. 8/2451, S. 23.
92) Zu „dem vom Gesetzgeber mit der Bundesbaugesetz-Novelle von 1979 verfolgten Ziel einer Erleichterung von Befreiungen" bekennt sich nachträglich die Begründung des Baugesetzbuchs (BTDrucks. 10/4630, S. 85).
93) Die Vorschrift hat folgenden Wortlaut: „Von den Festsetzungen des Bebauungsplans kann im Einzelfall befreit werden, wenn
    1. Gründe des Wohls der Allgemeinheit die Befreiung erfordern oder
    2. die Abweichung städtebaulich vertretbar ist und die Grundzüge der Planung nicht berührt werden oder
    3. die Durchführung des Bebauungsplans zu einer offenbar nicht beabsichtigten Härte führen würde und wenn die Abweichung auch unter Würdigung nachbarlicher Interessen mit den öffentlichen Belangen vereinbar ist."
94) BTDrucks. 10/4630, S. 85.

„atypische Fallgestaltung".[95] Die Frage der Verknüpfung von Atypik und Befreiungstatbestand[96] wird folgendermaßen beantwortet: „Wann ein atypischer Sonderfall vorliegt, richtet sich zunächst nach den Tatbestandsvoraussetzungen der Befreiungsvorschrift selbst; lediglich zu ihrer Auslegung und ggf. zu ihrer Ergänzung ist der Gesichtspunkt der Atypik heranzuziehen."[97] Die Befreiung darf nicht „den vom Plan erfaßten Regelfall außer Kraft setzen".[98] Da sie „ihrem Wesen nach stets auf eine Berücksichtigung der besonderen Umstände eines Einzelfalles angelegt" ist, darf sie „keinesfalls aus Gründen erteilt werden, die sich für alle von einer bestimmten Festsetzung betroffenen Grundstücke anführen ließen".[99]

7. In seiner (dritten) Grundsatzentscheidung vom 20. November 1989[100] hat das Bundesverwaltungsgericht — gegen literarische Kritik an restriktiver Handhabung der Befreiungsvorschriften[101] — seine Befreiungsdogmatik arrondiert.

a) § 31 Abs. 2 BauGB wolle „die Möglichkeit eines praktischen Kompromisses eröffnen".[102] Der Ortsgesetzgeber habe sich regelmäßig „keine oder jedenfalls keine genauen Vorstellungen darüber gemacht, ob trotz der bauplanerischen Festsetzungen zur sachgemäßen Verfolgung der städtebaulichen Ziele im Sinne gebotener Einzelfallgerechtigkeit ein Abweichen von den Festsetzungen sachnäher" sei.[103] Ein „zu starres Festhalten an planerischen Festsetzungen" könne „zur Verhinderung von solchen Vorhaben führen, für die gute Gründe streiten und die jedenfalls die planerischen Vorstellungen nicht stören".[104] Das Bauplanungsrecht verlange nach einem „Mindestmaß an Flexibilität seiner Anwendung"; diesem Ziel diene die Befreiung.[105] Die in § 31 Abs. 2 BauGB „beabsichtigte Verwirklichung von Einzelfallgerechtigkeit und erwünschter städtebaulicher Flexibilität" solle „mit dem Gebot der Verläßlichkeit in Einklang gebracht werden".[106] Deshalb enthalte das Gesetz „zwei strikte Vorbehalte" für alle Befreiungstatbestände:[107] Die Befreiung dürfe nur im „Einzelfall" ausgesprochen werden, und außerdem „muß der durch die Befreiung geschaffene Zustand seinerseits mit den öffentlichen Belangen vereinbar sein".[108] Bereits das Erfordernis des Einzelfalls deute „nachdrücklich darauf hin, daß eine pauschale Befreiung in einer Vielzahl von Fällen das gesetzgeberische Ziel verfehlt".[109] Die „für alle drei Befreiungstatbestände gemeinsame Interessenlage" spreche dafür, „daß die Befreiung insoweit unverändert die sachgerechte Lösung von ‚atypischen' Sachverhalten, auf die die jeweilige Norm . . . nicht ohne weiteres zugeschnitten ist, ermöglichen soll".[110] Bedeutsam ist der

---

95) BVerwG, Urt. v. 17. 3. 1989 — 4 C 22.86 — *Buchholz* 451.44 HeimG Nr. 4 (Ls. [3], S. 18 f.).
96) Vgl. oben III 4 c.
97) BVerwG, a. a. O. (Anm. 95), S. 19.
98) BVerwG, Beschl. v. 8. 5. 1989 — 4 B 78.89 — *Buchholz* 406.11 § 31 BBauG/BauGB Nr. 27 (S. 3).
99) A. a. O. (Anm. 98), S. 3 und Ls. (3); vgl. auch BVerwG, Dok. Ber. BVerwG A 1991, 177 (181): „Eine derartige Atypik liegt jedenfalls dann nicht vor, wenn die Gründe, die für eine erstrebte Befreiung streiten, für jedes oder für nahezu jedes andere Grundstück im Plangebiet gegeben wären."
100) BVerwG, Beschl. v. 20. 11. 1989 — 4 B 163.89 — *Buchholz* 406.11 § 31 BBauG/BauGB Nr. 29.
101) Vgl. *Schmidt-Eichstaedt, Gerd:* Die Befreiung im Spannungsfeld zwischen Bauleitplanung und Einzelfallentscheidung, DVBl. 1989, 1.
102) A. a. O. (Anm. 100), S. 5.
103) Ebd.
104) Ebd.
105) Ebd.
106) Ebd.
107) Ebd.
108) Ebd., S. 6.
109) Ebd.
110) Ebd.

Hinweis des Gerichts, daß die in § 31 Abs. 2 BauGB „vorausgesetzte Atypik sich unverändert jeweils im Hinblick auf den einzelnen Befreiungstatbestand ergeben muß".[111]

b) Da § 31 Abs. 2 Nr. 1 und 3 BauGB den Vorgängervorschriften der § 31 Abs. 2 Nr. 1 und 3 BauG 1979/ § 31 Abs. 2 Satz 1 BBauG 1960 entspricht, ist es verständlich, daß im wesentlichen die liberalisierte Befreiungsvariante des § 31 Abs. 2 Nr. 2 BBauG/ BauGB dem Bundesverwaltungsgericht Anlaß zu dogmatischer Vertiefung bieten konnte. Das Gericht hat sich trotz der gesetzgeberischen Kritik an richterlichen „Einengungen"[112] dieses Befreiungstatbestands nicht von seinen restriktiven, die Normqualität des Satzungsrechts respektierenden Kurs abbringen lassen. Auch im Bereich des § 31 Abs. 2 Nr. 2 BauGB gilt das „Erfordernis einer vom vorausgesetzten Regelfall der jeweiligen Norm abweichenden, in diesem Sinne atypischen Situation" oder das „Erfordernis der Atypik".[113] In seiner (dritten) Grundsatzentscheidung hält das Bundesverwaltungsgericht auch in bezug auf § 31 Abs. 2 Nr. 2 BauGB am Prinzip der „Atypik" fest,[114] wenngleich es den Willen des Gesetzgebers akzeptiert, die Befreiung „erkennbar zu erleichtern".[115] Es verschließt sich jedoch der Annahme, „daß der Gesetzgeber ohne Änderung des übrigen Wortlauts auf das Merkmal der Einzelfallbetrachtung und damit auf den Gesichtspunkt der atypischen Sachverhaltsgestaltung ganz verzichten wollte"[116] – zu Recht, wie sich aus den Materialien entnehmen läßt.[117] Immerhin läßt das Bundesverwaltungsgericht erkennen, daß die Atypik im Falle des § 31 Abs. 2 Nr. 2 BauGB möglicherweise nur eine solche „in geminderter Form" sei.[118]

c) Von einer verbindlichen Definition der „städtebaulichen Vertretbarkeit" hat das Bundesverwaltungsgericht in seiner (dritten) Grundsatzentscheidung abgesehen. Immerhin hat es bereits begonnen, dem Tatbestand klare Konturen zu verleihen: „In einem strengen Sinne" sei „städtebaulich vertretbar dasjenige, was im Sinne der Anforderungen des § 1 Abs. 5 und 6 BauGB mit der städtebaulichen Entwicklung und Ordnung i. S. des § 1 Abs. 3 BauGB vereinbar ist."[119] Daher müssen „solche – vor allem städtebauliche – Gründe vorliegen, die ein Abweichen im Planbereich unter Hintansetzung des Vertrauens anderer Grundeigentümer in den Bestand der bauplanerischen Festsetzungen als vertretbar erscheinen lassen".[120] Allerdings dürften es nicht Gründe sein, die „für jedes oder nahezu jedes Grundstück im Planbereich angeführt werden" könnten; denn wäre die Befreiung – „ihre

---

111) Ebd. – Zur Verknüpfung von Atypik und Befreiungstatbestand vgl. schon oben III 4 c sowie bei Anm. 96 und 97.

112) Vgl. oben bei Anm. 94.

113) BVerwG, Beschl. v. 31. 8. 1989 – 4 B 161.88 – *Buchholz* 406.11 BBauG/BauGB § 10 Nr. 18 (S. 16, 14 [Ls. 3]). – Ebenso BVerwG, Dok. Ber. BVerwG A 1991, 177 (180 f.): „Nach der Rechtsprechung des Senats setzt diese Vorschrift unverändert voraus, daß ein ‚atypischer' Sachverhalt besteht"; vgl. auch BVerwG, NVwZ 1991, 264 (265).

114) Vgl. oben III 7 a.

115) *Buchholz* 406.11 § 31 BBauG/BauGB Nr. 29 (S. 6).

116) Ebd.

117) Vgl. BTDrucks. 10/4630, S. 85: „Mit Rücksicht darauf, daß die Befreiung nur in Einzelfällen und nicht generell in einer Vielzahl von Fällen zur Anwendung kommen darf, bedarf es besonderer Fallgestaltungen, die nur auf wenige und keinesfalls auf eine Vielzahl von Baugrundstücken übertragen werden können."

118) A. a. O. (Anm. 115), S. 7.

119) A. a. O. (Anm. 115), S. 7.

120) Ebd.

Verallgemeinerung unterstellt" – „auch für alle anderen Grundstücke im Plangebiet zu erteilen", fehlte es an „jeglicher Atypik".[121]

d) Der Vorbehalt, wonach die Grundzüge der Planung (oder die „Planungskonzeption")[122] nicht berührt werden dürfen, wird vom Bundesverwaltungsgericht auf sämtliche Befreiungen bezogen[123] und somit aus seiner verbalen Verknüpfung mit § 31 Abs. 2 Nr. 2 BauGB gelöst. Es wiederholt sich hier die richterliche Verallgemeinerung von Tatbestandselementen, die früher dem „Einzelfall"[124] und der „Vereinbarkeit mit öffentlichen Belangen"[125] zuteil geworden ist.

e) Die Verteidigung der Befreiung gegenüber einem Gesetzgeber, der das Dogma der Normativität autonomen Satzungsrechts in § 8 Abs. 1 Satz 1 BauGB hochhält, aber zugleich Flexibilität im Baurecht praktiziert wissen will, ist dem Bundesverwaltungsgericht bisher gelungen. Vielleicht steht es dabei auf verlorenem Posten. Denn schon wird der gesetzgeberische Versuch – wenngleich zeitlich und sachlich limitiert – unternommen, das Tatbestandsmerkmal der Atypik zu beseitigen. Nach § 4 Abs. 1 Satz 1 Halbs. 2 BauGB-MaßnahmenG[126] ist in bestimmten Fällen (vorübergehende Unterbringung und vorübergehendes Wohnen bei dringendem Wohnbedarf) die Befreiung gemäß § 32 Abs. 2 Nr. 1 BauGB „nicht auf Einzelfälle beschränkt". Ist dies der erste Schritt auf dem Wege zum dispositiven Bebauungsplan?

---

121) Ebd., sowie BVerwG, NVwZ 1991, 264 (265). – Ob die Ausführungen des Bundesverwaltungsgerichts im Urt. v. 15. 2. 1990 – 4 C 23.86 – (ZfBR 1990, 198 [200]) zur städtebaulichen Vertretbarkeit i. S. des § 34 Abs. 3 Satz 1 Nr. 2 BauGB auf § 31 Abs. 2 Nr. 2 BauGB übertragen werden können, ist zweifelhaft und bisher noch nicht geklärt. Nach dieser Entscheidung ermöglicht das genannte Tatbestandsmerkmal, „Vor- und Nachteile des Vorhabens in einer – dem Baugenehmigungsverfahren sonst fremden . . . – kompensatorischen Weise planerisch gegeneinander abzuwägen". Für die Auslegung des § 31 Abs. 2 Nr. 2 BauGB verwertbar ist jedenfalls der folgende Satz: „Was nicht in einem Bebauungsplan geplant werden könnte, ist auch nicht städtebaulich vertretbar."

122) A. a. O. (Anm. 115), S. 8.

123) Ebd., S. 6 f.

124) Vgl. oben III 2.

125) Vgl. oben III 4 e.

126) Art. 2 Gesetz zur Erleichterung des Wohnungsbaus im Planungs- und Baurecht sowie zur Änderung mietrechtlicher Vorschriften (Wohnungsbauerleichterungsgesetz – WoBauErlG) v. 17. 5. 1990 (BGBl. I S. 926). – § 13 Abs. 1 Nr. 2 BauGB-MaßnahmenG beschränkt die Anwendbarkeit der im Text genannten Vorschrift auf fünf Jahre.

DIETER BÖCKENFÖRDE

Die novellierten Regelungen der Landesbauordnungen – ein wirksamer Beitrag zur Lösung der Parkraumproblematik?

Die Novellierung der Musterbauordnung (MBO) – Stand Mai 1990 – der Arbeitsgemeinschaft der für das Bau-, Wohnungs- und Siedlungswesen zuständigen Minister der Länder (ARGEBAU) und die Novellierungen der Landesbauordnungen der Länder in der vergangenen Zeit lassen zumindest die verbreitete Erkenntnis deutlich werden, daß die früheren rechtlichen Regelungen zu überdenken waren, um differenzierter, damit wirksamer auf die Probleme des ruhenden Verkehrs in unseren Städten und Gemeinden reagieren zu können, oder – noch besser – sie nach Möglichkeit erst gar nicht entstehen zu lassen.

Gleichwohl stellen sich heute allenthalben – das stark beachtete Kolloquium in Frankfurt am 4. April 1990 mit dem Thema „Parken in Frankfurt" sei hier beispielhaft genannt – kritische Fragen zu der Wirksamkeit dieser bauordnungsrechtlichen Regelungen:
– Ist eine bauordnungsrechtliche Regelung, nämlich die Stellplatzverpflichtung, weiterhin überhaupt erforderlich?
– Ist die Regelung des § 48 MBO geeignet, den entscheidenden oder zumindest einen wesentlichen Beitrag zur Lösung der Parkraumproblematik zu leisten?
– Welche Novellierungswünsche bleiben weiterhin offen?
– Welche Maßnahmen müssen Staat, Städte und Gemeinden unabhängig von, aber unter Berücksichtigung der ggf. zu novellierenden bauordnungsrechtlichen Regelungen treffen.

Eine Kurzbeschreibung – mehr kann es jetzt nicht sein – dessen, was gemeinhin mit Parkraumproblematik umschrieben wird, erscheint an dieser Stelle unentbehrlich, um die gestellten Fragen zu beantworten. Das zu dem genannten Frankfurter Kolloquium vorgelegte Arbeitspapier enthält eine sehr eingehende Beschreibung des Problems mit wertvollem Zahlenmaterial.

Heute sind die Pkw selbst der Bewohner nicht mehr nur im Kern der Innenstädte, sondern auch in den dichten Wohn- und Mischgebieten und häufig gar in Stadtrandlagen kaum mehr unterzubringen. Diese Situation wird erst recht dadurch kritisch, daß die Parkraumnachfrage des – zum Teil zumindest – unverzichtbaren Lade-, Liefer-, Dienstleistungs- und Kundenverkehrs auch befriedigt werden muß.

Im Ergebnis führt dies dazu, daß der öffentliche Verkehrsraum weitgehend durch den ruhenden Verkehr in Anspruch genommen wird, was wiederum den fließenden Verkehr ganz wesentlich beeinträchtigt. Häufig ist der fließende vom ruhenden Verkehr nicht mehr zu unterscheiden. Zeitweiser Verkehrsinfarkt ist für alle eine leidvolle, zum Teil tägliche Erfahrung. Die hiermit wiederum verbundenen ökologischen (Lärm, Abgase) und ökonomischen (Zeitverlust) gravierenden Nachteile, ganz zu schweigen von den ästhetisch-negativen Wirkungen, die die Masse der parkenden Autos für das Stadtbild ausmacht, zwingen einfach dazu, das Parkproblem anzugehen. Der Handlungsbedarf wird erst recht dringlich im Hinblick auf die prognostizierte Entwicklung des Pkw-Bestandes. Dieser lag in der Bundesrepublik Deutschland (West) Ende 1989 bei 30 Millionen; das entspricht einer Pkw-Dichte von 596 Pkw, bezogen auf 1000 erwachsene Personen. Die Prognose der Deutschen Shell AG von 1989 geht für das Jahr 2010 von 35 Millionen Pkw, d. h. von 700 Pkw/1000 erwachsenen Personen, aus (wiederum nur alte Bundesländer); das entspricht einer Steigerung von mehr als 17,4 %.

Der Forderung, den ruhenden Verkehr möglichst aus dem Straßenraum herauszubringen, kann man prinzipiell in zweierlei Richtung Rechnung tragen:

Zum einen durch den Verkehr reduzierende Maßnahmen, d. h. präziser: durch Maßnahmen, die den Individualverkehr zugunsten des Öffentlichen Nahverkehrs (ÖPNV) zurückdrängen. Dies ist nicht mein Thema.

Zum anderen geht es um die Schaffung privater Stellplätze und Garagen – dies ist der Inhalt der Stellplatzverpflichtung der Bauordnungen – sowie vermehrter öffentlicher Parkeinrichtungen. Hier gibt es zwar nur einen mittelbaren Zusammenhang mit dem Bauordnungsrecht, auf den ich unter dem Stichwort „Ablösebeträge" zurückkommen werde; gleichwohl ist bereits an dieser Stelle ein positives Votum zu der Forderung abzugeben, daß die Handhabung der Stellplatzverpflichtung und die Schaffung öffentlicher Parkeinrichtungen einem einheitlichen Konzept folgen müssen, für das häufig auch der Begriff Parkraummanagement verwendet wird. Darunter werden allerdings oft unscharf zusätzlich auch die Maßnahmen verstanden, die dem Thema Förderung des öffentlichen Nahverkehrs (ÖPNV) zuzuordnen sind. Eine letzte Vorbemerkung: Die nachfolgenden Ausführungen zum Bauordnungsrecht gehen von der MBO – Stand Mai 1990 – aus. Die Bauordnungen der einzelnen Länder werden allenfalls beispielhaft angesprochen. Wenn der Autor dabei die Bauordnung Nordrhein-Westfalen hervorhebt, dann, weil sie ihm verständlicherweise geläufig ist, zum anderen aber auch, weil er überzeugt ist, daß sie in hohem Maße ein geeignetes Instrument zur Lösung des Problems bietet.

Nun zum Kern des Themas:

Die MBO enthält im § 48 Abs. 1 Satz 1 und 2 die grundlegende Regelung, der alle Landesbauordnungen inhaltlich gefolgt sind:

Bauliche Anlagen sowie andere Anlagen, bei denen ein Zugangsverkehr oder Abgangsverkehr zu erwarten ist, dürfen nur errichtet werden, wenn Stellplätze oder Garagen in ausreichender Größe sowie in geeigneter Beschaffenheit hergestellt werden (notwendige Stellplätze oder Garagen). Ihre Zahl und Größe richtet sich nach Art und Zahl der vorhandenen und zu erwartenden Kraftfahrzeuge der ständigen Benutzer und der Besucher der Anlagen.

Im übrigen ist auch sofort § 48 Abs. 2 mitzubeachten, der bestimmt:

Wesentliche Änderungen von Anlagen nach Absatz 1 oder wesentliche Änderungen ihrer Benutzung stehen der Errichtung im Sinne des Absatzes 1 gleich. Sonstige Änderungen sind nur zulässig, wenn Stellplätze oder Garagen in solcher Zahl und Größe hergestellt werden, daß sie die infolge der Änderung zusätzlich zu erwartenden Kraftfahrzeuge aufnehmen können.

Auf die juristischen Probleme der Abgrenzung von wesentlichen Änderungen (Satz 1) und sonstigen Änderungen (Satz 2) einzugehen, würde den Rahmen dieser Abhandlung sprengen.[1]

Die Länder haben als Verwaltungsvorschriften im wesentlichen übereinstimmende Richtzahlen für den Stellplatzbedarf aufgestellt, um rechtstaatlichen Anforderungen unter dem

---

1) Einerseits Hamburger OVG, Urt. v. 29. 2. 1988, BRS 48 Nr. 105, und andererseits OVG Münster, Urt. v. 1. 9. 1988, BRS 48 Nr. 106.

Gesichtspunkt der Gleichbehandlung, aber auch, um dem vom Nutzungszweck der baulichen Anlagen abhängigen unterschiedlichen Bedarf Rechnung zu tragen.

Wichtig ist der Hinweis, daß alle Länder diese Zahlen nicht verbindlich gemacht, sondern als Richtzahlen bekanntgegeben haben.

Nr. 47.11 VV BauO NW besagt z. B.:

„Die Richtzahlen der nachfolgenden Tabelle entsprechen dem durchschnittlichen Bedarf und dienen lediglich als Anhalt, um die Zahl der herzustellenden Stellplätze oder Garagen unter Berücksichtigung der örtlichen Verhältnisse im Einzelfall festzulegen. Besteht eine Satzung nach § 47 Abs. 4, so ist diese der Prüfung zugrunde zu legen."

Nr. 47.12 VV BauO NW regelt weiter:

„Soweit in der Tabelle Mindest- und Höchstzahlen angegeben sind, müssen die örtlichen Verhältnisse berücksichtigt werden.

Die Zahl der notwendigen Stellplätze ist zu erhöhen oder zu vermindern, wenn die besonderen öffentlichen Verhältnisse oder die besondere Art oder Nutzung der baulichen Anlagen dies erfordern oder gestatten (z. B. Fremdenverkehr, Ausflugsverkehr, Pendlerverkehr sowie geringe Zahl von Beschäftigten oder Besuchern)."

An dieser Stelle soll nicht bestritten werden, daß die Richtzahlen unter den heutigen Gesichtspunkten des Städtebaus, des Stadtverkehrs und der Parkraumproblematik neu überdacht werden müssen.

Der Text der nordrhein-westfälischen Verwaltungsvorschrift zu § 47 BauO NW wird bei der nächsten Überarbeitung z. B. eindeutiger gefaßt werden müssen, was die ÖPNV-Anbindung betrifft. Bei einem leistungsfähigen ÖPNV-Angebot sollte die Richtzahltabelle, bezogen auf alle Fallgruppen, einen etwa 30%igen Bonus vorsehen. Von einer entsprechenden Leistungsfähigkeit ist auszugehen, wenn das Baugrundstück etwa 5 Gehminuten oder – für die Praxis besser handhabbar – 300 m von einem ÖPNV-Haltepunkt entfernt ist und eine zumutbare Taktfolge, auf keinen Fall weniger als stündlich – bezogen auf die übliche Geschäftszeit –, gewährleistet ist. Hinsichtlich der auf die Funktion Wohnen bezogenen Zahlen sollte keine Minderung in Betracht kommen. Ob aber für Besucher, Personal und Kunden andersgenutzter baulicher Anlagen nicht vornehmlich eine Minderung vorgenommen werden sollte und in welchem Maße, bleibt zu prüfen. In Nordrhein-Westfalen soll dieses Problem alsbald mit den kommunalen Spitzenverbänden besprochen werden.

Ein Sonderthema ist in diesem Zusammenhang die Konsequenz aus der Bereitstellung von ÖPNV-Zeitkarten, z. B. von Firmen und Unternehmen für deren Arbeitnehmer, im Hinblick auf die Stellplatzverpflichtung. Das Angebot eines Bauherrn, seinen Beschäftigten unentgeltlich Zeitkartenabonnements zur Verfügung zu stellen, um damit die Reduzierung der Zahl der notwendigen Stellplätze zu begründen, könnte allenfalls dann akzeptiert werden, wenn der zur Herstellung Verpflichtete durch Erklärung gegenüber der Bauaufsichtsbehörde eine entsprechende öffentlich-rechtliche Verpflichtung, etwa durch Einräumung einer Baulast gemäß § 79 MBO, übernimmt. Besteht eine Baulast, so könnte ein die Absprache unterlaufender Bauherr durch Ordnungsverfügung gezwungen werden, seine übernommene Verpflichtung, d. h. nachträgliche Erfüllung seiner Stellplatzverpflichtung, zumindest Zahlung der Zeitkartenabonnements zu erfüllen.

An dieser Stelle bleibt festzuhalten:

Die strikte generelle Verpflichtung zur Schaffung von Stellplätzen wird durch die Verwaltungsvorschriften zur Bauordnung unmißverständlich dahin interpretiert, daß ihre Konkretisierung im Einzelfall von den örtlichen Verhältnissen der Gemeinde abhängig ist, in der das Bauvorhaben ausgefüllt wird. Auch § 48 Abs. 5 Satz 1 und 2 MBO dient der flexiblen, örtlichen Verhältnissen angepaßten Handhabung der generellen Stellplatzverpflichtung:

„*Die Stellplätze und Garagen sind auf dem Baugrundstück oder in zumutbarer Entfer-
nung davon auf einem geeigneten Grundstück herzustellen, dessen Benutzung für diesen
Zweck öffentlich-rechtlich gesichert wird. Die untere Bauaufsichtsbehörde kann, wenn
Gründe des Verkehrs dies erfordern, im Einzelfall bestimmen, ob die Stellplätze auf dem
Baugrundstück oder auf einem anderen Grundstück herzustellen sind.*"

Wichtiger ist aber dann § 48 Abs. 5 Satz 3 MBO:

„*Die Gemeinde kann durch Satzung für genau abgegrenzte Teile des Gemeindegebiets die
Herstellung von Stellplätzen und Garagen untersagen oder einschränken, wenn und soweit*

a) Gründe des Verkehrs oder Festsetzungen eines Bebauungsplans dies erfordern und

*b) für Wohnungen sichergestellt ist, daß in zumutbarer Entfernung von den Baugrundstük-
   ken zusätzliche Parkeinrichtungen für die allgemeine Benutzung oder Gemeinschaftsanlagen in ausreichender Zahl und Größe sowie in geeigneter Beschaffenheit zur Verfügung
   stehen.*" − *Untersagungs- oder Einschränkungssatzung.*

Neben dieser Satzungsart enthält § 48 Abs. 3 Satz 2 eine Satzungsermächtigung auch für
bestehende bauliche Anlagen, also nachträglich, für genau abgegrenzte Teile des Gemeindegebiets die Herstellung von Stellplätzen oder Garagen zu verlangen, „wenn die Bedürfnisse
des ruhenden oder fließenden Verkehrs dies erfordern". − Bestandssatzung −

Als einziges Land kennt schließlich Nordrhein-Westfalen noch die Ermächtigung für eine
dritte Art von Satzungen (§ 47 Abs. 4 Nr. 2 BauO NW). Hiernach kann die Gemeinde

*für abgegrenzte Teile des Gemeindegebietes oder bestimmte Fälle bestimmen, daß auf die
Herstellung von Stellplätzen oder Garagen ganz oder teilweise verzichtet wird, soweit die
Bedürfnisse des ruhenden oder fließenden Verkehrs oder städtebauliche Gründe nicht
entgegenstehen.* − *Verzichtssatzung* −

Nordrhein-Westfalen hat übrigens für alle drei Satzungsermächtigungen nicht nur
gebietsbezogen − „abgegrenzte Teile des Gemeindegebiets" −, sondern auch fallgruppen-
bezogen − „oder bestimmte Fälle" − die Möglichkeit, die Stellplatzverpflichtung zu
modifizieren. Dies ist ein weiterer wichtiger Ansatz zur Flexibilisierung der Stellplatzverpflichtung, insbesondere wenn zulässigerweise auch gebietsbezogene und fallgruppen-
bezogene Voraussetzungen kombiniert werden.

Nordrhein-Westfalen hat in Absprache mit den kommunalen Spitzenverbänden eine
Muster-Verzichtssatzung erarbeitet, die bei Änderung (nicht „wesentlicher Änderung") von
Gebäuden „durch Ausbau oder durch Teilung von Wohnungen zur Schaffung zusätzlicher
Wohnungen" in bestimmten Gebieten auf die Realisierung der Stellplatzverpflichtung
verzichtet.

Der Text für die Verbots- oder Einschränkungssatzung des § 48 Abs. 5 Satz 3 MBO ist
gerade neu gefaßt worden, nachdem Nordrhein-Westfalen mit der Bauordnung 1984
vorangegangen war. Diese Ermächtigung kann hiernach nämlich nur in der Weise genutzt
werden, daß „für Wohnungen sichergestellt ist, daß in zumutbarer Entfernung von den
Baugrundstücken zusätzliche Parkeinrichtungen für die allgemeine Nutzung oder Gemeinschaftsanlagen in ausreichender Zahl und Größe sowie in geeigneter Beschaffenheit zur
Verfügung stehen".

Die gesetzliche Regelung geht m. E. von der richtigen Überlegung aus, daß der Parkraumbedarf, der durch die Funktion Wohnen ausgelöst wird, zumindest durch öffentliche
Parkeinrichtungen oder Gemeinschaftsanlagen in zumutbarer Entfernung unbedingt
gedeckt werden muß. Besucher- und Kundenverkehr kann z. B. dadurch eingeschränkt
werden, daß die Schaffung von Stellplätzen und Garagen verboten, eingeschränkt oder
schon die diesbezüglichen Richtzahlen vermindert werden. Im Zusammenhang mit der
Funktion Wohnen muß aber, will man realistisch bleiben, die Schaffung von Stellplätzen

– selbst bei ÖPNV-Anbindung – gefordert bzw. zugelassen werden. Auch von der Verzichtsmöglichkeit kann und sollte m. E. kein Gebrauch gemacht werden.

Nicht nur die Realisierung der Stellplatzverpflichtung mit den Konkretisierungen über die Richtzahlen, bezogen auf die örtlichen Verhältnisse im Einzelfall, und die Modifizierungsmöglichkeiten der Stellplatzverpflichtung durch Satzungsrecht der Gemeinden sind für die Lösung der Parkraumproblematik wichtig, sondern auch die Handhabung der Ablösemöglichkeit der Verpflichtung durch Zahlung eines Geldbetrages an die Gemeinde. § 48 Abs. 6 MBO lautet:

Ist die Herstellung nach Absatz 5 Satz 1 nicht oder unter großen Schwierigkeiten möglich, so kann die untere Bauaufsichtsbehörde mit Einverständnis der Gemeinde verlangen, daß der zur Herstellung Verpflichtete an die Gemeinde einen Geldbetrag zahlt. Dies gilt auch, wenn und soweit die Herstellung nach Absatz 6 Satz 3 untersagt oder eingeschränkt worden ist. Der Geldbetrag ist zur Herstellung zusätzlicher öffentlicher Parkeinrichtungen oder zusätzlicher privater Stellplätze zur Entlastung der öffentlichen Verkehrsflächen zu verwenden. Der Geldbetrag darf 60 vom Hundert der durchschnittlichen Herstellungskosten von Parkeinrichtungen nach Satz 3 einschließlich der Kosten des Grunderwerbs im Gemeindegebiet oder in bestimmten Teilen des Gemeindegebiets nicht übersteigen. Die Höhe des Geldbetrages je Stellplatz ist durch Satzung festzulegen.

Die Vorschrift macht im Satz 1 deutlich, daß der Bauherr keine freie Wahlmöglichkeit hat, sondern die Zahlung einer Ablösesumme nur in Betracht kommen kann, wenn die Herstellung des Stellplatzes auf dem Baugrundstück oder in zumutbarer Entfernung nicht oder nur unter großen Schwierigkeiten möglich ist. Dem Vorrang der faktischen Herstellung entspricht dann auch, daß der statt deren gezahlte Ablösungsbetrag von der Gemeinde gem. Abs. 6 Satz 3 zur Herstellung zusätzlicher Parkeinrichtungen oder zusätzlicher privater Stellplätze oder Garagen zur Entlastung öffentlicher Verkehrsflächen zu verwenden ist.

Denn welche positiven Anreize auch immer geboten werden: auf die Pkw-Benutzung zu verzichten, oder ob Hindernisse bereitet werden, um dies zu erreichen, fest steht nur, daß Pkw-Verkehr und entsprechender Parkraumbedarf stets bleiben werden. Diesen notwendigen Bedarf zu decken wird damit auch – in welcher Größenordnung auch immer – auf Dauer in der Verantwortung der Städte und Gemeinden bleiben.

Die neue Fassung (1990) des § 48 Abs. 6 Satz 3 MBO ist identisch mit der in Nordrhein-Westfalen bereits seit 1985 geltenden Fassung des § 47 Abs. 5 Satz 3. Sie läßt die Verwendung der Ablösebeträge auch für die Herstellung zusätzlicher privater Stellplätze und Garagen zu, auch ohne daß rechtlich die allgemeine Benutzbarkeit dieser privaten Abstellmöglichkeiten zur Voraussetzung gemacht wird. Eine Gemeinde kann also Zuschüsse an private Bauherren geben, die bereit sind, mehr als die notwendigen Stellplätze oder Garagen im Sinne des § 48 Abs. 1 MBO zu erstellen. Die Philosophie ist klar: Jeder zusätzliche Platz, zumindest in verdichtetem Gebiet, hilft mit, das Parkraumproblem zu erleichtern.

Im übrigen sind die Formulierungen des § 48 Abs. 6 MBO so offen gehalten, daß eine *räumliche Bindung* der für zusätzliche öffentliche oder private Stellplätze verwendeten Ablösebeträge an eine mehr oder weniger größere Nähe des Bauvorhabens nicht gegeben ist. Die zusätzlichen Plätze können an einer völlig anderen Stelle des Gemeindegebietes errichtet werden. In Nordrhein-Westfalen ist z. B. darüber hinaus auch für zulässig erachtet worden, die Beträge für P + R-Anlagen in einer Nachbargemeinde zu verwenden, wenn das der Verkehrsentlastung in der Gemeinde dient, in der die Beträge vereinnahmt werden. Eine *zeitliche Bindung* für die Verwendung der Ablösesummen enthält die MBO nicht. Die Gemeinden wären überfordert, wenn sie für die Schaffung der zusätzlichen Parkeinrichtungen nicht einen gewissen zeitlichen Spielraum hätten. Immerhin sollte die Realisierung der übernommenen Verpflichtungen nicht auf unabsehbare Zeit hinausgeschoben werden. Das OVG Münster urteilte:

Welcher Zeitraum angemessen ist, bestimmt sich nach den Umständen des Einzelfalls. Hierbei haben die örtlichen Gegebenheiten, vor allem die sich bei der Planung in der Durchführung ergebenen Probleme, besonderes Gewicht; auch ein Zeitraum von 10 und mehr Jahren kann daher angemessen sein.[2]

In letzter Zeit wird häufig über die *Verwendung der Ablösebeträge* für Zwecke über die bislang in der MBO festgelegten hinaus diskutiert. Zur Diskussion steht einmal, es rechtlich zu gestatten, daß diese Beträge nicht nur für die Herstellung, sondern auch für den *Unterhalt* bestehender öffentlicher Parkeinrichtungen eingesetzt werden. Dieser Überlegung kann ohne Bedenken zugestimmt werden. In Nordrhein-Westfalen wird erwogen, diese Ergänzung der Bauordnung bei der nächsten Gelegenheit vorzunehmen.

Zur Diskussion steht ferner, die Beträge auch zur *Förderung des öffentlichen Nahverkehrs* einzusetzen. Diesem Vorschlag begegnen erhebliche Bedenken, zumindest dann, wenn die Beträge nicht nur ausschließlich zur Leistungssteigerung des ÖPNV eingesetzt werden dürfen. Würden die Mittel generell für ÖPNV-Zwecke verausgabt werden, so wäre das letztlich eine, bezogen auf das Parkraumproblem, völlig ineffektive Maßnahme, da es nur zu einer – für den einzelnen Nutzer jedenfalls in keiner Weise spürbaren – Verringerung des insgesamt heute noch höchst defizitären ÖPNV-Budgets führte (z. Z. in NRW angeblich bestenfalls 75%ige Deckung der Ausgaben!).

Es ist im übrigen auch nicht einzusehen, warum die Ablösebeträge nicht weiterhin wirksam allein für zusätzliche öffentliche und private Stellplätze sowie – zukünftig – für die Unterhaltung der öffentlichen Parkeinrichtungen ausgegeben werden sollten. Es ist nicht bekannt geworden, daß die Ablösebeträge entsprechend den bislang gesetzlich zugelassenen Verwendungsmöglichkeiten nicht verausgabt werden konnten, zumal eine zeitliche Bindung für den Einsatz der Mittel durch die Rechtsprechung so großzügig gehandhabt worden ist.

In Nordrhein-Westfalen ist zur Versachlichung der Diskussion über weitergehende Verwendungsmöglichkeiten eine Umfrage hinsichtlich der Höhe der durchschnittlich jährlich eingehenden Beträge gestartet worden. Sollte wider Erwarten die Umfrage ergeben, daß für die bislang zugelassenen Verwendungszwecke das Geld in angemessener Zeit nicht verausgabt werden kann, wäre es vertretbar, das Geld entsprechend dem Vorschlag des Verbandes Öffentlicher Verkehrsbetriebe[3]

für Maßnahmen zur Steigerung der Leistungsfähigkeit öffentlicher Verkehrsmittel wie z. B. der Linienverdichtung, der Anlage besonderer Bahnkörper, der Herstellung von Busspuren oder der Beeinflussung von Lichtsignalanlagen zugunsten des öffentlichen Personennahverkehrs einzusetzen und die Bauordnung Nordrhein-Westfalen entsprechend diesem Vorschlag zu ändern.

In Zusammenfassung vorstehender Darlegungen, zugespitzt in Thesen als Grundlage für sicher weiterhin notwendige Diskussionen, kann folgendes, auch zur Beantwortung der eingangs gestellten Fragen, festgehalten werden:

1. Der Staat kann und sollte grundsätzlich an der Stellplatzverpflichtung gem. § 48 Abs. 1 und 2 MBO festhalten, da ein genereller Verzicht – Herausnahme aus der Bauordnung – dem Landesgesetzgeber die Möglichkeit nähme, auch in Zukunft Einfluß auf die Stellplatzproblematik und die Parkraumsteuerung auszuüben.
2. Das Stellplatzproblem ist auf der Grundlage der bauordnungsrechtlichen Stellplatzver-

---

2) OVG Münster vom 5. 5. 1982, BRS 39 Nr. 128.
3) Abgedruckt im zitierten Frankfurter Arbeitspapier Seite 223.

pflichtung letztlich, wie schon die Bauordnungen und die Verwaltungsvorschriften hierzu klarstellen, nur vor Ort adäquat zu lösen. Nicht nur die unterschiedlichen Verhältnisse städtischer und ländlicher Gemeinden, sondern auch die völlig unterschiedlichen Gegebenheiten in einer Stadt, wenn z. B. einerseits der Kernbereich und andererseits die häufig ländlichen Bedingungen der Stadtrandbereiche betrachtet werden, machen deutlich, daß nur die Gemeinden in der Lage sind und bereit sein müssen, die örtlichen Parkprobleme zu lösen. Die notwendige Verzahnung von Städtebau einerseits sowie Verkehrsplanung und Lösung der Parkraumproblematik andererseits erfordert ein effektives kommunales Parkraummanagement.

3. Die Richtzahlen des Stellplatzbedarfes — enthalten in den Verwaltungsvorschriften zu den Bauordnungen — machen eine den örtlichen Verhältnissen angepaßte, flexible Handhabung der Stellplatzvorschriften möglich und notwendig. Bei der Konkretisierung des Bedarfs im Einzelfall muß insbesondere ein vorhandener leistungsfähiger öffentlicher Personennahverkehr berücksichtigt werden. Die Leistungsfähigkeit erscheint nur dann gegeben, wenn ein ÖPNV-Haltepunkt in etwa 300 m Entfernung zu erreichen ist und eine zumutbare Taktfolge, die kürzer als 60 Minuten sein sollte, besteht.

4. In Konsequenz der Erkenntnis, daß die Parkraumproblematik nur vor Ort gelöst werden kann, ist weiterhin zu fordern, allerdings im Hinblick auf die Selbstverwaltungsgarantie nicht zu erzwingen, daß die Gemeinden die Satzungsmöglichkeiten stärker nutzen als bisher. In Nordrhein-Westfalen soll neben dem Muster einer Verzichtssatzung unter dem speziellen Aspekt des wünschenswerten Dachgeschoßausbaus zur Schaffung zusätzlichen Wohnraums jetzt auch eine Mustersatzung für eine Untersagungs- oder Einschränkungssatzung entwickelt werden.

Die Hoffnung auf die häufigere Nutzung der Satzungsmöglichkeiten wird aber, realistisch gesehen, nicht selten an den unterschiedlichen Interessen in den kommunalen Ratsvertretungen scheitern. In dieser Frage haben die Geschäftsleute eben meist einen anderen Standpunkt als die Menschen, die vorrangig an einem ungestörten Wohnen interessiert sind oder gar nur als zu Fuß gehende Touristen eine Stadt erleben möchten.

5. Die Verwendungsmöglichkeit der bei den Gemeinden aufkommenden Ablösebeträge sollte nur erweitert werden in bezug auf den Verwendungszweck „Unterhaltung von öffentlichen Parkeinrichtungen".

Eine Verwendung generell für Zwecke des ÖPNV ist abzulehnen. In Betracht könnte dies nur unter doppelter Voraussetzung kommen:

a) Die Gelder können für die Herstellung oder Unterhaltung öffentlicher und die Herstellung zusätzlicher privater Stellplätze und Garagen nicht mehr verausgabt werden,

b) sie dürfen für nur gesetzlich näher beschriebene Maßnahmen zur Steigerung der Leistungsfähigkeit des ÖPNV eingesetzt werden.

6. Ein letzter Punkt ist zwar noch nicht erörtert worden, sollte aber in dieser Zusammenfassung wenigstens in Kürze formuliert werden:

Die Ablösesatzungen i. S. d. § 48 Abs. 6 Satz 5 i. V. m. Satz 4 MBO zur Bestimmung der Höhe des Geldbetrages je Stellplatz sollten differenziertere Lösungen beinhalten, damit z. B. Dachgeschoßausbau, Baulückenfüllung und Erhaltung sowie zweckmäßige Nutzung von Denkmalen nicht an den in den Kernbereichen der Städte zum Teil sonst sehr hohen Ablösebeträgen scheitern.

Resümierend ist festzuhalten:

Das Bauordnungsrecht kann und muß weiterhin ein wirksames Instrumentarium bieten, um mit der Parkraumproblematik fertig zu werden. Letztlich werden alle Bemühungen nur unvollkommen bleiben, wenn sich nicht das Bewußtsein der Bevölkerung wandelt. Die Einsicht muß durchdringen, daß Individualverkehr schon aus ökologischen und ökonomischen Gründen nicht weiter zunehmen kann und der ÖPNV angenommen werden muß. Das setzt aber voraus, daß Staat und Gemeinden für ein leistungsfähiges ÖPNV-Angebot Sorge tragen müssen. Sie müssen im übrigen Parkraum- und Verkehrskonzepte entwickeln, die dem gleichfalls stets noch notwendigen Kfz-Verkehr angemessen und ausreichend Rechnung tragen.

F. LEO DERICHS, DÜREN

Abgeschlossenheitsbescheinigung im Bauordnungs- und WEG-Recht

Die Berührungspunkte zwischen öffentlichem Baurecht im weiteren Sinne, und zwar einschließlich Erschließungsbeitragsrecht, Kommunalabgaben, Wohnungsbauförderungsrecht, Gebührenrecht pp, sind vielfältig und können im Rahmen eines solchen Beitrages nicht annähernd mit Anspruch auf Vollständigkeit angesprochen werden. Brennende Probleme, die der alsbaldigen abschließenden Bescheidung und gefestigter Rechtsprechung bedürfen, sind in der letzten Zeit akut geworden, beispielsweise auch durch den Vorlagebeschluß des BGH vom 14. 2. 1991[1] an den gemeinsamen Senat der obersten Gerichtshöfe.

I. Bauordnungsrecht und Wohnungseigentumsrecht
– Abgeschlossenheitsbescheinigung VGH München und folgende –

1.

Zum Thema „Abgeschlossenheitsbescheinigung" für Wohnungseigentum überraschte das Urteil des VGH München vom 8. 5. 1989,[2] demzufolge eine Abgeschlossenheitsbescheinigung für bestehende Wohnungen (also in Altbauten) nur zu erteilen ist, wenn diese in sich abgeschlossen sind. Das sei der Fall, wenn die Trennwände und Trenndecken den sich heute aus der DIN 4109 ergebenden Anforderungen entsprächen, unabhängig vom tatsächlichen Alter der baulichen Anlage. Bezug genommen wurde auf die nach § 7 Abs. 4 Nr. 2 WEG notwendige Bescheinigung, die zur Bildung von Wohnungseigentum beim Grundbuch zur Eintragungsbewilligung vorzulegen ist, derzufolge die Voraussetzungen des § 3 Abs. 2 WEG erfüllt sind.

Offensichtlich ist die Einheitlichkeit zwischen Mietrecht einerseits und Wohnungseigentumsrecht andererseits z. Z. nicht gegeben. Die Berufungskammer des LG Berlin hat nämlich in einer zivilrechtlichen Auseinandersetzung am 1. 10. 1990[3] ausgeführt, daß der vertragsgemäße Zustand einer Altbauwohnung hinsichtlich der Schallisolierung nicht an den Normen gemessen werden muß, die z. Z. der Errichtung des Hauses noch nicht existent waren. Da die bauordnungsrechtliche Bewohnbarkeit eines Hauses zur Disposition steht, müßte allerdings der Mieter dieselben Ansprüche wie der Altbaueigentümer bei Teilung der baulichen Anlage nach WEG haben.

Zugestandenermaßen soll Sondereigentum nur eingeräumt werden, wenn es sich um Wohnungen i. S. d. Gesetzes handelt und wenn die Wohnungen in sich abgeschlossen sind.

---

1) V ZB 12/90 – EBE 1991, 91.
2) 2 B 1993/87 – NJW-RR 1990, 27.
3) Urt. v. 1. 10. 1990 – 62 S 4/90 –.

Streitig war in dem Sachverhalt des VGH München, ob die Wohnungen „in sich abgeschlossen" i. S. v. § 3 Abs. 2 WEG hinsichtlich „der Ausgestaltung der Wohnungstrennwände" waren. Berechtigterweise ging der VGH München davon aus, daß, was unter Abgeschlossenheit im einzelnen zu verstehen sei, im WEG nicht geregelt ist. Vielmehr sei aufgrund der nach § 59 WEG erlassenen „allgemeinen Verwaltungsvorschrift" für die Ausstellung von Bescheinigungen gemäß § 7 Abs. 4 Nr. 2 und § 32 Abs. 2 Nr. 2 WEG vom 19. 3. 1974[4] zu entnehmen, was notwendig wäre. Nach Nr. 2 der vorgenannten Allgemeinen Verwaltungsvorschrift — AllgVwV — ist dem Antrag eine Bauzeichnung beizufügen, die bei bestehenden Gebäuden eine Baubestandszeichnung sein und bei zu errichtenden Gebäuden den bauaufsichtlichen (bauordnungsbehördlichen) Vorschriften entsprechen muß. Aus Nr. 5 AllgVwV folgt, daß aus der Bauzeichnung auch ersichtlich sein muß, daß die Wohnung in sich abgeschlossen, also gemäß Buchstabe a von fremden Wohnungen und Räumen baulich vollkommen abgeschlossen ist. Auf die wortgleiche Verwendung der Definition für abgeschlossene Wohnungen in DIN 283 Teil 1 Abschnitt 1.11[5] wurde verwiesen.

Der VGH München entwickelte im Gegensatz zur Auffassung des VG die Meinung, daß die Wohnungstrennwände und Wohnungstrenndecken den im Zeitpunkt der Erteilung der Abgeschlossenheitsbescheinigung bestehenden bauordnungsrechtlichen Anforderungen entsprechen müssen.

Zwar stellte der VGH München klar, daß eine Abgeschlossenheitsbescheinigung gemäß Nr. 8 AllgVwV bei zu errichtenden Wohnungen nicht zu erteilen ist, wenn die Voraussetzungen für eine bauaufsichtliche Genehmigung des Bauvorhabens nach Maßgabe der eingereichten Bauzeichnungen nicht gegeben seien, demgegenüber aber bei bestehenden Wohnungen zugestandenermaßen geringere Anforderungen gestellt werden könnten, und zwar entsprechend Nr. 4 AllgVwV, in der vorgegeben sei, was als Mindeststandard erfüllt sein müsse, um den Wohnungsbegriff des WEG zu erfüllen. In der Gegenüberstellung ist herausgestellt, daß bei zu errichtenden Wohnungen entsprechend Nr. 8 AllgVwV sämtliche Voraussetzungen erfüllt sein müssen, die die jeweiligen Landesbauordnungen an Wohnungen stellen, und dies beträchtlich über das hinausgehe, was in Nr. 4 AllgVwV verlangt würde. Hinsichtlich der Frage der Abgeschlossenheit müsse jedoch, wie sich aus dem Wortlaut der Nr. 5 AllgVwV ergebe, der die Begriffe „Bauaufsichtsbehörden" und „Baupolizei" verwende, den Anforderungen der jeweils geltenden Landesbauordnung entsprochen sein. Deshalb müßten zwar nicht alle für Wohnungen schlechthin landesrechtlich geltenden bauordnungsrechtlichen Bestimmungen erfüllt sein, wohl aber die für die Ausführung von Wohnungstrenndecken und Wohnungtrennwänden, insbesondere hinsichtlich des Wärme-, Schall- und Erschütterungsschutzes. Da ein Verstoß gegen den Schallschutz — technisch unstreitig — im Sachverhalt des Urteils des VGH München festgestellt wurde, konnte der klagenden Partei kein Anspruch auf die von ihr mit Allgemeiner Leistungsklage verfolgte Ausstellung einer Abgeschlossenheitsbescheinigung zugesprochen werden.

Der VGH München führte ergänzend aus, daß durch die Ablehnung der Abgeschlossenheitsbescheinigung nicht in den durch Art. 14 Abs. 1 GG gewährten Bestandsschutz als Ausfluß der Eigentumsgarantie eingegriffen werde. Der baurechtliche Bestandsschutz gebe einem Eigentümer lediglich das Recht, ein Gebäude, das im Zeitpunkt seiner Errichtung legal ausgeführt sei, so wie es besteht, weiter zu nutzen, instand zu setzen und zur Aufrechterhaltung einer zeitgemäßen, funktionsgerechten Nutzung in einem untergeordneten Umfang zu ändern oder zu erweitern. Bezug genommen wurde auf ein Urteil des BVerwG

---

4) BAnz. Nr. 58 v. 23. 3. 1974, S. 2.
5) GMBl. 1951, 79.

vom 18. 10. 1974.[6] Im Leitsatz der zitierten Entscheidung des 4. Senates des BVerwG war allerdings schon ausgeführt, daß vom Bestandsschutz gedeckte Reparaturen – nur – vorliegen, wenn die Identität der baulichen Anlage erhalten bleibt, was jedenfalls dann nicht der Fall sei, wenn der erforderliche Eingriff in die Bausubstanz so intensiv sei, daß er eine statische Nachrechnung der gesamten Anlage notwendig mache.

Ob eine statische Berechnung notwendig wird, wenn eine Altbausubstanz, die bis dahin als Mehrfamilienhaus genutzt war, zukünftig nach formlich attestierter „Abgeschlossenheit" nach WEG weiterhin im selben Umfang, möglicherweise durch dieselben Bewohner, weiter genutzt wird, statische Neuberechnungen zur Folge hat, hätte schon in der Entscheidung des VGH München vom 8. 5. 1989, nachdem das Urteil des BVerwG in Bezug genommen worden war, eingehend untersucht werden müssen. Der VGH München führt insoweit aus, daß sich aus Art. 14 Abs. 1 GG nicht die Befugnis herleiten lasse, rechtliche oder tatsächliche Änderungen vorzunehmen, die mit der im Zeitpunkt der Änderung geltenden Rechtslage nicht übereinstimmen. Insoweit ist im übrigen mit *Deckert*[7] darauf hinzuweisen, daß DIN-Normen sicherlich keine Gesetzesnormen sind.

Die Beschwerde der Klägerin des vorgenannten Verfahrens gegen die Nichtzulassung der Revision im Urteil des VGH München ist relativ schnell durch Beschluß des BVerwG[8] unter Hinweis auf verschiedene Urteile desselben Senates[9] zurückgewiesen worden. Der 8. Senat des BVerwG bestätigte die Vorinstanz unter Hinweis darauf, daß bei Umwandlungsaktivitäten vermieteter Altbauten im Zuge der vorzunehmenden Abgeschlossenheitsbescheinigungsüberprüfung und entsprechender Erteilung der Genehmigung bauliche Anforderungen an die Bausubstanz zu stellen seien, die den Baunormen im Zeitpunkt der Erteilung der Abgeschlossenheitsbescheinigung entsprächen. Der 8. Senat bedeutete, daß auf die gegenwärtige Sach- und Rechtslage abzustellen sei, da die behördliche Abgeschlossenheitsbescheinigung bezüglich der in ihr bezeichneten Räume attestiere, daß diese Räume im Zeitpunkt der Bescheinigungserteilung im bauordnungsrechtlichen Sinne abgeschlossen seien. Das BVerwG hat darauf hingewiesen, daß nur das Abstellen auf die gegenwärtige Sach- und Rechtslage dem Zweck des Abgeschlossenheitsgebotes entspreche, da nur so durch die bauliche *und bautechnische* Gestaltung der Wohnungen ein störungsfreies Wohnen sichergestellt werden könne.

Das BVerfG hat eine gegen die Entscheidung des 8. Senates eingelegte Verfassungsbeschwerde mangels hinreichender Aussicht auf Erfolg durch Beschluß vom 30. 11. 1989 nicht zur Entscheidung angenommen.[10]

2. Bayerisches Oberstes Landgericht und BGH

Auf einer zweiten Schiene ist die Auseinandersetzung nunmehr wieder hochgespielt.

Grundbuchämter hatten wiederholt Eintragungsanträge mangels Abgeschlossenheit der Raumeinheiten zurückgewiesen, insbesondere, weil die zuständigen Baubehörden, inhaltlich, in den Abgeschlossenheitsbescheinigungen Hinweise aufgenommen hatten, denenzufolge die Wohnungstrennwände und Decken nicht den heutigen Anforderungen nach

---

6) IV C 75.71 – BRS 28 Nr. 114, S. 252.
7) ZfBR 1990, 110.
8) 26. 7. 1989 – 8 B 112.89 – ZfBR 1990, 151.
9) 20. 8. 1986 – 8 C 23.84 – NJW-RR 1987, 785; 13. 1. 1988 – 8 C 82.85 – NJW-RR 1988, 648.
10) 1 BvR 1212/89; *Bertram*, PuR 1/90, 2; NJW 1990, 825; IBR 1990, 54.

DIN 4109, 4108 und 4102 (Schall-, Wärme- und Brandschutz) entsprächen. Das OLG Stuttgart[11] wollte die Eintragungsanträge der Grundbuchämter im weiteren Beschwerdeverfahren zurückweisen, sah sich jedoch durch den Beschluß des BayObLG vom 20. 6. 1990[12] gehindert und legte die Sache dem BGH zur Entscheidung vor. Der 5. Senat des BGH hat im Beschluß vom 14. 2. 1991 nunmehr die Angelegenheit dem gemeinsamen Senat der obersten Gerichtshöfe vorgelegt, da die Rechtsfrage zur Entscheidung anstehe, ob Wohnungen und sonstige Räume in bestehenden Gebäuden nur dann i. S. v. § 3 Abs. 2 Satz 1 WEG in sich abgeschlossen seien, wenn die Trennwände und Trenndecken den Anforderungen entsprächen, die das Bauordnungsrecht des jeweiligen Bundeslandes jeweils an Neubauten stelle.

Aus der Bearbeitungsgeschichte zum Thema „Abgeschlossenheitsbescheinigung" kann beispielsweise auf den Runderlaß des damaligen Ministers für Stadtentwicklung, Wohnung und Verkehr in NW vom 15. 2. 1990 – V A 1-63.3 – verwiesen werden, der gegenüber den Bauaufsichtsbehörden angeordnet hatte, bei der Erteilung von Abgeschlossenheitsbescheinigungen gemäß § 7 Abs. 4 Nr. 2 WEG entsprechend dem Beschluß des BVerwG vom 26. 7. 1989 zu verfahren. Das jetzt zuständige Ministerium für Bauen und Wohnen des Landes NW hat es jedoch für notwendig erachtet, eine Übergangsregelung für die Fälle zuzulassen, in denen vor dem 15. 2. 1990 im Vertrauen auf die seinerzeitige Verwaltungspraxis beim Erteilen von Abgeschlossenheitsbescheinigungen rechtliche Verpflichtungen eingegangen worden waren und in denen Interessen Dritter, vor allem von Mietern, durch die Begründung von Wohnungseigentum bzw. Teileigentum nicht nachteilig berührt werden. So wurde in Ergänzung des Runderlasses vom 15. 2. 1990 Einverständnis damit erklärt, daß in einzeln aufgeführten Fällen Abgeschlossenheitsbescheinigungen auch weiterhin nach der bis zum 15. 2. 1990 üblichen Verwaltungspraxis erteilt werden dürften. Voraussetzung sei, daß bereits vor dem 15. 2. 1990 rechtliche Verpflichtungen eingegangen worden seien, deretwegen die Erteilungen der Abgeschlossenheitsbescheinigung beantragt wurde. Im übrigen ist in dem vorgenannten Runderlaß an die oberen Bauaufsichtsbehörden mit der Bitte, die unteren Bauaufsichtsbehörden unverzüglich entsprechend in Kenntnis zu setzen, im einzelnen konkretisiert,[13] was jeweils Voraussetzung vor der Annahme der Behandlung nach „bisherigem Gewohnheitsrecht" sei:

1. *Die Wohnung, für die eine Abgeschlossenheitsbescheinigung beantragt wird, wird von dem Eigentümer, vom Erwerber oder von einem Angehörigen des Eigentümers oder Erwerbers bewohnt.*

2. *Ein 1- oder 2-Familien-Haus wird vom Eigentümer, vom Erwerber oder von einem Angehörigen des Eigentümers oder Erwerbers bewohnt; das Haus soll zu dem Zweck aufgeteilt werden, eine oder beide Wohnungen als Eigentumswohnungen zu veräußern bzw. zu erwerben.*

3. *Die Wohnung, für die eine Abgeschlossenheitsbescheinigung beantragt wird, steht z. Z. noch leer; sie soll als Eigentumswohnung veräußert bzw. erworben werden.*

4. *Die Wohnung soll in einem bestehenden Gebäude erst noch geschaffen werden; neben der Nutzungsänderung sind genehmigungsbedürftige bauliche Änderungen nicht erforderlich bzw. ist die erforderliche Baugenehmigung bereits erteilt worden.*

5. *Die Räume, für die die Abgeschlossenheitsbescheinigung beantragt ist, dienen anderen als*

---

11) NJW 1991, 64 (nur Leitsatz) = Der Wohnungseigentümer 1990, 148 = WM 1990, 448.

12) BReg 2 Z 37/90 = BayObLGZ 1990, 168 = IBR 1190, 556; ZMR 1991, S. 30 (3. 9. 1990); IBR 1991, 43; WuM 1990, 400 = RPfl. 1990, 457 = BayVBl. 1991, 57 m. Anm. *Böhle.*

13) Mitt. NWStGB 1991, 40.

Wohnzwecken und sollen auch künftig nicht zu Wohnzwecken genutzt werden; eine baugenehmigungspflichtige Nutzungsänderung ist nicht beabsichtigt.

Sicherlich können derartige landesrechtliche „Übergangsregelungen" nicht zur Beruhigung der Bundes-Rechtslage führen. Eine eindeutige obergerichtliche Entscheidung ist unumgänglich notwendig, um auch im Bereich des formellen Grundbuchrechtes für die Zukunft absolute Rechtssicherheit weiterhin zu gewährleisten.

Berechtigterweise weist im übrigen *Schulze-Hagen*[14] darauf hin, daß der Streit um die Bedeutung der Abgeschlossenheitsbescheinigung für das Bundeswirtschaftsministerium ein wesentliches Motiv war, die Voraussetzungen für die Fälligkeit des Kaufpreises im Bauträgervertrag erheblich zu verschärfen. Nach der am 1. 3. 1991 in Kraft getretenen neuen MaBV sind die Kaufpreisraten frühestens dann fällig, wenn das Wohnungs- und Teileigentum gebildet ist. Bei fragwürdiger Begriffsbestimmung wird die Vorlage einer Abgeschlossenheitsbescheinigung nicht mehr ausreichen, um in gehöriger Weise auch zivilrechtlich eindeutige und auf Dauer unmißverständliche Tatbestände zu gewährleisten. Gerade weil sich bei dem bisherigen Streit um die öffentlich-rechtliche/zivilrechtliche Abgeschlossenheitsbescheinigung sehr deutlich gezeigt hat, daß keine absolute Sicherheit mehr für die spätere Bildung von Wohnungs- und Teileigentum gegeben und deshalb möglicherweise eine Flut von streitigen Auseinandersetzungen zu erwarten ist, muß der gemeinsame Senat möglichst bald eine eindeutige Regelung finden. Im übrigen wird wohl nicht damit gedient sein, daß die Bundesregierung eine gesetzliche Regelung dahin gehend herbeiführt, daß die zur Begründung von Wohnungseigentum nötige Abgeschlossenheitsbescheinigung in den neuen Bundesländern auch dann erteilt werden kann, wenn das Gebäude (oder die Wohnung, die Praxis, das Geschäft) nicht den – heutigen – bauordnungsrechtlichen Anforderungen entspricht, die an Neubauten gestellt werden. Eine derartige Sonderregelung ist nicht notwendig, aber auch nicht erstrebenswert, da das formelle Grundbuchrecht in der gesamten Bundesrepublik Deutschland eine einheitliche und eindeutige Rechtslage benötigt, die nicht von Land zu Land verschiedene Interpretationen und damit möglicherweise gravierende Änderungen in Rechtsfolgen zuläßt. Das gleiche gilt auch für das Miet- und Mängelrecht des BGB.

II. Kritik an der engen Begriffsauslegung des BVerwG

Gegen die Entscheidung des 8. Senates des BVerwG ist insbesondere aus Kreisen der Wohnungswirtschaft Sturm gelaufen worden. Die Kritik zur restriktiven öffentlich-rechtlichen Rechtsprechung ist von *Deckert*[15] formuliert, von *Blank* in Wohnungseigentum 1991[16] zusammengefaßt. *Pause* hat sich zur Umwandlung von Altbauten erklärt, indem er Bruchteilseigentum statt Wohnungseigentum zur Diskussion gestellt[17] bzw. die Begründung von Wohnungseigentum an Altbauten ohne Abgeschlossenheitsbescheinigung diskutiert hat.[18] *Krebs* hat die Rechtsfragen bei der Begründung und Gestaltung des Wohnungseigentums untersucht.[19] Eine Einheitlichkeit der Begriffe bzw. deren Anwendung im öffentlich-rechtlichen Bereich wie in der zivilrechtlichen Praxis ist unumgänglich. Es kann beispiels-

---

14) IBR 1991, 44.
15) ZfBR 1990, 109 f.
16) WE 1991, 15.
17) NJW 1990, 807.
18) NJW 1990, 3178.
19) ZAP 1990, Fach 7, S. 17.

weise nicht angehen, daß wegen nicht gehöriger Überprüfung bei der Abgeschlossenheitsbescheinigung nach dem WEG bis zum 15. 2. 1990 im Vertrauen auf die bis dahin geltende Allgemeine Verwaltungspraxis Abgeschlossenheitsbescheinigungen erteilt wurden, die Bildung von Wohnungseigentum im Grundbuch bestätigt wurde, die Einheiten verkauft worden sind und nunmehr, mit Rückwirkung, weil die der früheren Verwaltungspraxis entsprechenden Bescheinigungen nicht ordnungsgemäß sind, ein neuer Eigentümer auf Rücknahme der Abgeschlossenheitsbescheinigung klagt oder etwa in einem Regreßprozeß nach entsprechendem Vorverfahren Schadensersatzansprüche wegen Verstoßes gegen ein Schutzgesetz gegen die Bauordnungsbehörde geltend macht, die zu großzügig in der Vergangenheit eine Abgeschlossenheitsbescheinigung erteilt hatte. Ebenso unvorstellbar müßte sein, daß, wenn unter Verstoß gegen Schall-, Wärme- und/oder Brandschutz Abgeschlossenheitsbescheinigungen erteilt, im Grundbuch die Teilung eingetragen, nunmehr der Mieter einer Eigentumswohnung gegen den Verwalter der Wohnungseigentümergemeinschaft, sei es unmittelbar, sei es über seinen Vermieter (der Sondereigentumseinheit), Ansprüche geltend macht, weil die schutzgesetzlichen Bestimmungen des Schall-, Wärme- und/oder Brandschutzes verletzt seien, obwohl das LG Berlin derartige Ansprüche des Mieters gegen den Altbauvermieter ausdrücklich abgelehnt hat.[20] Eine nachträgliche Sanierung einer baulichen Anlage könnte so zu Kosten und Folgekosten der Wohnungseigentümergemeinschaft führen, die unüberschaubar, in jedem Fall den Altbausubstanzeigentümer aber vor unlösbare Probleme stellt.

Der Lösungsvorschlag von *Teitee*[21] führt zu einer kaum praktikablen Erwägung. Richtig ist sicherlich der Ausgangspunkt, daß für die Ausstellung der Abgeschlossenheitsbescheinigung die Bauaufsichtsbehörden zuständig sind, die für die bauaufsichtliche Erlaubnis (Baugenehmigung) und die bauaufsichtlichen Abnahmen ermächtigt sind. Diese Behörden sind von vornherein qualitativ in der Lage festzustellen, welche Maßnahmen zur Instandhaltung bzw. Instandsetzung der Gebäude erforderlich sind. Diesen Behörden nunmehr aber die Aufgabe in einer gesonderten Erweiterungsbestimmung zuzumuten, bei mangelhafter Bausubstanz einen Katalog zu erstellen, in dem die vorhandenen Mängel erfaßt sind, dürfte, unabhängig von verschiedensten Folgen, untunlich sein. Es kann auch nicht Aufgabe der Bauordnungsämter sein, festzustellen, in welcher Form welche Mangelbeseitigungen zu erfolgen haben. Darüber hinaus kann es schließlich auch nicht Aufgabe der Baubehörden sein, einen Fristenplan aufzustellen und etwaige erforderliche Kosten zu schätzen.

Eine „erweiterte" Abgeschlossenheitsbescheinigung kann sicherlich dann sinnvoll sein, wenn bei Altbausubstanz auf den konkreten Altbausubstanztatbestand hingewiesen und der bautechnische Zustand entsprechend fixiert wird. Eine einmal erteilte Abgeschlossenheitsbescheinigung kann aber nicht davon abhängig sein, ob entsprechend der vorstehend erwähnten Ergänzungsregelung nunmehr die Mangelbeseitigung erfolgt ist oder aus welchen Gründen auch immer nicht verwirklicht werden kann. Selbst wenn angestrebt würde, einen entsprechenden Maßnahmekatalog mit Verbindlichkeit für die Wohnungseigentümergemeinschaft vorzugeben, ließe sich noch immer nicht abschließend klären, was beispielweise dann zu gelten hat, wenn hinsichtlich der Form der Mangelbeseitigung bzw. der Schätzung der hierzu erforderlichen Kosten seitens der die „erweiterte" Abgeschlossenheitsbescheinigung ausstellender Behörde schuldhaft oder nicht schuldhaft Fehler gemacht worden sind.

Auch eine Eigentumswohnung wird üblicherweise gekauft wie besichtigt, so daß insbesondere dann, wenn in der Abgeschlossenheitsbescheinigung das Baujahr der Bausubstanz

---

20) Urt. v. 1. 10. 1990 − 62 S 40/90 − Pur 1991, 71.
21) DerWEer 1991, 2, insbesondere 4.

angegeben ist, für jeden verantwortungsbewußten Erwerber genügend Hinweise gegeben sind, sich hinsichtlich der technischen Ausstattung der „abgeschlossenen" Einheit notfalls ergänzende Informationen einzuholen.

III. Kritik an der Begriffsauslegung des BGH

Wenn der BGH im Vorlagebeschluß vom 14. 2. 1991 an den gemeinsamen Senat der obersten Gerichtshöfe ausführt, daß die Ablehnung einer beantragten Grundbucheintragung nach Ansicht des 5. Senates des BGH auf unrichtiger, das Gesetz verletzender Auslegung des § 3 Abs. 2 Satz 1, 7, Abs. 4 Satz 1 Nr. 2 WEG beruhe, weil für das Erfordernis der Abgeschlossenheit bei einem schon errichteten Gebäude bauordnungsrechtliche Kriterien nicht maßgebend sind, so dürfte auch dem nicht uneingeschränkt zu folgen sein. Bauordnungsrechtliche Kriterien sind sicherlich immer maßgebend, aber jeweils abzustellen auf die Zeit, in der die bauliche Anlage als ganze in Betrieb genommen wurde, seinerzeit also genehmigungsfähig war und deshalb nun dem Bestandsschutz unterliegt. Insoweit ist deshalb auch auf die einleitend zitierte Entscheidung des 4. Senates des BVerwG[22] zurückzugreifen, derzufolge „die Identität der baulichen Anlage erhalten bleibt", wenn der erforderliche Eingriff in die Bausubstanz nicht so intensiv ist, daß er eine statische Nachberechnung der *gesamten* Anlage notwendig macht. Zur Anpassung baulicher Anlagen an das geltende Recht hat das OVG NW[23] ausgeführt, daß eine Anpassung baulicher Anlagen an das geltende Recht nach § 82 Abs. 1 BauO NW 84 nur hinsichtlich solcher Anforderungen verlangt werden kann, die durch die Vorschriften der BauO NW 84 im Vergleich zu den Vorschriften der BauO NW 70 verschärft worden sind. Die bloße Tatsache des Inkrafttretens eines neuen Gesetzes oder Änderungen des materiellen Rechtes reichen als Grundlage für ein Anpassungsverlangen nicht aus. Insbesondere können bloße Instandhaltungsmaßnahmen oder ein Nutzungsverbot nicht auf der Grundlage des § 82 Abs. 1 BauO NW angeordnet werden. Damit spricht das OVG NW berechtigterweise den Grundgedanken aus, daß Instandhaltungsmaßnahmen sicherlich nicht dazu führen, zumindest dann nicht, wenn nicht statische Neuberechnungen notwendig sind, daß neue Gesetze oder Änderung des materiellen Rechtes berücksichtigt werden muß. Folglich bleibt es bei den gesetzlichen Regelungen z. Z. der Genehmigung der jeweiligen baulichen Anlage bzw. deren ursprünglicher Inbetriebnahme. Altbausubstanzen, die durch geringfügige bauliche Änderungen, zumindest solche baulichen Änderungen, die nicht statische Überprüfungen zur Folge haben, durchgeführt werden, sind nach dem Bauordnungsrecht z. Z. der Errichtung der baulichen Anlage, nicht aber nach dem Bauordnungsrecht z. Z. der Umwandlung eines Mehrfamilienhauses in Eigentumswohnungen, zu untersuchen. Die Sach- und Rechtslage könnte sich dann anders darstellen, wenn Nutzungsänderungsgenehmigungen erforderlich würden, die zwingend bauordnungsrechtliche Folgen haben. Die Zulässigkeit von Anlagen und Nutzungen gilt nicht nur für die Errichtung der baulichen Anlagen, sondern gleichfalls für die Änderung und/oder Nutzungsänderung. Dabei ist die „Erweiterung" ein Unterfall der Änderung. Die Begriffe „Änderung" und „Nutzungsänderung" sind ebenso wie die „Errichtung" einer baulichen Anlage bundesrechtliche Begriffe,[24] die in der BauNVO denselben Rechtsgehalt wie nach § 29 BauGB haben, da die BauNVO vom BauGB nicht abweicht.

---

22) 10. 1974 – IV C 75.71 – BVerwG 47, 126.
23) Beschl. v. 13. 7. 1990 – 7 B 855/90 – DWW 1990, 338.
24) *Fickert/Fieseler*, BauNVO, 6. Aufl., 1990, Rdn. 25 zu § 15 BauNVO.

Der Begriff der „Nutzungsänderung" wird weder vom BauGB und der BauNVO bundesrechtlich noch durch die einzelnen Landesbauordnungen landesrechtlich definiert. Zwar sieht § 62 Abs. 3 MBO vor, daß die Nutzungsänderung einer Anlage, wenn für die neue Nutzung keine anderen öffentlich-rechtlichen Vorschriften gelten als für die bisherige Nutzung, keiner Baugenehmigung bedarf. Von dieser Vorschrift weichen aber die einzelnen LBauO weitgehend ab. Die BauO NW hat in § 62 Abs. 2 Nr. 3 definiert, daß Nutzungsänderungen, wenn die Errichtung oder Änderung der Anlage für die neue Nutzung genehmigungsfrei wäre, keiner Baugenehmigung bedürfen. In § 62 BauO NW 1984, Abs. 2 Ziff. 1 ist allerdings auch klargestellt, daß (keiner Baugenehmigung) bedürfen die geringfügige, eine die Standsicherheit nicht berührende Änderung tragender oder aussteifender Bauteile innerhalb von Gebäuden, die nicht geringfügige Änderung dieser Bauteile, wenn ein Sachkundiger dem Bauherrn die Ungefährlichkeit der Maßnahme schriftlich bestätigt, sowie nach Ziff. 2 die Änderung der Dacheindeckung, der Austausch von Fenstern, Türen, Umwehrungen sowie durch Außenwandbekleidungen an Wänden mit nicht mehr als 8,0 m Höhe über Geländeoberfläche(n). Damit ist erneut ein wenn auch nur landesgesetzgeberischer (aber bauordnungrechtlicher) Hinweis dafür gegeben, daß von entscheidender Bedeutung der Begriff des Bestandsschutzes und die durch diesen Begriff gedeckten Reparaturen bzw. Nutzungsänderungen sind, die als wirtschaftlich sinnvoll bezeichnet werden.

Der Wohnungseigentümer, der in einem denkmalgeschützten Gebäude, sei es in einer alten Burganlage, sei es in einem alten Fachwerkhaus, eine Eigentumswohnung wünscht, weiß, wie beispielsweise der Liebhaber eines Gebrauchtwagens, daß Altfahrzeuge dem technischen Standard z. Z. der Herstellung, möglicherweise auch bei entsprechender Investition seitens des früheren Eigentümers dem Stand späterer technischer Ergänzungsmaßnahmen entsprechen, in keinem Fall aber dem Zustand und Mindeststandard folgen müssen, der im Zeitpunkt des heutigen Eigentumswechsels sogenannter Industriestandard ist und für Neuzulassungen allgemein gefordert wird. Auch im WEG-Bereich nimmt das Rechtsinstitut des Bestandsschutzes der ursprünglichen baulichen Anlage für die Änderung und/oder Erweiterung von Altbauwohnungssubstanz ständig zu. Auf die einschlägige Fachliteratur zur in gewisser Beziehung vergleichbaren Reichweite des Bestandsschutzes bei Änderungen oder Erweiterungen von gewerblichen Anlagen ist zu verweisen.[25]

In der „Anpassungs"-Entscheidung des 7. Senates des OVG NW vom 13. 7. 1990 ist berechtigterweise ausgeführt, daß beispielsweise die Anordnung zum Anbringen einer Notleiter, zum Einbauen einer Rauchabzugsvorrichtung, zum Abtrennen des Treppenraumes vom Speichergeschoß, zur Gesamtsanierung einer Elektroanlage nicht möglich ist. Eine über die bloße Instandhaltung hinausgehende Anpassung der baulichen Anlage an das gegenwärtige Recht i. S. d. § 82 Abs. 1 BauO NW 84 ist nicht begründbar. Der Sinn der entsprechenden landesrechtlichen/bauordnungsrechtlichen Bestimmung erschließt sich, wenn im Einklang mit dem Urteil des 4. Senates des BVerwG[26] angenommen wird, daß der aus Art. 14 Abs. 1 GG abgeleitete Bestandsschutz das Recht gewährt, ein im Einklang mit dem seinerzeit geltenden Recht ausgeführtes Vorhaben so, wie es in Übereinstimmung mit den gesetzlichen Regelungen ausgeführt worden ist, auch dann weiter zu nutzen, wenn

---

25) *Friauf*, Zum gegenwärtigen Stand der Bestandsschutzproblematik, WiVerw 1986, 87; *Friauf*, Bestandsschutz bei gewerblichen Anlagen, in: Festgabe aus Anlaß des 25jährigen Bestehens des BVerwG 1978, 217; *Dolde*, Bestandsschutz von Anlagen im Immissionsschutzrecht, NVwZ 1986, 873; *Schenke*, Zur Problematik des Bestandsschutzes im Baurecht und Immissionsschutzrecht, NuR 1989, 8; *Lenz/Heinz*, Bestandsschutz im Bau-, Gewerbe- und Planungsrecht, ZfBR 1989, 142.

26) 14. 7. 1973 – IV C 71.71 – BVerwGE 44, 244.

ncuc bauordnungsrechtliche Vorschriften nunmehr diesem Vorhaben, sollte es jetzt errichtet werden, entgegenstehen.[27]

In Übereinstimmung mit verschiedenen Entscheidungen des BVerwG[28] können ohne besondere Rechtsgrundlage neue Anforderungen nicht an bestehende alte oder ältere bauliche oder andere Anlagen und Einrichtungen gestellt werden.

IV. Lösungsvorschlag

Ergänzend zu der Vorlagebegründung des BGH hinsichtlich der „bauordnungsrechtlichen" Abgeschlossenheit wird es daher darauf ankommen, daß der vorhandene Bestand formell oder wenigstens für einen nicht unbeachtlichen Zeitraum materiell rechtmäßig war und, wenn z. Z. der formellen bzw. materiellen Rechtmäßigkeit eine Aufgeschlossenheitsbescheinigung beantragt worden wäre, diese auch in Übereinstimmung mit den einschlägigen gesetzlichen Regelungen zu erteilen gewesen wäre. Es muß berücksichtigt werden, daß es bestandsgeschützte Anlagen gibt, die zwar dem gegenwärtigen Recht nicht entsprechen, aber in zurückliegender Zeit für einen „namhaften" Zeitraum materiell rechtmäßig waren,[29] etwa weil seinerzeit geringere Abstände einzuhalten waren. Berechtigterweise hat das BVerwG bereits im Urteil vom 11. 2. 1977[30] darauf abgestellt, daß sich der Umfang des Bestandsschutzes danach bestimmt, was an Bausubstanz und Nutzung noch vorhanden war, als das Recht geändert und der Bestandsschutz wirksam wurde − 4 C 8.75 −.[31] Selbstverständlich kann vom Bestandsschutz nur dann ausgegangen werden, wenn und soweit die Anlage unter der Geltung des früheren Rechtes errichtet und bestimmungsgemäß nutzbar war.[32]

Bei den mutmaßlich zur Entscheidung anstehenden Sachverhalten wird es nicht darauf ankommen, ob der Bestandsschutz etwa deshalb ausgelaufen war, weil die Wohnungsanlage längere Zeit nicht genutzt worden war. Derartige Erwägungen könnten möglicherweise für Ruinen, denkmalgeschützte bauliche Restanlagen oder vergleichbare Tatbestände aufkommen. In solchen Fällen wäre keine Bestandsschutzgarantie mehr gegeben. In vergleichbaren Ausnahmetatbeständen müßte vielmehr eine neue Baugenehmigung beantragt und gegebenenfalls erteilt werden mit der weiteren Folge, daß dann ausschließlich von dem im Zeitpunkt der Baugenehmigung geltenden Bauplanungs- und -ordnungsrecht auszugehen ist.

Sicherlich ist richtig, daß bei der Einführung des BGB am 1. 1. 1900 der Gesetzgeber sich dagegen ausgesprochen hat, Rechtsformen des Sondereigentums an Stockwerken oder Wohnungen in das Reichszivilrecht zu übernehmen. Entsprechende Erwägungen sind auch vor dem Inkrafttreten des Gesetzes über das Wohnungseigentum und das Dauerwohnrecht (Wohnungseigentumsgesetz) vom 15. 3. 1951 angestellt worden. Dennoch sollte bei Einführung des WEG durch § 3 Abs. 2 WEG und das dort definierte Abgeschlossenheitserfordernis klargestellt werden, daß durch das Leben „in eigenen Wänden" Streitigkeiten minimiert

---

27) *Boeddinghaus/Hahn,* BauO NW, Rdn. 1 zu § 82.
28) Urt. v. 18. 10. 1974 − IV C 77.73 − BRS 28 Nr. 27; Urt. v. 25. 3. 1988 − 4.21.85 −, BauR 1988, 569; Beschl. v. 24. 5. 1988 − 4 CB 12.88 − BauR 1988, 574.
29) *Boeddinghaus/Hahn,* § 58 Nr. 3 BauO NW; BVerwG, Urt. v. 26. 5. 1978 − 4 C 9.76 − BRS 33 Nr. 37; BVerwG, Urt. v. 22. 1. 1971 − IV C 62.66 − BRS 39 Nr. 80.
30) Urt. v. 10. 12. 1982 − 4 C 52.78 − BauR 1986, 302.
31) Urt. v. 17. 1. 1986 − 4 C 80.82 − BRS 32 Nr. 140.
32) BVerwG, Urt. v. 11. 2. 1977, BRS 24 Nr. 193.

würden, „die auf unklaren tatsächlichen und rechtlichen Verhältnissen beruhen und das Stockwerkseigentum alter Art in Verruf gebracht" hatten.[33]

Sondereigentumsfähig ist, was „ummauert", sondereigentumsfähig ist nicht nur, was „umbunkert" und heutigen Schall-, Wärme und Brandschutzvorschriften uneingeschränkt entspricht. Wenn die Argumentation des 8. Senates des BVerwG richtig wäre, hätte das zur Folge, daß, wenn nach Ausbau einer Bundesfernstraße eine bauliche Altbausubstanz in Eigentumswohnungen umgewandelt würde, Schallschutzmaßnahmen beispielsweise im Fensterbereich von dem umwandelnden Eigentümer zu finanzieren wären, während dann, wenn die bauliche Anlage in seinem Eigentum verbliebe, die Verkehrsfrequenz aber durch den Ausbau der Bundesfernstraße wesentlich gesteigert worden wäre, der Eigentümer einen entsprechenden Anspruch gegen den Straßenlastträger hätte und die Schallschutzmaßnahmen dann auf Kosten des Straßenbaulastpflichtigen durchführen könnte. Ein derart „gespaltenes", von reinen Zufällen abhängiges Recht kann nicht dem einheitlichen System unseres (Gesamt-)Gesetzesrecht entsprechen.

Wenn es Sinn des Sondereigentums und damit der Abgeschlossenheit der Sondereigentumseinheit, sei es als Wohn-, sei es als Geschäftsraum, ist, Dritte von Eingriffen in diesen „geschützten Bereich" auszuschließen, dann folgt daraus nicht, daß die jeweils im Zeitpunkt der Bildung der Sondereigentumseinheit geltenden bauordnungsrechtlichen Vorgaben uneingeschränkt berücksichtigt sein müssen. Das WEG hat das Ziel, breitgestreutes Eigentum zu bilden und größere bauliche Anlagen leichter in Teilen verkehrsfähig zu machen. Diesen Aufgaben des WEG kann nicht nachgekommen werden, wenn bauordnungsrechtliche Vorgaben jeweils auf den Zeitpunkt der Ausstellung der Abgeschlossenheitsbescheinigung abgestellt werden. Viele Altbauten wären dann nicht nach WEG teilungsfähig. Dem Argument, der Bauordnungsbehörde könnten mit Rücksicht auf die Abgabe der Abgeschlossenheitsbescheinigung, und zwar ohne Übereinstimmung mit dem z. Z. der Ausstellung der Abgeschlossenheitsbescheinigung geltenden bauordnungsrechtlichen Vorgaben, Regresse drohen, kann problemlos dadurch begegnet werden, daß die seitens des Grundbuchamtes geforderte Abgeschlossenheitsbescheinigung erteilt und diese mit dem Zusatz versehen wird, wie es auch der derzeit gängigen Praxis entspricht, daß die heutigen ordnungsbehördlichen Vorgaben nicht eingehalten sind. Diese klarstellende „Einschränkung" darf jedoch nicht das Grundbuchamt hindern, die Sonder-/Wohnungs-/Teileigentumseintragungen vorzunehmen. Vielmehr sollte dann, wenn auf einzelne DIN-Vorschriften seitens der Bauordnungsbehörden verwiesen wird, konkretisiert werden, welche Fassung zugrunde gelegt ist. Das hat für die jeweiligen Eigentümer und deren Gläubiger bei Übernahme entsprechender Nachrichten in die Grundbücher/Wohnungseigentumsgrundbücher den Vorteil, daß nicht nur leichtere Orientierungen möglich sind, sondern auch bei Beleihungen, Zwangsversteigerungen u. ä. Vorgängen die Informationsbedürfnisse, die formell Berechtigten zustehen könnten, durch berechtigte Einsicht in die Grundbücher/ Wohnungseigentumsbücher besser genutzt werden könnten. Das Ziel des WEG-Rechtes, eine breitere Streuung des Eigentums auch zugunsten wirtschaftlich minder gut ausgestatteter Eigentümer zu ermöglichen, bliebe erreichbar. Der bundesrechtlich einheitliche Begriff der „Abgeschlossenheit" kann gewahrt bleiben. Gesetzesänderungen sind nicht notwendig. Nicht einmal eine Präzision der Allgemeinen Verwaltungsvorschrift für die Ausstellung von Bescheinigungen gemäß §§ 7 Abs. 4 Nr. 2; 32 Abs. 2 Nr. 2 d WEG − AllgVwV − ist geboten. Übervorsichtige Bauordnungsämter könnten problemlos in ihre Bescheinigung zur Abgeschlossenheit die Formulierung aufnehmen, daß diese aufgrund des Bestandsschutzes

---

33) BGH, Vorlagebeschluß v. 14. 2. 1991, 8.

gewahrt werde, obgleich in konkret zu bezeichnender Fassung einzeln zitierte DIN-Vorschriften nicht eingehalten sind. Selbst gegen Ergänzungen, daß die Abgeschlossenheitsbescheinigung der baulichen Anlage aufgrund des Bestandsschutzes seit etwa (Angabe des Baujahres) gelte, führen nicht einmal zur Berechtigung des Grundbuchamtes, den Vollzug der Teilungserklärung in öffentlichen Büchern zu verweigern.

V. Nachtrag

Für den Fall, daß in einzelnen Auseinandersetzungen z. Z. begründeter Anlaß zu der Annahme bestehen könnte, daß erfolgte Eintragungen korrigiert werden müssen, weil die Ordnungsbehörden die „nach altem Recht und alter Praxis" erteilten Abgeschlossenheitsbescheinigungen zurückrufen, soll auf die Beschwerdeentscheidung des LG Köln vom 3. 9. 1990[34] verwiesen werden, in der u. a. in dem nicht amtlichen Leitsatz formuliert ist, daß ein Anspruch auf Übertragung von Wohnungseigentum auch dann durch Eintragung einer Vormerkung in das Grundbuch gesichert werden kann, wenn die Abgeschlossenheitsbescheinigung zu der beurkundeten Teilungserklärung noch nicht erteilt und das Wohnungseigentum im Grundbuch deshalb auch noch nicht gebildet worden ist. Die Beschwerdekammer des LG Köln hat berechtigterweise aus § 883 Abs. 1 Satz 2 BGB hergeleitet, daß die Eintragung einer Vormerkung auch zur Sicherung eines künftigen oder bedingten Anspruches zulässig ist. Der der Entscheidung zugrundeliegende Sachverhalt hatte insofern „aktuellen" Anlaß, als, um mit den Worten der Beschlußbegründung zu sprechen, die zur erneuten Teilungserklärung erforderliche Abgeschlossenheitsbescheinigung noch nicht vorlag und „derzeit" – wie die Beteiligten vortragen – im Hinblick auf die aktuelle Rechtsprechung noch nicht erteilt werden „konnte". Bedingung für die Entstehung des Anspruches auf Rückübertragung eines Teiles der baulichen Anlage nach Teilung nach WEG war somit die Vorlage einer Abgeschlossenheitsbescheinigung hinsichtlich der zurückzuübertragenden Räume. Das LG Köln nahm an, es könne nicht festgestellt werden, daß ein Anspruch auf Eintragung ins Grundbuch niemals wirksam werden könne und deshalb das Grundbuchamt auch niemals eine Auflassung eintragen dürfe. Da der Grundsatz, daß das Grundbuchamt das Bestehen des durch die Vormerkung zu sichernden Anspruches beim Vorliegen der Eintragungsbewilligung nicht zu prüfen hat, auch insoweit anzuwenden ist, als möglicherweise der nunmehr angerufene gemeinsame Senat der Obersten Bundesgerichte doch auch „Abgeschlossenheitsbescheinigungen nach altem Recht" toleriert, ist berechtigterweise angenommen, daß zumindest zunächst nicht anzunehmen ist, daß eine Abgeschlossenheitsvereinbarung für das Wohnungseigentum bei Umwandlung von Altbausubstanz schlechthin versagt wird und deshalb sicher ist, daß auf keinen Fall zu einem späteren Zeitpunkt eine Abgeschlossenheitsbescheinigung mehr erteilt werden kann.

Nur dann hätte die Eintragung der Vormerkung in das Grundbuch verweigert werden können. Indirekt ergibt sich somit auch aus der Entscheidung des LG Köln, daß die „aktuelle Rechtsprechung" zur Abgeschlossenheitsbescheinigung der Fortentwicklung in der Richtung bedarf, daß auch Altbausubstanzen nach WEG teilungsfähig sein sollten.

---

34) 11 T 166/90 – MittRhNotK 1990, 224.

KLAUS HALDENWANG

Das rechtswidrig versagte Einvernehmen der Gemeinde und seine Rechtsfolgen

I. Planungshoheit und Einvernehmen

Die Befugnis zugunsten der Gemeinden, Bauleitpläne aufzustellen, ist Ausfluß des verfassungsrechtlich geschützten Rechts auf Selbstverwaltung.[1] Überall dort, wo die Gemeinde von diesem Recht konkret Gebrauch gemacht hat, ist das Einvernehmen der Gemeinde für künftige Baumaßnahmen von vornherein durch die eigenen planerischen Festsetzungen für jedermann sichtbar im Bebauungsplan niedergelegt. Die Gemeinde bedarf in diesen Fällen im Baugenehmigungsverfahren keines besonderen Schutzes mehr.[2] Soll dagegen von einer inhaltlich festgelegten Bauleitplanung abgewichen werden (§ 31 BauGB), soll im Vorgriff auf die künftigen Festsetzungen eines Bebauungsplanes gebaut werden (§ 33 BauGB), stehen Bauanträge in der unbeplanten Innenbereichslage oder im Außenbereich zur Entscheidung an (§§ 34 und 35 BauGB), ist die Genehmigung eines Vorhabens nur dann zu erwirken, wenn über das erteilte Einvernehmen im Einzelfall Einverständnis mit der Gemeinde für eine bestimmte Art der Bebauung erzielt worden ist. Hier bestimmt die gemeindliche Planungshoheit, die im Einvernehmen ihren Ausdruck findet, das Ergebnis des Bauantragsverfahrens in seinem planungsrechtlichen Teil entscheidend mit, auch wenn die Gemeinde selbst für den Erlaß von Baugenehmigungen nach Landesrecht gar nicht zuständig ist. Welche rechtliche Qualität diese „Mitentscheidungshandlung" der Gemeinde im Sinne von § 36 Abs. 1 Satz 1 BauGB hat, läßt sich dem Gesetzeswortlaut nicht eindeutig entnehmen. Nach der Rechtsprechung des Bundesverwaltungsgerichts steht aber fest, daß der Willensbetätigung der Gemeinde immer dann alleinentscheidende Bedeutung zukommt, wenn die Gemeinde ihr Einvernehmen zu einer Baumaßnahme verweigert.[3][4]

Die Kommune steht lediglich durch die in § 36 Abs. 2 Satz 2 BauGB normierte Zweimonatsfrist unter einem gewissen Zeitdruck. Sie kann ihre Planungshoheit nur dann erfolgreich zum Ausdruck bringen, wenn die Verweigerung des Einvernehmens gegenüber der Bauaufsichtsbehörde innerhalb der Gesetzesfrist ausgesprochen worden ist.[5]

Die Ausübung der Planungshoheit durch die Gemeinde im Baugenehmigungsverfahren hat sich auf der Grundlage der bestehenden Gesetze zu vollziehen. Der Gemeinde ist bei

---

1) *Schlichter*, Berliner Kommentar zum BauGB, § 36 Anm. 3.

2) *Jäde* BauR 1987, 252, 256.

3) BVerwG, Urt. v. 7. 2. 1986 = *Buchholz* 406.11 Nr. 35 = BauR 1986, 425 = BRS 46 Nr. 142.

4) BVerwG, Urt. v. 10. 8. 1988 = *Buchholz* 406.11 Nr. 40 = BauR 1988, 694 = BRS 48 Nr. 144.

5) Eine Einvernehmenserteilung der Gemeinde schon vor Eingang des Ersuchens der Bauaufsichtsbehörde ist rechtlich möglich: BVerwG, Beschl. v. 23. 5. 1985 = *Buchholz* 406.11 Nr. 34 zu § 36 BauGB; die Zusicherung der Erteilung der Baugenehmigung ohne das notwendige Einvernehmen der Gemeinde ist nicht nur anfechtbar, sondern unwirksam: BayVGH, Urt. v. 18. 4. 1989 = UPR 1990, 67 = BRS 49 Nr. 386.

ihrer Einvernehmensentscheidung kein Ermessen eingeräumt.[6] Dies könnte zunächst den Schluß nahelegen, die Gemeinde sei bei ihrer rechtlichen Beurteilung auf diejenige Rechtslage festgelegt, die objektiv-rechtlich zum Zeitpunkt des Eingangs des Ersuchens der Bauaufsichtsbehörde besteht. In Wirklichkeit bindet die bestehende Rechtslage zunächst aber nur den Bauantragsteller. Er hat sie seinem Baugesuch zugrunde zu legen. Auf ihren Fortbestand bis zur Erteilung der Baugenehmigung kann er indessen nicht vertrauen. Die Gemeinde kann die Rechtslage zu seinem Nachteil *ändern.*[7] Dies ergibt sich bereits aus dem möglichen Regelungsgehalt der §§ 14, 15 BauGB. Handelt die Gemeinde hier rechtmäßig, hat sie insbesondere durch Aufstellung eines Bebauungsplanes die Voraussetzungen für die Anwendung dieser Normen geschaffen, wirkt sich der Antrag auf Zurückstellung der Entscheidung über ein Baugesuch oder die Veränderungssperre in rechtmäßiger — weil gesetzlich angeordneter - Form auf das konkrete Baugesuch aus. Eine so geschaffene Abänderung der Rechtslage hat der Antragsteller hinzunehmen. Wie der Gemeinde auf der einen Seite kein Ermessen bei ihrer Beurteilung der planungsrechtlichen Situation eingeräumt ist, muß der Bauantragsteller eine in rechtmäßiger Form vollzogene Verschlechterung seiner Anspruchsposition hinnehmen, die ggf. durch die Entschädigungsregelungen im BauGB kompensiert werden kann.[8]

Nach der Rechtsprechung des Bundesverwaltungsgerichts wird die Gemeinde aber nicht verpflichtet, die Änderung der Rechtslage bereits zum Zeitpunkt der Versagung des Einvernehmens herbeizuführen. Sie darf das Einvernehmen auch dann verweigern, wenn die Rechtslage in Wirklichkeit noch gar nicht geändert worden ist, ggf. noch völlig offensteht, ob sie die Rechtslage durch Aufstellung oder Änderung eines Bebauungsplanes jemals verändern wird.[9] Nach Meinung des Bundesverwaltungsgerichts darf die Gemeinde im Hinblick auf die Zweimonatsfrist auch in denjenigen Fällen, in denen erst ein bestimmter Bauantrag bei ihr planerische Überlegungen bis hin zur Aufstellung eines Bebauungsplanes auslöst, nicht unter Zugzwang gebracht werden. § 36 Abs. 1 Satz 1 BauGB wolle der Gemeinde gerade den Spielraum einräumen, die bisher nicht oder nur unvollständig ausgeübte Planungshoheit nunmehr zu betätigen und damit die rechtlichen Voraussetzungen der Zulässigkeit eines Vorhabens noch zu verändern, selbst wenn das konkret beantragte Bauvorhaben den Anforderungen der §§ 34, 35 BauGB entsprochen habe.[10] Aus dem Gesetzeswortlaut selbst läßt sich diese Auslegung nicht zwingend herleiten. Sie widerspricht rechtssystematisch § 1 Abs. 3 BauGB. Diese, die Planungshoheit der Gemeinde klarstellende wie beschränkende Bestimmung verpflichtet die Kommunen, Bauleitpläne aufzustellen, sobald und soweit es für die städtebauliche Entwicklung und Ordnung *erforderlich* ist. Das Bundesverwaltungsgericht vertritt die Meinung, daß eine Gemeinde, die ihrer aus § 1 Abs. 3 BauGB herzuleitenden Planungspflicht bislang nicht nachgekommen ist und die auch nach Eingang eines Baugesuchs bei fortbestehender „Erforderlichkeit", einen Bebauungs-

---

6) BVerwG, Beschl. v. 25. 11. 1980 = *Buchholz* 406.11 Nr. 27 zu § 36 BauGB.

7) Dies gilt nach geänderter Rechtsprechung des BVerwG neuerdings auch im Teilungsverfahren; nicht mehr die Stellung des Bauantrages innerhalb der Dreijahresfrist schützt den Bauherrn vor Rechtsänderungen, vielmehr kann die Gemeinde auch noch nach Antragstellung auf die Baugenehmigung „reagieren" und die Rechtslage — wenn auch u. U. nur gegen Entschädigung — ändern: BVerwG, Urt. v. 24. 11. 1989 = *Buchholz* 406.11 Nr. 22 zu § 21 BauGB = BauR 1990, 191.

8) §§ 42 ff. BauGB und BVerwG, Anm. 7.

9) Für diesen Fall muß die Gemeinde allerdings befürchten, daß im Verpflichtungsrechtsstreit der Bauherr gegen die Versagung der Baugenehmigung das Einvernehmen der Gemeinde verwaltungsgerichtlich ersetzen läßt. Wird das Einvernehmen ersetzt, steht dem Grunde nach bereits die Amtspflichtverletzung der Gemeinde fest, die zum Schadensersatz führen kann.

10) BVerwG, Urt. v. 10. 8 1988, siehe Anm. 4.

plan aufzustellen, ohne Sanktion nicht nur ihre gesetzliche Planungspflicht verletzen darf, sondern über den „Einvernehmenszeitpunkt" hinaus berechtigt sein soll, gegen die zum Zeitpunkt der Einvernehmensentscheidung objektiv bestehende Rechtslage mit Bindungswirkung für die Bauaufsichtsbehörde ihr – rechtswidrig – versagtes Einvernehmen gegen über dem Bauherrn durchzusetzen. Nach der Rechtsprechung des Bundesverwaltungsgerichts setzt sich die Gemeinde *immer* mit ihrer ablehnenden Haltung im Verhältnis zum Bauherrn durch. Sie muß ihr Einvernehmen – gleich aus welchen Gründen – nur schlicht versagen. Der Bauherr, der seinen Bauantrag im Vertrauen auf eine bestimmte Rechtslage gestellt hat, muß Veränderungen in seiner Rechtsposition hinnehmen, auch wenn sie nur unter Verstoß gegen gesetzliche Bestimmungen von der Gemeinde bewirkt sind (Unterlassung der Aufstellung eines Bebauungsplanes, der „erforderlich" ist, mit der dann eröffneten Möglichkeit der Beantragung der Zurückstellung eines Baugesuchs oder der Beschlußfassung über eine Veränderungssperre). Der Bauherr erhält nicht das, worauf er zum Zeitpunkt der Einvernehmensentscheidung planungsrechtlich Anspruch hat, sondern (maximal) das, was er nicht anstrebt und was gar nicht Gegenstand des verwaltungsrechtlichen Verfahrens und der Rechtsbeurteilung im Verwaltungsverfahren gleichsam aus dem Gesichtspunkt „nachgerechter" Kompensation sein darf, den erst nach jahrelangem Prozessieren überhaupt durchsetzbaren Amtshaftungsanspruch.[11]

Der Bauantragsteller hat im Einzelfall nicht nur die Hürde des Einvernehmens zu überwinden, sondern weitere Genehmigungserfordernisse zu erfüllen, die Voraussetzung für die Erteilung der Bauerlaubnis sind. Wer etwa von einer Landschaftsschutzverordnung abweichen will, hat vorgreiflich die landschaftsschutzrechtliche Genehmigung beizubringen.[12] Wer eine vor Zweckentfremdung geschützte Wohnung als Gewerberaum umnutzen will, muß, bevor er überhaupt an eine Bauerlaubnis denken kann, die Zweckentfremdungsgenehmigung beibringen. Wer Wald auf einem Baugrundstück abholzen will, benötigt die Forstgenehmigung usw. Es ist unbestritten, daß es sich bei derartigen – vorgreiflichen – Entscheidungen dritter Behörden nicht um Verwaltungsinterna, sondern um selbständig anfechtbare Verwaltungsakte handelt. Der Bauantragsteller, der die zusätzlichen Erlaubnisse in Gestalt begünstigender Verwaltungsakte nicht vorweisen kann, scheitert im Baugenehmigungsverfahren von vornherein. Er wird mit der Klage auf Erteilung der Baugenehmigung schon deshalb abgewiesen, weil er Verwaltungsakte, die ihm praktisch erst den Weg im Baugenehmigungsverfahren zu einem positiven Ergebnis öffnen, nicht beigebracht hat.

So scheint es, auf den ersten Blick gesehen, nicht abwegig zu sein, die Erklärungen der Gemeinde im Baugenehmigungsverfahren ebenfalls als Verwaltungsakte einzustufen, denn auch sie eröffnen im Falle positiven Ausgangs dem Bauantragsteller erst planungsrechtlich den Weg zur Erteilung des Bauscheins. Beteiligt ist die Gemeinde am *Entscheidungs*verfahren (§ 36 Abs. 1 Satz 1 BauGB). Die Gemeinde setzt sich bei einer Versagung ihres Einvernehmens durch. Wird ohne ihr Einvernehmen entschieden, ist der Verwaltungsakt rechtswidrig, er ist auf Widerspruch der Gemeinde jederzeit aufzuheben. Im Widerspruchsverfahren der Gemeinde gegen eine ohne Einvernehmen erteilte Baugenehmigung wird materiell-rechtlich noch nicht einmal überprüft, geschweige denn darüber entschieden, ob das Einvernehmen der Gemeinde rechtmäßig oder rechtswidrig versagt worden ist.[13] Die Gemeinde, ohne deren Einvernehmen eine Entscheidung getroffen worden ist, kann, wenn eine Baugenehmigung erteilt und mit den Bauarbeiten begonnen wurde, im einstweilen

11) BGH, Urt. v. 29. 9. 1975 = BGHZ 65, 182 = BauR 1976, 115; *Prior* BauR 1987, 157 ff.
12) *Dürr* UPR 1991, 1 ff., 3 m. w. N.; HessVGH, Beschl. v. 18. 3. 1989 = VerwRspr. 1989, 69.
13) BVerwG, Urt. v. 7. 2. 1986 und 10. 8. 1988, siehe Anm. 3 und 4.

Anordnungsverfahren einen Baustopp erwirken (§ 123 VwGO).[14] In diesem Verfahren wird ebenfalls nicht geprüft, ob sich die Gemeinde bei der Verweigerung ihres Einvernehmens rechtmäßig oder rechtswidrig verhalten hat.[15] Die vermeintliche Verletzung der Planungshoheit der Gemeinde kann allein dazu führen, daß eine Baumaßnahme, die materiell-rechtlich an sich zulässig und zu genehmigen ist, formalrechtlich von der Gemeinde verhindert werden kann. Selbst im anschließenden Hauptsacheverfahren (Widerspruchsverfahren der Gemeinde gegen die ohne ihr Einvernehmen erteilte Baugenehmigung) ist der Bauherr dem Angriff der Gemeinde gegen diese Baugenehmigung schutzlos ausgesetzt, es sei denn, es gelingt ihm, im Wege der Kommunalaufsicht das versagte Einvernehmen durch die Kommunalaufsichtsbehörde ersetzen zu lassen.[16]

Führt auf der einen Seite die gleichsam bloß „angegriffene Planungshoheit" der Gemeinde dazu, ihr nicht nur den Rechtsweg zu eröffnen, sondern ohne materiell-rechtliche Prüfung die gegen ihren Willen erteilte Baugenehmigung zu beseitigen (obgleich sie bei rechtmäßigem Verhalten der Gemeinde im Endergebnis doch in der genehmigten Form hätte zugelassen werden müssen), soll umgekehrt die nach § 36 BauGB erforderliche Beteiligung und Entscheidung der Gemeinde im Baugenehmigungsverfahren ein reines Verwaltungsinternum und keinen Verwaltungsakt darstellen.[17] Im Außenverhältnis gilt allein die Entscheidung der Bauaufsichtsbehörde als Verwaltungsakt, der angefochten werden kann.[18]

Die Einstufung der Einvernehmensentscheidung als Verwaltungsinternum müßte zivilrechtlich jede Amtshaftungsklage eines Bauherrn gegen eine Gemeinde bei rechtswidrig versagtem Einvernehmen scheitern lassen, da nach Meinung des Bundesverwaltungsgerichts nur der Entscheidung der Bauaufsichtsbehörde unmittelbare Rechtwirkung nach außen zukommt. *Sie* hätte zivilrechtlich die dem Dritten, dem Bauherrn, gegenüber obliegende Amtspflicht zu rechtmäßiger Entscheidung. In Wirklichkeit *entscheidet* die Bauaufsichtsbehörde bei versagtem Einvernehmen der Gemeinde aber *nicht*, sie ist nur deren Sprachrohr nach außen. Folgerichtig stellt der Bundesgerichtshof bei der Prüfung der Drittbezogenheit der Amtspflicht nicht auf das Rechtsverhältnis zwischen dem Bauherrn und der Bauaufsichtsbehörde ab, die für ihren eigenen Verwaltungsakt mangels eigener Entscheidungskompetenz nicht verantwortlich gemacht werden kann, und mißt statt dessen der in Wirklichkeit handelnden Gemeinde die Verantwortung für den Verwaltungsakt zu. Bei rechtswidrig versagtem Einvernehmen haftet also nicht die Bauaufsichtsbehörde, die den Verwaltungsakt erlassen hat, der richtige Prozeßgegner ist vielmehr ausschließlich die Gemeinde, die im Verhältnis zum Bauantragsteller gar nicht entschieden, nach der Rechtsprechung des Bundesverwaltungsgerichts gar keinen Verwaltungsakt erlassen hat.[19] Der Bauherr ist nach Meinung des Bundesgerichtshofs „Dritter" im Sinne von

---

14) HessVGH, Beschl. v. 19. 8. 1988 = VerwRspr. 1989, 36 = BRS 48 Nr. 146 = UPR 1989, 40 und HessVGH, Beschl. v. 11. 4. 1990 = NVwZ 1990, 1185.
15) HessVGH, Beschl. v. 11. 4. 1990, siehe Anm. 14.
16) BVerwG, siehe Urt. Anm. 3 und 4.
17) BVerwG, Urt. v. 19. 11. 1965 = BVerwGE 22, 342.
    BVerwG, Urt. v. 25. 10. 1967 = BVerwGE 28, 145.
    Die verwaltungsgerichtliche Klage ist gegen den Träger der Bauaufsicht zu richten, die Gemeinde ist im Verfahren notwendig beizuladen (§ 66 Satz 2 VwGO); stellt die Gemeinde im Verfahren keine Anträge, wird das Einvernehmen der Gemeinde im Prozeß ersetzt, hat gleichwohl die verklagte Behörde, die den Verwaltungsakt gar nicht zu vertreten hat, die gesamte Kostenlast zu tragen, obwohl ausschließlich die Gemeinde „Verursacher" des Rechtsstreits gewesen ist.
18) BVerwGE 28, 145.
19) BGHZ 65, 182.

§ 839 Abs. 1 Satz 1 BGB, obwohl er nach der Auffassung des Bundesverwaltungsgerichts in gar keine direkte (angreifbare) Rechtsposition zur Gemeinde treten kann.

Wer objektiv-rechtlich für die Zulässigkeit eines bestimmten Bauvorhabens weiterer Genehmigungen bedarf, aber gleichwohl ohne derart vorgreifliche Genehmigungen eine Bauerlaubnis erhält, ist sicherlich im Besitz eines rechtswidrigen, begünstigenden Verwaltungsaktes. Er hat eine Rechtsposition inne, die durchaus Gefährdungen ausgesetzt ist, deren Risiken überschaubar, zumindest aber nach den Regelungen der jeweiligen landesrechtlichen und bauordnungsrechtlichen Bestimmungen in Verbindung mit den Verwaltungsverfahrensgesetzen kalkulierbar sind. Wer im Besitz einer solchen objektiv rechtswidrigen Baugenehmigung ist und damit begonnen hat, sein Bauvorhaben auszuführen, wird schwerlich daran gehindert werden können, allein deshalb die Baumaßnahme zu vollenden, weil die Naturschutzbehörde Widerspruch gegen die erteilte Baugenehmigung einlegt und anschließend ein Klageverfahren gegen den Bauherrn durchführt. Anders dagegen ergeht es dem Bauherrn, der sich glücklich im Besitz eines — allerdings ohne Einvernehmen der Gemeinde erteilten — Bauscheins wähnt. Er hat im Einzelfall unter Umständen noch nicht einmal die Möglichkeit, die Rechtswidrigkeit des begünstigenden Verwaltungsaktes zu erkennen, denn der Wortlaut der Baugenehmigung wird in den seltensten Fällen zum Ausdruck bringen, die Erlaubnis sei gegen das versagte Einvernehmen der Gemeinde erteilt worden. Er glaubt, ungefährdet durch die Gemeinde, von der allein nach außen wirkenden Bauerlaubnis als dem maßgeblichen Verwaltungsakt sofort Gebrauch machen zu dürfen. Die Rechtsprechung beweist ihm dagegen, daß diese Baugenehmigung *nichts* wert ist. Es wird nicht nur auf Antrag der Gemeinde die Bauausführung sofort unterbunden, es hilft dem Bauantragsteller auch nichts, wenn die obere Bauaufsichtsbehörde die untere Bauaufsichtsbehörde verpflichtet hat, eine Baugenehmigung zu erteilen, die Gemeinde aber gleichwohl nicht zugestimmt hat,[20] es hilft noch nicht einmal, daß vor Erteilung der Baugenehmigung im Einvernehmen mit der Gemeinde eine Teilungsgenehmigung mit Bindungswirkung zu seinen Gunsten ergangen ist, ein Vorbescheid im Einvernehmen mit der Gemeinde erlassen worden war, gegen dessen Verlängerung die Gemeinde (in rechtswidriger Weise) opponiert hat.[21] Allein die Tatsache des für jede neue Rechtshandlung notwendigen und wenn auch nur einmal verweigerten Einvernehmens, und sei es auch nur für die allerletzte Verfahrenshandlung, etwa die Baugenehmigung selbst, führt dazu, daß jener Bauherr, der zunächst ohne Verwaltungsrechtsstreit im Besitz der Bauerlaubnis ist, diese Genehmigung ohne Prüfung der materiellen Rechtslage im Verwaltungsrechtsstreit, den die Gemeinde einleitet, sofort wieder verliert. Er hat im Endergebnis eine wesentlich schlechtere Rechtsposition als derjenige Bauherr, dessen Bauantrag aufgrund der negativen Stellungnahme der Gemeinde sofort abgelehnt worden ist. Diesem Bauherrn wird im Verwaltungsrechtsstreit (Verpflichtungsklage) damit geholfen, daß das rechtswidrig verweigerte Einvernehmen durch das Verwaltungsgericht ersetzt werden kann. Der scheinbar begünstigte Bauherr aber, der zunächst eine Baugenehmigung in Händen gehalten hat, geht dagegen in der Rechtsprechung leer aus, im Anfechtungsrechtsstreit der Gemeinde gegen diese Bauerlaubnis wird die materielle Rechtslage noch nicht einmal geprüft. Dieser Bauherr verliert seine Baugenehmigung ohne weiteres.[22] Ihm kann allenfalls durch eine neue Bauantragstellung geholfen werden, was aber durchaus mit einem Verlust bereits gewonnener Rechtspositionen verbun-

---

20) HessVGH, Beschl. v. 19. 8 1988, siehe Anm. 14.
21) HessVGH, Beschl. v. 10. 4. 1990, siehe Anm. 14.
22) HessVGH, Beschl. v. 11. 4. 1990, siehe Anm. 14; BVerwG, Urt. v. 7. 2. 1980 und 10. 8. 1988, siehe Anm. 3 und 4.

den sein kann, etwa dem Verlust der begünstigenden Wirkungen eines Vorbescheides (der sich beispielsweise gegen eine spätere Veränderungssperre durchgesetzt hätte), weil die Frist zur Beantragung der Baugenehmigung unter Ausnutzung der Rechtswirkungen der Bebauungsgenehmigung abgelaufen ist, oder dem Verlust der Bindungswirkung in einem Teilungsverfahren, weil die dreijährige Bindungsfrist (§ 21 BauGB) mittlerweile verstrichen ist. Gerade diese Rechtsfolgen lassen die Frage stellen, ob die rechtliche Einordnung der Einvernehmensentscheidung der Gemeinde als reines Verwaltungsinternum juristisch zutreffend ist.

II. Verwaltungsakt oder Verwaltungsinternum

Die Berechtigung, ein Grundstück in einer bestimmten Art und Weise zu nutzen, hat ihre Grundlage in Artikel 14 GG. Er garantiert den Schutz des Eigentums und läßt nicht zu, daß die Bestimmung des Inhalts des Eigentums dem Ermessen der Gemeinde überlassen bleibt. Der Bauwillige, dessen Vorhaben mit den materiell-rechtlichen Vorschriften in Einklang steht, hat gegenüber der Baugenehmigungsbehörde einen Anspruch auf Erteilung der Baugenehmigung.[23] Im Antrag auf Erteilung einer Bauerlaubnis liegt in den Fällen, auf die § 36 BauGB Anwendung findet, zugleich das Ansuchen des Bauherrn an die Gemeinde, ihre Einvernehmensentscheidung zu treffen. Wie die naturschutzrechtliche, die landschaftsschutzrechtliche oder die zweckentfremdungsrechtliche Genehmigung je nach Sachlage zusätzliche Genehmigungserfordernisse darstellen, die eine gesonderte Antragstellung erfordern, löst der Antrag des Bauwilligen in den Fällen des § 36 BauGB die Notwendigkeit einer Reaktion der Gemeinde aus, nämlich von ihrer Planungshoheit konkreten Gebrauch zu machen. Gerade weil der Gemeinde nach der Rechtsprechung des Bundesverwaltungsgerichts in den Fällen, in denen ein Bebauungsplan nicht besteht, bei Bauantragstellung offengehalten werden soll, jetzt erst von ihrer Planungshoheit Gebrauch zu machen, etwa eine Zurückstellung einer Entscheidung über ein Baugesuch zu beantragen oder eine Veränderungssperre zu beschließen, um eine bestimmte gemeindliche Planung materiell-rechtlich abzusichern, stellt die Bauantragstellung die konkrete Herausforderung der verfassungsrechtlich geschützten Planungshoheit der Gemeinde dar und legt darüber hinaus offen, ob die Gemeinde ihrer Pflicht rechtzeitig genügt hat, bei „Erforderlichkeit" einen Bebauungsplan aufzustellen, oder ob die Gemeinde bereit ist, wenigstens jetzt nach Eingang des Baugesuchs dieser Verpflichtung nachzukommen. Wirklicher Auslöser der Konfliktsituation und materiell Betroffener des Konfliktergebnisses ist der Antragsteller, dem allein gegenüber, wie die Rechtsprechung des Bundesgerichtshofs zutreffend ausführt, die Amtspflicht der Gemeinde obliegt, sachlich richtig zu entscheiden. Nur bezüglich der Frist nach § 36 Abs. 2 Satz 2 BauGB kommt der Bauaufsichtsbehörde eine verfahrensrechtliche Abwicklungsposition zu. Sie ist nach Bauordnungsrecht gehalten, einen Bauantrag, der nur mit Einvernehmen der Gemeinde positiv beschieden werden darf, unverzüglich der Gemeinde zur Stellungnahme weiterzuleiten.[24] Über Vordrucke wird verfahrensmäßig dokumentiert, ob und ggf. aus welchen Gründen die Gemeinde eine negative Entscheidung getroffen hat. Sie kann nur in denjenigen Fällen, in denen die Gemeinde ihr Einvernehmen

---

23) BGHZ 65, 182, 186.
24) Für Hessen: § 96 Abs. 1 Satz 6 HBO: „Die Bauaufsichtsbehörde soll der Gemeinde das Ersuchen um ihr Einvernehmen nach § 14 Abs. 2 und § 36 Abs. 1 des BauGB innerhalb von zwei Wochen nach Eingang des Bauantrages zuleiten."

erteilt hat, trotzdem aufgrund einer eigenen planungsrechtlichen Prüfung und Rechtsbeurteilung zu dem Ergebnis kommen, der Antrag sei ungeachtet des Einvernehmens der Gemeinde dennoch planungsrechtlich nicht genehmigungsfähig. Im Gegensatz hierzu hat die negative Stellungnahme der Gemeinde im Verhältnis zum Bauantragsteller immer negativen — durchschlagenden — Erfolg, auch und gerade dann, wenn die Gemeinde das Einvernehmen ganz offensichtlich rechtswidrig verweigert hat. Da die Bauaufsichtsbehörde in diesen Fällen überhaupt keine eigene Entscheidungskompetenz hat, übermittelt sie dem Antragsteller eine Drittentscheidung als Verwaltungsakt. Der Verwaltungsakt liegt in diesem Fall in der negativen Einvernehmensentscheidung der Gemeinde.

Ein Verwaltungsakt ist jede Verfügung, Entscheidung oder andere hoheitliche Maßnahme, die eine Behörde zur Regelung eines Einzelfalles auf dem Gebiet des öffentlichen Rechts trifft und die auf unmittelbare Rechtswirkung nach außen gerichtet ist (§ 35 VwVfG). Der Verwaltungsakt muß einen Einzelfall regeln, er muß konkret, auf einen bestimmten Sachverhalt bezogen sein,[25] er muß geeignet sein, einen Lebenssachverhalt verbindlich zu gestalten,[26] der Adressat braucht dagegen nicht bestimmt zu sein.[27] Während die Erteilung oder Versagung einer Bauerlaubnis unstrittig als Verwaltungsakt zu qualifizieren ist, kann dies, bezogen auf die Einvernehmensentscheidung der Gemeinde, nur insoweit strittig sein, als die Gemeinde zwar sicherlich eine Entscheidung zur abschließenden Regelung eines Einzelfalls auf dem Gebiet des öffentlichen Rechts, nämlich in Ausübung ihrer Planungshoheit, trifft, die unmittelbare Rechtswirkung nach außen hin allein deshalb nicht gegeben sein könnte, weil die Gemeinde ihre Entscheidung nicht selbst dem Bauherrn mitteilt. Wenn das Bundesverwaltungsgericht meint, die unmittelbare Außenwirkung sei aus diesem Grunde zu verneinen, ist umgekehrt nicht einzusehen, weshalb sich die Bauaufsichtsbehörde gegen eine „Entscheidung" der Gemeinde, die nur reines Internum ist, nicht soll hinwegsetzen dürfen, wenn dies der materiellen Rechtslage entspricht. In der Bindungswirkung der negativen gemeindlichen Entscheidung liegt aber gerade der Kern der Rechtsprechung des Bundesverwaltungsgerichts. Sie hat immer unmittelbare Außenwirkung zum Bauantragsteller, da er entweder eine Baugenehmigung nicht erhält oder eine ohne Einvernehmen der Gemeinde erlassene Baugenehmigung sofort wieder verliert, wenn die Kommune Widerspruch einlegt.

Das Bundesverwaltungsgericht hat erstmals in seiner Entscheidung vom 19. 11. 1965 ausgesprochen,[28] daß es sich bei dem Einvernehmen der Gemeinde um ein „bloßes Verwaltungsinternum" handele. Bei diesem Urteil ging es um eine Anfechtungsklage einer Gemeinde gegen eine Baugenehmigung, die ohne ihr Einvernehmen erteilt worden war. Hier stellte sich die Frage überhaupt nicht, ob der Bürger die Gemeinde, die ihr Einvernehmen verweigert hat, direkt im Klagewege in Anspruch nehmen kann. Zu entscheiden war nur, ob die Gemeinde, nämlich aufgrund einer eigenen verletzten Rechtsposition, die ohne ihr Einvernehmen erteilte Baugenehmigung zu Fall bringen konnte (§ 113 VwGO). Auf das Rechtsverhältnis Bauherr/Gemeinde kam es für die Entscheidung nicht an. Das Bundesverwaltungsgericht hat dem Einvernehmen der Gemeinde — im Gegensatz zu einer bloßen Anhörung — zwar eine hohe Bedeutung und ein erhebliches Gewicht beigemessen. Allein die Bauaufsichtsbehörde sei aber befugt, eine Regelung mit Außenwirkung zu begründen. Wenn hierzu Einvernehmen notwendig sei, begründe dies die grundsätzliche und unabding-

---

25) *Eyermann/Fröhler* VwGO, Anm. 28 zu § 42.
26) *Stelkens/Bonk/Leonhardt* VwVfG, § 35 Anm. 64.
27) *Eyermann/Fröhler* a. a. O., m. w. N.
28) BVerwGE 22, 342. – *BayVBl 66, 134*   *s. auch BayVBl 66, 164 = BVerwG U. v. 4.11.65 – I C 115.64 –*

bare Verpflichtung der im Verhältnis zum Bürger allein regelungsbefugten Baugenehmigungsbehörde, vor Erlaß ihres Verwaltungsaktes aus den internen zwei Willenserklärungen letztlich nach außen *nur einen gemeinsamen Willen zu bilden.*[29] Daraus ergebe sich die Verfahrensverpflichtung der Baugenehmigungsbehörde, sich bereits im Baugenehmigungsverfahren „mit der Gemeinde an einen Tisch zu setzen", und die materielle Verpflichtung, ohne das Einverständis der Gemeinde die erbetene Baugenehmigung zu versagen.

Jenes „sich gemeinsam an den Tisch zu setzen" trifft in der Praxis jedoch für *keine* der denkbaren Fallgestaltungen zu. Sind Gemeinde und Bauaufsichtsbehörde von vornherein der Auffassung, das Bauvorhaben sei zu genehmigen, so besteht aufgrund der Übereinstimmung beider Behörden keine Veranlassung, sich an einen Tisch zu setzen. Erteilt die Gemeinde ihr Einvernehmen, ist die Bauaufsichtsbehörde aber planungsrechtlich anderer Auffassung, kann sich die Bauaufsichtsbehörde über die positive Beurteilung der Gemeinde hinwegsetzen und gleichwohl die Erteilung der Baugenehmigung ablehnen. Die Planungshoheit ist dadurch nicht verletzt. Auch im dritten denkbaren Fall, nämlich bei einer Verweigerung des Einvernehmens, besteht schon von vornherein keine Möglichkeit der Bauaufsichtsbehörde, sich mit der Gemeinde an einen Tisch zu setzen. Die Bauaufsichtsbehörde unterliegt immer, denn sie kann sich über das versagte Einvernehmen nie hinwegsetzen.

Das Bundesverwaltungsgericht erklärt zwar, die Gemeinde könne ihre Rechte aus ihrer Planungshoheit letztlich nur insoweit mit Erfolg geltend machen, als die jeweils geltende materiell-rechtliche Ausgestaltung der Rechte des Bürgers auf bauliche Nutzung seines Grundstücks ihm nicht einen Rechtsanspruch auf Genehmigung seines Baugesuches gewährleiste.[30] Dem ist uneingeschränkt beizupflichten. Bei rechtswidrig versagtem Einvernehmen hält das Bundesverwaltungsgericht aber seine Grundaussage nicht durch. Es gelingt hier der Gemeinde – gegen den Willen der Bauaufsichtsbehörde und gegen das geltende materielle Recht –, einen aus dem Grundgesetz fließenden Bauanspruch zu Fall zu bringen, wobei nicht die Entscheidung der Bauaufsichtsbehörde mit Außenwirkung gleichsam der Motor des Geschehens ist, sondern ausschließlich die Gemeinde, die in bewußter oder unbewußter Verkennung der Rechtslage die Erfüllung eines materiell-rechtlich begründeten Bauanspruchs zunächst verhindert. Was die Gemeinde – rechtswidrig – will, ist gleichwohl rechtlich bindend und wird dem Antragsteller von einer insoweit nicht entscheidungskompetenten (Bauaufsichts-)Behörde mitgeteilt.

Erst in der Entscheidung vom 25. 10. 1967[31] bestand für das Bundesverwaltungsgericht Veranlassung, die Frage zu prüfen, ob der Bauherr ein Klagerecht gegen die Gemeinde wegen der Versagung des Einvernehmens habe. In jenem Urteil hat das Bundesverwaltungsgericht seine Auffassung zum Verwaltungsinternum auf seine Entscheidung vom 19. 11. 1965 gestützt und lediglich drei weitere Gründe angeführt, die es geboten erscheinen ließen, das Einvernehmen als reine verwaltungsinterne Mitwirkungshandlung der Gemeinde zu qualifizieren.

Das Einvernehmen stelle *keine Regelung* dar, ihm fehle die Wirkung der *Unmittelbarkeit.* Dem ist entgegenzuhalten: Die Gemeinde, die nicht selbst Bauaufsichtsbehörde ist, erläßt zwar keine Baugenehmigung oder lehnt sie ab, ist aber, soweit es um ihre Planungshoheit geht, allein maßgeblicher Entscheidungsträger, wenn Einvernehmen versagt werden soll. Dabei sind nur die Fälle problematisch, in denen die Gemeinde *rechtswidrig* ihr Einverneh-

---

29) BVerwGE 22, 342, 345.
30) BVerwGE 22, 342, 346.
31) BVerwGE 28, 245.

men versagt hat. Die Bauaufsichtsbehörde hat in diesen Fällen keinen eigenen Entscheidungsspielraum, auch wenn sie damit möglicherweise sehenden Auges einen materiell-rechtlich rechtswidrigen Verwaltungsakt übermittelt, weil die Gemeinde den Rechtsanspruch des Bauherrn in rechtswidriger Weise negiert hat. Trotz des rechtswidrigen Handelns der Gemeinde ist der Verwaltungsakt, auf dessen Erteilung Anspruch bestand, entweder zu verweigern oder bei erteilter Baugenehmigung aufzuheben. Dies gilt auch in den Fällen, in denen die Bauaufsichtsbehörde der Auffassung ist, es könne doch rechtsstaatlichem Handeln nicht entsprechen, einen materiell-rechtlich begründeten Anspruch abzulehnen. Eine bessere und gründlichere unmittelbare Wirkung gemeindlichen Handelns über die dadurch gebundene Bauaufsichtsbehörde auf die Rechtsposition des Antragstellers ist schlechterdings nicht vorstellbar.

Die Versagung des Einvernehmens führt auch nicht – und dies ist im zweiten Argument des Bundesverwaltungsgerichts entgegenzuhalten – lediglich dazu, daß verwaltungsinterne Konsequenzen zu ziehen sind. Vielmehr bewirkt die ohne Einvernehmen der Gemeinde erteilte Bauerlaubnis ein direktes Angriffsrecht der Gemeinde gegen den ersten Spatenstich des Bauherrn.[32] Auch im Baustoppverfahren wird nicht geprüft, ob ein „Verfügungsanspruch" der Gemeinde überhaupt besteht, vielmehr soll die Nichtbeachtung eines bloßen Verwaltungsinternums bewirken, daß eine materiell-rechtliche Position, die durch Artikel 14 GG geschützt ist, nicht ausgenutzt werden kann, nur weil sie durch rechtswidriges Handeln der Gemeinde nicht in der verfahrensmäßig vorgeschriebenen Form zustande gekommen ist. Die Außenwirkung – Stillstand in der Baugrube – ist so offenkundig, daß hier von bloßen verwaltungsinternen Konsequenzen beim besten Willen nicht gesprochen werden kann.

Der dritte Einwand des Bundesverwaltungsgerichts liest sich als Argument zum Schutz des Bauwilligen. Er solle nicht genötigt werden, zwei Bauprozesse zu führen. Auch dieses Argument überzeugt nicht angesichts der Fülle von zusätzlichen Genehmigungserfordernissen, die aufgrund der Rechtsentwicklung in den letzten Jahrzehnten eingeführt worden sind. Wer die Schwierigkeiten kennt, eine naturschutzrechtliche Genehmigung zu erlangen oder sich in einer Großstadt mit einem Amt für Wohnungswesen wegen der Erteilung einer Zweckentfremdungsgenehmigung erfolgreich auseinanderzusetzen, weiß aus eigener Erfahrung, daß jene Verwaltungsvorgänge oder Verwaltungsverfahren mit Schwierigkeiten verbunden sind, die manchem Streit mit einer Gemeinde, die „nur" ihr Einvernehmen erteilen soll, auch nicht annähernd innewohnen. Hier wird von der Rechtsprechung als selbstverständlich vorausgesetzt, daß der Bauherr mehrere Prozesse auf sich nehmen muß. Was läge näher, als dem auf Einvernehmen angewiesenen Bauantragsteller vorweg abzuverlangen, bei einem Streit um die planungsrechtliche Genehmigungsfähigkeit seines Bauvorhabens entweder die positive Einvernahme der Gemeinde oder ein rechtskräftiges Urteil abzuverlangen, das sich zum planungsrechtlichen Teil abschließend verhalten würde. Durch die Beiladung der Bauaufsichtsbehörde in diesem Rechtsstreit ließe sich ferner der Effekt erzielen, eine planungsrechtlich für den Bauantragsteller endgültige Entscheidung zu erzielen. Die Bauaufsichtsbehörde wäre gehindert, einen planungsrechtlich anderen Standpunkt einzunehmen, als sie das Verwaltungsgericht in seiner Entscheidung niedergelegt hat. Diese Überlegungen müssen dazu führen, der Einvernehmensentscheidung der Gemeinde Verwaltungscharakter beizumessen. Verweigert die Gemeinde ihr Einvernehmen, ist diese Entscheidung durch den Bauherrn anfechtbar. Der Bauherr hat der Bauaufsichtsbehörde bei Versagung des Einvernehmens ggf. eine bindende verwaltungsgerichtliche Entscheidung vorzule-

---

32) HessVGH, Beschl. v. 19. 8. 1988 und 11. 4. 1990.

gen, bevor die Bauaufsichtsbehörde − vorbehaltlich der Erfüllung aller weiteren sachlichen Voraussetzungen im Genehmigungsverfahren − die Baugenehmigung zu erteilen hat.[33]

III. Der zivilrechtliche Amtshaftungsanspruch

Wie ein Verwaltungsinternum im Sinne der Rechtsprechung des Bundesverwaltungsgerichts im Verhältnis zum antragstellenden Bürger eine direkte, mit Amtspflichten ausgestattete Rechtsbeziehung begründen kann, die drittbezogen ist, die Amtshaftungsansprüche bei rechtswidriger Handhabung auslöst, ist auf den ersten Blick nur schwer vorstellbar. Der Bundesgerichtshof hat in seiner Entscheidung vom 29. 9. 1975[34] erklärt, aus der Tatsache, daß die Beteiligung der Gemeinde vornehmlich öffentlichen Zwecken diene und ihre Entscheidung (Erklärung oder Versagung des Einvernehmens) lediglich als Verwaltungsinternum zu werten sei, folge nicht, daß den Beamten der Gemeinde bei ihrer Mitwirkung im Baugenehmigungsverfahren keine Amtspflichten gegenüber dem Bauwilligen (als dem „Dritten") oblägen. Bei den Entscheidungen des Bundesverwaltungsgerichts[35] sei es allein um die Frage der verfahrensrechtlichen Qualifikation des in § 36 BBauGB vorgeschriebenen Einvernehmens der Gemeinde gegangen. „Vielmehr" bestünden zwischen den Beamten der am Baugenehmigungsverfahren mitwirkenden Gemeinden und den einzelnen Bauwilligen besondere Beziehungen, die es rechtfertigten, eine Amtspflichtverletzung gegenüber dem Bauwilligen dann anzunehmen, wenn die Beamten der Gemeinde das nach § 36 Abs. 1 BBauG (jetzt BauGB) erforderliche Einvernehmen versagten, obwohl das Bauvorhaben nach den §§ 33−35 BBauG zulässig sei. Diese − vom Ergebnis her ohne weiteres überzeugenden Ausführungen des Bundesgerichtshofs − lassen sich mit der Rechtsprechung des Bundesverwaltungsgerichts dogmatisch *nicht* in Einklang bringen. Der Bundesgerichtshof zieht zivilrechtliche Ergebniskonsequenzen aus der Rechtsprechung des Bundesverwaltungsgerichts bei rechtswidrig versagtem Einvernehmen, das im Ergebnis immer durchschlägt und immer unmittelbare Rechtsfolgen für den betroffenen Bauantragsteller hat, auch wenn die ablehnende Verfügung der Bauaufsichtsbehörde nicht formal von der Gemeinde mitunterzeichnet ist. Während im Verwaltungsrechtsstreit auf Erteilung der Baugenehmigung bei rechtswidrig versagtem Einvernehmen die zuständige Bauaufsichtsbehörde verklagt werden muß, wird zivilrechtlich derjenige belangt, der letztendlich durch sein rechtswidrig versagtes Einvernehmen das Endergebnis bewirkt hat, nämlich die Gemeinde. Diese Recht-

---

33) Nur auf diese Weise lassen sich Ergebnisse vermeiden, wie sie unlängst unter striktester Anwendung der Rechtsprechung des Bundesverwaltungsgerichts durch den Hessischen Verwaltungsgerichtshof in seinem Beschluß vom 11. 4. 1990 ausgesprochen worden sind, ohne daß das Gericht die Konsequenzen seiner Entscheidung ganz zu Ende gedacht hätte. Der VGH führt aus, daß materiell-rechtlich durchaus Zweifel angebracht seien, ob eine Gemeinde, die zunächst zu einem Teilungsvorgang und einem Bauvorbescheid ihr Einvernehmen erteilt hatte, zu einem Antrag des Bauherrn auf Verlängerung des Vorbescheids (bei unveränderter Rechtslage) und einem Antrag auf Erteilung der Baugenehmigung ihr Einvernehmen, das grundsätzlich zu jeder neuen Verfahrenshandlung notwendig sei, später verweigern könne. Die ohne Einvernehmen der Gemeinde erteilte und durch Widerspruch der Gemeinde angefochtene Baugenehmigung berechtige dennoch nicht zur Ausführung der Baumaßnahme. „*Die materielle Rechtslage könne im Hauptsacheverfahren geklärt werden.*" Hier irrt der Hessische Verwaltungsgerichtshof. Hauptsacheverfahren ist der Anfechtungsprozeß der Gemeinde gegen die Baugenehmigung. In diesem Verfahren wird die materielle Rechtslage gerade nicht geprüft, da nach Meinung des Bundesverwaltungsgerichts im Anfechtungsprozeß der Gemeinde gegen die ohne ihre Zustimmung erteilte Baugenehmigung eine Ersetzung des Einvernehmens nicht stattfindet.
34) BGHZ 65, 182, 185.
35) BVerwGE 22, 342 und 28, 145.

sprechung ist nicht nur von der Sache her gerechtfertigt, sie überzeugt auch inhaltlich, da der Bundesgerichtshof mit dem Bundesverwaltungsgericht die Auffassung teilt, daß sich eine Bauaufsichtsbehörde über ein rechtswidrig versagtes Einvernehmen nicht hinwegsetzen kann, die Gemeinde also in jedem Falle verbindlicher Veranlasser für die Versagung einer Baugenehmigung ist und auch baurechtlich das Risiko der rechtlichen Einschätzung und rechtlichen Handhabung tragen muß. Worin nun der Unterschied zwischen dieser zivilrechtlich vorhandenen Unmittelbarkeit und der vom Bundesverwaltungsgericht mit aller Konsequenz geschützten Planungshoheit liegt, die auch bei nur formaler Nichtbeachtung materielle Bauansprüche sofort zu Fall bringt, ist nicht einsehbar.

Zu welchen Konsequenzen die Rechtsprechung des Bundesverwaltungsgerichts führt, zeigt die zitierte Entscheidung des Hessischen Verwaltungsgerichtshofs.[36] Ihr lag sachverhaltsmäßig noch die Besonderheit zugrunde, daß die Gemeinde die Erteilung des Einvernehmens dem Bauantragsteller sogar noch schriftlich angeboten, seine effektive Erteilung aber davon abhängig gemacht hatte, der Antragsteller solle seine beim Landgericht bereits anhängig gemachte Amtshaftungsklage (die den gleichen Streitgegenstand betraf) und beim Verwaltungsgericht anhängigen Klagen (die ganz andere Streitgegenstände betrafen) vorher zurücknehmen. Auch das Angebot der Gemeinde, ihre Planungshoheit gleichsam zur Disposition „Zug um Zug" zu stellen, hielt den HessVGH nicht davon ab, das Bauvorhaben ohne jede Prüfung materiellen Rechts zu stoppen.

Wird die Rechtsprechung des Bundesverwaltungsgerichts nicht geändert, verliert der Bauherr im Anfechtungsrechtsstreit der Gemeinde seine Baugenehmigung. Nach der bisherigen Rechtsprechung spielt dabei keine Rolle, ob die Gemeinde zur Wahrung ihrer Planungshoheit gehandelt oder ihr Einvernehmen allein aus völlig sachfremden Erwägungen verweigert hat. Wäre dagegen die Baugenehmigung zu Lasten des Bauherrn sofort, wenn auch im Endergebnis rechtswidrig, versagt worden, hätte das Verwaltungsgericht im Verpflichtungsrechtsstreit die Möglichkeit, das rechtswidrig versagte Einvernehmen zu ersetzen. Für den Bauherrn würden im Falle des Hessischen Verwaltungsgerichtshofs[37] weiterhin die Bindungswirkung nach §§ 19, 21 ff. BauGB sowie die zeitliche Bindungswirkung des Bauvorbescheids streiten. Bei sofort materiell rechtswidriger Entscheidung steht der Bauherr also immer besser da als bei sofort materiell richtiger, aber formal falscher Entscheidung. Dieses Ergebnis der Rechtsprechung verleitet geradezu zu der Feststellung, daß die Bauaufsichtsbehörde demjenigen den allergrößten Schaden zufügt, dem sie eine zwar dem materiellen Baurecht entsprechende, aber am formalen Mangel des nicht erteilten Einvernehmens der Gemeinde leidende Baugenehmigung erteilt hat. Die Konsequenz hieraus ist, daß der Bauherr, der eine derartige Baugenehmigung erhält, selbst Widerspruch gegen den ihn scheinbar begünstigenden und im Ergebnis richtigen Verwaltungsakt einlegen muß, sofern er überhaupt innerhalb der Monatsfrist erkennen kann, daß die Baugenehmigung ohne Einvernehmen der Gemeinde erteilt worden ist.

Mit einem materiell rechtmäßigen, aber ohne Einvernehmen zustande gekommenen Bauschein ist nicht über den Antrag des Bauwilligen entschieden worden, nämlich nur eine Baugenehmigung nach dem Gesetz — unter Berücksichtigung der Einvernehmensentscheidung der Gemeinde — zu erteilen, obwohl das Ergebnis materiell-rechtlich in Ordnung ist. Der Bauherr hat dennoch weniger bekommen, als er beantragt hat. Die Unlogik einer derartigen Handhabung wird sofort offenkundig. Der Bauherr soll und muß sich gegen einen ihn begünstigenden Verwaltungsakt zur Wehr setzen, sofern es ihm überhaupt gelingt,

---

36) Beschl. v. 11. 4. 1990, siehe Anm. 14.
37) Siehe Anm. 36.

sich über den Mangel des Verwaltungsakts, der diesen Mangel ja nicht auf seiner Stirn trägt, innerhalb der Widerspruchsfrist Kenntnis zu verschaffen. Er muß im Endergebnis über den eigenen Widerspruch die Bauaufsichtsbehörde zwingen, die bereits erteilte Baugenehmigung wieder aufzuheben und gegen einen (materiell-rechtswidrigen) ablehnenden Bescheid zu ersetzen, um dann verfahrensrechtlich im Verwaltungsrechtsstreit die Möglichkeit zu behalten, das rechtswidrig versagte Einvernehmen der Gemeinde ersetzen zu lassen. Eine derartige Handhabung ist nicht nur widersinnig; sie widerspricht der Forderung eines effektiven Rechtsschutzes, der nicht nur einseitig zugunsten der Gemeinden, sondern in seiner Effizienz auch zugunsten eines Bauherrn gewährleistet sein muß. Das geschilderte untragbare Ergebnis wäre ohne weiteres zu vermeiden, wenn das Bundesverwaltungsgericht von seiner Rechtsprechung abginge, das Einvernehmen der Gemeinde stelle ein reines Verwaltungsinternum dar. Kommt dem erteilten Einvernehmen die Qualität eines Verwaltungsaktes zu, kann der Bauherr das versagte Einvernehmen selbständig anfechten. Er kann planungsrechtlich eine abschließende Entscheidung herbeiführen, die auch die Bauaufsichtsbehörde im anschließenden Baugenehmigungsverfahren im planungsrechtlichen Teil der Entscheidung bindet. Dies entspricht nicht nur einem prozeßökonomischen Verfahren, sondern erspart einem Bauherrn weitere Nachteile, wie sie oben beschrieben worden sind. Verliert die Gemeinde den Rechtsstreit gegen den Bauherrn, bindet diese Entscheidung gleichzeitig im anschließenden Amtshaftungsrechtsstreit.

IV. Die kommunalaufsichtliche Ersetzung des Einvernehmens

Als einzigen Ausweg aus dem Dilemma seiner Rechtsprechung hat das Bundesverwaltungsgericht bereits in seiner Entscheidung vom 19. 11. 1965[38] erkannt, der Bauwillige könne das Einvernehmen der Gemeinde kommunalaufsichtlich ersetzen lassen. Aber wann und bei welcher Fallkonstellation besteht ein derartiger Rechtsanspruch überhaupt? Gerade die Kommunalaufsicht liegt im öffentlichen Interesse. Ihr korrespondiert nicht unbedingt ein Anspruch des einzelnen auf *jederzeitiges* kommunalaufsichtliches Einschreiten, wenn dies auch in Einzelfällen[39] durchaus geboten sein mag. Die Kommunalaufsichtsbehörde wird zugunsten des Bauherrn nur dann tätig werden, wenn eine eklatante Rechtswidrigkeit der Gemeinde bei der Versagung des Einvernehmens festzustellen sein wird. Diese Fälle werden auch in der Praxis nicht eben sehr häufig sein.[40] Im Regelfall, in dem es in einer sachlichen Auseinandersetzung um die Frage geht, ob Einvernehmen zu erteilen ist oder nicht, besteht sicherlich überhaupt kein Anlaß auf Einschreiten der Kommunalaufsicht, auch wenn die Gemeinde im Einzelfall tatsächlich rechtswidrig ihr Einvernehmen versagt haben sollte. Auch die „stumpfe Waffe" der kommunalaufsichtlichen Möglichkeiten ist keine Rechtfertigung für die Annahme des Verwaltungsinternums.

---

38) BVerwGE 22, 342 und BVerwG, Urt. v. 10. 8. 1988, siehe Anm. 4.

39) Der Sachverhalt, der der Entscheidung des HessVGH vom 11. 4. 1990 zugrunde lag, mag durchaus – ausnahmsweise – Veranlassung für kommunalaufsichtliches Einschreiten sein. Dieser in der Praxis gar nicht seltene Sachverhalt läßt den Praktiker grundsätzlich daran zweifeln, ob das BVerwG einerseits und manche Gemeinde andererseits unter Planungshoheit nicht etwas völlig anderes verstehen.

40) Die Gemeinde hat bei Ersetzung des Einvernehmens ihrerseits Rechtsmittel. Prozeßökonomisch ist dieses Verfahren keinesfalls.

V. Die „weitergehende" Kompetenz der Widerspruchsbehörde zur Sachentscheidung

Im fachaufsichtlichen Instanzenzug (Bauaufsichtsbehörde, obere Bauaufsichtsbehörde, die zugleich Widerspruchsbehörde ist), ist es nicht nur der Bauaufsichtsbehörde verwehrt, sich über das versagte Einvernehmen der Gemeinde hinwegzusetzen, auch die obere Bauaufsichtsbehörde hat eine derartige Kompetenz gegenüber der Gemeinde nicht. Nach der Rechtsprechung des Bundesverwaltungsgerichts[41] darf sich auch die Widerspruchsbehörde über das Fehlen des Einvernehmens der Gemeinde nicht hinwegsetzen, es sei denn, ihr sei nach Landesrecht eine entsprechende – über die Kompetenz der Baugenehmigungsbehörde hinausgehende – Befugnis zur Entscheidung in der Sache eingeräumt. Derartige Befugnisse kann es nach Landesrecht aber gar nicht geben, auch wenn die gleiche Behörde (Regierungspräsidium oder Bezirksregierung) gleichzeitig in Bauangelegenheiten einerseits und in Kommunalangelegenheiten andererseits Fachaufsichtsbefugnisse ausübt. Die obere Bauaufsichtsbehörde kann schon nach der jeweiligen Landesbauordnung mangels kommunalverfassungsrechtlicher Zuständigkeit, die eine Landesbauordnung nie verleihen kann, auch in ihrer Funktion als Widerspruchsbehörde im Baugenehmigungsverfahren keine „weitergehende" Zuständigkeit zur Entscheidung in der Sache in einem ihr fachfremden (kommunalaufsichtlichen) Bereich haben.

VI. Ergebniskritik

Die Rechtsprechung des Bundesverwaltungsgerichts, das Einvernehmen der Gemeinde sei bloßes Verwaltungsinternum, überzeugt nicht. Sie nimmt zwar hin, daß der Träger der Planungshoheit der entscheidende Wortführer im Entscheidungsprozeß nach § 36 Abs. 1 Satz 1 BauGB ist, sich aber gleichzeitig hinter der nicht mit Sachentscheidungskompetenz ausgestatteten Bauaufsichtsbehörde wiederum verstecken darf. Nur die Rechtsprechung des Bundesgerichtshofs im Amtshaftungsrecht entläßt den wirklichen Entscheidungsträger nicht aus seiner durch die Entscheidungskompetenz begründeten Verantwortlichkeit. Aufgrund der durchschlagenden Wirkung bei der rechtswidrigen Versagung des Einvernehmens muß der Bauherr die Möglichkeit haben, die Gemeinde im Verwaltungsrechtsstreit zur Erteilung des Einvernehmens verpflichten zu lassen. Nur so lassen sich die Entscheidungen des Bundesverwaltungsgerichts und des Bundesgerichtshofs in Einklang bringen. Auf keinen Fall erscheint es gerechtfertigt, bei einer Anfechtungsklage der Gemeinde gegen eine ohne ihr Einvernehmen erteilte Baugenehmigung die Bauerlaubnis *ohne Prüfung der materiellen Rechtslage* aufzuheben. Hier muß es vielmehr entscheidend darauf ankommen, ob die Gemeinde zum Zeitpunkt der Versagung ihres Einvernehmens nicht nur Planungshoheit theoretisch beansprucht, sondern auch praktisch – mindestens manifestiert in einem Aufstellungsbeschluß für einen Bebauungsplan – in Anspruch genommen hat. Die umfassende Planungshoheit der Gemeinde, wie sie vom Bundesverwaltungsgericht verstanden wird, verleitet in der Praxis gerade dazu, Planungshoheit als Pflichtaufgabe der Gemeinde zum Gegenstand von Zug-um-Zug-Geschäften (Einvernehmen gegen Rücknahme der Amtshaftungsklage) zu machen.

---

41) BVerwG, Urt. v. 10. 8. 1988, siehe Anm. 4.

JOST HÜTTENBRINK

Gemeindlicher Rechtsschutz gegen aufsichtsbehördliche Maßnahmen nach § 9 OBG NW im Baugenehmigungsverfahren

I. Einführung in die Problematik

Die nachstehende Abhandlung befaßt sich ausschließlich mit aufsichtsrechtlichen Fragen im Baugenehmigungsverfahren; andere Rechtsgebiete[1] bleiben außer Betracht.

1. Bauaufsicht als Pflichtaufgabe nach Weisung

Während § 57 BauO NW unter der Überschrift „Bauaufsichtsbehörden" die Bestimmung von bestimmten Behörden zu Bauaufsichtsbehörden und ihren dreistufigen Aufbau regelt, ist die Art und Weise der Aufsicht über die Tätigkeit der unteren Bauaufsichtsbehörde in der BauO NW nicht geregelt.[2]

Die unteren Bauaufsichtsbehörden (= Baugenehmigungsbehörden) nehmen ihre Aufgaben nach § 57 Abs. 1 Ziffer 3 BauO NW als Ordnungsbehörden und damit in Verbindung mit § 3 OBG NW als *„Pflichtaufgaben zur Erfüllung nach Weisung"* wahr.[2] Bei „Pflichtaufgaben nach Weisung" regeln sich die aufsichtlichen Befugnisse als „sog. Sonderaufsicht"[2] nach den §§ 8–10 OBG NW.[3]

Nach § 8 OBG NW haben die Aufsichtsbehörden ein Unterrichtungsrecht über die Angelegenheiten der Ordnungsbehörden; § 9 OBG NW berechtigt die Aufsichtsbehörden, Weisungen zu erteilen, um die gesetzmäßige Erfüllung der ordnungsbehördlichen Aufgaben zu sichern. Nach § 9 Abs. 2 OBG NW dürfen die Aufsichtsbehörden
– allgemeine Weisungen erteilen, um die gleichmäßige Durchführung der Aufgaben zu sichern,
– besondere Weisungen erteilen, wenn das Verhalten der zuständigen Ordnungsbehörde zur Erledigung ordnungsbehördlicher Aufgaben nicht geeignet erscheint oder überörtliche Interessen gefährden kann.

§ 10 OBG NW regelt die Möglichkeit des Selbsteintritts der Aufsichtsbehörde, falls der Hauptverwaltungsbeamte der zuständigen unteren Bauaufsichtsbehörde einer Weisung nach § 9 Abs. 4 OBG NW nicht nachkommt.

---

1) Vgl. z. B. *Schulte*, Zur Rechtsnatur der Bundesauftragsverwaltung, Verwaltungsarchiv 1990, S. 415 ff.; *Lange*, Probleme des Bund-Länder-Verhältnisses im Atomrecht, NVwZ 1990, S. 928 ff.; *Schmittat*, Denkmalschutz und gemeindliche Selbstverwaltung, Schriften zum öffentlichen Recht, Band 545, S. 90 ff.; ferner *Herdegen*, Der Selbsteintritt von Aufsichtsbehörden im Verwaltungsrecht, in: Die Verwaltung, 1990, S. 183 ff.; ferner BVerfG, Urt. v. 22. 5. 1990 – 2 BvG 1/88 – in NVwZ 1990, 955 ff. (Kalkar); ferner BVerfG, Urt. v. 10. 4. 1991 – 2 BvG 1/91 – (Eisenerzgrube Konrad).

2) Vgl. *Gädtke/Böckenförde/Temme*, Landesbauordnung Nordrhein-Westfalen, Kommentar, 8. Aufl., § 57 Rdn. 6.

3) Vgl. dazu *Rietdorf/Heise/Böckenförde/Strehlau*, Ordnungs- und Polizeirecht in Nordrhein-Westfalen, Kommentar, § 7 Rdn. 5; ferner OVG Münster, Urt. v. 15. 7. 1958 – VII A 1063/56 – in DVBl. 1958, 803 f.; vgl. dazu *Gelzer*, Echte und unechte Selbstverwaltung, in: DVBl. 1958, S. 87 ff.

Von der Sonderaufsicht abzugrenzen ist die Fachaufsicht (§ 13 LOG NW), deren (unbeschränkte) Weisungsrechte weitergehend sind als bei der Sonderaufsicht; ferner sei auf die allgemeine Kommunalaufsicht über die Gemeinden und die Gemeindeverbände verwiesen, deren Befugnisse nach §§ 107–111 GO NW gemäß § 11 OBG NW als allgemeine Rechtsaufsicht unberührt bleiben.[2]

2. Möglichkeiten der Sonderaufsicht nach § 9 OBG NW

Die nach § 9 OBG NW zulässigen Weisungen können in verschiedenen Formen erteilt werden. Dabei unterscheidet das Gesetz zum einen nach dem Zweck der erteilten Weisung (gesetzmäßige Erfüllung [§ 9 Abs. 1 OBG NW] oder zweckmäßige Erfüllung [§ 9 Abs. 2 OBG NW]) oder aber nach dem Umfang der erteilten Weisung, und zwar danach, ob es sich bei der Weisung um eine allgemeine Weisung im Sinne von § 9 Abs. 2 a oder um eine besondere einzelfallbezogene Weisung gemäß § 9 Abs. 2 b OBG NW handelt.[4] Bezüglich der Gesetzmäßigkeitsweisungen bringt § 9 Abs. 1 OBG NW nur die selbstverständliche Tatsache zum Ausdruck, daß die Baugenehmigungsbehörden – die kommunalen Selbstverwaltungskörperschaften – sich an den allgemeinen Grundsatz der gesetzmäßigen Verwaltung (Art. 20 Abs. 3 GG) halten müssen, also an Recht und Gesetz gebunden sind. Der Gesetzgeber wollte natürlich die staatliche Aufsicht dazu befähigen, gesetzwidrigen Zuständen abzuhelfen. Bei den sog. Zweckmäßigkeitsweisungen schränkt § 9 Abs. 2 OBG NW die Befugnisse der Aufsichtsbehörden allerdings deutlich ein: Während die allgemeinen Weisungen eine gleichmäßige Durchführung der Aufgaben sichern sollen, dürfen besondere Weisungen nach § 9 Abs. 2 b OBG NW nur dann erteilt werden, wenn das Verhalten der zuständigen Ordnungsbehörde zur Erledigung ordnungsbehördlicher Aufgaben nicht geeignet erscheint oder überörtliche Interessen gefährden kann.[5]

3. Besondere Probleme in der Praxis

Während die allgemeinen Weisungen – soweit ersichtlich – bislang zu keinen gerichtlichen Auseinandersetzungen zwischen Aufsichtsbehörden und Selbstverwaltungskörperschaften geführt haben, führen die besonderen Weisungen in der Praxis gelegentlich zu Rechtsstreitigkeiten. Im wesentlichen können drei Fallgestaltungen unterschieden werden:

a) Erste Fallgestaltung

Die Baugenehmigungsbehörde will ein Vorhaben genehmigen bzw. ablehnen. Die Aufsichtsbehörde hält die geplante Maßnahme für rechtswidrig und weist die Baugenehmigungsbehörde an, den Antrag abzulehnen bzw. zu genehmigen, oder sogar an, eine bereits erteilte Baugenehmigung zurückzunehmen.

b) Zweite Fallgestaltung

Die Baugenehmigungsbehörde will ein Vorhaben nach den §§ 31, 33–35 BauGB bzw. § 14 Abs. 2 BauGB genehmigen, die Gemeinde versagt hierzu ihr Einvernehmen; die

---

4) Vgl. *Rietdorf/Heise/Böckenförde/Strehlau* (a. a. O., Fn. 3), § 9 Rdn. 4 ff.
5) *Rietdorf/Heise/Böckenförde/Strehlau* (a. a. O., Fn. 3), § 9 Rdn. 10 ff.

Aufsichtsbehörde weist die Baugenehmigungsbehörde an, den negativen Ratsbeschluß zu beanstanden und für den Fall der Bestätigung des Ratsbeschlusses das gemeindliche Einvernehmen zu ersetzen und die Genehmigung zu erteilen.[6]

c) Dritte Fallgestaltung

Der Rat der Gemeinde beschließt — um ein an sich zulässiges Vorhaben zu verhindern — gemäß § 2 Abs. 1 BauGB die Aufstellung eines Bebauungsplans und beantragt, die Entscheidung über die Zulässigkeit des Bauvorhabens gemäß § 15 Abs. 1 BauGB zurückzustellen. Die Aufsichtsbehörde beanstandet den Ratsbeschluß und weist den Hauptverwaltungsbeamten der Gemeinde an, die beantragte Baugenehmigung zu erteilen.

In allen diesen Fallgestaltungen stellt sich die Frage, ob eine gemeindliche Klage gegen aufsichtliche Maßnahmen zulässig und ggf. begründet ist.

II. Zulässigkeit einer gemeindlichen Abwehrklage

1. Klagebefugnis als allgemeine Prozeßvoraussetzung

In der Praxis ist immer wieder das Argument anzutreffen, der Gemeindedirektor/ Stadtdirektor sei im Rahmen der Sonderaufsicht im Wege der Organleihe in Anspruch genommen; die Weisung sei deshalb kein Verwaltungsakt und könne deshalb auch nicht mit einem Widerspruch/einer verwaltungsgerichtlichen Klage angegriffen werden. Bei aufsichtlichen Maßnahmen handele es sich nur um ein Verwaltungsinternum, eine etwaige Klage führe zu einem unzulässigen In-sich-Prozeß. Diese Betrachtungsweise ist insoweit richtig, als der jeweilige Hauptverwaltungsbeamte der Gemeinde bei der Ausführung von Weisungen nach § 9 Abs. 4 OBG NW nur als verlängerter Arm der Aufsichtsbehörde tätig wird. Der Hauptverwaltungsbeamte hat die Weisung als staatliche Verwaltungsbehörde pflichtgemäß durchzuführen und ist deshalb nicht (klage-)befugt, die ihm erteilte Weisung in Zweifel zu stellen.

Hiervon unabhängig ist aber die Frage zu stellen, ob nicht die Gemeinde als Gebietskörperschaft ihrerseits Rechtsschutz in Anspruch nehmen kann. Die Frage des gemeindlichen Rechtsschutzes gegen aufsichtliche Weisungen im Bereich des Baugenehmigungsverfahrens hängt davon ab, wie die „Pflichtaufgabe zur Erfüllung nach Weisung" im Baugenehmigungsverfahren näher zu qualifizieren ist.

§ 3 Abs. 2 GO NW bestimmt in Übereinstimmung mit Art. 78 Ziffer 4 Satz 2 LV NW, daß den Gemeinden Pflichtaufgaben zur Erfüllung nach Weisung übertragen werden dürfen. Über den Rechtscharakter der Pflichtaufgaben nach Weisung besteht in Schrifttum und Rechtsprechung keine Einigkeit.[7] Strittig ist, ob es sich bei dem Begriff lediglich um eine terminologische Änderung handele, d. h., ob die Pflichtaufgaben nach Weisung lediglich staatliche Auftragsangelegenheiten seien, oder ob es sich hierbei um Selbstverwaltungsangelegenheiten handele. Für den Charakter der Aufgaben ist wesentlich, daß § 3 Abs. 2 GO NW darauf hinweist, daß das Gesetz auch den Umfang des Weisungsrechts bestimmt. Das Weisungsrecht kann freilich in keinem Fall total sein, vielmehr setzt der Charakter der

---

Pflichtaufgaben zur Erfüllung nach Weisung voraus, daß den Gemeinden ein weisungsfreier Spielraum zu überlassen ist.[7] Die Pflichtaufgabe nach Weisung wäre danach eine Selbstverwaltungsangelegenheit.[8] Folgt man dieser Auffassung, so ist jede aufsichtliche Weisung zugleich auch ein Eingriff in die Selbstverwaltungsgarantie des Art. 28 Abs. 2 GG mit der Folge, daß eine Klagebefugnis der Gemeinde ohne weiteres zu bejahen ist. *Schmittat* vertritt demgegenüber die Auffassung, daß die Sonderaufsicht gerade statuiere, daß eine „Weisungsfreiheit" der Gemeinden und damit auch keine hieraus implizierte Eigenverantwortlichkeit der Gemeinden feststellbar sei.[9] Die These, auch im Weisungsbereich gebe es gewissermaßen „als Bodensatz" ein Recht auf weisungsfreie Aufgabenerfüllung, sei unhaltbar.[9]

Gelzer[10] und ihm annähernd auch das OVG Münster[10] vertritt hierzu die Auffassung, es handele sich bei Pflichtaufgaben nach Weisung um sog. „unechte" Selbstverwaltungsangelegenheiten. Da sich die Pflichtaufgaben nach Weisung von der sonstigen staatlichen Auftragsverwaltung abheben, komme man nicht umhin, letztere noch als „unechte" Selbstverwaltungsangelegenheiten anzusehen. Die Klagebefugnis der betroffenen Gemeinde wäre damit indiziert.

Für eine allgemeine Zulässigkeit einer Klage der Gemeinde gegen aufsichtliche Weisungen spricht vor allem die Überlegung, daß Grundvoraussetzung für den Erlaß der Weisung und ihre Durchsetzung immer ein Verstoß der Gemeinde gegen gesetzliche Vorschriften sein muß. Ohne einen Verstoß gegen gesetzliche Vorschriften, deren Wahrnehmung der Gemeinde als Pflichtaufgabe nach Weisung übertragen ist, würde es an den Voraussetzungen für einen Eingriff im Aufsichtswege fehlen. Liegt aber im Rahmen des gemeindlichen Handelns kein Verstoß gegen gesetzliche Vorschriften vor, dann ist es folgerichtig, daß die Gemeinde auch durch Aufsichtsmaßnahmen nicht schlechthin zu einem rechtswidrigen Vorgehen, das die Aufsichtsbehörde für rechtens hält, verpflichtet werden kann.

Die Gemeinde ist nur verpflichtet, solche Weisungen zu befolgen, die objektiv rechtens sind. Die Durchführung einer rechtswidrigen, willkürlichen, unverhältnismäßigen oder unzumutbaren Regelung verstößt aber regelmäßig auch gegen die Selbstverwaltungsgarantie der jeweiligen Gemeinde.[11] Im übrigen wird durch aufsichtliche Weisungen regelmäßig in die Personal-, Finanz- und Planungshoheit eingegriffen. Zu Eingriffen in die Personalhoheit kommt es, wenn die Aufsichtsbehörde im Wege der Organleihe den Hauptverwaltungsbeamten der Gemeinde für die Durchsetzung der Weisung in Anspruch nimmt.[12] Eingriffe in die Finanzhoheit sind dann denkbar, wenn aufgrund einer rechtswidrigen Weisung (z. B. Nichterteilung einer bestimmten Baugenehmigung, Rücknahme einer erteilten Genehmigung) Amtshaftungsansprüche, Schadensersatzansprüche (z. B. gem. § 48 Abs. 3 VwVfG)

---

8) *Jesch*, Rechtstellung Rechtsschutz der Gemeinden bei der Wahrnehmung „staatlicher" Aufgaben, DÖV 1960, S. 739; ferner *Erichsen*, Kommunalaufsicht – Hochschulaufsicht, DVBl. 1985, S. 943 ff., 947; a. A. *Schmittat* (a. a. O., Fn. 1, S. 90–92); offengelassen VGH Kassel, Beschl. v. 18. 1. 1988 – 4 TH 1663/85 – in: UPR 88, 455.

9) So *Schmittat* (Fn. 1), S. 92 m. w. N.

10) *Gelzer* (a. a. O., Fn. 3), S. 87 f., vgl. dazu OVG Münster, Urt. v. 15. 7. 1978 – VII A 1063/56 – DVBl. 58, 803, das die Auffassung vertritt, es handele sich um eine Angelegenheit „sui generis".

11) *Schmittat* (a. a. O., Fn. 1), S. 91 f.; vgl. im übrigen VGH Kassel, Beschl. v. 16. 4. 1982 – III TH 18/82 – HSGZ 1982, 259; er vertritt die Auffassung, daß der Rechtsschutz der Gemeinde im Falle der Anfechtung einer kommunalaufsichtlichen Anweisung der gerichtlichen Überprüfung dahin gehend beschränkt sei, ob die im Gesetz geregelten Verfahrensvorschriften beachtet sind, ohne daß die fachaufsichtliche Weisung auf ihre Richtigkeit und Berechtigung hin untersucht werden könne.

12) Sowie hier andeutungsweise auch VGH Kassel, Beschl. v. 18. 1. 1988 – 4 TH 1663/88 – in: UPR 88, 455; vgl. ferner VerfGH NW, Urt. v. 15. 2. 1985 – 13/83 – NVwZ 85, 820.

oder Entschädigungsansprüche (z. B. gem. §§ 39 ff. OBG NW) zu besorgen sind.[13] Auch für die gemeindliche Planungshoheit ist eine Klagebefugnis unbestritten.[14] Die gemeindliche Klagebefugnis ist im Ergebnis immer dann allgemein anerkannt, wenn im weitesten Sinne kommunale Selbstverwaltungsrechte verletzt sein konnten.[15]

Maßnahmen der Sonderaufsicht sind im Wege der Anfechtungsklage verwaltungsgerichtlich anzufechten, da Maßnahmen im Rahmen der Sonderaufsicht immer einen Regelungsgehalt mit unmittelbarer Rechtswirkung nach außen hin, bezogen auf einen gesonderten Einzelfall, darstellen.[16]

2. Aktivlegitimation

Während die Gemeinde regelmäßig durch den Gemeindedirektor gem. § 55 Abs. 1 Satz 1 GO NW vertreten wird, gilt für die hier vorliegenden Fälle regelmäßig eine abweichende Vertretungsbefugnis. Abweichendes gilt nämlich dann, wenn der Gemeindedirektor durch die Prozeßvertretung in einen Pflichten- und Interessenskonflikt geraten würde. Ein solcher Konflikt steht hier in Rede, weil Streitgegenstand der Klage eine Weisung der Sonderaufsicht ist, die von dem jeweiligen Hauptverwaltungsbeamten der Gemeinde als staatliche Verwaltungsbehörde auszuführen ist.[17] Es ist deshalb allgemein anerkannt, daß in derartigen Verfahren die jeweilige Kommune durch den Bürgermeister vertreten wird.[16]

III. Begründetheit der Klage

1. Zur ersten Fallgestaltung

Die gemeindliche Klage hat in der Sache Erfolg, wenn entweder die formalen Voraussetzungen für das Eingreifen der Aufsichtsbehörde nicht vorgelegen haben oder die aufsichtliche Weisung sich in der Sache als rechtswidrig erweist. Ob letzteres der Fall ist, richtet sich nach den allgemeinen baurechtlichen Bestimmungen.

2. Zur zweiten Fallgestaltung

Bei der zweiten Fallgestaltung könnte man − bei vordergründiger Betrachtungsweise − unter Berufung auf die Rechtsprechung des Bundesverwaltungsgerichts[18] zu dem Ergebnis kommen, daß ein aufsichtsbehördliches Eingreifen bei (rechtswidriger) Verweigerung des gemeindlichen Einvernehmens nicht zulässig sei.[18] Das BVerwG[18] hat sich in ständiger Rechtsprechung auf den Standpunkt gestellt, daß die Gemeinde in ihrem in § 36 Abs. 1 Satz 1 BauGB festgelegten, aus der Planungshoheit abgeleiteten Recht, bei der Entscheidung

---

13) So auch *Schmittat* (Fn. 1), S. 94 m. w. N.

14) So auch *Schmittat* (Fn. 1), S. 95 m. w. N.; vgl. dazu VG Münster v. 8. 12. 1988 − 2 K 1594/87.

15) Vgl. OVG NW, Urt. v. 5. 9. 1980 − 15 A 686/78 −, soweit ersichtlich unveröffentlicht, und VG Münster v. 4. 10. 1983, − 2 K 521/83 −, soweit ersichtlich unveröffentlicht.

16) Vgl. dazu VG Münster, Urt. v. 14. 10. 1983 − 2 K 521/83.

17) Vgl. VG Münster, Urt. v. 8. 12. 1988 − 2 K 1505/87, a. U., S. 7.

18) BVerwG, Urt. v. 10. 8. 1988 − 4 C 20.84 − ZfBR 89, 39 ff. = BauR 88, 694 ff.; vgl. auch *Gelzer*, Bauplanungsrecht, 3. Aufl., Rdn. 795, inbesondere dessen zu Recht erfolgte kritische Anmerkungen bei Rdn. 802.

der Baugenehmigungsbehörde im Baugenehmigungsverfahren über Vorhaben in nicht beplanten Gebieten mitzuwirken, verletzt ist, wenn eine Baugenehmigung ohne ihr Einvernehmen erteilt werde. Gleiches gelte, wenn sich die Widerspruchsbehörde auf den Widerspruch des Bauherrn hin über das fehlende Einvernehmen hinwegsetze.[19] Der VGH Kassel[20] vertritt sogar die bedenkliche Auffassung, daß die übergangene Gemeinde bei Erteilung einer Baugenehmigung (ohne daß das erforderliche gemeindliche Einvernehmen vorläge) in ihren Rechten in einer Art und Weise verletzt sei, daß die Gemeinde sofort einen gerichtlich durchsetzbaren Baustopp verlangen könne, und zwar ohne daß die Gerichte dabei überprüfen dürften oder müßten, ob die erteilte Baugenehmigung oder möglicherweise die Bauausführung mit dem materiellen Recht in Einklang stehe oder nicht.[19][20] Gleichwohl ist aber darauf hinzuweisen, daß das Bundesverwaltungsgericht es immer wieder für zulässig erachtet hat, das fehlende (rechtswidrigerweise verweigerte) Einvernehmen der Gemeinde im Wege der Rechtsaufsicht zu ersetzen.[21] Hat der Bauherr einen Anspruch auf Erteilung der Baugenehmigung, so löst die Nichterteilung der Baugenehmigung bzw. die verspätete Erteilung der Baugenehmigung einen Schadensersatzanspruch wegen Amtspflichtverletzung nach Art. 34 GG, § 839 BGB gegenüber der Baugenehmigungsbehörde aus. Die Baugenehmigungsbehörde hat die Amtspflicht, das Baugesuch im Einklang mit dem geltenden Recht gewissenhaft, förderlich und sachdienlich zu behandeln und zu bescheiden und dabei jede vermeidbare Schädigung des Antragstellers zu unterlassen. Die Baugenehmigung muß erteilt werden, wenn keine besonderen, im Gesetz vorgesehenen Versagungsgründe vorliegen. Verstößt die Behörde gegen die Verpflichtung, so begeht sie eine Amtspflichtverletzung; das gleiche gilt dann, wenn das kommunale Vertretungsorgan sein Einvernehmen zu der Baumaßnahme verweigert. Die Einvernehmenserteilung steht nach ständiger Rechtsprechung des BGH nicht im Ermessen des kommunalen Vertretungsorgans.[22] Aus dem Grundsatz der Gesetzmäßigkeit der Verwaltung folgt, daß das fehlende gemeindliche Einvernehmen in diesen Fällen durch aufsichtliche Maßnahmen ersetzt und die Erteilung der Baugenehmigung im Wege einer Anweisung an die Baugenehmigungsbehörde erzwungen werden kann.

3. Zur dritten Fallgestaltung

Anders liegt der Fall dagegen, wenn sich das jeweilige kommunale Vertretungsorgan nicht nur zu negativen Maßnahmen (Verweigerung des Einvernehmens), sondern darüber hinaus zu positiven Maßnahmen (Aufstellung eines Bebauungsplans) entschließt. Nach Auffassung des Bundesverwaltungsgerichts[23]

„soll die Gemeinde als – nach der Wertung des Gesetzgebers – sachnahe und fachkundige Behörde in Ortsteilen, in denen sie noch nicht geplant hat, im bauaufsichtlichen Genehmi-

---

19) Vgl. *Hüttenbrink*, Tendenzen der Rechtsprechung auf dem Gebiet des Bauplanungsrechts im Veröffentlichungszeitraum 1989, DVBl. 1990, S. 129 ff., 135.

20) VGH Kassel, Beschl. v. 19. 8. 1988 – 4 Tg 438/88 – BauR 1988, 699.

21) BVerwG, Urt. v. 7. 2. 1986 – 4 C 43/83 –, NVwZ 1986, 556 f. = BauR 1986, 425 ff., ferner BVerwG, Urt. v. 19. 11. 1965 – 4 C 184/85 – in: NJW 1966, 513; vgl. ferner BayVGH, Urt. v. 18. 4. 1989 – 20 B 88.585 – in BayVBl. 89, 689.

22) Vgl. dazu BGH, Urt. v. 29. 9. 1975 – 3 ZR 40/73 – in: BGHZ 65, 182 ff.; ferner BGH, Urt. v. 14. 6. 1984 – III ZR 68/83 – in: ZfBR 84, 298 f.

23) BVerwG, Urt. v. 7. 2. 1986 – 4 C 43.83 –, NVwZ 1986, 556, BVerwG, Urt. v. 20. 3. 1963 – VI C 169.60 – in: DVBl. 63, 677 (678).

gungsverfahren an der Beurteilung der baurechtlichen Zulässigkeitsvoraussetzungen von Vorhaben mitentscheidend beteiligt werden. Sie soll darüber hinaus, wenn der Bauantrag eingeht, der im nicht beplanten Bereich den Anforderungen des . . . § 35 BauGB genügt, noch die Möglichkeit haben, die Aufstellung eines Bebauungsplans zu beschließen (§ 3 Abs. 1 Satz 2 BauGB), aufgrund dessen eine Zurückstellung des Baugesuchs zu beantragen (§ 15 Abs. 1 BauGB, vgl. dazu auch BVerwG, ZfBR 86, 411) . . . und damit im Ergebnis die rechtlichen Voraussetzungen der Zulässigkeit des Vorhabens noch zu verändern; daß der Gemeinde daraus Entschädigungspflichten . . . entstehen können, ist eine vom Gesetzgeber mitbedachte Folge."[23]

Im Gegensatz zur zweiten Fallgestaltung, wo sich die Gemeinde auf eine bloße negative Haltung (Nichterteilung des Einvernehmens) beschränkt, wird die Gemeinde bei der dritten Fallvariante dagegen schöpferisch tätig und macht von der ihr allein zustehenden Planungshoheit positiven Gebrauch.

Der Aufsichtsbehörde steht im übrigen in der Regel nicht die Beantwortung der Frage zu, ob überhaupt eine Planungsbedürftigkeit besteht oder nicht. Es ist jeweils Sache der Gemeinde zu entscheiden, ob ein Bauleitplan nach ihrer Konzeption erforderlich ist oder nicht.[24] In derartigen Fällen wird – die Rechtmäßigkeit des Planaufstellungsbeschlusses und das Vorliegen der Voraussetzungen der §§ 14, 15 BauGB im übrigen unterstellt – ein aufsichtliches Eingreifen *regelmäßig* rechtswidrig sein. Es ist an dieser Stelle allerdings nachdrücklich darauf hinzuweisen, daß die Gemeinde über ihre Planungshoheit keine bloße „Bauverhinderung" betreiben darf. Liegt der Fall etwa so, daß ein nach §§ 34, 35 BauGB zulässiges Vorhaben erst lange Zeit – wegen Nichterteilens des gemeindlichen Einvernehmens zum Zwecke der Verhinderung der Ansiedlung – liegenbleibt und faßt das zuständige Selbstverwaltungsorgan dann einen Planaufstellungsbeschluß, der in letzter Konsequenz keine Positivplanung, sondern lediglich eine weitere Verschleppung und Verhinderung des an sich zulässigen Bauvorhabens zum Inhalt und zum Ziel hat, dann verstößt die Gemeinde gegen den auch im öffentlichen Recht geltenden Grundsatz von Treu und Glauben (§ 242 BGB)[23] mit der Folge, daß der Planaufstellungsbeschluß rechtsmißbräuchlich ist. Der Mißbrauch der Planungshoheit führt – wie *Gelzer*[25] in anderem Zusammenhang betont hat – zur Rechtswidrigkeit der Planung und kann daher auch mit aufsichtlichen Mitteln (z. B. durch Beanstandung und Aufhebung des Planaufstellungsbeschlusses) bekämpft werden.

Das VG Münster[24] hat in diesem Zusammenhang ausdrücklich klargestellt, daß Anträge auf Zurückstellung eines Bauvorhabens wegen der damit verbundenen Verschleppungsabsicht der Gemeinde ggf. aufsichtlich beanstandet werden können.

---

24) Vgl. dazu VG Münster, Beschl. v. 4. 10. 1990 – 1 L 460/90 – nicht veröffentlicht.
25) *Gelzer* (a. a. O.), Rdn. 47, 146.

KARSTEN MICHAEL ORTLOFF

Die fiktive Baugenehmigung

I. Bundesweit gibt es sie noch nicht

1. Alle für das Baugeschehen wichtigen Bauvorhaben bedürfen grundsätzlich der Baugenehmigung; vor dieser behördlichen Kontrollentscheidung darf nicht gebaut werden. Das geltende Recht befaßt sich mit der *Erteilung* und *Versagung* der *Baugenehmigung*, es regelt Verfahrensabläufe sowie Rechtsschutzmöglichkeiten und gewährt schließlich Ersatzansprüche bei rechtswidrigen Verzögerungen. Wann jedoch eine solche Verzögerung noch rechtmäßig und vom Bauherrn hinzunehmen ist, ergibt sich aus dem geschriebenen Recht ebensowenig wie ein Anspruch des Bauherrn darauf, daß die Bauaufsichtsbehörde innerhalb einer bestimmten Frist über den Bauantrag zu entscheiden hat. Die Erschwernisse des so geregelten Bauens werden immer wieder geschildert und sind angesichts der Entwicklung in den neuen Bundesländern von besonderem Gewicht.[1] Diesen Problemen ließe sich dadurch beikommen, daß eine gesetzliche *Frist* für die Bearbeitung des Bauantrages eingeführt wird, nach deren erfolglosem Ablauf — keine Entscheidung der Behörde — die Baugenehmigung als erteilt gilt; mit einer solchen *Fiktion* der Baugenehmigung würde der zügige Baubeginn ermöglicht werden. Daher lohnt die Beschäftigung mit der *fiktiven* oder *fingierten Baugenehmigung;* im Begrifflichen soll dabei dem Sprachgefühl *Gelzers* gefolgt werden, der die „fiktive" der „fingierten" Genehmigung vorzieht.[2]

2. Im *Verfahrensrecht* der *Länder* finden sich keine Bestimmungen über die fiktive Baugenehmigung — mit Ausnahme (soweit ersichtlich) Hamburgs.

a) Die *Landesbauordnungen* aller 16 Bundesländer,[3] in denen das Baugenehmigungsverfahren geregelt wird, sehen in dem mit „Baugenehmigung" überschriebenen Paragraphen (vgl. § 70 BauO NW) vor, daß die Baugenehmigung zu erteilen ist, wenn dem Vorhaben öffentlich-rechtliche Vorschriften[4] nicht entgegenstehen; es bedarf also einer positiven Entscheidung der Bauaufsichtsbehörde, die Fiktion der Baugenehmigung ist weder an dieser

---

1) Statt vieler: Zu den Verzögerungen im Baugenehmigungsverfahren *Portz,* Süddeutsche Zeitung v. 8./9. 5. 1991, S. 67; *Pitschas,* Verwaltungsentwicklung in den ostdeutschen Bundesländern, DVBl. 1991, 457.

2) *Gelzer,* Bauplanungsrecht, 4. Aufl. 1984, Überschrift vor Rdn. 1496 (zur Teilungsgenehmigung). Ebenso *Finkelnburg,* in: *Finkelnburg/Ortloff,* Öffentliches Baurecht, 2. Aufl. 1990, Bd. I, S. 174; BVerwGE 31, 274 (276 ff.). Von der fingierten Genehmigung spricht *Schmidt-Eichstaedt,* Einführung in das neue Städtebaurecht, 1987, S. 209. Uneinheitlich *Taegen,* in: *Schlichter/Stich,* Berliner Kommentar zum BauGB, 1988, § 19 Rdn. 27, § 21 Rdn. 4, § 23 Rdn. 2.

3) Fundstellen der 11 Bauordnungen der alten Bundesländer bei *Ortloff,* in: *Finkelnburg/Ortloff,* Öffentliches Baurecht, 2. Aufl. 1990, Bd. II, S. 2 f.; die Bauordnung der DDR vom 20. 6. 1990 (GBl. DDR I, 929), die jeweils als Landesbauordnung der 5 neuen Bundesländer fortgilt, ist abgedruckt bei *Ortloff,* Öffentliches Baurecht in den neuen Bundesländern, Textausgabe mit Einführung, 1991.

4) § 75 Abs. 1 in Verbindung mit § 2 Abs. 6 NdsBauO meint mit dem Begriff „Öffentliches Baurecht" dasselbe.

Stelle noch anderswo vorgesehen. Allerdings gibt es in *Hamburg* die *fiktive Werbegenehmigung* des § 60 Abs. 3 Satz 1 HmbBauO: Danach ist das Errichten usw. von Werbeanlagen, Waren- und Leistungsautomaten, für das keine Bau- oder wegerechtliche Genehmigung vorgeschrieben ist, genehmigungspflichtig; diese Genehmigung gilt als erteilt, wenn der Antrag nicht binnen eines Monats — die Frist kann um einen Monat verlängert werden — beschieden worden ist.

Gleichwohl bemühen sich die meisten Landesbauordnungen um Beschleunigung des behördlichen Verfahrens: Nach Landesrecht erforderliche *behördliche Mitwirkungsakte* (Einvernehmen, Zustimmung)[5] sowie *anderweitige Verwaltungsakte* (Genehmigungen, Erlaubnisse)[6] werden *fingiert*, wenn sie nicht innerhalb der gesetzlichen Frist von zwei Monaten verweigert werden; soweit anderen Behörden von der Bauaufsichtsbehörde eine Frist zur Stellungnahme gesetzt werden kann, kann nach Ablauf dieser Frist auch ohne die Stellungnahme beziehungsweise ohne deren Berücksichtigung entschieden werden.[7] Bauordnungsrechtliche *Rechtsverordnungen,* die eine fiktive Baugenehmigung regeln, sind nicht bekannt geworden; ob die gesetzlichen Ermächtigungen dies ermöglichen, kann hier nicht untersucht werden.[8]

b) Das *Hamburgische* Gesetz zur Erleichterung des Wohnungsbaus (HmbWoBauErlG)[9] führt ein vereinfachtes Baugenehmigungsverfahren ein für das Errichten und Ändern von Gebäuden geringer Höhe, die ausschließlich Wohnungen aufweisen, sowie von Stellplätzen, Garagen und Nebenanlagen im Sinne des § 14 BauNVO. Danach muß die Bauaufsichtsbehörde innerhalb von zwei bzw. drei Monaten nach Eingang der vollständigen Unterlagen über den Bauantrag entscheiden; wird die Genehmigung innerhalb dieser Frist nicht versagt, gilt sie als erteilt; der Eintritt der *Baugenehmigungsfiktion* ist dem Bauherrn auf Antrag schriftlich zu bestätigen (§ 5 HmbWoBauErlG).

3. Das *Verfahrensrecht* des *Bundes* kennt die fiktive Baugenehmigung nicht.

a) Das *Baugesetzbuch* enthält weder in seiner in den westlichen Bundesländern noch in der in den östlichen Bundesländern und im Ostteil Berlins geltenden Fassung[10] eine Regelung über die Baugenehmigung. Allerdings sieht es *fiktive Mitwirkungsakte* (Einvernehmen der Gemeinde, Zustimmung der höheren Verwaltungsbehörde) im Baugenehmigungsverfahren vor, wenn die gesetzliche Frist von zwei Monaten ohne Verweigerung der Mitwirkung verstrichen ist, § 36 Abs. 2 BauGB. *Fiktive Verwaltungsakte* sind die gemeindlichen Teilungsgenehmigungen nach §§ 19 Abs. 3, 22 Abs. 6 BauGB sowie die gemeindliche Sanierungsgenehmigung gemäß § 145 Abs. 1 BauGB; die Genehmigung gilt jeweils nach Ablauf einer Versagungsfrist von drei Monaten nach Antragseingang als erteilt.

b) Das *BauGB-Maßnahmengesetz*[11] erleichtert den Wohnungsbau in materiell-rechtlicher Hinsicht bei dringendem Wohnbedarf und beschleunigt das Genehmigungsverfahren

---

5) § 55 Abs. 1 BauO BW; § 67 I BauO Bra = MeVo = Sa = SaAnh = Thü; § 93 Abs. 2 HessBauO; § 73 Abs. 3 NdsBauO; § 67 Abs. 1 BauO NW; § 64 Abs. 3 BauO RhPf (Frist 1 Monat); § 63 Abs. 1 BauO Saarl; § 66 Abs. 1 BauO SchlH.

6) § 64 Abs. 3 BauO RhPf; § 63 Abs. 1 BauO Saarl.

7) Vgl. § 67 Abs. 1 BauO NW.

8) Vgl. § 80 Abs. 2 BauO NW: „das Verfahren im einzelnen".

9) Vom 4. 12. 1990 (GVBl., 233).

10) Das BauGB mit den Maßgaben seines § 246 a in der Fassung des Einigungsvertrages (BGBl. 1990, II, 1122), die in den laufenden Text eingearbeitet sind, ist abgedruckt bei *Ortloff,* Öffentliches Baurecht in den neuen Bundesländern, 1991. Siehe auch den Gesetzestext mit Erläuterungen bei *Cholewa/David/Dyong/von der Heide,* Das Baugesetzbuch in den neuen Ländern, 1991, Beilage zu Baugesetzbuch, 2. Aufl. 1990.

11) Vom 17. 5. 1990 (BGBl. I, 926), Sartorius Nr. 301.

für solche Vorhaben, die ausschließlich Wohnzwecken dienen und in Gebieten qualifizierter Bebauungspläne liegen. Die Fristen für die Fiktion der Teilungsgenehmigung und des gemeindlichen Einvernehmens werden auf einen Monat verkürzt (§ 5 Abs. 2 und 3 BauGB-MaßnG). Für die Entscheidung über den Bauantrag wird eine Frist von drei Monaten nach Eingang des Bauantrages eingeführt. Konsequenz des Fristablaufs ohne Versagung ist allerdings nicht die fiktive Baugenehmigung, sondern die *Fiktion der teilweisen materiell-rechtlichen Rechtmäßigkeit* des Vorhabens für das bauaufsichtliche Genehmigungsverfahren:[12] Die Baugenehmigung darf nicht nach den §§ 30, 31 BauGB versagt werden (§ 5 Abs. 4 BauGB-MaßnG), das Vorhaben gilt also insoweit als bauplanungsrechtlich zulässig und damit rechtmäßig. Die weiteren Rechtmäßigkeitsvoraussetzungen – etwa nach Bauordnungsrecht – bedürfen jedoch noch einer behördlichen Prüfung und Entscheidung. Diese Regelung gilt *nur in den alten Bundesländern;* in den neuen Bundesländern und im Ostteil Berlins ist sie gemäß § 246 a BauGB in Verbindung mit Abschn. I Nr. 1 der Anlage I Kap. XIV zum Einigungsvertrag nicht anzuwenden.[13]

b) *Sonstiges Bundesrecht,* das wegen einer umfassenden oder teilweisen Konzentrationswirkung anderweitiger Verfahren die bauaufsichtliche Sachentscheidungskompetenz ausschließt (z. B. Planfeststellungsbeschlüsse, immissionsschutzrechtliche Genehmigung)[14] und damit die Baugenehmigung in dem anderen Verwaltungsakt „eingeschlossen" sein läßt, sieht einen fiktiven Verwaltungsakt nicht vor.

II. Welchen Sinn hätte sie?

Die *Beschleunigung* des *Baugenehmigungsverfahrens* wird in der öffentlichen wie in der Fachdiskussion immer wieder angemahnt;[15] daß sie erforderlich ist, bedarf hier keiner Belege aus der Rechtstatsachenforschung und liegt insbesondere angesichts der Schwierigkeiten des Verwaltungsaufbaus in den neuen Bundesländern auf der Hand. Gesetzliche Versagungsfristen mit der Konsequenz der Genehmigungsfiktion hätten sicherlich – jedenfalls wenn sie knapp bemessen und kaum zu verlängern wären – die *unmittelbare Wirkung,* daß entweder der Bauantrag zügig bearbeitet und innerhalb der Frist beschieden werden würde oder daß anderenfalls nach Fristablauf die Baugenehmigung fingiert wäre. Hierauf hat *Stich* schon im Jahre 1984 hingewiesen und beklagt, daß die Landesgesetzgeber dieses Regelungsdefizit nicht behoben hätten.[16] Unabhängig von der Ausstattung der Baubehörden mit (qualifiziertem) Personal und Sachmitteln und unabhängig von der Zahl der

---

12) Diese Fiktionswirkung ist m. E. nur auf die Entscheidung der Bauaufsichtsbehörde und der Widerspruchsbehörde beschränkt („darf nicht versagt werden"); für den gerichtlichen Rechtsschutz des Dritten (Nachbar oder Gemeinde) endet diese Wirkung mit der Folge, daß die materielle Legalität des Vorhabens noch geprüft wird. Anderenfalls wäre der Drittschutz ausgeschlossen, weil es wegen der Fiktion insoweit (trotz materieller Illegalität des Vorhabens) eine Rechtswidrigkeit der Baugenehmigung und damit eine Rechtsverletzung nicht gäbe – ein Verstoß gegen Art. 19 Abs. 4 GG. Das Problem kann hier jedoch nicht vertieft werden. Ähnlich verhält es sich bei der Versagung der Baugenehmigung wegen (rechtswidriger) Versagung des gemeindlichen Einvernehmens gem. § 36 BauGB: Die Behörde darf das rechtmäßige Vorhaben nicht genehmigen, wird hierzu aber auf die Klage des Bauherrn durch das Verwaltungsgericht verpflichtet.
13) Hierzu *Ortloff,* a. a. O., Fn. 10, S. 9.
14) Hierzu *Ortloff,* in: *Finkelnburg/Ortloff,* Öffentliches Baurecht, 2. Aufl. 1990, Bd. II, S. 70 ff.
15) *Stich,* DVBl. 1984, 905; s. auch Fn. 1 sowie zum Hagener Beschleunigungsmodell *Lehmann/Jahnke,* BBauBl. 1983, 282.
16) *Stich,* a. a. O. Fn. 15, S. 910.

Bauanträge würde also die „Hürde" des bauaufsichtlichen Genehmigungsverfahrens „leicht" übersprungen werden können — die Behörden müßten, wenn sie schon nicht entscheiden können, lediglich Bescheinigungen über den Fristablauf und die Genehmigungsfiktion ausstellen. Daß diese Wirkungen für die Bauherren und Investoren günstig erscheinen und daß sich so manche Bauaufsichtsbehörde entlastet fühlen könnte, leuchtet ein   zu den weiteren rechtspolitischen Überlegungen s. jedoch unten IV.

III. Wäre sie mit dem sonst geltenden Recht vereinbar?

1. Die *Gesetzgebungskompetenz* zur Einführung der fiktiven Baugenehmigung liegt zunächst bei den Landesgesetzgebern, die das Baugenehmigungsverfahren bereits in den Landesbauordnungen geregelt haben. Die umstrittene Zuständigkeit (auch) des Bundes[17] kann in diesem Beitrag nicht untersucht werden. Denkbar erscheint also eine Regelung der jeweiligen *Landesbauordnung* dahin, daß die Baugenehmigung als erteilt gilt, wenn über den Bauantrag nicht binnen einer — gesetzlichen, nicht von der Behörde zu setzenden — Frist von drei Monaten[18] negativ entschieden ist; über den Fristablauf und die Genehmigungsfiktion ist eine Bescheinigung (vgl. § 23 Abs. 2 BauGB) auszustellen und dem Bauherrn zusammen mit den Bauvorlagen, die einen entsprechenden Vermerk enthalten, zu übergeben.

2. Ihrer *Rechtsnatur* nach wird die *Baugenehmigung* nach dem jeweiligen *Landesrecht* als ein Verwaltungsakt mit einem feststellenden und einem verfügenden Teil verstanden; festgestellt wird die Vereinbarkeit des Vorhabens mit dem gesamten einschlägigen öffentlichen Recht.[19] Dabei stellt die Bauaufsichtsbehörde im Rahmen ihrer Sachentscheidungskompetenz fest, daß das Vorhaben den von ihr eigenverantwortlich zu prüfenden Normen — vor allem des Bauplanungs- und Bauordnungsrechts — entspricht und daß anderweitig erforderliche Mitwirkungs- und Verwaltungsakte vorliegen.[20] Weil der Baugenehmigung — anders als etwa einem Planfeststellungsbeschluß — keine Konzentrationswirkung zukommt, darf sie erst erteilt werden, wenn „vorgreifliche" Entscheidungen anderer Behörden, die das Vorhaben betreffen, vorliegen; umgekehrt ist die Baugenehmigung zu versagen, wenn ein solcher Mitwirkungsakt (Einvernehmen, Zustimmung) oder eine solche Genehmigung oder Erlaubnis von der anderen Behörde versagt worden ist.[21] Dies wird damit gerechtfertigt, daß mit Erteilung der Baugenehmigung das Vorhaben zur Bauausführung freigegeben wird, daß also die präventive Sperre des Bauens erst mit der umfassenden Feststellung der materiellen Legalität aufgehoben wird. Die Bauordnungen gehen also davon aus, daß das Vorhaben *tatsächlich* nach dem materiellen Recht *geprüft* wird; dabei nehmen sie in Kauf, daß auch rechtswidrige Baugenehmigungen erteilt werden — zur Korrektur rechtswidriger Genehmigungen stehen ja die Rechtsschutzmöglichkeiten des Nachbarn und der Gemeinde sowie die Möglichkeit der Rücknahme der Baugenehmigung (vgl. § 48 VwVfG) zur Verfügung.

Im Falle einer Genehmigungs*fiktion* dagegen wird die Baugenehmigung *ohne Prüfung* des materiellen Rechts und gegebenenfalls auch trotz anderweitiger negativer Mitwirkungs- oder

---

17) Vgl. *Stich*, a. a. O. Fn. 15; *Ziegler*, DVBl. 1984, 378.
18) Es kommen auch verschiedene Fristen je nach Schwierigkeitsgrad in Betracht; zur Dauer des Genehmigungsverfahrens *Ortloff*, a. a. O. Fn. 14, S. 81.
19) Hierzu *Ortloff*, a. a. O. Fn. 14, S. 69 ff.
20) *Ortloff*, a. a. O. Fn. 14, S. 92.
21) *Ortloff*, a. a. O. Fn. 14, S. 78 f.

Verwaltungsakte als erteilt behandelt — ist dies mit der Rechtsnatur der Baugenehmigung zu vereinbaren? Bei den Genehmigungsfiktionen nach bisherigem Recht ist das maßgebliche materielle Recht präzise bezeichnet — die Teilungsgenehmigung ist auf die Prüfung weniger Versagungsgründe beschränkt, ebenso ist der Umfang der materiellrechtlichen Prüfung bei der hamburgischen Werbegenehmigung (§ 60 Abs. 2 HmbBauO) und der Baugenehmigung nach dem Hamburgischen Wohnungsbau-Erleichterungsgesetz (§ 2 Abs. 1 HmbWoBau-ErlG) eingeschränkt. Dagegen ist der Prüfungsmaßstab für die allgemeine Baugenehmigung gerade nicht festgelegt, vielmehr ist es eine wichtige Aufgabe der Bauaufsichtsbehörde, das für das Vorhaben einschlägige materielle öffentliche Recht zunächst herauszufinden und es sodann anzuwenden. Gleichwohl ist kein überzeugendes Argument dafür ersichtlich, daß trotz dieses Gegensatzes zu bisherigen Genehmigungsfiktionen der Einführung der Fiktion der Baugenehmigung deren Rechtsnatur entgegenstünde. Da nicht etwa die umfassende materiellrechtliche Legalität des Vorhabens fingiert wird,[22] sondern lediglich der Erlaß des Verwaltungsakts, unterliegt dieser denselben Normen im Falle seiner Rechtswidrigkeit wie die tatsächlich erteilte Baugenehmigung. Im Ergebnis besteht also kein Unterschied zur materiell rechtmäßigen oder rechtswidrigen, auf tatsächlicher Prüfung beruhenden Baugenehmigung. Auch die fiktive Genehmigung kann von Dritten angefochten und von der Behörde zurückgenommen werden. Schwierigkeiten können sich allenfalls aus dem Erfordernis der hinreichenden Bestimmtheit des Bauantrages und der sich auf diesen beziehenden Fiktion ergeben;[23] ob diese zur (berechtigten) Verweigerung des Fiktionszeugnisses oder zur Nichtigkeit der fiktiven Genehmigung einschließlich des Zeugnisses führen, kann hier offenbleiben — jedenfalls sprechen diese Probleme nicht grundsätzlich gegen die Zulässigkeit einer fiktiven Baugenehmigung.

3. Andere *landesrechtliche* Hindernisse sind nicht erkennbar. Insbesondere läßt sich aus den landesrechtlich erforderlichen Mitwirkungs- oder Verwaltungsakten kein grundsätzliches Argument gegen die fiktive Baugenehmigung herleiten: Es macht keinen Unterschied, ob trotz Verweigerung der Mitwirkung oder Versagung des Verwaltungsakts die Genehmigung ausdrücklich erteilt oder aber fingiert wird — in beiden Fällen ist die Rechtmäßigkeit oder Rechtswidrigkeit der Baugenehmigung nach dem materiellen und sonstigen Verfahrensrecht zu beurteilen.

4. Aus *bundesrechtlicher* Sicht stellen sich zwei Probleme:

a) *§ 36 BauGB* wird in der Rechtsprechung so verstanden, daß bei Versagung des gemeindlichen Einvernehmens oder der Zustimmung der höheren Verwaltungsbehörde die Bauaufsichtsbehörde die Baugenehmigung versagen muß; eine gleichwohl erteilte Baugenehmigung ist aus behördlicher Sicht rechtswidrig — erst im verwaltungsgerichtlichen Verfahren darf die Rechtmäßigkeit der Verweigerung der Mitwirkung nachgeprüft werden.[24] Dies würde bei einer fiktiven Baugenehmigung ebenso gelten — § 36 BauGB stellt also keinen Hinderungsgrund dar.

b) *§ 29 BauGB* verknüpft materielles Bauplanungsrecht mit formellem Bauordnungsrecht: §§ 30 bis 37 BauGB gelten nur für Vorhaben, die nach Bauordnungsrecht genehmigungs-, anzeige- oder zustimmungspflichtig sind. Das bedeutet, daß der Landesgesetzgeber ein bodenrechtlich relevantes Vorhaben nicht ohne weiteres aus der Genehmigungspflicht

---

22) Eine derartige Fiktion wäre m. E. schon deshalb unzulässig, weil sie — auch bei offensichtlichem Verstoß des Vorhabens gegen materielles Recht — zu einer rechtmäßigen Baugenehmigung führte und deren Rechtswidrigkeit (und damit den Rechtsschutz Dritter) ausschlösse. Zu § 5 Abs. 4 BauGB-MaßnG s. oben Fn. 12.

23) Zur vergleichbaren Problematik bei der Teilungsgenehmigung *Gelzer,* a. a. O. Fn. 2, Rdn. 1498 f.

24) Hierzu *Ortloff,* a. a. O. Fn. 14, S. 79.

herausnehmen und damit auch von der Geltung der §§ 30 ff. BauGB „freistellen" darf.[25] Auswirkungen auf die Problematik der Genehmigungsfiktion hat diese Verknüpfung jedoch nicht: Denn die fiktive Baugenehmigung ist bei der Beurteilung ihrer Rechtmäßigkeit an Planungsrecht ebenso zu messen wie die tatsächlich erteilte; bei einem Verstoß gegen materielles Recht sind die Folgen für die Baugenehmigung identisch.

c) *Art. 14 I GG* schließlich läßt dem einfachen Gesetzgeber einen weiten Spielraum, so daß verfassungsrechtliche Probleme nicht entstehen.

5. Als *Ergebnis* kann festgehalten werden, daß das geltende Recht die landesrechtliche Regelung der fiktiven Baugenehmigung zuläßt.

IV. Soll sie eingeführt werden?

Im folgenden werden nur einige rechtspolitische Überlegungen aufgezeigt, die die Diskussion anregen mögen.

1. *Für* die fiktive Baugenehmigung sprechen die oben (II) dargelegten unmittelbaren Auswirkungen auf die *Beschleunigung* des Baugenehmigungsverfahrens.

2. *Gegen* die Einführung einer Genehmigungsfiktion läßt sich sagen:

a) Der unmittelbare *Beschleunigungseffekt* wird in all den Fällen „*neutralisiert*", in denen die Bauaufsichtsbehörde nach Fristablauf die Rechtswidrigkeit der fiktiven Baugenehmigung erkennt und entweder das Fiktionszeugnis auszustellen sich weigert oder aber die — durch ein solches Attest bestätigte — fiktive Genehmigung zurücknimmt (vgl. § 48 VwVfG). Hier beginnt also der — notfalls gerichtlich weiterzuführende — Streit zwischen Bauherrn und Behörde, die Auseinandersetzung verlagert sich von dem eigentlichen Gegenstand (Genehmigungsfähigkeit des Vorhabens) auf einen „Nebenkriegsschauplatz" und führt zu Verzögerungen. Da aber nach dem sonst geltenden Recht die Bauaufsichtsbehörde zu einer Kontrolle des Baugeschehens verpflichtet ist, darf sie sich nicht einfach mit dem Fristablauf und der Fiktion zufriedengeben und damit den Sinn der präventiven Kontrolle aufgeben — sie muß zumindest „repressiv" kontrollieren und zusammen mit der Nichterteilung des Fiktionszeugnisses beziehungsweise mit der Rücknahme der fiktiven Genehmigung durch Baueinstellungsverfügung, Abrißanordnung oder Nutzungsverbot von ihren Eingriffsbefugnissen Gebrauch machen. Damit kehren sich die bauaufsichtlichen Aufgaben gewissermaßen in ihr Gegenteil — von den rechtlichen und tatsächlichen Schwierigkeiten der Rücknahme und der Eingriffsverfügungen ganz abgesehen.

b) Schlechte Erfahrungen mit den *anzeigebedürftigen Vorhaben* sollten bedacht werden: Frühere Landesbauordnungen — zuletzt § 88 HessBauO a. F. — hatten für weniger bedeutsame, abschließend aufgeführte Vorhaben ein vereinfachtes Verfahren anstelle des Genehmigungsverfahrens ermöglicht. Der Bauherr war verpflichtet, vor Beginn der Bauarbeiten die Bauanzeige mit allen für die Beurteilung des Bauvorhabens erforderlichen Unterlagen bei der Bauaufsichtsbehörde einzureichen; nach Ablauf eines Monats (oder einer anderen ähnlich kurzen Frist) durfte er mit der Bauausführung beginnen, wenn diese nicht innerhalb der Frist untersagt worden war. Damit war die fiktive Baugenehmigung — ohne immer so genannt zu werden — geregelt.[26] Den Gründen für die Abschaffung dieses

---

25) BVerwGE 72, 300 = NVwZ 1986, 208 (Wyhl-Urteil) sowie BVerwG, NVwZ 1988, 1019.

26) *Söhn*, DÖV 1968, 689, sprach von einer „stillschweigenden Genehmigung"; *Proksch*, Das Bauordnungsrecht in der Bundesrepublik Deutschland, 1981, S. 193 von der fingierten Baugenehmigung. Siehe auch BVerwGE 20, 12 (14 f.); OVG Münster, BRS 40 Nr. 221.

Anzeigeverfahrens auf der Grundlage der Musterbauordnung 1981[27] kann hier nicht im einzelnen nachgegangen werden; neben der beabsichtigten Vereinfachung der Verfahrensarten durch Rückführung auf genehmigungspflichtige und genehmigungsfreie Vorhaben dürften auch die oben (IV 2 a) aufgeführten Bedenken eine Rolle gespielt haben.[28]

3. *Besser* als die Landesgesetzgeber zu bemühen und die fiktive Baugenehmigung — sei es für jedes Bauvorhaben, sei es nur für bestimmte Arten „einfacher" Vorhaben wie etwa des privaten Wohnungsbaus und von Nebenanlagen — einzuführen dürfte es sein, das *geltende Verfahrensrecht effektiver* als bisher *anzuwenden.* Wie so häufig besteht weniger ein „Handlungsbedarf" für gesetzgeberische Aktivitäten als ein Vollzugsbedarf, um kritische Behördenabläufe zu verbessern. Daß das Baugenehmigungsverfahren mit den gesetzlichen und behördlichen Fristen für die Beteiligung anderer Behörden[29] sowie mit weiteren Mitteln zur zügigen Verfahrensgestaltung wesentlich gestrafft werden könnte, belegt etwa das „Hagener Modell".[30] Die Beteiligung betroffener Nachbarn bereits am Baugenehmigungsverfahren,[31] jedenfalls aber die Bekanntgabe der Baugenehmigung an diese mit der Folge des Laufs der Widerspruchsfrist von einem Monat (anstelle eines Jahres ab sonstiger Kenntnis) vermeidet unnötige Verzögerungen des Baubeginns durch Rechtsschutzverfahren. Verfahrensverlängerungen können durch behördlichen Zwischenbescheid an den Bauherrn verdeutlicht und gegebenenfalls durch die Untätigkeitsklage — unterstützt durch ein vorläufiges Rechtsschutzverfahren mit dem Ziel der Beschleunigung des gerichtlichen Hauptsacheverfahrens[32] — bekämpft werden.

Ob darüber hinaus Maßnahmen der Landesgesetzgeber — etwa die grundsätzliche Einführung der sofortigen Vollziehbarkeit der Baugenehmigung ähnlich wie in § 10 Abs. 2 BauGB-MaßnG, vereinfachte Genehmigungsverfahren nach dem Vorbild Hamburgs[33] — oder Rechtsverordnungen der Landesregierungen — etwa über die Freistellung von der Genehmigungspflicht[34] — zweckmäßig erscheinen, muß diskutiert werden. Jedenfalls aber sind vor derartigen Neuregelungen genaue Analysen der vorhandenen Schwierigkeiten[35] ebenso erforderlich wie die Beachtung der gewachsenen Auffassung im deutschen Recht, daß eine präventive staatliche Kontrolle des Baugeschehens sinnvoll ist; gleichwohl sollten Überlegungen zu einer Privatisierung (Stärkung der Verantwortung und Haftung des Bauherrn sowie Beschränkung staatlicher Kontrolle)[36] nicht untergehen. Eines erscheint

---

27) In der Fassung vom 11. 12. 1981, Textausgabe im Bauverlag.
28) Siehe etwa *Baumanns,* Verfahrensrecht und Praxis der Bauaufsicht, 1982, Rdn. 317.
29) Siehe oben I 2 a und 3 a.
30) Siehe *Lehmann/Jahnke,* a. a. O. Fn. 15.
31) Hierzu *Ortloff,* a. a. O. Fn. 14, S. 194 ff.
32) Siehe den Hinweis bei *Ortloff,* NVwZ 1991, 631 f.
33) Siehe oben I 2 b.
34) Siehe die baden-württembergische Verordnung des Innenministeriums über den Wegfall der Genehmigungspflicht bei Wohngebäuden und Nebenanlagen (Baufreistellungsverordnung — . . .) v. 26. 4. 1990, GBl., 144; hierzu die Kommentierung von *Taxis,* Baufreistellungsverordnung, 1990.
35) Vgl. etwa *Schäfer/Schmidt-Eichstaedt,* Praktische Erfahrungen mit dem Bundesbaugesetz, 1984; *Scharmer/Wollmann/Argast,* Rechtstatsachenuntersuchung zur Baugenehmigungspraxis, Institut für Stadtforschung, Berlin, 2. Zwischenbericht, 1984.
36) *Stich,* a. a. O. Fn. 15 sowie zur Baugenehmigung in Frankreich, ZfBR 1981, 117 u. 161. Siehe auch die Überlegungen von *von Heimburg,* Verwaltungsaufgaben und Private — Funktionen und Typen der Beteiligung Privater an öffentlichen Aufgaben unter besonderer Berücksichtigung des Baurechts, 1982.

jedenfalls unmittelbar einleuchtend: Weniger die Änderung des Verfahrensrechts als die *Entschlackung* des *materiellen Rechts*[37] dürfte eine wirkliche Beschleunigung des Baugeschehens ermöglichen.

---

37) Die Entwicklung etwa des § 35 BBauG/BauGB, die Kompliziertheit der Maßgaben-Überleitung des § 246a BauGB und das schwierige Abstandflächenrecht der Landesbauordnungen belegen dieses Erfordernis ebenso deutlich wie die — auch für den Fachmann — kaum noch oder nicht mehr überschaubare Vielzahl einschlägiger öffentlich-rechtlicher Normen, die neben dem Privatrecht das Baugeschehen steuern.

HERBERT SCHWARZER

Die Abstandsvorschriften in der Bayerischen Bauordnung

I. Allgemeines

1. Bestimmung von Inhalt und Schranken des Eigentums

Das Recht zu bauen ergibt sich nicht unmittelbar aus der verfassungsrechtlichen Gewähr-leistung des Eigentums. Ein „an sich" unbeschränktes Eigentum kennt das Grundgesetz nicht.[1] Nur wenn die für das Baurecht maßgeblichen Regelungen des einfachen Gesetzge-bers über Inhalt und Schranken des Eigentums eingehalten sind, kann ein Bauwerber eine Baugenehmigung beanspruchen (vgl. Art. 74 Abs. 1 BayBO). Diese Regelungen bestim-men, wo und wie gebaut werden darf. Einen in der Praxis besonders bedeutsamen Ausschnitt daraus bilden die bauordnungsrechtlichen Abstandsvorschriften.

2. Sinn und Zweck der Abstandsvorschriften

Die in den Bauordnungen der Bundesländer enthaltenen Abstandsvorschriften dienen – ungeachtet ihrer Ausgestaltung im einzelnen – sowohl dem öffentlichen Interesse als auch dem Ausgleich nachbarlicher Interessen.[2]

Das öffentliche Interesse erfordert es, die auf einem Grundstück zu errichtenden Gebäude so zu situieren, daß die Räume in dem neuen Gebäude und die Räume in (bestehenden oder erst zu errichtenden) benachbarten Gebäuden – auf demselben Grundstück oder auf einem Nachbargrundstück – ihrem Nutzungszweck entsprechend belichtet, belüftet und besonnt werden können. Außerdem besteht ein öffentliches Interesse daran, daß auf einem bebauten Grundstück ausreichend große Freiflächen verbleiben, die für ein gesundes Wohnen und Arbeiten, für eine gestalterische Auflockerung der Bebauung sowie für den Brandschutz, für den Wohnfrieden, für Kinderspielplätze und für das Abstellen von Kraftfahrzeugen benötigt werden.[3]

Der Ausgleich der bei der Errichtung eines Gebäudes betroffenen privaten Interessen des Eigentümers des Baugrundstücks einerseits und der Eigentümer der Nachbargrundstücke andererseits ist zwar in den §§ 903 ff. BGB privatrechtlich geregelt. Durch die Privatrechts-ordnung allein können aber die beiderseitigen Interessen nicht mehr wirksam ausgeglichen werden.[4] Deshalb kommt im Baurecht der verfassungsrechtlichen Eigentumsgarantie

---

1) *Böhmer* NJW 1988, 2561/2569.
2) Vgl. *Ortloff*, Das Abstandsflächenrecht der Berliner Bauordnung, 1987, Rdn. 7 ff.
3) Vgl. Amtliche Begründung zum 4. Gesetz zur Änderung der BayBO (LT-Drucks. 9/7854 S. 29).
4) Siehe näher *Steinberg* NJW 1984, 457.

(Art. 14 Abs. 1 Satz 1 GG, Art. 103 Abs. 1 BV) besondere Bedeutung zu. Auf sie können sich sowohl die Bauwerber als auch die Nachbarn berufen. Ihr kommt die Aufgabe zu, dem Träger des Grundrechts einen Freiheitsraum im vermögensrechtlichen Bereich zu sichern und ihm damit eine eigenverantwortliche Gestaltung des Lebens zu ermöglichen.[5] Das Grundgesetz gewährleistet das Eigentum; es hat jedoch dessen Inhalt und Umfang nicht selbst bestimmt, sondern diese Regelung dem einfachen Gesetzgeber überlassen (Art. 14 Abs. 1 Satz 2 GG).

3. Rechtliche Anforderungen an die Abstandsvorschriften

Bei der Bestimmung von Inhalt und Schranken des Eigentums — und damit auch bei der Festlegung von Abstandsvorschriften — hat der Gesetzgeber einen weiten Gestaltungsspielraum. Er ist aber nicht völlig frei, sondern muß sowohl die Anerkennung des Privateigentums durch Art. 14 Abs. 1 Satz 1 GG als auch das Sozialgebot des Art. 14 Abs. 2 GG beachten und sich in Einklang mit allen anderen Verfassungsnormen halten.[6]

Wegen der unterschiedlichen Grundstücksverhältnisse und wegen der Vielfalt der Gestaltungsmöglichkeiten können die Abstandsvorschriften nicht auf jeden denkbaren Einzelfall abgestellt werden. Andererseits ist es für die Bauherren und die Entwurfsverfasser wichtig, schon im Stadium der Planung zu wissen, welchen Anforderungen ein Vorhaben im Hinblick auf die Gebäudeabstände entsprechen muß.

Die Vorschriften über die Gebäudeabstände müssen daher von vornherein so festgelegt werden, daß sie für jede mögliche Fallgestaltung eine verbindliche Regelung treffen. Um das zu erreichen, müssen sie zwangsläufig einerseits pauschalieren und typisieren und andererseits für Fallgestaltungen, die vom Regelfall erheblich abweichen, Ausnahmen und Befreiungen vorsehen. Allerdings dürfen sie dabei nicht gegen das im Rechtsstaatsprinzip (Art. 20 Abs. 3 GG; Art. 3 Abs. 1 BV) enthaltene Gebot der Klarheit der Rechtsnormen verstoßen; sie müssen vielmehr so bestimmt abgefaßt sein, wie es nach der Eigenart der zu ordnenden Lebenssachverhalte und mit Rücksicht auf den Normzweck möglich ist.

Diesen Anforderungen werden die Abstandsvorschriften in der Bayerischen Bauordnung gerecht, auch wenn ihr Wortlaut in manchen Zweifelsfällen einer Auslegung bedarf.[7] Die Bauwerber und Entwurfsverfasser können in zumutbarer Weise feststellen, welche Abstandsflächen bei dem von ihnen geplanten Gebäude einzuhalten sind. Unklarheiten und Lücken der Abstandsvorschriften der Bayerischen Bauordnung lassen sich innerhalb der durch den Grundsatz der Rechts- und Gesetzesbindung des Art. 20 Abs. 3 GG gezogenen Grenzen durch Auslegung und richterliche Rechtsfortbildung beheben.[8]

---

5) BVerfGE 50, 290/339; 68, 193/222.
6) Vgl. BVerfGE 76, 220/238; s. dazu *Böhmer*, a. a. O., S. 2573.
7) Vgl. hierzu Beschl. des Großen Senats des BayVGH v. 21. 4. 1986 (VGH n. F. 39, 9 = BayVBl. 1986, 397 = BauR 1986, 431 = BRS 46 Nr. 103) und Beschl. v. 21. 5. 1990 (VGH n. F. 43, 88 = BayVBl. 1990, 498 = BauR 1990, 587).
8) Vgl. hierzu BVerfGE 65, 182/190 f.; 66, 116/138; VerfGH 34, 61 = BayVBl. 1982, 79; 36, 93/102; jeweils mit weiteren Nachweisen.

4 Die neue Fassung der Abstandsvorschriften

Durch das in dem betreffenden Teil am 1. 9. 1982 in Kraft getretene Vierte Gesetz zur Änderung der Bayerischen Bauordnung[9] wurden die Abstandsvorschriften – im wesentlichen entsprechend den Vorschlägen der Musterbauordnung 1981 – neu gefaßt. Ihr Aufbau und ihre Systematik wurden weitgehend beibehalten. Sie regeln wie bisher keinen Mindestabstand der Gebäude von den Grundstücksgrenzen (Bauwich), sondern verlangen, daß vor jeder Außenwand eines Gebäudes Abstandsflächen liegen müssen, auf denen oberirdische bauliche Anlagen weder vorhanden sein noch errichtet werden dürfen (Art. 6 Abs. 1 Satz 1). Diese Grundregel wird in Absatz 2 dahin ergänzt, daß die Abstandsflächen grundsätzlich auf dem Baugrundstück selbst liegen müssen und sich nicht überdecken dürfen. Das Abstandsflächenrecht ist damit sowohl objekt- als auch grundstücksbezogen[10] und bewirkt im Regelfall auch entsprechende Grenzabstände. Die freizuhaltende Fläche wird jedoch nicht von der Grundstücksgrenze her bestimmt; ihre erforderliche Tiefe ist vom (tatsächlichen oder fingierten) Fußpunkt der betreffenden Außenwand senkrecht zu deren Verlauf zu messen. Die Außenwand wird gleichsam – in voller Höhe oder zu einem Bruchteil – nach außen geklappt.[11]

Das Ausmaß der Abstandsfläche wird durch ihre Breite und ihre Tiefe bestimmt. Für die Ermittlung der Breite ist eine ausdrückliche Regelung entbehrlich, weil die Breite stets der Länge des betreffenden Außenwandteils entsprechen muß.

Die Tiefe der Abstandsfläche hing bereits vor der Neufassung der Bauordnung im Jahr 1982 von der Höhe der Außenwand des zu errichtenden Gebäudes ab (Art. 6 Abs. 2 Satz 1 BayBO a. F.). Während sich jedoch die frühere Regelung danach richtete, wie viele Vollgeschosse das Gebäude aufwies und ob die Außenwand notwendige Fenster enthielt, muß die Abstandsfläche nunmehr in der Regel mindestens so tief sein, wie die betreffende Außenwand hoch ist.

Die Abstandsvorschriften legen Mindestmaße fest, die – wenn nicht eine Ausnahme oder Befreiung gewährt wird – auch nicht geringfügig unterschritten werden dürfen. Jede Unterschreitung dieser Mindestmaße führt dazu, daß das Vorhaben öffentlich-rechtlichen Vorschriften widerspricht und deshalb nicht genehmigt werden kann (Art. 74 Abs. 1). Nur bei Ermessensentscheidungen der Bauaufsichtsbehörde kann es bedeutsam sein, in welchem Ausmaß die Abstandsflächen nicht eingehalten werden. Das gilt sowohl bei der Entscheidung, ob – bei Vorliegen der gesetzlichen Voraussetzungen – eine Ausnahme oder Befreiung erteilt werden soll, als auch bei der Entscheidung, ob wegen eines ohne oder abweichend von der Baugenehmigung errichteten Gebäudes eingeschritten werden soll.

---

9) Vom 21. 6. 1982 (GVBl. S. 313); Bek. der Neufassung der BayBO vom 2. 7. 1982 (GVBl. S. 419, ber. 1032 = BayRS 2131-1-I). Im folgenden Text beziehen sich Art. ohne Zusatz auf die Bayerische Bauordnung in der Fassung von 1982.
10) Vgl. Amtliche Begründung, a. a. O.
11) Das führt dazu, daß in einem Extremfall ein rechtwinkliges Gebäude an einem Punkt unmittelbar an ein Nachbargrundstück angrenzen kann, ohne gegen die Abstandsvorschriften zu verstoßen (s. Abb. 1 bei *Schwarzer*, Handbuch des Baurechts in Bayern, Rdn. III 34).

II. Die Regelungen im einzelnen

1. Erforderlichkeit von Abstandsflächen

a) Die Grundregel

Die Grundregel des Art. 6 Abs. 1 Satz 1 fordert, daß vor den Außenwänden von Gebäuden[12] Abstandsflächen von oberirdischen baulichen Anlagen[13] freizuhalten sind.[14] Das besagt, daß ein Vorhaben (Errichtung eines Gebäudes, u. U. auch seine Änderung oder Nutzungsänderung[15]) nur zulässig ist, wenn zum einen das Gebäude vor seinen Außenwänden die hierfür erforderlichen Abstandsflächen einhält, auf denen sich keine oberirdischen baulichen Anlagen befinden dürfen, und zum anderen die hierfür nötige Fläche nicht in einer Abstandsfläche eines anderen Gebäudes liegt. Außenwand ist jede − vom Gebäude aus gesehen − nach außen (ins Freie) gerichtete Wand eines Gebäudes, soweit sie über der Geländeoberfläche liegt. Sie kann in einer einzigen Fläche liegen, unterschiedlich hoch, aber auch teilweise vorspringend oder zurückversetzt angeordnet sein. Bei Innenhöfen oder Gebäudevorsprüngen kann sie einer anderen Außenwand desselben Gebäudes gegenüberliegen. Besitzt ein Gebäude nach einer oder mehreren Seiten hin keine Außenwand (z. B. überdachter Stellplatz), so ist eine solche zu fingieren.[16]

b) Einschränkungen und Erweiterungen der Grundregel

Die Grundregel des Art. 6 Abs. 1 Satz 1 wird aus unterschiedlichen Gründen eingeschränkt oder erweitert:

Die Anforderungen des Bauplanungsrechts sind auch im Bereich der Abstandsflächenregelung grundsätzlich neben denen des Bauordnungsrechts zu erfüllen. Vor allem bauplanungsrechtliche Festsetzungen über die Bauweise wirken sich auch auf die Abstandsflächen aus. Deshalb regelt Art. 6 Abs. 1 BayBO in Satz 2 bis 4 für bestimmte Fälle das Verhältnis der Abstandsvorschriften zu den planungsrechtlichen Vorschriften näher. Dabei wird in den Fällen, in denen das Bauplanungsrecht einen Grenzanbau verlangt oder gestattet, diesem ein Vorrang eingeräumt, so daß eine Abstandsfläche nicht erforderlich ist (Satz 2). Das gilt aber nur, wenn das Gebäude unmittelbar an der Grundstücksgrenze errichtet, nicht aber, wenn die nach Art. 6 BayBO erforderliche Tiefe der Abstandsfläche unterschritten werden soll. Bei den planungsrechtlichen Vorschriften i. S. d. Art. 6 Abs. 1 kann es sich um die Festsetzung der Bauweise (geschlossen, halboffen, Kettenbauweise) in einem (einfachen oder qualifizierten) Bebauungsplan oder um entsprechende Anforderungen handeln, die aus der Eigenart der näheren Umgebung hervorgehen. Festsetzungen der überbaubaren Grundstücksflächen durch Baugrenzen und Bebauungstiefen gehören nicht dazu; denn mit ihnen soll im Regelfall nicht bestimmt werden, daß ein Gebäude an die Grenze gebaut werden muß oder darf. Die überbaubaren Flächen werden im Bebauungsplan grundsätzlich unabhängig vom Verlauf der Grundstücksgrenzen nach planungsrechtlichen Gesichtspunkten festgesetzt. Wenn aber eine Baulinie bewußt an Grundstücksgrenzen gelegt worden ist, die z. B.

---

12) Siehe Art. 2 Abs. 2; danach sind auch eine Grenzmauer mit anschließendem Schutzdach (BayVGH BRS 39 Nr. 222) und ein überdachter Stellplatz (BayVGH BRS 42 Nr. 165) ein Gebäude.
13) Siehe Art. 2 Abs. 1.
14) Ähnlich z. B. § 6 Abs. 1 Satz 1 BauO NW vom 26. 6. 1984 (GV S. 419) und § 6 Abs. 1 Satz 1 BauOBln vom 28. 2. 1985 (GVBl. S. 522), die aber nur Freihaltung von oberirdischen *Gebäuden* verlangen.
15) Siehe unten c.
16) Vgl. BayVGH BRS 42 Nr. 165.

eine Verkehrsfläche von Wohnbauflächen trennen, so muß aus planungsrechtlichen Gründen auf dieser Linie (und damit an der Grundstücksgrenze) gebaut werden (§ 23 Abs. 2 Satz 1 BauNVO).[17] Das gilt nicht nur für eine vordere, sondern auch für eine seitliche oder rückwärtige Baulinie.[18]

Nicht erforderlich ist eine Abstandsfläche aufgrund Art. 6 Abs. 1 Satz 2 nur insoweit, als die jeweilige planungsrechtliche Vorschrift den Grenzanbau vorschreibt oder zuläßt (z. B. für eine bestimmte Bebauungstiefe).

Während Art. 6 Abs. 1 Satz 2 eine allgemeine Einschränkung der Grundregel normiert, ermächtigt Art. 6 Abs. 1 Satz 3 und 4 nur die Bauaufsichtsbehörde, im Einzelfall nach pflichtgemäßem Ermessen zu entscheiden, ob − abweichend von planungsrechtlichen Vorschriften − an die Grenze gebaut oder eine Abstandsfläche eingehalten werden darf oder muß. Hierfür setzt Satz 3 voraus, daß auf dem Nachbargrundstück ein Gebäude an der Grenze vorhanden ist; in den Fällen des Satzes 4 muß auf dem Nachbargrundstück ein Gebäude mit Grenzabstand bestehen. Die Behörde hat bei ihrer Ermessensentscheidung alle Umstände des Einzelfalls angemessen zu berücksichtigen (z. B. Größe, Bauzustand und Nutzungsart des vorhandenen Gebäudes; Art, Größe und Nutzungsart des geplanten Gebäudes sowie Zuschnitt des Baugrundstücks; zu erwartende Auswirkungen auf das bestehende Gebäude).[19]

Eine andere Einschränkung der Grundregel des Art. 6 Abs. 1 Satz 1 enthält Art. 6 Abs. 9. Danach sind in den Abstandsflächen untergeordnete oder unbedeutende bauliche Anlagen zulässig. Diese Vorschrift bezieht sich nur auf selbständige bauliche Anlagen; für Bauteile eines Haupt- oder Nebengebäudes, die in Abstandsflächen hineinragen, gilt Art. 6 Abs. 3 Satz 7. Auf die Genehmigungspflicht einer Anlage kommt es für Art. 6 Abs. 9 nicht an; allerdings sind unbedeutende bauliche Anlagen nach Art. 66 Abs. 1 Nr. 26 genehmigungsfrei. Ob eine untergeordnete bauliche Anlage vorliegt, ist nach deren Verhältnis zum Hauptgebäude zu beurteilen (z. B. Zaun).

Kleine Gebäude (bis zu 5 m Traufhöhe) für die örtliche Energie- und Wasserversorgung sowie Gewächshäuser für den Erwerbsgartenbau und Gärfutterbehälter für die Landwirtschaft sind abweichend von der Grundregel in den Abstandsflächen (anderer Gebäude) zulässig und bedürfen selbst keiner Abstandsflächen (Art. 7 Abs. 3). Bei Gärfutterbehältern müssen aber zu Nachbargrundstücken hin die Abstandsflächen eingehalten werden.

In eine andere Richtung geht die in Art. 6 Abs. 10 normierte Erweiterung der Grundregel. Sie bestimmt, daß Abstandsflächen auch vor anderen baulichen Anlagen (als Gebäuden) sowie vor anderen Anlagen und Einrichtungen freizuhalten sind, wenn von ihnen Wirkungen wie von Gebäuden ausgehen. Darunter sind die üblicherweise durch ein nahe gelegenes Gebäude auftretenden Beeinträchtigungen der Umgebung zu verstehen. In Betracht kommen Anlagen und Einrichtungen, die licht- oder luftundurchlässig sind und in ihren Ausmaßen mindestens einem kleinen (Neben-)Gebäude entsprechen (z. B. hohe Mauern, Plakatwände,[20] große Behälter, Aufschüttungen).

---

17) So für die vordere Baulinie ausdrücklich BayVGH BayVBl. 1984, 214 und *Koch/Molodovsky/Rahm (K/M/R)*, Komm. zur BayBO, Erl. 3.3.3 zu Art. 6; a. M. *Simon*, Komm. zur BayBO, Rdn. 13 zu Art. 6.

18) Siehe näher *Schwarzer* a. a. O. Rdn. III 39; a. M. *K/M/R* a. a. O. Erl. 3.3.1 zu Art. 6 und *Simon* a. a. O. Rdn. 13 zu Art. 6; nach *Dürr/König*, Baurecht für Bayern, Rdn. 246 soll dies für eine Baulinie an der vorderen oder rückwärtigen Grundstücksgrenze gelten.

19) Vgl. BayVGH BayVBl. 1978, 669; OVG Lüneburg BRS 46 Nr. 179.

20) Vgl. OVG Lüneburg BRS 33 Nr. 124.

c) Bauliche Änderungen und Nutzungsänderungen

Bei baulichen Änderungen, durch die Merkmale eines Gebäudes verändert werden, die für die Bemessung der Abstandsflächen maßgebend sind, müssen die Abstandsvorschriften eingehalten werden. Wird ein Gebäude, das aufgrund einer Ausnahme oder Befreiung mit einer zum Nachbargrundstück hin verkürzten Abstandsfläche errichtet worden ist, ohne Änderung der für das Ausmaß der Abstandsflächen maßgebenden Merkmale baulich so geändert, daß die nachbarlichen Interessen beeinträchtigt sein können (z. B. Satteldach statt des bisherigen Flachdaches), bedarf es einer neuerlichen Ausnahme oder Befreiung.

Soll ein Gebäude, das nach dem jetzt geltenden Recht eine (größere) Abstandsfläche einhalten müßte, ohne bauliche Änderung anders als bisher genutzt werden, ist eine Befreiung von den Abstandsvorschriften erforderlich, wenn die neue Nutzung nachbarliche Interessen beeinträchtigen kann.[21] Im übrigen stehen die Abstandsvorschriften einer Nutzungsänderung nur entgegen, wenn ein als Grenzgarage (Art. 7 Abs. 5) genehmigtes Gebäude zu anderen Zwecken genutzt werden soll.

2. Lage der Abstandsflächen und Überdeckungsverbot

Nach Art. 6 Abs. 2 Satz 1 müssen die Abstandsflächen, soweit sie sich nicht auf Nachbargrundstücke erstrecken dürfen, auf dem (Bau-)Grundstück selbst liegen.[22] Gemeint ist dabei das Grundstück im Rechtssinn, auf dem das Vorhaben ausgeführt werden soll. Auf ein daran angrenzendes rechtlich selbständiges Grundstück desselben Eigentümers darf die Abstandsfläche auch dann nicht zu liegen kommen, wenn es mit dem Baugrundstück eine wirtschaftliche Einheit bildet. Auf Nachbargrundstücke dürfen sich die Abstandsflächen nur in den in Art. 6 Abs. 8 und Art. 7 Abs. 6 geregelten Fällen erstrecken.

Handelt es sich bei einem Nachbargrundstück um eine öffentliche Verkehrsfläche, eine öffentliche Grünfläche oder eine öffentliche Wasserfläche, so werden diese zur Hälfte in die Abstandsflächen eingerechnet (Art. 6 Abs. 8). Diese Hälfte ist senkrecht von dem der betreffenden Außenwand nächstgelegenen Rand der öffentlichen Fläche aus zu bestimmen. Ob eine solche Fläche öffentlich ist, hängt nicht davon ab, wer ihr Eigentümer ist. Es muß aber rechtlich gewährleistet sein, daß sie auf Dauer der Allgemeinheit zur Verfügung steht.

Art. 7 Abs. 6 gestattet, daß sich Abstandsflächen ganz oder teilweise auf ein Nachbargrundstück erstrecken dürfen, wenn rechtlich gesichert ist, daß diese Fläche nicht überbaut wird. Entsprechend dem Überdeckungsverbot in Art. 6 Abs. 2 Satz 2 verlangt Art. 7 Abs. 6 Satz 2, daß diese Fläche auch nicht als Abstandsfläche für Gebäude auf dem Nachbargrundstück herangezogen werden darf. Die rechtliche Sicherung erfordert die Bestellung einer Grunddienstbarkeit zugunsten des jeweiligen Eigentümers des Baugrundstücks (§§ 1018, 1019 BGB) und einer inhaltsgleichen, beschränkt persönlichen Dienstbarkeit (§ 1090 BGB) zugunsten der Gemeinde oder des Freistaats Bayern.[23]

Für die Lage der Abstandsflächen ist auch bedeutsam, daß sie sich nicht überdecken dürfen (Art. 6 Abs. 2 Satz 2). Diese vor allem für gegenüberliegende Gebäude und Gebäudeteile auf demselben Grundstück wichtige Bestimmung verlangt, daß der Abstand zwischen mehreren Außenwänden mindestens so groß sein muß wie die Summe der erforderli-

---

21) BayVGH BayVBl. 1980, 405 = BRS 36 Nr. 181; vgl. auch OVG NW BRS 48 Nr. 139.

22) Vgl. OVG NW BRS 49 Nr. 123.

23) Siehe dazu ME vom 5. 2. 1965 (MABl. S. 115), ME vom 16. 8. 1966 (MABl. S. 436) und FMBek vom 26. 2. 1982 (FMBl. S. 152 und StAnz Nr. 9).

chen Tiefenmaße ihrer Abstandsflächen. Das gilt aber nicht für Außenwände, die in einem Winkel von mehr als 75 Grad zueinander stehen. Gebäude oder Gebäudeteile dürfen daher jedenfalls rechtwinklig zueinander angeordnet werden, ohne gegen die Abstandsvorschriften zu verstoßen. Art. 6 Abs. 3 Satz 2 greift auch dann ein, wenn die betreffenden Außenwände nicht aneinanderstoßen, aber so nahe beieinanderliegen, daß sich die Abstandsflächen zum Teil überdecken; der Winkel von mehr als 75 Grad läßt sich in solchen Fällen über eine gedachte Verlängerung der beiden Wandfluchten bis zu ihrem Schnittpunkt feststellen.

Wird ein Bauvorhaben genehmigt, dessen erforderliche Abstandsflächen sich über das Baugrundstück hinaus erstrecken, so ist der Eigentümer des betroffenen Nachbargrundstücks in seinen Rechten verletzt. Er ist aber nicht verpflichtet, den auf dem Baugrundstück fehlenden Teil der Abstandsfläche auf sein Grundstück zu übernehmen oder ein neues Gebäude auf seinem Grundstück weiter von der Grundstücksgrenze abzurücken, als dies die für sein Gebäude notwendigen Abstandsflächen erfordern. Das gilt auch, wenn er dem Bauvorhaben des Nachbarn zugestimmt hat.

3. Tiefe der Abstandsflächen

a) Ermittlung des Abstandsflächenmaßes H

Die maßgeblichen Bestimmungen für die Art und Weise der Bemessung der Tiefe der Abstandsfläche und der Ermittlung der Wandhöhe H als Bezugsgröße hierfür enthält Art. 6 Abs. 3 in seinen Sätzen 1 bis 6. Die Tiefe der Abstandsfläche muß senkrecht zur Wand gemessen werden und grundsätzlich der Wandhöhe entsprechen (Satz 1). Für Außenwände, die keine versetzten Außenwandteile und keine Giebelflächen aufweisen und an die sich keine Dachfläche mit über 45 Grad Neigung anschließt, bestimmt Satz 2 als Wandhöhe das Maß von der natürlichen oder nach Art. 10 festgelegten Geländeoberfläche bis zum Schnittpunkt der Wand mit der Dachhaut oder, falls ein solcher Schnittpunkt fehlt (z. B. bei Flachdächern), bis zum oberen Abschluß der Wand. Der Schnittpunkt der Wand mit der Dachhaut ist dort, wo die nach oben verlängert gedachte Außenwand auf die Oberfläche des Daches trifft. Entgegen der früheren Regelung kommt es also nicht mehr auf die Oberkante der Decke des obersten Vollgeschosses an. Auch die Traufhöhe, die bei überstehenden Dächern wesentlich tiefer liegen kann, spielt hier keine Rolle.

Besitzt eine Außenwand versetzte Wandteile, so ist gemäß Satz 3 die Wandhöhe für jeden Wandteil gesondert zu ermitteln. Es wird hier zwischen der Außenwand (als gesamte senkrecht verlaufende Außenwand einer Gebäudeseite) und Außenwandteilen (als Teilen ein und derselben Außenwand) unterschieden. Satz 3 gilt nicht nur für senkrecht (höhenmäßig), sondern auch für waagrecht versetzte Außenwandteile (Vor- oder Rücksprünge), auch wenn diese gegenüber der sonstigen Außenwand keine Höhenunterschiede aufweisen. Das ergibt sich aus dem Wortlaut des Satzes 3 und aus dem Zusammenhang mit Satz 7. Wenn dessen Voraussetzungen nicht eingehalten sind, muß für vortretende Bauteile und untergeordnete Vorbauten Satz 3 angewendet werden.

Die Tiefe der erforderlichen Abstandsfläche läßt sich bei nur waagrecht versetzten Wandteilen (Vor- oder Rücksprünge gegenüber der gleich hohen sonstigen Außenwand) leicht ermitteln; wie der Wandteil selbst springt die Abstandsfläche vor oder zurück. Bei unterschiedlich hohen Wandteilen, die in einer Flucht mit der sonstigen Außenwand verlaufen, ist lediglich ihr anderes Höhenmaß H zu berücksichtigen. In den Fällen, in denen senkrecht versetzte Wandteile gegenüber den darunterbefindlichen Wandteilen vor- oder zurückspringen, muß die Wandhöhe für den unteren Wandteil bis zum Vor- oder Rück-sprung ermittelt werden. Für den darüber vorgesehenen Wandteil bemißt sich die Wand-höhe von dessen Oberkante oder dessen Schnittpunkt mit der Dachhaut bis zum senkrecht darunter gedachten Geländeanschnitt. Von dieser Linie aus muß sich die Abstandsfläche für den versetzten Wandteil in der erforderlichen Tiefe erstrecken. Ergeben sich für die Außenwand selbst und für einen senkrecht versetzten Außenwandteil unterschiedliche Abstandsflächen, so muß diejenige mit dem größeren Abstand zur Wand eingehalten werden.

Schließt sich an eine Außenwand ein Steildach (über 45 Grad Neigung) an, so ist für die Ermittlung der Wandhöhe noch ein Drittel der Höhe des Daches hinzuzurechnen (Satz 4). Als Höhe des Daches ist der Unterschied zwischen dem Schnittpunkt der Wand mit der Dachhaut und dem Dachfirst anzusehen. Bei geknickten Dachflächen (z. B. Mansarddä-chern) ist die Dachhöhe ebenso zu berechnen, wenn die Neigung des Daches insgesamt mehr als 45 Grad beträgt; ist das nicht der Fall, muß die Hinzurechnung auf ein Drittel der Höhe des steileren Dachflächenteils beschränkt werden. Der Grund dafür, daß die Dach-höhe teilweise hinzugerechnet wird, liegt darin, daß steile Dächer die Belichtung und Besonnung ihrer Umgebung stärker beeinträchtigen als flache.

Die Wandhöhe H einer Giebelwand ist für die nicht im Bereich des Daches befindlichen Teile wie bei einer anderen Außenwand zu berechnen; dazu ist ein Drittel der Höhe der Giebelteile im Dachbereich hinzuzurechnen (Satz 5). Der Dachbereich der Giebelwand besteht aus der Fläche zwischen der (gedachten) Verbindungslinie der Schnittpunkte mit der Dachhaut und dem Dachfirst. Die vor Giebelwänden einzuhaltende Abstandsfläche ent-spricht daher in ihrer Ausdehnung nicht der Form der Giebelwand, sondern bildet ein Rechteck, dessen Breite von der Breite der Giebelwand bestimmt wird, während seine Tiefe von der nach Satz 5 ermittelten Wandhöhe H abhängt.

Walmdächer besitzen keine Giebelfläche im Dachbereich, die teilweise der übrigen Wandhöhe hinzuzurechnen wäre. Bei Krüppelwalmdächern ist dagegen Satz 5 anzuwenden, wobei aber die Höhe der Giebelfläche im Dachbereich schon am Beginn der Abwalmung endet.

Die Ermittlung der Wandhöhe H regelt das Gesetz nur für den Normalfall, in dem das Maß zwischen der Geländeoberfläche und dem Schnittpunkt der Wand mit der Dachhaut an beiden Eckpunkten der Wand gleich groß ist. Bei vielen Gebäuden trifft das aber nicht zu. Das kann sich daraus ergeben, daß die Geländeoberfläche entlang dem Fuß der Außenwand unterschiedlich hoch liegt (hängiges Gelände). Es können aber auch in ebenem Gelände die Dachflächen unterschiedlich geneigt sein (etwa bei einseitigem Kniestock).[24] Die für solche Fälle bestehende Gesetzeslücke sollte entsprechend dem System der nunmehrigen Abstands-flächenregelung geschlossen werden. Dieses sieht grundsätzlich für jede(n) Außenwand(teil) vor, daß die Wandhöhe H einheitlich ermittelt und der erforderlichen Tiefe der Abstandsflä-che zugrunde gelegt wird. Bei unterschiedlichen Höhen an den Endpunkten einer Außen-wand oder eines versetzten Außenwandteils sollte daher ein Mittelwert gebildet werden, so daß vor gerade verlaufenden Außenwänden die Abstandsfläche stets als ein Rechteck (mit rechteckigen Vor- oder Rücksprüngen bei versetzten Außenwandteilen) erscheint.[25] Für den ähnlichen Fall einer unterschiedlich hohen Grenzgaragenwand stellt Art. 7 Abs. 5 aus-drücklich auf die Höhe „im Mittel" ab.

---

24) Zur Tiefe der Abstandsfläche vor einer Giebelwand mit unterschiedlich hohen Endpunkten s. BayVGH BRS 42 Nr. 115.
25) Anderer Meinung *Simon* a. a. O. Rdn. 38 zu Art. 6; *K/M/R* a. a. O. Erl. 7.4.2.2 zu Art. 6.

b) Vortretende Bauteile und untergeordnete Vorbauten

Für den Bauteil eines Gebäudes, der vor die betreffende Außenwand vortritt, ist gemäß Satz 3 grundsätzlich eine eigene Wandhöhe zu ermitteln und der Abstandsfläche zugrunde zu legen. Davon nimmt Satz 7 bestimmte Bauteile und Vorbauten aus, wenn sie die dort vorgesehenen Voraussetzungen erfüllen. Es muß sich um geringfügige Bauteile handeln, wie sie in Satz 7 beispielsweise aufgeführt sind, oder um untergeordnete Vorbauten (z. B. Erker, Balkone). Darüber hinaus dürfen sie nicht mehr als 1,5 m vor die Außenwand vortreten und müssen von den Grundstücksgrenzen mindestens 2 m entfernt bleiben. Vorbauten, die sich in einer Breite von mehreren Metern durchgehend über alle Geschosse erstrecken, fallen nicht darunter. Einzeln angeordnete Dachgauben dürften als geringfügige Bauteile anzusehen sein, während ein über die gesamte Dachbreite reichendes Dachgaubenband einen versetzten Außenwandteil bildet, für den die Abstandsfläche gesondert zu ermitteln ist.

c) Bemessung der Tiefe nach Art des Baugebiets

Grundsätzlich muß die Tiefe der Abstandsfläche der vollen Wandhöhe H entsprechen, mindestens aber 3 m betragen (Art. 6 Abs. 4 Satz 1). Davon sehen die weiteren Sätze des Absatzes 4 für Baugebiete, die nach ihrer Eigenart eine dichtere Bebauung aufweisen, Abweichungen vor. Nach Satz 2 sind in Kerngebieten generell Abstandsflächen gestattet, die nur eine halbe Wandhöhe tief sind; in Gewerbe- und Industriegebieten reicht eine viertel Wandhöhe. Geringere Tiefen als 1 H können (im Einzelfall) in nicht der Erholung dienenden Sondergebieten gestattet werden, wenn die Nutzung des Sondergebiets dies rechtfertigt (Satz 3). Eine Mindesttiefe von 3 m muß dabei aber stets eingehalten werden.

Für Gewerbe- und Industriegebiete ist gemäß Art. 6 Abs. 7 – bei Wahrung der brandschutzrechtlichen Anforderungen – eine weitere Verkürzung der Abstandsflächen zulässig, die dazu führt, daß gegenüberliegende Wände nur 3 m voneinander entfernt zu sein brauchen.

Die Zugehörigkeit zu einem dieser Baugebiete bestimmt sich nach den diesbezüglichen Festsetzungen eines Bebauungsplans. Fehlt eine solche Festsetzung, entspricht aber die Eigenart der näheren Umgebung einem der in §§ 7, 8, 9 oder 11 BauNVO bezeichneten Baugebiete, so beurteilt sich danach – ähnlich wie planungsrechtlich gemäß § 34 Abs. 2 BauGB – die Anwendbarkeit von Art. 6 Abs. 4 Satz 2 oder 3. Dagegen kann den Darstellungen des Flächennutzungsplans keine ausschlaggebende Bedeutung zukommen, weil er keine allgemeinverbindliche Wirkung besitzt und nicht auf den bestehenden Zustand abstellt, sondern auf die beabsichtigte städtebauliche Entwicklung gerichtet ist, die zu ihrer Verwirklichung noch eines Bebauungsplans bedarf.

d) Das 16-m-Privileg

Eine generelle Erleichterung gegenüber der in Art. 6 Abs. 4 Satz 1 enthaltenen Grundregel über die Tiefe der Abstandsflächen sieht auch Abs. 5 Satz 1 vor, wonach die Abstandsfläche vor zwei Außenwänden (eines Gebäudes) von nicht mehr als je 16 m Länge nur 0,5 H, mindestens aber 3 m, tief sein muß. Soll ein Gebäude mehr als zwei solcher Außenwände erhalten, kann der Bauherr bestimmen, vor welchen Wänden er von der Verkürzung der Abstandsflächentiefe Gebrauch machen will. Diese Wahlmöglichkeit gilt nur für *eine* solche Außenwand, wenn das Gebäude mit einer Außenwand an eine Grundstücksgrenze gebaut wird; werden zwei Außenwände an Grundstücksgrenzen gebaut, kann die Abstandsfläche nicht verkürzt werden. Dabei bleibt aber ein Anbau an Grundstücksgrenzen zu öffentlichen Verkehrs-, Grün- oder Wasserflächen unberücksichtigt (Abs. 5 Satz 2). Ergänzt wird die Regelung über das sog. 16-m-Privileg noch durch Abs. 5 Satz 3, wonach aneinandergebaute Gebäude wie ein Gebäude zu behandeln sind.

In der Praxis haben sich bei der Anwendung des Art. 6 Abs. 5 viele Zweifelsfragen ergeben, die in zwei Fällen dazu geführt haben, daß zur verbindlichen Auslegung dieser landesrechtlichen Norm Entscheidungen des Großen Senats des Bayerischen Verwaltungsgerichtshofs herbeigeführt worden sind (§ 12 Abs. 1 i. V. m. § 11 VwGO).[26] In der ersten dieser Entscheidungen räumte der Große Senat ein, daß sich aufgrund des bloßen Wortlauts viele in der Praxis vorkommende Fallgestaltungen nicht lösen lassen. Das habe aber nicht zur Folge, daß die Regelung gegen das Gebot der Klarheit der Rechtsnormen und damit gegen das Rechtsstaatsprinzip (Art. 20 Abs. 3 GG; Art. 3 Abs. 1 BV) verstoße. Die Unklarheiten und Lücken ließen sich hier durch Auslegung und richterliche Rechtsfortbildung beheben.[27] Für wichtige Teilfragen, über die im ersten dieser Verfahren zu entscheiden war, wurde folgende Auslegung getroffen:

„Außenwand im Sinne des Art. 6 Abs. 5 BayBO ist jede über der Geländeoberfläche liegende Wand, die eine Gebäudeseite abschließt, soweit ihre – für versetzte Wandteile nach Art. 6 Abs. 3 Satz 3 BayBO je gesondert zu ermittelnde – Abstandsfläche die in Art. 6 Abs. 4 BayBO vorgesehene Tiefe unterschreitet; mehrere hiernach abstandsflächenrelevante Außenwandteile derselben Gebäudeseite sind zusammenzuzählen. Die Frage, wo eine Gebäudeseite und damit eine Außenwand endet und eine andere beginnt, beantwortet sich nach natürlicher Betrachtungsweise."

Diese vor allem aus dem Normzusammenhang sowie aus dem Sinn und Zweck der Vorschrift gewonnene Auslegung wird den Anforderungen der Praxis soweit als möglich gerecht. Die im Beschlußtenor zuletzt angesprochene Frage läßt sich kaum generell beantworten, sondern muß je nach den Umständen des Einzelfalls entschieden werden. Änderungen im Richtungsverlauf von Außenwänden eines Gebäudes – ohne daß später die frühere Richtung wieder aufgenommen wird – können schon bei einem flacheren Abknicken als 90 Grad dazu führen, daß eine neue Gebäudeseite anzunehmen ist.[28] Auf derselben Gebäudeseite kann das 16-m-Privileg nur einmal beansprucht werden, weil nach der Auslegung durch den Großen Senat mehrere abstandsflächenrelevante (also nicht die volle Tiefe von 1 H einhaltende) Außenwandteile einer Gebäudeseite zusammenzuzählen sind, so daß im Sinn des Art. 6 Abs. 5 Satz 1 nur eine Außenwand vorliegt. Das schließt aber nicht aus, daß das 16-m-Privileg gegenüber demselben Nachbargrundstück zweimal in Anspruch genommen wird, wenn z. B. zwei nicht miteinander verbundene Gebäude errichtet werden oder wenn ein Nachbargrundstück so gestaltet ist, daß es zwei verschiedenen Außenwänden des geplanten Gebäudes gegenüberliegt.

Nach der Auslegung durch den Großen Senat sind zur Ermittlung der Länge einer Außenwand nur „abstandsflächenrelevante" Teile einer Außenwand heranzuziehen.[29] Das bedeutet, es sind lediglich solche Außenwandteile mitzurechnen, die die allgemein erforderliche Tiefe der Abstandsfläche von 1 H nicht vollständig einhalten. Außenwandteile, die nicht abstandsflächenrelevant sind, können sich ergeben, wenn Teile ein und derselben Außenwand horizontal oder vertikal versetzt angeordnet, also gegenüber anderen Teilen

---

26) Beschl. v. 21. 4. 1986 (VGH n. F. 39, 9 = BayVBl. 1986, 397 = BauR 1986, 431 = BRS 46 Nr. 103) und Beschl. v. 21. 5. 1990 (VGH n. F. 43, 88 = BayVBl. 1990, 498 = BauR 1990, 587).

27) Durch Anwendung planungsrechtlicher Bestimmungen lassen sich die Regelungslücken in Art. 6 Abs. 5 entgegen der Auffassung von *Boeddinghaus* (ZfBR 1988, 7/8) nicht schließen.

28) Das Innenministerium geht in einem unveröffentlichten Schreiben vom 30. 6. 1986 von 45 Grad aus.

29) Vgl. auch OVG RP BRS 48 Nr. 97.

zurückversetzt oder niedriger sind. Auch bei einer ungegliederten Außenwand (ohne versetzt angeordnete Teile) kann ein Teil die erforderliche Tiefe der Abstandsfläche einhalten, ein anderer nicht, wenn die Außenwand nicht parallel, sondern schräg zur Grundstücksgrenze verläuft, oder wenn die Grenze Vor- oder Rücksprünge aufweist. Die in Art. 6 Abs. 5 Satz 1 vorgeschriebene Tiefe der Abstandsfläche von 0,5 H, mindestens 3 m, müssen alle Außenwandteile auch dann einhalten, wenn ihre gesamte Länge auf einer Gebäudeseite unter 16 m bleibt; nur im Wege einer Ausnahme gemäß Art. 7 Abs. 2 kann gestattet werden, daß das verkürzte Tiefenmaß noch unterschritten wird.[31]

In seinem zweiten Beschluß zur Auslegung von Art. 6 Abs. 5[32] hat der Große Senat des Bayerischen Verwaltungsgerichtshofs entschieden, daß Satz 3 dieser Vorschrift auch für aneinandergebaute Gebäude auf verschiedenen Buchgrundstücken gilt. Aus den Gründen dieser Entscheidung ergeben sich auch wichtige Hinweise für die Anwendung des Satzes 2 des Absatzes 5: Er ist − wie Satz 1 − unter Berücksichtigung des Satzes 3 anzuwenden. Das bedeutet, daß im Inneren eines nach Satz 3 als *ein* Gebäude zu behandelnden Gebäudekomplexes keine Außenwände im Sinne des Satzes 2 vorhanden sind. Deshalb stellen z. B. die seitlichen Abschlußwände eines Reihenmittelhauses oder eines Doppelhauses keine Außenwände im Sinn dieser Vorschrift dar, soweit sie profilgleich aneinandergefügt sind. Satz 2 gilt nur für solche Teile der Abschlußwände zwischen aneinandergebauten Gebäuden, die (im Verhältnis zur Abschlußwand des angebauten Gebäudes) horizontal oder vertikal versetzt sind und dadurch nach außen in Erscheinung treten. Dabei spielt es keine Rolle, ob an eine Grenze gleichzeitig von beiden Seiten oder zunächst nur einseitig angebaut wird, wenn der Anbau an der anderen Seite der Grenze, insbesondere aufgrund planungsrechtlicher Vorgaben, absehbar ist.

Zweifel bei der Anwendung des Satzes 2 des Absatzes 5 bleiben für die Fälle, in denen eine Außenwand nicht unmittelbar an die Grundstücksgrenze angebaut ist, sondern von ihr einen Abstand einhält, der nicht der erforderlichen Tiefe der Abstandsfläche entspricht. Diese Fallgestaltung ist nicht ausdrücklich geregelt, weil die Musterbauordnung, an deren Wortlaut sich der Gesetzgeber orientiert hat, offenbar nur vom Regelfall der Errichtung neuer Gebäude mit der häufigsten Hausform ausgegangen ist. Die Abstandsvorschriften sind aber auch in anderen Fällen anzuwenden, etwa wenn ein zu nahe an zwei Grundstücksgrenzen bestehendes Gebäude nach einer dritten Seite hin erweitert werden soll. Ist der Abstand des Gebäudes von der Grundstücksgrenze jeweils nur geringfügig (weniger als 50 cm),[33] wird er einem Grenzanbau gleichzustellen sein. Für die Fälle, in denen der Grenzabstand der beiden bestehenbleibenden Außenwände zwar größer ist als 50 cm, aber immer noch erheblich geringer als die nunmehr erforderliche Tiefe der Abstandsfläche, erscheint es nach dem Sinn und Zweck der Abstandsflächenregelung ebenfalls nicht gerechtfertigt, für eine weitere Außenwand Abs. 5 Satz 1 anzuwenden, wenn nicht eine Ausnahme oder Befreiung erteilt werden kann.

Auch der letzte Halbsatz von Abs. 5 Satz 2 bedarf einer Auslegung. Dort wird bestimmt, daß − abweichend von den beiden vorhergehenden Halbsätzen − Grundstücksgrenzen zu öffentlichen Verkehrs-, Grün- und Wasserflächen unberücksichtigt bleiben. Nicht ausdrücklich geregelt ist, ob das nur in den Fällen gilt, in denen eine Außenwand unmittelbar an einer solchen Grenze errichtet wird oder besteht, oder auch dann, wenn zu einer solchen

---

30) Vgl. OVG NW BRS 48 Nr. 98.
31) Vgl. BayVGH BayVBl. 1986, 143 = BRS 44 Nr. 100.
32) Vom 21. 5. 1990 (VGH n. F. 43, 88 = BayVBl. 1990, 498 = BauR 1990, 587).
33) Vgl. BayVGH BayVBl. 1976, 146 und BayVBl. 1977, 634.

Grenze hin eine zu wenig tiefe Abstandsfläche vorhanden ist. Nach dem Sinn und Zweck dieses Halbsatzes soll ein Verlust des 16-m-Privilegs nicht eintreten, wenn eine Außenwand gegenüber einer solchen nicht bebaubaren öffentlichen Fläche einen zu geringen Abstand einhält; denn derartige Flächen werden von Gebäuden, die zu nahe an ihrer Grenze errichtet sind, weniger betroffen als andere Nachbargrundstücke.

Die Frage, ob die Regelung in Art. 6 Abs. 5 Satz 3, daß aneinandergebaute Gebäude wie ein Gebäude zu behandeln sind, auch für aneinandergebaute Gebäude auf verschiedenen Buchgrundstücken gilt, hat der Große Senat des Bayerischen Verwaltungsgerichtshofs entgegen der vorher überwiegend vertretenen Meinung bejaht.[34] Nach Auffassung des Großen Senats spricht hierfür der Wortlaut, dem keine Einschränkung dahin zu entnehmen sei, daß die Vorschrift nur für Gebäude auf demselben Grundstück gelten soll. Die grundstücksübergreifende Anwendung der Vorschrift stehe auch mit dem System des Abstandsflächenrechts nicht in Widerspruch. Dieses sei objekt- und grundstücksbezogen. Die Regelung über die Tiefe der Abstandsflächen, zu der auch Art. 6 Abs. 5 Satz 3 gehöre, sei aber nur objektbezogen. Der auf den Schutz der Nachbarn ausgerichteten Zielsetzung der grundstücksbezogenen Vorschrift des Art. 6 Abs. 2 Satz 1 würde es widersprechen, diesen für eine Auslegung des Abs. 5 Satz 3 heranzuziehen, die sich zum Nachteil des Nachbarn auswirken könne. Die gefundene Auslegung werde auch dem Sinn und Zweck der Regelung am besten gerecht; es soll verhindert werden, daß beim Aneinanderreihen mehrerer Gebäude das 16-m-Privileg für jedes der Grundstücke gesondert in Anspruch genommen werden könne.

Umstritten ist noch die Frage, ob ein Bauherr außer der Verkürzung der Abstandsflächen für zwei Außenwände gemäß Art. 6 Abs. 5 für eine oder mehrere andere Außenwände eine Ausnahme nach Art. 7 Abs. 2 erhalten kann. Der 14. Senat des Bayerischen Verwaltungsgerichtshofs hält eine solche Handhabung nicht für Rechtens; wenn für dasselbe Gebäude auf mehr als zwei Seiten eine Verkürzung der Abstandsfläche vorgesehen sei, müsse das Vorhaben ausschließlich nach Art. 6 Abs. 4 beurteilt werden.[35] An dieser Auslegung ist mit guten Gründen Kritik geübt worden;[36] die Auffassung, in den Fällen des Art. 6 Abs. 5 sei stets nur eine Abstandsflächentiefe von 0,5 H nachbarschützend,[37] dürfte aber keine sinnvolle Lösung des Problems darstellen.[38] Meines Erachtens sind Art. 6 Abs. 5 und Art. 7 Abs. 2 nebeneinander anwendbar; bei der Ermessensausübung gemäß Art. 7 Abs. 2 muß aber der Umstand, daß bereits auf zwei anderen Seiten die Abstandsfläche verkürzt wird, angemessen berücksichtigt werden.

e) Brandschutzanforderungen

Aus Gründen des Brandschutzes erhöht Art. 6 Abs. 6 für Außenwände, die nicht mindestens feuerhemmend sind und die aus brennbaren Baustoffen bestehen, die für alle Baugebiete geltende Mindesttiefe der Abstandsfläche von 3 m auf 5 m. Die Abstandsfläche vor einer solchen Wand darf sich auch dann nicht mit einer Abstandsfläche für ein anderes

---

34) *Verneinend*: BayVGH BayVBl. 1986, 143 = BRS 44 Nr. 100; *Simon* a.a.O. Rdn. 43 c zu Art. 6; *K/M/R* a.a.O. Erl. 8.4.3.1 zu Art. 6; *Büchs/Walter* Komm. zur BayBO, Erl. 5.3 zu Art. 6; *H. König* BayVBl. 1983, 761; *Dürr/König* a.a.O. Rdn. 259; *bejahend* nur BayVGH BayVBl. 1983, 760 und *Schwarzer*, Komm. zur BayBO, Anm. 5.3 zu Art. 6.

35) BayVGH BayVBl. 1986, 143 = BRS 44 Nr. 100.

36) Vgl. *K/M/R* a.a.O. Erl. 8.4.3.3 zu Art. 6; *Allesch* BayVBl. 1986, 146; *H. König* BayVBl. 1986, 147; *Dürr/König* a.a.O. Rdn. 388.

37) Vgl. außer den in der vorhergehenden Fußnote Angeführten: *K/M/R* a.a.O. Erl. 1.4 zu Art. 6.

38) Siehe hierzu näher *Geiger* JA 1989, 454 f.

Gebäude überdecken, wenn die beiden Gebäude in einem Winkel von mehr als 75 Grad zueinander stehen.

Abweichend von Absatz 4 und von Absatz 2 Satz 2 läßt Absatz 7 unter bestimmten Voraussetzungen in Gewerbe- und Industriegebieten zu, daß anstelle der erforderlichen Abstandsflächen nur ein Gebäudeabstand von insgesamt 3 m eingehalten wird, der für eine Brandbekämpfung unerläßlich ist.

III. Abweichungen von den Abstandsvorschriften

1. Festlegung anderer Abstandsflächen

Die Regelungen über die Festlegung anderer Abstandsflächen sind gesetzgebungstechnisch verfehlt und bedürfen der Auslegung. Gemäß Art. 7 Abs. 1 Satz 1 können „in Bebauungsplänen oder aufgrund von örtlichen Bauvorschriften nach Art. 91 Abs. 1 Nrn. 5 und 6 ... andere Abstandsflächen festgelegt werden als sich nach Art. 6 ergeben". In Art. 91 Abs. 1 Nrn. 5 und 6 werden die Gemeinden ermächtigt, durch Satzung örtliche Bauvorschriften zu erlassen über Abstandsflächen, die über die in Art. 6 festgelegten hinausgehen, und über geringere als die in Art. 6 und 7 vorgeschriebenen Maße für Abstandsflächen, wobei die letztere Ermächtigung „zur Wahrung der bauhistorischen Bedeutung oder sonstigen erhaltenswerten Eigenart eines Ortsteils" eingeschränkt ist. Der Wortlaut des Art. 7 Abs. 1 Satz 1 deutet darauf hin, daß bei der Festlegung anderer Abstandsflächen in Bebauungsplänen die in Art. 91 Abs. 1 Nr. 6 enthaltene Einschränkung nicht gelten soll, wohl aber beim Erlaß örtlicher Bauvorschriften durch Satzung. Danach handelt es sich bei Art. 7 Abs. 1 Satz 1 für den Inhalt von Bebauungsplänen um eine selbständige Ermächtigung, im übrigen nur um einen Hinweis auf die Ermächtigung in Art. 91.

Gegen eine solche Auslegung spricht zwar der Zusammenhang der erwähnten Vorschriften. Normative Regelungen über andere als die gesetzlich festgelegten Abstandsflächen gehören dem Bauordnungsrecht an und sind damit örtliche Bauvorschriften im Sinn des Art. 91, unabhängig davon, ob sie durch Satzung oder durch Bebauungsplan erlassen werden (Art. 91 Abs. 3 Satz 1 i. V. m. § 9 Abs. 4 BauGB); auch sind nach dem der Bayerischen Bauordnung zugrundeliegenden System die Rechtssetzungsermächtigungen in deren Siebentem Teil zusammengefaßt.

Dennoch erscheint die am Wortlaut orientierte Auslegung zutreffend. Das ergibt sich einmal daraus, daß die in Art. 91 Abs. 1 Nr. 6 enthaltene Einschränkung bei Bebauungsplänen entbehrlich ist, weil für örtliche Bauvorschriften, die durch Bebauungsplan erlassen werden, gemäß Art. 91 Abs. 3 Satz 2 die wichtigsten Grundsätze des Bauplanungsrechts sinngemäß anzuwenden sind. Nur wenn geringere Abstandsflächen durch Satzung festgelegt werden, bedarf die Ermächtigung hierzu einer Einschränkung, um zu viele und zu weitgehende derartige Regelungen von vornherein zu verhindern. Darüber hinaus gelten Bebauungspläne regelmäßig nicht für einen ganzen Ortsteil, sondern sind auf kleinere räumliche Bereiche begrenzt.

Art. 7 Abs. 1 ermächtigt weder dazu, die Abstandsflächen ganz entfallen zu lassen, noch dazu, festzulegen, daß anstelle der in Art. 6, 7 bestimmten Maße der Abstandsflächen die Maße gelten sollen, die sich ergeben, wenn von den Festsetzungen im Bebauungsplan über das zulässige Maß der baulichen Nutzung und über die überbaubaren Flächen voll Gebrauch

gemacht wird.[39] Sollen geringere als die gesetzlich vorgeschriebenen Maße für Abstandsflächen festgelegt werden, so müssen besondere örtliche Verhältnisse vorliegen. Denn im
allgemeinen entsprechen die Abstandsvorschriften den neuzeitlichen Anforderungen an ein
gesundes Wohnen und Arbeiten in gut belichteten, besonnten und belüfteten Gebäuden
(vgl. § 1 Abs. 5 Nr. 1 BauGB und Art. 3 Abs. 1 Satz 1 BayBO). In Bebauungsplänen, die
für ein größeres Neubaugebiet gelten, dürfen die Abstandsflächen daher nicht für den
gesamten Geltungsbereich einheitlich verkürzt werden.[40] Aus Gründen der Rechtssicherheit
und der Rechtsklarheit müssen abweichende Festlegungen ausdrücklich, klar und eindeutig
erfolgen; sie müssen ersehen lassen, daß und in welchem Umfang die Maße der Abstandsflächen erweitert oder verringert werden.[41]

Nach Art. 7 Abs. 1 Satz 2 und 3 müssen bei der Festlegung anderer Abstandsflächen ein
ausreichender Brandschutz und eine ausreichende Belichtung und Lüftung gewährleistet
sein; die Flächen für notwendige Nebenanlagen dürfen nicht eingeschränkt werden. Diese
Anforderungen gelten für örtliche Bauvorschriften sowohl in Satzungen als auch in Bebauungsplänen.

2. Garagen und Nebengebäude an der Grenze

Eine für die Praxis besonders wichtige Abweichung von den allgemeinen Abstandsvorschriften enthält Art. 7 Abs. 5. Auch dabei handelt es sich um eine zulässige Inhaltsbestimmung des Grundeigentums;[42] durch sie soll eine möglichst weitgehende Ausnutzung des
knappen, nicht beliebig vermehrbaren Baugrundes gefördert und auch erreicht werden, daß
möglichst viele Kraftfahrzeuge auf Privatgrund abgestellt werden können.[43]

Garagen (mit Nebenräumen) und Nebengebäude ohne Feuerstätten brauchen zur Grundstücksgrenze keine Abstandsfläche einzuhalten, wenn sie die in Art. 7 Abs. 5 vorgesehenen
Voraussetzungen erfüllen. Damit wird nur ein unmittelbarer Grenzanbau ermöglicht, nicht
aber eine bloße Verminderung der allgemein erforderlichen Tiefe der Abstandsfläche.[44]

Als Garagen sind ganz oder teilweise umschlossene Räume zum Abstellen von Kraftfahrzeugen aller Art anzusehen. Sie müssen den in der Garagenverordnung (GaV)[45] festgelegten
bauordnungsrechtlichen Anforderungen entsprechen, dürfen also insbesondere keine Feuerstätte enthalten (§ 15 Abs. 1 GaV). Nebengebäude im Sinn des Art. 7 Abs. 5 ist ein
Gebäude, das seiner Nutzung nach dem auf dem Grundstück befindlichen Hauptgebäude
dient (z. B. Schuppen zur Aufbewahrung von Gartengeräten, Fahrrädern, Brennmaterial).
Entsprechendes gilt für einen baulich in das Garagengebäude einbezogenen Nebenraum.
Gebäude, die darüber hinaus anderen Zwecken dienen (z. B. Nutzung eines Garagendaches
als Sonnenterrasse),[46] fallen nicht unter die Regelung des Art. 7 Abs. 5. Es ist nicht

---

39) Vgl. BayVGH BayVBl. 1987, 337 = BRS 46 Nr. 102; die Kritik von *Jäde* (BayVBl. 1987, 338) an dieser
    Entscheidung überzeugt nicht.
40) Vgl. BayVGH BayVBl. 1987, 337 = BRS 46 Nr. 102; ebenso *Simon* a. a. O. Rdn. 2 zu Art. 7.
41) Vgl. *K/M/R* a. a. O. Erl. 2.4.2 zu Art. 7.
42) Vgl. VerfGHE BayVBl. 1982, 79.
43) Vgl. VerfGH 39, 36 = BayVBl. 1986, 429 = NVwZ 1986, 551 = UPR 1986, 240.
44) BayVGH BayVBl. 1980, 594 = BRS 36 Nr. 137; vgl. auch OVG RP BRS 49 Nr. 139.
45) Vom 12. 10. 1973 (GVBl. S. 583; BayRS 2132-4-I).
46) Vgl. BayVGH BayVBl. 1984, 115 = BRS 40 Nr. 123.

erforderlich, daß auf dem Grundstück, auf dem die Garage vorgesehen ist, schon ein Hauptgebäude besteht oder gleichzeitig errichtet werden soll.[47]

Um Mißbrauch und eine unnötig starke Beeinträchtigung des Nachbargrundstücks möglichst zu vermeiden, enthält Art. 7 Abs. 5 Einschränkungen hinsichtlich der Höhe und der Nutzfläche einer derartigen Grenzbebauung. Ein solches Gebäude darf an der Grenze eine Traufhöhe von 2,75 m im Mittel nicht überschreiten. Traufhöhe ist der Abstand von der natürlichen Geländeoberfläche auf dem Baugrundstück (nicht auf dem Nachbargrundstück)[48] bis zur unteren Kante der Dachhaut (Dachrinne) oder (etwa bei Flachdachern) bis zum sonstigen oberen Abschluß der an der Grenze befindlichen Gebäudeaußenwand. Nach der Amtlichen Begründung soll auch dann auf die Traufhöhe abzustellen sein, wenn die Garage mit einer Giebelseite an der Grenze steht; dabei darf bei unterschiedlicher Traufhöhe an den beiden Enden der Grenzwand der zu bildende Mittelwert nicht größer als 2,75 m sein.[49]

Die Nutzfläche einer Grenzgarage (mit Nebenräumen) ist auf 50 m², die eines anderen Nebengebäudes an der Grenze auf 20 m² beschränkt. Die Nutzfläche ist nach den Innenmaßen der Gebäude zu berechnen.[50] Insgesamt darf die Nutzfläche aller an den Grenzen eines (Buch-)Grundstücks vorhandenen oder vorgesehenen Garagen und Nebengebäude 50 m² nicht überschreiten. Mitzurechnen sind dabei auch Garagen und Nebengebäude, die die in Art. 7 Abs. 5 festgelegten Höchstmaße nicht einhalten. Ob die Nutzfläche solcher Gebäude auch dann anzurechnen ist, wenn sie aufgrund Art. 6 Abs. 1 Satz 3 oder Art. 7 Abs. 6 genehmigt wurden, ist durch die Rechtsprechung noch nicht geklärt. Hauptgebäude, die an oder nahe der Grenze bestehen, gehören nach dem eindeutigen Wortlaut nicht dazu.[51]

Über der Geländeoberfläche vorgesehene Überdachungen von Tiefgaragenein- und -ausfahrten sind selbst keine Garagen; zudem überschreiten sie mit der Tiefgarage zusammen die zulässige Gesamtnutzfläche. Auch eine entsprechende Anwendung von Art. 7 Abs. 5 auf solche Bauwerke erscheint zweifelhaft.

Nach Art. 7 Abs. 5 Satz 3 ist die bauliche Verbindung einer den Sätzen 1 und 2 des Absatzes 5 entsprechenden Grenzbebauung mit einem Hauptgebäude oder einem weiteren Nebengebäude zulässig, wenn diese Gebäude für sich betrachtet die auf sie treffenden Abstandsflächen − auch unter Inanspruchnahme des 16-m-Privilegs − einhalten. Damit sollte, vor allem aus gestalterischen Gründen, ermöglicht werden, das Dach des Hauptgebäudes über die Grenzgarage hinweg zu verlängern, so daß optisch ein einheitlicher Baukörper entsteht. Eine äußerlich erkennbare Trennung der nach Art. 7 Abs. 5 zulässigen Grenzbebauung von der übrigen Bebauung kann daher nicht mehr verlangt werden. Wichtig ist aber, daß die Grenzbebauung hinsichtlich ihrer Nutzung von dem anderen Gebäude getrennt ist.

Den genauen Standort eines nach Art. 7 Abs. 5 an der Grundstücksgrenze zulässigen Gebäudes kann der Bauherr selbst bestimmen, soweit hierfür nicht andere bauplanungs- und bauordnungsrechtliche Vorschriften zu beachten sind.[52] Bauplanungsrechtlich kann sich eine Bindung aus den Festsetzungen eines Bebauungsplans oder (im Innenbereich) aus der Eigenart der Bebauung in der näheren Umgebung ergeben. Bauordnungsrechtlich können

---

47) Ebenso *K/M/R* a. a. O. Erl. 6.2.1 zu Art. 7; a. M. BayVGH BayVBl. 1983, 404 = BRS 40 Nr. 131.
48) Vgl. BayVGH BayVBl. 1980, 595.
49) Zur Ermittlung der Traufhöhe bei einer Grenzgarage, deren Pultdach längs der Nachbargrenze ansteigt, vgl. BayVGH BayVBl. 1984, 466.
50) Zur Berücksichtigung des Dachbodenraums über einer Garage vgl. BayVGH BayVBl. 1987, 695.
51) Vgl. BayVGH BayVBl. 1988, 21.
52) Vgl. BayVGH BayVBl. 1986, 436.

etwa die Regelungen in Art. 12 oder in Art. 55 Abs. 8 und 9 einem vom Bauherrn vorgesehenen Garagenstandort entgegenstehen.

Anforderungen des Brandschutzes an die Ausgestaltung der Wände und Decken von Grenzgaragen enthalten § 6 Abs. 4 und § 7 Abs. 6 GaV; einer Brandwand bedarf es allerdings nicht, weil Art. 31 Abs. 2 Nr. 1 BayBO a. F. (nunmehr Art. 29 Abs. 2 Nr. 1) nicht anzuwenden ist.

3. Ausnahmen und Befreiungen, strengere Anforderungen

Obwohl die Abstandsvorschriften sehr differenziert normiert sind und eine Reihe von generellen Einschränkungen oder Erweiterungen der Grundregeln vorsehen, können sie nicht von vornherein alle möglichen Fallgestaltungen sinnvoll ordnen. In besonderen Einzelfällen kann der vom Gesetzgeber verfolgte Zweck durch die Anwendung dieser zwangsläufig pauschalierten und typisierten Normen nicht erreicht werden. Die Bauordnung enthält daher Ermächtigungen für die Bauaufsichtsbehörde, im Einzelfall nach ihrem pflichtgemäßen Ermessen entweder von der Anwendung einer bestimmten Abstandsvorschrift ganz oder teilweise abzusehen oder darüber hinausgehende Anforderungen zu stellen.

Während Art. 7 Abs. 2 und 4 bestimmte Voraussetzungen festlegen, bei deren Vorliegen in Verbindung mit Art. 72 Abs. 2 Ausnahmen von Art. 6 Abs. 4 und 5 gestattet werden können, gelten daneben auch die allgemeinen Vorschriften über die Zulassung von Ausnahmen (Art. 72 Abs. 3) und von Befreiungen (Art. 72 Abs. 5) von bauordnungsrechtlichen Vorschriften. Soweit von gemeindlichen Abstandsvorschriften Ausnahmen oder Befreiungen gewährt werden sollen, ist dies gemäß Art. 72 Abs. 6 für örtliche Bauvorschriften, die durch Satzung erlassen wurden, und gemäß Art. 91 Abs. 3 i. V. m. § 31 BauGB für Abstandsflächen, die in Bebauungsplänen festgelegt wurden, möglich.

Bei der Ausübung ihres pflichtgemäßen Ermessens muß die Bauaufsichtsbehörde vor allem die Belange des Bauherrn mit denen der Nachbarn abwägen.[53]

Strengere Anforderungen für die Größe der Abstandsflächen können von der Bauaufsichtsbehörde im Einzelfall aufgrund Art. 52 vorgeschrieben werden, wenn die Anwendung der allgemeinen Abstandsvorschriften wegen der besonderen Art oder Nutzung baulicher Anlagen und Räume nicht ausreichen würde, um erhebliche Gefahren oder Nachteile für die öffentliche Sicherheit und Ordnung abzuwehren.

IV. Nachbarschutz bei Verstößen gegen Abstandsvorschriften[54]

Die gesetzlichen Abstandsvorschriften dienen auch dem Schutz des Nachbarn. Wird ein Vorhaben baurechtlich genehmigt, das zum Grundstück eines Nachbarn hin nicht die ganze für den jeweiligen Einzelfall vorgeschriebene Abstandsfläche einhält, so wird dieser Nachbar in seinen Rechten verletzt und kann gemäß § 113 Abs. 1 Satz 1 VwGO die Aufhebung der

---

53) Vgl. VGH BW BRS 49 Nr. 125.
54) Allgemein zum Nachbarschutz im öffentlichen Baurecht s. *Schwarzer*, Handbuch des Baurechts in Bayern, Rdn. IV 88 ff.

Baugenehmigung verlangen.[55] Den abweichend davon in der Literatur vertretenen Auffassungen[56] ist die Rechtsprechung des Bayerischen Verwaltungsgerichtshofs nicht gefolgt. Solche Einschränkungen des Nachbarschutzes erscheinen weder nach dem Wortlaut noch nach Sinn und Zweck der Abstandsvorschriften gerechtfertigt.[57]

Sind in einem Bebauungsplan oder durch ortsrechtliche Vorschriften geringere als die gesetzlich vorgeschriebenen Abstandsflächen festgelegt worden, so kann deren Nichteinhaltung ebenfalls von einem betroffenen Nachbarn gerügt werden. Dagegen kann ein Nachbar einen Verstoß gegen gemeindliche Abstandsvorschriften, deren Anforderungen aus städtebaulichen Gründen über Art. 6 hinausgehen, nicht erfolgreich anfechten. Eine Rechtsverletzung des Nachbarn liegt in einem solchen Fall erst dann vor, wenn das genehmigte Vorhaben auch die gesetzlichen Abstandsvorschriften nicht einhält.

Wird ein Vorhaben unter Anwendung einer Vorschrift genehmigt, die allgemein oder im Einzelfall eine Verminderung der sonst erforderlichen Tiefe der Abstandsflächen vorsieht, ohne daß die gesetzlichen Voraussetzungen hierfür vorliegen, kann dies der betroffene Nachbar mit Erfolg geltend machen.[58] Entsprechendes gilt, wenn zwar die Voraussetzungen für eine diesbezügliche Ermessensentscheidung gegeben sind, das Ermessen aber gegenüber dem Nachbarn fehlerhaft ausgeübt worden ist.[59] Die Baugenehmigung verstößt in einem solchen Fall nicht gegen die zu Unrecht angewendete Vorschrift, die den Bauwerber bei Vorliegen der Voraussetzungen begünstigen würde (z. B. Art. 6 Abs. 6, Art. 7 Abs. 5), sondern gegen die allgemeinen nachbarschützenden Abstandsvorschriften. Das gilt auch, wenn entgegen Art. 6 Abs. 8 ein Vorhaben genehmigt worden ist, dessen erforderliche Abstandsfläche über die Hälfte der angrenzenden öffentlichen Fläche hinausreicht. Der Nachbar kann sich selbst dann gegen die Genehmigung einer Garage an seiner Grenze erfolgreich zur Wehr setzen, wenn sich die vorhandene Grenzbebauung an einer anderen Seite des Baugrundstücks befindet.[60]

Wenn ein Nachbar eine Baugenehmigung anficht, mit der ein Vorhaben genehmigt worden ist, das zu seinem Grundstück hin nicht die erforderliche Abstandsfläche einhält, kommt es nicht darauf an, ob und wie stark sein Grundstück dadurch beeinträchtigt wird.[61] Hat die Bauaufsichtsbehörde aber darüber zu entscheiden, ob sie — bei Vorliegen der gesetzlichen Voraussetzungen — eine Ausnahme oder Befreiung für ein Vorhaben erteilen soll, muß sie dies berücksichtigen. Auch bei einer Entscheidung, ob und wie auf Antrag des Nachbarn gegen ein ohne oder abweichend von der Baugenehmigung errichtetes oder abgeändertes Gebäude eingeschritten werden soll, ist — neben dem Ausmaß des Verstoßes gegen die Abstandsvorschriften — der Grad der Beeinträchtigung des Nachbargrundstücks in die Abwägung einzubeziehen.

---

55) Vgl. *Simon* a. a. O. Rdn. 53 zu Art. 6; BayVGH BayVBl. 1984, 306 f. = BRS 42 Nr. 111 und BayVBl. 1986, 143 = BRS 44 Nr. 100.

56) Nachbarschutz allgemein beschränkt auf 0,5 H, mindestens 3 m: *Allesch* BayVBl. 1983, 738 ff.; bei Außenwänden bis zu 16 m Länge beschränkt auf die Mindestmaße nach Art. 6 Abs. 5: *K/M/R* a. a. O. Erl. 1.4 zu Art. 6; *H. König* BayVBl. 1986, 147; *Allesch* BayVBl. 1986, 146; *Dürr/König* a. a. O. Rdn. 389.

57) Siehe hierzu *Geiger*, in: *Birkl*, Nachbarschutz im Bau-, Umwelt- und Zivilrecht, E Rdn. 42.

58) Vgl. *Ortloff* a. a. O. Rdn. 302.

59) Vgl. VGH BW BRS 47 Nr. 101.

60) Vgl. BayVGH BayVBl. 1987, 626 f.; a. M. *Dürr/König* a. a. O. Rdn. 389.

61) So auch *Ortloff* a. a. O. Rdn. 291; a. M. OVG Berlin BRS 47 Nr. 167.

Die Geltendmachung von Abwehrrechten kann verwirkt sein, wenn der Nachbar die Verletzung seiner Rechte erkannt hat oder hätte erkennen müssen und längere Zeit nichts dagegen unternommen hat;[62] auch durch ein Verhalten, das vor Erteilung der Baugenehmigung liegt, können nachbarliche Rechte verwirkt werden.[63]

---

62) Vgl. BVerwG ZfBR 1988, 144 = BRS 47 Nr. 185; BRS 48 Nr. 179; BRS 48 Nr. 180; VGH BW BRS 47 Nr. 186.
63) Vgl. OVG Lüneburg BRS 47 Nr. 184.

KLAUS-ALBRECHT SELLMANN

Die bauaufsichtliche Duldung durch Verwaltungsakt

Die *„Duldung"* als eine Erscheinungsform behördlichen Verhaltens ist ein *Sammelbegriff*.[1] Mit ihr werden verschiedenartige Verhaltensformen behördlicher Untätigkeit gegenüber einem illegalen Zustand umschrieben, der der Behörde bekannt ist und bei dem die rechtlichen Voraussetzungen für seine Beseitigung erfüllt sind.[2] So wird der Begriff der Duldung für bloßes Nichteinschreiten der Behörde gegen einen illegalen Zustand, für *bewußte* Untätigkeit als Ergebnis behördlicher Entscheidung und für die ausdrückliche oder konkludente Erklärung, aus bestimmten Gründen nicht einzuschreiten, verwendet.[3] Das Schrifttum hat sich mit der Duldung als Erscheinungsform behördlichen Verhaltens gegenüber einem illegalen Zustand in jüngster Vergangenheit vor allem unter dem Stichwort des „informalen Verwaltungshandelns" und hinsichtlich ihrer strafrechtlichen Wirkungen befaßt.[4]

Im (öffentlichen) Baurecht hat die Duldung seit eh und je erhebliche praktische und rechtliche Bedeutung.[5] Hier setzt die nach den bauordnungsrechtlichen (z. B. Art. 82 BayBauO, § 89 NBauO, § 76 SchlHBauO) oder allgemeinen ordnungsbehördlichen (§ 14 NWOBG) Bestimmungen in das Ermessen der Behörde gestellte Entscheidung die formelle und materielle Illegalität der Anlage voraus, wobei die materielle Illegalität der Anlage zeit ihres Bestehens gegeben sein muß.[6] Die Duldung illegaler baulicher Anlagen als Entscheidung, trotz Eingriffsmöglichkeit nicht einzuschreiten, kann in ihren verschiedenartigen Erscheinungsformen auf eine umfangreiche Rechtsprechung verweisen. Nur beispielhaft seien die jahrelang hingenommene illegale bauliche Anlage[7] oder die langjährige Untätigkeit gegenüber der Entstehung einer rechtswidrigen Bebauung,[8] die Genehmigung von „Folgemaßnahmen" im Zusammenhang mit einem älteren, baurechtswidrigen Zustand[9] und die

1) *Fluck*, NuR 1990, 197 f.
2) *Fluck* (Fn. 1), 198; *Hermes/Wieland*, Die staatliche Duldung rechtswidrigen Verhaltens, 1988, S. 4 f.; *Wüterich*, UPR 1988, 248, 250.
3) *Fluck* (Fn. 1), 198; *Hermes/Wieland* (Fn. 2), 4 ff.; *Wüterich* (Fn. 2), 250.
4) *Randelzhofer/Wilke*, Die Duldung als Form flexiblen Verwaltungshandelns, 1981, S. 10, 84; *Fluck* (Fn. 1), 197, 202 ff.; *Wüterich* (Fn. 2), 251 f.; *Hermes/Wieland* (Fn. 2), insbesondere S. 91 ff.; *Hallwaß*, NuR 1987, 296.
5) *Fluck* (Fn. 1), 198; *Drews/Wacke/Vogel/Martens*, Gefahrenabwehr, 9. Aufl., 1985, S. 385 ff. m. w. N. aus d. Rspr.
6) Statt aller BVerwG, Urt. v. 28. 6. 1956 – I C 93.54 – BRS 6 IV 2 S. 78; OVG Lüneburg, Urt. v. 28. 3. 1966 – I A 198/63, 199/63, 200/63 u. 209/63 – BRS 17 Nr. 150; *Sendler*, Festschrift für Ernst, 1980, S. 403 ff.; *Ortloff*, in: *Finkelnburg/Ortloff*, Öffentliches Baurecht, Bd. II, 2. Aufl., 1990, § 13 IV 3 b.
7) HessVGH, Beschl. v. 12. 7. 1985 – 4 TH 530/85 – BRS 44 Nr. 198.
8) OVG Berlin, Urt. v. 10. 2. 1989 – 2 B 152/86 – NVwZ 1990, 176.
9) OVG Lüneburg, Urt. v. 27. 2. 1981 – 1 A 64/79 – BRS 83 Nr. 205; siehe auch BVerwG, Urt. v. 19. 11. 1987 – 4 C 42.85 – BRS 47 Nr. 92.

vergleichsweise eingegangene Verpflichtung der langjährigen Duldung einer illegalen baulichen Anlage (Wochenendhaus auf Generationen)[10] oder die durch die mehrfach verlängerte Frist zur Befolgung eines Beseitigungsverlangens bekundete Duldung einer baurechtswidrigen Anlage[11] genannt.[12] Dabei werden begrifflich der Duldung auch die Fälle zuzurechnen sein, in denen die Behörde trotz formeller und materieller Illegalität der baulichen Anlage nicht einschreiten kann, da sie etwa durch den Grundsatz der Verhältnismäßigkeit[13] oder der Gleichbehandlung[14] in ihrem Ermessen gebunden ist und deshalb ihr Entschließungsermessen, einzuschreiten oder nicht, nur noch in eine Richtung, nämlich nicht einzuschreiten, ausüben kann.[15] Denn sonst bliebe nur die Erteilung einer Baugenehmigung, die jedoch aus Gründen der Gesetzesbindung der Behörde wegen (materieller) Illegalität ausscheiden muß.

In der Praxis spielen im Hinblick auf die bauaufsichtliche Duldung namentlich zwei Fragen eine besondere Rolle. Zum einen geht es um die rechtlichen Folgen einer vorausgegangenen Duldung, wenn die Behörde später gegen die illegale bauliche Anlage einschreitet, und damit insbesondere um einen aus einer solchen Duldung abgeleiteten Abwehranspruch des Betroffenen gegen bauordnungsrechtliche Maßnahmen. Zum anderen ist dies die Frage nach einem Anspruch auf Duldung.

Diesen Fragen soll hier nur für die ausdrücklich oder durch konkludentes Verhalten *gegenüber dem Betroffenen abgegebene Erklärung der Duldung* der illegalen Anlage nachgegangen werden. Gegenstand der Untersuchung ist m. a. W. die kundgegebene (Ermessens-)Entscheidung der Behörde, nicht gegen den baurechtswidrigen Zustand einzuschreiten, obwohl die rechtlichen Voraussetzungen hierfür erfüllt sind. Im Unterschied zu dem bloßen Nichteinschreiten und der Untätigkeit aufgrund tatsächlich getroffener, aber nicht nach außen bekundeter Ermessensentscheidung kann diese Erscheinungsform der Duldung als „*aktive Duldung*" bezeichnet werden.[16] Aus der Rechtsprechung gehören dazu als Beispiele die durch Vergleich übernommene Verpflichtung der langjährigen Duldung des illegalen Wochenendhauses[17] und die erklärte Duldung des baurechtswidrigen Wochenendhauses auf Lebenszeit,[18] aber auch die durch wiederholte Verlängerung der Frist zur Befolgung der Beseitigungsanordnung bekundete Duldung.[19] Diese Beispiele zeigen freilich, daß im Einzelfall, wenn nicht eine ausdrückliche Erklärung vorliegt, die Feststellung, ob die Behörde für den Betroffenen erkennbar und ihm zumindest konkludent kundgegeben ihr Ermessen ausübt und von ihrer Möglichkeit einzuschreiten keinen Gebrauch macht, schwierig sein kann. Wegen der noch auszuführenden rechtlichen Folgen einer

---

10) OVG Münster, Urt. v. 28. 9. 1976 – VII A 1538/75 – BRS 30 Nr. 169.

11) OVG Berlin, Urt. v. 14. 5. 1982 – 2 B 57.79 – BRS 39 Nr. 207.

12) Weitere Beispiele bei *Rapp*, BauR 1983, 126 und *Bracher*, ZfBR 1987, 127.

13) *Randelzhofer/Wilke* (Fn. 4), 80 ff.; *Robbers*, DÖV 1987, 272, 278 f.; *Fluck* (Fn. 1), 198.

14) *Drews/Wacke/Vogel/Martens* (Fn. 5), 385 ff., 449, 451.

15) Zur Unterscheidung von Entschließungs- und Auswahlermessen *Wolff/Bachof*, Verwaltungsrecht, Bd. I, 9. Auflage, 1974, § 31 II c 1 und *Erichsen/Martens*, Allg. Verwaltungsrecht, 8. Aufl., 1988, § 12 II 2 b.

16) So OVG Berlin (Fn. 11) unter Hinweis auf *Randelzhofer/Wilke* (Fn. 4), 56 ff., wobei allerdings insbesondere *Randelzhofer*, in: *Kimminich/von Lersner/Storm*, Handbuch des Umweltrechts, Bd. I, 1986, Stichwort „Duldung", Sp. 360, 365 die „aktive Duldung als eine vom Übermaßverbot gebotene Form flexiblen Verwaltungshandelns zur Bewältigung von Übergangslagen" versteht, „bei denen es um die Herbeiführung gesetzmäßiger Zustände geht, keineswegs dagegen um die Perpetuierung gesetzwidriger Zustände"; *Hermes/Wieland* (Fn. 2), 24.

17) OVG Münster (Fn. 10).

18) VGH BW, Urt. v. 31. 3. 1982 – 3 S 1347/81 – NJW 1984, 319.

19) OVG Berlin (Fn. 11).

aktiven Duldung werden an eine solche konkludent kundgegebene Duldung strenge Anforderungen zu stellen sein.

Die rechtliche Qualifizierung dieser Erscheinungsform der Duldung ist umstritten. Die wohl h. M. betrachtet sie als *Zusicherung* der Bauaufsichtsbehörde, gegen den illegalen Zustand nicht einzuschreiten und damit keine – als Verwaltungsakt zu betrachtende – bauordnungsrechtliche Anordnung zu treffen.[20] Demgemäß beurteilen sich Wirksamkeit und Verbindlichkeit der Duldung nach § 38 VwVfG. Demgegenüber spricht das OVG Berlin bei der Duldung in Gestalt des Verzichts auf Vollstreckung einer baurechtlichen Abrißverfügung – unter Bezugnahme auf *Randelzhofer/Wilke*[21] von einem „*Duldungsverwaltungsakt*".[22] Damit will das Gericht offenbar der aktiven Duldung einen eigenständigen Regelungsgehalt beimessen, der zwischen der Baugenehmigung und der (bloßen) Zusicherung liegt, von der Möglichkeit des Einschreitens keinen Gebrauch zu machen.[23] Dieses Verständnis der Ansicht des OVG Berlin findet eine Stütze in dem weiteren Hinweis des Gerichts, daß dieser Dauerverwaltungsakt dem Betroffenen eine „geschützte baurechtliche Rechtsposition verschafft hat, die ihm nicht ohne weiteres entzogen werden kann". Für Wirksamkeit, Verbindlichkeit und Fortbestand der aktiven Duldung würden hiernach die allgemein für Verwaltungsakte geltenden Bestimmungen – wie insbesondere die Vorschriften über Rücknahme und Widerruf von Verwaltungsakten – und nicht die besondere Regelung der Zusicherung gemäß § 38 VwVfG anzuwenden sein.[24]

Die Unterschiede in der rechtlichen Qualifizierung der aktiven Duldung äußern sich vor allem in den *Folgen einer Änderung der Sach- und Rechtslage*, aber auch etwa in der *Frage besonderer Formerfordernisse*. Erweist sich die aktive Duldung rechtlich als Zusicherung, kann bei nachträglicher Änderung der Sach- oder Rechtslage die Bindungswirkung ohne weiteres entfallen. Gelten hingegen die §§ 48 f. VwVfG, bedarf es in einem solchen Fall eines aufhebenden Verwaltungsakts, der nur unter bestimmten Voraussetzungen in Frage kommt. Die Wirksamkeit der Zusicherung setzt gemäß § 38 Abs. 1 Satz 1 VwVfG Schriftform voraus, während für sonstige Verwaltungsakte die Schriftform nur gilt, wenn sie durch besondere Rechtsvorschriften vorgeschrieben ist oder sich aus der Natur des Verwaltungsakts oder den Umständen seines Erlasses ergibt.[25]

Die Antwort auf die gestellten Fragen ist in Struktur und Inhalt der Ermessensentscheidung, die die Bauaufsichtsbehörde nach den jeweils einschlägigen Bestimmungen des Bauordnungsrechts oder des allgemeinen Ordnungsrechts zu treffen hat, und in den dafür geltenden Verfahrensvorschriften zu suchen. Danach kann die Bauaufsichtsbehörde, wenn die bauliche Anlage formell und materiell illegal ist, zur Beseitigung dieses rechtswidrigen Zustandes einschreiten, sie kann aber von einem Einschreiten auch absehen und gewissermaßen auf ihre Eingriffsmöglichkeit verzichten. Sofern nicht – ausnahmsweise – der Ermessensspielraum aufgrund besonderer Umstände in der einen oder der anderen Richtung „auf Null reduziert" ist, kann sich die Behörde zu einer *positiven Entscheidung* i. S. von *Einschreiten* durch Erlaß einer Anordnung *oder* zu einer *negativen Entscheidung* i. S. von *Nichteinschreiten* und Verzicht auf Maßnahmen entschließen. Insoweit übt die Behörde bei der Entscheidung über das „Ob" des Einschreitens ihr sog. Entschließungsermessen aus, während die Entscheidung über die zu treffende Anordnung im Falle des Einschreitens dem

20) *Bracher* (Fn. 12); *Ortloff* (Fn. 6), § 13 VII 3.
21) Fn. 4, 108.
22) Fn. 11.
23) Ebenso *Hermes/Wieland* (Fn. 2), 30.
24) So auch *Hermes/Wieland* (Fn. 2), 31 f.
25) Vgl. § 37 Abs. 2 Satz 1 VwVfG; *Kopp*, VwVfG, 4. Aufl., 1985, § 37 Rdn. 13.

sog. Auswahlermessen zuzurechnen ist.[26] Die *negative* Entscheidung, von der Befugnis einzuschreiten keinen Gebrauch zu machen, hat jedoch als Ermessensentscheidung rechtlich keine andere oder geringere Qualität als die *positive* Entscheidung einzuschreiten.[27] Im Falle der positiven Entscheidung ergeht ein den Betroffenen belastender Verwaltungsakt des Inhalts, daß z. B. die bauliche Anlage zu beseitigen ist, während die dem Betroffenen kundgegebene negative Entscheidung einen begünstigenden Verwaltungsakt darstellt, weil die Behörde mit der (aktiven) Duldung auf ihr Eingriffsrecht „verzichtet" und dem Betroffenen Bestand und Nutzung der baulichen Anlage beläßt.[28] Die dem Betroffenen bekundete negative Entscheidung der Duldung erfüllt insofern — wie die positive Entscheidung etwa der Beseitigungsanordnung — alle Voraussetzungen eines Verwaltungsakts.[29]

Der so qualifizierte Verwaltungsakt ist von seinem Regelungsgehalt her etwas anderes als eine Zusicherung. Bei ihr sagt die Behörde zu, einen bestimmten Verwaltungsakt später zu erlassen oder zu unterlassen. Übertragen auf die Untätigkeit gegenüber einem baurechtswidrigen Zustand bedeutet dies, daß die Bauaufsichtsbehörde zusagt, keine bauordnungsrechtliche Anordnung zu treffen, d. h. keinen Verwaltungsakt zu erlassen. Dies hat dann für den Betroffenen die weitere Folge, daß Bestand und Nutzung seiner baulichen Anlage erhalten bleiben.[30] Die Zusicherung ist noch nicht die eigentliche Entscheidung. Wie z. B. die dem Nachbarn gegenüber abgegebene Zusicherung, zu seinen Gunsten eine Beseitigungsanordnung gegen den Bauherrn wegen formeller und materieller Illegalität seines Bauwerks zu erlassen, noch nicht die Qualität der Beseitigungsanordnung selbst hat, ist auch der Zusicherung, keine Beseitigungsanordnung zu treffen, eine andere Qualität als dem als „negative Entscheidung" begriffenen Duldungsverwaltungsakt beizumessen. Der Duldungsverwaltungsakt verschafft dem Betroffenen unmittelbar die baurechtliche Rechtsposition, die bauliche Anlage trotz ihrer Baurechtswidrigkeit weiter behalten und nutzen zu können,[31] während der weitere Bestand und seine Nutzung im Falle einer Zusicherung nur die mittelbare Folge der Zusage sind, keine bauordnungsrechtliche Anordnung zu treffen.

Dieser rechtlichen Qualifizierung der aktiven Duldung kann nicht entgegengehalten werden, ein so verstandener Duldungsverwaltungsakt habe nur dann eine Berechtigung, wenn er als Verzicht der Behörde auf ihre Möglichkeit zum Einschreiten unabhängig von einer zukünftigen Änderung der Sach- oder Rechtslage interpretiert werde; eine solche behördliche Erklärung stelle jedoch einen klaren Verstoß gegen die zum Einschreiten ermächtigende Norm dar, da sich die Behörde nicht endgültig und vollständig ihres Ermessens begeben dürfe.[32]

Zum einen bleibt der Bauaufsichtsbehörde auch in diesem Falle z. B. gemäß § 49 Abs. 2 Satz 1 Nrn. 3 und 4 VwVfG die Möglichkeit, bei *Änderung der Sach- oder Rechtslage* ihre Entscheidung rückgängig zu machen. Dem steht nicht entgegen, daß ein Widerruf wegen Änderung der Rechtslage gemäß § 49 Abs. 2 Satz 1 Nr. 4 VwVfG nur zulässig ist, wenn der Betroffene von der Vergünstigung noch keinen Gebrauch gemacht hat. Dadurch soll derjenige geschützt werden, der bereits z. B. durch Beginn der Verwirklichung des genehmigten Werkes (sog. Inwerksetzen) — wie etwa durch Beginn der Bauarbeiten aufgrund der

---

26) Dazu *Erichsen/Martens* (Fn. 15), § 12 II 2 b; *Maurer,* Allg. Verwaltungsrecht, 7. Aufl. 1990, § 7 Rdn. 6.
27) Ebenso *Hermes/Wieland* (Fn. 2), 27.
28) Dazu *Bracher* (Fn. 12), 130 f.
29) Zur Bedeutung der (amtlichen) Bekanntgabe als rechtliche Existenzvoraussetzung des Verwaltungsakts *Robbers* (Fn. 13), 275 f. und *Maurer* (Fn. 26), § 9 Rdn. 64.
30) *Bracher* (Fn. 12), 130 f.
31) Fn. 11.
32) In diesem Sinne kritisch *Hermes/Wieland* (Fn. 2), 30.

Baugenehmigung – oder durch besondere Ausführungsmaßnahmen Vertrauen in die durch den Verwaltungsakt begründete Rechtslage investiert hat.[33] Eine derartige schutzwürdige Situation ist in der Regel im Falle der Duldung eines baurechtswidrigen Zustandes nicht gegeben, da hier das Inwerksetzen und der Beginn der Nutzung vor dem Duldungsverwaltungsakt liegen und der Betroffene die Anlage nur behalten und weiter nutzen darf. Macht der Betroffene hiervon Gebrauch, investiert er damit nicht in vergleichbarer Weise Vertrauen in die ihm gewährte Vergünstigung. Der Unterschied der Auswirkungen der Änderung der Sach- oder Rechtslage bei der Zusicherung einerseits und dem Duldungsverwaltungsakt andererseits besteht im wesentlichen darin, daß die Zusicherung ohne weiteres ihre Verbindlichkeit verlieren kann, während der Duldungsverwaltungsakt – ggf. mit Entschädigung bei Eingriff in eine schutzwürdige Vertrauensposition (§ 49 Abs. 5 Satz 1 VwVfG) – widerrufen werden kann.

Zum anderen kann die Bauaufsichtsbehörde den *Duldungsverwaltungsakt* mit einem *Widerrufsvorbehalt* versehen, um auf eine Änderung der Sach- oder Rechtslage reagieren zu können. Die Änderung der tatsächlichen oder rechtlichen Verhältnisse ist der Regelfall, in dem der Widerruf eines Verwaltungsakts aufgrund eines Widerrufsvorbehalts in Betracht kommt.[34] Nicht gefolgt werden kann freilich der Ansicht, die Bauaufsichtsbehörde handele rechtswidrig, wenn sie einen derartigen Widerrufsvorbehalt nicht beifüge.[35] Da sich die Behörde ohne Widerrufsvorbehalt nicht endgültig der Möglichkeit begibt, bei geänderter Sach- oder Rechtslage unter Widerruf des ergangenen Duldungsverwaltungsakts erneut ihr Entschließungsermessen auszuüben und über das „Ob" des Einschreitens zu entscheiden, kann ein Duldungsverwaltungsakt ohne Widerrufsvorbehalt nicht generell rechtswidrig sein. Die Entscheidung darüber, ob der Duldungsverwaltungsakt mit einem Widerrufsvorbehalt versehen werden soll, liegt wie bei anderen Ermessensakten auch hier grundsätzlich im Ermessen der Behörde, so daß sich die Ermessensentscheidung unter Berücksichtigung des Gesetzeszwecks an den jeweiligen Gegebenheiten des konkreten Einzelfalls zu orientieren hat. Dabei spielen Art und Schwere des den illegalen Zustand bewirkenden Gesetzesverstoßes unter dem Aspekt des Verhältnismäßigkeitsgrundsatzes eine wesentliche Rolle, wenn es darum geht, ob eine fehlerfreie Ermessensausübung einen Widerrufsvorbehalt erfordert oder nicht. Die Bedeutung des Widerrufsvorbehalts besteht zudem im wesentlichen darin, daß er die Entstehung eines Vertrauensschutztatbestandes verhindert und der Widerruf bei seinem Vorbehalt deshalb leichter und ohne Entschädigung realisierbar ist.[36] Schließlich hat die Rechtsprechung eine Duldung von faktisch unbegrenzter Dauer grundsätzlich als rechtmäßige Ermessensausübung anerkannt und lediglich einschränkend gefordert, daß in einem solchen Fall die Bauaufsichtsbehörde bei ihrer Ermessensausübung nicht ohne die sonst im Baugenehmigungsverfahren erforderliche Zustimmung der höheren Verwaltungsbehörde (§ 36 Abs. 1 BBauG/BauGB) entscheiden kann, weil anderenfalls das Baugenehmigungsverfahren mit seinen notwendigen Prüfungen und dadurch das Rechtsinstitut der Baugenehmigung ausgehöhlt werden könnten.[37]

Soweit es um die Frage besonderer *Formerfordernisse* geht, kann für den Duldungsverwaltungsakt nichts anderes als für die Anordnung bauordnungsrechtlicher Maßnahmen gelten. Rechtsgrundlage für beide Entscheidungen sind dieselben Bestimmungen des Bauordnungs-

---

33) *Erichsen/Martens* (Fn. 15), § 17 II 2 d.
34) *Maurer* (Fn. 26), § 11 Rdn. 46.
35) So aber *Hermes/Wieland* (Fn. 2), 32.
36) *Maurer* (Fn. 26), § 11 Rdn. 46.
37) OVG Münster (Fn. 10); dazu im einzelnen auch *Bracher* (Fn. 12), 130 f.

rechts und des allgemeinen Ordnungsrechts. Sie schreiben für die zu treffende Entscheidung *keine Schriftform* vor. Anders als die Zusicherung bedarf danach der Duldungsverwaltungsakt zu seiner Wirksamkeit nicht der Schriftform. Der Duldungsverwaltungsakt kann wie die bauordnungsrechtliche Anordnung zur Beseitigung eines baurechtswidrigen Zustandes grundsätzlich mündlich ergehen. Er sollte jedoch aus Gründen der Rechtsklarheit, der Beweiserleichterung und der ordnungsgemäßen Aktenführung der Behörde schriftlich ergehen[38] oder zumindest schriftlich bestätigt werden.[39] Der Betroffene kann im übrigen eine solche schriftliche Bestätigung gemäß § 37 Abs. 2 Satz 2 VwVfG verlangen.

Ist danach der Duldungsverwaltungsakt als negative (Ermessens-)Entscheidung rechtlich in formeller und materieller Hinsicht wie die positive (Ermessens-)Entscheidung des Einschreitens zu behandeln, müssen für seine *Verbindlichkeit* und seinen *Fortbestand* auch im übrigen die *allgemeinen Bestimmungen*, insbesondere also die Vorschriften über die Aufhebung rechtswidriger und rechtmäßiger Verwaltungsakte (§§ 48 ff. VwVfG) gelten. Hieraus folgt vor allem, daß die Bauaufsichtsbehörde, sollte sie aufgrund einer späteren Änderung der Sach- oder Rechtslage oder wegen gewandelter Vorstellungen über das Verhalten gegenüber baurechtswidrigen Zuständen nunmehr einschreiten wollen, zunächst den Duldungsverwaltungsakt aufheben muß.[40] Leidet der Duldungsverwaltungsakt nicht an Rechts-, insbesondere Ermessensfehlern, so daß eine Rücknahme gemäß § 48 VwVfG in Betracht kommt, kann die Bauaufsichtsbehörde den Duldungsverwaltungsakt nur aufheben, wenn die Voraussetzungen für einen Widerruf erfüllt sind.

Wie jeder andere Ermessensakt kann der Duldungsverwaltungsakt als negative (Ermessens-)Entscheidung mit *Ermessensfehlern* behaftet sein. Denkbar sind etwa folgende Fehler: Die Bauaufsichtsbehörde hat sich bei ihrer Ermessensausübung nicht von sachlichen und zweckgerichteten Erwägungen leiten lassen, sondern sich z. B. aus Gründen persönlicher oder parteipolitischer Rücksichtnahme oder unter Gewährung wirtschaftlicher Gegenleistungen des Betroffenen zu einer Duldung entschlossen.[41] Es hat kein Verwaltungsakt ergehen dürfen, weil durch den baurechtswidrigen Zustand Nachbarrechte verletzt werden und der Nachbar einen Rechtsanspruch auf Einschreiten der Bauaufsichtsbehörde hat.[42] Die Bauaufsichtsbehörde hätte bei sachgemäßer Ermessensausübung unter Berücksichtigung der Gegebenheiten des konkreten Einzelfalles den Duldungsverwaltungsakt mit Nebenbestimmungen gemäß § 36 VwVfG, etwa einer Befristung − z. B. Duldung, bis ein einheitliches Konzept zum Vorgehen gegen baurechtswidrige Zustände erarbeitet ist[43] − oder einen Widerrufsvorbehalt, versehen müssen.

Ist der Duldungsverwaltungsakt fehlerfrei und damit rechtmäßig, kommt nur sein *Widerruf* gemäß § 49 VwVfG in Betracht. Nach § 49 Abs. 2 Satz 1 Nrn. 3 und 4 VwVfG kann die *Änderung der Sach- oder Rechtslage* den Widerruf des Duldungsverwaltungsakts rechtfertigen.[44] Eine nur geänderte Einstellung der Bauaufsichtsbehörde zum Einschreiten gegen

---

38) Zur Funktion der Schriftlichkeit z. B. *Maurer* (Fn. 26), § 10 Rdn. 12.

39) So z. B. *Grosse-Suchsdorf/Schmaltz/Wiechert*, NBauO, 4. Aufl., 1987, § 89 Rdn. 64 zur bauordnungsrechtlichen Anordnung.

40) So für die Zusicherung des Nichteinschreitens *Grosse-Suchsdorf/Schmaltz/Wiechert* (Fn. 39), § 89 Rdn. 43.

41) Zu solchen Ermessensfehlern statt aller *Erichsen/Martens* (Fn. 15), § 12 II 2 c bb und *Maurer* (Fn. 26), § 7 Rdn. 14.

42) Hierzu im einzelnen *Ortloff* (Fn. 6), § 19 II.

43) Hierzu statt aller *Ortloff* (Fn. 6), § 13 VII 2 c m. w. N. und Beispielen.

44) Siehe dazu die die Änderung der Sach- oder Rechtslage betreffenden Ausführungen von *Bracher* (Fn. 12), 127 f.

baurechtswidrige Zustände genügt jedoch ebensowenig, wie eine lediglich in der Zwischen-
zeit andere Beurteilung als eine den Widerruf rechtfertigende Tatsachenänderung angesehen
werden kann.[45] Insoweit bleibt lediglich ein Widerruf gemäß § 49 Abs. 2 Satz 1 Nr. 5
VwVfG, wenn er geboten ist, um schwere Nachteile für das Gemeinwohl zu verhüten oder
zu beseitigen.

In jedem Fall setzt die Entscheidung zum Einschreiten *zunächst* die *Aufhebung* des
Duldungsverwaltungsakts[46] und damit eine gesondert zu treffende Ermessensentscheidung
voraus.[47] Sie kann in einem Akt mit der Entscheidung einzuschreiten und so z. B. mit einer
Beseitigungsanordnung ergehen. Rechtlich sind jedoch zwei Ermessensakte zu unterscheiden. Sind die Voraussetzungen für Rücknahme oder Widerruf des Duldungsverwaltungsakts
nicht erfüllt oder leidet die im Rücknahme-/Widerrufsverfahren zu treffende Ermessensentscheidung an Fehlern, ist die Aufhebung des Duldungsverwaltungsakts rechtswidrig. Ergehen Aufhebung des Duldungsverwaltungsakts und bauordnungsrechtliche Anordnung in
einem Akt – was die Regel sein dürfte –, kann der Betroffene die bauordnungsrechtliche
Anordnung mit der Begründung angreifen, die Aufhebung des Duldungsverwaltungsakts sei
rechtswidrig und die Beseitigungsanordnung ebenfalls, weil sie in die durch den Duldungsverwaltungsakt begründete Rechtsposition eingreife und ohne rechtmäßige Aufhebung
dieses Verwaltungsakts nicht zulässig sei.

Nach § 48 Abs. 3 und § 49 Abs. 5 VwVfG hat der Betroffene bei Aufhebung der
Duldungsverfügung unter bestimmten Voraussetzungen Anspruch auf *Ausgleich bzw. Entschädigung für den Vermögensnachteil*, den er dadurch erleidet, daß er auf den Bestand des
Verwaltungsakts vertraut hat. Ein solcher Vermögensnachteil kann z. B. darin bestehen,
daß der Betroffene im Vertrauen auf den Fortbestand der Duldung nicht genehmigungspflichtige, mit finanziellem Aufwand verbundene Maßnahmen an dem geduldeten Bauwerk
durchgeführt hat. Bei einer Zusicherung hat der Betroffene, wenn ihre Verbindlichkeit
wegen Änderung der Sach- oder Rechtslage entfällt, einen derartigen Anspruch nicht.[48]
Auch dies zeigt, daß die durch den Duldungsverwaltungsakt begründete Rechtsposition
andersartig als im Falle einer Zusicherung ist.

Kann so der durch den Duldungsverwaltungsakt begründete Rechtsstatus nicht ohne
weiteres entzogen werden, drängt sich die weitere Frage auf, ob und inwieweit der
Betroffene nachbarliche Abwehransprüche geltend machen kann, wenn nachbarschützende
Vorschriften verletzt werden. Das OVG Berlin hat dies für den Duldungsverwaltungsakt
mit der Begründung bejaht, der Betroffene sei, solange die Duldung andauere, in bauplan-
ungs- und bauordnungsrechtlicher Hinsicht grundsätzlich so zu behandeln, als wäre sein
Haus genehmigt worden.[49] Demgegenüber hat das OVG Münster in einer nicht veröffent-
lichten Kostenentscheidung den Anspruch eines Klägers auf Rücksichtnahme und damit auf
Aufhebung der einem Dritten erteilten Baugenehmigung verneint, weil die geduldete eigene
Anlage illegal sei.[50] Bei der Beantwortung der gestellten Frage ist von der durch den

---

45) BVerwG, Beschl. v. 16. 7. 1982 – 7 B 190.81 – DVBl. 1982, 1004.
46) Fn. 40.
47) *Ule/Laubinger*, Verwaltungsverfahrensrecht, 3. Aufl., 1986, § 61 IV 4 zu Rücknahme und Widerruf als
    Ermessensentscheidung.
48) So *Ule/Laubinger* (Fn. 47), § 49 IV und *Stelkens/Bonk/Leonhardt*, VwVfG, 3. Aufl., 1990, § 38
    Rdn. 57; a. M. *Kopp* (Fn. 25), § 38 Rdn. 31.
49) Fn. 11.
50) Zitiert bei *Bracher* (Fn. 12), 129.

Duldungsverwaltungsakt verliehenen Rechtsposition auszugehen und auf die jeweilige materielle Baurechtswidrigkeit abzustellen.[51]

Der Duldungsverwaltungsakt verschafft dem Betroffenen eine rechtlich geschützte Position. Ob dieser Rechtsstatus nun als „nicht weit entfernt" von dem durch eine Baugenehmigung begründeten qualifiziert werden kann,[52] ist letztlich eine Frage der Formulierung. Der Duldungsverwaltungsakt verleiht jedenfalls die nur unter bestimmten Voraussetzungen wieder entziehbare Rechtsposition, die illegale bauliche Anlage behalten und weiter nutzen zu können. Er regelt damit in eigenständiger Art und Weise die bauliche Grundstücksnutzung und gibt ihr rechtlichen Schutz. Ist der Adressat des Duldungsverwaltungsakts Eigentümer oder in eigentumsähnlicher Weise an dem Grundstück dinglich Berechtigter und erfüllt er damit insoweit die Bedingungen der prinzipiell grundstücksbezogenen Nachbarschutzposition,[53] rechtfertigt dies die Annahme „schutzwürdiger Interessen", auf die i. S. der Voraussetzungen des subjektiv-rechtlichen Rücksichtnahmegebots[54] „in qualifizierter und zugleich individualisierter Weise Rücksicht zu nehmen" sein kann. Die das subjektiv-rechtliche Rücksichtnahmegebot kennzeichnende „Abwägung", d. h. die nur (nachvollziehende) feststellende Gewichtung oder Bewertung der Belange des Bauherrn und des Dritten,[55] zeigt zugleich die Grenzen dieses nachbarlichen Abwehranspruchs auf. Stehen die Beeinträchtigungen, die unter Bezugnahme auf das Gebot der Rücksichtnahme abgewehrt werden sollen, in einem unmittelbaren Zusammenhang mit den Umständen, die die materielle Rechtswidrigkeit der baulichen Anlage begründen, so kann die geduldete Anlage mangels Schutzwürdigkeit keinen Nachbarschutz beanspruchen. Der im Mischgebiet liegende, wegen seiner das Wohnen wesentlich störenden Immissionen nicht genehmigte, sondern nur geduldete Gewerbebetrieb kann nicht eine Wohnbebauung in seiner Nachbarschaft abwehren, die zu Einschränkungen oder gar zur Schließung des Betriebes führen kann. Die Belange des Betroffenen, dessen lediglich geduldete bauliche Anlage den Nutzungskonflikt auslöst, der gerade durch das Verdikt der materiellen Baurechtswidrigkeit vermieden werden soll, müssen bei der „Abwägung" zurücktreten.[56]

Bei der abschließend zu erörternden Frage nach einem *Anspruch* auf *Erlaß* eines Duldungsverwaltungsakts ist zu unterscheiden zwischen dem Anspruch auf Duldung, d. h. auf Nichteinschreiten, und dem Anspruch auf (verbindliche) Erklärung darüber gegenüber dem Betroffenen durch einen Verwaltungsakt.

Ein Anspruch auf die (negative) Ermessensentscheidung, gegen den baurechtswidrigen Zustand nicht einzuschreiten, kann nur dann in Betracht kommen, wenn das „Ermessen auf Null geschrumpft" ist und nur die Duldung als fehlerfreie Ermessensentscheidung in Frage kommt. Dies wird in der Praxis nur die Ausnahme sein.[57] Ein Anspruch auf Duldung wird aber z. B. dann anzunehmen sein, wenn sich die Bauaufsichtsbehörde aufgrund des *Gleichbehandlungsgrundsatzes* entweder durch eine einheitliche Verfahrensweise in vergleichbaren

---

51) Ebenso im wesentlichen *Bracher* (Fn. 12), 128 ff. für die Frage nachbarlicher Abwehransprüche aufgrund einer Duldungszusage.

52) So OVG Berlin (Fn. 11).

53) Dazu z. B. BVerwG, Urt. v. 11. 5. 1989 – 4 C 1.88 – BRS 49 Nr. 184 und *Ortloff* (Fn. 6), § 16 VI 5 b m. w. N.

54) Dazu z. B. BVerwG, Urt. v. 5. 8. 1983 – 4 C 96.79 – BRS 40 Nr. 4.

55) *Weyreuther*, Bauen im Außenbereich, 1979, S. 18 f.

56) Ebenso i. Erg. *Bracher* (Fn. 12), 129, der insofern allerdings auf die Erwägungen zurückgreift, die die Haftung des sog. latenten Störers begründen.

57) Allgemein mit Beispielen zu Sachverhalten, die ein Dulden illegaler Bauwerke rechtfertigen können, *Rapp* (Fn. 12).

Fällen[58] oder durch eine innerdienstliche Anordnung selbst gebunden hat, wie dies z. B. in dem vom VGH BW entschiedenen Fall geschehen war, in dem sich das Ministerium mit einer Duldung auf Lebenszeit bei fortgeschrittenem Lebensalter der Betroffenen einverstanden erklärt hatte.[59] Ebenso kann der *Grundsatz der Verhältnismäßigkeit* die Entscheidung für ein Nichteinschreiten gebieten, wenn die Baurechtswidrigkeit, wie in dem vom OVG Lüneburg entschiedenen Fall, als nur geringfügige Unterschreitung des Grenzabstandes um 6 bis 9 cm und damit um weniger als einen halben Stein zu beurteilen ist.[60]

Die (verbindliche) *Erklärung* der negativen Ermessensentscheidung durch Erlaß eines Duldungsverwaltungsakts steht im *Ermessen* der Behörde.[61] Weder aus den hier maßgeblichen Ermächtigungsnormen des Bauordnungsrechts oder des allgemeinen Ordnungsrechts noch aus allgemeinen Rechtsgedanken läßt sich ein Anspruch auf Erlaß eines Duldungsverwaltungsakts herleiten.[62] Eine verbindliche Festlegung durch Verwaltungsakt mag zwar namentlich in solchen Fällen, in denen es um das weitere Schicksal einer nicht genehmigten und auch nicht genehmigungsfähigen, u. U. mit erheblichem finanziellem Aufwand erstellten baulichen Anlage geht, dem Interesse des Betroffenen und nicht zuletzt der Rechtssicherheit dienen. Der Verwaltungsakt als Rechtsinstitut bestimmt gerade die Rechte und Pflichten des Betroffenen und verleiht eine stabile, auch im Falle seiner Rechtswidrigkeit nicht ohne weiteres entziehbare Grundlage für weitere Dispositionen.[63] Aus dieser Funktion des Verwaltungsakts ergibt sich jedoch noch kein Anspruch des Betroffenen gegenüber der Bauaufsichtsbehörde darauf, daß sie von diesem Rechtsinstitut Gebrauch macht. Insofern unterscheidet sich der Duldungsverwaltungsakt nicht von der Zusicherung. Für sie hat das BVerwG entschieden, daß sich ein Anspruch auf eine Zusicherung (auch) nicht aus allgemeinen Rechtsgedanken ergibt.[64] Dabei hat das Gericht ausdrücklich klargestellt, das Institut des vorbeugenden Verwaltungsrechtsschutzes gebiete ebenfalls nicht eine solche – ggf. eine richterliche Überprüfung eröffnende – behördliche Vorabentscheidung in Form eines Verwaltungsakts. Hiernach besteht ein Rechtsanspruch auf Erlaß eines Duldungsverwaltungsakts nur dann, wenn auch insoweit eine Selbstbindung der Bauaufsichtsbehörde vorliegt und der Gleichbehandlungsgrundsatz es erfordert, eine verbindliche Festlegung durch einen Duldungsverwaltungsakt zu treffen.

58) Dazu OVG Berlin (Fn. 8), 178.
59) Fn. 18.
60) OVG Lüneburg, Urt. v. 17. 11. 1970 – I A 5/70 – BRS 23 Nr. 198; allgemein zur Duldung unter dem Aspekt des Verhältnismäßigkeitsgrundsatzes *Hermes/Wieland* (Fn. 2), 38 ff.
61) *Hermes/Wieland* (Fn. 2), 32.
62) So auch *Goerlich*, „Formenmißbrauch" und Kompetenzverständnis, 1987, S. 105.
63) Zu dieser „Klarstellungs- und Stabilisierungsfunktion des Verwaltungsakts" *Maurer* (Fn. 26), § 9 Rdn. 40 m. w. N.
64) Urt. v. 23. 5. 1986 – 8 C 5.85 – *Buchholz* 310 § 42 Nr. 139.

MICHAEL UECHTRITZ

Grenzen der „Legalisierungswirkung" der Baugenehmigung und des „Bestandsschutzes" bei Nutzungsänderungen und -unterbrechungen

I. Einleitung

Das Thema bedarf der Erläuterung. Die im Titel dieses Beitrags genannten Begriffe „Legalisierungswirkung" (der Baugenehmigung), „Bestandsschutz" und „Nutzungsänderung" stehen für Problemfelder, die in der Literatur vielfach erörtert worden sind und die auch die Rechtsprechung ständig von neuem beschäftigen. Während über die „Legalisierungswirkung" einer Baugenehmigung inzwischen grundsätzlich Einigkeit besteht – die Baugenehmigung sichert während der Dauer ihrer Wirksamkeit den Bestand und die Nutzung der baulichen Anlage und schließt eine Beseitigungs- oder Nutzungsuntersagungsverfügung aus, auch wenn die Anlage mit dem materiellen Recht nicht (mehr) übereinstimmt –,[1] sind Umfang und Grenzen des „Bestandsschutzes" Gegenstand einer kaum mehr überschaubaren Diskussion.[2] Auch die Nutzungsänderung baulicher Anlagen, konkret die Frage der Genehmigungspflicht, ist – wie ein Blick in die vom Jubilar herausgegebene Baurechtssammlung belegt – ein juristischer „Dauerbrenner".[3]

Mit der vorliegenden Abhandlung ist nicht beabsichtigt, einen weiteren – grundsätzlichen – Beitrag zu diesen vieldiskutierten Fragen zu leisten. Im Vordergrund steht vielmehr eine spezielle Fragestellung, die – nach eigener Erfahrung des Verfassers – in der baurechtlichen Praxis eine nicht unerhebliche Rolle spielt, aber erst teilweise eine höchstrichterliche Klärung erfahren hat. Zutreffend ist die Problematik noch in jüngster Zeit als „bisher nicht hinreichend geklärt" bezeichnet worden.[4]

---

1) Zum Begriff *Fluck*, VerwArch 79 (1988), 406, 408; *Friauf*, DVBl. 1971, 713, 719 ff.; *Finkelnburg/Ortloff*, Öffentliches Baurecht, Band 2, 2. Aufl. 1990, S. 95; siehe auch BVerwG, E 55, 118. Aktuelle Streitfragen, die hier nicht erörtert werden können, stellen sich im Verhältnis Baugenehmigung/privatrechtliche Abwehransprüche nach §§ 1004, 906 BGB (vgl. dazu nur *Simon*, BayBauO, Stand April 1990, Art. 74, Rdn. 20 f. m. w. N.) und im Verhältnis zu nachträglichen Anforderungen nach § 24 BImSchG (vgl. dazu *Schenke*, NuR 1989, 8, 12 ff.).

2) Aus jüngster Zeit *Kutschera*, Bestandsschutz im öffentlichen Recht, 1990, passim; siehe weiter – ohne Anspruch auf Vollständigkeit – *Friauf*, in: Festgabe aus Anlaß des 25jährigen Bestehens des BVerwG 1978, S. 217 ff.; *Weyreuther*, Bauen im Außenbereich, 1979, S. 101 ff.; *Ziegler*, ZfBR 1982, 146 ff.; *Sendler*, in: Festschrift für Werner Ernst, 1980, S. 403 ff.; *Dolde*, in: Festschrift für Otto Bachof, 1984, S. 192 ff. und *Lenz/Heintz*, ZfBR 1989, 142 ff. Zur Differenzierung zwischen der „Legalisierungswirkung" der Baugenehmigung und dem eigentumsrechtlich über Art. 14 Abs. I GG vermittelten „Bestandsschutz", näher unter II 1 und III 1.

3) Ein Blick in die Registerbände der Baurechtssammlung zeigt, wie häufig das Stichwort „Nutzungsänderung" auftaucht. Ein Beispiel für die unterschiedliche Bewertung einer Nutzungsänderung ist OVG Hamburg, BRS 49 Nr. 54 einerseits und das Revisionsurteil des BVerwG in dieser Angelegenheit andererseits, BauR 1990, 582.

4) *Kutschera* (Fn. 2), S. 223.

Folgende Sachverhalte verdeutlichen die Problematik:
— Im EG eines Gebäudes wird in den 60er Jahren ein „Einzelhandelsgeschäft" genehmigt. 1986 wird diese Nutzung aufgegeben und (ohne Genehmigung für eine Nutzungsänderung) ein Sex-Shop mit Videokabinen betrieben. Nach Nutzungsuntersagung durch die Baurechtsbehörde wird ein Sex-Shop *ohne* Videokabinen betrieben.
  Die Baurechtsbehörde untersagt auch diese Nutzung, unter anderem mit der Begründung, die ausgeübte Nutzung sei formell baurechtswidrig.[5]
— Ein im Außenbereich gelegenes Gebäude wird seit den 30er Jahren als Altenheim
  genutzt. Diese Nutzung wird 1975 aufgegeben. Von Anfang 1976 bis Ende 1978
  werden im Gebäude Arbeiter einer beim Autobahnbau tätigen Firma untergebracht.
  1979 beantragt der Eigentümer eine Genehmigung für die Nutzung als Hotel. Die
  Genehmigung wird erteilt; der Hotelbetrieb wird aufgenommen. Kurze Zeit später
  begehrt der Betreiber die Genehmigung, um eine Etage wieder als Altenheim zu
  nutzen. Die Behörde lehnt ab.[6]

Im ersten Fall soll hier nicht der Frage nachgegangen werden, ob der Übergang von
einem Einzelhandelsgeschäft mit dem Sortiment „Lebensmittel" auf das Sortiment „ehe-
hygienische Artikel" (so die übliche Umschreibung des Angebotes eines typischen „Sex-
Shops") eine genehmigungspflichtige Nutzungsänderung darstellt.[7] Unterstellt werden
soll, dies sei nicht der Fall.[8] Unser Interesse gilt vielmehr der Frage, welche Bedeutung
es für die Wirksamkeit der alten Genehmigung (Einzelhandel) hat, daß zwischendurch
eine andere Nutzung (Sex-Shop mit Videokabinen) ausgeübt wurde, die unstreitig eine
Nutzungsänderung darstellt.[9] Führt dies zum „Erlöschen" der ursprünglichen Genehmigung?

Die gleiche Frage stellt sich, wenn die genehmigte Nutzung (nach Aufnahme) unterbrochen wird. Kann — evtl. nach mehrjähriger Unterbrechung — die ursprüngliche Nutzung wieder aufgenommen werden, ohne daß es einer erneuten Genehmigung bedarf?[10]

Im zweiten Beispielsfall soll unterstellt werden, daß für die ursprüngliche Nutzung als
Altenheim keine Genehmigung vorlag, diese jedoch „Bestandsschutz" (zur Definition
näher unten III 1) genoß. Fraglich war im konkreten Streitfall, ob (und gegebenenfalls
wodurch) dieser „Bestandsschutz" für die ursprüngliche Nutzung als Altenheim erlo-

---

 5) Sachverhalt in Anlehnung an die Beschlüsse des VG Düsseldorf, 4 L 617/90, vom 23. 4. 1990 und
    OVG NW, 11 B 1518/90, beide unveröffentlicht; s. a. die Sachverhalte VGH BW, ZfBR 1979, 122
    und VGH BW, NVwZ-RR 1990, 171.
 6) Sachverhalt in Anlehnung an BVerwG, BRS 48 Nr. 138.
 7) Das VG Düsseldorf (Fn. 5) hatte dies bejaht, das OVG NW (Fn. 5) äußerte Zweifel. Zur Frage, ob
    eine Sortimentsänderung eine Nutzungsänderung darstellt, vgl. noch OVG Saarland, BauR 1987, 307
    und OVG Lüneburg, ZfBR 1987, 50.
 8) Im Zweifel bedarf es einer genaueren Prüfung des maßgeblichen Genehmigungsinhalts. Ist dieser
    weitgefaßt (z. B. „Einzelhandel"), so scheint die Annahme einer Nutzungsänderung bei Sortimentsän-
    derungen zweifelhaft.
 9) Dies jedenfalls kann inzwischen als gesichert angesehen werden: Ein Sex-Shop mit Videokabinen ist
    bauplanungsrechtlich als Vergnügungsstätte zu qualifizieren. Für diese gelten — unstreitig — „andere"
    bzw. „weitergehende" baurechtliche Anforderungen, so daß hier eine (genehmigungspflichtige) Nut-
    zungsänderung zu bejahen ist; vgl. dazu OVG NW, BauR 1988, 75; siehe auch OVG Lüneburg,
    BauR 1988, 72.
10) Voraussetzung ist, daß die bauliche Anlage selbst noch funktionsgerecht nutzbar ist. Nach allgemeiner
    Auffassung endet die Legalisierungswirkung, wenn die Bausubstanz nicht mehr entsprechend nutzbar
    ist, vgl. *Jäde*, Bauaufsichtliche Maßnahmen, 1989, Rdn. 7; *Friauf* (Fn. 2), 217, 223. Dogmatisch wird
    man dies als Erledigung des Verwaltungsaktes (der Baugenehmigung) auf andere Weise i. S. d. § 43
    Abs. 2 VwVfG ansehen können.

schen ist. Allgemein formuliert geht es um die Problematik, unter welchen Voraussetzungen Nutzungsänderungen bzw. -unterbrechungen den Bestandsschutz für eine *nicht genehmigte* Nutzung zum Erlöschen bringen. Abschließend sind die Ergebnisse in den durch die Beispielsfälle verdeutlichten Konstellationen zu vergleichen und zu bewerten.

II. Erlöschen der Baugenehmigung bei Nutzungsänderung bzw. -unterbrechung?

1. Über die Rechtsnatur der Baugenehmigung besteht grundsätzlich Einigkeit. Sie enthält sowohl einen *feststellenden* als auch einen *verfügenden* Teil.[11] Sie ist feststellend, weil sie die verbindliche Erklärung der Baugenehmigungsbehörde enthält, daß dem Vorhaben keine von der Baurechtsbehörde zu prüfenden öffentlich-rechtlichen Vorschriften entgegenstehen. Sie ist „verfügend" − nicht in dem Sinne, daß sie ein Gebot enthält,[12] sondern indem sie das bestehende formelle Bauverbot aufhebt und den Bau zur Ausführung freigibt.[13] Die feststellende Wirkung entfaltet − unstreitig − nach Realisierung des Bauvorhabens ihre „Legalisierungswirkung" bzw. Sicherungsfunktion. Sie schirmt das Vorhaben (die genehmigte Nutzung) gegen spätere Beseitigungs- bzw. Untersagungsverfügungen ab, solange sie wirksam ist. Sie „verbietet" insoweit den Rückgriff auf das materielle Recht.[14] Im Schrifttum wird häufig vom „Bestandsschutz" gesprochen, den die Baugenehmigung vermittelt.[15] Dies erscheint geeignet, unterschiedliche Sachverhalte miteinander zu vermengen. Von „Bestandsschutz" soll im folgenden nur dann gesprochen werden, wenn *keine* wirksame Genehmigung für die ausgeübte Nutzung vorliegt. Ist dies der Fall, so wird der Schutz für diese Nutzung jedenfalls nicht erst auf der verfassungsrechtlichen Ebene durch Art. 14 Abs. 1 GG vermittelt, sondern ergibt sich bereits einfachrechtlich aus der Bindungswirkung des feststellenden Verwaltungsaktes.[16]

2. Alle Bauordnungen befristen die Geltungsdauer der Baugenehmigung. Vorgesehen ist, daß die Baugenehmigung erlischt, also ihre Wirksamkeit verliert, wenn das Vorhaben nicht

---

11) *Finkelnburg/Ortloff* (Fn. 2), S. 92; *Ortloff*, NJW 1987, 1665, 1667; *Sauter*, LBO für Baden-Württemberg, Stand Oktober 1989, § 59 Rdn. 4; *Gaentzsch*, NJW 1986, 2787. Zu den Grenzen der Feststellungswirkung bei Konkurrenz paralleler Anlagengenehmigungen vgl. *Gaentzsch*, a. a. O., S. 2791 ff. und *Grooterhorst*, NVwZ 1990, 539 m. w. N.; aus der Rechtsprechung: BVerwG, NJW 1987, 1713; NVwZ 1989, 258 und NVwZ 1990, 559.

12) Nach einhelliger Auffassung begründet die Erteilung der Baugenehmigung kein Baugebot, vgl. OVG Berlin, BRS 22 Nr. 141 und *Finkelnburg/Ortloff* (Fn. 2), S. 95.

13) In der Aufhebung des in den Bauordnungen enthaltenen präventiven Bauverbots wird die „verfügende" Wirkung der Baugenehmigung gesehen, die teilweise auch als „gestaltende" Wirkung bezeichnet wird, vgl. *Ortloff*, NJW 1987, 1667 und *Sauter* (Fn. 11), § 59 Rdn. 5. Auf die umstrittene Frage, ob die Baugenehmigung auch insoweit „gestaltend" ist, als sie die Baubefugnis „verleiht", oder ob sie diese nur „deklaratorisch" feststellt, soll hier nicht näher eingegangen werden; vgl. hierzu bereits *Friauf*, DVBl. 1971, 720 ff.

14) VGH BW, NVwZ-RR 1990, 171, 172; OVG des Saarlandes, BauR 1991, 196, 197; *Sauter* (Fn. 11), S. 59 Rdn. 4; *Kutschera* (Fn. 2), S. 229; einschränkend BVerwG, DVBl. 1971, 751. Zum Problem, inwieweit dies auch gegenüber nachträglichen immissionsschutzrechtlichen Anforderungen gilt, vgl. *Schenke*, NuR 1989, S. 12 ff.

15) So z. B. *Friauf*, WiVerw 1986, 87, 89. Aus der Rechtsprechung vgl. jüngst OVG des Saarlandes, BauR 1991, 197.

16) *Finkelnburg/Ortloff* (Fn. 2), S. 96; *Schenke*, NuR 1989, 9. Die Bindungswirkung besteht bereits einfachrechtlich (vgl. § 43 VwVfG). Diese Unterscheidung wird in Rechtsprechung und Schrifttum teilweise nicht getroffen. So in der Entscheidung des OVG des Saarlandes, BauR 1991, 197; obwohl die str. Nutzung durch eine Genehmigung gedeckt war, greift das OVG zum „Schutz" der Nutzung auf Art. 14 GG zurück.

innerhalb bestimmter Fristen nach Erteilung der Baugenehmigung begonnen wurde oder wenn die Bauausführung unterbrochen wird.[17] Regelungen über das Schicksal der Genehmigung *nach* Ausführung des Vorhabens finden sich in den Bauordnungen regelmäßig nicht. Ihre Wirksamkeit beurteilt sich daher nach den allgemeinen Vorschriften über die Wirksamkeit bzw. Aufhebung von Verwaltungsakten. Mißverständlich ist es, wenn teilweise von einem „Verbrauch" der Baugenehmigung nach Ausführung des Vorhabens gesprochen wird.[18] „Verbraucht" ist nur der verfügende Teil, der (einmal) die formelle Bausperre beseitigt. Der feststellende Teil hingegen behält seine Wirkung, erlangt unter Umständen gerade erst später seine rechtliche Bedeutung, wenn sich die Rechtslage nach Ausführung des Vorhabens ändert und das Vorhaben materiell illegal wird. In diesem Fall schließt die (wirksame) Baugenehmigung bauaufsichtliche Eingriffe aus. Wäre auch der feststellende Teil der Baugenehmigung mit Realisierung des Vorhabens „verbraucht", so gäbe es die Abschirm- bzw. „Legalisierungswirkung" der Baugenehmigung nicht.[19]

3. Auf der Basis des vorstehend Ausgeführten erscheint die Annahme naheliegend, daß die Aufnahme einer anderen als der genehmigten Nutzung bzw. deren Unterbrechung keine Auswirkung auf die Wirksamkeit der erteilten Genehmigung hat, konkret, daß die Feststellung, die seinerzeit genehmigte Nutzung sei baurechtlich zulässig, ihre Gültigkeit behält. Zwar kann die Baugenehmigungsbehörde gegen eine ungenehmigte Nutzungsänderung vorgehen,[20] der Wiederaufnahme der genehmigten Nutzung scheint aber nichts entgegenzustehen – wird diese doch durch die alte Genehmigung gedeckt.

Diese Auffassung wird in der Literatur auch ausdrücklich vertreten, so von *Sauter* in dessen Kommentierung der Landesbauordnung von Baden-Württemberg. *Sauter* meint, dieses Ergebnis folge schon aus § 62 LBO BW. Diese Bestimmung sehe ein Erlöschen der Baugenehmigung nur vor, wenn nicht rechtzeitig mit der Ausführung begonnen werde.[21] Nachdem der VGH BW bereits in einer älteren Entscheidung (ohne Problematisierung der Frage) ersichtlich von der Wirksamkeit einer Genehmigung ausgegangen ist, die in einer Halle eine Schuhproduktion gestattete, obwohl diese Nutzung zugunsten des Betriebs eines Warenhauses aufgegeben worden war,[22] hat er sich nunmehr in einer neueren Entscheidung[23] ausdrücklich der Auffassung *Sauters* angeschlossen.

Die gegenteilige Auffassung vertritt *Simon* in seiner Kommentierung der BayBO. Nach dessen Auffassung wird die Baugenehmigung „verbraucht", wenn zunächst die genehmigte Nutzung ausgeführt wurde, dann aber – mit oder ohne Genehmigung – eine andere Nutzung aufgenommen wird. Soll die ursprüngliche Nutzung wieder aufgenommen wer-

---

17) Zum Beispiel § 62 LBO BW: Erlöschen der Baugenehmigung, wenn nicht innerhalb von 3 Jahren nach Erteilung mit der Ausführung begonnen wurde oder wenn diese zwei Jahre unterbrochen worden ist.
18) *Simon* (Fn. 1), Art. 74 Rdn. 18.
19) Schutz der genehmigten und ausgeübten Nutzung gegenüber späteren Rechtsänderungen würde dann nur durch den verfassungsrechtlichen eigentumsrechtlichen Bestandsschutz vermittelt.
20) Zur Streitfrage, ob hierfür die formelle Baurechtswidrigkeit ausreichend ist, vgl. *Jäde* (Fn. 10), Rdn. 182 ff.; aus der Rechtsprechung in jüngster Zeit siehe VGH BW, NVwZ 1990, 480.
21) *Sauter* (Fn. 11), § 59 Rdn. 34.
22) ZfBR 1979, 122; näher dazu *Dolde* (Fn. 2), S. 196, Fn. 27 und *Sendler*, UPR 1983, 73, 76, Fn. 141.
23) NVwZ-RR 1990, 171; s. a. VGH BW, NVwZ 1991, 393. Soweit in der Rechtsprechung teilweise angenommen wird, der aus der Genehmigung abzuleitende Bestandsschutz erlösche, wenn mit einer andersartigen Nutzung begonnen werde, sofern diese erkennbar nicht nur vorübergehend ausgeübt werde (so z. B. BayVGH, BauR 1991, 195, 196), wird dies allein mit Hinweis auf die Rechtsprechung des BVerwG gerechtfertigt. Das BVerwG hat sich aber in der herangezogenen Entscheidung (Fn. 6) nur mit der Konstellation befaßt, daß der „Bestandsschutz" gerade nicht durch eine Baugenehmigung vermittelt wurde.

den, so bedarf es einer erneuten Genehmigung. Ein Rückgriff auf diese Genehmigung ist nicht (mehr) möglich.[24]

Eine vermittelnde Auffassung hat *Ganter*[25] vertreten. Dieser möchte, wenn die genehmigte Nutzung nicht oder nur in beschränktem Umfang ausgeübt wird, die Bestimmungen über das Erlöschen der Baugenehmigung mangels Bauausführung analog anwenden. Durch diese Bestimmungen solle verhindert werden, daß eine einmal rechtmäßige Baugenehmigung realisiert werde, obwohl sie nun gegen das zwischenzeitlich geänderte Baurecht verstoße. Eine solche Änderung sei aber auch hinsichtlich der (zulässigen) Nutzung möglich. Art und Maß der Nutzung spielten eine entscheidende Rolle; deshalb sei es erforderlich, die Gesetzeslücke durch eine Analogie zu schließen.[26]

Sauter und *Simon* befassen sich nicht ausdrücklich mit der Frage, welche Auswirkungen eine Nutzungs*unterbrechung* hat. Aus der jeweiligen Argumentation folgt aber, daß diese nicht anders zu bewerten ist als die Aufnahme einer anderen Nutzung. Letztlich kann diese als Sonderfall der Nutzungsunterbrechung angesehen werden: Durch die Aufnahme einer neuen Nutzung wird die ursprünglich genehmigte Nutzung „unterbrochen".

4. Bevor im folgenden zu den oben wiedergegebenen Auffassungen Stellung genommen wird, ist eine Differenzierung geboten: Der Fall der Nutzungsänderung *ohne* Genehmigung ist von der Konstellation zu unterscheiden, in der (zwischenzeitlich) eine andere Nutzung beantragt und genehmigt wurde.[27] In letzterem Fall liegt es allerdings nahe, den Rückgriff auf die ursprünglich genehmigte Nutzung als erneute (genehmigungspflichtige) Nutzungsänderung zu behandeln. Im Regelfall wird nämlich der Antrag auf Nutzungsänderung bedeuten, daß auf die ursprüngliche Genehmigung *verzichtet* wird. Ein solcher Verzicht ist grundsätzlich möglich.[28] Es handelt sich dabei um eine Erledigung der Wirksamkeit des Verwaltungsaktes auf „andere Weise" i. S. d. § 43 Abs. 2 VwVfG.[29] Unzulässig ist es aber, jeden Antrag auf Nutzungsänderung als Verzicht auf die ursprünglich genehmigte Nutzung anzusehen. Zwar wird die Nutzungsänderung als Änderung der Zweckbestimmung der baulichen Anlage durch den Berechtigten verstanden.[30] Dies spricht für die Annahme, in der Regel werde also mit Erhalt der neuen Genehmigung auf die alte Nutzung verzichtet. Ausnahmen sind jedoch denkbar. So ist unstreitig, daß für ein Grundstück mehrere (unterschiedliche) Bauanträge gestellt werden können, zeitgleich oder nacheinander. Die Erteilung mehrerer Baugenehmigungen für ein Grundstück ist zulässig, soweit dafür ein Sachbescheidungsinteresse geltend gemacht werden kann.[31] Ein solches Sachbescheidungsinteresse wird jedenfalls dann zu bejahen sein, wenn Unklarheiten über die Frage bestehen, welche Nutzung zulässig ist. Genau diese Situation kann sich aber auch im Fall einer nachträglich beantragten Nutzungsänderung stellen. Ergibt sich für den Grundstückseigentümer die Möglichkeit einer wirtschaftlich sinnvolleren Nutzung (deren rechtliche Zulässigkeit fraglich ist), so wird man schwerlich unterstellen können, mit

---

24) *Simon* (Fn. 1), Art. 74 Rdn. 18.
25) BayVBl. 1985, 267 ff.
26) BayVBl. 1985, 268.
27) *Simon* (Fn. 1), Art. 74 Rdn. 18 will ersichtlich beide Fälle gleich behandeln.
28) Vgl. z. B. BVerwG, NVwZ 1990, 464 zum Verzicht auf eine immissionsschutzrechtliche Genehmigung.
29) Der Verzicht als Erlöschensgrund wird ausdrücklich genannt bei *Knack*, VwVfG, 3. Auflage 1989, § 43 Rdn. 5 und *Stelkens/Bonk/Leonardt*, 3. Aufl. 1990, § 43 Rdn. 23.
30) Vgl. *Simon* (Fn. 1), Art. 66 Rdn. 53 a.
31) Vgl. *Simon* (Fn. 1), Art. 75 Rdn. 2; *Sauter* (Fn. 11), § 53 Rdn. 4.

Antragstellung liege ein Verzicht auf die ursprünglich genehmigte Nutzung vor.[32] Dies gilt auch nicht — jedenfalls nicht immer — für den Fall der Erteilung: Zu denken ist an die Konstellation, daß ein Dritter, der eine Kaufoption hat, im Einverständnis mit dem Grundstückseigentümer eine Nutzungsänderung beantragt und diese erhält. Verzichtet der Dritte dann auf die Option (und auf die Realisierung der genehmigten Nutzungsänderung), z. B., weil es zu Verzögerungen im Genehmigungsverfahren gekommen ist, so erscheint es wenig überzeugend, einen konkludenten Verzicht des Eigentümers auf die ursprüngliche Genehmigung im Fall der Bewilligung der Nutzungsänderung zu unterstellen.

Abgesehen von diesen Sonderfällen, kann aber regelmäßig ein Verzicht auf die alte Nutzung angenommen werden, wenn eine neue Nutzung beantragt, genehmigt und realisiert wurde.

5. Die vorstehende Erörterung zeigt eine dogmatisch einfache Lösungsmöglichkeit für das Schicksal der ursprünglichen Genehmigung bei Nutzungsänderungen bzw. -unterbrechungen auf. Der Rückgriff auf die ursprüngliche Genehmigung scheidet jedenfalls dann aus, wenn die konkreten Umstände des Einzelfalls für einen Verzicht auf die alte Genehmigung sprechen. Anders als in den Fällen der Beantragung und Erteilung einer Genehmigung für eine Nutzungsänderung wird man aber in den Fällen einer bloßen Nichtausnutzung der erteilten Genehmigung bzw. der „schwarzen" (nicht genehmigten) Nutzungsänderung in der Regel nicht unterstellen können, es liege ein konkludenter Verzicht auf die Feststellungswirkung der ersten Baugenehmigung vor. Dies gilt für den Eigentümer, der — etwa wegen wirtschaftlicher Schwierigkeiten — eine gewerbliche Nutzung seines Grundstücks (vorübergehend) aufgeben muß, ebenso wie für denjenigen, der ohne Genehmigung eine genehmigungspflichtige Nutzungsänderung durchführt. Handelt der Betreffende „gutgläubig", so ist für die Unterstellung eines Verzichts auf die alte Genehmigung kein Raum. Der Betreffende meint ja, er bewege sich im Rahmen der ursprünglich erteilten Genehmigung. Handelt der Betreffende „bösgläubig", so mag er zwar eine Untersagungsverfügung befürchten, angesichts der Unsicherheit hinsichtlich des Bestands der neuen Nutzung wäre aber die Unterstellung eines „Verzichts" auf die alte Nutzung eine Fiktion.

6. Die „Verzichtslösung" erweist sich somit zwar als dogmatisch gangbar. Aus tatsächlichen Gründen ist sie aber nicht geeignet, im Normalfall die hier diskutierten Problemfälle zu lösen. Es ist daher auf die oben dargestellten Lösungsansätze zurückzukommen.

a) Die von *Simon* vertretene These des „Verbrauchs" der Genehmigung mit Ausführung des Vorhabens bzw. Aufnahme der genehmigten Nutzung überzeugt nicht. Wie bereits dargelegt wurde, ist der feststellende Teil der Baugenehmigung — anders als der verfügende, der die Bausperre beseitigt — auf Dauer angelegt. Er entfaltet seine Wirkung auch und gerade *nach* Fertigstellung und Nutzungsaufnahme. Die einfachgesetzliche Rechtslage enthält keinen Anhaltspunkt für die von *Simon* vertretene „Verbrauchs"-These. Unklar bleibt bei dieser Lösung auch das Schicksal der Bausubstanz. Geht man vom Grundsatz der Einheit von Bausubstanz und Funktion aus,[33] so hätte dies die Folge, daß auch die vorhandene Bausubstanz nach Realisierung regelmäßig von der Genehmigung nicht mehr gedeckt wird. Einleuchtend erscheint dies nicht. Weicht man aber vom Grundsatz der Einheit zwischen Substanz und Funktion ab, so wäre in den erörterten Problemfällen eine

---

32) Hinzuweisen ist auf die Parallele zur Nachtragsbaugenehmigung. Auch in diesen Fällen stellt die Rechtsprechung entscheidend darauf ab, ob das Verhalten des Bauherrn die Schlußfolgerung gestattet, auf die ursprüngliche Baugenehmigung werde verzichtet, vgl. VGH BW, BauR 1988, 704 und OVG NW, BauR 1988, 709.

33) Siehe dazu BVerwG, BauR 1983, 137; BVerwG, ZfBR 1991, 84; BayVGH, BayVBl. 1990, 695 mit Anmerkung *Jäde*, BayVBl. 1991, 119.

legale Bausubstanz vorhanden, deren Nutzung allerdings „offen" bliebe. Ein schwerlich überzeugendes Ergebnis.

b) Der Lösungsansatz *Ganters*,[34] analoge Anwendung der Bestimmungen über die nicht fristgerechte Ausnutzung der Baugenehmigung,[35] hat zumindest auf den ersten Blick eine gewisse Plausibilität für sich: Sie verhindert, daß bei längeren Nutzungsunterbrechungen oder -änderungen (ohne Genehmigung) auf die Rechte aus der alten Genehmigung zurückgegriffen wird, obwohl sich die tatsächlichen oder rechtlichen Verhältnisse gewandelt haben, so daß die alte Nutzung möglicherweise einen Fremdkörper darstellen würde.[36] Fraglich ist aber, ob die Voraussetzungen für eine Analogie – Regelungslücke und Vergleichbarkeit der Sachverhalte[37] – gegeben sind. Gegen die Annahme einer Regelungslücke könnte eingewandt werden, daß die Bauordnungen zwar das Schicksal der Baugenehmigung nach Ausführung des Vorhabens nicht behandeln, hierfür aber die Bestimmungen des allgemeinen Verwaltungsrechts (§§ 43, 48 ff. VwVfG) eine Regelung enthalten.

Die Frage nach der „Lücke" kann nur schwer von der Frage der Vergleichbarkeit der Sachverhalte getrennt werden. Ist tatsächlich die Situation der Nutzungsunterbrechung[38] *nach* Realisierung der Genehmigung mit der Nichtausführung des Vorhabens vergleichbar?[39] Allgemein wird die zeitlich beschränkte Geltungsdauer der nicht ausgenutzten Baugenehmigung damit gerechtfertigt, dies sei im Hinblick auf häufige Änderungen der Sach- und Rechtslage im Baurecht (vor allem im Städtebaurecht) geboten.[40] Das BVerwG hat entsprechende Regelungen als zulässige Inhaltsbestimmung des Eigentums i. S. d. Art. 14 Abs. 1 Satz 2 GG gewertet.[41]

Sicher trifft der Gedanke (häufige und rasche Veränderung der baurechtlichen Situation) auch für den Fall der Nutzungsunterbrechung nach Realisierung der Genehmigung zu. Dessenungeachtet besteht grundsätzlich Einigkeit, daß die realisierte Baugenehmigung dauerhaft wirkt – trotz evtl. Änderung der materiellen baurechtlichen Situation. Anders als im Fall des Erlöschens der Genehmigung bei Nichtausführung des Vorhabens ist bei der späteren Nutzungsunterbrechung eine bauliche Anlage vorhanden. Nicht nur für die Nutzung, auch hinsichtlich der Bausubstanz wird durch die Genehmigung die Vereinbarkeit mit dem öffentlichen Baurecht festgestellt. Nimmt man ein Erlöschen der Genehmigung bei Nichtausübung der Nutzung an, so heißt dies konkret, eine „Nutzungsobliegenheit" zu

---

34) Siehe oben, Fn. 24 und 25.

35) Übertragen auf den Fall der nicht genehmigten Nutzungsänderung würde dies bedeuten, daß nach Ablauf des Zeitraums, den die jeweils maßgebliche LBO für die Ausnutzung der Baugenehmigung setzt, die ursprüngliche Baugenehmigung erloschen wäre, ein – genehmigungsfreier – Rückgriff auf die alte Nutzung also nicht mehr in Betracht käme.

36) Vgl. den Sachverhalt des Urteils des VGH, ZfBR 1979, 122. Zu dieser Entscheidung *Sendler*, UPR 1983, 76, Fn. 141 und *Dolde* (Fn. 2), S. 196 sowie *Schmidt-Aßmann*, Die Berücksichtigung situationsbestimmter Abwägungselemente bei der Bauleitplanung, 1981, S. 128 und 133 ff.

37) *Larenz*, Methodenlehre der Rechtswissenschaft, 5. Aufl. 1983, S. 365 ff.

38) Der Fall der Aufnahme einer anderen, nicht genehmigten Nutzung stellt insoweit nur einen Spezialfall der Unterbrechung der genehmigten Nutzung dar.

39) Die Frage der analogen Anwendung einer Bestimmung ist vor allem auch eine *Wertungsfrage,* vgl. *Larenz* (Fn. 37), S. 366. Der VGH BW, NVwZ-RR 1990, 171, geht davon aus, es liege weder eine Regelungslücke vor noch seien die Sachverhalte vergleichbar.

40) *Grosse-Suchsdorf/Schmaltz/Wiechert*, Niedersächsische BauO, Niedersächsisches Denkmalschutzgesetz, 4. Aufl. 1987, § 77 Rdn. 1; *Gädtke/Böckenförde/Temme*, LBO Nordrhein-Westfalen, 8. Aufl. 1989, § 72 Rdn. 1.

41) BVerwG, NJW 1965, 1995; der baurechtliche Anspruch, der durch die Genehmigung festgestellt werde, gehe nur dahin, ein fertiges Gebäude zu errichten. Schon deshalb decke die Genehmigung nicht einen Gebäudetorso; aus jüngster Zeit BVerwG, GewArch 1991, 179.

begründen, da der Genehmigungsinhaber andernfalls Gefahr läuft, die Legalisierungswirkung der Baugenehmigung zu verlieren. Eine solche Nutzungsobliegenheit ist aber den
Bauordnungen fremd. Dem Inhaber einer Genehmigung vermittelt diese regelmäßig *für die
Dauer ihrer Wirksamkeit* Schutz. Ein Grundsatz des allgemeinen Verwaltungsrechts, die
nicht ausgeübte Genehmigung führe (nach bestimmten Fristen) regelmäßig zum Erlöschen
der Genehmigung, besteht nicht. Das in den Bauordnungen angeordnete automatische
Erlöschen der Baugenehmigung bei Nichtausführung stellt einen Sondertatbestand dar, der
seine Rechtfertigung darin findet, daß der Inhaber der nicht ausgenutzten Genehmigung
nicht schutzwürdig erscheint. Derjenige jedoch, der von einer Genehmigung Gebrauch
gemacht hat, hat Vertrauen investiert und kann deshalb im Verhältnis zum Inhaber der
nichtgenutzten Genehmigung eine erhöhte Schutzwürdigkeit geltend machen. Zudem ist
– unabhängig von der Frage der Schutzwürdigkeit des Genehmigungsinhabers – die
Bausubstanz vorhanden, die zumindest formell rechtswidrig würde. Bei wertender Betrachtung erscheint die Vergleichbarkeit beider Situationen also nicht gegeben. Eine analoge
Anwendung der Bestimmungen über das Erlöschen der Genehmigung bei Nichtgebrauch-
machen auf die Konstellation der Nutzungsunterbrechung *nach* Realisierung der Baugenehmigung ist nicht geboten.[42]

7. Ein vergleichender Blick in das Immissionsschutzrecht bestätigt das gewonnene Ergebnis: Im BImSchG ist – anders als in den Bauordnungen – eine ausdrückliche Bestimmung
vorhanden, die das Erlöschen der Genehmigung anordnet, wenn von dieser kein Gebrauch
gemacht wird. Nach § 18 Abs. 1 Nr. 2 BImSchG ist dies der Fall, wenn eine Anlage
während eines Zeitraums von mehr als 3 Jahren nicht mehr betrieben worden ist. Die
Begründung für diese Bestimmung gleicht derjenigen, die von *Ganter* für die analoge
Anwendung der Erlöschensbestimmungen der LBO bei Nichtausführung des Vorhabens auf
den Fall der Nutzungsunterbrechung angeführt werden: Es soll die Fortsetzung des Betriebs
einer für längere Zeit stillgelegten Anlage zu einem Zeitpunkt verhindert werden, in dem
sich die tatsächlichen Verhältnisse, die der Genehmigung zugrunde lagen, wesentlich
verändert haben.[43] Bei den genehmigungsbedürftigen Anlagen, denen regelmäßig ein höheres Störpotential eigen ist als den (nur) baugenehmigungspflichtigen, hielt der Gesetzgeber
des BImSchG – in Anlehnung an § 49 GewO – diese Bestimmung für erforderlich. Die
Vereinbarkeit dieser Bestimmung mit Art. 12 Abs. 1 GG und Art. 14 Abs. 1 GG wird in
der Literatur zu Recht bejaht[44] – obwohl in diesem Fall bereits Vermögensdispositionen
getroffen wurden, die durch das Erlöschen der immissionsschutzrechtlichen Genehmigung
möglicherweise entwertet werden. Zwar wird man die Frage bejahen können, ob die
Übernahme einer entsprechenden Vorschrift in die Bauordnungen verfassungsrechtlich
haltbar wäre. Unbestreitbar ist aber, daß die Gesetzgeber der Bauordnungen, die alle in den
letzten Jahren novelliert wurden, trotz Kenntnis des § 18 Abs. 1 Nr. 2 BImSchG davon
abgesehen haben, einen entsprechenden Erlöschenstatbestand in die Bauordnungen aufzu-

---

42) So auch VGH BW, NVwZ-RR 1991, 172. Für den Fall der Nutzungs*änderung* erwägt der VGH eine
    Erledigung der Genehmigung, wenn eine Anlage mit „anderer Identität" entstanden ist. Dem wird man
    zustimmen können. Dies entspricht der wohl einhelligen Auffassung, daß eine Baugenehmigung erlischt,
    wenn der alte Bestand nicht mehr funktionsgerecht nutzbar ist. Einschränkend ist gebenüber dem VGH
    zu betonen, daß z. B. eine bloße Sortimentsänderung bei einem Einzelhandelsgeschäft wohl keine
    „Anlage mit anderer Identität" entstehen läßt; vgl. auch noch BayVGH, BayVBl. 1990, 405.
43) BTDrucks. 7/179, S. 37; zitiert bei *Ule/Laubinger*, BImSchG, Stand März 1991, § 18 Rdn. A 2.
44) *Hansmann*, in: *Landmann/Rohmer*, GewO Band 3, Stand Februar 1990, BImSchG, § 18 Rdn. 6; *Stich/
    Porger*, BImSchG, § 18 Rdn. 2, die allerdings die Verfassungsmäßigkeit nur im Hinblick auf Art. 12
    Abs. 1 GG, nicht im Hinblick auf Art. 14 Abs. 1 GG erörtern.

nehmen. Diese Entscheidung kann nicht durch analoge Anwendung der Bestimmungen über die Nichtausführung des Vorhabens auf die Fälle der Nutzungsunterbrechung überspielt werden.

Die hier vertretene Meinung dürfte auch der einhelligen Auffassung von Rechtsprechung und Literatur zu § 18 Abs. 1 Nr. 2 BImSchG entsprechen. Soweit ersichtlich, wird von niemandem vertreten, § 18 Abs. 1 Nr. 2 BImSchG sei auf Genehmigungen, die aufgrund anderer Bestimmungen erteilt worden sind, anwendbar.[45] Ganz überwiegend geht die Literatur sogar davon aus, die in der immissionsschutzrechtlichen Genehmigung enthaltene Baugenehmigung (nach § 13 BImSchG schließt die immissionsschutzrechtliche Genehmigung die regelmäßig erforderliche Baugenehmigung ein) bleibe vom Erlöschen der immissionsschutzrechtlichen Genehmigung unberührt.[46] Dies hat auch der VGH BW in einer kürzlich ergangenen Entscheidung[47] zum Sonderfall der Anzeigepflicht nach § 67 Abs. 2 BImSchG angenommen. Zusammenfassend ist festzuhalten, daß der Erlöschenstatbestand des § 18 Abs. 1 Nr. 2 BImSchG in der immissionsschutzrechtlichen Diskussion restriktiv, nicht extensiv interpretiert wird.

8. Es bleibt die Frage, ob mit diesem Ergebnis dem unstreitigen Umstand Rechnung getragen werden kann, daß sich die tatsächlichen und rechtlichen Verhältnisse auch im Bereich des Baurechts rasch ändern können, so daß sich die alte Genehmigung bzw. das erneute Gebrauchmachen von dieser Genehmigung als „Störfaktor" darstellt. Dies kann bajaht werden. Die Bestimmungen des allgemeinen Verwaltungsrechts über die Rücknahme bzw. den Widerruf von Verwaltungsakten ermöglichen durchaus sachgerechte Ergebnisse. Die rechtswidrig gewordene Baugenehmigung kann — je nachdem, welcher Auffassung man zum Anwendungsbereich des § 48 bzw. 49 VwVfG folgt[48] — zurückgenommen bzw. widerrufen werden. Im Rahmen der bei jeder Rücknahme bzw. Widerrufsentscheidung gebotenen Interessenabwägung wäre zu berücksichtigen, daß der Inhaber der Baugenehmi-

---

45) Ausdrücklich verneinend *Ule/Laubinger* (Fn. 44), § 18 Rdn. C 1; siehe auch *Hansmann* (Fn. 44), § 18 Rdn. 11 und 22 und *Jarass*, BImSchG, § 18 Rdn. 1.

46) *Hansmann* (Fn. 44), BImSchG, § 18 Rdn. 43; *Ule/Laubinger* (Fn. 43), § 18 Rdn. B 4; *Feldhaus*, Immissionsschutzgesetz, Kommentar, Stand September 1986, § 18 Rdn. 2; *Sellner*, Immissionsschutzrecht und Industrieanlagen, 2. Aufl. 1988, S. 165; a. A. *Jarass* (Fn. 45), § 18 Rdn. 6 und *Stich/Porger* (Fn. 44), § 18 Rdn. 5.

47) NVwZ 1991, 393.

48) Zur Frage, ob die nachträglich rechtswidrig gewordene Baugenehmigung nach § 48 VwVfG zurückgenommen werden kann oder ob in einem solchen Fall nur die Anwendung des § 49 VwVfG in Betracht kommt, vgl. *Schenke*, DVBl. 1989, 433 mit umfassenden Nachweisen; siehe auch *Stelkens/Sachs*, in: *Stelkens/Bonk/Leonardt*, 3. Aufl. 1990, § 48 Rdn. 36 und § 49 Rdn. 34 ff.; *Kopp*, VwVfG, 4. Aufl. 1986, § 48 Rdn. 7; *Meyer*, in: *Meyer/Borgs*, VwVfG, 2. Aufl. 1982, § 48 Rdn. 12; aus der Rechtsprechung für die Anwendung des § 48 VwVfG auf nachträglich rechtswidrig gewordene Verwaltungsakte OVG Münster, NVwZ RR 1988, 1. Die Bestimmung des § 48 Abs. 4 VwVfG stellt — folgt man der Rechtsprechung des Großen Senats, vgl. BVerwGE 70, 356 — für die nachträgliche Aufhebung einer Baugenehmigung im Fall des späteren Rechtswidrigwerdens keine unüberwindbare Hürde auf. Dies betonen zu Recht auch *Grosse-Suchsdorf/Schmaltz/Wiechert*, Fn. 39, § 75 Rdn. 63. *Kopp*, GewArch 1986, 177, 185 meint sogar, die Auffassung des BVerwG lasse den Behörden „nahezu völlig freie Hand, den Zeitpunkt des Beginns der Frist . . . gewissermaßen beliebig hinauszuschieben und zu manipulieren". Zur Anwendung des § 49 VwVfG betont das OVG Münster, NVwZ 1988, 942, 943, für einen Widerruf nach § 49 Abs. 2 Nr. 1 VwVfG fehle das öffentliche Interesse, da eine Beseitigungsverfügung trotz Widerrufs nicht in Betracht komme, weil durch die Baugenehmigung ein „Bestandsschutz" vermittelt werde, sobald das Vorhaben in Übereinstimmung mit dieser im wesentlichen fertiggestellt worden sei. Nach der hier vertretenen Auffassung wird ein solcher Bestandsschutz zwar nicht durch die Baugenehmigung, wohl aber durch Art. 14 Abs. 1 GG vermittelt, wenn das Vorhaben im Einklang mit der materiellen Rechtslage realisiert wird. Dies schließt allerdings die Annahme eines öffentlichen

gung diese nicht nutzt – also nur eine reduzierte Schutzwirkung geltend machen kann.[49] Hinzuweisen ist auch auf die Möglichkeit nachträglicher Auflagen zur Baugenehmigung (z. B. § 59 Abs. 9 LBO BW).

III. Erlöschen des „Bestandsschutzes" bei Nutzungsänderung bzw. -unterbrechung

1. Trotz vieler Streitfragen im einzelnen besteht im Grundsatz Einigkeit über den Inhalt des baurechtlichen „Bestandsschutzes". *Weyreuther*[50] hat die Rechtsprechung des BVerwG[51] wie folgt zusammengefaßt: „Bestandsschutz" nenne man eine als Eigentum verfassungsrechtlich durch Art. 14 Abs. 1 GG gesicherte Rechtsposition, die darin besteht, eine in materiell legaler Eigentumsausübung geschaffene Anlage erhalten zu können, auch wenn sie infolge einer mittlerweile geänderten Rechtslage materiell illegal geworden ist. Umstritten ist die Frage, ob der eigentumsrechtlich begründete Bestandsschutz nur aus der materiellen Rechtmäßigkeit des Vorhabens folgt[52] oder auch durch eine rechtswidrige Baugenehmigung vermittelt werden kann.[53] Richtig erscheint die Differenzierung zwischen einem eigentumsrechtlich über Art. 14 Abs. 1 GG begründeten Bestandsschutz (bei dem es auf die materielle Rechtmäßigkeit des realisierten Vorhabens ankommt) und dem durch die Genehmigung begründeten vertrauensrechtlichen „Bestandsschutz". Im Rahmen dieser Abhandlung wird unter „Bestandsschutz" nur der durch die materiell legale Eigentumsaus-übung vermittelte Schutz verstanden;[54] der durch die Genehmigung bewirkte „Bestands-

---

Interesses am Widerruf nicht aus. Gerade in den hier interessierenden Fällen der Nutzungsunterbre-chung bzw. Nutzungsänderung kommt ein Erlöschen des eigentumsrechtlich vermittelten Bestands-schutz in Betracht (dazu näher unter III), wodurch der Weg für eine Beseitigungs- bzw. Untersagungs-verfügung geöffnet wird.

49) So zutreffend *Sauter* (Fn. 11), § 59 Rdn. 34; vgl. auch *Grosse-Suchsdorf/Schmaltz/Wiechert* (Fn. 39), § 75 Rdn. 59. Verneint man die Anwendbarkeit des § 48 VwVfG auf die nachträglich rechtswidrig gewordene Baugenehmigung und hilft im konkreten Fall auch § 49 VwVfG nicht weiter, können Maßnahmen nach § 24 BImSchG ergriffen werden, um störende Nutzungen einzuschränken. Auch im Rahmen von immissionsrechtlichen Anordnungen ist die reduzierte Schutzwürdigkeit dessen gegeben, der seine Genehmigung nicht ausgenutzt hat.

50) *Weyreuther*, Bauen im Außenbereich, 1979, 101; siehe auch *Finkelnburg/Ortloff* (Fn. 1), S. 132 und *Kutschera* (Fn. 2), S. 3 sowie *Dolde* (Fn. 2), S. 195 ff.; und *Ziegler*, ZfBR 1982, 146 ff.

51) BVerwGE 36, 296, 300; 42, 8, 13; 47, 126, 128 und 185, 188.

52) So *Finkelnburg/Ortloff* (Fn. 2), S. 132; ebenso *Dolde* (Fn. 2), S. 197 und ausführlich *Kutschera* (Fn. 2), S. 168 ff. und S. 222 f.

53) So z. B. *Weyreuther* (Fn. 2), S. 101; *Ziegler*, ZfBR 1982, 146 f.; *Lenz/Heintz*, ZfBR 1989, 142, 144; vgl. auch OVG NW, NVwZ 1988, 942 f.

54) Zur Differenzierung siehe *Kutschera* (Fn. 2), S. 222; ebenso bereits *Dolde* (Fn. 2), S. 197. Nicht eingegangen werden kann auf die Frage, wie lange die Eigentumsausübung legal gewesen sein muß, um über Art. 14 Abs. 1 GG Bestandsschutz zu genießen, siehe dazu vor allem *Sendler* (Fn. 2), S. 403 ff.
Soweit man anerkennt, daß ein sachlicher Unterschied zwischen dem durch Art. 14 Abs. 1 GG bei materiell legaler Eigentumsausübung geschaffener Schutz und dem, der durch Erhalt (und Ausnüt-zung) einer wirksamen Baugenehmigung geschaffen wird, besteht, ist es nur eine terminologische Frage, ob man auch im letzten Fall von „Bestandsschutz" sprechen will. Zur Vermeidung von Miß-verständnissen und um dem sachlichen Unterschied angemessen Rechnung zu tragen, erscheint es richtig – wie hier – im letzteren Fall nur von der „Legalisierungswirkung" der Baugenehmigung zu sprechen. Klarzustellen ist, daß derjenige, der von seiner Baugenehmigung im Einklang mit der materiellen Rechtslage Gebrauch macht, *sowohl* den durch die Legalisierungwirkung der Baugenehmi-gung vermittelten (Vertrauens-)Schutz genießt als auch den durch Art. 14 Abs. 1 GG vermittelten Bestandsschutz.

schutz" wird hier mit dem Begriff „Legalisierungswirkung" der Baugenehmigung umschrieben.

Bestandsschutz genießt nicht nur die im Einklang mit der materiellen Rechtslage geschaffene Bausubstanz. Im Vordergrund steht vielmehr — wie das BVerwG betont hat — der Schutz der ausgeübten Nutzung. Bestandsschutz ist also in erster Linie *Nutzungsschutz* [55]

2. Die Frage, wann bei einer Unterbrechung bzw. einer Änderung der Nutzung der „Bestandsschutz" erlischt, ist in der obergerichtlichen Rechtsprechung wiederholt erörtert worden.

a) Auch wenn das BVerwG betont, Bestandsschutz sei in erster Linie Schutz der ausgeübten Nutzung, ist unstreitig, daß nicht jede Nutzungsunterbrechung zum Erlöschen des Bestandsschutzes führt.[56] Das BVerwG geht davon aus, die ausgeübte (aufgegebene) Nutzung wirke — je nach den konkreten Umständen — „eine gewisse Zeitspanne" fort.[57] Eine Festlegung auf bestimmte zeitliche Grenzen hat das BVerwG stets vermieden.[58] Entscheidend ist für das BVerwG, ob die ursprünglich vorhandene *Prägung* trotz der Nutzungsunterbrechung fortwirkt. Diese Frage soll anhand der Verkehrsauffassung beantwortet werden.[59] Jedenfalls dann, wenn die ursprünglich bestandsgeschützte Nutzung erkennbar endgültig aufgegeben wird, erlischt der Bestandsschutz.[60] Es bedarf in diesem Fall keines längeren Zeitraums, um nach Aufgabe der Nutzung den Bestandsschutz zu beseitigen. Hervorzuheben ist, daß das BVerwG ausdrücklich auch *externe* (von außen kommende) Faktoren anerkennt, die den Bestandsschutz begrenzen können:[61] Je intensiver sich die tatsächliche Situation geändert hat, mit anderen Worten: Je offenkundiger der Widerspruch zwischen der (bisher) bestandsgeschützten Nutzung und der Umgebungsbebauung ist, desto eher (rascher) erlischt die Prägung der baurechtlichen Situation durch die bisherige Nutzung. Die Verkehrsauffassung wird in einem solchen Fall schon kurze Zeit nach Nutzungsaufgabe annehmen, die baurechtliche Situation sei für die bisherige Nutzung nicht mehr „offen".[62] Eine Veränderung der tatsächlichen Situation relativiert also — unabhängig vom Verhalten des Berechtigten — die Schutzwürdigkeit des durch Eigentumsausübung Geschaffenen.[63]

Die oben wiedergegebene Rechtsprechung belegt, daß das BVerwG den Bestandsschutz zwar aus Art. 14 Abs. 1 GG herleitet, die Intensität und die Grenzen des Bestandsschutzes aber mit der Frage des Vertrauensschutzes verknüpft.[64] Der durch das BVerwG anerkannte Bestandsschutz stellt also keinesfalls stets eine unüberwindbare Hürde dar, um einer gewandelten baurechtlichen Situation Rechnung zu tragen. Ermöglicht wird vielmehr im Einzelfall eine *Abwägung* zwischen dem durch Art. 14 Abs. 1 GG vermittelten Schutz und den öffentlichen Interessen, die gegen den „Bestandsschutz" sprechen.

---

55) BVerwGE 36, 296, 300 f.; BVerwG, NJW 1977, 1932 f. und BVerwG, BauR 1981, 246 f.; siehe auch *Fickert*, BauR 1985, 1, 12 und *Sendler*, UPR 1983, 76.

56) Gleiches gilt für die Frage, inwieweit eine Nutzungseinschränkung zu einer Reduzierung des Bestandsschutzes führt; vgl. dazu BVerwG, NJW 1977, 1932 f.; OVG des Saarlandes, BauR 1991, 197.

57) BVerwG, BRS 48 Nr. 138; BVerwG, BauR 1990, 582, 586; vgl. auch BVerwG, NJW 1977, 1932 f.

58) Im Urteil BauR 1981, 264 hat das BVerwG die Frage ausdrücklich offengelassen, ob 4¾ Jahre nach Aufgabe der gewerblichen Nutzung noch ein Bestandsschutz möglich ist.

59) BVerwG, BRS 48 Nr. 137; BVerwG BauR 1990, 586.

60) BVerwG, BRS 48 Nr. 137; BVerwG, BRS 48 Nr. 138; vgl. auch OVG Lüneburg, BRS 33 Nr. 74: Ende des Bestandsschutzes für eine Wehrmachtsunterkunft im Außenbereich mit Kriegsende (= endgültige Aufgabe des Nutzungszwecks).

61) NJW 1977, 1932 f.

62) BVerwG, BRS 48 Nr. 138.

63) *Dolde* (Fn. 2), S. 196.

64) Diese betont *Sendler* (Fn. 2), S. 403 ff.

b) Aus der vorstehend wiedergegebenen Rechtsprechung folgt zugleich, daß bei den Prämissen des BVerwG die Nutzungs*änderung* nur einen Sonderfall der Unterbrechung der (ursprünglich) bestandsgeschützten Nutzung darstellt. Wenn die Beendigung der bestandsgeschützten Nutzung jedenfalls in der Regel nicht ohne weiteres als „endgültige Aufgabe" der bisherigen Nutzung qualifiziert werden kann (die den Bestandsschutz sofort zum Erlöschen bringt, s. o.), so liegt es bei der Aufnahme einer neuen Nutzung anders: Wird eine solche (neue) Nutzung erkennbar nicht nur zu einem vorübergehenden Zweck aufgenommen, so endet der Bestandsschutz.[65] Das BVerwG begründet dies mit der fehlenden Schutzwürdigkeit desjenigen, der von seinem Bestandsschutz keinen Gebrauch mehr machen wolle. Nach der Verkehrsauffassung liege mit Aufnahme einer neuen Nutzung eine veränderte baurechtliche Situation vor. Die prägende Wirkung der ursprünglich bestandsgeschützten Nutzung erlischt.[66]

Aus dem Argumentationszusammenhang des BVerwG wird deutlich, daß dieses nicht mit der Rechtsfigur eines (konkludenten) Verzichts auf den Bestandsschutz operiert. Entscheidend ist vielmehr, daß nach der Verkehrsauffassung die neue Nutzungsaufnahme (umgehend) die prägende Wirkung der alten (aufgegebenen) Nutzung beseitigt.

IV. Vergleich der Ergebnisse und Bewertung

1. Vergleicht man die gewonnenen Ergebnisse, so ergibt sich zusammenfassend folgendes Bild:

a) Dem Inhaber einer bestandskräftigen Genehmigung schadet eine – unter Umständen langjährige – Unterbrechung der bisherigen Nutzung nicht, solange die vorhandene Bausubstanz funktionsgerecht nutzbar bleibt. Auch eine Nutzungsänderung bringt die ursprünglich genehmigte Nutzung in der Regel nicht zum Erlöschen, soweit nicht im konkreten Einzelfall ein Verzicht auf die ursprünglich genehmigte Nutzung angenommen werden kann. Dies kommt vor allem im Fall der *genehmigten* Nutzungsänderung in Betracht.

b) Anders sieht die Situation bei demjenigen aus, dessen Nutzung (ohne Genehmigung) durch den eigentumsrechtlich vermittelten „Bestandsschutz" gedeckt ist. Hier besteht eine stärkere „Anfälligkeit" gegenüber tatsächlichen Veränderungen. Je länger eine Nutzungsunterbrechung dauert, um so eher entfällt dessen „prägende Wirkung" auf die Umgebung und damit der Bestandsschutz für die bisher ausgeübte (unterbrochene) Nutzung. Wird eine neue Nutzung aufgenommen, die erkennbar nicht nur vorübergehenden Zwecken dient, so führt dies zum sofortigen Erlöschen des Bestandsschutzes.

2. Das Ergebnis mag auf den ersten Blick verblüffen und zum Widerspruch herausfordern: Der durch Art. 14 Abs. 1 GG vermittelte verfassungsrechtliche Bestandsschutz erweist sich als schwächer als die „Legalisierungswirkung" einer Baugenehmigung. Der einfachrechtlich (durch die Baugenehmigung) vermittelte Schutz scheint ein höheres Gewicht zu besitzen als der durch die Verfassung (Art. 14 Abs. 1 GG) begründete Schutz.

Dieser Widerspruch löst sich aber bei genauem Hinsehen auf: Auch die durch eine

---

65) BVerwG, BRS 48, Nr. 138; BVerwG BauR 1990, 582, 586.

66) BVerwG BRS 48 Nr. 138; BVerwG BauR 1990, 583, 586: Auf die Beantragung und den Erhalt einer Genehmigung für eine andere Nutzung kommt es nicht an. Unzulässig ist es aber, diese Rechtsprechung auf den Fall zu übertragen, daß die ursprüngliche Nutzung von einer Genehmigung gedeckt ist (vgl. Fn. 23).

bestandskräftige Genehmigung vermittelte „Legalisierungswirkung" hat letztlich eine verfassungsrechtliche Fundierung. Die (starke) Schutzwirkung der Genehmigung folgt aus den rechtsstaatlichen Grundsätzen des Vertrauensschutzes und der Rechtssicherheit.[67] Das Rechtsinstitut der Bestandskraft von Verwaltungsakten stellt sich als Ausprägung des verfassungsrechtlichen Rechtsstaatsprinzips dar.[68] Vor diesem (verfassungsrechtlichen) Hintergrund erscheint es ohne weiteres einleuchtend, daß durch eine Genehmigung, mit der die Baurechtsbehörde die Zulässigkeit einer bestimmten Nutzung ausdrücklich festgestellt hat, ein stärkerer Schutz vermittelt wird als durch die bloße Berufung auf den Schutz des durch Eigentumsausübung legal Geschaffenen. Die Genehmigungserteilung, nachdem in einem förmlichen Verfahren die Vereinbarkeit der erstrebten Nutzung mit dem Baurecht ausdrücklich geprüft wurde, begründet regelmäßig einen stärkeren Vertrauensschutz als die Berufung auf die Übereinstimmung des Geschaffenen mit der materiellen Rechtslage.[69] Dieser Schutz endet erst, wenn die Genehmigung zurückgenommen ist oder ein Erlöschenstatbestand gegeben ist.

---

67) *Kutschera* (Fn. 2), S. 174 ff.; siehe auch *Dolde* (Fn. 2), S. 197.
68) Vgl. BVerfGE 59, 128 und 60, 253; zu diesen Entscheidungen *Kopp*, GewArch 1986, 1977 ff.
69) Vgl. *Sendler* (Fn. 2)., S. 403 ff.

KARLHEINZ BOUJONG

Zum Staatshaftungsrecht im Gebiet der früheren DDR

I.

Der Vertrag zwischen der Bundesrepublik Deutschland und der Deutschen Demokratischen Republik über die Herstellung der Einheit Deutschlands − Einigungsvertrag − vom 31. 8. 1990,[1] dem die Bundesrepublik durch Gesetz vom 23. 9. 1990[2] zugestimmt hat, hat für den Bereich der Staatshaftung keine vollständige Rechtsvereinheitlichung im geeinten Deutschland gebracht. Zwar gilt nunmehr nach Art. 232 § 10 EGBGB[3] die Amtshaftungsvorschrift des § 839 BGB auch in den beigetretenen Ländern Brandenburg, Mecklenburg-Vorpommern, Sachsen, Sachsen-Anhalt und Thüringen sowie in Ost-Berlin für Handlungen, die am Tag des Wirksamwerdens des Beitritts (3. 10. 1990) oder danach begangen werden. Auch Art. 34 GG, der die persönliche Beamtenhaftung auf den Staat oder die Körperschaft, in deren Dienst der Beamte steht, überleitet,[4] ist gemäß Art. 3 des Einigungsvertrages im Beitrittsgebiet in Kraft gesetzt worden. Insoweit ist für das Staatshaftungsrecht die Rechtseinheit im Gesamtstaat hergestellt.

Die frühere DDR hatte jedoch im Jahre 1969 ein eigenes Staatshaftungsgesetz − StHG −[5] erlassen und darin eine unmittelbare und verschuldensunabhängige Staatshaftung für die Schadenszufügung durch rechtswidriges hoheitliches Verhalten eingeführt.[6] Insoweit war trotz einiger rechtsstaatlicher Defizite dieses Gesetzes die haftungsrechtliche Lage der geschädigten natürlichen Personen (im Gegensatz zu den juristischen Personen) in der früheren DDR, jedenfalls wenn man vom Gesetzeswortlaut ausgeht, nicht ungünstig. In der Bundesrepublik existiert noch keine umfassende gesetzliche Regelung der Haftung für schuldlos-rechtswidriges hoheitliches Verhalten des Staates, wenn auch das richterrechtlich ausgeformte Haftungsinstitut des enteignungsgleichen Eingriffs[7] diese Lücke im System staatlicher Ersatzleistungen teilweise ausfüllt. Angesichts dieser Ausgangslage ist der in die Verhandlungen über den Einigungsvertrag eingebrachte Wunsch der DDR verständlich, den mit dem Staatshaftungsgesetz vom 12. 5. 1969 erreichten Rechtszustand für das Beitritts-

---

1) BGBl. II S. 889.
2) BGBl. II S. 885.
3) In der Fassung der Anlage I Kapitel III Sachgebiet B Abschnitt II Nr. 1 des Einigungsvertrages.
4) Zur Haftungskonstruktion BVerfGE 61, 149, 198.
5) Gesetz zur Regelung der Staatshaftung in der Deutschen Demokratischen Republik vom 12. 5. 1969 (GBl. DDR I Nr. 5 S. 34), geändert durch Gesetz vom 14. 12. 1988 (GBl. DDR I Nr. 28 S. 329).
6) Vgl. zu diesem Gesetz etwa *Lörler,* NVwZ 1990, 830; *Lübchen,* NJ 1969, 394; *Duckwitz/Schulze,* NJ 1989, 146; *Duckwitz/Lörler,* in: Verwaltungsrecht, Lehrbuch, 2. Aufl., Herausgeber: Akademie für Staats- und Rechtswissenschaft der DDR, S. 210 ff.
7) Vgl. dazu etwa *Nüßgens/Boujong,* Eigentum, Sozialbindung, Enteignung, 1987, Rdn. 411 ff.

gebiet zu bewahren.[8] Diesem Anliegen konnte sich die Bundesrepublik um so weniger verschließen, als auch sie den − allerdings an der fehlenden Gesetzgebungskompetenz des Bundes gescheiterten[9] − Versuch unternommen hatte, im Staatshaftungsgesetz vom 26. 6. 1981[10] eine unmittelbare und verschuldensunabhängige Haftung für hoheitliches Unrecht des Staates einzuführen, ein Ziel, das auch in der Folgezeit mit weiteren Reformbemühungen[11] angestrebt wurde. Das Ergebnis dieser grundsätzlichen Übereinstimmung[12] ist die in Anlage II Kapitel III Sachgebiet B Abschnitt III Nr. 1 des Einigungsvertrages getroffene Regelung, daß das Staatshaftungsgesetz der früheren DDR in den fünf neuen Ländern und im Ostteil von Berlin mit einigen aus rechtsstaatlichen Gründen gebotenen Änderungen als Landesrecht fortgilt.

Die dadurch hergestellte staatshaftungsrechtliche Lage im Beitrittsgebiet weist Eigenarten und Besonderheiten im Vergleich zur Rechtslage im übrigen Bundesgebiet auf. Einige der daraus resultierenden Fragen sollen in diesem (am 1. 1. 1991 abgeschlossenen) Beitrag behandelt werden. Da sich das Staatshaftungsgesetz vom 12. 5. 1969 auch auf die Haftung für fehlerhafte Bauleitplanung und rechtswidrige Bauverwaltungsakte auswirken kann und diesem Gebiet stets das Interesse Konrad Gelzers gegolten hat, seien ihm diese Ausführungen gewidmet.

II.

1. Das Staatshaftungsgesetz, das durch Änderung einiger Vorschriften dem Verfassungsrecht und den rechtsstaatlichen Grundsätzen der Bundesrepublik angeglichen worden ist, gilt im Beitrittsgebiet als Landesrecht fort (vgl. Art. 9 Abs. 1 Satz 1 des Einigungsvertrages). Seine Fortgeltung als Bundesrecht kam nicht in Betracht, weil es keine Gegenstände der Gesetzgebungskompetenz des Bundes gemäß Art. 9 Abs. 4 des Einigungsvertrages betrifft. Dem Bund steht − wie oben erwähnt − nicht die Gesetzgebungsbefugnis für die umfassende Regelung einer unmittelbaren Staatshaftung zu.[13] Damit unterliegen Bundes- und Landesbehörden in den fünf neuen Ländern und im Ostteil Berlins, soweit es sich um den Anwendungsbereich des Staatshaftungsgesetzes handelt (nicht aber − wie dargelegt − im Bereich der Amtshaftung nach § 839 BGB, Art. 34 GG), unterschiedlichen Haftungsregimen. Innerhalb des Landes Berlin bestehen sogar für Landesbehörden im Westteil und im Ostteil unterschiedliche Staatshaftungsvorschriften; allerdings gibt es auch in West-Berlin schon seit längerem eine sondergesetzlich geregelte Haftung der öffentlichen Hand für

---

8) BTDrucks. 11/7817, S. 63, abgedr. in: Erläuterungen zum Einigungsvertrag, 1990, Nomos Verlagsgesellschaft, Baden-Baden, S. 109.
9) BVerfGE 61, 149.
10) BGBl. I S. 553.
11) Vgl. etwa: Zur Reform des Staatshaftungsrechts, hrsg. vom Bundesministerium der Justiz, 1987; *Maurer*, Allg. Verwaltungsrecht, 7. Aufl., § 30 Rdn. 6, S. 681 f.; *Caesar*, Hat die Staatshaftungsreform noch eine Zukunft?, Speyerer Vorträge, Heft 11, 1988.
12) Darauf wird in BTDrucks. 11/7817, S. 63, abgedr. in: Erläuterungen (a. a. O., Fn. 8) S. 109 sowie von *Viehmann* (Hrsg.), Einigungsvertrag − Justiz und Rechtspflege, 1990, S. 27, zutreffend hingewiesen.
13) BVerfGE 61, 149, 173 ff.

rechtswidrige Maßnahmen der Polizei und der Ordnungsbehörden.[14] Diese Unterschiede dürften indessen nicht gravierend sein, da außerhalb des sachlichen Anwendungsbereichs des Staatshaftungsgesetzes auch im Beitrittsgebiet das richterrechtliche Haftungsinstitut des enteignungsgleichen Eingriffs gilt und zu einer verschuldensunabhängigen Haftung für rechtswidriges hoheitliches Handeln führt. Dieses Institut wird aus dem für das gesamte Bundesgebiet Geltung beanspruchenden allgemeinen Aufopferungsgedanken der §§ 74, 75 EinlALR abgeleitet.[15] Der BGH hat den Aufopferungsgrundsatz bereits für das Jahr 1940 als „Allgemeingut der deutschen Rechtsordnung" bezeichnet.[16] Die Übernahme der Rechtsordnung der Bundesrepublik in den fünf neuen Ländern und in Ost-Berlin (vgl. Art. 8 des Einigungsvertrages) erstreckt sich daher auch auf den Aufopferungsgrundsatz, soweit er nicht durch spezialgesetzliche Ausformungen, wie z. B. das Staatshaftungsgesetz (dazu näher unten), für ihren Anwendungsbereich verdrängt wird.

2. a) § 1 Abs. 1 StHG statuiert eine Haftung für rechtswidrige hoheitliche Schadenszufügung; das Verschulden eines Amtswalters (in der Terminologie des StHG: eines Mitarbeiters oder Beauftragten staatlicher oder kommunaler Organe) ist nicht Haftungsvoraussetzung. Das Staatshaftungsgesetz folgt damit einem Haftungsmodell, das auf die objektive Rechtswidrigkeit als alleinigen Haftungsgrund abhebt.[17] Es handelt sich um eine reine Unrechtshaftung,[18] nicht um eine öffentlich-rechtliche Gefährdungshaftung.[19] Während in den Fällen der Unrechtshaftung die Rechtswidrigkeit anspruchsbegründend ist, setzt die Gefährdungshaftung kein rechtswidriges Verhalten voraus.[20]

§ 1 StHG beruht damit im Prinzip auf demselben Haftungskonzept wie § 39 Abs. 1 Buchst. b OBG NW,[21] der eine verschuldensunabhängige Staatshaftung für rechtswidrige Maßnahmen der Ordnungsbehörden normiert. Auch diese Vorschrift regelt, wie in der Rechtsprechung anerkannt ist, einen Fall der Haftung wegen rechtswidrigen Verwaltungshandelns,[22] nicht aber einen Fall der öffentlich-rechtlichen Gefährdungshaftung.[23] Dasselbe gilt für die schon erwähnte Vorschrift des § 37 Abs. 2 ASOG Bln.

b) Der in § 1 StHG geregelte Ersatzanspruch wegen staatlichen Unrechts stellt im Prinzip eine spezialgesetzliche Konkretisierung und Fortentwicklung des aus dem allgemeinen Aufopferungsgedanken abgeleiteten Entschädigungsanspruchs wegen enteignungsgleichen

---

14) § 37 Abs. 2 des Allgemeinen Gesetzes zum Schutz der öffentlichen Sicherheit und Ordnung in Berlin (Allgemeines Sicherheits- und Ordnungsgesetz – ASOG Bln) vom 11. 2. 1975, GVBl. S. 688 (zuletzt geändert durch Ges. v. 12. 12. 1989, GVBl. S. 2155). Das Staatshaftungsgesetz ist nicht nach § 2 des Ges. über die Vereinheitlichung des Berliner Landesrechts vom 28. 9. 1990 (GVBl. S. 2119) außer Kraft getreten, da es, wie ausgeführt, nach der Anlage II zum Einigungsvertrag fortgilt (a. A., wenn auch zweifelnd, *Schmidt-Räntsch* ZIP 1991, 125, 128, Fn. 26). Das StHG hat auch einen weitergehenden Anwendungsbereich als das ASOG Bln, da es grundsätzlich für alle Behörden gilt.
15) BGHZ 90, 17, 29.
16) BGH NJW 1957, 1595 f.; vgl. auch BGHZ 9, 83, 86.
17) Zu den verschiedenen Staatshaftungssystemen *Bender*, Staatshaftungsrecht, 3. Aufl., S. 2 ff.
18) Ob dem StHG das Haftungskonzept des Erfolgsunrechts oder des Verhaltensunrechts (vgl. zu diesen Begriffen etwa Steffen, in: RGRK-BGB, 12. Aufl., § 823 Rdn. 106 ff.) zugrunde liegt, kann hier offenbleiben.
19) Vgl. dazu etwa *Ossenbühl*, Staatshaftungsrecht, 3. Aufl., S. 165 ff.
20) BGHZ 24, 21, 26; 34, 355, 361; vgl. auch *Ossenbühl*, JuS 1988, 193, 196 zum Verhältnis von enteignungsgleichem Eingriff und Gefährdungshaftung.
21) Nordrhein-westfälisches Gesetz über Aufbau und Befugnisse der Ordnungsbehörden – Ordnungsbehördengesetz (OBG) – i. d. F. der Bekanntmachung vom 13. 5. 1980 (GV NW S. 528), zuletzt geändert durch Gesetz vom 7. 3. 1990 (GV NW S. 201).
22) BGHZ 72, 273, 276.
23) BGHZ 99, 249, 255.

Eingriffs dar, wenn auch Voraussetzungen und Rechtsfolgen der beiden Ansprüche nicht unerheblich voneinander abweichen. Auch für § 39 Abs. 1 Buchst. b OBG NW und § 37 Abs. 2 ASOG Bln hat die Rechtsprechung ein solches Konkurrenzverhältnis zu Ansprüchen aus enteignungsgleichem Eingriff angenommen.[24] Die nähere Ausgestaltung des Ersatzanspruchs wegen rechtswidrigen Verwaltungshandelns im Staatshaftungsgesetz zeigt, daß es sich insoweit um eine abschließende Regelung der Haftung wegen schuldlos-rechtswidrigen Staatsunrechts handelt. Daher ist es dem Geschädigten, der die einjährige Verjährungsfrist des § 4 Abs. 1 StHG hat verstreichen lassen, verwehrt, Ansprüche aus enteignungsgleichem Eingriff, die in 30 Jahren verjähren (entsprechend § 195 BGB), geltend zu machen. Einen solchen Rückgriff auf das allgemeine Haftungsinstitut des enteignungs-gleichen Eingriffs ist auch Geschädigten versagt worden, die ihre Ersatzansprüche nach § 39 Abs. 1 Buchst. b OBG NW oder § 37 Abs. 2 ASOG Bln hatten verjähren lassen.[25]

c) Die Staatshaftung nach dem Gesetz vom 12. 5. 1969 und die Amtshaftung gem. § 839 BGB, Art. 34 GG weisen in den Anspruchsvoraussetzungen und der Haftungskonstruktion Unterschiede auf. Sie gehören verschiedenen Regelungsmaterien an (vgl. zu I) und stehen weder im Verhältnis der Spezialität noch der Subsidiarität zueinander.[26] Vielmehr können solche Ansprüche bei schuldhaftem Handeln der öffentlichen Hand nebeneinander gegeben sein (Anspruchskonkurrenz).[27] Das hat auch praktische Bedeutung, z. B., weil Amtshaf-tungsansprüche gem. § 852 BGB in drei Jahren verjähren, Ansprüche nach dem Staatshaf-tungsgesetz jedoch bereits innerhalb eines Jahres (§ 4 Abs. 1 StHG).

III.

1. § 1 Abs. 1 StHG knüpft die Haftung staatlicher oder kommunaler Organe an die rechtswidrige Schadenszufügung in Ausübung staatlicher Tätigkeit. Als haftungsbegründen-des Verhalten kommt nach dem Gesetzeswortlaut auch das schlichte Unterlassen eines rechtlich gebotenen hoheitlichen Handelns in Betracht. Das war für das Staatshaftungsgesetz schon anerkannt, als es noch als Recht der DDR galt.[28] Von diesem Gesetzesverständnis ist auch heute auszugehen, da – wie unter I ausgeführt – der im Beitrittsgebiet erreichte Haftungsstandard durch den Einigungsvertrag nicht verschlechtert werden sollte. Schon aus diesem Grund ist es unerheblich, daß das Haftungsinstitut des enteignungsgleichen Eingriffs wie auch der Haftungstatbestand des § 39 Abs. 1 Buchst. b OBG NW nach Ansicht des Bundesgerichtshofs[29] ein positives Handeln der öffentlichen Hand voraussetzen und ein reines Unterlassen und Untätigbleiben der öffentlichen Hand – im Gegensatz zum sog. qualifizierten Unterlassen[30] – nicht ausreicht. Diese Auffassung, die im übrigen im Schrift-

---

24) BGHZ 72, 273, 276; 82, 361, 363 f.; 99, 249, 255; BGH, Beschl. v. 25. 5. 1987 – III ZR 216/86, BGHR, GG vor Art. 1/enteignungsgleicher Eingriff, Konkurrenzen 1; BGH, Beschl. v. 26. 4. 1990 – III ZR 257/89, BGHR, BGB § 839, Konkurrenzen 2.
25) BGHZ 72, 273, 276; 82, 361, 364; BGH, Beschl. v. 25. 5. 1987, a. a. O., Fn. 24.
26) So für das Verhältnis des Amtshaftungsanspruchs zum Anspruch aus enteignungsgleichem Eingriff BGHZ 13, 88, 9 ff.; *Maurer,* a. a. O., Fn. 11, § 26 Rdn. 52, S. 612; *Nüßgens/Boujong,* a. a. O., Fn. 7 Rdn. 411.
27) Ebenso BTDrucks. 11/7817, S. 63, abgedr. in: Erläuterungen zum Einigungsvertrag, a. a. O., Fn. 8, S. 110; *Viehmann,* a. a. O., Fn. 12, S. 28.
28) *Duckwitz/Lörler,* in: Verwaltungsrecht, a. a. O., Fn. 6, S. 214; *Duckwitz/Schulze,* NJ 1989, 146 f.
29) BGHZ 102, 350, 364 m. w. N.; BGH, Beschl. v. 21. 9. 1989; III ZR 13/88, BGHR, OBG NW § 39 Abs. 1 Buchst. b/Maßnahme 2.
30) BGHZ 102, 350, 364 f.; *Nüßgens/Boujong,* a. a. O., Fn. 7, Rdn. 421 ff.

tum nicht ohne Widerspruch geblieben ist,[31] stützt sich darauf, daß dem Bürger durch schlichtes Unterlassen einer Behörde nichts an Eigentumssubstanz, die durch Art. 14 Abs. 1 Satz 1 GG geschützt ist, genommen, sondern nur etwas vorenthalten wird.[32] § 1 StHG erfordert aber, anders als das beim enteignungsgleichen Eingriff der Fall ist, nicht die Beeinträchtigung einer von der Eigentumsgarantie des Art. 14 Abs. 1 GG umfaßten konkreten subjektiven Rechtsposition, die einem Rechtsträger im Zeitpunkt des Eingriffs bereits zusteht.[33]

2. Der weitgefaßte Tatbestand des § 1 Abs. 1 StHG grenzt die haftungsbegründende rechtswidrige Schadenszufügung in Ausübung staatlicher Tätigkeit nicht näher ein und verlangt insbesondere keine bestimmte Form des schadensverursachenden Staatshoheitshandelns. Daher fällt unter diese Vorschrift nicht nur der Erlaß rechtswidriger Verwaltungsakte; vielmehr erfüllen auch rechtswidrige hoheitliche Realakte den Haftungstatbestand. Dieser setzt auch kein zielgerichtetes (finales) Handeln voraus, sondern es genügt, daß die nachteiligen Auswirkungen hoheitlichen Handelns unbeabsichtigt eintreten. Insoweit gelten im Interesse eines umfassenden Schutzes der mit der Verwaltungstätigkeit konfrontierten Bürger und juristischen Personen dieselben Grundsätze, wie sie für den enteignungsgleichen Eingriff seit längerem vom Bundesgerichtshof entwickelt worden sind.[34] § 1 StHG erfordert – anders als § 839 Abs. 1 Satz 1 BGB – auch keine Verletzung drittbezogener Amtspflichten oder drittgerichteter Pflichten des öffentlichen Rechts. Auch § 39 Abs. 1 Buchst. b OBG NW kennt dieses haftungsbegrenzende Merkmal nicht. Jedoch kann die im Schadensrecht allgemein anerkannte Schutzzwecklehre zu einer Einschränkung der Haftung führen. Wenn die Baugenehmigungsbehörde bei der Erteilung einer Baugenehmigung baurechtliche Vorschriften verletzt, die keinen nachbarschützenden Charakter haben, so kann der betroffene Nachbar nach § 39 Abs. 1 Buchst. b OBG NW keinen Ersatz ihm entstandener Schäden (z. B. wegen Wertminderung seines Grundstücks) verlangen; solche Schäden fallen nicht in den Schutzbereich der Ersatznorm.[35] Dieser Gedanke läßt sich auch auf § 1 Abs. 1 StHG übertragen.

IV.

1. Das Staatshaftungsgesetz regelt nicht ausdrücklich die Frage einer Haftung für technische Einrichtungen, wie z. B. Verkehrsampeln. Dieser Fall wird aber m. E. von dem allgemeinen Haftungstatbestand des § 1 Abs. 1 StHG mit erfaßt. Zwar spricht diese Vorschrift von einer Schadenszufügung durch Mitarbeiter oder Beauftragte staatlicher oder kommunaler Organe. Dieser Wortlaut steht indessen der hier vertretenen Auffassung nicht entgegen. Ampelanlagen an Straßen erteilen gleichsam „stellvertretend" für Mitarbeiter oder Beauftragte staatlicher oder kommunaler Organe verkehrsregelnde Weisungen. Die Verkehrsregelung durch eine Lichtzeichenanlage hat die gleiche Funktion wie die Regelung durch einen staatlichen Mitarbeiter. Zudem müssen solche Anlagen von staatlichen Mitarbeitern oder Beauftragten programmiert werden. Letztlich liegt jedem einzelnen Lichtzeichen der Anlage ein auf die Verkehrsregelung gerichtetes Handeln der mit dieser Aufgabe

---

31) *Ossenbühl*, a. a. O., Fn. 19, S. 157 ff.; *ders.*, Neuere Entwicklungen im Staatshaftungsrecht, 1984, S. 22.
32) *Nüßgens/Boujong*, a. a. O., Fn. 7, Rdn. 420.
33) BGHZ 94, 373, 375.
34) Vgl. *Nüßgens/Boujong*, a. a. O., Fn. 7, Rdn. 417 f. mit Fallbeispielen aus der BGH-Judikatur.
35) BGHZ 86, 356, 361 f.; 109, 380, 393 f.

betrauten Bediensteten oder Beauftragten des Staates oder der Kommune zugrunde. Mit diesen Erwägungen hat der Bundesgerichtshof[36] auch eine Haftung nach § 39 Abs. 1 Buchst. b OBG NW für eine Schädigung von Verkehrsteilnehmern durch Abgabe einander widersprechender Lichtzeichen durch eine Verkehrsampel (sog. „feindliches Grün") bejaht.[37]

2. Schwierigkeiten bereitet die Beantwortung der Frage, ob nach § 1 Abs. 1 StHG auch für Satzungsrecht gehaftet wird. Gemeinden und Landkreise sind zum Erlaß von Satzungen befugt.[38] Die Frage nach der Haftung für Satzungsunrecht kann sich insbesondere im Blick auf fehlerhafte Bebauungspläne stellen. § 10 BauGB, wonach die Gemeinde den Bebauungs-plan als Satzung beschließt, gilt auch im Beitrittsgebiet. Zu dem Bundesrecht, das nach Art. 8 des Einigungsvertrages auf das Gebiet der ehemaligen DDR ausgedehnt wird, gehört auch das Baugesetzbuch i. d. F. vom 8. 12. 1986 (BGBl. I S. 2253), geändert durch Art. 21 § 5 Abs. 5 des Gesetzes vom 25. 7. 1988 (BGBl. I S. 1093). Dieses ist aus Anlaß der Herstellung der Einheit Deutschlands um die Überleitungsregelung des § 246 a ergänzt worden, die § 10 BauGB nicht von der Überleitung ausnimmt und diese Vorschrift auch nicht abändert.[39]

Die Haftungsvorschrift des § 1 Abs. 1 StHG ist im Blick auf die Ersatzpflicht für Satzungsunrecht deshalb nicht eindeutig, weil sie auf eine Schädigung durch „Mitarbeiter oder Beauftragte staatlicher oder kommunaler Organe" abstellt. Die Organe, die den Erlaß, die Änderung und die Aufhebung von Satzungen beschließen, sind in der Gemeinde die Gemeindevertretung und im Landkreis der Kreistag.[40] Diese Beschlußorgane handeln aber durch Mitglieder, nicht durch Mitarbeiter. Dem Wortlaut der Vorschrift sollte jedoch keine ausschlaggebende Bedeutung beigemessen werden. Die Formulierung „Mitarbeiter und Beauftragte staatlicher oder kommunaler Organe" lehnt sich eng an die frühere Fassung des § 1 Abs. 1 StHG als DDR-Recht an und übernimmt sie zum Teil wörtlich. Das dürfte sich auch daraus erklären, daß die umfangreichen Arbeiten am Einigungsvertrag und seinen Anlagen unter erheblichem Zeitdruck standen, so daß bei der Übernahme des Staatshaf-tungsgesetzes als Landesrecht nur einige rechtsstaatlich gebotene Korrekturen vorgenom-men werden konnten. Dem Rechtsdenken der früheren DDR scheint eine Staatshaftung für rechtswidrige Schadenszufügung durch Beschlüsse kommunaler Volksvertretungen aller-dings ferngelegen zu haben. Im Schrifttum zum Staatshaftungsgesetz der DDR wird die Frage — soweit ersichtlich — allein von *Lübchen*[41] kurz behandelt und ohne nähere

---

36) BGHZ 99, 249, 252 f. unter Angabe von BGHZ 54, 332; vgl. auch *Schäfer/Bonk,* Staatshaftungsrecht 1982, § 1 Rdn. 313 f.; § 1 Abs. 2 des gescheiterten Staatshaftungsgesetzes des Bundes vom 26. 6. 1981 sah bekanntlich eine Haftung für das Versagen technischer Einrichtungen vor.

37) Soweit sich die Haftung für das Versagen von Verkehrsampeln nach § 69 Abs. 1 Satz 2 des Gesetzes über die Aufgaben und Befugnisse der Polizei vom 13. 9. 1990 (GBl. DDR I Nr. 61 S. 1489) richten sollte, was nach dessen § 80 eher unwahrscheinlich ist, würden die obigen Ausführungen zu § 1 Abs. 1 StHG sinngemäß gelten. Das genannte Gesetz bleibt bis zum Inkrafttreten von Polizeigesetzen der Länder im Beitrittsgebiet, längstens jedoch bis zum 31. 12. 1991 in Kraft (Anlage II Kapitel II Sachgebiet C Abschnitt III Nr. 2 des Einigungsvertrages in der Fassung des Artikels 4 Nr. 8 der Zusatzvereinbarung zum Einigungsvertrag, BGBl. 1990 II, S. 1239 ff.).

38) § 5 und § 74 des Gesetzes über die Selbstverwaltung der Gemeinden und Landkreise in der DDR (Kommunalverfassung) vom 17. 5. 1990 (GBl. DDR I Nr. 28 S. 255), das nach Anlage II Kapitel II Sachgebiet B Abschnitt II des Einigungsvertrages in Kraft bleibt.

39) Anlage I Kapitel XIV Abschnitt II Nr. 1 des Einigungsvertrags. § 11 Abs. 1 der Bauplanungs- und Zulassungsverordnung — BauZVO — vom 20. 6. 1990 (GBl. DDR I Nr. 45 S. 739) stimmte mit § 10 BauGB wörtlich überein.

40) §§ 20, 21 Abs. 3 Buchst. f und §§ 84, 85 Abs. 3 Buchst. f Kommunalverfassung (Fn. 38).

41) A. a. O., Fn. 6, S. 396.

Begründung dahin beantwortet, daß nach § 1 Abs. 1 StHG nur für die Handlungen einzelner Mitarbeiter oder Beauftragter, nicht aber für Kollektiventscheidungen, wie Ratsbeschlüsse, Beschlüsse der Volksvertretung u. ä., gehaftet werde. Diese Auffassung, die sich offenbar auf den Absatz 2 der im Zuge des Beitritts als überholt gestrichenen Präambel zum Staatshaftungsgesetz stützt, entspricht nicht dem Rechtsverständnis in der Bundesrepublik. Hier ist anerkannt, daß die Mitglieder des Gemeinderats bei der Beschlußfassung über den Bebauungsplan als Beamte im haftungsrechtlichen Sinne (§ 839 BGB, Art. 34 GG) tätig werden[42] und der Erlaß eines nichtigen, aber vollzogenen Bebauungsplans einen entschädigungspflichtigen enteignungsgleichen Eingriff[43] bilden kann. Auch im Blick auf § 1 Abs. 1 StHG ist kein überzeugender Sachgrund dafür ersichtlich, die Schädigung durch Satzungsunrecht aus dem Anwendungsbereich auszunehmen. Der Erlaß von kommunalen Satzungen ist der Exekutive zuzuordnen,[44] gehört also zu der Staatstätigkeit, für deren rechtswidrige Ausübung das Staatshaftungsgesetz im Prinzip eine Haftung vorsieht. Im übrigen würde das Haftungsinstitut des (allgemeinen) enteignungsgleichen Eingriffs Anwendung finden (vgl. oben unter II), wenn man eine Haftung für Satzungsunrecht aufgrund des § 1 Abs. 1 StHG verneinen wollte. Zudem würde, wenn der Schaden erst durch den Vollzug einer rechtswidrigen Satzung entsteht, für den hoheitlichen Vollzugsakt nach § 1 Abs. 1 StHG gehaftet. Das kann z. B. bedeutsam werden, wenn sich ein Bauverwaltungsakt auf einen nichtigen Bebauungsplan gründet.[45]

V.

Die Ersatzpflicht nach § 1 Abs. 1 StHG erstreckt sich auf Schäden, „die einer natürlichen oder juristischen Person hinsichtlich ihres Vermögens oder ihrer Rechte" zugefügt werden. Der Umfang des Schadensersatzes bestimmt sich gemäß § 3 Abs. 2 StHG „nach den zivilrechtlichen Vorschriften", d. h. nach den §§ 249 ff. BGB, so daß auch der entgangene Gewinn (vgl. § 252 BGB) ersatzfähig ist. Es wird also — ebenso wie bei der Amtshaftung — voller Schadensersatz geschuldet. Demgegenüber schränkt § 70 Abs. 1 Satz 2 des Gesetzes über die Aufgaben und Befugnisse der Polizei vom 13. 9. 1990[46] den Umfang des Schadensausgleichs für den Fall der Schädigung durch eine rechtswidrige polizeiliche Maßnahme dahin ein, daß für entgangenen Gewinn, der über den Ausfall des gewöhnlichen Verdienstes oder Nutzungsentgelts hinausgeht, und für Nachteile, die nicht in unmittelbarem Zusammenhang mit der polizeilichen Maßnahme stehen, ein Ausgleich nur gewährt wird, wenn und soweit dies zur Abwendung unbilliger Härten geboten erscheint. Diese Regelung, die für die Fälle der Staatshaftung für schuldlos-rechtswidriges Staatshandeln durchaus sachgerecht ist, dürfte ihr Vorbild in den nahezu wörtlich übereinstimmenden Vorschriften der § 40 Abs. 1 Satz 2 OBG NW und § 38 Abs. 1 Satz 2 ASOG Bln finden. Die weiterreichende Ersatzpflicht nach dem Staatshaftungsgesetz birgt ein erhebliches Haftungspotential in sich, wenn man etwa an die Fälle rechtswidrig versagter Erlaubnisse oder Genehmigungen

---

42) BGHZ 106, 323, 330; 109, 380, 388.
43) BGHZ 92, 34, 36; *Boujong*, Festschrift für Willi Geiger zum 80. Geburtstag, 1989, S. 430, 441 f.; § 39 Abs. 1 Buchst. b OBG NW ist nur deshalb nicht erfüllt, weil die Gemeindevertretung bei der Beschlußfassung nach § 10 BauGB keine ordnungsbehördliche Maßnahme trifft (BGHZ 84, 292, 294).
44) Vgl. zur Satzung als administrative Handlungsform *Ossenbühl*, in: *Isensee/Kirchhof*, Handbuch des Staatsrechts, Bd. III, 1988, § 66 Rdn. 44, S. 486; s. auch *Maurer*, a. a. O., Fn. 11, § 4 Rdn. 15, S. 51.
45) Vgl. BGHZ 86, 356, 359.
46) Vgl. Fn. 37.

zur Aufnahme eines Berufs oder Gewerbes denkt. In diesen Fällen wird bekanntlich nicht wegen enteignungsgleichen Eingriffs gehaftet.[47]

VI.

Nach § 2 StHG haben natürliche und juristische Personen alle ihnen möglichen und zumutbaren Möglichkeiten zur Schadensverhinderung oder Schadensminderung zu ergreifen (Satz 1); bei einem schuldhaften Verstoß gegen diese Obliegenheit wird die Staatshaftung entsprechend eingeschränkt oder ausgeschlossen (Satz 2). Diese Regelung entspricht dem Rechtsgedanken des § 254 BGB. Sie ist gegenüber § 839 Abs. 3 BGB flexibler, weil sie bei einem schuldhaften Verstoß gegen die Obliegenheit zur Schadensabwendung oder -minderung nicht stets zum Totalverlust des Ersatzanspruchs führt. Zu den schadensverhindernden oder -mindernden Maßnahmen gehört auch die Inanspruchnahme des Primärrechtsschutzes, also z. B. die Einlegung von Rechtsbehelfen gegen schadensursächliche Verwaltungsakte. Das war schon im zeitlichen Geltungsbereich des (im Zuge des Beitritts geänderten) § 2 StHG als DDR-Recht anerkannt.[48] Es gilt heute erst recht im Blick auf die umfassende Ausgestaltung des verwaltungsgerichtlichen Rechtsschutzes in der Bundesrepublik, der in erster Linie die Aufgabe hat, den Bürger gegen rechtswidrige Eingriffe des Staates zu schützen. Nach der Rechtsprechung des Bundesgerichtshofs richten sich auch beim enteignungsgleichen Eingriff die Rechtsfolgen einer unterlassenen Inanspruchnahme des Primärrechtsschutzes im Grundsatz nach dem Rechtsgedanken des § 254 BGB.[49] Aus diesen Ausführungen ergibt sich, daß nach § 2 StHG der Ersatzanspruch nicht stets dann entfällt, wenn ein schadensverursachender Verwaltungsakt bestandskräftig geworden ist. Ein solcher Ausschluß tritt vielmehr dann ein, wenn der Geschädigte es vorwerfbar versäumt hat, den Verwaltungsakt mit den dafür vorgesehenen Rechtsbehelfen anzufechten. Der Bundesgerichtshof hat erst jüngst für den Bereich des § 839 Abs. 3 BGB der Auffassung, nach Eintritt der Bestandskraft könne im Ersatzprozeß die Frage der inneren Rechtmäßigkeit eines Verwaltungsaktes nicht mehr geprüft werden, eine entschiedene Absage erteilt.[50] Die in dieser Entscheidung entwickelten Grundsätze für das Verhältnis von Primärrechtsschutz und Ersatzanspruch gelten sinngemäß auch für § 2 StHG.

Das Staatshaftungsrecht ist, wie die vorstehenden Erwägungen zeigen, infolge der mit dem Einigungsvertrag und seinen Anlagen verbundenen Rechtsänderungen noch komplizierter geworden. Um so mehr verstärkt sich das Bedürfnis nach einer umfassenden gesetzlichen Neuordnung dieses Rechtsgebiets.[51]

---

47) *Nüßgens/Boujong*, a. a. O., Fn. 7, Rdn. 421, 89 m. w. N. Der einfache Gesetzgeber, der den Anspruch aus enteignungsgleichem Eingriff der Höhe nach sondergesetzlich näher ausgestaltet, besitzt jedoch einen weiten Gestaltungsspielraum (vgl. BGHZ 72, 273, 277) und kann vollen Schadensersatz gewähren.

48) *Duckwitz/Lörler*, in: Verwaltungsrecht, a. a. O., Fn. 6, S. 216; *Lübchen*, a. a. O., Fn. 6, S. 397.

49) BGHZ 90, 17, 31 ff. und seither ständig; zu den einzelnen Obliegenheiten des Geschädigten vgl. *Nüßgens/Boujong*, a. a. O., Fn. 7, Rdn. 435 ff.

50) BGH, DVBl. 1991, 379, zur Veröffentlichung in BGHZ 113, 17 vorgesehen.

51) Vgl. auch den in 9/1990 von Hamburg im Bundesrat eingebrachten Gesetzesantrag, mit dem die Schaffung der verfassungsrechtlichen Voraussetzungen für ein Staatshaftungsgesetz des Bundes angestrebt wird (BRDrucks. 632/90).

Günter Krohn

Amtshaftung und Bauleitplanung
— Zur „Altlasten"-Rechtsprechung des Bundesgerichtshofs —

I.

Im Urteil vom 26. 1. 1989[1] hat der Bundesgerichtshof erstmals einer Amtshaftungsklage gegen eine Gemeinde in deren Eigenschaft als Trägerin der Planungshoheit wegen *altlasten-bedingter Vermögensschäden* durch Bauleitplanung stattgegeben. Die Entscheidung ist im Schrifttum unterschiedlich aufgenommen worden.[2] Inzwischen hat eine Reihe weiterer Entscheidungen[3] den Standpunkt des Bundesgerichtshofs so weit verdeutlicht, daß an dieser Stelle eine — vorläufige — Bestandsaufnahme gewagt werden kann.

1. Die vielfältigen verwaltungsrechtlichen, insbesondere polizeirechtlichen Fragen, die durch die Altlasten und ihre Bewältigung aufgeworfen werden, sind von der höchstrichterlichen Rechtsprechung bisher gewissermaßen nur am Rande berührt worden.[4] Auf diesem schwierigen Feld[5] tastet sich die haftungsrechtliche Judikatur fallbezogen vorwärts, wobei überlieferte Grundsätze des Amtshaftungsrechts, deren Beachtung schon aus Gründen der Rechtssicherheit und der Kontinuität der Rechtsprechung geboten ist, auf ihre Tragfähigkeit in neuen rechtlichen Spannungslagen zu überprüfen sind.

---

1) III ZR 194/87 – BGHZ 106, 323 = BauR 1989, 166 = UPR 1989, 179 = DVBl. 1989, 504 = WM 1989, 386 = NJW 1989, 976.
2) Zustimmend: *Papier,* DVBl. 1989, 508; *Reuter,* BB 1989, 874; *Dörr/Schönfelder,* NVwZ 1989, 933; *Rehbinder,* JuS 1989, 885; *Ossenbühl,* JZ 1989, 1125; *Gerauer,* NuR 1990, 45; *Schink,* NJW 1990, 351; ablehnend: *Salzwedel,* BGH EWiR § 839 BGB 1/89, 1091; vgl. auch *Jochum,* NVwZ 1989, 635; *Wurm,* UPR 1990, 201; *Krautzberger,* DWW 1989, 130; *P. Selmer,* JuS 1989, 579.
3) Urt. v. 6. 7. 1989 – III ZR 251/87 – BGHZ 108, 224 = ZfBR 1989, 261 = DVBl. 1990, 354 = UPR 1989, 424 = VersR 1989, 961 = NVwZ 1990, 298; JZ 1989, 1126 = WM 1989, 1350; Urt. v. 21. 12. 1989 – III ZR 118/88 – BGHZ 109, 380 = ZfBR 1990, 88 = DVBl. 1990, 358 = UPR 1990, 148 = VersR 1990, 272 = WM 1990, 401 = JZ 1990, 645 = NVwZ 1990, 501; Urt. v. 21. 2. 1991 – III ZR 245/89 – WM 1991, 864.
4) Vgl. die Nachweise bei *Schink* (Fn 2) 351 Fn. 5, 355 Fn. 59; u. a. *Schrader,* Altlastensanierung nach dem Verursacherprinzip, 1988, S. 121 ff.; *Schwachheim,* Unternehmenshaftung für Altlasten, Marburger Dissertation, 1990; *Papier,* Altlasten und polizeiliche Störerhaftung, DVBl. 1985, 873; *ders.,* NVwZ 1986, 256; *Breuer,* JuS 1986, 359; *Kloepfer,* NUR 1987, 7; *Diederichsen,* BB 1988, 917; zur Problematik des Zustandsstörers, der sich selbst in einer Art „Opferposition" befindet, vgl. auch VGH Baden-Württemberg NVwZ 1986, 325; BayVGH DVBl. 1986, 1283; OVG NW DVBl. 1989, 1009; BVerwG BayVBl. 1991, 374.
5) Nach dem Stand der amtlichen Erfassung und den Vorausschätzungen gibt es in der Bundesrepublik Deutschland, d. h. in den „alten" Bundesländern, rund 42 000 kontaminierte Standorte, von denen konkrete Bedrohungen der menschlichen Gesundheit und Umwelt ausgehen, einschließlich der Verdachtsflächen, bei denen solche Bedrohungen und Gefährdungen vermutet werden (vgl. BTDrucks. 11/4104). Die tatsächliche Zahl der Altlaststandorte dürfte jedoch wesentlich höher sein, Schätzungen rechnen mit bis zu 100 000 belasteten Flächen. Zum Umfang des Altlastenproblems vgl. auch *Staupe,* DVBl. 1988, 606 ff.

2. Die Mitglieder des Gemeinderats üben bei der Verabschiedung des Bebauungsplans ein *„öffentliches Amt"* i. S. d. Art. 34 GG aus und handeln insoweit als *„Beamte"* im haftungsrechtlichen (§ 839 BGB) Sinne.[6] Nach der neueren Rechtsprechung des Bundesgerichtshofs wird man zwar annehmen können, daß Akte der *Legislative* einer Amtshaftung grundsätzlich nicht zugänglich sind. Der Bundesgerichtshof gewinnt dieses Ergebnis bislang nur aus der fehlenden Drittbezogenheit förmlicher Akte des Gesetz- oder Verordnungsgebers.[7] Damit steht in innerem Zusammenhang, daß der Bundesgerichtshof die Möglichkeit einer Entschädigung wegen *enteignungsgleichen Eingriffs* durch förmliche Akte der Legislative[8] grundsätzlich verneint, sie allerdings bejaht, wenn es um (rechtswidrige)[9] untergesetzliche Normen geht, die aufgrund rechtswirksamer Gesetze erlassen sind.[10] Die Verabschiedung von Bebauungsplänen gehört in diesem Schema zur Rechtsetzungstätigkeit durch die Exekutive. Diese (verbindliche) Planung wird ungeachtet ihres generell-abstrakten Regelungscharakters als „Ortsgesetz" durch § 839 BGB erfaßt, zumal sie sich - ähnlich wie ein „Maßnahmegesetz" — an eine durch die räumlichen Grenzen des Plans und ihre rechtlichen Beziehungen zu den vom Plan erfaßten Grundstücken bestimmte, dadurch „individualisierte" Personengruppe wendet.[11]

3. Der Bundesgerichtshof hatte sich schon früher mit der Frage zu befassen, ob bei der Bauleitplanung (Amts-)Pflichten zu erfüllen sind, die den Mitgliedern des Gemeinderats bestimmten Personen gegenüber als Dritten i. S. v. § 839 Abs. 1 Satz 1 BGB obliegen. Im bereits genannten Urteil vom 30. 1. 1975[12] stellte er auf die „Individualisierung" des durch den Bebauungsplan in seinen Rechten und geschützten Interessen berührten Personenkreises ab. Diese Wendung knüpft an frühere Erkenntnisse an, in denen es als ausreichend angesehen wurde, daß erst die später eintretende Rechtsverletzung den konkreten Rechtsträger als durch die Amtspflicht zu schützenden „Dritten" ausweist.[13]

Im Urteil vom 24. 6. 1982[14] hatte der Bundesgerichtshof u. a. die Frage zu entscheiden, ob die durch die Nichtigkeit eines Bebauungsplans betroffenen Grundeigentümer im Sinne des Amtshaftungsrechts als „Dritte" anzusehen sind, wenn die Nichtigkeit auf der Verletzung des gesetzlichen Gebots beruht, den Plan „aus einem Flächennutzungsplan zu entwikkeln" (vgl. § 8 Abs. 2 Satz 1 BBauG).

Die Kriterien, nach denen der Kreis der geschützten „Dritten" zu bestimmen ist, sind seinerzeit in dem grundlegenden Urteil vom 29. 3. 1971[15] dahin umschrieben worden, daß eine drittschützende Amtspflicht

„nicht notwendig allein, so doch auch den Zweck haben muß, das Interesse dieses

---

6) Vgl. bereits BGHZ 11, 192 (Kreistagsmitglieder); BGHZ 84, 292 und BGHZ 92, 34 (Gemeinderatsmitglieder).
7) Die bei sog. Maßnahme- oder Einzelfallgesetzen fehlen kann, vgl. u. a. BGHZ 102, 350, 367 (Waldschäden) m. w. N. Zum Problemstand vgl. *Boujong*, in: FS Willi Geiger (1989), S. 430 ff.
8) Das heißt förmliche Gesetze und darauf beruhende Maßnahmen.
9) Das heißt solche untergesetzliche Normen, die an eigenen, nicht auf ein Parlamentsgesetz zurückzuführenden Nichtigkeitsgründen leiden.
10) Vgl. *Boujong* (Fn. 7) und aus der neueren Rechtsprechung BGH, Urt. v. 7. 6. 1990 – III ZR 74/88 – m. w. N.
11) Vgl. BGH, Urt. v. 30. 1. 1975 – III ZR 18/72 – WM 1975, 630 = ZMR 1978, 137 = BRS 34 Nr. 2.
12) Vgl. Fn. 11.
13) So bei der Verletzung von Amtspflichten, die zum Schutz „potentieller" Opfer des Straßenverkehrs bestehen: BGH, Urt. v. 15. 1. 1987 – III ZR 17/85 – BGHZ 99, 326 – BGHR BGB § 839 I 1 – Dritter 9, m. w. N.
14) III ZR 169/89 – BGHZ 84, 292, 299 f.
15) III ZR 110/68 – BGHZ 56, 40.

Geschädigten wahrzunehmen. Nur wenn sich aus den die Amtspflicht begründenden und sie umreißenden Bestimmungen sowie aus der besonderen Natur des Amtsgeschäfts ergibt, daß der Geschädigte zu dem Personenkreis zählt, dessen Belange nach dem Zweck und der rechtlichen Bestimmung des Amtsgeschäfts geschützt oder gefördert werden sollten, besteht im gegenüber eine Amtspflicht. Hingegen besteht keine Ersatzpflicht gegenüber anderen Personen, selbst wenn die Amtspflichtverletzung sich für sie mehr oder weniger nachteilig ausgewirkt hat."

Die damit gestellte Frage nach dem *Schutzzweck* der durch den Amtsträger verletzten *Norm* wird in den Fällen der (rechtswidrigen) Bauleitplanung mit besonderer Schärfe aufgeworfen. Wie der Bundesgerichtshof ausführt, genügt es nämlich nicht, *daß* eine Verletzung von Pflichten, die bei der Aufstellung von Bebauungsplänen zu beachten sind, sich nachteilig auf planunterworfenes Eigentum auswirkt. Es kommt vielmehr entscheidend darauf an, worauf die Rechtswidrigkeit des Plans im Einzelfall beruht. Gibt die Verletzung einer Norm des öffentlichen Rechts den Rechtswidrigkeitsgrund ab, so muß — entsprechend der oben wiedergegebenen Formel — geprüft werden, ob diese Norm nur Belange der Allgemeinheit schützen soll oder ob „nicht wenigstens auch" private Rechte einzelner daneben mit geschützt oder gefördert werden sollen. Nur im letzteren Fall kommt eine Haftung nach § 839 BGB i. V. m. Art. 34 GG in Betracht.

Darauf geht es zurück, daß die Verletzung des in § 8 Abs. 2 Satz 1 BBauG enthaltenen Entwicklungsgebots ebensowenig zur Haftung führt[16] wie der Verstoß gegen Rechtsvorschriften, die bei der Bekanntmachung des Bebauungsplans zu beachten sind.[17] Haftungsbegründend kann vielmehr nur eine Verletzung von Handlungspflichten sein, die (auch) auf den Schutz individueller Rechte und Belange abzielen. Dazu gehört auch die (Amts-) Pflicht, im Aufstellungsverfahren die durch die Planung berührten privaten Belange (Rechtspositionen und rechtlich geschützte Interessen) gegenüber den öffentlichen Belangen und auch untereinander gerecht abzuwägen (§ 1 Abs. 7 BBauG; § 1 Abs. 6 BauGB). Eine drittgerichtete Amtspflicht in diesem Sinne kann verletzt sein, wenn bei der Abwägung konkrete abwägungserhebliche Individualbelange bestimmter Planbetroffener nicht oder nicht mit dem ihnen zukommenden Gewicht berücksichtigt werden.

Eine drittschützende Wirkung hat das Abwägungsgebot z. B., wenn seine Verletzung spezifische Eigentümerbelange beeinträchtigt und hierdurch das betroffene Eigentum schwer und unerträglich trifft. Diese Wirkung hat der Bundesgerichtshof einem unwirksamen Bebauungsplan beigemessen, dessen teilweiser Vollzug dahin führte, daß ein außerhalb des Plangebiets liegender landwirtschaftlicher Betrieb notwendige Modernisierungsmaßnahmen künftig nicht mehr durchführen kann.[18] Die rechtliche Problemstellung dieses Falles lag allerdings mehr im Bereich der Frage, ob ein unmittelbarer hoheitlicher „Eingriff" vorlag, denn hier ging es um die Einwirkung auf eine bereits vorhandene, vom Eigentumsschutz (Art. 14 Abs. 1 Satz 1 GG) umfaßte Rechtsposition, die durch ein von der Befugnis der planenden Gemeinde zur Bestimmung des Inhalts und der Grenzen des baulich nutzbaren Eigentums (Art. 14 Abs. 1 Satz 2 GG) nicht mehr gerechtfertigtes Verhalten der Amtsträger geschmälert wurde.

4. In den Altlasten-Fällen steht demgegenüber nicht das Verbot rechtswidriger „Eingriffe" im Vordergrund, vielmehr geht es um den Schutz des Vertrauens des Erwerbers, ein erworbenes Grundstück auch entsprechend den Festsetzungen des Plans nutzen zu können.

---

16) Vgl. Fn. 14.
17) BGH, Urt. v. 11. 5. 1989 — III ZR 88/87 — BGHR BGB § 839 I 1 — Dritter 15.
18) BGH, Urt. v. 28. 6. 1984 — III ZR 35/83 — BGHZ 92, 34.

Wie der Bundesgerichtshof bereits früher[19] ausgeführt hat, ist ein allgemeiner Anspruch auf Entschädigung für Aufwendungen, die im Vertrauen auf den Bestand eines (nichtigen) Bebauungsplans gemacht werden, nicht anzuerkennen. Dieser dem Planungsschadensrecht des Baugesetzbuchs entnommenen gesetzlichen Wertung muß der Zivilrichter auch bei der Anwendung des Amtshaftungsrechts Rechnung tragen. So genügt es für eine Haftung nicht, daß die Gemeinde bei der Aufstellung des Bebauungsplans den Grundsatz der Trennung unverträglicher Nutzungen verletzt und dies — wegen emissionsträchtiger Anlagen auf den Nachbargrundstücken — zur Minderung der Wohnqualität auf dem davon betroffenen Grundstück führt. Solange bei der im Bebauungsplan vorgesehenen Nutzung nicht Gefahren für Leben und Gesundheit drohen, die das Bewohnen des Grundstücks überhaupt ausschließen, werden vermögensrechtliche Nachteile wie etwa der Minderwert der betroffenen Grundstücke unter Amtshaftungsgesichtspunkten nicht ersetzt.[20]

5. Vor allem im Urteil III ZR 118/88 vom 21. 12. 1989[21] hat der Bundesgerichtshof die tragenden Gedanken der neuen Rechtsprechung präzisiert und dabei auch auf die unterschiedliche Bedeutung etwa verletzter Amtspflichten für die damit verfolgten Schutzzwecke hingewiesen:

„Die in § 1 Abs. 6 Satz 2 BBauG 1976 (jetzt § 1 Abs. 5 Satz 2 Nr. 1 bis 9 BauGB) enthaltenen Planungsleitlinien dienen dem Ziel, eine geordnete städtebauliche Entwicklung zu gewährleisten (Satz 1 a. a. O.). Die Pflicht, diese Grundsätze zu berücksichtigen, obliegt den Amtsträgern der planenden Gemeinde daher in erster Linie gegenüber der Allgemeinheit. Eine mit der Sanktion des Schadensersatzes bewehrte Amtspflicht gegenüber dem einzelnen planbetroffenen Bürger wird dadurch — zumindest im Grundsatz — nicht geschaffen. Die aus diesem allgemeinen Schutzzweck herausgehobene Pflicht, auch die Individualinteressen der Planbetroffenen zu wahren, besteht jedoch hinsichtlich des Gebots, bei der Bauleitplanung die Anforderungen an gesunde Wohn- und Arbeitsverhältnisse zu berücksichtigen. Dieses Gebot soll nicht nur dem Schutz der Allgemeinheit dienen. Es bezweckt vielmehr auch den Schutz gerade der Personen, die in dem konkreten, von der jeweiligen Bauleitplanung betroffenen Plangebiet wohnen werden. Diese Personen müssen sich darauf verlassen können, daß ihnen zumindest aus der Beschaffenheit des Grund und Bodens keine Gefahren für Leben und Gesundheit drohen. Dieser Personenkreis ist daher ‚Dritter‘ und Adressat der genannten Amtspflicht (BGHZ 106, 323, 332).

Diese Ausnahme von dem Grundsatz, daß die Planung der Allgemeinheit zu dienen bestimmt ist, rechtfertigt sich aus der überragenden Bedeutung der Rechtsgüter Leben und Gesundheit. . . .“

Den so umschriebenen *Schutzbereich* der Amtshaftung in der Bauleitplanung überträgt der Bundesgerichtshof — und das ist das eigentlich Aufsehenerregende der mit dem Urteil vom 26. 1. 1989[22] begonnenen Rechtsprechung — auch auf *Vermögensverluste*, die Grundstückseigentümer, Erwerber und Bauherren dadurch erleiden, daß sie im Vertrauen auf eine ordnungsgemäße Planungsentscheidung der Gemeinde Wohnungen errichten oder erwerben, die wegen der damit verbundenen Gesundheitsgefährdungen nicht bewohnbar sind.

---

19) BGHZ 84, 292, 295 f.
20) Urt. v. 21. 12. 1989 – III ZR 49/88 – BGHZ 110, 1 = ZfBR 1990, 92 = UPR 1990, 144 = DVBl. 1990, 355 = DÖV 1990, 438 = NVwZ 1990, 499 = VersR 1990, 269 = WM 1990, 865 = JZ 1990, 641 = WF 1990, 76 = BGHR BGB § 839 I 1 – Dritter 23.
21) BGHZ 109, 380 = ZfBR 1990, 88 = DVBl. 1990, 358 = DÖV 1990, 440 = UPR 1990, 148 = JZ 1990, 654 = VersR 1990, 272 = WM 1990, 401 = NVwZ 1990, 501 = DWW 1990, 78 = BGHR BGB § 839 I 1 – Dritter 20.
22) Vgl. Fn. 1.

Dies steht in scheinbarem Widerspruch zu einer älteren Entscheidung, die den Schutz des Eigentümers gegen Gesundheitsgefahren nur auf die unmittelbaren leiblichen Folgen erstreckte.[23] Dort ging es um Prüfungspflichten der Baugenehmigungsbehörde, deren Verletzung zu zusätzlichen Aufwendungen des Bauherrn führte. Im Urteil vom 26. 1. 1989 hat der Bundesgerichtshof die Übertragbarkeit dieser Grundsätze auf die Altlasten-Überplanung abgelehnt und zur Begründung ausgeführt, daß das Baugenehmigungsverfahren nicht dazu bestimmt sei, dem Bauherrn die Verantwortung für eine einwandfreie Durchführung und Durchführbarkeit seines Bauvorhabens abzunehmen; demgegenüber gehe es in den Altlastfällen um eine Gefahr, die vom Bauherrn nicht vorhersehbar und nicht beherrschbar sei und deren Abwendung nicht in seinen Verantwortungsbereich falle. Insoweit biete ihm allein der Bebauungsplan die „Verläßlichkeitsgrundlage" für seine finanziellen Dispositionen.[24]

Dieser Aspekt der neuen Rechtsprechung ist von einem Teil des Schrifttums kritisch aufgenommen worden. Dies reicht bis zur Äußerung von *Salzwedel*,[25] der Bundesgesetzgeber „sollte... zur Korrektur ansetzen". Zum überwiegenden Teil hat jedoch das Schrifttum, soweit es überhaupt kritisch Stellung nimmt, den vom Bundesgerichtshof eingenommenen Standpunkt befürwortet. Das gilt namentlich für den Ansatz, daß die Gefahren für (neues) Bauland und seine Nutzbarkeit allein von der Gemeinde erkannt und beherrscht werden können und daß diese mit der Ausweisung solcher Flächen als Bauland das Vertrauen erzeuge, daß das Grundstück nicht in einer das Wohnen unmöglich machenden Weise mit Schadstoffen belastet sei.[26] Insoweit muß auch der Aspekt gesehen werden, daß die Planung, die ja aufgerufen ist, die Grundsätze des modernen Städtebaues zu verwirklichen, nicht selbst zu einer Gefahr im Sinne des allgemeinen Polizei- und Ordnungsrechts werden darf, insbesondere nicht zur Quelle für schädliche Umwelteinwirkungen i. S. v. § 3 BImSchG.[27] Mit einer „Garantie-Haftung" der Gemeinde für die Nutzbarkeit überplanter Grundstücke zu dem ausgewiesenen Zweck hat dies nichts zu tun: Es geht hier — anders als im Planungsschadensrecht — nicht um zu schützendes Vertrauen in die Rechtsgültigkeit des Bebauungsplans und die danach rechtlich erlaubte Nutzung (das „Dürfen"), sondern um die Ungefährlichkeit der Ausübung der im Bebauungsplan vorgesehenen Nutzung (das „Können").[28] Insofern reichen die Ansätze der Begründung in der Tat über eine Funktion des Bebauungsplans als bloße „Verläßlichkeitsgrundlage" deutlich hinaus. Hinzu kommt, daß in den echten Altlasten-Fällen der einzelne Eigentümer regelmäßig weder die finanziellen Mittel noch die technischen Einrichtungen hat, die nötig sind, um kontaminierte Flächen dieser Art zu sanieren. Es handelt sich vielmehr insoweit um eine echte Aufgabe der Gemeinschaft, die

---

23) BGHZ 39, 358: Prüfung und Genehmigung einer unrichtigen statischen Berechnung des Bauvorhabens. So neuerdings Urt. v. 21. 2. 1991 – III ZR 245/89.
24) Vgl. dazu *Kühling*, Fachplanungsrecht, Rz. 99; *Gaentzsch*, in: BerlKomm BauGB § 39 Rdn. 10 f.
25) Vgl. bei Fn. 2.
26) *Rehbinder* (Fn. 2), S. 889; *Papier* (Fn. 2), S. 509; *Reuter* (Fn. 2), S. 874; *Dörr/Schönfelder* (Fn. 2), S. 936; *Jochum* (Fn. 2), S. 636; *Gerauer* (Fn. 2), S. 45; ablehnend auch *Schink* (Fn. 2), S. 356; vermittelnd *Ossenbühl* (Fn. 2), 1126.
27) Vgl. *Rehbinder* (Fn. 2), S. 886 und VG Gelsenkirchen NVwZ 1988, 1062.
28) In Anlehnung an *Rehbinder* (Fn. 2), S. 889.

durch Abwälzung auf einzelne „Polizeipflichtige" regelmäßig nicht erfüllt werden kann.[29]

6. So besehen erkennt die Rechtsprechung den Bebauungsplan als „Verläßlichkeitsgrundlage" für Vermögensdispositionen nur insoweit an, als es um den Einsatz finanzieller Mittel zur Verwirklichung einer baulichen Nutzung geht, die – obwohl im Bebauungsplan ausgewiesen – nur um den Preis von Schäden an Leib und Leben der Bewohner möglich wäre. Solche Auswirkungen der Planung können wiederum vom Polizeirecht nicht hingenommen werden. Da das öffentliche Recht sich in diesem Fall auch (und gerade) den Schutz der Nutzungsberechtigten selbst angelegen sein läßt, stellen sich die frustrierten Aufwendungen dieses Personenkreises als ein vom öffentlichen Recht erzwungenes, von diesem – in seiner Spielart Bauplanungsrecht – zugleich aber auch initiiertes Vermögensopfer dar. In diesem engen Bereich des vermögensrechtlichen Vertrauensschutzes halten sich die Grundsätze, die der Bundesgerichtshof für die Amtshaftung wegen fehlerhafter Bebauungsplanung entwickelt hat.

Die Zusammenhänge zwischen Polizeirecht (Gefahrenabwehr) und dem abgeforderten Vermögensopfer werden besonders deutlich, wenn die mit der Nutzung des Grundstücks zum Wohnen verbundenen Gefahren für die Gesundheit für die Zukunft behebbar sind, weil sie durch eine von der Gemeinde durchzuführende *Sanierung* des betroffenen Gebiets neutralisiert werden können.

Im Urteil III ZR 118/88 vom 21. 12. 1989[30] hat der Bundesgerichtshof die – nachträgliche – Herstellung erträglicher Wohnverhältnisse im beplanten Gebiet durch Flächensanierung als eine Maßnahme bezeichnet, die unmittelbar die durch die verletzte Amtspflicht geschützten Belange (der Betroffenen) berühre und daher bei der Haftungsfrage nicht ausgeklammert werden dürfe. Hauptsächlich mit dieser Begründung hat er die von der Vorinstanz vertretene Auffassung mißbilligt, die spätere Sanierung könne den einmal entstandenen Schadensersatzanspruch nicht mehr schmälern oder gar wegfallen lassen. Die in dieser Hinsicht gebotene Berücksichtigung von Sanierungsmaßnahmen und damit etwa verbundener vorteilhafter Umstände steht vielmehr in einem qualifizierten Zusammenhang mit dem schädigenden Ereignis. Ihre Berücksichtigung auch bei der Schadensbemessung entspricht gerade wegen der damit verfolgten öffentlich-rechtlichen Ziele dem Sinn und Zweck der für die fehlerhafte Planung verhängten Sanktion. Sie ist daher den Betroffenen auch zumutbar. Dabei verkennt der Bundesgerichtshof nicht, daß die Eigentümer solcher altlastenbetroffener Grundstücke selbst nach einer erfolgreichen Gebietssanierung noch mit erheblichen Vermögensnachteilen belastet sein können. In der Regel sind nämlich die Verkehrswerte solcher Grundstücke, jedenfalls auf eine gewisse Zeit, weiter gemindert, weil auf dem Grundstücksmarkt der in der öffentlichen Meinung nicht ausgeräumte, wenn auch nicht objektivierbare Verdacht weiterwirkt, es könnten noch unentdeckte Reste von Bodenkontaminierung bestehen. Darüber hinaus kann schon der Umstand, daß bestimmte Flächen einmal „ins Gerede gekommen" waren, zu mehr oder minder spürbaren Wertabschlägen führen.

---

29) Man denke an den nicht fern liegenden Fall, daß einem Grundeigentümer, der sein Haus auf kontaminiertem Grund erbaut hat, aufgegeben wird, das Erdreich (unter Beseitigung seines Hauses) bis zur Grundwasserzone auszuheben und mit unbelastetem Boden wieder aufzufüllen, um weitere schädliche Einwirkungen auf den Gewässerhaushalt zu vermeiden. Eine solche Auflage wäre regelmäßig schon wegen Wirkungslosigkeit der auferlegten Maßnahmen aufzuheben, weil das Vorgehen eines einzelnen natürlich ohne nennenswerte Auswirkungen auf das Schadensbild bliebe. In solchen Fällen hilft eigentlich nur die von der öffentlichen Hand durchzuführende *Gebietssanierung*.

30) Vgl. bei Fn. 3.

Derartige Minderungen des Grundstücks- bzw. Gebäudewertes, die sich nicht − oder, bezogen auf den Zeitpunkt der letzten gerichtlichen Tatsachenverhandlung, nicht mehr − auf eine nachweisbare fortbestehende Gesundheitsgefährdung gründen, stellen keine nach § 839 BGB ersatzfähigen Schäden dar. Ebenso sind nicht ersatzfähig die vom Bauherrn etwa getragenen erhöhten Kosten für die Beseitigung des beim Bau anfallenden Erdaushubs, unter dem sich früheres Deponiegut befindet, wenn feststeht, daß dieser Untergrund keine Gefahr für das Wohnen auf dem Grundstück bildete.[31] Auch wenn der Erwerb besagten Grundstückes darauf zurückgeht, daß die Gemeinde es versäumt hatte, solche Grundstücke nach § 5 Abs. 4, § 9 Abs. 5 Nr. 1 BauGB besonders zu kennzeichnen,[32] stellt sich der im Vertrauen auf das Unbelastetsein des Grund und Bodens erlittene Vermögensschaden nicht als ein durch die Abwehr der mit dem Wohnen verbundenen Gesundheitsgefahren erbrachtes Vermögensopfer dar. Derartige Kennzeichnungspflichten der Gemeinde gehören nach Auffassung des Bundesgerichtshofs zu dem Kreis der Pflichten, die ganz allgemein der städtebaulichen Entwicklung dienen und daher keinen Drittschutz vermitteln können.[33] Dies steht in Übereinstimmung mit dem in der Rechtsprechung des Bundesgerichtshofs anerkannten Grundsatz, daß die Bauleitplanung grundsätzlich nicht dazu bestimmt ist, dem Eigentümer/Bauherrn Risiken hinsichtlich des Baugrundes abzunehmen.[34] Vermögensaufwendungen, die dem Eigentümer aus solchen Anlässen erwachsen, rechnen daher unter die „reinen" Vermögensschäden, die trotz einer etwa geschehenen Amtspflichtverletzung der Gemeindeorgane nicht ersetzt werden.

Nicht ersatzfähig nach den Grundsätzen der „Altlasten"-Rechtsprechung sind auch die Vermögensschäden aller Personen, die an der Bebauung unerkannt kontaminierter Grundstücke nur *wirtschaftlich* beteiligt sind, vor allem der Geld- und Kreditgeber, ausgenommen nur diejenigen, die Grundstücke erwerben, baureif machen und bebauen, um sie dann an die sog. „Ersterwerber" weiterzuveräußern. Die Einbeziehung dieser Personengruppe in den Kreis der Anspruchsberechtigten begründet der Bundesgerichtshof u. a. damit, daß sie bis zur Veräußerung an die Erwerber für die Ungefährlichkeit der von ihnen realisierten Vorhaben nach öffentlichem Recht verantwortlich sind.[35]

7. Den Kreis ersatzberechtigter betroffener Personen bestimmt der Bundesgerichtshof − entsprechend dem Charakter des Bebauungsplans − objekt- und nicht personenbezogen: Adressat der Amtspflicht zur Abwehr von Gesundheitsgefahren durch Planung ist ein Personenkreis, der durch die räumlichen Grenzen des Plans und seine rechtlichen Beziehungen zu den erfaßten Grundstücken bestimmt oder bestimmbar ist. Das können auch Personen sein, die das Eigentum bzw. auf das Wohnen bezogene Nutzungsrechte erst nach der Bekanntgabe des Bebauungsplans erwerben, allerdings stets unter der Voraussetzung, daß dies geschieht, um dort entweder selbst zu wohnen oder zumindest, um das erworbene Grundstück mit Wohneinheiten zu bebauen und es dann an Wohnwillige weiterzuveräußern. Insoweit stellt der Bundesgerichtshof darauf ab, daß auch der Bauträger dem „Ersterwerber" dafür verantworlich ist, daß die errichteten Gebäude oder Wohneinheiten frei von Gesundheitsgefahren sind, womit eine entsprechende Polizeipflicht korrespondiert: „Auch solche (Personen) müssen sich darauf verlassen können, daß den zukünftigen Käufern ihrer Grundstücke und Gebäude

---

31) So jetzt Urt. v. 21. 2. 1991 − III ZR 245/89.
32) Betrifft Grundstücke, bei deren Bebauung besondere Vorkehrungen gegen äußere Einwirkungen erforderlich sind; vgl. jetzt auch die Pflicht zur Kennzeichnung von Flächen, deren Böden erheblich mit umweltgefährdenden Stoffen belastet sind, § 5 Abs. 3 Nr. 3, § 9 Abs. 5 Nr. 3 BauGB.
33) Vgl. oben I 3 und bei Fn. 14.
34) Beschl. v. 25. 1. 1990 − III ZR 102/88 − BGHR BGB § 839 I 1 − Gemeinderat 3; Urt. v. 18. 9. 1987 − V ZR 219/85 − BauR 1988, 111 = ZfBR 1988, 81 = WM 1988, 200 = NJW-RR 1988, 136.
35) Vgl. Urt. v. 6. 7. 1989 − III ZR 251/87 in Fn. 3.

zumindest aus der Beschaffenheit von Grund und Boden keine Gefahren für Leben und Gesundheit drohen." In der dem Ersterwerb vorangehenden Phase der Verwirklichung des Bauvorhabens sind sie die alleinigen Adressaten ordnungsbehördlicher oder polizeilicher Maßnahmen, die zur Bekämpfung und Verhinderung von Gesundheitsgefahren zu ergreifen sind. Dies unterscheidet sie von denjenigen Personen, deren Vermögensinteressen durch die planerische Ausweisung kontaminierter Grundstücke zu Wohnzwecken zwar ebenfalls nachteilig berührt werden können, etwa dem Hypothekengläubiger, dessen dingliche Sicherung nach Aufdeckung der Bodenbelastung weitgehend entwertet sein kann, die aber nicht zugleich eine nach außen gerichtete Verantwortlichkeit des beschriebenen Inhalts zu übernehmen haben.[36]

Würde man eine Einstandspflicht der Gemeinde gegenüber solchen Bauträgern verneinen, so entschiede die zufällige Gestaltung der Erwerbsverträge mit den späteren Käufern über die Ersatzverpflichtung: Im Hinblick auf das bei fahrlässiger Amtspflichtverletzung geltende „Verweisungsprivileg" des § 839 Abs. 1 Satz 2 BGB würde nämlich der „Ersterwerber", der sich dem (üblichen) Ausschluß von Gewährleistungsansprüchen wegen der Beschaffenheit von Grund und Boden nicht unterwirft, von der Gemeinde auf seine Ansprüche gegen den Verkäufer verwiesen werden können, der seinerseits bei der Gemeinde keinen Regreß nehmen könnte.[37] Bei Gewährleistungsausschluß bliebe es dagegen beim (ungeschmälerten) Ersatzanspruch des Ersterwerbers. Diese unterschiedliche Haftungslage bei durchaus vergleichbaren Herstellungs- und Erwerbsvorgängen wäre kaum einsichtig zu machen. Berücksichtigt man, daß es hier um Risiken geht, die für den Privaten angesichts des Unerkanntseins vieler Altlastenstandorte[38] regelmäßig schon nicht als solche erkennbar sind, so darf ein Ersatzanspruch nicht auf der Zufälligkeit beruhen, ob der Geschädigte im konkreten Fall selbst gebaut hat oder hat bauen lassen.

Dadurch wird der Kreis der Ersatzberechtigten aber nicht, wie befürchtet,[39] ins Uferlose ausgeweitet.

Für die „Drittbezogenheit" der bei der Aufstellung von Bebauungsplänen zu beobachtenden Amtspflichten gilt allgemein: Wer zur Zeit der Aufstellung des Bebauungsplans weder zu den betroffenen Grundeigentümern noch zu den dinglich oder obligatorisch Nutzungsberechtigten gehörte und nicht einmal als möglicher Nutzungsinteressent in Erscheinung getreten ist, gehört, wie eine neuere Entscheidung des Bundesgerichtshofs[40] ausführt, nicht zu den Personen, auf deren Interessen bei der Aufstellung des Bebauungsplans in qualifizierter und zugleich individualisierbarer Weise Rücksicht zu nehmen ist. Eine Amtspflicht der planenden Gemeinde zur Berücksichtigung privater Belange muß sich im übrigen nicht auf den vermögensrechtlichen Schutz jeder wirtschaftlichen Nutzung erstrecken (BGB a. a. O. für den Ausschluß der gewerblichen Nutzung für Vergnügungsstätten). Eine Ausnahme macht der Bundesgerichtshof nur bei der planerischen Ausweisung von Grundstücken zu Wohnzwecken, wenn diese ihre Zweckbestimmung wegen der von ihnen ausgehenden Gesundheitsgefahren − jedenfalls ohne Sanierung − nicht erfüllen können. Die darin sich darstellende „Objektbezogenheit" der Planung bestimmt, begrenzt aber auch den Kreis zu schützender „Dritter", die also durch ihre rechtliche Beziehung zum Grundstück und dessen Zweckbestimmung zum „Wohnen" individualisiert werden.

---

36) Urt. v. 6. 7. 1989 (Fn. 3), BGHZ 108, 224, 228 f.
37) Vgl. zu dieser Fragestellung bereits das Urt. v. 26. 1. 1989 (Fn. 1), BGHZ 106, 323, 335.
38) Vgl. bei Fn. 5.
39) Vgl. *Schink*, a. a. O. (Fn. 2), S. 356.
40) Beschl. v. 27. 9. 1990 − III ZR 64/89 − BGHR BGB § 839 I 2 − Dritter 30.

Erhebliche Eingrenzungskriterien für den zunächst so bestimmten Kreis geschützter Personen ergeben sich namentlich bei Vornahme einer (Gebiets-)Sanierung[41] durch die Gemeinde. Die damit einhergehende Aufdeckung des Gefahrenpotentials und die Beseitigung aufgetretener Gesundheitsgefahren können den Umfang möglicher Ersatzansprüche nicht nur mindern, sondern Ansprüchen überhaupt vorbeugen. Alle dem ersten Eigentümer nachfolgenden Erwerber oder Nutzungsberechtigten stehen nach diesen Grundsätzen hinsichtlich ihrer Vermögensinteressen außerhalb des Schutzbereichs der auf Abwehr von Gesundheitsgefahren gerichteten Amtspflicht, wenn die Sanierung erfolgreich verläuft und die gesundheitsgefährdenden Potentiale beseitigt sind. Das prozessuale Abstellen auf die Verhältnisse im Zeitpunkt der letzten mündlichen Verhandlung in der Tatsacheninstanz tut ein weiteres, um Ersatzansprüche auf die Fälle zu beschränken, in denen *trotz* versuchter Sanierung die gesundheitsgefährdenden Altlasten nicht haben beseitigt werden können. Damit steht aber auch fest, daß die für die Wohnnutzung eingesetzten Arbeits- und Finanzmittel des Betroffenen *endgültig* verloren sind. In vielen Fällen handelt es sich dabei um Verschuldungen in einer Größenordnung, die der Betroffene bis zum Ende seines Berufslebens nicht mehr ausgleichen kann. Auch dieser — sozialstaatliche — Aspekt sollte bedacht werden, wenn es darum geht, die Risikosphären angemessen aufzuteilen.[42]

II.

Die vorstehend angestellten Erörterungen zum *Schutzzweck* der Amtspflichten der planenden Gemeinde bei der Aufstellung des Bebauungsplans werden nicht etwa gegenstandslos, wenn dem Bauherrn eine *Baugenehmigung* erteilt wird, deren Rechtswidrigkeit erst nach der Fertigstellung des Vorhabens erkennbar wird.

Die Baugenehmigung tritt namentlich nicht als Ereignis von überholender Kausalität zwischen den Bebauungsplan als die entferntere Schadensursache und die fehlgeschlagene Bauinvestition als die Schadensfolge.[43] Der Planungsfehler verliert durch das spätere Hinzutreten der Baugenehmigung nicht seine rechtliche Bedeutung als selbständiger Haftungstatbestand. Ist die plangebende Gemeinde also zugleich auch Bauaufsichtsbehörde, so besteht zwischen den durch beide Haftungstatbestände begründeten Ersatzansprüchen Anspruchskonkurrenz. Fallen die beiden Funktionen auseinander, so können die beiden Funktionsträger dem Geschädigten gegenüber gesamtschuldnerisch nach § 840 Abs. 1 BGB verpflichtet sein.[44] In diesem Fall können Ausgleichsansprüche zivilrechtlicher Natur (§ 426 BGB) unter den Verpflichteten bestehen.

Die Rechtswidrigkeit einer erteilten Baugenehmigung kann in den hier behandelten Fällen darauf beruhen, daß das Bauvorhaben nicht genehmigt werden durfte, weil es die öffentliche Sicherheit und Ordnung, insbesondere Leben und Gesundheit der Bewohner, gefährdet. Dann stellt sich bei späterer Rücknahme der Genehmigung die Frage, ob der Bauwerber aus dem Gesichtspunkt der Amtshaftung Ersatz aller frustrierten Aufwendungen verlangen kann, die er im Vertrauen darauf gemacht hat, daß das Vorhaben in jeder Beziehung die Anforderungen des öffentlichen Rechts erfülle. Dies ist in dieser umfassenden Weise zu verneinen.

---

41) Vgl. oben unter I 6.
42) Zu grundrechtsabgeleiteten staatlichen Schutzpflichten vgl. u. a. BVerfGE 49, 89; 56, 54; BGHZ 102, 350, 365 (Waldschäden).
43) Anderer Ansicht *Gaentzsch*, Entschädigungsrechtliche Fragen bei Aufhebung der baulichen Nutzung von Altlastenflächen, Berlin 1989, Rdn. 32.
44) Vgl. *Wurm*, a. a. O. (Fn. 2), S. 203.

Nach ständiger Rechtsprechung des Bundesgerichtshofs verleiht zwar die einmal erteilte Baugenehmigung auch dem Bauwerber vermögensrechtlichen Vertrauensschutz dahin, daß das Vorhaben den zu beachtenden öffentlich-rechtlichen Bestimmungen nicht widerspreche.[45] Zu beachten ist jedoch auch in diesem Zusammenhang der *Schutzzweck* der verletzten öffentlich-rechtlichen Vorschriften. Nur wenn dieser dahin geht, den Bauherrn vor allen denkbaren wirtschaftlichen Nachteilen zu bewahren, die bei der Verwirklichung des Bauvorhabens eintreten können, besteht eine entsprechende Ersatzpflicht. Dies knüpft an Schutzzwecküberlegungen an, die der Bundesgerichtshof bereits früher bei der Beurteilung der haftungsrechtlichen Folgen einer Baugenehmigung angestellt hatte, die im Hinblick auf die Rechte des Nachbarn (objektiv) nicht hätte erteilt werden dürfen, ohne daß aber eine „nachbarschützende" Norm verletzt worden wäre.[46] Im Ergebnis bedeutet dies, daß in diesen Fällen auch der Schadensersatzanspruch wegen rechtswidriger Erteilung der Baugenehmigung in gleicher Weise wie derjenige wegen pflichtwidriger Aufstellung des Bebauungsplans davon abhängt, daß tatsächlich eine Gesundheitsgefährdung besteht.[47]

III.

Auch hinsichtlich der Anforderungen an das *Verschulden* der — bei der Aufstellung des Bebauungsplans — pflichtwidrig handelnden Amtsträger liegen inzwischen hinreichende Aussagen des Bundesgerichtshofs vor.

1. Die Rechtsprechung des Bundesgerichtshofs zur Amtshaftung ist geprägt durch eine Tendenz zur *Objektivierung* des *Verschuldens*. Es kommt nicht darauf an, welche subjektiven Voraussetzungen der konkrete Amtsträger für die Bewältigung der ihm übertragenen Aufgabe mitbringt, vielmehr muß jeder „Beamte" (im Haftungssinne) „die zur Führung seines Amtes notwendigen Rechts- und Verwaltungskenntnisse besitzen oder sie sich verschaffen".[48] Die Frage nach dem subjektiven Verschulden verlagert sich daher auch in den Altlasten-Fällen auf die Ebene der objektiv in dieser Situation zu beachtenden Pflichten. In dieser Hinsicht lagen in den vom Bundesgerichtshof entschiedenen Fällen jeweils entsprechende Schuldfeststellungen durch die Tatsacheninstanzen vor, die revisionsrechtlich nicht zu beanstanden waren. Im Urteil vom 21. 2. 1991[49] nahm der Bundesgerichtshof Veranlassung, die von ihm praktizierten Grundsätze vorwerfbaren Verhaltens bei der Aufstellung von Bebauungsplänen wie folgt zu umschreiben:

„*Die Gemeinde muß es versäumt haben, die durch Altlasten verursachte Gefahrensituation aufzuklären und diejenigen Gefahrenpotentiale zu berücksichtigen, die ihr im Zeitpunkt der Beschlußfassung über den Bebauungsplan bekannt waren oder hätten bekannt sein müssen. Was die planende Stelle nicht ‚sieht', und was sie nach den gegebenen Umständen auch nicht zu ‚sehen' braucht, kann von ihr nicht berücksichtigt werden und braucht von ihr auch nicht berücksichtigt zu werden (BVerwGE 59, 87, 103 zum Abwägungsgebot). Aus einer uferlosen Prüfungspflicht ‚ins Blaue hinein' wurde der hier in Rede stehende Sachverhalt jedoch schon deshalb herausgehoben, weil die Beklagte (hier: die Gemeinde) selbst es gewesen war, die die betroffenen Grundstücke als Deponie zumindest mitbenutzt hatte.*

---

45) Vgl. BGHZ 60, 112; 105, 52.
46) Urt. v. 27. 1. 1983 − III ZR 131/81 − BGHZ 86, 356, 361 f.
47) Urt. v. 21. 12. 1989 − III ZR 118/88 (Fn. 3) unter Abschnitt III der Entscheidungsgründe; *Wurm*, Schadensersatzfragen bei der Überplanung sog. „Altlasten", UPR 1990, 201, 203/204.
48) Vgl. vor allem das Urt. v. 14. 6. 1984 − III ZR 68/83 − VersR 1984, 849.
49) Vgl. bei Fn. 3.

*Wenn sie darauf verzichtet hat, diese Grundstücke in das Verzeichnis ihrer ‚offiziellen'
Deponien aufzunehmen, kann sie sich auf die durch eben dieses Unterlassen begründete
Unkenntnis der an der Planung beteiligten Amtsträger nicht berufen . . . Auch der Zeitraum,
der zwischen dem Ende der Nutzung als Deponie und dem Beginn der Bauleitplanung lag
– knapp 20 Jahre –, war nicht so lang, als daß die Müllablagerungen grundsätzlich in
Vergessenheit hätten geraten dürfen. Das Fehlen einer ordnungsgemäßen Erfassung dieses
Altlastenstandorts beruhte daher (zumindest) auf einem Organisationsmangel, der der
Beklagten auch dann als Verschulden anzurechnen ist, wenn ihre an der Planung beteiligten
Amtsträger selbst subjektiv nach bestem Gewissen gehandelt haben (vgl. zur Pflicht einer
Gemeinde, organisatorisch dafür zu sorgen, daß ihre Bediensteten auf Bedenken hingewiesen
und mit den erforderlichen Anweisungen versehen werden: Senatsurteil vom 20. 10. 1977
– III ZR 142/75 – WM 1978, 38).*"[50]

Zusammenfassend darf festgestellt werden, daß der Bundesgerichtshof keine überzogenen
Anforderungen an die Prüfungspflichten der Gemeinde bei der Aufstellung von Bebauungsplänen in altlastenverdächtigen Bereichen aufgestellt hat. Soweit er die tatsächlichen Feststellungen der Vorinstanzen in den ihm unterbreiteten Rechtsfällen gebilligt hat, lagen ihm
ausführlich begründete Erkenntnisse darüber vor, daß die an der Aufstellung der Bebauungspläne beteiligten Amtsträger nach ihrem damaligen Wissens- und Erkenntnisstand
hinreichende Anhaltspunkte für die drohenden Gesundheitsgefahren hatten, ihnen aber
nicht in der gebotenen Weise nachgegangen waren.

2. Auch zum *Mitverschulden* des Geschädigten (§ 254 BGB) hat der Bundesgerichtshof
bereits Stellung genommen. In der Regel wird zwar der Private keine besseren Erkenntnisquellen als die öffentliche Hand besitzen und mangels Einsichtsmöglichkeit in die von ihr
etwa intern geführten Übersichten über Altlasten-Verdachtflächen davon ausgehen müssen,
daß die Gemeinde, wenn sie eine Fläche als zum Wohnen uneingeschränkt nutzbar ausweist,
ihre Erkenntnisquellen so ausgewertet hat, daß gesundheitliche Gefahren nicht zu besorgen
sind. Unter solchen Umständen stellt es auch kein schuldhaftes Außerachtlassen der von
einem Käufer zu seiner eigenen Sicherheit zu beobachtenden Sorgfalt dar, wenn dieser im
Kaufvertrag auf eine Gewährleistung des Verkäufers für die altlastenfreie Beschaffenheit des
Baugrundes verzichtet.[51]

Es kann im Einzelfall aber auch anders liegen. So hat der Bundesgerichtshof im Urteil vom
6. 7. 1989[52] darauf hingewiesen, daß das Oberlandesgericht, an das die Sache zurückverwiesen wurde, auch ein etwaiges mitwirkendes Verschulden der Kläger (Ersteigerer der
späteren Baugrundstücke) zu prüfen habe:

*„Der Tatrichter wird auch den Umstand zu würdigen haben, daß den Klägern die frühere
Nutzung des Grundstücks als Deponie bekannt war. Daher ist aufzuklären, ob die Kläger
ihrerseits bei Anspannung der verkehrserforderlichen Sorgfalt hätten erkennen können, daß
die Bebaubarkeit möglicherweise durch etwaige von der Deponie ausgehende Schadstoffe*

---

50) Vgl. dazu auch das Urteil V ZR 246/87 v. 8. 12. 1989 – BGHZ 109, 327 – BGHR BGB § 463 Satz 2
    – Wissenszurechnung 1 – betr. die Zurechnung des Wissens eines vertretungsberechtigten Organmit-
    glieds, das nicht selbst an einem Rechtsgeschäft der Gemeinde mitgewirkt hat: „. . . soll der mit einer
    Gemeinde privatrechtlich kontrahierende Bürger. . . in seinem Vertrauen geschützt werden und aus der
    Eigenart der gemeindlichen Organisation keinen Nachteil erfahren, so erscheint es interessengerecht, die
    Gemeinde auch hinsichtlich der weiteren Elemente des bedingten Vorsatzes nicht besser als eine
    natürliche Person zu stellen. . . . Dabei geht es nicht um eine Sanktion für moralisch vorwerfbares
    Verhalten, sondern um eine angemessene Risikoverteilung zwischen Bürger und Gemeinde . . .“
51) Vgl. dazu bereits das Urt. v. 21. 1. 1989 (Fn. 1) BGHZ 106, 323, 336.
52) Vgl. Fn. 2 – BGHZ 108, 224, 229/230.

beeinträchtigt oder gefährdet war. Dies könnte ein mitwirkendes Verschulden begründen, welches zu einer Kürzung ihres Anspruchs führen müßte (§ 254 BGB). Zwar wird davon auszugehen sein, daß die Beklagte (hier: die Gemeinde) für das durch die planerische Ausweisung des Geländes begründete Vertrauen in die Bebaubarkeit in erster Linie verantwortlich war. Es trifft auch zu, daß regelmäßig ein Schuldvorwurf gegen den Bürger nicht begründet ist, wenn er nicht klüger ist als die mit der Sache befaßten Beamten ... Im vorliegenden Fall wird jedoch zu berücksichtigen sein, daß das Problembewußtsein hinsichtlich der Gefährdung durch Altlasten, obwohl es bereits in den Jahren 1969/1970 (hier: Zeitpunkt der Aufstellung des ersten Bebauungsplans) vorauszusetzen war, sich in den folgenden Jahren wesentlich intensiviert haben konnte. Deshalb hätten die Kläger nach ihrem Kenntnisstand von Anfang 1983 möglicherweise nicht mehr blindlings darauf vertrauen dürfen, daß das ehemalige Deponiegelände (das ihnen als solches bekannt war) ‚von Gefährdungspotentialen frei war, sondern hätten dieser Frage von sich aus ihr Augenmerk widmen müssen'."

IV.

Schlägt man das „Bauplanungsrecht" Konrad Gelzers in der Fassung der letzten Auflage 1984[53] auf, so sucht man im Index ein Schlagwort „Altlasten" vergebens. Die Berücksichtigung der Belange des Umweltschutzes[54] bei der Aufstellung der Bebauungspläne wird, dem damaligen Gesetzesstand entsprechend, noch ganz in Richtung des *Schutzes der Umwelt vor* den im Bebauungsplan zugelassenen Nutzungen gesehen.[55] Dies zeigt eindringlich, wie es um das damalige Problembewußtsein von den Altlasten bestellt war. Inzwischen haben wir umdenken müssen. Die Sünden der Vergangenheit haben uns eingeholt; sie fordern − neben den immensen Kosten, die eine Sanierung der Altlastenstandorte erfordert − vor allem planerische Akte, die in ihrer Problemstellung alles übersteigen, was uns bisher im Bauplanungsrecht geläufig war. In solcher Zeit sind Rat und Zuspruch erfahrener Praktiker besonders gefragt. Da vermißt man schmerzlich, daß Konrad Gelzer in seinem geliebten Bauplanungsrecht nicht mehr zur Feder greift, um seine Gedanken zu den neuen Herausforderungen mitzuteilen. Immerhin betreut er „seine" Baurechtssammlung weiter und sorgt dadurch für Transparenz auf diesem sowohl die Juristen des öffentlichen als auch des privaten Rechts interessierenden Gebiet. Dafür sei ihm an dieser Stelle besonderer Dank gesagt, vor allem für seine Weitsicht, in die Sammlung auch haftungsrechtliche Judikate mit aufzunehmen, ohne die − wie mein Beitrag zeigen möge − ein umfassendes Durchdenken der mit den „Altlasten" auf uns gekommenen Probleme nicht möglich ist.

---

53) 4. Auflage.
54) § 9 Abs. 1 Nr. 24 BBauG 1979.
55) A. a. O. (Fn. 53) Rdn. 29.

KARL NÜSSGENS

Ausschluß der Staatshaftung kraft Amtshaftung

Anliegen dieser kurzen Skizze zur Ehrung des Jubilars ist es, zwei Rechtsentwicklungen aufzuzeigen, die mit einem Ausschluß der kraft Amtshandlung in Frage stehenden Staatshaftung zusammenhängen. Hierbei soll – und kann – nicht im einzelnen zu dem Für und Wider der bejahten oder verneinten Haftungsausschlüsse Stellung genommen werden. Entscheidend ist vielmehr in erster Linie, auf Reichweite und nähere Umstände aufmerksam zu machen.

Aus dem weiten Bereich der so verstandenen Thematik sollen im folgenden zwei Entwicklungen beispielhaft herausgehoben werden. Sie haben gemeinsam, daß sie trotz aller Unterschiede in der *judikativen Behandlung* eine einheitliche Tendenz erkennen lassen: eine besondere Sensibilität gegenüber der Freistellung von einer „an sich" sich anbietenden Haftung des Staates. In beiden Gruppen steht das *Verständnis des § 839 BGB*[1) in Frage, genauer: in der ersten die Auslegung des § 839 Abs. 1 Satz 2 BGB (sog. Verweisungs- oder Subsidiaritätsklausel), in der zweiten die Wertung des Tatbestandsmerkmals „einem Dritten gegenüber" (Drittbezogenheit der Amtspflicht). Wie bereits angedeutet, ist in beiden Fallgruppen eine Zurückdrängung des Ausschlusses der Haftung für staatliches Verhalten erkennbar.

I.

Einen Ausschluß der staatlichen Haftung (und der Haftung anderer Hoheitsträger) erblickt man in *§ 839 Abs. 1 Satz 2 BGB (Verweisungs-/Subsidiaritätsklausel).* Das heißt, genauer ist dort die Haftung des Amtswalters und ihres Ausschlusses geregelt. Denn die Amtshaftung nach deutschem Recht beruht auf der persönlichen Haftung des Beamten, die auf den Staat übergeleitet wird (Art. 34 GG). Es liegt keine unmittelbare und auch keine primäre Haftung der öffentlichen Hand vor, sonst müßte als unmittelbares Zurechnungssubjekt der Staat selbst angesprochen sein, sondern nur eine mittelbare. Man hat es bildlich dahin dargestellt, Art. 34 GG sei an § 839 BGB „angeseilt"[2) (Passivlegitimationsnorm).[3) Diese ganz überwiegende Auffassung versteht die in Art. 34 GG erwähnte „Verantwortung" als die in § 839 BGB normierte Haftung.[4)

1. Eine Konsequenz der persönlichen Konstruktion des Amtshaftungsanspruchs ist

---

1) Und damit in einem weiteren Sinne aus einem Bereich, in dem sich der Jubilar verdient gemacht hat.

2) *Walter Jellinek,* JZ 1955, 149.

3) *Ossenbühl,* Staatshaftungsrecht, 3. Aufl., S. 5.

4) Vgl. demgegenüber die Auffassung, nach der in Art. 34 GG eine originäre Staatshaftung begründet ist, als öffentlich-rechtliches Gegenstück zu §§ 31, 89 BGB, so: *Bettermann,* DÖV 1954, 299; *ders.,* in: Die Grundrechte III/2, 1959, 831 und JZ 1961, 482.

– jedenfalls sieht es so aus –, daß der Staat nur unter den Voraussetzungen haftet, unter denen der Beamte *persönlich* haften würde. Das heißt aber, daß sich alle Haftungsvorzüge des Amtswalters, die für ihn normiert sind, zugunsten des Staates auswirken. Das hat u. a.[5] zur Folge, daß der Staat dann nicht haftet, wenn (für den Amtswalter!) die Voraussetzungen des § 839 Abs. 1 Satz 2 BGB vorliegen, nach dem der Beamte bei Fahrlässigkeit nur dann in Anspruch genommen werden kann, wenn der Verletzte nicht auf andere Weise Ersatz zu erlangen vermag.

a) Diese auf den Amtswalter bezogene Verweisungsklausel (Subsidiaritätsklausel) hatte bei ihrer Schaffung den *Sinn,* die Entschlußfreude und Tatkraft des Beamten zu fördern. Eine reibungslose Verwaltung und die dazu erforderliche Entscheidungsfreude des Beamten sah man als gefährdet an, wenn er befürchten müßte, für Fehlverhalten persönlich einstehen zu müssen.[6] Diese Erwägung lag auch der (späteren) Haftungsübernahme durch den Staat zugrunde.

Es lag nicht fern, nach Wegfall der Ratio der Verweisungsklausel (durch die Haftungsüberleitung auf den Staat) diese Bestimmung als obsolet anzusehen. Das ist aber nicht geschehen, insbesondere nicht in der höchstrichterlichen Rechtsprechung. Das Reichsgericht hat sie als Schutzbestimmung zugunsten des Beamten verstanden.[7] Der Bundesgerichtshof (BGH) hat später den Sinn (auch) in der Entlastung der öffentlichen Hand von Schadensersatzansprüchen gesehen.[8]

b) Dieses Verständnis des § 839 Abs. 1 Satz 2 BGB – im Rahmen der Amtshaftung trotz Verlagerung auf den Staat nach Art. 34 GG (früher Art. 131 WRV) – hat im Schrifttum zunehmend *Kritik* erfahren.[9] Die Verweisungsklausel hat man als „antiquiert"[10] bezeichnet, „anachronistisches Fiskusprivileg"[11] genannt; man hat geäußert, die Unhaltbarkeit des Hinweises auf fiskalische Belange und die mangelnde Überzeugungskraft anderer Rechtfertigungsversuche liege deutlich auf der Hand.[12]

Allerdings hat die Rechtsprechung des BGH in zunehmendem Maße auch vor der mit BGHZ 68, 217 (im Jahre 1977) beginnenden neueren Rechtsprechung den Anwendungsbereich der Verweisungsklausel im Ergebnis eingeengt und damit einen Haftungsausschluß für die öffentliche Hand verneint, aber immer nur punktuell und ohne grundsätzlich die Verweisungsklausel in Frage zu stellen.[13][14]

2. In seiner *neueren Rechtsprechung* hat der BGH begonnen, die seit langem kritisierte Verweisungsklausel einer ausdrücklichen restriktiven Auslegung zu unterziehen.[15] Der III. Zivilsenat hält die Vorschrift unterdessen in *zwei Bereichen* für nicht anwendbar:

---

5) Vgl. auch den Sachverhalt, in dem der Hoheitsträger auf Widerruf amtlicher ehrenkränkender Behauptungen eines Amtswalters in Anspruch genommen wird, vgl. BGHZ 34, 99 = NJW 1961, 658 = DVBl. 1961, 284 = DÖV 1961, 751.

6) *Mugdan,* Prot., S. 1154 (1156).

7) RG, JW 1938, 2667.

8) BGHZ 13, 88 (104).

9) *Futter,* Die Subsidiarität der Amtshaftung – Instrument der Haftungslenkung, 1974; *ders.,* in: NJW 1977, 1225; *Bettermann,* DÖV 1954, 299, 304; *Papier,* MünchKomm., 2. Aufl., § 839 Rdn. 198; *v. Marschall,* FS Reimer Schmidt, 1976, 771, 775; *Bernd Bender,* Staatshaftungsrecht, 2. Aufl. 1974, Rdn. 622; *Dagloglou,* BonnKomm., Art. 34 GG Rdn. 260; vgl. auch *Kreft,* BGB-RGRK, 12. Aufl., § 839 Rdn. 489.

10) *Scheuner,* DÖV 1955, 545 (548); vgl. später auch BGHZ 42, 176 (181): „mit einer gewissen Berechtigung".

11) *Isensee,* Solidaritätsprinzip und Verfassungsrecht, 1968, S. 86 ff.

12) *Ossenbühl* (Fn. 3).

13) Vgl. noch BGHZ 42, 176.

14) Vgl. i. e. die Zusammenstellung bei *Eßer,* DRiZ 1981, 370.

15) Teleologische Reduktion der Verweisungsklausel, *Ossenbühl* (Fn. 3), S. 48 f.

einmal im Bereich des *Straßenverkehrs* bei dienstlicher Teilnahme eines Amtsträgers am allgemeinen Straßenverkehr,[16] dem er die Verletzung der als hoheitliche Aufgabe geordneten *Straßenverkehrssicherungspflicht* gleichstellt.[17] Mit der ersten Entscheidung beginnt die Rechtsprechung die Verweisungsklausel einer ausdrücklichen Restriktion zu unterziehen.[18]

Zum anderen dann, wenn der an sich nach § 839 BGB/Art. 34 GG berechtigte Geschädigte einen Anspruch auf *Schadensausgleich aus Versicherungsleistungen* hat – keine anderweite Ersatzmöglichkeit im Sinne des § 839 Abs. 1 Satz 2 BGB. Zur Begründung für diese restriktiven Auslegungen sei i. e. auf die Judikate selbst und auf Erläuterungen dazu hingewiesen.[19] Im jetzigen Zusammenhang nur soviel dazu:

a) Die Einschränkung im Bereich des *Straßenverkehrs* wird im wesentlichen mit dem haftungsrechtlichen Grundsatz der Gleichbehandlung aller Verkehrsteilnehmer begründet, dem Vorrang eingeräumt wird. Die Amtspflichten des Amtsträgers als Teilnehmer am Straßenverkehr (Beachtung der zum Schutz der Verkehrsteilnehmer bestehenden Verkehrsregeln) stimmen mit den Sorgfaltspflichten jeden anderen Teilnehmers überein, der Schutzzweck dieser Amtspflichten entspricht der Schutzfunktion der Verkehrsregeln im allgemeinen Raum der unerlaubten Handlungen. Nicht zuletzt sind von Belang auch die berührten Interessen des Geschädigten und eines etwaigen Mitschädigers („Zweitschädiger").[20]

b) *Zum anderen* hält die höchstrichterliche Rechtsprechung (BGH) in Abweichung von ihrer früheren Judikatur, wie schon angedeutet, § 839 Abs. 1 Satz 2 BGB in den Fallgruppen für nicht anwendbar, in denen der an sich nach § 839 BGB/Art. 34 GG Geschädigte einen Anspruch auf *Schadensausgleich durch Versicherungsleistungen* hat, so bei der (französischen) Unfallversicherung,[21] bei der (deutschen) gesetzlichen Unfall- und Rentenversicherung,[22] der gesetzlichen Krankenversicherung,[23] der privaten Krankenversicherung,[24] der Kaskoversicherung[25] und der Feuerversicherung.[26] Diese Rechtsprechung hat im übrigen allgemeine Zustimmung erfahren.

Ersichtlich wird der Ausschluß der Verweisungsklausel (§ 839 Abs. 1 Satz 2 BGB) damit begründet, daß diese Ansprüche nicht als „anderweiter Ersatz" qualifiziert werden. Der *tragende Gesichtspunkt* liegt darin: Die Versicherten oder Dritte für sie bringen die Beiträge (Prämien) auf. Eine Verweisung auf so gewonnene Ersatzmöglichkeiten bedeutete letztlich, daß der Geschädigte *endgültig* auf Ersatzmöglichkeiten verwiesen würde, die er unter Aufwendung eigener Mittel oder durch (von ihm verdiente) Leistungen Dritter erlangt hat.[27]

---

16) Urt. v. 27. 1. 1977 – III ZR 173/74 = BGHZ 68, 217 = NJW 1977, 1238 = JZ 1977, 558 = LM § 839 (E) BGB Nr. 38 a m. Anm. *Nüßgens;* vgl. auch die Zusammenstellung bei *Eßer* (Fn. 14) und *Reinken/ Schwager*, DVBl. 1986, 985 und 1988, 919.

17) BGHZ 75, 124 = NJW 1979, 2043 = JZ 1979, 812 = LM § 839 (E) BGB Nr. 38 c m. Anm. *Nüßgens;* vgl. auch die Zusammenstellung weiterer Rechtsprechung in BGHZ 91, 48 = NJW 1984, 2987; vgl. *Eßer* (Fn. 14) und *Reinken/Schwager* (Fn. 16).

18) Schon vorher war ein restriktives Verständnis der Verweisungsklausel zu beobachten (Leistungen des Arbeitgebers aufgrund des Lohnfortzahlungsgesetzes, BGHZ 62, 380; Leistungen nach § 31 BVG, BGHZ 62, 394; vgl. weiterhin die Zusammenstellung bei *Eßer* (Fn. 14).

19) Anm. *Nüßgens,* in: LM § 839 (E) BGB einerseits in Nr. 38 a und Nr. 38 c, andererseits Nr. 38 b, c, 39, 40, 41; vgl. auch *Nüßgens,* FS f. W. Geiger, 1989, 456.

20) Vgl. dazu in BGHZ 68, 217 die Entscheidungsgründe unter 1 c.

21) BGHZ 70, 7 = NJW 1978, 495 = LM § 839 (E) BGB Nr. 38 b m. Anm. *Nüßgens.*

22) NJW 1983, 2191 = LM § 839 (E) BGB Nr. 44.

23) BGHZ 79, 26 = NJW 1981, 623 = LM § 839 (E) BGB Nr. 39 m. Anm. *Nüßgens.*

24) BGHZ 79, 36 = NJW 1981, 626 = LM § 839 (E) BGB Nr. 40 m. Anm. *Nüßgens.*

25) BGHZ 85, 230 = NJW 1983, 1668 = LM § 839 (E) BGB Nr. 41.

26) BGHZ 100, 313 = NJW 1987, 2664.

27) Vgl. BGHZ 79, 26 = NJW 1981, 623 = LM § 839 (E) BGB Nr. 39 m. Anm. *Nüßgens.*

Damit stimmt das Ergebnis in beiden Fallgruppen (Straßenverkehr und Versicherungsleistungen) überein, unterschiedlich sind aber der jeweilige Sachgrund sowie auch die tatbestandliche Anknüpfung (hier: Der Anspruch des Geschädigten gegen den Versicherer wird bereits im Sinne des § 839 Abs. 1 Satz 2 BGB als ungeeignet qualifiziert).

c) Es mag zunächst verwundern, daß der Senat bei dem zunehmenden restriktiven Verständnis nicht mit einer vom (ursprünglichen) Normzweck ausgehenden und damit weiterreichenden Begründung vorgeht. War doch der Regelungszweck des § 839 Abs. 1 Satz 2 BGB fraglich geworden, wenn nicht entfallen − der Beamte solle nicht durch eine allzu große Haftungsgefahr ängstlich und unentschlossen gemacht werden −,[28] nachdem (und soweit) die Haftung des Beamten durch die öffentliche Hand übernommen worden war. Hierauf wird aber jedenfalls nicht in erster Linie abgestellt.

Die Zurückhaltung gegenüber diesem Argument liegt in anderen Erwägungen. Zum einen ist der Senat in kleinen und mäßigen Schritten vorgegangen, wie es ihm bei der Rechtsentwicklung geboten erschien, wodurch er gezwungen war, auf für die jeweilige Fallgruppe relevante Gründe abzustellen. Bei Akzentuierung des erwähnten weitreichenden Gesichtspunkts wäre für die meisten Fallgruppen die Verweisungsklausel ausgeschaltet und das Anliegen erwachsen, jetzt wieder Ausnahmen („Rücknahmen") festzulegen. Ein solcher Weg empfiehlt sich bei einer Rechtsentwicklung meist nicht.[29][30] Für ein derartiges Vorgehen kann im übrigen auch sprechen, daß im Spruchkörper eine Mehrheit erforderlich ist. Bei einer Änderung der Interpretation gegenüber einem jahrzehntelangen, gegen alle Kritik verteidigten Verständnis wird sich eher eine Mehrheit (jedenfalls zunächst) für einen Teilbereich finden lassen.

Das zeigte sich auch alsbald, indem der Senat bei einigen Fallgestaltungen die weitere Anwendung des § 839 Abs. 1 Satz 2 BGB bejaht hat. So, wenn der Amtsträger schuldhaft einen Verkehrsunfall verursacht unter Verletzung einer Verkehrsregelungspflicht[31] oder bei Inanspruchnahme von Sonderrechten des § 35 Abs. 1 StVG.[32][33]

II.

In einer *weiteren Fallgruppe* ist ebenfalls das Bestreben erkennbar, einen Ausschluß der Haftung des Staates zurückzudrängen. Hierzu sei auf eine Rechtsentwicklung im Bereich der *(staatlichen) Bankenaufsicht* aufmerksam gemacht.

---

28) *Mugdan*, Prot., S. 1154, 6; RG Recht 11 Nr. 1747.

29) Damit wird nicht ausgeschlossen, daß bei Rechtsfortentwicklungen nicht selten − am Ende einer solchen Entwicklung − in einer Gesamtschau die mehr punktuelle durch eine allgemeine Sicht (und Begründung) ergänzt, wenn nicht gar ersetzt wird.

30) Als Abgrenzung der Nichtanwendung der Verweisungsklausel wird auch vertreten (also: nicht anzuwenden), sofern das die Amtshaftung begründende Verhalten zugleich die Voraussetzungen eines allgemeinen Delikttatbestandes erfüllt (vgl. BGB-RGRK/*Kreft*, 12. Aufl., § 839 Rdn. 491; § 841 Rdn. 2). Als Begründung wird angeführt, daß insoweit dem Geschädigten gegenüber dem Amtsträger/der öffentlichen Hand mehr gewährt wird als gegenüber einem anderen Schädiger. Das hat der III. Zivilsenat abgelehnt (BGHZ 91, 48, 51).

31) BGHZ 91, 48 = NJW 1984, 2097 = LM § 839 (A) BGB Nr. 45.

32) BGHZ 81, 225 = NJW 1983, 1667 = LM § 839 (E) BGB Nr. 42 m. (kritischer) Anm. *Nüßgens*.

33) So hat der VI. Zivilsenat bei der Haftung eines selbst liquidierenden beamteten Arztes einer Universitätsklinik (im privatrechtlichen Bereich tätig geworden, so daß Art. 34 GG ausscheidet, die Eigenhaftung nach § 839 BGB aber bestehenbleibt) ausdrücklich § 839 Abs. 1 Satz 2 BGB weiterhin angewendet (BGHZ 85, 393 = NJW 1983, 1374 = LM § 839 (A) BGB Nr. 44 m. Anm. *Steffen)*.

1. Der BGH hatte darüber zu befinden, ob Amtspflichten, die dem Bundesaufsichtsamt für das Kreditwesen (BAK) — genauer: dem jeweiligen mit der Kreditaufsicht betrauten Beamten — insbesondere nach dem Gesetz über das Kreditwesen (KWG) obliegen, zumindest auch[34] gegenüber „Dritten" — hier den Einlageglaubigern einer Bank — bestehen können. Es handelt sich um die Entscheidungen, die unter dem Stichwort „Wetterstein" (oder „Hubmann")[35] und „Herstatt"[36] bekannt geworden sind.

Ersichtlich liegt hier der Akzent anders als bei der ersten Fallgruppe auf dem Verständnis des Tatbestandsmerkmals in § 839 Abs. 1 BGB/Art. 34 GG: „die einem Dritten gegenüber obliegende Amtspflicht". Die Bejahung oder Verneinung entscheidet darüber, ob der Staat haftet oder seine Haftung ausgeschlossen ist. Anders als in der ersten Fallgruppe geht es also nicht darum, ob eine an sich gegebene Haftung (§ 839 Abs. 1 BGB/Art. 34 GG) ausgeschlossen ist (nach § 839 Abs. 1 Satz 2 BGB).

Der III. Zivilsenat des BGH hat in den Urteilen vom 15. 2. 1979[35] und vom 12. 7. 1979[36] bejaht, daß die dem Amt obliegenden Amtspflichten auch gegenüber den Einlageglaubigern („Dritte") bestehen können.[37] Noch in seinem Urteil vom 24. 1. 1972[38] hatte der Senat gegenüber den dem Bundesaufsichtsamt für das Versicherungswesen obliegenden Amtspflichten befunden, aus einem Verhalten des Amtes könne den Versicherten schon deshalb kein Anspruch gegen den Staat nach § 839 BGB/Art. 34 GG erwachsen, weil diese Amtspflichten nicht gegenüber Dritten (hier: den Versicherten) bestünden.

2. Zum Verständnis seien die beurteilten unterschiedlichen *Sachverhalte* kurz berichtet.

Im ersten Verfahren *(„Wetterstein")* hatte der Kläger im August 1971 von der Fa. HTG sog. „Wetterstein-Wertbriefe" für 50 000 DM erworben, nachdem er beim BAK angefragt hatte, ob die HTG eine ausreichende Bonität besitze. Das BAK hatte geantwortet, die erbetene Auskunft könne ohne Einwilligung der HTG nicht gegeben werden, doch werde geprüft, ob sie ein Kreditinstitut sei und ohne Erlaubnis erlaubnispflichtige Bankgeschäfte betreibe. Gegen Ende des Jahres 1973 brach die HTG finanziell zusammen.

Im zweiten Fall *(„Herstatt")* forderte die Klägerin, eine (rechtsfähige) Interessengemeinschaft von Sparern des früheren Bankhauses H., von der Bundesrepublik Deutschland teilweisen Ersatz des Schadens, den einige ihrer Mitglieder bei dem Bankzusammenbruch erlitten haben. Begründet hat sie ihren Anspruch damit, das BAK sei amtspflichtwidrig nicht gegen die nach Art und Umfang ungewöhnlichen Devisengeschäfte der Bank eingeschritten.

In beiden Fällen hatten die Vorinstanzen die Klage ohne Prüfung des weiteren Klagevorbringens, aus dem Amtspflichtverletzungen hergeleitet wurden, schon deshalb abgewiesen, weil die Amtspflichten des BAK nicht einem Dritten gegenüber und somit auch nicht gegenüber den Klägern (Einlegern) bestünden. Hingewiesen sei noch darauf, daß im ersten Fall die HTG Bankgeschäfte ohne erforderliche Erlaubnis betrieb, während im zweiten Fall die Bank mit Erlaubnis Bankgeschäfte ausführte.

---

34) Was nach allgemeiner Ansicht genügt.

35) „Wetterstein" — III ZR 108/76 = BGHZ 74, 144 = NJW 1979, 1354 = WM 1979, 482 = LM § 839 (B) BGB Nr. 36 a m. Anm. *Krohn.*

36) „Herstatt" — III ZR 154/77 = BGHZ 75, 120 = NJW 1979, 1879 = WM 1979, 932 = LM Art. 34 GG Nr. 109 (L).

37) Auf der Grundlage dieser seiner Ansicht, die er bestätigt, hat der III. Zivilsenat später verneint, daß stille Gesellschafter einer Bank zu den durch die staatliche Bankenaufsicht geschützten Einlageglaubigern zählen: Urt. v. 15. 3. 1984 — III ZR 15/83 = BGHZ 90, 310 = NJW 1984, 2691.

38) BGHZ 58, 96 = NJW 1972, 577; dazu — kritisch — *Rupert Scholz,* Versicherungsaufsicht und Amtshaftungsrecht, NJW 1972, 1217.

3. Der *III. Zivilsenat des BGH* hat demgegenüber befunden, Amtspflichten des BAK könnten auch gegenüber Dritten, jedenfalls den Einliegern der Bank, bestehen. Er ist der Auffassung, daß die dem BAK übertragenen Aufgaben nicht nur die Gewährleistung der Funktionsfähigkeit des Kreditgewerbes im Interesse der gesamten Volkswirtschaft, sondern auch den Schutz der Bankkunden vor Vermögensverlusten bezwecken. Ohne daß in diesem Zusammenhang näher darauf eingegangen werden kann:[39] Der Senat entnimmt diese Schutzrichtung der Entwicklungs- und Entstehungsgeschichte des Kreditwesengesetzes (Regierungsbegründung des KWG 1961,[40] Wettbewerbsbericht der Bundesregierung vom 18. 10. 1968;[41] Begründung zum Entwurf des 2. Änderungsgesetzes zum KWG − Herstatt-Novelle −:[42] „Zweckbestimmung der Bankenaufsicht für den Einlegerschutz", die Aufsicht diene „dem Schutz der Kunden von Kreditinstituten vor Vermögensverlusten und damit dem Schutz des Vertrauens der Öffentlichkeit in die Funktionsfähigkeit der Kreditwirtschaft"). Weiterhin sieht er seine Auslegung durch den Gesetzestext gestützt (Generalklausel des § 6 Abs. 1 KWG i. V. m. den im Gesetz im einzelnen vorgesehenen Eingriffsbefugnissen). Hierzu wird der Schutzzweck der jeweiligen in Betracht kommenden Rechtsnorm des KWG in einer vorsichtig differenzierenden Weise geprüft. Ferner sprechen nach seiner Auffassung die Qualifikation der Bankenaufsicht als spezialpolizeiliche Aufgabe für seine Interpretation und der heute unstreitig drittschützende Charakter der allgemeinen polizei- und ordnungsrechtlichen Eingriffsermächtigungen.[43] Die Bankenaufsicht dient nach seiner Auffassung der Gefahrenabwehr (Abwehr von Vermögensschäden) der Einleger mit der Folge, daß die Normen des KWG eine gewerberechtliche Regelung mit gewerbepolizeilichen Ordnungsvorschriften darstellen.[44] Schließlich stellt das Urteil[45] sein jetziges Verständnis in sein soziales Umfeld durch Hinweis auf den Wettbewerbsbericht der Bundesregierung vom 18. 11. 1968,[46] nach dem der Einliegerschutz als Sparerschutz eine vordringliche sozialpolitische Aufgabe erfüllt und so die Bankenaufsicht wichtigen Funktionen des Gläubigerschutzes dient.

Im Zusammenhang mit der jetzigen Thematik kann man auf die sehr detaillierten Gründe der Judikate und der − zustimmenden oder ablehnenden − Äußerungen des Schrifttums im einzelnen nicht eingehen. Es muß auf die Entscheidungsgründe verwiesen werden.[47]

4. Diese Rechtsprechung hat *Ablehnung*,[48] aber auch *weithin Zustimmung*[49] gefunden.

---

39) Dazu sei auf die Entscheidungsgründe der beiden Urteile und die Anm. *Krohn* in LM BGB § 839 (B) Nr. 36 a verwiesen.

40) BTDrucks. 3/1114.

41) BTDrucks. 5/3500.

42) BTDrucks. 7/3657.

43) *Papier*, JuS 1980, 265, 268.

44) BGHZ 74, 152.

45) BGHZ 74, 150.

46) BTDrucks. 5/3500.

47) Vgl. auch LM BGB § 839 (B) Nr. 36 a m. Anm. *Krohn; Papier*, JuS 1980, 265; vgl. besonders eingehende Auseinandersetzung mit Gründen und Gegengründen bei: *E. Habscheid*, Staatshaftung für fehlsame Bankenaufsicht? − zu den Grenzen der Regelungsbefugnis des Gesetzgebers, 1988.

48) *Ablehnend* u. a.: *Starke*, WM 1979, 1402; vgl. auch *Püttner*, JZ 1982, 47; vgl. weitere Nachweise bei *E. Habscheid* (Fn. 47), S. 42 ff.

49) *Zustimmend* (jedenfalls im Ergebnis): *Kopf/Bäumler*, NJW 1979, 1871; *Papier*, JuS 1980, 265; *ders.* in: MünchKomm., 2. Aufl., § 839 Rdn. 212 ff.; *ders.*, in: *Maunz/Dürig/Herzog/Scholz*, GG, Art. 34 Rdn. 175; *Karl Bender*, NJW 1978, 622; besonders ausführlich *E. Habscheid* (Fn. 47); *Heinz Beck*, KWG-Kommentar, § 6 Anm. 113; *Kreft*, Aktuelle Fragen des Staatshaftungsrechts, S. 33; *ders.*, in: BGB-RGRK, 12. Aufl., § 839 Rdn. 226; *Hans-Joachim Mertens*, AG 1984, 228; *Ossenbühl*, Neue Entwicklungen, S. 15; *Rupert Scholz*, ZGesVersW 1984, 15 Fn. 44; *ders.*, Zur Versicherungsaufsicht, NJW 1972, 1217; *ders.*, Wirtschaftsaufsicht und subjektiver Konkurrentenschutz, 1971.

5. Hier ist diese Entwicklung, wie bereits erwähnt, nur von Interesse, weil auch sie eine zunehmende Zurückhaltung gegenüber dem Ausschluß einer Haftung des Staates erkennen läßt.

6. Allerdings ist diese Entwicklung   jedenfalls vorerst – durch den Gesetzgeber *unterbrochen* worden.

a) Denn diese Auslegung durch den BGH ist durch den *Bundesgesetzgeber* im Dritten Gesetz zur Änderung des Gesetzes über das Kreditwesen (KWG) vom 20. 12. 1984[50] „korrigiert" worden dadurch, daß in § 6 KWG ein Absatz 3 angefügt worden ist: „Das Bundesaufsichtsamt nimmt die ihm nach diesem Gesetz und nach anderen Gesetzen zugewiesenen Aufgaben nur im öffentlichen Interesse wahr."[51)52)] Damit sollte ein Drittbezug der dem Bundesamt obliegenden Amtspflichten nach § 839 BGB ausgeschlossen,[51] die Rechtsprechung des BGH rückgängig gemacht und der durch sie eingetretene Schutz des Bürgers aufgehoben werden. Man kann von einem „verkappten" Haftungsausschluß sprechen. Ob das rechtlich gelungen ist, mag zweifelhaft sein. Immer mehr Stimmen sprechen sich für verfassungsrechtliche Bedenken aus.[53]

Ein derartiger Vorgang war bis dahin in der Bundesrepublik Deutschland wohl ohne Beispiel.[54)55)]

b) Es ist nicht Aufgabe dieses notwendigerweise kurzen Beitrages, dazu eingehend und eigenständig Stellung zu nehmen. Zweck der jetzigen Ausführung ist lediglich – wie bereits erwähnt –, an zwei Fallgruppen Entwicklungen im Bereich eines Ausschlusses der staatlichen Haftung aufzuzeigen. Immerhin sei auf folgende *verfassungsrechtliche Zweifel* gegenüber dem erörterten gesetzlichen Ausschluß in § 6 Abs. 3 KWG hingewiesen.

Der Gesetzgeber vermag Inhalt, Umfang und Zweckrichtung der Amtspflichten zu regeln oder neu zu regeln und damit mittelbar auch den Umfang der staatlichen Haftung festzulegen.[56] Darüber besteht kein ernsthafter Zweifel.

Durch § 6 Abs. 3 KWG werden aber nicht etwa die Amtspflichten der Bankenaufsicht betroffen (geändert), etwa eingeschränkt, oder die Art, wie das Amt sie wahrzunehmen hat. Das war auch nicht bezweckt. Ersichtlich kann davon keine Rede sein, sie bestehen unverändert wie vorher. Vielmehr statuiert der Gesetzgeber nur eine von der höchstrichter-

---

Die Drittbezogenheit der Amtspflichten des *Bundesaufsichtsamtes für das Versicherungswesen* bejahen: *Deutsch*, Versicherungsvertragsrecht, S. 218, Rdn. 306; *Rittner*, VersR 1982, 205, 209; vgl. weitere Nachweise bei *Tönnies*, Staatshaftung für Versicherungsaufsicht, 1985, S. 30, zu IV. Schon vor der neueren Rechtsprechung des BGH: *Ekkehard Stein*, Die Wirtschaftsaufsicht, 1976; *Rupert Scholz*, siehe soeben; *Wolfgang Martens*, DÖV 1976, 457.

50) BGBl. 1984 I 1693; BRDrucks. 575/84.

51) Entsprechend ist für die Versicherungsaufsicht § 81 Abs. 1 VAG ergänzt worden.

52) *E. Habscheid* (Fn. 47), S. 85 ff. und 157 ff. sowie *Tönnies* (Fn. 49), S. 62 und 133 sind der Auffassung, daß § 6 Abs. 3 KWG sein Ziel (Haftungsausschluß) auch bei Zugrundelegen der Wirksamkeit nicht erreicht hat.

53) Siehe Fn. 49.

54) *E. Habscheid* (Fn. 47), S. 5.

55) Zutreffend wird auf einen vergleichbaren späteren Vorgang hingewiesen: Durch Art. 7 Nr. 6 des SteuerbereinigungsG 1985 vom 19. 12. 1985 (BGBl. I 2436) hat der Gesetzgeber die sog. Geprägerechtsprechung" des BFH beseitigt. Vgl. dazu u. a. *Nicolaysen*, Keine Staatshaftung für die Bankenaufsicht? Eine Korrektur der Rechtsprechung durch den Gesetzgeber, in: Gedächtnisschrift für Wolfgang Martens, 1987, S. 663, 666; *Knobbe-Keuk*, BB 1985, 820; *Flume*, Der Betrieb, 1985, 1152; vgl. weitere Nachweise bei *Streck*, Zwischenbilanz der Rechtsentwicklung nach dem Gepräge-Beschluß des Großen Senates, DStR 1986, S. 3, Fn. 2 und S. 5, Fn. 5.

56) *Papier*, MünchKomm., 2. Aufl., § 839 Rdn. 215; *ders.*, in: *Maunz/Dürig/Herzog/Scholz*, GG, Art. 34, 175.

lichen Rechtsprechung abweichende Wertung zum Schutzzweck.[57] Einziger Zweck der Haftungsbegrenzung ist der Ausschluß der Staatshaftung für die Einlagen der Kreditinstitute.

Hier erblickt das Schrifttum teilweise eine Usurpierung der originären Kompetenzen der rechtsprechenden Gewalt zur Normeninterpretation.[58] Zudem sieht man − „vor allem" − in § 6 Abs. 3 KWG einen formmißbräuchlich verfügten Haftungsausschluß.[59] Wenn auch die staatliche Haftung nach Art. 34 GG gesetzlich beschränkt oder gar ausgeschlossen werden kann („grundsätzlich"),[60] so spricht doch vieles für die Auffassung, daß eine derartige Regelung *nur in Ausnahmefällen* getroffen werden darf und jeweils *durch überwiegende Gründe des öffentlichen Wohls* unter Beachtung des Verhältnismäßigkeitsgrundsatzes *legitimiert* sein muß. Ob derartige Ausnahmegründe für einen gänzlichen und undifferenzierten Haftungsausschluß im Bereich der Bankenaufsicht vorliegen, erscheint sehr zweifelhaft.[61] [62]

Unter dem Gesichtspunkt eines etwaigen Verfassungsverstoßes wird so auf das Rechtsstaatsprinzip des Art. 20 GG verwiesen (den Grundsatz der Gewaltenteilung,[63] das Grundrecht auf Sicherheit,[64] den Grundsatz der Rechtsklarheit und Rechtssicherheit[65] und auf das Sozialstaatsprinzip[66] sowie die Verfassungsgarantie der Staatshaftung (Art. 34 GG),[67] der Grundsatz der Rechtssetzungsgleichheit (Art. 3 Abs. 1 GG) und Art. 1 Abs. 1 und 2 GG[68] erörtert.

c) Dieses neuere Verständnis des BGH stellt zwar eine Änderung gegenüber seiner bisherigen Rechtsprechung dar, die allerdings lediglich in einer Entscheidung über die Haftung für das Bundesversicherungsamt zum Ausdruck gekommen war.[69] Es handelt sich aber nicht um eine Rechtsfindung (Rechtsschöpfung), sondern um eine *andere (mögliche) Interpretation* im eigentlichen Sinne, die nach Auffassung des BGH und auch eines wichtigen Teils des Schrifttums in Hinblick auf die rechtliche Entwicklung in anderen Sachbereichen geboten war. Daß eine Änderung des Verständnisses der Rechtsprechung im Laufe der Jahre stattfindet und bei veränderten Wertungen erforderlich ist, stellt nichts Besonderes dar. Das geschieht im übrigen in der höchstrichterlichen Rechtsprechung nicht selten.

Erstaunlich ist der *legislative Eingriff.* Daß hinter ihm das Bundesfinanzministerium

---

57) *Papier,* in: MünchKomm., 2. Aufl., § 839 Rdn. 215.
58) Siehe *Papier* (Fn. 56).
59) Siehe *Papier* (Fn. 56).
60) Anderes Verständnis dazu: *Bettermann,* in: Die Grundrechte, Band III/2, S. 847 zu IX 2.
61) Siehe Fn. 56.
62) Vgl. bei *E. Habscheid* (Fn. 47) u. a. den Versuch einer restriktiven Interpretation des jetzigen § 6 Abs. 3 KWG, S. 85 ff., vgl. auch S. 157, nach der der interpretierte § 6 Abs. 3 KWG an der Rechtslage nichts geändert hat.
63) Etwaiger Eingriff in den Kernbereich der rechtsprechenden Gewalt, vgl. BVerfGE 34, 42 (49 ff.); ablehnend *E. Habscheid* (Fn. 47), S. 123; ebenso *Nicolaysen* (Fn. 55), S. 666 f.
64) *E. Habscheid* (Fn. 47), S. 124.
65) Vgl. *E. Habscheid* (Fn. 47), S. 124.
66) Vgl. *E. Habscheid* (Fn. 47), S. 125; *Nicolaysen* (Fn. 55), S. 677.
67) Vgl. *E. Habscheid* (Fn. 47), S. 127; *Nicolaysen* (Fn. 55), S. 668; der Bundesrat hat in seiner Stellungnahme zu § 6 Abs. 3 KWG Bedenken geäußert im Hinblick auf die verfassungsrechtliche Verneinung des Amtshaftungsrechts: Es sei problematisch, „daß der einfache Gesetzgeber mit der bloßen Aussage, daß bestimmte Aufgaben nur im öffentlichen Interesse wahrzunehmen seien, Amtshaftungsansprüche generell ausschließen können soll", BTDrucks. 10/1441, S. 58.
68) Vgl. *E. Habscheid* (Fn. 47), S. 139.
69) BGHZ 58, 96, siehe oben Fn. 38.

stand, ist wohl anzunehmen. Vieles spricht aber auch dafür, daß die Banken und auch die Deutsche Bundesbank dieses Vorhaben sehr unterstützt, wenn nicht sogar mitinitiiert haben. Hintergrund mag die (wohl unberechtigte) Einschätzung der Folgen der neuen Rechtsprechung sein, die auf einem ungenauen und unzutreffenden Verständnis der beiden Urteile beruht, für die Bundesrepublik Deutschland besonders Umfang und Häufigkeit solcher Sachverhalte, für die Banken offensichtlich die Furcht, einer stringenteren Aufsicht zu unterliegen. Das mag noch gefördert worden sein durch in diese Richtung zielende Äußerungen im Schrifttum.[70] Die zurückhaltende, vorsichtige und sehr differenzierende Auffassung zeigen schon die Entscheidungsgründe der Urteile. In beiden Fällen haben die Oberlandesgerichte nach Zurückverweisung durch den BGH (jetzt nach Beweiserhebung) die Klage abgewiesen, die Revisionen sind vom BGH (begründet) nicht angenommen worden.[71]

d) Mit Recht hat man darauf hingewiesen, daß die hier berichtete Judikatur des BGH die *Rechtsentwicklung in den europäischen Nachbarstaaten* eingeholt hatte, daß sich der deutsche Gesetzgeber durch die Einfügung des § 6 Abs. 3 KWG aber wieder von ihr abgesetzt hat.[72] So haftet in Frankreich der Staat für grob fahrlässige Fehlleistung (faute lourde) der Bankenaufsicht,[73] ähnlich wird die Frage in Belgien beurteilt.[74] Auch in der Schweiz dient die Kreditaufsicht dem Schutz der Einlieger, woran die schweizerische Rechtsprechung festgehalten hat.[75] In Österreich ist die Haftung des Staates für Fehler der Bankenaufsicht ebenfalls anerkannt, sowohl nach dem Reichsgesetz über das Kreditwesen vom 5. 12. 1934 (und seinen Folgegesetzen) – Reichskreditwesengesetz (RKWG) – wie nach dem neuen österreichischen KWG.[76]

III.

Die vorgestellten zwei Fallgruppen haben gezeigt: Wenn die Einzelbegründungen auch sehr unterschiedlich sind – entsprechend der jeweiligen tatbestandlichen Haftungsnorm –, so ist doch deutlich, daß *Bevorzugungen der öffentlichen Hand im Verhältnis zum Bürger* nicht mehr als selbstverständlich angesehen werden. Die zunehmende Bedenklichkeit gegenüber dem Ausschluß der staatlichen Haftung ist nach meinem Dafürhalten nicht ein Teil der seit längerem zu beobachtenden Ausweitung der Gewährung von Schadensersatzansprüchen („kein Schaden ohne Schadensersatzanspruch"). Vielmehr liegt dem letztlich eine gewandelte Sicht des Verhältnisses des Staates zum Bürger zugrunde.

---

70) *Stark,* S. 1420, hält das Urteil („Wetterstein") für verfassungswidrig und meint, es brauche von niemandem beachtet zu werden und sei „nach dem Rechtsgedanken des § 139 BGB" insgesamt als nichtig anzusehen (!).

71) BGH, Beschl. v. 17. 12. 1981 – III ZR 146/80 = NVwZ 1982, 269 = LM, BGB § 839 (Fm) 33 und BGH, Beschl. v. 21. 10. 1982 – III ZR 20/82 = LM, GG Art. 34 Nr. 128 = NJW 1983, 583 = VersR 1983, 132 = WM 1982, 1246.

72) *E. Habscheid* (Fn. 47), S. V (Vorwort); vgl. auch S. 24 f. im Hinblick auf das EG-Recht („Die Europäische Problematik").

73) So die Rechtsprechung des Conseil d'Etat, vgl. i. e. *E. Habscheid* (Fn. 47), S. 21 Fußnote, vgl. auch S. 25.

74) Vgl. *E. Habscheid* (Fn. 47), S. 21 Fn. 24.

75) Vgl. *E. Habscheid* (Fn. 47), S. 21, 136; vgl. auch *Müller/Freienfels,* Die Bankenaufsicht, S. 15.

76) OGH, SZ 52, 186; JBl. 1987, 386; vgl. dazu *Schinner,* Bemerkungen zur oberstgerichtlichen Entscheidung betreffend den Schutz der Gläubiger von Kreditinstituten, Bankarchiv 1980, 258; vgl. *E. Habscheid* (Fn. 47), S. 21 Fn. 24.

Wir sahen auch, daß es Bereiche gibt, in denen die öffentliche Hand mit allen Mitteln (ersichtlich aus fiskalischen Gründen) versucht, sich gegen solche Entwicklungen zu wehren und gar Korrekturen gegenüber anderen Entwicklungen durchzusetzen. Es dürfte sehr offen sein, ob diese endgültig sind, nicht zuletzt auch im Hinblick auf eine anstehende Vereinheitlichung im europäischen Raum. Auch das Staatshaftungsgesetz vom 16. 6. 1981,[77] durch Urteil vom 19. 10. 1982 vom Bundesverfassungsgericht für verfassungswidrig und nichtig erklärt,[78] [79] weist in diese Richtung.

Das bewußt zu machen, war das Anliegen dieser kurzen Skizze. Die diesen Fragen zugrundeliegenden allgemeinen Probleme gehören in einem weiteren Sinne auch zu dem Bereich, in dem sich der Jubilar verdient gemacht hat (Amtshaftung).

---

77) In den beiden erörterten Gruppen bei Schadensersatzansprüchen aus Amtspflichtverletzung.
78) BGBl. I 553.
79) BVerfGE 61, 149 = DÖV 1982, 982 mit Anm. *Ossenbühl* = JZ 1983, 187 mit Anm. *Peine*.

NORBERT GROSSE HÜNDFELD

Zum vorläufigen Rechtsschutz im Baurecht nach §§ 80, 80 a VwGO

I. Die Einführung eines besonderen Verfahrens für den vorläufigen Drittrechtsschutz durch das 4. Änderungsgesetz zur VwGO

Zwei Jahrzehnte nach der Stellungnahme *Gelzers* zum Thema „Der vorläufige Rechtsschutz in der VwGO" in seinem Vortrag anläßlich der Tagung „10 Jahre Verwaltungsgerichtsordnung − Bewährung und Reform" in der Hochschule für Verwaltungswissenschaften in Speyer[1] hat der Gesetzgeber die „unendliche Geschichte des Verwaltungsprozeßrechts, in welcher Form einstweiliger Rechtsschutz bei ‚janusköpfigen' Verwaltungsakten zu gewähren ist, die einen Rechtsträger begünstigen und einen anderen gleichzeitig belasten, jäh beendet".[2] Mit dem zum 1. 1. 1991 in Kraft getretenen 4. Gesetz zur Änderung der Verwaltungsgerichtsordnung[3] hat er in § 80 Abs. 1 Satz 2 VwGO klargestellt, daß der Rechtsbehelf gegen einen Verwaltungsakt mit Doppelwirkung aufschiebende Wirkung hat und zum Aussetzungsverfahren auf § 80 a VwGO verwiesen.

Ausgehend von der grundlegenden Entscheidung im Beschluß des 7. Senats vom 9. 8. 1966,[4] hatte das OVG Münster bis dahin in ständiger Rechtsprechung[5] vorläufigen Rechtsschutz im Baurecht[6] nach § 123 VwGO über den Weg der einstweiligen Anordnung gewährt. Mit einigen anderen Oberverwaltungsgerichten vertrat es diese Rechtsauffassung gegenüber der in Rechtsprechung und Literatur bereits seit langem mehrheitlich für richtig gehaltenen Anwendung des § 80 VwGO.[7]

Wenn sich nunmehr die von Gelzer[8] bereits 1979 mit dem Inkrafttreten der im Entwurf vorliegenden Verwaltungsprozeßordnung erwartete „Angleichung der unterschiedlichen Rechtsauffassungen der Oberverwaltungsgerichte" erfüllen sollte,[9] bleibt zu hoffen, daß die gesetzliche Neuregelung in §§ 80, 80 a VwGO nicht nur als eine den Streit zwischen den Oberverwaltungsgerichten erledigende Entscheidung des Gesetzgebers verstanden wird, sondern als die Einführung eines neuen, besonderen Verfahrens für den Drittrechtsschutz,

---

1) Der vorläufige Rechtsschutz eines Dritten und des Begünstigten im Baurecht, NJW 1979, 1352.
2) *Pagenkopf*, Die VwGO-Novelle − Augenmaß und Schlichtheit, DVBl. 1991, 285 (291).
3) BGBl. I S. 2809.
4) VII B 465/66 −, OVGE 22, 247 = BRS 17 Nr. 130 = NJW 1966, 2181.
5) Zweifelnd allerdings bereits der 20. Senat des OVG im n. v. Zwischenlager-Ahaus-Beschluß, S. 9.
6) Nicht hingegen im gewerberechtlichen Verfahren, vgl. Beschl. v. 24. 10. 1973, VII B 6/73-OVGE 29, 113 = BRS 27 Nr. 189.
7) Vgl. dazu *Kopp*, VwGO 8. Aufl., München 1989, § 80, Rdn. 22.
8) Bauplanungsrecht, 3. Aufl., Köln 1979, Rdn. 882.
9) In dieser Hinsicht vorsichtig *Schmieszek*, „Die Novelle zur Verwaltungsgerichtsordnung − ein Versuch, mit den Mitteln des Verfahrensrechts die Ressource Mensch besser zu nutzen", NVwZ 1991, 522 (524); s. auch *Redeker*, Die Neugestaltung des vorläufigen Rechtsschutzes in der Verwaltungsgerichtsordnung, NVwZ 1991, 526 (529).

mit dem ein gerechter Interessenausgleich zwischen den Beteiligten erreicht werden muß. Dieses Ziel durch eine inhaltliche Ausgestaltung des neuen Rechtsschutzverfahrens zu erreichen, bleibt eine Aufgabe für Verwaltung und Rechtsprechung, da der Gesetzgeber Prüfungskriterien nicht festgelegt hat. Daß gerade das Baurecht ein einstweiliges Rechtsschutzverfahren benötigt, das den Besonderheiten der dreipoligen Konstellation des § 80 Abs. 1 Satz 2 VwGO gegenüber dem zweipoligen Grundfall des § 80 Abs. 1 Satz 1 VwGO Rechnung trägt, für diese Erkenntnis lassen sich im Rückblick auf die im Meinungsstreit vorgetragenen Argumente wichtige Gesichtspunkte finden.[10]

II. Vorläufiger Drittrechtsschutz gegenüber Aufbauvorhaben in den neuen Bundesländern

Die skeptische Bemerkung von *Stelkens*,[11] die neue Vorschrift des § 80 a VwGO werde die Bewährungsprobe noch erfahren müssen, erlangt ihre Bedeutung vor allem, wenn man die Erfahrungen von Bauherren stillgelegter Bauvorhaben mit Baugenehmigungen auf die Aufgaben projiziert, die sich den Genehmigungsbehörden in den neuen Bundesländern stellen. Dort gilt ebenfalls seit dem 1. 1. 1991 die Neuregelung des verwaltungsgerichtlichen Eilverfahrens.[12] Die Beseitigung der vielfältigen Investitionshemmnisse ist der Schlüssel für die Bewältigung der sozialen, ökonomischen und ökologischen Aufgaben der Wiedervereinigung in den 90er Jahren. Schnelle und bestandssichere Baugenehmigungen sind eine wichtige Voraussetzung für die dringend erforderlichen Investitionen. Wenn jedoch alles das, was sich in den alten Bundesländern materiellrechtlich zum Schutz Dritter in einer nur noch von Spezialisten überschaubaren Kompliziertheit entwickelt hat[13] und sich gegenwärtig in der Rechtsprechung weiter entfaltet,[14] auf die Genehmigungsentscheidungen jener noch unerfahrenen Behörden Anwendung findet, wird bald die Frage in den Vordergrund treten, wer im Vertrauen auf den Bestand dieser Genehmigungen noch Investitionen wagen soll. Es wäre nicht verwunderlich, wenn aus dieser Frage der Ruf nach einem weiteren Gesetz für die Beseitigung von Hemmnissen laut würde, mit dem im Bereich der neuen Bundesländer für die Aufbauphase der verwaltungsgerichtliche Drittschutz zugunsten

---

10) Die Materialien zu dem von *Schmieszek* als „eine Art Steinbruch" bezeichneten Entwurf zur Verwaltungsprozeßordnung sind hierfür aufschlußreich.

11) *Stelkens*, Das Gesetz zur Neuregelung des verwaltungsgerichtlichen Verfahrens (4. VwGO-Änderungsgesetz) – das Ende einer Reform?, NVwZ 1981, 209 (218).

12) Kritisch zu der Besonderheit gemäß Art. 3 Sachgebiet A Abschnitt III Buchstabe u des Einigungsvertrages, wonach in Verfahren nach § 80 a VwGO durch den Einzelrichter entschieden wird, *Stelkens* DTZ 1991, 7 (9).

13) Eindrucksvoll zur Entwicklung ist der Aufsatz „Der Nachbarschutz im Städtebaurecht", mit dem *Sendler* im Jahre 1970 das erste Heft der von *Gelzer* und *Korbion* herausgegebenen Baurechtzeitschrift eröffnet hat und in dem er feststellt, „daß die ablehnende Haltung, insbesondere des preußischen OVG, aber auch der OVG anderer Länder mit Ausnahme vor allem des sächsischen, etwa seit dem Beginn der 50er Jahre umgeschlagen ist in eine Tendenz, die dem öffentlich-rechtlichen Nachbarschutz grundsätzlich freundlicher gegenübersteht"; unübertrefflich der spätere Vergleich *Sendlers*: „Auch für das Baurecht in seinen vielfältigen Verästelungen dürfte gelten, was in größeren Zusammenhängen Konrad Lorenz kürzlich ausgesprochen hat, daß nämlich der menschliche Geist ein System geschaffen hat, dessen Komplikationen zu überblicken seine eigene Komplexität nicht ausreicht."

14) Mit Urt. v. 18. 4. 1991 – 11 A 696/87 – hat das OVG NW wegen eines Verstoßes gegen die festgesetzte eingeschossige Bauweise eine Baugenehmigung aufgehoben, nachdem es in Auslegung der Vorschriften der Bauordnung NW, wozu die Hilfe eines Sachverständigen hinzugezogen wurde, zu der Überzeugung gelangt war, daß das streitige Gebäude teilweise als zweigeschossig anzusehen ist, obgleich der abweichende Teil des Gebäudes tatsächlich eine spürbare Beeinträchtigung nicht verursachte.

„besonderer Investitionszwecke" eingeschränkt wird. In der Tat: Nachdem der Gesetzgeber bereits gezwungen war, für die alsbaldige Realisierung „besonderer Investitionszwecke" die aus dem Vermögensgesetz begründete Anwartschaft auf Rückübertragung des Eigentums auszuschließen, spricht wenig dafür, daß es ihm verwehrt sein sollte, den Investitionsschutz nachzubessern, um die Gefährdung, Verzögerung oder gar das Scheitern von Bauvorhaben durch eine Einschränkung der Rechte Dritter zu verhindern, die sich auf eine Verletzung nachbarschützender Normen[15] berufen. Unterbleibt ein solcher Investitionsschutz durch eine speziell für die neuen Bundesländer geltende Zeitregelung, erscheint es für die Bewährung des neuen, besonderen Rechtsschutzverfahrens um so dringlicher, sich die Besonderheiten zu vergegenwärtigen, die es im Unterschied zum vorläufigen Rechtsschutzverfahren im zweipoligen Verwaltungsverhältnis prägen, und deren Bedeutung für die Ausformung dieses Rechtsschutzverfahrens zu einem Verfahren des sachgerechten Interessenausgleiches zwischen den Beteiligten durch die Praxis der Verwaltung und der Rechtsprechung aufzuzeigen.

III. Gesichtspunkte für die Ausgestaltung des vorläufigen Drittschutzverfahrens nach § 80 a VwGO im Baurecht

Den in § 80 Abs. 1 Satz 1 VwGO für Widerspruch und Anfechtungsklagen begründeten Suspensiveffekt hat das Bundesverwaltungsgericht[16] schon früh als „Wesensmerkmal des im Grundgesetz (Art. 19 Abs. 4 Satz 1) gewährleisteten Verwaltungsrechtsschutzes" bezeichnet. Er soll sicherstellen, daß hoheitliche Eingriffe in die Rechte des Bürgers nur vollzogen werden dürfen, wenn ihre Rechtmäßigkeit feststeht. Es wird bewußt in Kauf genommen, daß im Regelfall die aufschiebende Wirkung bis zum Eintritt der Bestandskraft andauert und den behördlichen Vollzug des Verwaltungsaktes hemmt. Daß dies im *Regelfall* auch für die aufschiebende Wirkung eines Nachbarwiderspruches gegen eine Baugenehmigung gilt mit der Folge, daß der Bauherr regelmäßig die Verwirklichung seines Vorhabens bis zum Eintritt der Bestandskraft der Baugenehmigung zurückstellen muß, kann trotz des Wortlautes in § 80 Abs. 1 Satz 2 VwGO nicht angenommen werden. Denn dabei würde übersehen, daß es bei Verwaltungsakten mit Doppelwirkung um die Grundrechtspositionen zweier Rechtsträger geht: Es gilt, zwischen dem Anspruch des belasteten Rechtsmittelführers auf eine effektive Sicherung seiner Rechte und dem Anspruch des Begünstigten auf Verwirklichung seines Eigentumsrechts einen gerechten Ausgleich zu finden.

Daß das in Art. 19 Abs. 4 GG garantierte Grundrecht auf effektiven Rechtsschutz die aufschiebende Wirkung von Rechtsbehelfen im Verwaltungsprozeß nicht schlechthin und ausnahmslos gewährleistet, hat das Bundesverfassungsgericht[17] gerade im Hinblick auf den dreipoligen Verwaltungsprozeß mit der Feststellung hervorgehoben, im Bereich der Anfechtung von Genehmigungsbescheiden durch Drittbetroffene stoße das Postulat vom Suspensiveffekt als Regelfall an Grenzen. Die Grenzen ergeben sich aus der notwendigerweise gebotenen Berücksichtigung der Rechtspositionen auch des Genehmigungsempfängers. „Diese Rechtsposition ist grundsätzlich nicht weniger schützenswert als diejenige des

---

15) Für Fälle einer Eigentumsverletzung sollte das nachbarliche Abwehrrecht bestehenbleiben, dessen Fortfall im übrigen zu einem Entschädigungsanspruch führen müßte.
16) Beschl. v. 9. 7. 1953, BVerwGE 1, 11.
17) BVerfGE 51, 268 (285).

Drittbetroffenen."[18] Daraus folgt, daß dem Genehmigungsempfänger nicht zugemutet werden darf, in seinem Antrag auf Anordnung der sofortigen Vollziehung der Baugenehmigung die Voraussetzungen für das Vorliegen eines Ausnahmefalles darzulegen, der es rechtfertigt, vom Regelfall der aufschiebenden Wirkung des Nachbarwiderspruches abzuweichen. Bei der Entscheidung über den Sofortvollzugsantrag des Bauherrn muß die Behörde vielmehr in Offenheit gegenüber den Positionen beider Rechtsträger im Einzelfall eine gerechte Entscheidung treffen.

Der Weg zu einem gerechten Entscheidungsergebnis muß nicht ausschließlich darin bestehen, mittels einer Abwägung zwischen dem Verwirklichungsinteresse des Bauherrn und dem Verzögerungsinteresse des Rechtsmittelführers eine Vorrangentscheidung zu finden, die entweder dem Bauherrn zumutet, bis zur Bestandskraft der Baugenehmigung zu warten, oder den Rechtsmittelführer darauf beschränkt, notfalls im Wege der Geltendmachung eines Folgenbeseitigungsanspruches die Veränderung oder Beseitigung eines fertiggestellten Bauwerks durchzusetzen. Neben den Entscheidungsalternativen „Ja" oder „Nein" zum Sofortvollzugsantrag stehen der Behörde Möglichkeiten zur Verfügung, dem Bauherrn die Verwirklichung des angegriffenen Vorhabens zu ermöglichen und zugleich Maßgaben festzulegen — sei es durch Anordnung oder durch Vereinbarung mit dem Bauherrn —, die geeignet sind, die Rechte des später obsiegenden Rechtsmittelführers zu wahren. Hiervon wird in der Praxis kaum Gebrauch gemacht. Der Gesetzgeber verweist auf diese Möglichkeit meines Erachtens für die Entscheidung, die die Behörde zu treffen hat, wenn aufgrund einer speziellen gesetzlichen Regelung der Suspensiveffekt des § 80 Abs. 1 VwGO ausgeschlossen ist. Für die bauaufsichtliche Genehmigung eines Vorhabens, das ausschließlich Wohnzwecken dient, trifft dies gem. Art. 2 § 10 Abs. 2 Wohnungsbauerleichterungsgesetz zu. Die Behörde kann in diesem Fall gem. § 80 a Abs. 1 Nr. 2 VwGO auf Antrag des Dritten nach § 80 Abs. 4 die Vollziehung aussetzen „und einstweilige Maßnahmen zur Sicherung der Rechte des Dritten treffen". In gleicher Weise läßt sich auch die zum Zwecke der Überwindung des Suspensiveffektes auszusprechende Sofortvollzugsentscheidung mit einstweiligen Maßnahmen zur Sicherung der Rechte des Dritten kombinieren. Der Gesetzgeber hat nicht bestimmt, daß diese einstweiligen Sicherungsmaßnahmen stets nur die Verhinderung des Baubeginns zum Ziel haben müssen. Die Rechtsprechung hat beispielsweise eine Sicherung der Rechte des Dritten durch eine Stillegungsentscheidung abgelehnt, wenn dieser nur wegen des genehmigten Nutzungszweckes ein Bauwerk angreift, das „notfalls" auch mit einer anderen Nutzung genehmigungsfähig ist. Auch die teilweise Anordnung der sofortigen Vollziehung kann in bestimmten Fällen sachgerecht sein. Dem Bauherrn bleibt dann die Möglichkeit, für den suspendiert bleibenden Teil seines Bauvorhabens über § 80 a Abs. 3 VwGO im Eilverfahren eine vorläufige Entscheidung herbeizuführen.

IV. Der erste Schritt der Bauaufsichtsbehörde nach Eingang des Nachbarwiderspruchs

In den nordrhein-westfälischen Bauaufsichtsbehörden, die aufgrund der langjährigen Rechtsprechung des OVG Münster an ein Rechtsschutzverfahren nach § 123 VwGO gewöhnt sind, das ihnen eine schnelle Reaktion auf den Nachbarwiderspruch nicht abverlangte, entwickelt sich zur Zeit eine Rechtsauffassung, die in einem Vermerk einer Großstadt zur Behandlung von Nachbarwidersprüchen im Baugenehmigungsverfahren für den „ersten Schritt" wie folgt formuliert worden ist:

---

18) BVerwG, Beschl. v. 2. 6. 1988 — 4 C 1.88 — Zwischenlager Ahaus — amtl. Ausfertigung S. 8.

„Bauherr wird schriftlich mitgeteilt, daß Nachbarwiderspruch eingelegt wurde. Er wird gleichzeitig auf die aufschiebende Wirkung des Nachbarwiderspruches mit der Folge, daß die Baugenehmigung von dem Bauherrn vorläufig nicht mehr genutzt werden kann, und auf die Möglichkeit, die sofortige Vollziehung zu beantragen, hingewiesen. Sollte festgestellt werden, daß der Bauherr trotz erhobenen Nachbarwiderspruchs und nicht durch die Behörde ausgesprochener sofortiger Vollziehbarkeit sein Bauvorhaben weiter fortführt, so muß von seiten der Behörde die Stillegung der Bauarbeiten angeordnet werden."

Unzweifelhaft richtig ist diese Vorgehensweise in informativer Hinsicht: Die korrekte Information des Bauherrn über den Eingang des Nachbarwiderspruches, seine aufschiebende Wirkung und die Antragsmöglichkeit des § 80 a Abs. 1 Nr. 1 VwGO ist – schon im Hinblick auf § 50 VwVfG – geboten. Für die angenommene Verpflichtung der Baugenehmigungsbehörde, die Stillegung der Bauarbeiten anzuordnen, trifft dies jedoch nicht zu. Sie wird allerdings auch in der Literatur vertreten.[19]

Schon aufgrund ihrer Folgen für den Bauherrn darf diese Rechtsauffassung nicht zum Grundsatz der Verwaltungspraxis werden. Ein Nachbarwiderspruch, der allenfalls unter dem Gesichtspunkt geprüft worden ist, ob er nicht etwa wegen mangelnder Widerspruchsbefugnis offensichtlich unzulässig ist,[20] soll automatisch den Zeitplan, der heute bei jedem Bauvorhaben für den Ablauf des Baugeschehens mit den am Bau beteiligten Handwerkern verbindlich festgelegt werden muß, außer Kraft setzen! Die Frage, ob das Gebot der Effektivität des Rechtsschutzes für den Widerspruchsführer den Stillstand der Bauarbeiten bereits erfordert, bevor die Baugenehmigungsbehörde im Verfahren nach § 80 a Abs. 1 Nr. 1 VwGO aufgrund sorgfältiger Prüfung der Positionen beider Grundrechtsträger zu einer Entscheidung gelangt ist, wird überhaupt nicht gestellt.

Diese Frage wird regelmäßig zu verneinen sein: Stellt der Bauherr in angemessener Zeit den Antrag auf Anordnung der sofortigen Vollziehung und entschließt er sich, bis zur Entscheidung über seinen Antrag weiterzubauen, kann von einem Risiko für den *Nachbarn*, durch die Entscheidung der Behörde nach § 80 a Abs. 1 VwGO nicht mehr effektiv geschützt zu werden, keine Rede sein. Während also das Warten auf die Entscheidung der Behörde, ob es bei der aufschiebenden Wirkung nach § 80 Abs. 1 Satz 2 VwGO bleibt, für ihn risikolos ist, besteht für den Bauherrn bereits die Gefahr, daß sich die mit dem Weiterbauen verbundenen Kosten für den Fall, daß sich später der Nachbarwiderspruch als begründet erweist, den größeren Schaden darstellen im Verhältnis zu den Kosten, die ihm bei einer sofortigen vorläufigen Einstellung der Bauarbeiten erwachsen. Zwischen diesen Risiken sich zu entscheiden muß dem Bauherrn überlassen bleiben, da der Rechtsschutz des Nachbarn einen Oktroi der Behörde nicht erfordert.

Gegen die Automatik Anfechtung/behördlich angeordnete Stillegung spricht im übrigen auch die bereits im Zusammenhang mit § 10 Abs. 2 Wohnungsbau-Erleichterungsgesetz erwähnte Regelung in § 80 a Abs. 1 Nr. 2 VwGO: die Ermächtigung für die Behörde, die Vollziehung auszusetzen <u>und</u> einstweilige Maßnahmen zur Sicherung der Rechte des Dritten zu treffen. Insoweit bedeutet Aussetzung der Vollziehung die Herstellung der aufschiebenden Wirkung, also des Zustandes, der außerhalb des Anwendungsbereiches von § 10 Abs. 2 Wohnungsbau-Erleichterungsgesetz im Baurecht aufgrund von § 80 Abs. 1 Satz 2 VwGO von Anfang an besteht. Dennoch hat der Gesetzgeber eine ausdrückliche Ermächtigung für notwendig gehalten, einstweilige Maßnahmen zur Sicherung der Rechte des Dritten zu

---

19) *Redeker,* a. a. O., Fn. 9, S. 529.
20) Für diesen Fall wird zu Recht angenommen, daß die aufschiebende Wirkung nicht eintritt, *Redeker,* a. a. O.

treffen. Hierzu bestünde kein Anlaß, wenn die Behörde bereits verpflichtet wäre, allein wegen der aufschiebenden Wirkung diese Maßnahmen zu treffen.

Gehen die Bauaufsichtsbehörden künftig davon aus, daß sie nach Eingang des Nachbarwiderspruches verpflichtet sind, „automatisch" die Stillegung der Bauarbeiten anzuordnen, muß dies zwangsläufig zu rechtswidrigen, die Rechte der Genehmigungsinhaber verletzenden Verwaltungsakten führen. Ihre Rechtswidrigkeit ergibt sich daraus, daß die Behörden ihre Verpflichtung aufgrund § 58 Abs. 1 Satz 2 BauO NW verkannt haben, nach *pflichtgemäßem Ermessen* die *erforderlichen* Maßnahmen zu treffen. Es muß also im „ersten Schritt" eine Ermessensentscheidung getroffen werden, die den Verhältnismäßigkeitsgrundsatz wahrt.

Dagegen kann nicht eingewandt werden, der Bundesgesetzgeber habe in § 80 Abs. 1 Satz 2 VwGO eine die Behörde zur Stillegung verpflichtende Regelung getroffen, die die Ermächtigungsvorschrift des § 58 Abs. 1 Satz 2 LBauO verdrängt. § 80 Abs. 1 Satz 2 VwGO ist offensichtlich keine Ermächtigungsvorschrift für die Bauaufsichtsbehörden, sondern in Verbindung mit § 80 a VwGO, auf die sie ausdrücklich verweist, eine verfahrensrechtliche Bestimmung mit dem Ziel der Rechtsschutzsicherung. Die „im ersten Schritt automatisch" angeordnete Stillegung der Bauarbeiten muß im Fall eines Widerspruchs des Bauherrn aufgehoben werden, die aufschiebende Wirkung seines Widerspruches bewirkt bereits, daß sie nicht befolgt werden muß.

Von zentraler Bedeutung für die von den Bauaufsichtsbehörden im „ersten Schritt" anzustellenden Überlegungen müssen zwei Gesichtspunkte sein:

1. Nach Abschluß des kontrollierenden Baugenehmigungsverfahrens ist durch die Erteilung der Baugenehmigung die allgemeine Handlungsfreiheit (Baufreiheit, Art. 2 I, 14 I GG) wiederhergestellt worden.[21] Mit der Aushändigung des Bauscheines hat die Behörde den Bauherrn nur im formellen Sinn begünstigt. Materiell hat sie ihm nur das gegeben, was ihm verfassungsrechtlich ohnehin zusteht. Weil dem Bauherrn die Handlungsfreiheit jedoch nicht zusteht, wenn die Baugenehmigung rechtswidrig ist und dadurch der Dritte in seinen Rechten verletzt wird, kann sie ihm nach Eingang des Nachbarwiderspruchs unbedenklich, weil insoweit gem. § 50 VwVfG auch kein Vertrauensschutz besteht, die formelle Begünstigung wieder nehmen. Dies läßt sich regelmäßig aber im „ersten Schritt" noch nicht feststellen. Angesichts der Gefahr, daß durch Anordnung der Stillegung der Bauarbeiten die verfassungsrechtlich begründete Handlungsfreiheit zu Unrecht wieder beseitigt wird, kann die Anordnung einer solchen Sicherungsmaßnahme bereits in diesem Stadium nur unverhältnismäßig sein, zumal, wie dargelegt, ein Sicherungsbedarf noch nicht angenommen werden kann.

2. Der Sinn der allein auf Rechtsschutzsicherung zielenden Verfahrensvorschriften der §§ 80 Abs. 1, 80 a VwGO gebietet der Behörde, möglichst bald gerecht über die widerstreitenden Interessen der beiden Rechtsträger zu entscheiden. Mit dem 4. VwGO-Änderungsgesetz will der Gesetzgeber vor allem eine Beschleunigung der verwaltungsgerichtlichen Verfahren durch Entlastung der Verwaltungsgerichte erreichen. Deshalb macht § 80 a Abs. 3 VwGO die behördliche Entscheidung über die Anordnung der sofortigen Vollziehung zur Voraussetzung der gerichtlichen vorläufigen Rechtsschutzgewährung. Die Behörden dürfen sich deshalb nicht als Relaisstationen verstehen, in denen schnell die Entscheidungslast zu den Verwaltungsgerichten weitergeschaltet werden kann. Die gesetzliche Zuweisung der Entscheidungsaufgabe verpflichtet die Behörde, im „ersten Schritt" zügig das zu veranlassen, was erforderlich ist, um im „zweiten Schritt" zu einer sachgerechten Entscheidung über die Anordnung der sofortigen Vollziehung zu gelangen.

Um eine Fehlentwicklung der Verwaltungspraxis in den nordrhein-westfälischen Baube-

---

21) *Maurer*, Allgemeines Verwaltungsrecht, 4. Aufl. München 1985, § 8, Rdn. 9.

hörden zu vermeiden, sollte deshalb an die Stelle der Anweisung zur Stillegung der Bauarbeiten im „ersten Schritt" des oben erwähnten Handlungsschemas nach dem informativen Teil folgendermaßen fortgefahren werden:

„*Bauherrn veranlassen, innerhalb einer kurzen Frist mit einem Antrag nach § 80 a Abs. 1 Nr. 1 VwGO die Einleitung des Verfahrens für die Entscheidung über die Anordnung der sofortigen Vollziehung zu ermöglichen, wenn die Bauausführung fortgesetzt werden soll; dem Widerspruchsführer eine Äußerungsfrist im Hinblick auf die mögliche Vollzugsanordnung setzen.*"

V. Der zweite Schritt der Bauaufsichtsbehörde: die Entscheidung über die Anordnung der sofortigen Vollziehung

Die Bauaufsichtsbehörden müssen akzeptieren, daß nunmehr vorrangig ihnen aufgrund § 80 a Abs. 3 VwGO die Aufgabe obliegt, im Spannungsverhältnis von Verwirklichungs- und Suspensivinteresse eine gerechte Entscheidung zu treffen. Wird das Verwaltungsgericht von demjenigen, zu dessen Lasten diese Entscheidung ausgeht, sodann angerufen, kann es die Entscheidung der Behörde ändern oder aufheben oder selbst Maßnahmen nach § 80 a Abs. 1 Satz 2 VwGO treffen. Dieses verwaltungsgerichtliche Verfahren ist zwar kein Rechtsmittelverfahren gegen die behördliche Entscheidung über den Sofortvollzug, das Gericht trifft letztlich seine Entscheidung aufgrund eigenen richterlichen Ermessens. Das ändert aber nichts daran, daß das Verwaltungsgericht regelmäßig zunächst versuchen wird, die behördliche Entscheidung nachzuvollziehen. Ihrer Begründung kommt damit im eigentlichen Sinne die vom Gesetz gewollte Entlastungswirkung für die Verwaltungsgerichte zu, die keine Veranlassung haben werden, die Entscheidung zu verwerfen, wenn sie sich als ein gerechter Interessenausgleich erweist. Es widerspräche dem mit dem Gesetz ebenfalls angestrebten Zweck der Verbesserung und Beschleunigung des Rechtsschutzes, wenn die Bauaufsichtsbehörden bestrebt wären, in erster Linie die Anrufung des Verwaltungsgerichts zu ermöglichen. Deshalb verbietet sich künftig die Praxis, die Baugenehmigung schon unter Anordnung der sofortigen Vollziehung zu erteilen. Beiden Rechtsträgern muß im übrigen an einer qualifizierten Entscheidung über die Anordnung der sofortigen Vollziehung durch die Behörde gelegen sein, die so überzeugt, daß sich die Anrufung des Verwaltungsgerichts vernünftigerweise erübrigt.

Dabei können die Bauaufsichtsbehörden aus der bisherigen Vorgehensweise der Verwaltungsgerichte im Verfahren nach § 123 VwGO lernen. Die angeregte Fristsetzung gegenüber dem Widerspruchsführer, sich zur möglichen Anordnung der sofortigen Vollziehung zu äußern, dient der Verbesserung der Entscheidungsfindung und entspricht dem Anhörungsgebot des § 28 VwVfG, dessen Anwendung im Verfahren zur Anordnung der sofortigen Vollziehung bislang umstritten war, nunmehr aber wohl zu bejahen ist.[22]

Für ihre künftige Entscheidungspraxis sollten sich die Bauaufsichtsbehörden insbesondere eine Erfahrung aus den verwaltungsgerichtlichen Eilverfahren der Vergangenheit zu eigen machen: In gerichtlichen Ortsterminen hat sich häufig herausgestellt, daß der Rechtsmittelführer über den vollständigen Inhalt der Baugenehmigung nicht oder nur unzureichend informiert ist, oder umgekehrt, daß sein „Stein des Anstoßes" für den Bauherrn nicht gerade das unverzichtbare Fundament des genehmigten Bauwerkes ist. Häufig gelang ein vernünfti-

---

22) *Kopp*, VwGO 8. Aufl., München 1989, § 80 Anm. 42; *Redeker/von Oertzen*, VwGO, 10. Aufl., § 80 Anm. 27 m. z. N., wie hier: *Redeker*, a. a. O. (Fn. 18), S. 530.

ger Kompromiß, entweder in der Sache selbst oder in einer Gestaltung des Baugeschehens, die hinreichenden zeitlichen Raum läßt für die Klärung der streitigen Nachbarrechtslage.

Die frühzeitige Erörterung der Sach- und Rechtslage mit den Beteiligten an Ort und Stelle, zweckmäßigerweise unter der Leitung des Rechtsamtes, sollte deshalb zum Regelfall werden.

HANS NOLL

Zur Streitwertfestsetzung im öffentlichen Baurecht

I. Einleitung

Wer sich über die Streitwertrechtsprechung der Verwaltungsgerichte informieren will, stellt − abgesehen von einem Defizit an begründeten und veröffentlichten Entscheidungen − eine grenzenlose Zersplitterung der Bewertungspraxis fest. Dieser unbefriedigende Zustand ist schon oft beklagt worden.[1] Seit geraumer Zeit sind − und das gibt Anlaß zur Hoffnung − Aktivitäten erkennbar, die Vereinheitlichung und Kalkulierbarkeit der verwaltungsgerichtlichen Streitwertbemessung zu fördern. Dazu gehört vor allem der von *Sendler* initiierte Streitwertkatalog des Bundesverwaltungsgerichts,[2] dessen Bedeutung als „Stein, der ins Wasser geworfen worden ist", nicht hoch genug eingeschätzt werden kann. Die Arbeiten an diesem „Entwurf eines Streitwertkatalogs" werden inzwischen von einer Kommission fortgeführt. Der 9. Deutsche Verwaltungsrichtertag hat sich 1989 − u. a. mit dem kritischen Referat von *Bräutigam*[3] − dieser Thematik angenommen. Die Instanzgerichte gehen − soweit ich das überblicke − teilweise dazu über, ihre bisherige Streitwertpraxis zu überprüfen und sich mit dem Streitwertkatalog sowie mit anderen einschlägigen Äußerungen auseinanderzusetzen. Das Bundesverwaltungsgericht − einige Senate sind da vorbildlich − begründen häufiger ihre Wertfestsetzungen. Insgesamt haben sich dabei z. T. neue Gesichtspunkte und Lösungsversuche ergeben. Das gilt insbesondere für das Gebiet des öffentlichen Baurechts, auf das ich mich hier nicht ohne besonderen Grund beschränken möchte.

Es erscheint mir angezeigt, eine Sichtung und Bewertung des einschlägigen Streitwertmaterials zu versuchen.

II. Die Spruchpraxis der Verwaltungsgerichte

Grundlage der gerichtlichen Wertbemessung ist in erster Linie § 13 Abs. 1 Satz 1 GKG, eine Vorschrift, die hier nicht näher vorgestellt werden muß. Der Umstand, daß bei der Auslegung dieser Bestimmung im Ansatzpunkt weitgehend Einigkeit besteht,[4] hat die

---

1) Vgl. zuletzt *Zimmer*, NVwZ 1988, 706; *Dombert*, BauR 1989, 154.
2) NVwZ 1989, 1042−1049, mit Einführung von *Sendler*, NVwZ 1989, 1041.
3) NVwZ 1989, 1022.
4) Dazu *Dombert*, BauR 1989, 154.

erheblichen Unterschiede in der gerichtlichen Spruchpraxis nicht verhindern können. Die Spruchpraxis soll im folgenden dargestellt werden.[5]

1. Die Klage auf Erteilung der Baugenehmigung

Hierzu gehört auch die Nutzungsänderungsgenehmigung, sofern sie bauaufsichtliche Vollgenehmigung ist. Zur Bewertung der Streitigkeiten um die Bebauungsgenehmigung (Vorbescheid) s. dort.

a) Wohnhäuser

In der Rechtsprechung einiger Obergerichte spielt (spielte) das Einfamilienhaus („Eckwert") eine besondere Rolle. Darauf ist noch einzugehen.

Was Wohnbauten generell angeht, so orientieren sich einige Obergerichte an den mutmaßlichen Baukosten und bestimmen den Streitwert nach einer Quote dieser Kosten (Bay-VGH etwa $\frac{1}{10}$ bis $\frac{1}{5}$,[6] OVG Hamburg $\frac{1}{6}$[7] und OVG Bremen $\frac{1}{2}$).[8]

Andere wie das OVG Koblenz[9] und der 3. Senat des VGH Mannheim[10] stellen auf die Differenz zwischen dem Bodenwert eines nicht bebaubaren Grundstücks und dem Bodenwert eines Baugrundstücks ab oder legen wie der VGH Kassel[11] je m² Wohnfläche einen Betrag von etwa 70 DM zugrunde. An den erzielbaren Jahresnutzwert (Jahresmietzins) knüpfen das OVG Saarland[12] und — soweit eine Bodenwertsteigerung nicht in Betracht kommt — der 3. Senat des VGH Mannheim[13] an.

Einen ganz anderen Weg haben — was sich am Beispiel des Einfamilienhauses anschaulich demonstrieren läßt — die Oberverwaltungsgerichte Münster und Lüneburg bestritten: So haben die drei Bausenate des OVG Münster in der Vergangenheit in ständiger Rechtsprechung bei Bauprozessen um ein Einfamilienhaus je nach Größe Streitwerte von 15 000 DM oder 20 000 DM zugrunde gelegt;[14] ähnliche Festbeträge (Richtwerte) hat das OVG Lüneburg[15] angenommen. Während das OVG Lüneburg sich weiterhin an diesen Richtwerten orientiert, sind beim OVG Münster Änderungs- und Differenzierungstendenzen zutage getreten. Im Unterschied zum 11. Senat, der an dem Eckwert für das Einfamilienwohnhaus festhält, hat der 7. Senat in einem grundsätzlichen Beschluß,[16] auf den bei der Bewertung gewerblicher Nutzungen noch einzugehen sein wird, u. a. ausgesprochen, daß es nur noch hinsichtlich eigengenutzter Einfamilienhäuser bei der bisherigen Streitwertpraxis verbleibt (so daß in allen sonstigen Fällen der dreifache Jahresmiet- oder -pachtwert in Betracht

---

5) Daß dabei die Entscheidungen des OVG Münster einen breiteren Raum einnehmen, liegt u. a. an der leichteren Zugänglichkeit des Materials; manche Obergerichte halten sich zumindest mit der Publizierung von Streitwertbeschlüssen zurück, so daß man auf ältere Zitate zurückgreifen muß, die möglicherweise nicht immer den letzten Stand der Rechtsprechung wiedergeben.
6) KostRspr. GKG § 13 Nrn. 47 und 74 = AnwBl. 1982, 445.
7) KostRspr. GKG § 13 Nr. 56.
8) KostRspr. GKG § 13 Nr. 87.
9) AS 8, 288.
10) Beschl. v. 19. 2. 1986 — 3 S 2790/85.
11) Zit. nach *Zimmer*, NVwZ 1988, 706.
12) KostRspr. GKG § 13 Nr. 127.
13) Zit. nach *Zimmer*, a. a. O.
14) Zum Beispiel Beschl. v. 14. 6. 1988 — 11 B 1579/88.
15) *Thiel/Gelzer*, Baurechtssammlung (BRS) 48 Nr. 150 = KostRspr. GKG § 13 Nr. 223.
16) AnwBl. 1989, 622.

kommt). Der 10. Senat hat die Wertbemessung nach Richtwerten für Wohnhäuser generell aufgegeben und wendet als Maßstab den Jahresnutzwert an, der sich bei eigengenutzten Einfamilienhäusern auf ein Jahr bezieht.[17]

Den Wert einer Baugenehmigung für sonstige Wohnhäuser haben die Oberverwaltungsgerichte Münster und Lüneburg gewissermaßen in Relation zum „Eckwert" des Einfamilienhauses gesehen und z. B. bei Mehrfamilienhäusern je Wohneinheit regelmäßig Beträge zwischen 8000 DM und 10 000 DM angesetzt.[18] Die Senate 7 und 10 des OVG Münster, die – von der o. g. Ausnahme[19] abgesehen – den Richtwertmaßstab für Einfamilienhäuser nicht mehr anwenden, legen für nicht eigengenutzte Wohngebäude den dreifachen Jahresnutzwert (Mietwert) zugrunde und nehmen den monatlichen Nutzwert mit 8 DM je m² an.[20]

Demgegenüber scheint sich das BVerwG[21] – insoweit in Übereinstimmung mit dem Streitwertkatalog – in Fällen dieser Art für eine Streitwertbemessung anhand der Rohbaukosten (10 v. H.) und der Berücksichtigung einer etwaigen Bodenwertsteigerung entschieden zu haben. Ob diese Entscheidung, die ein mehr unbedeutendes Objekt (als Freizeitgebäude genutztes Holzhaus) betraf, eine nachhaltige Weichenstellung darstellt, bleibt abzuwarten. Immerhin hat das BVerwG[22] bei der Umwandlung eines Garagen- und Lagergebäudes in ein Wohngebäude mit vier Wohneinheiten das Interesse an der Baugenehmigung mit 5000 DM je Wohnung bewertet, aber hier handelte es sich um eine Nutzungsänderungsgenehmigung.

b) Gewerbliche Bauvorhaben

Die Rechtsprechung der Verwaltungsgerichte bei der Bewertung gewerblicher Objekte bzw. gewerblich zu nutzender Objekte ist in den letzten Jahren in Fluß geraten. Wenn auch Einigkeit bestand und besteht, daß das wirtschaftliche Interesse des Klägers an der Realisierung des gewerblichen Vorhabens für die Wertbemessung maßgeblich ist, haben sich die Gerichte bei der Schätzung dieses Interesses von unterschiedlichen Gesichtspunkten leiten lassen.

Während das OVG Hamburg[23] und der BayVGH[24] – wie beim Wertansatz für private Objekte – Quoten der Baukosten (allerdings etwas erhöhte Quoten) zugrunde legen, haben die OVG Lüneburg,[25] Münster[26] und Berlin[27] auf den im Falle der Realisierung des Vorhabens zu erwartenden (durchschnittlichen) Jahresgewinn abgestellt, wobei der voraussichtliche Jahresgewinn „vor Abzug der nichtbetriebsbezogenen Steuern" mitunter – wie im Falle eines großflächigen Einzelhandelsbetriebes[28] – unter Auswertung branchenspezifischer Analysen auf komplizierte Weise berechnet wurde.

Auf eine ähnlich konkrete Weise wurde – jedenfalls zeitweise – vom OVG Münster[29] der

---

17) Zum Beispiel Beschl. v. 31. 7. 1989 – 10 B 1936/89 – unter Zugrundelegung eines Mietzinses von 8 DM je m².
18) OVG Münster, Beschl. v. 18. 8. 1988 – 11 B 996/88 –; OVG Lüneburg, Streitwerttabelle der Senate 1 und 6, Stand Dezember 1988.
19) Vgl. Fn. 16.
20) Zum Beispiel Beschl. v. 7. 2. 1990 – 7 A 1029/88 –.
21) Beschl. v. 18. 1. 1990 – 4 B 217.8 – KostRspr. GKG § 13 Nr. 276.
22) Beschl. v. 14. 5. 1990 – 4 B 79.90 – KostRspr. GKG § 13 Nr. 312.
23) KostRspr. GKG § 13 Nr. 56.
24) KostRspr. GKG § 13 Nr. 14.
25) AnwBl. 1987, 95 f.
26) Zum Beispiel KostRspr. GKG § 13 Nrn. 23, 29.
27) KostRspr. GKG § 13 Nr. 79.
28) KostRspr. GKG § 13 Nr. 29.
29) Beschl. v. 25. 5. 1988 – 7 A 571/87.

Jahresgewinn bei Bauprozessen um die Zulassung von Spielhallen ermittelt: Unter Beschränkung auf die nach der Größe der Spielhalle gemäß der SpielV mögliche Zahl der Geldspielgeräte wurde ein monatlicher Reingewinn je Geldspielautomat von mindestens 2000 DM angenommen.

In der Erwägung, daß die baurechtliche Genehmigung für gewerbliche Nutzungen nur ein Element von vielen darstellt, die zusammentreffen müssen, um einen wirtschaftlichen Gewinn zu erzielen, daß der Gewinn u. a. maßgeblich von den unternehmerischen Kenntnissen und Fähigkeiten („know how"), der Betriebsmittel sowie der Betriebs- und Kostenstruktur abhängt, haben die Bausenate des OVG Münster übereinstimmend die gewinnorientierte Betrachtungsweise aufgegeben,[30] sind aber bei der Erarbeitung neuer Maßstäbe z. T. unterschiedliche Wege gegangen. Zwar sehen alle Senate nunmehr den Nutz- oder Nutzungswert der gewerblichen Anlage (das ist grundsätzlich der Miet- oder Pachtwert) als Ausgangspunkt der Wertbestimmung an, aber eben nur als Ausgangspunkt.

Der 11. Senat stellt auf den voraussichtlichen Einjahresnutzwert ab, der in der Regel dem Jahresmiet- oder -pachtwert entspricht; soweit nähere Angaben hierzu fehlen, ist der monatliche bzw. jährliche Miet-/Pachtwert zu schätzen.[31] Im Sonderfall der Streitigkeit um eine Spielhalle bewertet dieser Senat das Interesse des Klägers an der Genehmigung grundsätzlich und pauschalierend bei einer streitigen Spielhallenfläche bis 60 m² mit 20 000 DM, bis 90 m² mit 30 000 DM, bis 120 m² mit 40 000 DM und darüber mit 50 000 DM;[32] bei wesentlich größeren Spielhallenflächen kommt ein höherer Streitwert in Betracht.[33]

Der 7. Senat[34] bemißt den Streitwert einer baurechtlichen Genehmigung bei gewerblich zu nutzender Bausubstanz nach dem dreifachen Jahresmiet- oder -pachtwert und orientiert sich dabei an der Vorgabe des § 17 Abs. 3 GKG für auf Dauer angelegte Rechtsverhältnisse. Er bestimmt die Miet- bzw. Pachtwerte je m² Geschoßfläche und Monat pauschalierend für folgende Formen gewerblicher Nutzung:

großflächiger Einzelhandelsbetrieb	10 bis 20 DM
Spielhalle	25 bis 45 DM
Ladenlokal	15 bis 50 DM
Lagerhalle	5 bis 10 DM
sonstiger gewerblicher Betrieb	8 bis 15 DM
Büro- und Verwaltungsnutzung	15 bis 30 DM
Gaststätte/Diskothek/Bar	10 bis 40 DM

Diese Werte sind auch maßgeblich, wenn im Einzelfall davon abweichende Miet- oder Pachtzinsbeträge vereinbart sind.[35] Der 10. Senat stimmt im Ergebnis mit der neueren Streitwertpraxis des 7. Senats überein und erachtet im Regelfall bei gewerblichen Vorhaben den Dreijahresnutzwert als angemessen. Er legt jedoch keine festen Rahmenwerte zugrunde, sondern schätzt im Einzelfall, soweit Angaben fehlen, den erzielbaren Nutzungszins (z. B. die Geschäftsraummiete).[36]

---

30) Beschl. v. 27. 10. 1988 – 11 A 2166/86 – NW/VBl. 1990, 427, Beschl. v. 26. 1. 1989 – 7 B 93/89 – AnwBl. 1989, 622 und Beschl. v. 15. 2. 1989 – 10 A 2700/88 – AnwBl. 1989, 623.
31) KostRspr. GKG § 13 Nr. 324 = NWVBl. 1990, 426 (für eine Nutzung als Baumarkt wurde ein Jahresmietwert von 100 DM je m² als angemessen erachtet).
32) NWVBl. 1990, 427 = KostRspr. GKG § 13 Nr. 230.
33) Zum Beispiel Beschl. v. 31. 5. 1990 – 11 B 140/90.
34) AnwBl. 1989, 622 = KostRspr. GKG § 13 Nr. 234.
35) Zum Beispiel Beschl. v. 31. 1. 1989 – 7 B 2760/88.
36) AnwBl. 1989, 623, ebenso zum Beispiel Beschl. v. 5. 12. 1990 – 10 B 2966/90.

Was Spielhallen angeht, so hält der VGH Mannheim[37] an der gewinnorientierten Bewertung fest und setzt z. B. für eine gutbesuchte Spielhalle (etwa im Inneren von Städten und größeren Orten) je Geldspielgerät und Jahr einen Nettomindestgewinn von etwa 12 000 DM an.

Das OVG Lüneburg[38] legt einen Betrag von 300 DM je m² Spielfläche zugrunde.

In Bauprozessen um die Zulassung großflächiger (Einzel-)Handelsbetriebe gehen die Bausenate des OVG Münster nach den o. g. Kategorien vor, wobei der 7. Senat beim Fehlen entsprechender Anhaltspunkte – das gilt auch für die anderen Gewerbearten – den Mittelwert des festgelegten Rahmens annimmt; die Senate 10 und 11 ermitteln oder schätzen den erzielbaren dreifachen bzw. einfachen Jahresmiet- oder -pachtwert. Das OVG Lüneburg, das in solchen Fällen vor Jahren noch einen Betrag von 100 DM je m² Geschoßfläche zugrunde gelegt hat,[39] hat diesen Betrag inzwischen auf 150 DM erhöht.[38]

Das BVerwG[40] – der Streitwertkatalog enthält zu diesem Komplex keine Empfehlungen – hat z. B. bei der Genehmigung von Verbrauchermärkten einen Festbetrag von 100 DM je m² Verkaufsfläche ohne Berücksichtigung eines Zeitfaktors angenommen. Dem ist der VGH Mannheim[41] ausdrücklich gefolgt. Den Festbetragsmaßstab von 100 DM je m² verwendet das BVerwG auch in sonstigen Fällen der Umwandlung in eine (andere) gewerbliche Nutzung.[42]

c) Auf die – ebenfalls uneinheitliche – Bewertungspraxis in Verfahren um die Zulassung kleiner bzw. untergeordneter Bauten (z. B. von Wochenendhäusern, Lauben, Garagen usw.) soll hier nicht eingegangen werden. Erwähnenswert sind aber zwei weitere Fälle:

Der VGH Mannheim[43] setzt für eine Werbetafel im Euroformat (etwa 2,60 m × 3,60 m) 6000 DM fest. Das OVG Münster[44] hält diesen früher ebenfalls für maßgeblich erachteten Betrag nach Auswertung diverser Unterlagen der Werbebranche für überhöht und bewertet die entsprechende Genehmigungsklage nunmehr pauschalierend mit 4000 DM je Tafel. Im Streitwertspiegel des OVG Lüneburg sind dafür 5000 DM vorgesehen. Sind mehrere Tafeln im Streit, findet grundsätzlich keine Ermäßigung statt. Soll ein Superposter genehmigt werden, werden die genannten Werte erhöht.[45]

In Verfahren um die – in NRW die Baugenehmigung einschließende – Abgrabungsgenehmigung bewertet das OVG Münster[46] die wirtschaftliche Bedeutung dieser Genehmigung zum Abbau von beispielsweise Kies und Sand regelmäßig mit etwa 1 DM je m³ des Abbaumaterials.

---

37) Beschl. v. 8. 8. 1990 – 3 S 975/90 – KostRspr. GKG § 13 Nr. 327.
38) Streitwertspiegel der Bausenate, Stand Dezember 1988.
39) AnwBl. 1987, 95.
40) KostRspr. GKG § 13 Nr. 255.
41) KostRspr. GKG § 13 Nr. 263.
42) Zum Beispiel Beschl. v. 30. 6. 1989 – 4 C 16.88 – (Umwandlung eines Großhandelsbetriebes in einen Einzelhandelsbetrieb), Beschl. v. 27. 4. 1990 – 4 C 36.87 – ZfBR 1990, 242 (Umnutzung von Lagerflächen in Verkaufsflächen) und Beschl. v. 9. 10. 1990 – 4 B 121.90 – (Umnutzung von Wohn- in Gewerbeflächen).
43) BWVBl. 1983, 103.
44) KostRspr. GKG § 13 Nr. 226.
45) Zum Beispiel Streitwertspiegel des OVG Lüneburg: 7000 DM.
46) Beschl. v. 18. 2. 1988 – 10 B 2776/87 – und Beschl. v. 15. 4. 1988 – 11 B 240/88.

2. Die Klage auf Erteilung einer Bebauungsgenehmigung (eines Vorbescheides)

Das Verhältnis zwischen der Baugenehmigung und der Bebauungsgenehmigung (dem Vorbescheid) wird in streitwertmäßiger Hinsicht — wie könnte es anders sein — unterschiedlich gesehen. Die OVG Münster[47] und Lüneburg[48] setzen für Verpflichtungsklagen auf Erteilung der Baugenehmigung und der Bebauungsgenehmigung gleiche Streitwerte fest.[49] Nach Ansicht anderer Obergerichte ist der im Verhältnis zur umfassenden Baugenehmigung geringeren baurechtlichen Bedeutung der Bebauungsgenehmigung bei der Wertbemessung Rechnung zu tragen; dabei werden Quoten von ¼ bis ¾ des für die Baugenehmigung maßgeblichen Wertes für angemessen erachtet.[50]

Geht es beim Vorbescheid nur um Einzelfragen eines Vorhabens, ist es geboten, den der Baugenehmigung zukommenden Wert deutlich zu unterschreiten. Allerdings können die Detailfragen von so unterschiedlichem Gewicht sein, daß auf eine generalisierende Quote verzichtet und je nach Gewichtigkeit der Einzelfrage bewertet werden sollte.

Geht es dagegen um die häufigste Form des Vorbescheides, die Bebauungsgenehmigung, sollte diese nicht anders als die Baugenehmigung bewertet werden. Mit der Bebauungsgenehmigung wird im Wege einer vorweggenommenen Teilentscheidung über die planungsrechtliche Zulässigkeit des Vorhabens und damit über die für den Bauherrn regelmäßig wichtigste Frage der grundsätzlichen Bebaubarkeit entschieden.[51] Wird eine solche Voranfrage abschlägig beschieden, ist das Bauvorhaben gescheitert. Liegt eine Bebauungsgenehmigung vor, ist die Erteilung der Baugenehmigung oft nur „Formsache", ggf. eröffnet das Bauordnungsrecht Möglichkeiten, etwaige bauordnungsrechtliche Hindernisse zu überwinden oder solchen Anforderungen durch Umplanung o. ä. Rechnung zu tragen. Unter diesen Umständen erscheint es sachgerecht, Bauprozesse um die Erteilung einer Bebauungsgenehmigung wie Baugenehmigungsklagen zu bewerten.[52] Diese Gleichsetzung liegt im Interesse einer einheitlichen und praktikablen Streitwerthandhabung und vermeidet Differenzierungen, die für eine gerichtliche Nebenentscheidung übertrieben sind.

Teilweise wird auch die Teilungsgenehmigung streitwertmäßig wie die Baugenehmigung behandelt.[53]

3. Die Klage gegen die Nutzungsuntersagung

Nach Auffassung des OVG Hamburg[54] ist die Untersagung der gewerblichen Nutzung mit dem dreifachen Jahresbetrag der Aufwendungen für Ersatzräume zu bewerten. Demgegenüber legen die Bausenate des OVG Münster in diesen Fällen übereinstimmend — ungeachtet sonstiger Rechtsprechungsunterschiede[55] — den auf ein Jahr bezogenen Nutzwert

---

47) Zum Beispiel NWVBl. 1990, 426.
48) Streitwertspiegel.
49) Ebenso der Streitwertkatalog des BVerwG.
50) OVG Bremen, KostRspr. GKG § 13 Nr. 87 (1/2); BayVGH, KostRspr. GKG § 13 Nrn. 47, 74 (¼ bis ¾); möglicherweise auch BVerwG, KostRspr. GKG § 13 Nr. 110.
51) Im einzelnen hierzu *Gelzer*, Bauplanungsrecht, 4. Aufl., Rdn. 474 ff.
52) Ebenso *Dombert*, BauR 1989, 154, 158.
53) So OVG Münster, Beschl. v. 7. 1. 1983 — 10 B 2494/82 —, Beschl. v. 10. 1. 1983 — 11 B 2578/82 — und Beschl. v. 16. 8. 1988 — 7 B 320/88; a. A. OVG Lüneburg, AnwBl. 1983, 280.
54) KostRspr. § 13 Nr. 156 = BauR 1987, 77.
55) Siehe oben B I 2.

(Miet- oder Pachtwert) der gewerblichen Anlage zugrunde.[56] Den Jahresbetrag des Nutzungswertes als Bewertungskriterium empfiehlt auch der Streitwertkatalog des BVerwG.

In einer sicher weniger bedeutsamen Angelegenheit (Klage gegen ein Vorbot, ein Behelfsheim als Wohnung zu nutzen) hat das OVG Bremen[57] den halben Jahresbetrag der in einem Wohngebiet üblichen Miete angesetzt.

4. Die Klage gegen die Beseitigungsverfügung

Für diesen Bereich liegen nur wenige Rechtsprechungsnachweise vor. Schon vor Jahren haben der VGH Mannheim[58] und der BayVGH[59] in Verfahren auf Aufhebung von Abrißverfügungen den Zeitwert des Gebäudes und die Abbruchkosten als geeignete Anknüpfungspunkte für die Streitwertbestimmung angesehen. Das OVG Lüneburg hat – wie auch sonst in baurechtlichen Verfahren – pauschalierte Werte zugrunde gelegt und dabei z. B. in einem Prozeß um den Abbruch eines Einfamilienhauses im Jahre 1985 einen Streitwert von 100 000 DM angenommen,[60] einen Wert, der inzwischen auf 150 000 DM erhöht worden ist.[61] Die Bausenate des OVG Münster[62] bestimmen bei der Anfechtung von Beseitigungsanordnungen den Streitwert nach dem Wert der abzubrechenden Bausubstanz zuzüglich der Abbruchkosten und nach dem Wert der entzogenen Nutzungsmöglichkeit. Ähnlich verfährt das BVerwG,[63] das die Bedeutung der Sache in dem je nach Art und Größe des Bauwerks unterschiedlich großen Erhaltungsinteresse des Klägers erblickt und dabei insbesondere auf den Substanzwert und die Abbruchkosten abstellt. Bei einer auf Beseitigung gerichteten Vollstreckung hielt es das BVerwG[64] für angemessen, den Verlust an Sachsubstanz und Nutzung zu berücksichtigen.

5. Die baurechtliche Nachbarklage

Bei der Bewertung der baurechtlichen Nachbarklage bestehen – soweit ersichtlich – im rechtlichen Ausgangspunkt seit langem keine nennenswerten Meinungsverschiedenheiten mehr: Maßgeblich ist (allein) das Interesse des Klägers an der Verhinderung des dem Dritten genehmigten Bauvorhabens, und dieses Interesse wird durch die Beeinträchtigungen bestimmt, die abgewehrt werden sollen.[65]

Wie der Umfang der Beeinträchtigungen des klagenden Nachbarn danach zu messen ist, war und ist damit noch nicht geklärt. So ist es nicht verwunderlich, daß die einschlägige

56) KostRspr. GKG § 13 Nr. 240 = NVwZ-RR 1990, 110 und KostRspr. GKG § 13 Nr. 268 = NWVBl. 1991, 24; Beschl. v. 28. 9. 1990 – 10 B 1764/90.
57) KostRspr. GKG § 13 Nr. 163.
58) NJW 1977, 827.
59) BayVBl. 1982, 190.
60) KostRspr. GKG § 13 Nr. 132 = BauR 1985, 674.
61) Siehe Streitwertspiegel.
62) Beschl. v. 26. 10. 1989 – 10 B 3281/89 –, Beschl. v. 25. 7. 1990 – 11 B 1933/90 – und Beschl. v. 11. 12. 1990 – 7 B 2905/90.
63) Beschl. v. 5. 10. 1989 – 4 B 188.89 – KostRspr. GKG § 13 Nr. 262.
64) Beschl. v. 27. 2. 1990 – 4 B 40.90 – KostRspr. GKG § 13 Nr. 305; vgl. dazu auch Streitwertkatalog des BVerwG.
65) *Hartmann*, Kostengesetze, 23. Aufl. Anh. I § 13 GKG Stichwort „Nachbarklage" m. w. N.

Rechtsprechung kasuistisch und ohne Linie war.[66] Dieser Zustand scheint sich − und das ist erfreulich − zum Positiven zu ändern. Es zeichnen sich − und das ist ersichtlich der Existenz des Streitwertkatalogs des BVerwG zu „verdanken" − auf dem Gebiet der Baunachbarklage die Konturen eines neuen, besser kalkulierbaren Bewertungsmaßstabes ab.

Das BVerwG[67] geht in seiner neueren Streitwertrechtsprechung davon aus, daß der Streitwert von Baunachbarklagen nicht nach dem Auffangwert des § 13 Abs. 1 Satz 2 GKG, sondern, da solche Verfahren hinreichende Anhaltspunkte für eine Wertberechnung böten, nach § 13 Abs. 1 Satz 1 GKG zu bestimmen ist. Die Höhe des Streitwertes sei abhängig von den Rechtsgütern, die der Kläger schützen möchte, und von der Art der Beeinträchtigungen, gegen die er sich wehrt. Dabei legt der Senat bei baurechtlichen Nachbarklagen ohne wirtschaftliches Eigeninteresse − in Übereinstimmung mit dem Streitwertkatalog des BVerwG − regelmäßig einen Rahmen von 3000 DM bis 30 000 DM zugrunde. Einige Instanzgerichte sind dem inzwischen unter Änderung ihrer bisherigen Rechtsprechung ausdrücklich gefolgt.[68] Der 11. Senat des OVG Münster schließt sich der neuen Spruchpraxis des BVerwG, für baurechtliche Nachbarstreitigkeiten ohne wirtschaftliches Eigeninteresse den o. g. Rahmen von 3000 DM bis 30 000 DM anzuwenden, auch dann an, wenn ein wirtschaftliches Eigeninteresse geltend gemacht wird, dies aber nicht beziffert ist und auch nicht ohne weiteres beziffert werden kann.[69]

6. Sonderfälle

a) Vorkaufsrecht

Bei der Anfechtungsklage gegen die Ausübung des gemeindlichen Vorkaufsrechts wird danach unterschieden, ob der Käufer oder der Verkäufer des Grundstücks klagt. Im Anfechtungsprozeß des Grundstückskäufers ist der Streitwert nach dem Interesse des Erwerbers an der wirtschaftlichen Verwertung des Grundstücks zu bestimmen, wobei dieses Interesse von einem Teil der Rechtsprechung mit einem Bruchteil des vereinbarten Kaufpreises angenommen wird,[70] nach anderer Ansicht aber unabhängig vom Kaufpreis in dem (u. U. gewerblichen) Nutzungsinteresse des Käufers gesehen wird.[71]

Dieser Bewertungsmaßstab kann nach Auffassung des OVG Münster[72] wegen der unterschiedlichen Interessenlage nicht auf den Anfechtungsprozeß des Verkäufers übertragen werden. Dessen Anfechtungsinteresse beschränke sich darauf, das streitige Grundstücke gerade nicht an die Gemeinde, sondern nur an einen bestimmten Erwerber zu verkaufen. Da dieses Interesse wirtschaftlich nicht meßbar sei, sei in diesen Fällen der Auffangwert des § 13

66) *Hartmann*, a. a. O.; vgl. auch KostRspr. GKG § 13 Nrn. 10, 44; auch die grundsätzliche Frage, ob der Streitwert dem Auffangwert des § 13 Abs. 1 Satz 2 GKG entspricht oder dem § 13 Abs. 1 Satz 1 GKG zu entnehmen ist, wurde unterschiedlich beantwortet.

67) Beschl. v. 9. 8. 1990 − 4 B 95.90 − KostRspr. GKG § 13 Nr. 328 = DÖV 1990, 1062; hinsichtlich der immissionsschutzrechtlichen Nachbarklage vgl. BVerwG, KostRspr. GKG § 13 Nr. 233 (Rahmen von 10 000 DM bis 50 000 DM).

68) OVG Koblenz, KostRspr. GKG § 13 Nr. 277 = AnwBl. 1990, 565 = NVwZ-RR 1990, 231; OVG Münster, Beschl. v. 9. 11. 1990 − 11 B 3036/90 − und Beschl. v. 14. 1. 1991 − 7 B 3473/90.

69) OVG Münster, Beschl. v. 9. 11. 1990 − 11 B 3036/90.

70) BayVGH, KostRspr. GKG § 13 Nr. 75 = BayVBl. 1982, 699; OVG Bremen, KostRspr. GKG § 13 Nr. 112.

71) OVG Münster, KostRspr. GKG § 13 Nr. 80, Beschl. v. 11. 8. 1987 − 7 B 1438/87.

72) Beschl. v. 25. 4. 1990 − 7 B 1066/90.

Abs. 1 Satz 2 GKG anzusetzen. Anders sei zu verfahren, wenn der vereinbarte Kaufpreis den von der Gemeinde nach dem Verkehrswert zu zahlenden Betrag übersteigt; hier sei eine Differenzberechnung nach § 13 Abs. 1 Satz 1 GKG vorzunehmen. Nach Ansicht des VGH Mannheim[73] kann auch bei der Anfechtung durch den Verkäufer der vereinbarte Kaufpreis ein Anhaltspunkt für die Streitwertfestsetzung sein.

b) Denkmalschutz

Anfechtungsprozesse um die Eintragung von Bauwerken in die Denkmalliste bieten nach der Rechtsprechung des 7. Senats des OVG Münster[74] regelmäßig keine genügenden Anhaltspunkte für eine Wertbemessung, so daß in diesen Verfahren — unabhängig von der Größe der Objekte — der Auffangwert des § 13 Abs. 1 Satz 2 GKG angenommen wird. Demgegenüber bewerten die Senate 10 und 11 die Anfechtung von denkmalrechtlichen Eintragungen in der Regel nach § 13 Abs. 1 Satz 1 GKG. Sie gehen davon aus, daß das Interesse der Denkmaleigentümer darauf gerichtet ist, die mit der Eintragung verbundenen Nachteile, z. B. gemäß §§ 7 bis 10 des Denkmalschutzgesetzes NW (Erhaltungs-, Genehmigungspflichten usw.), zu vermeiden, und meinen, daß auch ohne Konkretisierung dieser gesetzlichen Pflichten durch nachfolgende Verwaltungsakte schon mit der Eintragung eine Einschränkung der Eigentümerbefugnisse verbunden ist, die eine der Wertbestimmung zugängliche wirtschaftliche Belastung darstellt.[75]

c) Normenkontrollverfahren

Veröffentlichte Streitwertentscheidungen gibt es kaum. Die — mir zugänglichen — unveröffentlichten Streitwertbeschlüsse des OVG Münster werden fast nie begründet. Den spärlichen Nachweisen[76] ist gerade zu entnehmen, daß allein die Bedeutung der Sache für den Antragsteller, nicht die Tragweite der Entscheidung für die Allgemeinheit für die Streitwertfestsetzung maßgeblich ist und daß das BVerwG in bezug auf eine landesweite Rechtsverordnung in der Regel 20 000 DM für angemessen erachtet und im Fall eines Bebauungsplanes 10 000 DM angenommen hat.

Die Normenkontrollsenate des OVG Münster legen bei der Überprüfung von Bebauungsplänen — ohne daß nähere Bewertungskriterien angegeben werden oder ersichtlich sind — durchweg Streitwerte zwischen 10 000 DM und 100 000 DM zugrunde.[77] In einem Fall hat das OVG Münster die wirtschaftliche Betroffenheit eines größeren Gewerbebetriebes durch eine nachteilige Planung mit 500 000 DM bewertet.[78]

---

73) Beschl. v. 8. 8. 1990 — 3 S 132/90 — KostRspr. GKG § 13 Nr. 326.
74) Zum Beispiel Beschl. v. 3. 12. 1990 — 7 A 2043/88.
75) Beschl. v. 16. 9. 1987 — 10 B 1835/87 — (10 000 DM für Wohnhaus) und Beschl. v. 14. 7. 1988 — 11 A 2164/86 — (20 000 DM für repräsentatives mehrgeschossiges Wohnhaus).
76) *Hartmann*, a. a. O., Anh. I § 13 GKG Stichwort „Normenkontrollverfahren".
77) Zum Beispiel Beschl. v. 20. 12. 1990 — 7 a NE 55/88 — (10 000 DM, Gestaltungssatzung) und Beschl. v. 21. 8. 1990 — 11 a NE 73/87 — (10 000 DM, Auswirkungen eines Rad- und Fußweges auf ein Einfamilienhausgrundstück); Beschl. v. 3. 4. 1990 — 11 a NE 15/88 — (20 000 DM, Auswirkungen einer Grünfläche mit Tennisanlage auf ein Einfamilienhausgrundstück); Beschl. v. 12. 3. 1990 — 7 a NE 32/86 — (50 000 DM, Auswirkungen einer Verkehrsplanung auf ein Wohn- und Geschäftshaus) und Beschl. v. 29. 1. 1990 — 11 a NE 94/88 — (50 000 DM, Ausweisung eines Gewerbegrundstücks als Mischgebiet); Beschl. v. 12. 11. 1990 — 7 a NE 10/89 — (100 000 DM, Beeinträchtigung eines Kerngebietsgrundstücks durch Verkehrsplanung).
78) Beschl. v. 12. 11. 1990 — 7 a NE 99/88.

III. Eigene Stellungnahme

Eine umfassende Bewertung der vorstehend geschilderten Streitwertpraxis ist an dieser Stelle weder möglich noch angebracht. Vielmehr soll sich die Stellungnahme auf einige Punkte beschränken.

1. Der „richtige" Bewertungsmaßstab

Die Frage nach dem „richtigen" Bewertungsmaßstab, oder konkreter, ob etwa bei der Bewertung der Baugenehmigung für Wohnhäuser dem Kriterium „Baukosten" oder dem „Nutzwert" der Vorzug zu geben ist, bzw. ob bei der streitwertmäßigen Einschätzung gewerblicher Vorhaben auf den einjährigen oder dreijährigen Nutzwert (Miet- oder Pachtwert) abzustellen ist, läßt sich — nicht zuletzt wegen der Weite der gesetzlichen Norm — juristisch nicht zwingend oder auch nur annähernd überzeugend beantworten. Prinzipiell kann diesen und auch ansonsten praktizierten Kriterien (auch dem sog. Richtwert), bezogen auf die in Frage kommenden Fallgruppen, die Eignung für eine ermessensfehlerfreie Streitwertbestimmung nicht abgesprochen werden. Doch lassen sich bei näherer Prüfung dieser Maßstäbe — besonders im Konkurrenzverhältnis — mitunter mehr oder weniger deutliche Eignungsunterschiede ausmachen. Das gilt insbesondere für Extrempositionen, die nach Möglichkeit nicht oder nur hilfsweise zum Zuge kommen sollten.

a) Der Richtwert

Ein Extremfall sind die „gegriffenen" Zahlen. Hierzu sind in der Regel die Richt- und Rahmenwerte zu rechnen, hinter denen keine erkennbaren Wertvorstellungen stehen und die deshalb im einzelnen nicht nachvollziehbar sind. Auf diese sollte nur zurückgegriffen werden, wenn andere aussagekräftige Anhaltspunkte nicht vorliegen. Ein solcher Ausnahmefall scheint z. B. bei der (baurechtlichen) Nachbarklage gegeben zu sein. Alle in Bauprozessen ansonsten praktizierten Kriterien dürften für die Interessenlage des klagenden Nachbarn untauglich sein. Die mitunter verwendeten Klauseln „Wertminderung" und „Nutzungsbeeinträchtigung"[79] sind in ihrer Relevanz umstritten und begrifflich als Grundlage einer ziffermäßigen Einschätzung ohne Aussagewert. Sie sind eigentlich nicht konkreter als die Ausgangsformel, wonach es bei der Nachbarklage auf den Wert der geltend gemachten Beeinträchtigungen ankommt. Um bei dieser Sachlage wegen der gerade im Baunachbarrecht denkbaren vielfältigen Konstellationen nicht einer grenzenlosen Kasuistik zu erliegen, erscheint es sinnvoll, hier Richt- oder Rahmenwerte zugrunde zu legen. Dem insoweit vom BVerwG[80] eingeschlagenen Weg sollte gefolgt werden. Vielleicht hat das BVerwG in diesem Zusammenhang bald Gelegenheit, den Begriff des „wirtschaftlichen Eigeninteresses" näher zu erläutern und anzugeben, ob dieses auch im Falle der Abwehrklage eines Wohnhauseigentümers betroffen ist oder sein kann.

Zur Kategorie der Richtwerte gehört auch der neuerdings vom BVerwG[81] verwendete Festbetragsmaßstab von 100 DM je m² Verkaufsfläche bzw. Gewerbefläche in Genehmigungsprozessen um Verbrauchermärkte, Einzelhandelsbetriebe und sonstige Verkaufs- und

---

79) OVG Hamburg, KostRspr. GKG § 13 Nr. 44.
80) KostRspr. GKG § 13 Nr. 328 = DÖV 1990, 1062.
81) Vgl. oben II 1 b (Seite 313); z. B. BVerwG, KostRspr. GKG § 13 Nr. 255.

Gewerbeflächen. Dieser Maßstab dürfte bereits etwas grob sein, wenn berücksichtigt wird, welche unterschiedlichen Nutzungen hier in Betracht kommen können: großflächige Einzelhandelsbetriebe, Nachbarschaftsläden bis zum kleinen Ladenlokal, Verkaufsgeschäfte verschiedener Branchen, sonstige gewerbliche Tätigkeiten über den Warenhandel hinaus. Jedenfalls sollte diese Spruchpraxis daraufhin überprüft werden, ob für diese Fallgruppe nicht aussagekräftigere Bewertungskriterien herangezogen werden können. In Betracht kommt dabei insbesondere die Bewertung nach dem auf einen Zeitraum bezogenen Nutzwert (Miet- bzw. Pachtwert), wie sie von einem Teil der Rechtsprechung in Bauprozessen um gewerbliche Nutzungen praktiziert wird.[82]

b) Die (zu) komplizierte Wertberechnung

Zum anderen Extrem gehören m. E. Bemessungskriterien und Berechnungen, die wegen des mit ihnen verbundenen Ermittlungsaufwandes oder wegen sonstiger tatsächlicher oder rechtlicher Schwierigkeiten für eine gerichtliche Nebenentscheidung zu kompliziert sind. In Betracht kommt da in erster Linie die gewinnorientierte Bewertung, etwa in Genehmigungsverfahren um Verbrauchermärkte, Spielhallen pp.

Dazu ein Beispiel: Im Fall eines Einzelhandelsgroßobjekts hat das Gericht zunächst unter Auswertung von Branchenunterlagen den Umsatz je m² und damit die branchenspezifische Leistungskennziffer ermittelt und dann durch vergleichende Betrachtung vorliegender Daten anderer Unternehmen die Umsatzrendite (als Prozentsatz) geschätzt und danach den Jahresgewinn vor Abzug der nichtbetriebsbezogenen Steuern als Streitwert festgesetzt.[83]

So sehr das Bemühen des Gerichts um genaue Bewertung Respekt verdient, so wenig eignet sich m. E. diese Berechnungsmethode zur Übernahme als allgemeingültiger Bewertungsgrundsatz. Eine so umfangreiche und schwierige Aufklärungsarbeit überfordert das Wertfestsetzungsverfahren. Da trifft es sich eigentlich ganz gut, daß die gewinnabhängige Wertfestsetzung teilweise schon aus anderen Gründen („Faktorentheorie") nicht mehr praktiziert wird.[84]

Die Gefahr, daß es zu kompliziert werden kann, besteht m. E. auch bei dem Begriff „Bodenwertsteigerung", wenn diese als feste Größe im Rechts- und Geschäftsverkehr aufgefaßt wird. So hat ein Obergericht[85] in einem auf Erteilung eines Bauvorbescheides gerichteten Bauprozeß, in dem es um die Bebaubarkeit eines etwa 1 ha großen, bisher unbebauten Seeufergrundstücks ging, den Streitwert wie folgt bestimmt: Es hat unter Verwertung von Richtwerten eines Gutachterausschusses für den fraglichen Straßenabschnitt, die zur Verfügung standen, die Bodenwertsteigerung je m² Grundstücksfläche (hier: 500 DM je m²) ermittelt und dann unter Umrechnung auf die Grundstücksgröße einen Streitwert von 5 000 000 DM angenommen. Wenn insoweit genau gerechnet wird, müßte man eigentlich auch im übrigen ins Detail gehen und z. B. prüfen, ob die baurechtliche Genehmigung möglicherweise nur einen von mehreren Faktoren der Bodenwertsteigerung darstellt und ob diese die gesamte Grundstücksgröße gleichmäßig erfaßt.[86] Im übrigen sollte eine präzise Berechnung, sofern sie für geboten erachtet wird, auch nicht von dem zufälligen Vorhandensein von Richtwerten, Wertgutachten o. ä. abhängig gemacht werden; vielmehr müßte sich das Gericht generell unter Beteiligung der Parteien soweit wie möglich sachkun-

---

82) Vgl. etwa OVG Münster, NWVBl. 1990, 426.
83) KostRspr. GKG § 13 Nr. 29.
84) Vgl. oben zu II 1 b (Seite 313).
85) KostRspr. GKG § 13 Nr. 318.
86) Vgl. BVerwG, KostRspr. GKG § 13 Nr. 140.

dig machen. Welche Chancen für die Parteien, je nach Interessenlage zum Bodenwert „vorher" und „nachher" vorzutragen. Da kann die Wertfestsetzung leicht zum kleinen „Hauptsacheprozeß" werden. Um dieser Gefahr zu begegnen, könnte es angezeigt sein, auf eine „spitze" Berechnung der Bodenwertsteigerung zu verzichten und diese bei der Streitwertbemessung nur zu „berücksichtigen",[87] d. h. (wohl) ihr durch einen angemessenen Zuschlag Rechnung zu tragen.

c) Der Nutz- oder Nutzungswert

Für die Bewertung von Bauprozessen um die Genehmigung gewerblicher Vorhaben sind — wie oben dargelegt — von der Verwaltungsrechtsprechung unterschiedliche Kriterien entwickelt worden: Teilweise wird der Nutz- oder Nutzungswert des gewerblichen Vorhabens (das ist bei zu mietenden oder zu pachtenden Objekten der Miet- oder Pachtwert) als Ausgangspunkt der Streitwertbemessung angesehen.[88] Dieser Ansatz erscheint, da die erzielbaren Miet- und Pachtzinsen im Geschäftsverkehr als Gradmesser für die wirtschaftliche Bedeutung der geschäftlichen oder gewerblichen Nutzungen gelten, sachgerecht und ist auch im Vergleich mit den ansonsten verwendeten Maßstäben in besonderem Maße geeignet. Die Wertberechnung geht nicht — wie das bei Richtwerten oder Festbeträgen in der Regel der Fall ist — von nicht nachvollziehbaren Beträgen aus, sondern knüpft in einleuchtender Weise an den wirtschaftlichen Wert der gewerblichen Nutzung an. Andererseits vermeidet sie unangemessen hohe Kostenrisiken und (zu) komplizierte Berechnungen, wie sie z. B. bei gewinnorientierten Wertbemessungen zu befürchten sind. Die erzielten oder erzielbaren Mieten oder Pachten lassen sich auch ohne nennenswerten Aufwand ermitteln oder schätzen, so daß die Praktikabilität zu bejahen ist. Im Vergleich zu dem Kriterium der Baukosten, die den Sachwert der baulichen Anlage besser wiedergeben mögen, ist der Nutzwert (Miet-/Pachtwert) sicherlich der bessere Gradmesser für die wirtschaftliche Bedeutung eines Geschäfts- bzw. Gewerbebetriebes.

Hiernach spricht einiges dafür, bei der Wertfestsetzung in Verfahren dieser Fallgruppe (die Fälle der Untersagung gewerblicher Nutzungen gehören ebenfalls dazu) vom Bemessungsfaktor Nutzwert auszugehen. Es bleibt aber die weitere — von der Rechtsprechung kontrovers beantwortete — Frage nach dem maßgeblichen Zeitfaktor, d. h. danach, ob der Bewertung baurechtlicher Genehmigungen für gewerbliche Vorhaben der einfache oder dreifache Jahresnutzwert zugrunde zu legen ist.[89] Obwohl in dieser Streitfrage nicht ganz unbefangen, erlaube ich mir doch, auf die für den Einjahresnutzwert eintretenden Entscheidungen des 11. Senats des OVG Münster[90] hinzuweisen. Bei einer Umrechnung auf den dreifachen Jahreswert müßte m. E. — zumindest im Hinblick auf das damit für die Parteien verbundene sehr hohe Kostenrisiko — die Frage nach der Eignung des Gesamtmaßstabes erneut aufgeworfen werden. So war festzustellen, daß die Anwendung des Dreijahreswertes nicht nur bei Objekten wie Spielhallen, Verbrauchermärkten — bei denen es angebracht sein mag —, sondern auch bei weniger bedeutenden Gewerbebetrieben, Läden und auch bei nicht eigengenutzten Wohnhäusern — wobei diese Fallgruppe den gewerblichen Vorhaben zugerechnet wird — häufig zu sechsstelligen Streitwertbeträgen, mitunter auch zu Beträgen von mehreren hunderttausend DM führte. Wenn man sich für diesen Zeitfaktor (drei Jahre) entscheidet, muß man auch die Folgen sehen und in Kauf nehmen. Genau da habe ich

---

87) So offenbar BVerwG, KostRspr. GKG § 13 Nr. 276.
88) Vgl. zum Beispiel OVG Münster, NWVBl. 1990, 426.
89) Vgl. zum Meinungsstand Fn. 31, 34, 36.
90) KostRspr. GKG § 13 Nr. 268 und Nr. 324 = NWVBl. 1990, 426.

Bedenken, daß nach einer Phase zugegebenermaßen zu niedriger Streitwerte das Pendel hier zu sehr zur anderen Seite ausschlägt.

d) Die Baukosten

Den Baukosten kann die Eignung, bei der Bewertung von Bauprozessen als Ausgangswert Verwendung zu finden, grundsätzlich nicht abgesprochen werden. Sie enthalten nämlich im allgemeinen eine hinreichend deutliche Aussage zum Gebäudewert, insbesondere zum Sachwert, und können, soweit im konkreten Fall oder in der Fallgruppe auf den Sachwert abzustellen ist, als Bemessungsfaktor herangezogen werden. Hierzu dürften etwa die Verfahren um Wohnhäuser gehören. Doch stellt sich insoweit die Frage, ob es weitere taugliche Kriterien (etwa den Nutzwert) gibt und welcher Maßstab den Vorzug verdient. Geht es dagegen um die Genehmigung bzw. Untersagung gewerblicher Vorhaben, läßt sich die Bedeutung der Sache für den Betreiber kaum aus dem Sachwert der Bausubstanz ableiten; damit dürfte für diese Fallgruppe die baukostenorientierte Bewertung entfallen und auf den Nutzungswert abzustellen sein. Eine schematische Anwendung des Baukostenprinzips auf alle baurechtlichen Genehmigungsverfahren — wie im Streitwertkatalog des BVerwG vorgesehen,[91] erscheint deshalb nicht angebracht. Im übrigen ist nicht ganz verständlich, warum der erwähnte Streitwertkatalog von Rohbaukosten ausgeht und eine Quote von $\frac{1}{10}$ vorsieht und sich damit im Vergleich zu den Instanzgerichten, die auf Baukosten abheben und höhere Quoten annehmen,[92] wesentlich niedrigere Streitwerte ergeben.

2. Ausblick

Abschließend gebe ich der Hoffnung Ausdruck, daß die vielfältigen Bemühungen um verbesserte Grundlagen und Grundsätze der Streitwertfestsetzung im öffentlichen Recht fortgesetzt und zu sachgerechten Ergebnissen führen werden.

Zugleich erlaube ich mir, für den Bereich des öffentlichen Baurechts einige Vorstellungen zu entwickeln und Anregungen zu geben.

Die Instanzgerichte sollten ihre Streitwertpraxis im Hinblick auf neue Erkenntnisse oder Gesichtspunkte (z. B. einschlägige Entscheidungen des BVerwG, Empfehlungen des Streitwertkatalogs) überprüfen und in Erwägung ziehen, ob nicht im Interesse einer einheitlichen und praktikablen Streitwerthandhabung — ggfs. unter Zurückstellung gewisser Bedenken — die bisherige Rechtsprechung aufgegeben und ein neu entwickelter (höchstrichterlicher) Bewertungsmaßstab übernommen werden kann. Das schließt natürlich die Möglichkeit nicht aus, dem BVerwG in geeigneten Fällen argumentativ zu widersprechen und dieses seinerseits zur Überprüfung seiner Auffassung zu veranlassen. Im übrigen sollte es angesichts der Schwierigkeit, die „Richtigkeit" eines bestimmten Bewertungsmaßstabes darzutun, zwischen den Instanzgerichten und seinen Spruchkörpern mehr Absprachen geben.

Das BVerwG sollte sich seiner besonderen Rolle bei der Fortentwicklung des Streitwertkatalogs bewußt sein und — das gilt für den zuständigen 4. Senat — seine lobenswerte Praxis fortsetzen, (wichtige) Streitwertbeschlüsse zu begründen und auch von der Abänderungsmöglichkeit des § 25 Abs. 1 Satz 3 GKG Gebrauch zu machen. Der Senat sollte trotz seiner

---

91) NVwZ 1989, 1042 f.
92) Vgl. Fn. 6 ff.

eingeschränkten Möglichkeiten – eine Beschwerde gegen Streitwertbeschlüsse der Oberverwaltungsgerichte gibt es nicht – versuchen, der Zersplitterung der obergerichtlichen
Spruchpraxis dadurch entgegenzuwirken, daß er zu den umstrittenen Streitwertfragen bei
Gelegenheit ein klärendes Wort sagt. Da ein solches klärendes Wort die Obergerichte nicht
bindet, bleibt allerdings nur die Hoffnung, daß die Instanzgerichte dem freiwillig Rechnung
tragen.

Mit Blick auf den Gesetzgeber sind in letzter Zeit vielfältige Reformvorstellungen zum
Streitwertrecht in der Verwaltungsgerichtsbarkeit entwickelt worden.[93] Es wird ihm aber
angesichts der zahlreichen und dringlichen Aufgaben, die gegenwärtig insbesondere im
Zusammenhang mit der deutschen Einigung zu bewältigen sind, nicht leichtfallen, sich bald
und umfassend diesem Problemfeld zuzuwenden. Gleichwohl halte ich es für angebracht,
diesen Vorschlägen noch eine Anregung anzufügen: Es sollte erwogen werden, ob nicht
– wenigstens probeweise und befristet – eine (etwa auf grundsätzliche Bedeutung und
Divergenz eingeschränkte) Streitwertbeschwerde zum BVerwG eingeführt werden könnte.
Obwohl seit der Kostenrechtsnovelle 1975 bundeseinheitliche Streitwertvorschriften zur
Verfügung stehen, hat sich an der durch Rechtszersplitterung und Unausgewogenheit
gekennzeichneten Situation der verwaltungsgerichtlichen Bewertungspraxis bislang im
wesentlichen nichts geändert. Den Obergerichten der Länder ist es nicht gelungen, ein
einigermaßen einheitliches und brauchbares Streitwertkonzept zu entwickeln. Dieser unbefriedigende Zustand ist m. E. vorwiegend darauf zurückzuführen, daß es bundesweit keine
Stelle gab, die bei der Beurteilung von Bewertungsgrundsätzen und -maßstäben das „letzte
Wort" hatte. Ob es künftig ohne dieses letzte Wort einer kompetenten Stelle zu einer
nachhaltigen Verbesserung der verwaltungsgerichtlichen Streitwertpraxis kommen wird,
hängt wohl von vielen Umständen, etwa von den weiteren Arbeiten am Streitwertkatalog,
aber auch von der Einsicht der für die Wertfestsetzung verantwortlichen Verwaltungsrichter
ab, bleibt aber nur eine Hoffnung.

Zuletzt noch eine Anregung an den Jubilar. *Gelzer* sollte weiterhin – möglichst in
verstärktem Maße – wichtige baurechtsrelevante Streitwertentscheidungen in seine vorbild-
lichen Dokumentationen (Baurecht, Baurechtssammlung) aufnehmen[94] und damit die
Bestrebungen um eine verbesserte Streitwertrechtsprechung im öffentlichen Baurecht unterstützen.

---

93) Vgl. etwa *Bräutigam*, NVwZ 1989, 1022, 1024 ff.; *Zimmer*, NVwZ 1988, 706.
94) Bisher etwa BRS 49 Nrn. 178 bis 182, BRS 48 Nrn. 150 bis 152.

ERNST RASCH

Der Begriff des Nachteils und das Rechtsschutzbedürfnis bei Anträgen auf Normenkontrolle

I. Zweck des Normenkontrollverfahrens

Nach der herrschenden Meinung soll das Normenkontrollverfahren eine Doppelfunktion besitzen,[1] es sei sowohl Rechtschutz als auch objektives Prüfungsverfahren. Dabei gehen aber die Ansichten darüber auseinander, wo der Schwerpunkt des Normenkontrollverfahrens liegt. Die Auffassung des Bundesverwaltungsgerichts zu dieser Frage ist unterschiedlich. In der Begründung zu dem Beschluß vom 2. 9. 1983[2] heißt es u. a.: „Gerade bei den Bebauungsplänen und Veränderungssperren (§ 47 Abs. 1 Nr. 1 VwGO) steht die Rechtsschutzfunktion des Normenkontrollverfahrens angesichts des im allgemeinen „konkret-individuellen" Regelungsgehalts dieser Normen . . . im Vordergrund."[3] Auf der anderen Seite wird in einem Beschluß vom 12. 3. 1987[4] ausgeführt: „Abgesehen davon, daß die abstrakte Normenkontrolle ein objektives Rechtsbeanstandungsverfahren ist . . ."

Die Überlegungen zu dem Sinn und Zweck des Normenkontrollverfahrens sind aber nicht nur von theoretischem Interesse, sondern haben auch praktische Bedeutung für die Auslegung des § 47 VwGO, insbesondere — wie noch zu zeigen sein wird — für die Frage des Rechtsschutzbedürfnisses.[5]

Bei der Frage, wo der Schwerpunkt des Normenkontrollverfahrens liegt, ist zu differenzieren.[6] Das Verfahren bei Anträgen auf Normenkontrolle von natürlichen und juristischen Personen ist ein Rechtsschutzverfahren, dagegen ist das Normenkontrollverfahren auf Antrag von Behörden ein objektives Nachprüfungsverfahren.

II. Nachteil

Nach § 47 Abs. 2 Satz 1 VwGO kann den Antrag auf Normenkontrolle jede natürliche oder juristische Person stellen, die durch die Rechtsvorschrift oder deren Anwendung einen Nachteil erlitten oder in absehbarer Zeit zu erwarten hat. Mit dem Begriff des Nachteils

---

1) Aus der Literatur vgl. *Kopp*, VwGO, 8. Aufl., 1989, § 47 Rdn. 3 mit zahlreichen Hinweisen; *Redeker/ von Oertzen*, VwGO, 9. Aufl., 1988, § 47 Rdn. 1; *Skouris*, DVBl. 1980, 316; *Paetow*, NVwZ 1965, 311; *Dürr*, Die Antragsbefugnis bei der Normenkontrolle von Bebauungsplänen, 1987, S. 19. Aus der Rechtsprechung OVG Lüneburg, Urt. v. 12. 3. 1980 — 6 C 12.78 — BauR 1980, 539 = BRS 36 Nr. 32; OVG Berlin, Urt. v. 10. 7. 1980 — 2 A 3, 79 — BauR 1980, 536 = BRS 36 Nr. 31 = MDR 1981, 80.
2) 4 N 1.83 — E Bd. 68, 2 = BauR 1984, 156.
3) Vgl. auch BVerwG, Beschl. v. 18. 12. 1989 — 4 NB 14/89; NVwZ 1990, 554.
4) 4 N 1.80 — E. Bd. 65, 131 (13).
5) Vgl. dazu auch *Dürr*, Die Antragsbefugnis, a. a. O. (Anm. 1), S. 19 f.
6) Vgl. auch *Paetow*, NVwZ 1985, 311.

beschäftigen sich immer wieder Rechtsprechung und Literatur. *Dürr,* Die Antragsbefugnis bei der Normenkontrolle von Bebauungsplänen, 1987, untersucht gründlich anhand der Rechtsprechung und Literatur den Begriff des Nachteils in allen seinen Verzweigungen, so daß es nicht erforderlich ist, auf diesen Begriff näher einzugehen. Es sollen daher nur einige Punkte erörtert werden.

Bis zur grundsätzlichen Entscheidung des Bundesverwaltungsgerichts vom 9. 11. 1979[7] wurden im wesentlichen zwei Ansichten in der Rechtsprechung vertreten. Die eine Auffassung verlangte die Beeinträchtigung rechtlich geschützter Interessen,[8] während die andere Ansicht auf dem Standpunkt stand, daß bereits eine tatsächliche Beeinträchtigung die Antragsbefugnis begründe.[9] Nach diesem Beschluß des Bundesverwaltungsgerichts vom 9. 11. 1979[10] ist ein „Nachteil" dann gegeben, „wenn der Antragsteller durch den Bebauungsplan oder durch dessen Anwendung negativ, d. h. verletzend, in einem Interesse betroffen wird bzw. in absehbarer Zeit betroffen werden kann, daß bei der Entscheidung über den Erlaß oder den Inhalt dieses Bebauungsplans als privates Interesse des Antragstellers in der Abwägung berücksichtigt werden mußte". Wenn ein privates Interesse so gewichtig sei, daß es in die Abwägung eingestellt werden müßte, dann sei es zugleich schutzwürdig genug, um die Antragsbefugnis zu legitimieren. In die Abwägung einzustellen seien grundsätzlich schutzwürdige Interessen. Diese seien aber nur dann einzustellen, wenn ihre Betroffenheit für die planenden Stellen erkennbar war. Dies setze voraus, daß der Träger dieser Belange im Offenlegungsverfahren nach § 2 a Abs. 6 BBauG Anregungen und Bedenken vorgebracht habe oder aber die Betroffenheit der Gemeinde aufdrängen mußte. Daraus geht hervor, daß die zeitliche Grenze für die Abwägungserheblichkeit eines Interesses der Zeitpunkt der Beschlußfassung über die Bauleitplanung anzusehen sei.[11] Aber diese zeitliche Grenze hat das Bundesverwaltungsgericht in einem Beschluß vom 11. 11. 1988[12] aufgegeben. In dem Leitsatz zu dieser Entscheidung heißt es: „Einen Antrag auf Entscheidung über die Gültigkeit eines Bebauungsplans kann auch ein Mieter stellen, der erst nach dem Inkrafttreten des Bebauungsplans Räume im Planbereich mietet und dem in Hinblick auf die Festsetzungen des Bebauungsplans untersagt werden kann, eine Nutzung aufzunehmen, die dort zuvor nicht ausgeübt worden ist."

Der grundsätzlichen Entscheidung des Bundesverwaltungsgerichts vom 9. 11. 1979 haben sich die Oberverwaltungsgerichte/Verwaltungsgerichtshöfe angeschlossen.[13] Diese Entscheidung ist aber nicht ohne Kritik geblieben.[14] Vor allem ist die systematische Verknüpfung von Nachteil und Abwägung bedenklich, wodurch der Unterschied zwischen Zulässig-

---

7) 4 N 1.78, − 4 N 2.79 − 4 N 3.79 und 4 N 4.79 − BVerwGE 59, 87 = BauR 1980, 36 = BRS 35 Nr. 27 = DVBl. 1980, 233 = DÖV 1980, 217 = BayVBl. 1980, 88 = NJW 1980, 1061. Besprochen von *Müller,* DÖV 1980, 220; *Bettermann,* DVBl. 1980, 237; *Skouris,* DVBl. 1980, 315; *Ule,* DVBl. 1981, 655.
8) Nachweise bei *Dürr,* Die Antragsbefugnis, a. a. O. (Anm. 1), S. 34, Anm. 34.
9) Nachweise bei *Dürr,* Die Antragsbefugnis, a. a. O. (Anm. 1), S. 35, Anm. 37.
10) Vgl. Anm. 7.
11) Vgl. dazu auch *Gross,* DVBl. 1989, 1077.
12) 4 NB 5.88 − BauR 1989, 304 = DVBl. 1989, 359 = NVwZ 1989, 553.
13) Vgl. die Nachweise bei *Rasch,* BauR 1985, 250; *Paetow,* NVwZ 1985, 311, Anm. 40; *Dürr,* Die Antragsbefugnis, a. a. O. (Anm. 1), S. 35, Anm. 41. Die Rechtsprechung aus der neueren Zeit, vgl. OVG Saarland, Beschl. v. 30. 3. 1987 − 2 N 2/85 − BRS 47 Nr. 27; OVG Münster, Urt. v. 23. 1. 1990 − 10 a NF 48.88 − BauR 1990, 446 betr. Aufhebung eines Bebauungsplans; Bad.-Württ. VGH, Urt. v. 15. 3. 1990 − 8 S 3707/88 − NVwZ 1990, 982.
14) Vgl. vor allem *Gross,* DVBl. 1989, 1077, der schreibt: „Die h. M. begegnet systematischen Bedenken, führt in der Praxis zu untragbaren Ergebnissen und findet keine Begründung in einer wörtlichen oder teleologischen Interpretation"; vgl. auch *Dürr,* Die Antragsbefugnis, a. a. O. (Anm. 1), S. 46 ff.

keit und Begründetheit verwischt wird.[15] Zu dem Abwägungsvorgang gehört die Zusammenstellung des Abwägungsmaterials. Wird die Entscheidung darüber, was bei der Abwägung zu berücksichtigen sei, zu einer Frage der Zulässigkeit des Normenkontrollantrages, so erfolgt ein wesentlicher Teil der Rechtmäßigkeitsprüfung des Bebauungsplans schon bei der Zulässigkeit.[16] Auch durch die Begriffsbestimmung, Nachteil sei die Beeinträchtigung abwägungsrelevanter Interessen, wird keine Präzision eines unbestimmten Rechtsbegriffes erreicht.[17]

Diese Kritik gibt aber keine Veranlassung, von der Rechtsprechung des Bundesverwaltungsgerichts abzugehen. Diese Rechtsprechung besteht seit über zehn Jahren, und die Oberverwaltungsgerichte/Verwaltungsgerichtshöfe sind ihr gefolgt. Eine Schwäche dieser Rechtsprechung, die sich daraus ergab, daß nach der Ansicht des Bundesverwaltungsgerichts alle erst nach dem Inkrafttreten des Bebauungsplans erkennbaren Beeinträchtigungen die Anfechtbarkeit nicht begründen konnten, ist durch den Beschluß vom 11. 11. 1988[18] ausgeräumt.

Aber auch die von den Kritikern vorgeschlagenen Lösungen können nicht überzeugen und bieten keine Verbesserungen. Dies gilt besonders für die Heranziehung des Begriffes „Regelungsbereich einer Norm". Dieser ließe sich bei untergesetzlichen Normen aus der gesetzlichen Ermächtigungsgrundlage gewinnen. Die Antragsbefugnis könne nur auf innerhalb des Regelungsbereichs der Norm[19] liegende Nachteile gestützt werden. Außerhalb des materiellen Regelungsbereichs der Norm liegende Interessen könnten nicht zu einer Antragsbefugnis bei der Normenkontrolle führen.[20] Dazu ist aber zu sagen, daß der Begriff des Regelungsbereichs reichlich unbestimmt ist.[21]

Aus der neueren Rechtsprechung ist das bereits zitierte Urteil des OVG Münster[22] zu erwähnen. In diesem Fall wenden sich die Antragsteller gegen die Aufhebung eines Bebauungsplans, der u. a. als Rechtsgrundlage für die Errichtung einer Schallschutzwand und die Teileinziehung eines etwa 4 m langen Straßenstücks diente. In der Begründung wird u. a. ausgeführt, daß § 47 Abs. 1 VwGO allgemein auf Satzungen und nicht nur auf Bebauungspläne bezogen sei. Dazu gehöre auch eine Satzung über die Aufhebung eines Bebauungsplans nach § 2 Abs. 4 BBauG.

III. Das Rechtsschutzbedürfnis

Neben dem Nachteil muß ferner für den Antrag auf Normenkontrolle einer natürlichen oder juristischen Person ein Rechtsschutzbedürfnis vorliegen.

Voraussetzung jedes Rechtsschutzbegehrens ist das Vorliegen eines Rechtsschutzbedürfnisses, wobei es sich um einen ungeschriebenen Rechtssatz handelt. Das Vorliegen des Rechtsschutzbedürfnisses ist die Voraussetzung dafür, daß der Prozeß in das Stadium der

---

15) Vgl. *Dürr,* Die Antragsbefugnis, a. a. O. (Anm. 1), S. 48, dort Anm. 75 weitere Hinweise; *Gross,* DVBl. 1989, 1078; *Paetow,* NVwZ 1985, 311 f.

16) *Gross,* DVBl. 1989, 1078; *Paetow,* a. a. O., 311.

17) Vgl. auch *Paetow,* DÖV 1988, 276.

18) Vgl. Anm. 12.

19) *Dürr,* Die Antragsbefugnis, a. a. O. (Anm. 17), S. 55; *Gross,* DVBl. 1989, 1079.

20) *Gross,* DVBl. 1989, 1079, dort S. 1080 weitere Einzelheiten.

21) *Paetow,* DÖV 1988, 276.

22) Vgl. Anm. 13.

Prüfung der Begründetheit kommt. Fehlt es, so ist die Klage unzulässig.[23] Das Rechtsschutzbedürfnis entspricht dem Gebot der ökonomischen Verfahrensweise. Niemand darf die Gerichte als einen Teil der Staatsgewalt zu unnützen Zwecken oder nur zur Klärung einer theoretischen Streitfrage in Anspruch nehmen.[24] Die Geringfügigkeit des Streitgegenstandes kann das Rechtsschutzbedürfnis nicht ausschließen.[25] Denn es ist nicht möglich, das Rechtsschutzbedürfnis nur deshalb abzuerkennen, weil der Streitgegenstand geringfügig ist.[26]

Da das Normenkontrollverfahren auf Antrag von natürlichen und juristischen Personen — wie gezeigt — ein Rechtsschutzverfahren ist, muß neben dem Nachteil ein Rechtsschutzbedürfnis vorliegen.[27] Das Rechtsschutzbedürfnis soll vermeiden, daß das Gericht in eine Normenprüfung eintreten muß, deren Ergebnis für den Antragsteller wertlos ist.[28] Ganz allgemein setzt das Rechtsschutzbedürfnis voraus, daß durch die Entscheidung des Gerichts — Erklärung der Nichtigkeit des Bebauungsplans — die Rechtsstellung des Antragstellers in irgendeiner Weise verbessert werden könnte.[29] Das Rechtsschutzbedürfnis fehlt dem Antragsteller, wenn ihm bereits eine unanfechtbare Baugenehmigung erteilt worden ist und er dadurch, daß der Bebauungsplan für nichtig erklärt wird, seine Rechtsstellung nicht verbessern kann[30] und die Inanspruchnahme des Gerichts deshalb für ihn erfolglos erscheint. Dazu ist noch zu bemerken, daß die Feststellung der Nichtigkeit des angegriffenen Bebauungsplans an der Bestandskraft der aufgrund des Bebauungsplans erteilten Baugenehmigung nichts ändert (vgl. § 47 Abs. 6 Satz 3 i. V. m. § 183 VwGO).

Wann die Inanspruchnahme des Gerichts erfolglos erscheint, richtet sich im wesentlichen nach den jeweiligen Verhältnissen.[31] Das Bundesverwaltungsgericht führt in dem Beschluß vom 9. 2. 1989[32] noch aus, daß dann, wenn der Normenkontrollantrag zur Vorbereitung eines Verfahrens gegen die verwirklichte Festsetzung eines Bebauungsplans dient, so bestehe das Rechtsschutzbedürfnis nur dann nicht, wenn die beabsichtigte weitere Rechtsverfolgung offensichtlich aussichtslos sei. Nur wenn es für das Normenkontrollgericht auf der Hand liege, daß eine nachfolgende Klage unter jedem in Betracht kommenden Gesichtspunkt

23) BGH, Urt. v. 9. 4. 1987 — IZR 44/85 — NJW 1987, 3139; BVerwG, Urt. v. 2. 7. 1965 — VII C 47/64 — DVBl. 1966, 33 f.
24) *Baumbach/Lauterbach*, ZPO, 48. Aufl., 1990, Vor § 253, 5 A.
25) OVG Münster, Urt. v. 28. 2. 1961 — II A 1311/59 — Amtl. Samml. Bd. 16, 236 = NJW 1961, 1643.
26) *Bodo Stephan*, Das Rechtsschutzbedürfnis, 1967, S. 48 ff. mit Einzelheiten.
27) BayVGH, Beschl. v. 8. 7. 1963 — BNr 13 IV 63 — BayVGH E 16, 55; HessVGH, Beschl. v. 6. 12. 1968 — R V 4/62 — ESVGH 19, 149; OVG Lüneburg, Urt. v. 12. 3. 1980 — C 12/78 — DVBl. 1980, 962 = BauR 1980, 38; OVG Saarland, Beschl. v. 19. 7. 1982 — 2 N 1.1/81 BRS 39 Nr. 43; VGH Bad.-Württ., Urt. v. 3. 3. 1983 — 5 S 1751/52 — BauR 1983, 222; OVG Berlin, Urt. v. 10. 7. 1980 — 2 A 3.79 — BauR 1980, 536 mit eingehenden Hinweisen auf Literatur und Rechtsprechung.
28) BVerwG, Beschl. v. 18. 7. 1989 — 4 N 3/87 — NVwZ 1990, 157 (159).
29) BVerwG, Urt. v. 28. 4. 1967 — IV C 163/65 — NJW 1967, 1819; Urt. v. 28. 8. 1987 — 4 N 386 — E Bd. 78, 85 = BRS 47 Nr. 185; OVG Lüneburg, Urt. v. 14. 12. 1989 — 6 C 23.24 und 26/88 — BRS 49 Nr. 38.
30) BVerwG, Beschl. v. 28. 8. 1987 — 6 N 3/86 — BauR 1987, 661, dort Einzelheiten zu der Frage, wann auch eine unanfechtbare Baugenehmigung das Vorliegen eines Rechtsschutzbedürfnisses nicht ausschließt, wenn z. B. die Baugenehmigung außer Kraft tritt oder wenn das genehmigte Vorhaben nicht innerhalb bestimmter landesrechtlich geregelter Frist begonnen oder weiter fortgeführt wird.
31) BVerwG, Beschl. v. 9. 2. 1989 — NB 1.89 — BRS 49 Nr. 37.
32) Vgl. Anm. 31.

erfolglos werde, müsse der Antrag wegen fehlenden Rechtsschutzbedürfnisses zurückgewiesen werden.[33)34)]

IV. Behörden

1. Neben den natürlichen und juristischen Personen kann auch jede Behörde den Antrag auf Normenkontrolle stellen. Die Behörde braucht im Gegensatz zu den natürlichen und juristischen Personen keinen Nachteil erlitten oder in absehbarer Zeit zu erwarten haben.

Zunächst ist hier die Frage zu klären, ob unter dem Begriff der Behörde auch die Gerichte als unabhängige Spruchkörper fallen. Das Gesetz schweigt zu dieser Frage. In Literatur und Rechtsprechung ist sie umstritten. Vielfach werden die Gerichte für antragsbefugt gehalten.[35)] Aber die Ausdehnung des Begriffes der Behörde auf die staatlichen Gerichte ist unbegründet.[36)] Bei dem Begriff der Behörde in § 47 Abs. 2 VwGO ist an § 1 Abs. 4 VwVfG anzuknüpfen. Danach ist Behörde im Sinne der VwVfG jede Stelle, die Aufgaben der öffentlichen Verwaltung wahrnimmt. Dieser Behördenbegriff muß auch für die VwGO gelten. Daraus folgt, daß Gerichte keinen Normenkontrollantrag stellen können.[37)]

2. Kennzeichen des Normenkontrollantrages einer Behörde ist, daß sie keinen Nachteil nachzuweisen hat. Streitig ist aber, ob ein Rechtsschutzbedürfnis vorliegen muß. Diese Frage wird von der Rechtsprechung und Literatur allgemein bejaht.[38)] Dieser Ansicht kann aber nicht beigetreten werden.[39)] Bei dem Antragsrecht der Behörde braucht kein Rechtsschutzbedürfnis vorzuliegen.[40)] Es ist bereits gezeigt, daß ein auf Antrag einer Behörde in Gang gesetztes Normenkontrollverfahren der objektiven Rechtskontrolle dient. Die Behörde will sich Klarheit über die objektive Rechtslage verschaffen. Sie hat nur ein Interesse daran, daß in einem gerichtlichen Verfahren festgestellt wird, ob ein Bebauungsplan rechtmäßig ist. Es ist aber erforderlich, daß die antragstellende Behörde von dem angefochtenen Bebauungsplan in irgendeiner Weise betroffen ist und der Bebauungsplan sich in ihrem Geschäftsbereich auswirkt.[41)]

---

33) Weitere Fälle des fehlenden Rechtsschutzbedürfnisses vgl. *Rasch*, BauR 1985, 252.
34) Kritisch gegenüber dem Rechtsschutzbedürfnis bei Normenkontrollanträgen äußert sich *Renk*. Er meint, daß die verwaltungsgerichtliche Normenkontrolle der Rechtsbeanstandung diene und die Zulässigkeit des Antrages nicht von einem Rechtsschutzbedürfnis des Antragstellers abhängig sein könne, vgl. BayVBl. 1979, 225 (227); NJW 1980, 1022 (1025).
35) BayVGHE v. 9. 7. 1958, BayVBl. 1959, 57, zitiert nach *Klaus Wolfram*, Die verwaltungsgerichtliche Normenkontrolle, Diss. München 1967, S. 150, dort Anm. 350 weitere Hinweise.
36) Bad.-Württ. VGH, Urt. v. 21. 5. 1962 – III 173.62 – DVBl. 1963, 39 = ESVGH Bd. 12, 85.
37) *Dürr*, Die Antragsbefugnis, a. a. O. (Anm. 1), S. 112, dort Anm. 15 Hinweise auf Literatur und Rechtsprechung.
38) OVG Bremen, Beschl. v. 3. 6. 1979 – OVG I 2/78 – DVBl. 1980, 369 Bad.-Württ. VGH, Beschl. v. 10. 12. 1976 – III 1149/76 – BauR 1977, 182, wo es im Leitsatz 2 heißt: „Eine Behörde hat nur dann ein Rechtsschutzinteresse an einer Normenkontrollentscheidung, wenn sie die Norm, die sie für ungültig hält, zu vollziehen (anzuwenden) hat; es genügt nicht, daß sie von der Anwendung der Norm durch eine andere Behörde „betroffen" wird." Vgl. ferner *Redeker/von Oertzen*, VwGO, 9. Aufl., 1988, § 47, Rdn. 25; *Dolde*, BauR 1978, 154/155; *Papier*, in: Festschrift für Menger, 1985, S. 526, *Dürr*, Die Antragsbefugnis, a. a. O. (Anm. 1), S. 113.
39) § 5 Abs. 2 Nr. 5, § 9 Abs. 1 Nr. 15 BauGB.
40) *Kopp*, VwGO (Anm. 1), § 47 Rdn. 35: „Rechtsschutzbedürfnis nicht erforderlich"; *Renk*, BayVBl. 1979, 225 (227); *Bodo Stephan*, Das Rechtsschutzbedürfnis (Anm. 26), S. 148.
41) *Eyermann/Fröhler*, VwGO, 9. Aufl., 1988, § 47 Rdn. 26; VGH Bad.-Württ., Urteil v. 12. 6. 1984 – 5 S 2397/S 3 – DÖV 1985, 161; *H. J. Wolff/Bachof*, Verwaltungsrecht III, 3. Aufl., 1978, § 165 Rdn. 19; *Redeker/von Oertzen*, VwGO (Anm. 38), § 47 Rdn. 25; *Stüer*, DVBl. 1985, 477.

Diese Betroffenheit liegt jedenfalls dann vor, wenn die Behörde den Bebauungplan anzuwenden hat.[42] Dies gilt auch für die höhere Verwaltungsbehörde, „die einen von ihr genehmigten Bebauungsplan in unterschiedlicher Weise anzuwenden hat".[43] Aber der Kreis der von einem Bebauungsplan betroffenen Behörden ist noch weiter zu ziehen. Antragsbefugt sind auch die Behörden, die bei ihren Maßnahmen die Festsetzung des Bebauungsplans in ihren Entscheidungen einstellen müssen.[44] Nach *Dürr*[45] soll es dagegen für die Antragsbefugnis nicht ausreichen, daß die Behörde durch den Bebauungsplan in der Wahrnehmung ihrer öffentlichen Aufgaben berührt wird, die Bauleitplanung also irgendwelche Auswirkungen für die Behörde hat. Aber auch in diesen Fällen sollte die Betroffenheit der Behörde und damit die Antragsbefugnis bejaht werden.

Diese Betroffenheit, die Voraussetzung für die behördliche Antragstellung ist, ist vom Rechtsschutzbedürfnis zu unterscheiden. Das Rechtsschutzbedürfnis bei den Normenkontrollanträgen von natürlichen und juristischen Personen setzt − wie gezeigt − voraus, daß die Entscheidung über den Normenkontrollantrag die Rechtsstellung des Antragstellers in irgendeiner Weise verbessert. Bei den Anträgen von Behörden ist dagegen das Gericht nicht befugt, die voraussichtlichen Aussichten des Normenkontrollantrages zu prüfen und unter Umständen den Antrag als unzulässig zurückzuweisen.

V. Gemeinden

1. Eingehend erörtert ist die Frage, inwieweit eine Gemeinde ihren eigenen für nichtig erkannten Bebauungsplan zu behandeln hat. Zunächst besitzt die Gemeinde keine eigene Verwerfungskompetenz[46] im Sinne einer Nichtanwendung oder Nichtbeachtung ihres eigenen Bebauungsplans. Das OVG Münster hat in einem Beschluß vom 24. 3. 1982[47] u. a. ausgeführt: „Der Rat einer Gemeinde hat mangels Normverwerfungskompetenz nicht die Befugnis, die Nichtigkeit eines Bebauungsplans mit Allgemeinverbindlichkeit festzustellen . . . Hieran ist er durch den aus dem Rechtsetzungsakt folgenden Geltungsanspruch der Norm gehindert. Will die Gemeinde sich von der Bindung an einen Bebauungsplan lösen, muß sie diesen in einem förmlichen Verfahren nach § 2 Abs. 6 BBauG aufheben."[48] Ferner hat das Bundesverwaltungsgericht in einem Urteil vom 21. 11. 1986[49] entschieden, daß die höhere Verwaltungsbehörde nicht befugt sei, die Nichtigkeit eines von ihr als ungültig erkannten Bebauungsplans verbindlich festzustellen. Ebensowenig könne sie die rechtswidrig erteilte, inzwischen aber gemäß § 12 BBauG ortsüblich bekanntgemachte Genehmigung des damit in Kraft getretenen Bebauungsplans zurücknehmen. Hier hatte sich die klagende Gemeinde gegen den Bescheid der beklagten Bezirksregierung über die Feststellung der Nichtigkeit eines Bebauungsplans und die Rücknahme der Baugenehmigung gewandt. In dem Leitsatz 2 dieser Entscheidung heißt es: „Auch ein als ungültig erkannter Bebauungsplan ist − abgesehen von der gerichtlichen Nichtigkeitserklärung im Normenkontrollverfahren − in dem für die Aufhebung von Bebauungsplänen geltenden Verfahren aufzuheben."

42) Bad.-Württ. VGH, Beschl. v. 10. 12. 1976 − III 1149/76; BauR 1977, 182 = NJW 1977, 1469.
43) BVerwG, Beschl. v. 11. 8. 1989 − 4 NB 23/89 − NVwZ 1990, 57.
44) *Dürr*, Die Antragsbefugnis, a. a. O. (Anm. 1), S. 114.
45) *Dürr*, Die Antragsbefugnis, a. a. O. (Anm. 1), S. 114.
46) Vgl. *von Mutius-Hill*, Die Behandlung fehlerhafter Bebauungspläne durch die Gemeinden, 1983, S. 56 ff. mit Hinweisen auf die Literatur.
47) 10 a NE/8/80 − BauR 1982, 346 = DÖV 1983, 86 = NVwZ 1982, 636.
48) Kritisch *Klapdor*, BauR 1982, 409, vgl. dazu auch *von Mutius-Hill* a. a. O. (Anm. 46), S. 61.
49) 4 22.83 − BauR 1987, 171.

Gegen diese Ansicht wird geltend gemacht,[50] daß es sich bei der Aufhebung eines für nichtig erkannten Bebauungsplans nach § 2 Abs. 4 BauGB in Wirklichkeit um keine Aufhebung handele, da eine nichtexistierende Norm nicht aufgehoben werden könne. Dazu ist zu sagen, daß auch eine nichtige Norm einen Rechtsschein besitzt, der aufgehoben werden muß.[51] Das Aufhebungsverfahren kann aber vereinfacht werden. Jedenfalls ist ein förmliches Verfahren durchzuführen mit einem Nichtigkeitsbeschluß der Gemeindevertretung in der Form einer Satzung, die bekanntgemacht werden muß.[52]

Hält die Gemeindeverwaltung einen Bebauungsplan für nichtig, aber die Gemeindevertretung lehnt es ab, den Bebauungsplan in einem förmlichen Verfahren aufzuheben, dann besteht die Möglichkeit, daß die Gemeindeverwaltung als Behörde einen Normenkontrollantrag nach § 47 VwGO stellt. Es erhebt sich nur die Frage, ob es sich dabei nicht um einen unzulässigen In-sich-Prozeß handelt.[53] Dieser Einwand entfällt aber, wie *Dürr*[54] eingehend ausführt. Das Normenkontrollverfahren auf Antrag einer Behörde dient nicht der Wahrnehmung von Rechten, sondern allein der Klärung der Rechtslage bezüglich einer Norm, die die Behörde anzuwenden hat.

2. Es kann aber auch sein, daß sich eine Gemeinde gegen den Bebauungsplan einer Nachbargemeinde wendet. Das Bundesverwaltungsgericht hat in einem neueren Beschluß vom 15. 3. 1989[55] ausgeführt, daß es für die Antragsbefugnis der Gemeinde als Behörde insoweit ausreichend sei, daß die angegriffene Norm im Gemeindegebiet gilt und von ihr bei der Wahrnehmung der eigenen oder übertragenen Angelegenheiten zu beachten ist.

VI. Verwirkung

Mit der Frage der Verwirkung des Antrages auf Normenkontrolle befaßt sich das Bundesverwaltungsgericht in zwei neueren Beschlüssen vom 9. 2. 1989[56] und vom 18. 12. 1989.[57] Bereits 1967 entschied der Bad.-Württ. VGH,[58] daß der Antrag auf Normenkontrolle nicht verwirke. Er sei an keine Frist gebunden, und bei dem Normenkontrollverfahren gehe es um die Gültigkeit von Rechtsvorschriften.[59] Im Gegensatz dazu bejahte das OVG Rheinland-Pfalz in einem Urteil vom 7. 6. 1983[60] die Verwirkung mit dem Leitsatz: „Die Antragsbefugnis im Normenkontrollverfahren kann verwirkt werden." In der Begründung führt das Gericht aus, daß das allgemeine Rechtsprinzip, wonach eine unangemessene Verzögerung in der Anrufung des zuständigen Gerichts bei Hinzutreten besonderer Umstände sich als rechtsmißbräuchlich und damit als unzulässig erweise, müsse auch im Normenkontrollverfahren Beachtung finden. Das Bundesverwaltungsgericht hat in dem

---

50) *Dürr*, Die Antragsbefugnis, a. a. O. (Anm. 1), S. 118.
51) *Von Mutius-Hill*, a. a. O. (Anm. 46), S. 66.
52) *Von Mutius-Hill*, a. a. O. (Anm. 46), S. 63, ferner *Dürr*, Die Antragsbefugnis, a. a. O. (Anm. 1), S. 118.
53) So z. B. *von Mutius-Hill*, a. a. O. (Anm. 46), S. 63; *Dolde*, BauR 1978, 153 (155). Die Auffassung von *Rasch*, BauR 1981, 411 wird aufgegeben.
54) Die Antragsbefugnis, a. a. O. (Anm. 1), S. 119.
55) 4 NB 10/88 – BRS 49 Nr. 39.
56) 4 NB 1.89 – DVBl. 1989, 660.
57) 4 NB 19/89 – NVwZ 1990, 554.
58) Beschl. v. 2. 6. 1967 – IV 49/66 – ESVGH Bd. 18, 16.
59) So auch *Eyermann/Fröhler*, VwGO a. a. O. (Anm. 41) § 47, 30, 33.
60) 10 C 26/82 – BRS 40 Nr. 37 = NJW 1984, 444.

Beschluß vom 18. 12. 1989[61] dargelegt, daß auch die Befugnis natürlicher und juristischer Personen, gemäß § 47 Abs. 2 VwGO ein Normenkontrollverfahren zu beantragen, im Einzelfall verwirkt werden könne.

Bei der Verwirkung ist die Verwirkung der Anträge von natürlichen und juristischen Personen von den Anträgen der Behörden zu unterscheiden. Die Anträge von natürlichen und juristischen Personen verwirken in Ausnahmefällen und beim Vorliegen bestimmter Umstände.[62] Neben dem „Zeitmoment" muß noch ein „Umstandsmoment" hinzutreten. Die Anträge von Behörden verwirken nicht. Es handelt sich hier um ein objektives Rechtskontrollverfahren, bei dem es um die Gültigkeit einer Rechtsvorschrift geht,[63] dagegen nicht um das Bestehen subjektiver Rechte und Interessen.

---

61) NB 14/89 – NVwZ 1990, 554.
62) Vor allem *Blümel*, VerwArch. Bd. 74 (1983), 153 ff., 168.
63) *Kopp*, VwGO (Anm. 1), § 47, Rdn. 35; a. A. *Blümel*, a. a. O. (Anm. 62), 168 f.

KONRAD REDEKER

Revisionsurteile im Gewand von Zulassungsbeschlüssen —
Zum schleichenden Bedeutungswandel
der Entscheidungen des Bundesverwaltungsgerichts
über Zulassungsbeschwerden

I.

Wer aufmerksam die juristische Fachpresse verfolgt, wird feststellen, daß der Abdruck von Entscheidungen des Bundesverwaltungsgerichts über Zulassungsbeschwerden zahlenmäßig zunimmt, daß diese Entscheidungen auch immer mehr den Umfang von Urteilen annehmen, daß ihnen von den Senaten Leitsätze vorangestellt werden, die sich von denen eines Urteils nicht unterscheiden, und daß mit ihnen nicht selten hochstreitige Rechtsfragen beantwortet werden. Daß es sich dabei stets um die Zulassung ablehnende Beschlüsse handelt, liegt in der Natur der Sache.

Dieser Befund überrascht.

Denn Zulassungsentscheidungen haben an sich lediglich darüber zu befinden, ob die Rechtssache, also die im Verfahren aufgeworfenen Rechtsfragen, grundsätzliche Bedeutung hat oder die angegriffene Entscheidung des Berufungsgerichts von einer Entscheidung des Bundesverwaltungsgerichts abweicht. Die Fallgestaltung der Erheblichkeit von Verfahrensfehlern hat in diesem Zusammenhang nur geringe Bedeutung. Sie könnte jetzt gewichtiger werden, wenn mit der Feststellung des Verfahrensfehlers die angefochtene Entscheidung des Berufungsgerichts durch Beschluß im Zulassungsverfahren nunmehr unmittelbar aufgehoben werden kann, der Beschluß insoweit dem bisher aufgrund von Verfahrensfehlern zurückverweisenden Urteil also gleichsteht.

Wer als Anwalt eine Zulassungsbeschwerde begründet, steht an sich nicht vor der Aufgabe, die Unrichtigkeit der Entscheidung des Berufungsgerichts darzutun. Er hat vielmehr aufzuzeigen, daß die in einem an das Beschwerdeverfahren sich anschließenden selbständigen Revisionsverfahren zu beantwortenden Fragen rechtsgrundsätzliche Bedeutung haben oder daß Divergenz vorliegt. Zwischen der Begründung einer Zulassungsbeschwerde mit diesem Ziel und einer Revisionsbegründung bestehen wesentliche Unterschiede. Die Zulassungsbeschwerde muß in Auseinandersetzung mit der angefochtenen Entscheidung, mit etwa vorhandener Judikatur und etwa vorhandener Literatur, nicht selten auch mit bestehender Verwaltungspraxis aufzeigen, daß die oder eine der Rechtsfragen des Verfahrens über den Einzelfall hinaus von allgemeiner Bedeutung ist. Der Anwalt wird zwar auch bemerken, daß seiner Meinung nach die Auffassung des Berufungsgerichts unzutreffend ist; er wird sich hiermit aber nur am Rande befassen, weil die Revision nicht zuzulassen ist, wenn tatsächlich die Auffassung des Berufungsgerichts nicht zutrifft, sondern nur, wenn mit der Revision eine grundsätzliche Frage zu entscheiden ist, wobei die Entscheidung durchaus auch in der Bestätigung der Auffassung des Berufungsgerichts bestehen kann. Denn es geht gerade um die Klärung einer offenen, über den einzelnen Fall hinausreichenden

Frage, die im Interesse der Rechtseinheit oder Rechtsfortbildung (§ 11 VwGO) höchstrichterlich beantwortet werden soll.[1]

Das Verfahren der Zulassungsbeschwerde ist deshalb kein Revisionsverfahren. Mit ihm soll lediglich gesichtet werden, ob die Zulassungsvoraussetzungen vorliegen. Diese Sichtung wird deshalb auch nicht vom Senat in der Besetzung mit fünf Richtern vorgenommen, sondern von drei Richtern. Die Entscheidung ergeht ohne mündliche Verhandlung. Regelmäßig beschränkt sich — oder sollte sich beschränken — der Schriftsatzwechsel auf die Begründung der Beschwerde und eine Erwiderung hierauf. Hinweise des Senats, wie sie im Revisionsverfahren häufig sind, unterbleiben.

Auch das Neuregelungsgesetz zur VwGO hat hieran nichts geändert; lediglich ist für die Beschwerde eine selbständige Beschwerdebegründungsfrist von einem Monat eingeführt worden. Daß das Zulassungsverfahren inhaltlich vom Revisionsverfahren zu trennen ist, ergibt sich daraus, daß nach einer Zulassung auch in der jetzigen Form der Weiterführung des Verfahrens eine selbständige Revisionsbegründung einzureichen ist. Offensichtlich geht also auch der Gesetzgeber davon aus, daß über die Ausführungen im Zulassungsverfahren hinaus der Revisionsführer zusätzlich vortragen, also die eigentliche Revisionsbegründung noch vorlegen muß.

II.

Von diesem durch das Gesetz geprägten Bild des Verfahrens der Zulassungsbeschwerde und der sich aus diesem Verfahren ergebenden Entscheidung weichen zahlreiche veröffentlichte Entscheidungen des Bundesverwaltungsgerichts zunehmend in vieler Hinsicht ab. Eine keinesfalls Vollständigkeit beanspruchende Durchsicht von nur zwei verwaltungsrechtlichen Fachzeitschriften in den beiden letzten Jahren macht dies deutlich:

1. Zahlreichen Entscheidungen werden selbständige Leitsätze vorangestellt. Sie sind offensichtlich bereits vom Senat zur Veröffentlichung bestimmt; nicht selten findet sich auf den Entscheidungen der entsprechende Vermerk, daß die Veröffentlichung in der Fachpresse vorgesehen sei. Der oder die Rechtssätze, die mit der Entscheidung aufgestellt werden, sind also von solchem Gewicht, daß die Unterrichtung der juristischen Fachwelt notwendig, mindestens sinnvoll erscheint. Das kann nur bedeuten, daß die Entscheidung sich nicht oder nicht nur mit der Frage befaßt, ob der Rechtssache grundsätzliche Bedeutung zukommt, sie deshalb in einem Revisionsverfahren einer entsprechenden Klärung zugeführt werden soll, sondern daß diese Klärung bereits durch die Zulassungsentscheidung erfolgt.[2]

Freilich werden nicht selten die Leitsätze in der Begründung in die Wendung gekleidet,

---

1) *Kummer*, Die Nichtzulassungsbeschwerde, Köln 1990, beginnt seine umfangreichen Ausführungen über die Begründung der Zulassungsbeschwerde mit der Bemerkung, es sei verfehlt, sich in der Beschwerde mit der materiell-rechtlichen Auffassung der Vorinstanz auseinanderzusetzen; Rdn. 93.

2) Nur beispielhaft sei verwiesen etwa auf die Entscheidungen vom 13. 5. 1987 — 6 C 6.86 (DÖV 1987, 870); 24. 8. 1987 — 4 B 129.87 (DVBl. 1987, 1267); 10. 7. 1987 — 4 B 146.87 (DÖV 1988, 425); 1. 12. 1987 — 8 B 58.87 (DÖV 1988, 835); 25. 1. 1988 — 7 B 12.88 (DVBl. 1988, 791); 26. 1. 1988 — 7 B 189.87 (DÖV 1988, 694); 22. 2. 1988 — 7 B 28.88 (DVBl. 1988, 540); 6. 5. 1988 — 7 B 71.88 (DÖV 1988, 1120); 28. 7. 1988 — 4 B 119.88 (DÖV 1989, 227); 9. 9. 1988 — 4 B 37.88 (DVBl. 1988, 1176, besonders charakteristisch); 8. 3. 1989 — 7 B 173.88 (DÖV 1989, 903); 8. 5. 1989 — 4 B 78.89 (DÖV 1989, 903); 8. 5. 1989 — 4 B 78.89 (DÖV 1989, 861); 16. 5. 1989 — 4 B 90.89 (DÖV 1989, 1042); 25. 5. 1989 — 7 B 112.88 (DVBl. 1989, 1192); 13. 7. 1989 — 7 B 188.88 (DVBl. 1990, 58); 22. 8. 1989 — 7 B 48.89 (DVBl. 1990, 48); 11. 12.

daß der Sache keine rechtsgrundsätzliche Bedeutung zukomme, weil die Rechtsfragen entweder schon früher entschieden worden seien oder aber die Beantwortung der Rechtsfragen sich so eindeutig aus dem Gesetz ergebe, daß es an der Grundsätzlichkeit fehle.[3] Warum, wenn dies richtig wäre, in solchen Fällen freilich zum Teil umfangreiche Leitsätze für die Fachpresse formuliert werden, ist nicht zu erkennen. Offensichtlich ist der Dreierausschuß – der Senat selbst hat sich mit der Sache mindestens offiziell nicht befaßt – der Auffassung, daß entweder die juristische Fachwelt die bisherige Rechtsprechung nicht kennt oder vergessen hat oder die Eindeutigkeit der Rechtslage nicht zu erkennen vermag.

2. Zahlreiche Entscheidungen benötigen zum Nachweis, daß die Rechtssache keine grundsätzliche Bedeutung habe, insbesondere die Antwort der bisherigen Judikatur bereits zu entnehmen sei, viele Seiten an Begründung und oft eine Aufreihung von umfangreichen Zitatenketten der eigenen Rechtsprechung.[4] Man fragt sich, wie sich die Grundsätzlichkeit der Rechtssache überhaupt stärker offenbaren kann, als daß ihre Verneinung einen intellektuellen Aufwand verlangt, der im Revisionsurteil selbst nicht größer sein könnte.

3. Manche Entscheidungen leiten ihre Verneinung der Grundsätzlichkeit aus eigenen früheren Zulassungsentscheidungen ab. Es wird unter Bezugnahme auf frühere Ablehnungen von Zulassungen dargetan, daß der Rechtssache keine grundsätzliche Bedeutung zukomme.[5] Dann müßten die früheren Entscheidungen verfehlt gewesen sein, denn sie hätten offensichtlich die grundsätzliche Bedeutung der Rechtssache verkannt. Es kann schlecht die Grundsätzlichkeit mit dem Hinweis auf Entscheidungen abgelehnt werden, die in gleicher Weise die Grundsätzlichkeit verneint haben, weil die Rechtslage bereits geklärt sei.

4. Nicht ganz selten nimmt der Dreierausschuß die Problematik einer Rechtssache nicht zur Kenntnis, auch wenn sie sich etwa aus der vorhandenen Rechtsprechung oder Literatur

---

1989 – 9 B 320.89 (DVBl. 1990, 494); 17. 4. 1990 – 7 B 111.89 (DVBl. 1990, 1167); 16. 5. 1990 – 8 B 170.89 (DÖV 1990, 787); 30. 5. 1990 – 9 B 123.89 (DVBl. 1990, 1066); 28. 6. 1990 – 8 B 64.90 (NJW 1991, 242); 23. 7. 1990 – 9 B 87.90 (DÖV 1990, 976); jüngst 5. 10. 1990 – 4 B 249.89 (NVwZ 1991, 118; 15 Leitsätze); 5. 10. 1990 – 4 CB 1.90 (NVwZ 1991, 129; 10 Leitsätze).

3) Dabei sei verwiesen auf die Entscheidungen vom 23. 7. 1986 – 3 B 31.85 (DVBl. 1987, 490); 24. 7. 1986 – 7 B 26.86 (DÖV 1987, 397); 18. 6. 1987 – 7 B 121.87 (DVBl. 1987, 121); 20. 2. 1989 – 7 B 177.88 (DVBl. 1990, 41); 22. 8. 1989 – 9 B 207.89 (DÖV 1990, 437, hier greift der Beschluß zum Teil auf 60 oder 75 Jahre alte Entscheidungen zurück, die den Stand der Rechtsprechung wiedergeben sollen); 16. 5. 1989 – 7 B 138.89 (DVBl. 1990, 158); 12. 2. 1990 – 4 B 240.89 (DÖV 1990, 474, es geht um die Auslegung der Neufassung des § 34 BauGB; der Senat hält eine sich hieraus ergebende andere Auslegung als bisher anhand von Kommentarstimmen für geklärt und eines Revisionsverfahrens nicht für wert); 6. 3. 1990 – 7 B 120.89 (DVBl. 1990, 712).

4) Beispielhaft seien erwähnt der Beschl. v. 27. 8. 1987 – 7 B 31.87 (DVBl. 1988, 399; der Beschluß benötigt zum Nachweis des Fehlens der Grundsätzlichkeit 6 Spalten und das Zitat von mehr als 20 Entscheidungen aus der amtlichen Sammlung und veröffentlichten Zulassungsbeschlüssen; Beschl. v. 12. 1. 1989 – 7 B 202.88 (DVBl. 1989, 928); Beschl. v. 13. 7. 1989 – 7 B 188.80 (DVBl. 1990, 58); Beschl. v. 17. 4. 1990 – 7 B 111.89 (DVBl. 1990, 1167); Beschl. v. 30. 5. 1990 – 9 B 223.89 (DVBl. 1990, 1066).

5) Beispielhaft seien erwähnt der Beschl. v. 24. 8. 1987 – 4 B 129.87 (DVBl. 1987, 1267); Beschl. v. 24. 9. 1987 – 4 B 93.87 (DÖV 1988, 223, hier wird ein „Mißverständnis" früherer Entscheidungen durch Beschwerdeablehnungsbeschluß korrigiert); Beschl. v. 8. 3. 1989 – 1 B 41.89 (DÖV 1989, 996); Beschl. v. 20. 11. 1989 – 4 B 163.89 (DÖV 1990, 746).

ergibt, sondern verkündet schlicht, daß die Rechtslage eindeutig sei. Auch hier wird diese Eindeutigkeit dann durch einen entsprechenden Leitsatz fixiert.[6]

Ergebnis ist, daß es zunehmend Zulassungsentscheidungen sind, die die Rechtsprechung des Bundesverwaltungsgerichts prägen und damit zur Rechtseinheit und Rechtsfortbildung führen sollen. Dem entspricht es, daß sie zunehmend in die amtliche Sammlung aufgenommen werden;[7] im *Buchholz* sind Zulassungsentscheidungen längst heimisch.[8]

III.

Nun ist die Problematik dieser Entwicklung dem Bundesverwaltungsgericht, wie manche Gespräche ergeben, nicht unbekannt. Aber man glaubt, nur auf diesem Weg der immer stärkeren Belastung Herr werden zu können. Revisionsverfahren vor dem Bundesverwaltungsgericht dauern nicht selten 2 bis 3 Jahre; daß dies an sich, wenn schon 3 bis 5 Jahre für die ersten beiden Instanzen abgelaufen sind, für die Beteiligten kaum erträglich ist, weiß man im Bundesverwaltungsgericht sehr wohl. Eine der zeitraubenden Belastungen ist die Durchführung der mündlichen Verhandlung, wie sie im Revisionsverfahren regelmäßig erfolgt, obwohl an sich der Verzicht auf die mündliche Verhandlung den Beteiligten nahegebracht werden könnte. Noch mehr an zeitlicher Belastung bringt das eigentliche Revisionsverfahren durch den nicht selten außerordentlich umfangreichen Schriftsatzwechsel. Das alles läßt sich auf dem Weg über die Zulassungsbeschwerdeentscheidung sicher abkürzen. Die mündliche Verhandlung entfällt; der Schriftsatzwechsel kann durch die Zulassungsentscheidung kurzerhand beendet werden.

Aber dieser Ausweg, der zeitlichen Überbelastung mit der Ausweitung und der inhaltlichen Umgestaltung des Zulassungsverfahrens zu begegnen, ist nicht nur mit der gesetzlichen Regelung schwer vereinbar. Er verkürzt auch die Rechte der Beteiligten, denen nicht nur die mündliche Verhandlung genommen wird. Sie haben für eine Revisionsentscheidung, also für die materiell-rechtliche Entscheidung über die Rechtsfragen nicht vorgetragen; sie haben in erster Linie die Rechtsgrundsätzlichkeit oder die Divergenz, der gesetzlichen Regelung

---

6) Charakteristisches Beispiel etwa der Beschl. v. 26. 6. 1990 − 1 B 117.89 (NJW 91, 58). Es ging um die in Rechtsprechung und Literatur hochstreitige Frage nach der Zulässigkeit der gerichtlichen Geltendmachung einer an ein Inkassounternehmen abgetretenen Forderung durch einen beauftragten Rechtsanwalt. Der Senat verneint generell diese Zulässigkeit, wenn das Inkassounternehmen „der eigentliche Betreiber und Geschäftsherr dieses Verfahrens bleibe", was natürlich regelmäßig der Fall ist, weil der Gläubiger gerade auch zu diesem Zweck zum Inkasso abgetreten hat. Der Beschluß stellt diesen weitgehenden Satz auf, obwohl er zunächst bemerkt, er habe es nur mit einem Konkursantrag eines solchen Inkassounternehmens zu tun. Zur Begründung beruft er sich auf eine Entscheidung des OLG Karlsruhe (Rechtsbeistand 1987, 154) und zwei Entscheidungen des LG Berlin (Rechtsbeistand 1987, 223 f., NJW-RR 1988, 1313). Daß die gegenteilige Auffassung etwa vom OLG Hamm (JurBüro 1984, 1534), OLG Saarbrücken (JurBüro 1989, 1462), LG Dortmund (MDR 1989, 749) vertreten und vom BGH bisher ständig praktiziert worden ist, im übrigen in der Literatur etwa von *Rennen-Caliebe*, RBG, Anm. 8 f. zu § 1, 5. DVO RBG; *Lehmann* ZiP 1989, 351), *Triendl* (Rechtsbeistand 1983, 59 f.) im einzelnen dargelegt worden ist, wird übergangen; statt dessen wird ein nicht einschlägiges Urteil des BGH (BGHZ 47, 364, 367) erwähnt. Zahlreiche nicht veröffentlichte kontroverse Entscheidungen liegen vor. Hier wird die Chance einer höchstrichterlichen Klärung vertan; auch der Senat wird nicht annehmen, daß ein solcher Zulassungsbeschluß diese Klärung herbeiführen kann.

7) In BVerwGE 80 findet sich auf S. 201 ff. der oben (Anm. 2) zitierte Beschl. v. 9. 9. 1988 − 4 B 37.88 − und S. 228 ff. der Beschl. v. 23. 9. 1988 − 7 B 150.88.

8) Eine ähnliche Entwicklung zur Verselbständigung von Kammerentscheidungen im Verfahren der Verfassungsbeschwerde beim Bundesverfassungsgericht zeichnet sich ab.

folgend, dargelegt. Ihnen wird deshalb auf diesem Weg ein Stück rechtliches Gehör genommen; sie haben sich zu den Fragen, die in den Beschlüssen materiell-rechtlich entschieden worden, nicht hinreichend geäußert

Daß sich im übrigen auch die Frage nach dem gesetzlichen Richter gem. Art. 101 GG stellt, liegt auf der Hand. Für Revisionsentscheidungen sieht das Gesetz die Mitwirkung eines Senats von 5 Richtern vor. An dem Zulassungsbeschluß wirken aber nur 3 Richter mit. Daß sich an gewichtigen Zulassungsentscheidungen die offiziell nicht tätigen Richter informell in irgendeiner Weise beteiligen, wird man unterstellen können; es ist aber auch wiederum ein dem Gesetz kaum entsprechender Kompromiß.

Wenn man an dieser Verfahrensverkürzung festhalten will, so sollte das Gericht mindestens den Beteiligten vor der Beschwerdeentscheidung mitteilen, daß und warum es glaubt, daß die Rechtsfrage in einer bestimmten Richtung zu entscheiden sei, meinetwegen gekleidet in die oft ganz vordergründige Erklärung, die Sache habe, weil die Rechtsfrage nach Gesetz oder bisheriger Judikatur eindeutig zu beantworten sei, keine grundsätzliche Bedeutung. Es sollte dem Beschwerdeführer Gelegenheit gegeben werden, sich hierzu zu äußern, also im Grunde wenigstens eine begrenzte Revisionsbegründung vorzulegen.

Geschieht dies nicht, so kann der sorgfältig arbeitende Anwalt aus der Entwicklung der Rechtsprechung nur die Konsequenz ziehen, mit der Zulassungsbeschwerde eben nicht nur die Grundsätzlichkeit oder die Divergenz darzulegen, sondern gleichzeitig darüber hinaus zusätzlich eine Revisionsbegründung einzureichen. Dazu wird er jetzt auch angesichts der nunmehr bestehenden Begründungsfrist eher in der Lage sein, auch wenn diese Frist nicht verlängert werden kann. Daß mancher Anwalt diese Konsequenz bereits jetzt gezogen hat, ist bekannt. Zulassungsbeschwerden erreichen nicht selten bereits die Länge von mehr als 100 Seiten. Daß auf die Dauer auf diesem Weg die Beschwerdeverfahren dann endgültig das Revisionsverfahren ersetzen, gleichzeitig aber der Zeitgewinn wieder verlorengeht, liegt auf der Hand.[9]

IV.

Ein anderer Weg der Abhilfe wäre vielleicht eine stärkere Besinnung darauf, daß die ständige Verfeinerung der Rechtsinstitute nicht unbedingt ein Gewinn ist. Einer der Grundwerte unserer Rechtsordnung ist die Voraussehbarkeit der Judikatur. Wer Mandanten zu beraten hat, weiß um die Bedeutung, die eine aus Rechtsprechung und Literatur ableitbare, einigermaßen gesicherte Prognose der Rechtslage hat. Rechtsprechung, die sich selbst durch immer stärkere „Ziselierung" ständig in Frage stellt, mag intellektuell eindrucksvoll sein und mag auch dem Grundprinzip der Wissenschaft entsprechen, die ohne ständige Hinterfragung nicht fortschreiten kann. Aber ob wirklich viel damit gewonnen ist, daß z. B. der Grundsatz des maßgeblichen Zeitpunktes für die Beurteilung eines angefochtenen Verwaltungsaktes durch das Gericht — die letzte Verwaltungsentscheidung — in immer neuen Angriffen aufgelöst wird und man zwischen den Senaten sich in die Frage verliert, ob es einen solchen Grundsatz überhaupt noch gibt, oder ob es ihn nicht mehr gibt, oder ob es

---

9) Nicht uninteressant in diesem Zusammenhang ist der Vorschlag von *Odersky* zur Verbindung von Zulassungsbeschwerde- und Revisionsverfahren beim BGH (ZRP 1991, 30) mit freilich kritischer Ablehnung durch die Rechtsanwaltskammer beim BGH (Anwaltsblatt 1991, 5 f.). Hier scheint mir der Lösungsansatz durchaus überlegenswert; daß freilich die Forderung auch nach Einzelfallgerechtigkeit gerade im Zivilprozeß nicht übergangen werden kann, ist sicher; in den anderen Gerichtszweigen stellt die Zulassung hierauf freilich kaum mehr ab.

ihn nie gegeben hat, möchte ich bezweifeln.[10] Solche Ziselierungen und Auseinandersetzungen kosten Zeit, ihr Ertrag ist gering, nicht selten sind ihre Auswirkungen geradezu destruktiv. Denn sie entziehen der Praxis, Verwaltung und Bürger, Grundlagen für die Rechtsanwendung. Schlimmer ist, daß sie neue Streitigkeiten erzeugen. Denn jeder Einbruch in bisher geklärte Rechtsauffassungen hinterläßt zunächst eine Vielzahl neuer offener Fragen; darüber hinaus wirkt er geradezu als Aufforderung, neue Ansatzpunkte für die eigenen Positionen vorzutragen und durch die Instanzen zu verfolgen. Ein Weniger an Scharfsinn würde ein Mehr an Rechtssicherheit mit sich bringen. Das aber würde vermutlich auch ein Mehr an Entlastung bedeuten, als sie jetzt auf dem möglichen Umweg über die Ersetzung von Revisionsurteilen durch Zulassungsbeschwerdebeschlüsse erreicht wird.

---

10) Vgl. die Entscheidungen des 8. Senats BVerwGE 64, 218 ff., 64, 356 ff.; 66, 178 ff.; vom 27. 4. 1990 (*Buchholz* 310, § 113 Nr. 218) einerseits; BVerwGE 59, 148 ff.; 65, 313 ff.; 74, 115 ff. und v. 21. 12. 1989 (NVwZ 1990, 653 f.) andererseits.

HERMANN KORBION

Rechtliche Einordnung des Bauvergabeverfahrens nach deutschem Recht

Bevor überhaupt über die ordnungsgemäße, d. h. den Anforderungen entsprechende und in deren Rahmen liegende sachgerechte Übertragung der Koordinierungsrichtlinie i. d. F. v. 18. 7. 1989 und der Überwachungsrichtlinie der EG vom 21. 12. 1989 auf deutsches Recht näher diskutiert wird, ist im Vorfeld zunächst die Frage der grundlegenden rechtlichen Einordnung der bestehenden Vergabebestimmungen im Rahmen des innerstaatlichen Rechts zu beantworten. Ansonsten begibt man sich in die Gefahr, bisher und fortan geltende klare Grundsätze zur Umschreibung und demgemäß auch Einordnung im Bereich der verschiedenen Rechtsgebiete nicht hinreichend zu beachten und evtl. sogar „durcheinanderzuwerfen". Gerade dieses zu vermeiden, ist alleroberstes Gebot.

I.

Die VOB/A ist eine spezielle Vergaberichtlinie, welche — wie bisher schon immer — der Anbahnung und dem schließlichen Abschluß von Bauverträgen zwischen den sog. öffentlichen Auftraggebern und privatwirtschaftlich tätigen Bauunternehmern dient. Das hierbei gesteckte Ziel ist der Abschluß von Werkverträgen i. S. der §§ 631 ff. BGB. Also geht es hier im Bereich der abgeschlossenen Verträge um rein privatrechtliche Rechtsverhältnisse. Wird dieses grundlegende Element beachtet, so ist eindeutig, daß die dem Vertrag durch Vereinbarung zugrunde zu legende VOB/B nichts anderes als ein sich auf dem Gebiet des Zivilrechts — ausschließlich — bewegendes vorformuliertes Vertragswerk (heute Allgemeine Geschäftsbedingung) ist. Steht dieses zweifelsfrei fest, so leuchtet es allein aus zwingenden Grundsätzen der Logik ein, daß die dem Abschluß solcher Verträge vorangehenden Vergaben (Verhandlungen) durch einen öffentlichen Auftraggeber jedenfalls für die rechtlichen Beziehungen zwischen dem vergebenden öffentlichen Auftraggeber und dem sich um Auftrag — also Bauvertrag als Werkvertrag — bemühenden Unternehmer ebenso grundsätzlich rein privatrechtlicher Natur sind. Dies ist bisher auch ständige Rechtsprechung.[1] Also bedeutet die VOB/A in ihren einzelnen Regelungen schon immer nichts anderes als der Versuch zur Schaffung einer bestimmten Ordnung in dem Bereich privatrechtlicher Vertragsverhandlungen, sofern es sich um den Abschluß von Bauverträgen und das Gegenüber von nachfragendem öffentlichem Auftraggeber und anbietender Unternehmerseite handelt. Es ist rechtlich zweifelsfrei, daß wir es hier nicht mit einem hoheitlichen Handeln dieser Auftraggeberseite zu tun haben, sondern mit einem solchen eines „Privatmannes", der Verträge abzuschließen gedenkt. Versucht man aus rechtssystematischen Gründen die

---

[1] Vgl. BVerwGE 5, 325, 327 = NJW 1958, 394; BVerwGE 7, 89, 90 = NJW 1959, 115; BVerwGE 14, 65, 72 = NJW 1962, 1535; BGH NJW 1968, 547.

Vergabebestimmungen des Teiles A der VOB in das in der Grundlage dafür maßgebende BGB hineinzuinterpretieren, so handelt es sich bei ihnen um die nähere Ausfüllung zu Art und Weise von Vertragsverhandlungen, während die §§ 145 ff. BGB lediglich die Frage regeln, unter welchen Voraussetzungen durch Antrag und Annahme ein Vertrag zustande-kommt. Daraus folgt für diesen Bereich, daß in Streitfällen bei der Bauvergabe öffentlicher Auftraggeber ebenso wie auch sonst bei Verhandlungen um die Anbahnung von Bauver-tragsverhältnissen eine rein zivilrechtliche Betrachtungsweise maßgebend ist. Dabei kommt es allein auf die Wahrung von berechtigten Ansprüchen einzelner Betroffener an, wie dies eben der Natur des privaten Rechtes eigen ist. Insofern gibt es naturgemäß subjektive Rechte, was aber wegen der völlig anderen Grundlage nichts mit sog. subjektiven öffentli-chen Rechten o. ä. zu tun hat.

II.

Handelt es sich hiernach grundsätzlich um eine rein zivilrechtliche Ausprägung der Vergabeverfahren öffentlicher Auftraggeber, vor allem wenn sie auf der Grundlage der VOB/A Bauverträge aushandeln und abschließen, so sind auch die etwaigen Ansprüche, soweit es sich um das hier angesprochene Verhältnis zwischen öffentlichem Auftraggeber und Bauunternehmer handelt, nach deutschem Zivilrecht ausgerichtet und zu beurteilen. Die zwangsläufige Folge daraus ist, daß für etwaige Streitigkeiten in diesem Rahmen die ordentlichen Gerichte zuständig sind.[2] Das gilt auch für Ansprüche, die aus besonderen Fallgestaltungen zu entnehmen sind, wie z. B. im Falle einer Auftragssperre gegenüber einem bestimmten Unternehmer durch einen öffentlichen Auftraggeber, wobei Anspruchs-grundlagen die §§ 823, 839 BGB sein können;[3] ebenso trifft dies hier im Hinblick auf die Bauvergabe berührende Fragen auf der Grundlage des Kartellrechts − hier speziell des § 26 Abs. 2 GWB − zu.[4]

III.

Von dieser grundsätzlich zivilrechtlichen Einordnung gibt es bisher Ausnahmen in nur zwei Bereichen. Einmal, wenn einem bestimmten Personenkreis (z. B. Schwerbeschädigten, Flüchtlingen, Vertriebenen, Verfolgten, bisher Zonenrandförderung) durch jeweils einschlä-gige Gesetze für den Bereich der Vergabe öffentlicher Aufträge eine besondere Rechtsstel-lung eingeräumt ist und die Verwaltung kraft übergeordneter gesetzlicher Maßnahmen bei der Auftragsvergabe derartige fürsorgerechtliche Bestimmungen einzuhalten hat. In der Entscheidung über die Berücksichtigung dieser „normativ begünstigten" Personen wird ein Verwaltungsakt gesehen und damit ein typisch öffentlich-rechtliches Gestaltungsmittel.[5] Der zweite Ausnahmebereich liegt dort, wo es sich um innerdienstliche aufsichtsbehördliche gesetzliche Bestimmungen, Verordnungen, Anweisungen oder Auflagen handelt, bei wel-chen es darum geht, die Beachtung der Vergaberegelungen der VOB/A als verbindlich

---

2) Vgl. dazu u. a. BGHZ 49, 77; BGH BB 1981, 1122; OLG Düsseldorf NJW 1977, 1064; vgl. auch *Unger* BauR 1984, 465 m. w. N.
3) Vgl. BGH NJW 1977; BVerwGE 5, 329.
4) Vgl. dazu BGH NJW-RR 1988, 1069; OLG Frankfurt BauR 1990, 91.
5) BVerwGE 34, 212, 215; vgl. auch BGH BauR 1981, 368 m. w. N.

vorzuschreiben. Diese werden dem Bereich hoheitlich – aufsichtsrechtlicher – innerdienstlicher Regelungen bzw. Maßnahmen zugeordnet, und ihre Grundlagen sind daher verwaltungsrechtlich anzusiedeln, wobei im Streitfall dann auch die Verwaltungsgerichte zuständig sind. Diese Fälle waren in der Vergangenheit recht selten, so daß insgesamt die zivilrechtlichen Aspekte bei weitem überwiegen. In der Zukunft könnte es in etwa um einen internen Streit über die Erfassung bestimmter Auftraggebergruppen gehen, wie z. B. in bezug auf die Tragweite des § 57 a Abs. 1 Nr. 3, 4 des Entwurfs des Zweiten Gesetzes zur Änderung des Haushaltsgrundsätzegesetzes (HGrG) und daran anschließend des § 2 Abs. 1 und 2 des Entwurfes der Rechtsverordnung zu § 57 a HGrG, wenn von den bisherigen Abgrenzungen zwischen Zivil- und Verwaltungsrecht im Bereich von Bauvergabeverfahren öffentlicher Auftraggeber ausgegangen wird. Die genannten Abgrenzungskriterien ergeben sich für den Bereich der Gerichtsbarkeit einmal aus § 13 GVG, zum anderen aus § 40 VwGO. Nur die hier genannten Fallgruppen, in welchen es sich um hoheitliche Eingriffe in den Bereich von einzelnen oder mehreren (zukünftigen) Vergabeverfahren öffentlicher Auftraggeber handelt, würden nach der bestehenden Rechtslage von Art. 19 Abs. IV GG erfaßt. Insofern ist aber der Rechtsschutz über § 40 VwGO gewährleistet. In den anderen Fällen, die – vor allem auch für den Bereich der VOB/A – in den zivilrechtlichen Bereich einzuordnen sind, in welchen § 13 GVG die gerichtliche Inanspruchnahme ermöglicht, greift Art. 19 Abs. IV GG allein deshalb nicht, weil der öffentliche Auftraggeber fiskalisch handelt. Dann fehlt es aber an der Voraussetzung des Handelns „öffentlicher Gewalt".[6] Gefährdungen, die auch in diesem Sektor wegen unterschiedlicher faktischer Wettbewerbspositionen auftreten können, beugt das Privatrecht mit den Instrumenten des allgemeinen Wettbewerbs-, Kartell-, Vergabe- und Geschäftsbedingungsrecht vor. Im Zusammenspiel der Gerichtsschutzgarantien gehört dieser Bereich nicht zu Art. 19 Abs. IV GG, sondern zum allgemeinen Justizgewähranspruch (a. a. O.). Dieser gehört zum Schutzbereich des Art. 103 Abs. I GG.

IV.

Soweit es sich um die eigentlichen Vergaberegelungen für den Bereich der öffentlichen Bauvergabe handelt, wie sie in VOB/A ihren Niederschlag gefunden haben, gehen Rechtsprechung und Rechtslehre davon aus, daß es sich weder um gesetzliche Bestimmungen noch um eine Rechtsverordnung handelt.[7] Dies folgt allein daraus, daß die VOB/A vom Deutschen Verdingungsausschuß in der jeweiligen Fassung konzipiert und veröffentlicht wird, für den jeweiligen öffentlichen Auftraggeber aber nur dann unmittelbare Wirkung hat, wenn sie durch einen für sie maßgebenden aufsichtsbehördlichen Erlaß für verbindlich erklärt wurde. Dies spielt sich somit unterhalb von Gesetzes- oder Verordnungsebene ab. Auch kann insofern auch nicht von Gewohnheitsrecht gesprochen werden.[8] Um die Vergaberegelungen der VOB/A für verbindlich zu halten, bedarf es nach jetziger Lage in jedem Einzelfall der hinreichend klaren Vereinbarung. Dies beruht vor allem auf dem nach dem BGB für Vertragsverhandlungen leitenden Grundgedanken, daß im zivilrechtlichen Bereich niemand Anspruch darauf hat, daß gerade mit ihm und in einer bestimmten Art und Weise Verträge ausgehandelt und abgeschlossen werden. Die Verdingungsordnungen haben deshalb bisher den Charakter von internen Dienstanweisungen (Verwaltungsvorschriften)

---

6) Vgl. dazu *Maunz-Dürig* u. a., GG, 7. Aufl. 1991, Art. 19, Abs. IV Rdn. 65.
7) Dazu *Weissenberg* RIW/AWD 1980, 825 m. N.
8) Vgl. dazu u. a. OLG Karlsruhe *SFH* Z 2.0 Bl. 2 ff.

an die Beschaffungsstellen, da die öffentliche Verwaltung aufgrund des Haushaltsrechts (u. a. §§ 55 BHO, 30 HGrG) in aller Regel die Verpflichtung hat, die zu vergebenden Arbeiten nach der VOB/A öffentlich auszuschreiben. Erfolgt, was in der Praxis oft vorkommt, die Vergabe nicht nach einer öffentlichen Ausschreibung, so hat ein etwaiger Bewerber keinen klagbaren Anspruch auf Beteiligung am Verfahren, wenn er keine Aufforderung zur Angebotsabgabe erhalten hat, da hier keine zu seinem Schutz erlassene, den öffentlichen Auftraggeber bindende Rechtsvorschriften bestehen. Dasselbe gilt im Hinblick auf die sonstigen in der VOB/A enthaltenen Bestimmungen, vor allem, soweit es sich um die Einhaltung eines bestimmten Verfahrensganges im Rahmen von Vertragsverhandlungen handelt.[9] Bisher dienen die Vergaberegelungen der VOB/A grundsätzlich lediglich dem Erfordernis sparsamer Haushaltsführung und wirtschaftlicher Verwendung der zu verbauenden Mittel durch den öffentlichen Auftraggeber, nicht aber dem Schutz des einzelnen Bewerbers oder dessen Interesse an der Gleichbehandlung.[10] Insofern hat der Bewerber oder Bieter zunächst nur den Weg der Dienstaufsichtsbeschwerde, die ihm aber keinen klagbaren Anspruch auf Durchführung eines bestimmten Verfahrens oder Verfahrensganges durch den öffentlichen Auftraggeber bietet. Diese rechtliche Situation ergibt sich bisher nicht nur für den Bereich früherer Fassungen der VOB/A, sondern auch für die jetzige Fassung von 1990, wenn die vorangehend dargelegte rechtliche Ausgangslage nicht geändert wird. Dies ergibt sich deutlich daraus, daß die VOB/A keine Bestimmungen darüber enthält, ob und welche Ansprüche für einen betroffenen Unternehmer bestehen, falls ihre jetzigen Vergaberegelungen ganz oder zum Teil nicht eingehalten werden. Auch sonst sind bisher keine rechtsverbindlichen, notfalls klageweise durchsetzbaren rechtlichen Vorschriften vorhanden.

V.

Bestehen keine primären, klageweise durchsetzbaren Ansprüche auf Einhaltung der VOB/A, so hat dies nicht schon die Bedeutung, daß für den betroffenen Bieter auf dem hier maßgebenden zivilrechtlichen Gebiet alle Ansprüche ausgeschlossen sind. Vielmehr kann hier im Einzelfall eine Haftung eingreifen, die sich aus den von der Rechtsprechung herausgearbeiteten Grundsätzen der Verletzung des durch die Aufnahme von Vertragsverhandlungen für diesen oder jenen Vertragsteil begründeten Vertrauensschutzes ergibt. Insofern wird bei schuldhafter Verletzung durch den verpflichteten Verhandlungspartner von einer Haftung aus culpa in contrahendo gesprochen. Diese folgt daraus, daß durch die Aufnahme von Vertragsverhandlungen ein vertragsähnliches Vertrauensverhältnis begründet wird, aus welchem bestimmte Einzelpflichten der Beteiligten folgen, wie vor allem Mitteilungs-, Aufklärungs- und Erhaltungspflichten, überhaupt die Pflicht, mit Recht begründetes Vertrauen nicht zu enttäuschen.[11] So muß der Verhandlungspartner über alle Umstände aufgeklärt werden, die für diesen in dem Sinne wesentlich sind, daß sie sonst den Vertragszweck vereiteln können; das gilt vor allem, wenn Umstände vorliegen, die der Verhandlungspartner nicht kennt, die aber für ihn − für den mit ihm Verhandelnden erkennbar − für den Entschluß zum Vertragsschluß von wesentlicher Bedeutung sind; verletzt der Verhandelnde schuldhaft derartige Offenbarungspflichten, ist er dem Verhandlungspartner wegen Verschuldens bei den Vertragsverhandlungen bzw. beim Vertragsabschluß schadensersatz-

---

9) BGHZ 60, 221, 225; OLG Köln BauR 1977, 342; *Unger* a. a. O., S. 471.
10) BGH NJW 1980, 180.
11) Zu diesen Grundlagen RGZ 88, 103, 105; 95, 58, 66; BGH Betrieb 1965, 1739; BGH NJW 1975, 43.

pflichtig.[12] Gerade diese Grundregelungen gelten auch für den Bereich der Bauvergabe durch einen öffentlichen Auftraggeber, wie sich aus ständiger Rechtsprechung ergibt.[13] Hierbei hat sich die Rechtsprechung als Leitgedanken der Regelungen der VOB/A in der seinerzeit jeweils gültigen Fassung bedient. Will man hiernach für den Bereich der Bauvergabe einzelne Entscheidungen in ein gewisses System einordnen, so erkennt man unschwer eine Zweiteilung. Die eine Gruppe bewegt sich im Bereich der Vergabeentscheidung selbst, also in dem des § 25 VOB/A. Hier ist das Vertrauen des Bieters, welches durch die Vergabeentscheidung verletzt werden kann, grundsätzlich nicht anerkannt worden. Insofern hat der BGH u. a. ausgesprochen, daß kein Bieter den Vergabeentschluß angreifen kann, wenn der Auftrag an einen anderen Bieter erteilt wurde, welcher das niedrigste Angebot abgegeben hatte, obwohl aus der Sicht der anderen Bieter keine ordnungsgemäße Wertung stattfand.[14] Andererseits: Kein Anspruch des niedrigsten Bieters auf Erteilung des Auftrages.[15] Insofern wird nach dem BGH grundsätzlich kein Vertrauen auf eine genaue Wertung nach den Grundsätzen von § 25 Nr. 2 VOB/A begründet, da für die Wertung auch andere Gesichtspunkte in Betracht kommen können (OLG Düsseldorf BauR 1990, 596). Nach diesen Entscheidungen setzt der Vertrauensschutz (ausnahmsweise) erst ein, wenn der sich geschädigt fühlende Bieter darlegt und beweist, daß er den Auftrag bekommen *hätte*, was ihm in der Praxis kaum gelingen wird.

Dagegen hat die Rechtsprechung im Bereich der das Verfahren selbst bzw. der deren Gang beeinflussenden Handlungen oder Unterlassungen des Auftraggebers schon Haftungsgrundlagen für eine Haftung aus culpa in contrahendo gesehen. Das betrifft zunächst von Auftraggeberseite aufgestellte und in die Vertragsverhandlungen eingeführte Leistungsbeschreibungen, die dem Angebotsverfahren zugrunde gelegt werden und nicht den Anforderungen im Abschnitt „Allgemeines" in VOB/A § 9 entsprechen. Macht der Auftraggeber hier schuldhaft unrichtige Angaben oder verschweigt er ihm bekannte erhebliche Umstände (wie z. B. hinsichtlich der Boden- und Wasserverhältnisse), kommt ein Anspruch des Bieters oder auch späteren Auftragnehmers in Betracht. Anders liegt es, wenn das Leistungsverzeichnis dem Bieter die für seine Preisermittlung maßgebenden Umstände erkennbar nur lückenhaft angibt. Dann kann der Bieter daraus nicht schon Ansprüche aus culpa in contrahendo geltend machen, weil es ihm bei der von ihm zu fordernden Sachkunde möglich ist, etwaige Zweifelsfragen vor Angebotsabgabe zu klären.[16] Ebenso gilt dies, wenn sich für den Bieter aus der Leistungsbeschreibung und anderen Unterlagen eine bestimmte Bauausführung nicht mit hinreichender Klarheit ergibt, der Bieter aber in seiner Kalkulation darauf abstellen will.[17] Hier können zwar in der Grundlage Ansprüche aus culpa in contrahendo gegeben sein, aber nur unter Einschränkungen, da es für jeden einzelnen Fall darauf

---

12) BGH NJW 1989, 1793 = BauR 1989, 219.
13) BGHZ 49, 77, 79; BGHZ 60, 221, 223 f. = BauR 1973, 186; BGH NJW 1980, 180 = BauR 1980, 63; BGH NJW 1981, 1673 = BauR 1981, 368; BGH WM 1984, 1340 = BauR 1984, 631; BGH VersR 1965, 764; BGH VersR 1966, 630; BGH BauR 1985, 75.
14) BGH NJW 1981, 1673 und BauR 1984, 631.
15) BGH NJW 1985, 1477.
16) BGH a. a. O. sowie Betrieb 1969, 1058 = WM 1969, 1019 bei Unklarheit über den Wassergehalt des Bodens; BGH WM 1975, 233 bei ungeklärten Boden- und Grundwasserverhältnissen; BGH BauR 1988, 338 = NJW-RR 1988, 785 bei für den Bieter klar erkennbarer unvollständiger Angabe der Boden- und Wasserverhältnisse; BGH BauR 1979, 154 bei unklarer Bezeichnung im Leistungsverzeichnis zur Frostbeständigkeit von Vormauersteinen; BGH BauR 1987, 683 = NJW-RR 1987, 234 in der Frage des Einsatzes von Großflächenschalung; OLG Hamm VersR 1979, 627 wegen der Beschaffenheit und des Gewichtes auszubauender Fenster.
17) BGH BauR 1987, 683 = NJW-RR 1987, 1306.

ankommt, ob der Bieter unter Berücksichtigung der von ihm zu erwartenden Fachkunde auch wirklich in seinem Vertrauen enttäuscht werden konnte bzw. tatsächlich mit Recht enttäuscht war.

Ebenfalls eine Haftung aus culpa in contrahendo wurde in Anlehnung an § 16 VOB/A für den Fall angenommen, daß der Auftraggeber ohne Vorbehalt eine Ausschreibung veranstaltete, ohne daß ihm die erforderlichen Mittel zur Verwirklichung des Vorhabens zur Verfügung standen.[18] Gleiches gilt für die Mißachtung des sich aus § 22 Nr. 1 bis 3 VOB/A ergebenden Grundsatzes, daß zur Vergabe nur solche Angebote in Betracht kommen, die dem Verhandlungsleiter bei Öffnung des ersten Angebotes vorliegen.[19] Ebenso trifft dieses im Falle der Überschreitung des Verhandlungsspielraumes für die Verhandlung mit einzelnen Bietern zu, wie er sich aus § 24 VOB/A ergibt.[20] Eine Haftung aus culpa in contrahendo wurde vor allem auch als gegeben angesehen in Fällen, in denen eine Vergabe nicht erfolgte, sondern die Ausschreibung aufgehoben wurde, ohne daß der durch § 26 VOB/A – abschließend – vorgesehene Rahmen eingehalten wurde.[21] Zu erwähnen ist in diesem Zusammenhang auch die nach den Richtpunkten des § 10 Nr. 1 AGB-Gesetz aufgebaute Rechtsprechung zu § 19 Nr. 2 VOB/A, wonach eine generelle formularmäßige) Festlegung von Zuschlagsfristen über den Richtwert von 24 Werktagen hinaus unwirksam ist.[22] In einem solchen Fall kann man gleichzeitig auch von einer culpa in contrahendo sprechen, ebenso wie im Fall einer wiederholten Mißachtung der in § 18 VOB/A angegebenen Richtpunkte für die Frist zur Abgabe von Angeboten, da dem Bewerber bzw. Bieter hinreichend Gelegenheit zur Angebotsbearbeitung gegeben werden muß.

Aus dem Gesagten folgt, daß der Grundsatz einer Haftung aus culpa in contrahendo im Zusammenhang mit einer Bauvergabe im öffentlichen Auftragswesen überall dort zum Tragen kommt, wo insbesondere durch Regelungsvorgaben im Bereich der VOB/A gesetztes Vertrauen von Bewerbern bzw. Bietern enttäuscht worden ist. Dabei sind zwei weitere wesentliche Gesichtspunkte festzuhalten:

Einmal setzt die Möglichkeit einer Haftung aus culpa in contrahendo erst dort ein, wo die eingangs genannten Vertrauensgrundsätze *nach der Aufnahme* von Vertragsverhandlungen schuldhaft verletzt werden. Der früheste Zeitpunkt dafür ist nach dem BGH „die Ausschreibung und die Beteiligung des Bieters am Ausschreibungsverfahren".[23] Da die für die culpa in contrahendo maßgebenden Grundvoraussetzungen ein Eingehen auf das Verlangen des zu Verhandlungen sich anbietenden Gegenübers voraussetzen, kommt ein die Haftung aus culpa in contrahendo herbeiführendes vertragsähnliches Vertrauensverhältnis bei der Öffentlichen Ausschreibung mit der Übersendung der von dem Bewerber angeforderten Angebotsunterlagen zustande.[24] Bei der Beschränkten Ausschreibung und der Freihändigen Vergabe kommt dies erst durch die Aufforderung der Auftraggeberseite zur Angebotsabgabe mit Übersendung der Angebotsunterlagen und das Eingehen des betreffenden Unternehmers darauf in Betracht. Hiernach wird von den Grundsätzen der culpa in contrahendo nicht ein etwaiges Fehlverhalten des Auftraggebers erfaßt, welches sich im „Vorfeld" vor der

---

18) OLG Düsseldorf NJW 1977, 1064.

19) Dazu OLG Hamm BB 1972, 243; OLG Köln *SFH* VOB/A Z. 2.13 Bl. 53.

20) Dazu OLG Köln *SFH* VOB/A Z 2.13 Bl. 46 und 53; OLG Karlsruhe *SFH* VOB/A § 24 Nr. 1.

21) Dazu OLG Düsseldorf BauR 1986, 437 und BauR 1989, 195; LG Darmstadt BauR 1990, 601.

22) LG Nürnberg-Fürth *SFH* § 10 Nr. 1 AGBG Nr. 2; OLG Nürnberg *SFH* § 10 Nr. 3 AGBG Nr. 2; OLG Köln *SFH* § 19 VOB/A Nr. 4; vgl. auch BGH BauR 1986, 334 = NJW-RR 1986, 575.

23) BGH NJW 1981, 1673 = BauR 1981, 368 sowie BGH NJW 1985, 1466; dazu auch BGHZ 49, 77.

24) Vgl. OLG Düsseldorf BauR 1990, 596 = NJW-RR 1990, 1046; OLG Köln *SFH* Z 2.13 Bl. 53; weiter OLG Düsseldorf BauR 1989, 195; zu weitgehend daher zuletzt *Jäckle* NJW 1990, 2520, 2524.

Anforderung und Zusendung der Verdingungsunterlagen bei der Öffentlichen Ausschreibung sowie der Aufforderung zur Angebotsabgabe bei Beschränkter Ausschreibung sowie Freihändiger Vergabe und das Eingehen darauf, wie z. B. — heute — die Nichtbeachtung des § 1 a, der §§ 3, 3 a, der §§ 8, 8 a, der §§ 10, 10 a, der §§ 17, 17 a VOB/A. Hier kommt in der Regel nur eine etwaige Haftung aus wettbewerbsrechtlichen Gesichtspunkten, wie etwa aus § 26 Abs. 2 GWB, oder aus unerlaubter Handlung usw. in Betracht, was aber nur unter den jeweils maßgebenden besonderen Voraussetzungen greift, die in aller Regel strenger sind als die Haftung aus culpa in contrahendo, daher im allgemeinen nur in verhältnismäßig seltenen Fällen durchgreifen.

Weiterhin ist als bemerkenswert festzuhalten, daß sämtliche Entscheidungen, die sich im Bereich der VOB/A mit einer Haftung aus culpa in contrahendo befassen, einen Schadensersatzanspruch des Betroffenen zur Grundlage haben (in der Regel negatives Interesse, ausnahmsweise positives Interesse). Dies beruht im Ausgangspunkt darauf, daß die durch Rechtsanalogie zu den §§ 122, 179, 307 BGB geschaffenen Haftungsgrundsätze zur culpa in contrahendo dem Geschädigten nur einen Schadensersatzanspruch gewähren, welcher sich nach den §§ 249 ff. BGB richtet, und zwar je nach der Art des eingetretenen Schadens.[25] In der Regel besteht dieser Schadensersatzanspruch in Geld; vor allem ist er ausschließlich auf ein Fehlverhalten in der Vergangenheit gerichtet. Entscheidungen, die auf eine Prävention in dieser Hinsicht gerichtet sind, sind zumindest nicht bekannt geworden.

Hieraus ergeben sich immerhin zwei nicht unbedeutende Einschränkungen für den Bereich zivilrechtlichen Rechtsschutzes, soweit es sich um die culpa in contrahendo als Haftungsgrundlage handelt.

---

25) Vgl. *Jauernig* u. a. BGB, 4. Aufl. 1987, § 276 Anm. VI 4.

HORST LOCHER

Der Gerüstvertrag

Der verehrte Jubilar möge es nachsehen, daß der Zivilrechtler „bei seinen Leisten bleibt"
und über die zivilrechtliche Seite des Gerüsterrichtungs-, Überlassungs- und Demontage-
vertrags (unter Ausklammerung der Fragen deliktischer Haftung) schreibt. Dabei mag
berücksichtigt werden, daß das „Gerüst" im weitesten Sinne als Instrument der Vorbereitung für die Bauerrichtung wie auch als Schutzvorrichtung Bedeutung hat. Es „rüstet" die
Bauleute für ihre Aufgabe und schützt sie. Das Gerüst hat also auch öffentlich-rechtliche
Bedeutung. „Gerüste müssen so errichtet und vorgehalten werden, daß sie in ihrer Konstruktion haltbar sind und keine Unfallgefahr für den Benutzer in sich tragen, sie vor allem
nicht gegen Unfallverhütungsvorschriften verstoßen."

I. Die Arten der Gerüstverträge

1. Ein Gerüst wird errichtet und später demontiert. Insofern kann man vom „Gerüst-
Bauvertrag" sprechen. Das Gerüst dient aber Bauunternehmern, wird von ihnen genutzt
und ist auf deren Werkleistung ausgerichtet. Insofern wird das Gerüst auch überlassen
(Gerüst-Überlassungsvertrag). Die Überlassung kann gegenüber dem Auftraggeber, der ein
anderer Bauunternehmer sein kann, oder gegenüber Dritten erfolgen. Häufig sind Gerüsterrichtung, -überlassung, -demontage in einem Vertrag geregelt.

2. Es kann ein „unselbständiger Gerüstvertrag" vorliegen, wenn der Bauunternehmer für
seine Leistungen ein Gerüst benötigt, seine werkvertragliche Leistungspflicht nicht ohne ein
Gerüst zu erfüllen ist. Dabei kann es so sein, daß das Gerüst in die Leistungsbeschreibung
aufgenommen oder ausdrücklich die Gestellung des Gerüstes als vertragliche Leistungspflicht bezeichnet ist, oder auch so, daß das Gerüst in der Leistungsbeschreibung nicht
erwähnt wird, aber die geschuldeten Werkleistungen nicht ohne ein Gerüst zu erbringen
sind.

3. Ein „selbständiger Gerüstvertrag" liegt vor, wenn die Anbringung und die Montage
des Gerüsts nicht im Rahmen einer geschuldeten Werkleistung erfolgt, sondern ein Gerüst-
errichtungs-, -überlassungs- und -demontagevertrag mit einem selbständigen Gerüstbauer
geschlossen wird. Auftraggeber kann der Bauherr sein, der das so errichtete Gerüst
(Arbeits-, Schutz- oder Traggerüst) Bauunternehmern zur Verfügung stellt. Eigentümer des
Gerüsts bleibt der Gerüstbauer. Meist ist es jedoch so, daß ein Unternehmer zur Erbringung
seiner vertraglich geschuldeten Leistung ein Gerüst benötigt und dieses bei einem Gerüstbauer „bestellt", also mit diesem einen Vertrag über Errichtung, Überlassung und Demontage schließt. Dies kann wiederum so geschehen, daß das Gerüst nur der Erbringung der
eigenen Leistung dient und dann abgebaut werden kann, oder so, daß an bestimmte
bezeichnete andere Baubeteiligte das Gerüst zur Nutzung übergeben, also vorgehalten wird.

4. Es fragt sich nunmehr, inwieweit die VOB auf diese Vertragsformen anwendbar ist. Keinerlei Schwierigkeiten bestehen hinsichtlich der unselbständigen Gerüstverträge, wenn der Werkunternehmer eine Werkleistung nach VOB zu erbringen hat und hierfür ein Gerüst benötigt. Bauvorarbeiten sind Gerüstarbeiten immer dann, wenn sie mit Leistungen, die eine eigene Aufgabe des Bauunternehmers sind, zusammen zu erbringen sind.[1] Nachdem die DIN 18451 vom September 1988 in den Teil C der VOB einbezogen ist, ist die DIN 18451 grundsätzlich Vertragsbestandteil, wenn die VOB zur Vertragsgrundlage gemacht wurde, es sei denn, es wäre eine abweichende Regelung im Vertrag getroffen worden.[2] Gemäß 1.1 DIN 18451 ist der Anwendungsbereich der ATV Gerüstarbeiten/DIN 18451 bezogen auf den „Auf-, Um- und Abbau sowie die Gebrauchsüberlassung der Gerüste, die als Baubehelf für die Ausführung von Bauarbeiten jeder Art benötigt werden". Daraus folgt, daß die DIN 18451 immer auch dann zur Anwendung kommt, wenn die VOB Vertragsgegenstand ist und wenn die Gerüstbauarbeiten selbständig vergeben werden oder den Charakter einer Teilleistung haben. Letzteres gilt erst recht, wenn sie gesondert ausgeschrieben werden oder die Ausführung von Gerüstarbeiten im Leistungsverzeichnis von den übrigen zu erbringenden Leistungen durch spezielle Positionen getrennt ist.[3] Ist die VOB nicht vereinbart, so findet die DIN 18451 als anerkannte Regel der Technik Anwendung.

II. Rechtliche Qualifikation der Gerüstverträge

Der unselbständige Gerüstvertrag stellt einen Werkvertrag dar. Im Vordergrund steht die Hauptbauleistung, das Gerüst dient der Verwirklichung des übernommenen Leistungsziels. Ist der unselbständige Gerüstvertrag so gestaltet, daß das Gerüst auch noch anderen Baubeteiligten überlassen werden muß, so dürfte, obwohl auch mietvertragliche Elemente einbezogen sind, der Werkvertragscharakter so dominieren, daß die mietvertraglichen Komponenten absorbiert werden. Die Hauptbauleistung steht im Vordergrund. Ihr und dem Nutzungsanteil zur Erbringung dieser Leistung gegenüber tritt der Fremdnutzungsanteil entscheidend zurück. Dies muß erst recht gelten, wenn das Gerüst mit Material des Auftraggebers erstellt wird oder wenn der Gerüstbauer eigenes Material verwendet und nach dem Vertrag verpflichtet wird, das Gerüst in das Eigentum des Auftraggebers zu übertragen (seltener Ausnahmefall).

Fraglich ist es, wie der selbständige Gerüstvertrag rechtlich zu qualifizieren ist. Der Schweizer Bundesgerichtshof hat die Errichtung und Überlassung eines Lehrgerüstes, das nach seiner Ablieferung eingestürzt war, den Regeln des Werkvertragsrechts unterstellt.[4] In dieser Entscheidung wurde die Frage nicht aufgeworfen, ob auch mietvertragliche Bestimmungen Anwendung finden.[5]

Eine extreme Gegenposition nimmt das OLG Hamm ein, das in seiner Entscheidung aus dem Jahre 1987[6] mangelnde Abnahmefähigkeit unterstellt und nach Wertung der Interessen

---

1) *Ingenstau/Korbion*, VOB, 11. Aufl., A § 1 Rdn. 27.
2) *Heiermann/Keskari/Linke*, Kommentar zur VOB DIN 18451 Gerüstarbeiten, S. 36.
3) *Heiermann/Keskari/Linke*, a. a. O., S. 38.
4) BGE 113 II, 264 ff.
5) Berechtigt wird insoweit die Entscheidung kritisiert von *Hürlimann*, Bemerkungen zum Gerüstebauvertrag, Baurecht „Droit de la Construction" 1989, S. 73.
6) BauR 1987, 577.

der Parteien eine mietvertragliche Qualifikation vornimmt und diese Beurteilung in einer Entscheidung aus dem Jahre 1990 aufrechterhielt.[7]

Wertet man beim selbständigen Gerüstvertrag nach seinen drei Bestandteilen, die Errichtung, Überlassung und den Abbau, so kann insbesondere beim individuell erstellten Gerüst nicht die Rede davon sein, daß der Errichtungsteil untergeordnet und allein die Überlassung maßgebend für die rechtliche Einordnung sei. Andererseits hat ja die Errichtung nur den Zweck, der Nutzung durch den Auftraggeber und die von diesem bestimmten Bauunternehmer zu dienen. Auch dieser Überlassungsteil ist von erheblichem Gewicht. Lediglich der Demontageteil kann hierbei zurücktreten. Deshalb ergibt eine unbefangene und sachgerechte Einordnung, daß ein gemischter Vertrag vorliegt: Hinsichtlich des Errichtungs- und Demontageteils wird ein Werk geschuldet, nämlich die Erstellung eines mangelfreien Gerüsts und dessen totale, die Bausubstanz und Umgebung nicht verletzende Demontage; des weiteren die Überlassung des Gerüsts für die festgelegte Zeit und, soweit vertraglich vereinbart, für die vom Auftraggeber bestimmten Bauunternehmer. Auf die werkvertragliche Komponente finden §§ 631 ff., gegebenenfalls die VOB/B Anwendung, für die mietvertraglichen die §§ 535 ff. BGB.[8]

III. Haftungsfragen

Aus der Einordnung des Gerüstvertrags in einen Werkvertragsteil hinsichtlich der Errichtung und der Demontage und in einen mietvertraglichen hinsichtlich der Gerüstüberlassung ergeben sich Folgen für die Haftung. Beim selbständigen Gerüstvertrag schuldet der Gerüstbauer bei Ablieferung ein mangelfreies, brauchbares und die Unfallverhütungsvorschriften einhaltendes Gerüst. Er hat hier im Rahmen der §§ 633 ff. BGB oder, soweit die VOB wirksam vereinbart ist, gemäß § 13 VOB/B einzustehen. Das Gerüst ist einwandfrei zu montieren und zu verankern.[9] Lediglich werkvertraglich betrachtet, wäre der Gerüstersteller nicht verpflichtet, es nach Ablieferung in einem gebrauchsfähigen Zustand zu erhalten. Für eine nachträgliche Verschlechterung, die nicht auf einem Gerüstmangel beruht, würde er nicht haften, selbst wenn er zur späteren Demontage verpflichtet wäre. Anders wäre es nur im Ausnahmefall, daß der betreffende Gerüstbauer sich vertraglich verpflichtet hätte, das abgelieferte Gerüst zu unterhalten oder zu kontrollieren.[10]

Da sich der Gerüstbauer auch zur Gebrauchsüberlassung eines bereitgestellten Gerüsts verpflichtet, sind insoweit mietvertragliche Bestimmungen anzuwenden. Dies zumindest dann, wenn der Gerüstbauer das erforderliche Material selbst stellt. Meist wird die Gebrauchsdauer vertraglich bestimmt oder auch die Höhe des Entgelts von der Dauer der Benutzung abhängig gemacht, was die Merkmale des Mietvertrags verstärkt.[11]

Gemäß § 536 BGB hat der Vermieter die vermietete Sache dem Mieter in einem zu dem vertragsgemäßen Zustand geeigneten Zustand zu überlassen und sie während der Mietzeit in

---

7) OLG Hamm, Urt. v. 21. 12. 1990 – 30 U 128/90 im Leitsatz veröffentlicht BauR 1991, 260 unter Bezugnahme auf OLG Düsseldorf VersR 1974, 113.

8) So im Prinzip OLG Koblenz, Urt. v. 15. 4. 1983 – 2 U 363/62: „Mietvertrag, soweit er die Auf- und Abbauarbeiten des Gerüsts betrifft, gewisse werkvertragliche Nebenverpflichtungen enthält"; wie hier auch *Müller*, „Gerüstbauvertrag", Allgemeine Bauzeitung v. 20. 4. 1990 und wohl auch Kantonsgericht Wallis – Urt. v. 2. 6. 1987 – zitiert nach BauR „Droit de la Construction" 1991, 52.

9) Vgl. OLG Hamm, BauR 1987, 577.

10) Vgl. *Hürlimann*, BauR „Droit de la Construction" 1989, 74.

11) Vgl. *Hürlimann*, a. a. O., S. 74.

diesem Zustand zu erhalten. Diese Bestimmung kann individualvertraglich abbedungen werden, so daß die Erhaltungspflicht auf den Nutzer übertragen werden kann. Ist die VOB Vertragsbestandteil, so ist 3.6 der DIN 18 451 zu beachten, wonach die Gerüste in einem zu dem vertragsmäßigen Gebrauch geeigneten Zustand zu überlassen sind und während der Vertragsdauer in diesem Zustand erhalten werden müssen. Diese Bestimmung der DIN 18 451 steht in engem Zusammenhang mit DIN 4420 Z. 9.1, wonach jeder Benutzer, der sich eines Gerüstes bedient, für eine ordnungsgemäße Erhaltung der Betriebssicherheit und Nutzung der Gerüste während der Gebrauchsüberlassung verantwortlich ist. Der Gerüst-überlasser ist aber nicht verpflichtet, ohne besondere vertragliche Verpflichtung das Gerüst zu kontrollieren und sich ständig zu überzeugen, ob sich das Gerüst noch in vertragsgemä-ßem und zu vertragsgemäßem Gebrauch geeigneten Zustand befindet.[12] Nur dann, wenn er besondere Hinweise erhält, daß sich das Gerüst nicht mehr in verkehrssicherem Zustand befindet, hat er einzugreifen. Treten während der Überlassung am Gerüst Mängel auf, die nicht auf eine vertragswidrige Leistung des Gerüstüberlassers zurückzuführen sind, so stellt deren Beseitigung eine zusätzliche und honorarpflichtige Leistung dar. Dasselbe gilt für Veränderungen, die während der Gebrauchsüberlassung an dem Gerüst durch Witterungs-einflüsse oder Benutzung durch Dritte auftreten. Erhaltungspflicht bedeutet also nicht Nichtvergütung zusätzlicher Aufwendungen für die Erhaltung. Gemäß 3.7 in DIN 18 451 hat schließlich der Gerüstüberlasser die Pflicht, dem Auftraggeber unverzüglich, spätestens vor dem Abbau des Gerüsts, schriftlich Mitteilung zu machen, wenn Gerüstteile beschädigt werden oder abhanden gekommen sind.

Von Bedeutung ist auch § 545 BGB. Zeigt sich im Laufe der Nutzungsüberlassung ein Mangel am Gerüst oder wird eine Vorkehrung zum Schutz der Sache gegen eine nicht vorhergesehene Gefahr erforderlich, so hat der Mieter dem Vermieter unverzüglich Anzeige zu machen.

Häufig ist in den Gerüstverträgen geregelt, daß das Gerüst auch für andere Baubeteiligte genutzt werden kann. Fehlt eine solche Regelung, so fragt es sich, ob § 549 BGB der Nutzung durch Dritte ohne Genehmigung des Gerüstüberlassers entgegensteht. Dies wird beim selbständigen Gerüstvertrag, wo der Auftraggeber (Bauherr) den Auftrag erteilt im Gegensatz zu demjenigen, bei dem der Auftragnehmer den Auftrag erteilt, nicht der Fall sein. Das Gerüst dient ja gerade der Nutzung durch baubeteiligte Unternehmer. Aus der Natur des selbständigen Gerüstvertrags ergibt sich, daß der Auftraggeber (Bauherr) das Gerüst für andere Baubeteiligte nutzen kann.

Anders liegt es beim unselbständigen Gerüstvertrag ohne vertraglich vereinbarte Überlas-sungsverpflichtung. Würde hier der Auftraggeber das Gerüst auch anderen Bauunterneh-mern zur Verfügung stellen, so läge ein Verstoß gegen § 549 BGB vor.

Nach § 556 BGB ist die Mietsache nach Beendigung des Mietverhältnisses zurückzuge-ben. Hat der Mieter den Gebrauch der Sache einem Dritten überlassen, so kann der Mieter die Sache nach Beendigung des Mietverhältnisses auch von dem Dritten zurückfordern (§ 556 Abs. 3 BGB). Ist also das Gerüst für eine bestimmte Vertragsdauer dem Auftraggeber überlassen und hat dieser das Gerüst weitervermietet oder die Nutzung einem anderen Baubeteiligten überlassen, so besteht ein Rückgabeanspruch des Gerüstüberlassers gegen-über dem Dritten nach Ablauf der Mietzeit aus dem Mietvertrag mit dem Auftraggeber.

Die DIN 18 451 führt nicht zu einer Haftungsverschärfung. Sie gibt Verhaltensregeln bei Beschädigung oder Abhandenkommen, regelt jedoch nicht Haftungsfragen. Eine Haftung der Gerüstmieterin über den Grad der Fahrlässigkeit hinaus sehen §§ 535 ff. BGB nicht vor.

---

12) *Heiermann/Keskari/Linke*, VOB-Gerüstarbeiten, S. 54.

Die Mieterin handelt nicht fahrlässig, wenn sie keine besonderen Vorkehrungen gegen Diebstahl trifft. Das Gerüst braucht in der Regel nicht durch Bewachung gesichert zu werden.[13]

Schadensersatzansprüche wegen Verletzung der mietvertraglichen Pflichten sind unter dem Gesichtspunkt der positiven Vertragsverletzung gegeben. Sie verjähren in der Regelfrist von 30 Jahren. Gewährleistungsansprüche wegen Verletzung der werkvertraglichen Pflichten (mangelhafte Gerüsterstellung und -demontage) verjähren nach § 638 BGB. Dabei stellt sich die Frage, ob die Gerüstarbeiten Arbeiten „bei Bauwerken" sind, Gewährleistungsansprüche also fünf Jahre ab Abnahme verjähren. Nach *Ingenstau/Korbion*[14] zählen Gerüstarbeiten zu Bauarbeiten wegen des untrennbaren Zusammenhangs zum Schutz der Bauleistungen, sofern diese vom Auftragnehmer auf der Grundlage eines Bauvertrags, dem die VOB Teil B zugrunde liegt, und in unmittelbarem Zusammenhang mit der in Auftrag gegebenen Bauleistung auszuführen sind. Dies gilt auch für den unselbständigen Gerüstvertrag. Auch *Vygen*[15] hält Gerüstaufbauten wegen des untrennbaren Zusammenhangs als Vorbereitung für Bauarbeiten zu den Bauarbeiten. Ganz allgemein halten Gerüstarbeiten für „Arbeiten bei einem Bauwerk" *Heiermann/Riedl/Rusam/Schwaab*.[16] Hierfür spricht die Einbeziehung in die VOB Teil C. Es handelt sich bei Gerüstarbeiten um Leistungen, die zur Errichtung eines Bauwerks erbracht werden. Die Leistung selbst muß nicht fest mit dem Bauwerk verbunden werden, vielmehr stellt jede einzelne Unternehmerleistung, die der Herstellung eines Bauwerks dient, eine Arbeit bei Bauwerken dar.[17] Gerüstbauarbeiten sind immerhin, auch im Hinblick auf die Verankerung des Gerüsts, viel stärker in das Bauwerk integriert und dienen unmittelbarer zur Errichtung als Baureinigungsarbeiten.[18]

Das Ergebnis ist somit, daß Mängel in der Errichtung und Demontage des Gerüsts in fünf Jahren, Mängel, die sich auf die Überlassungspflicht, insbesondere die Erhaltung, beziehen, in 30 Jahren verjähren.

IV. Die Abnahme

Beim unselbständigen Gerüstvertrag ohne Überlassungsverpflichtung für andere am Bau beteiligte Bauunternehmer erfolgt die Abnahme mit der Abnahme der geschuldeten Werkleistung nach Demontage des Gerüsts. Eine isolierte Abnahme der Gerüstleistung vor Überlassung ist hier nicht möglich.[19]

Ist eine Überlassungspflicht an andere Baubeteiligte Vertragsgegenstand, so fragt es sich, ob der Überlassungs- und Demontageteil nicht gegenüber der Werkleistung und der Errichtung des Gerüsts so zurücktritt, daß nur noch unwesentliche Einzelheiten ausstehen und die Werkleistung unter Einschluß der Errichtung des Gerüsts abnahmefähig ist. Die im Rahmen der geschuldeten Bauleistung erbrachte Gerüstüberlassung ist eine Nebenpflicht. Das OLG München[20] geht deshalb davon aus, daß die Leistung des die Bauhauptarbeiten durchführenden Auftragnehmers als im wesentlichen fertiggestellt und daher als abnahme-

---

13) OLG Hamm, Urt. v. 29. 3. 1984 (6 U 252/83).
14) VOB/A § 1 Rdn. 27.
15) *Vygen*, Bauvertragsrecht nach VOB und BGB, 2. Aufl. 1991, Rdn. 307.
16) VOB, 5. Aufl., Teil A § 1,1 Rdn. 21.
17) MünchKomm *Soergel*, § 638 Rdn. 23.
18) OLG Celle BauR 1976, 365.
19) *Ingenstau/Korbion*, VOB/B, § 12 Rdn. 19.
20) NJW-RR 1987, 661.

fähig angesehen werden kann, wenn lediglich seine Verpflichtung, das Gerüst kostenlos anderen Handwerkern zur Verfügung zu stellen, noch nicht vollständig erfüllt ist. Dieser Ansicht ist zuzustimmen, weil der werkvertragliche Teil seiner Leistungspflicht bis auf den Abbau erbracht ist.

Beim selbständigen Gerüstvertrag hält das OLG Hamm[21] die Leistung des Gerüsterrichters und -überlassers für nicht abnahmefähig, allerdings ohne Angabe von Gründen. Qualifiziert man aber den Errichtungs- und Demontageteil werkvertraglich, so ist kein Grund ersichtlich, warum die Abnahmefähigkeit dieser Werkleistung nicht zu bejahen sein sollte. Es liegen im Ergebnis zwei Werkverträge vor, die in einem Vertrag eingebunden sind: ein Werkvertrag mit dem Leistungsziel Gerüsterrichtung, ein anderer mit dem des Gerüstabbaus. Ist die VOB vereinbart, so ist ohne weiteres eine Teilabnahme nach der Gerüsterrichtung möglich. Handelt es sich um einen BGB-Werkvertrag, so ist mit Demontage die Abnahmefähigkeit gegeben. In diesem Fall wird man allerdings nicht davon ausgehen können, daß vor Überlassung und Demontage Abnahmefähigkeit eintritt, wie dies beim unselbständigen Gerüstvertrag angenommen werden kann. Da die Bauhauptleistung nicht geschuldet wird, wiegt der Errichtungsteil nicht so schwer, daß man die noch nicht erfolgte Überlassung und Demontage als unwesentlich vernachlässigen könnte. Eine Teilabnahme ist beim BGB-Werkvertrag nur bei ausdrücklicher Vereinbarung möglich.

V. Vertragliche Haftung für Dritte

Wird der Auftragnehmer verpflichtet, das Gerüst auch anderen Bauunternehmern vorzuhalten (Gipser, Dachdecker), so stellt sich die Frage nach der vertraglichen Haftung gegenüber Dritten. Da der deliktische Schutz unzureichend ist und die vertragliche Haftung hinsichtlich des Nichtbestehens einer Exkulpationsmöglichkeit für Erfüllungsgehilfen, der Verjährung und der primären Vermögensschäden wesentlich günstiger ist, hat diese Frage eine erhebliche praktische Bedeutung. Wenn in dem Gerüstvertrag ausdrücklich die Überlassung an bestimmte Bauunternehmer eingeschlossen ist, so fragt es sich, ob nach dem Willen der Parteien der Dritte (Gipser, Dachdecker) einen unmittelbaren Anspruch gegen den Auftragnehmer auf Gestellung eines Gerüsts und Erhaltung desselben eingeräumt erhalten soll. Dies würde einen echten begünstigten Vertrag zugunsten Dritter voraussetzen. Würde dies bejaht, so haftete der Gerüstbauer nicht nur dem Dritten gegenüber auf einwandfreie Errichtung und auf die Erhaltung des Gerüsts; der Dritte hätte auch einen klagbaren Anspruch gegen den Auftragnehmer auf Errichtung und Überlassung eines Gerüsts.

Im Normalfall und ohne besondere Regelungen im Gerüstvertrag wird man nicht so weit gehen können. Es liegt aber auf jeden Fall beim Gerüstvertrag mit Einräumung der Nutzung an Dritte ein Vertrag mit Schutzwirkung zugunsten Dritter vor. Der Dritte kann zwar dann nicht auf Erstellung und Erhaltung des Gerüsts gegen den Auftragnehmer klagen. Er hat aber diesem gegenüber einen vertraglichen Anspruch auf Gewährleistung im Hinblick auf die Erfüllung vertraglicher Schutz- und Sorgfaltspflichten. Jeder Dritte (Bauunternehmer am selben Bau) ist dann in eine Leistungsnähe zum Auftragnehmer gerückt und in den Schutzbereich einbezogen. Eine persönliche Fürsorgepflicht ist keine notwendige Voraussetzung für die Erstreckung des vertraglichen Schutzbereichs. Der BGH[22] hat zwar eine

---

21) BauR 1987, 577.
22) NJW 1970, 40.

Schutzwirkung zugunsten anderer baubeteiligter Unternehmer aufgrund einer vertraglichen Beziehung eines Bauunternehmers zum Auftraggeber verneint, einen solchen Vertrag mit Schutzwirkung Dritter jedoch bejaht, wenn der der Auftraggeber einen Unternehmer beauftragt, andere Unternehmer zu unterstützen.[23] Im vorliegenden Fall ist die Bindung an den Dritten noch stärker. Er soll entsprechend dem Gerüstvertrag nicht nur unterstützt, vielmehr soll ihm das Ergebnis der geschuldeten Leistung voll zugänglich gemacht werden.

In Ausnahmefällen kann aber auch der Auftraggeber verpflichtet sein, mit einem Bauunternehmer einen Vertrag abzuschließen, der einem anderen Baubeteiligten einen Anspruch auf Mitbenutzung eines Gerüsts einräumt, oder verpflichtet sein, einem Bauunternehmer zur Durchführung seiner Arbeiten ein den Vorschriften des § 618 Abs. 1 BGB entsprechendes Gerüst vorzuhalten. In einer Entscheidung des BGH[24] hat ein Finanzbauamt einem Kunstmaler den Auftrag erteilt, eine Sonnenuhr an einer Gebäudewand zu malen. Ein Gipsermeister sollte ein kleines Gerüst errichten, das er dann bei Beginn seiner eigenen Arbeit mit einem größeren Arbeitsgerüst verband. Das für den „Sonnenuhrmaler" errichtete Gerüst war mangelhaft. Der Benutzer kam zu Fall. Der BGH hat in der Abrede zwischen Finanzbauamt und Gipsermeister nicht nur eine Nebenverpflichtung gesehen, kraft derer der Maler einen Anspruch auf Mitbenutzung des Gerüsts erlangte (§ 328 BGB), vielmehr das Baufinanzamt für verpflichtet gehalten, dem Maler zur Durchführung seiner Arbeiten ein Außengerüst vorzuhalten und den Gipsermeister als Erfüllungsgehilfen (§ 278 BGB) betrachtet.

Dieser Fall, der auf einem besonders gelagerten Sachverhalt beruht, darf nicht verallgemeinert werden. Im allgemeinen ist ohne ausdrückliche vertragliche Regelung der Auftraggeber nicht vertraglich verpflichtet, einem Baubeteiligten ein Gerüst zur Verfügung zu stellen. Schließlich bestimmt DIN 18451 die Gerüsterrichtung – Haltung – und den Rahmen der Vergütung, so daß dann, wenn die VOB vereinbart ist, die Regelung aus entsprechenden DIN-Normen abzulesen ist. Ziffer 4 der DIN-Norm legt fest, was Nebenleistungen und was Besondere Leistungen auch im Hinblick auf die Gebrauchsüberlassung sind. Ziffer 5 regelt die Abrechnung. Wer Arbeiten übernimmt, die ein Gerüst erfordern, hat entweder für das Gerüst selbst zu sorgen oder entsprechend vertragliche Vereinbarungen zu treffen.

VI. Gefahrtragung

§ 7 VOB/B regelt die Verteilung der Gefahr abweichend von § 644 BGB so, daß dann, wenn die ganz oder teilweise ausgeführte Leistung vor der Abnahme durch höhere Gewalt beschädigt oder zerstört wird, der Auftragnehmer für die ausgeführten Teile der Leistung die Ansprüche nach § 6 Nr. 5 erhält und daß für andere Schäden keine gegenseitige Ersatzpflicht besteht. Es fragt sich, ob diese Regelung bei Vereinbarung der VOB für Gerüstarbeiten Anwendung findet. Wird ein Gerüst etwa wegen eines Orkans vor der Abnahme zerstört, so kann der Auftragnehmer eine Vergütung nur dann verlangen, wenn diese Gerüstarbeiten Bauleistungen i. S. d. § 7 VOB/B sind. Unter Bauleistungen i. S. d. § 7 VOB/B sind aber nur die mit dem Bauwerk unmittelbar verbundenen, in seine materielle Substanz eingehenden Leistungen zu verstehen.[25] Bauleistung i. S. d. § 7 VOB/B ist das

---

23) BGH BauR 1985, 705.
24) *Schäfer/Finnern*, Rechtsprechung der Bau-Ausführung Z 4.00 Bl. 20.
25) BGH NJW 1973, 369.

Teilbauwerk bei Eintritt der höheren Gewalt, demnach nicht der Arbeitsaufwand für zerstörte Gerüste. Es bleibt deshalb bei der Gefahrtragung nach § 644 BGB.

VII. AGB-rechtliche Aspekte

1. Gemäß 3.6 der DIN 18451 sind die Gerüste in einem zu dem vertragsmäßigen Gebrauch geeigneten Zustand zu überlassen. Sie sind während der Vertragsdauer in diesem Zustand zu erhalten. Der Umfang dieser Erhaltungspflicht ist weder in DIN 18451 noch in der DIN 4420 geregelt. Es mag im einzelnen unklar sein, wie weit die Erhaltungspflicht des Gerüstbauers oder Vermieters geht. Wenn aber hinsichtlich der Allgemeinen Geschäftsbedingungen für den Gerüstbau festgelegt ist, daß der Auftraggeber für alle während der Gebrauchsüberlassung eingetretenen Schäden und Verluste am Gerüstmaterial eintritt, es sei denn, daß der Auftragnehmer die Schäden oder Verluste zu vertreten hat oder natürlicher Verschleiß bei vertragsgemäßer Nutzung Ursache war, so wird eine Risikoverlagerung zu Lasten des Auftraggebers vorgenommen. In all den Fällen, in denen Schäden und Verluste an Gerüstmaterial eintreten, die keine der Vertragsparteien zu vertreten hat und die nicht auf natürlichem Verschleiß beruhen, also auch alle Fälle, bei denen die Ursache ungeklärt bleibt, wird nach dieser Bestimmung der Auftraggeber belastet. Nachdem der Wortlaut der DIN 18451 Ausgabe Oktober 1979 3.7 in der neuen DIN 18451 insofern geändert wurde, daß der zweite Halbsatz entfällt, „wenn in der Leistungsbeschreibung nichts anderes vorgeschrieben ist", kann davon ausgegangen werden, daß die Erhaltungspflicht des Auftragnehmers verstärkt werden sollte. Es bestehen erhebliche Bedenken gemäß § 9 AGBG, wenn von diesem Leitbild des BGB-Mietvertragsrechts (§ 536 BGB) geschäftsbedingungsmäßig abgewichen wird.[26]

2. Die Gerüstüberlassung an andere am Bau tätige Bauunternehmer kann im Gerüstvertrag vereinbart werden, wenn die Überlassung angemessen zeitlich begrenzt und der Kreis der Nutzer festgelegt wird. Es kann durchaus sinnvoll sein, daß ein Maurergerüst auch dem Gipser oder Dachdecker zur Verfügung gestellt wird. Diese Befugnis zur Weiterüberlassung des Gerüsts kann im unselbständigen, aber auch im selbständigen Gerüstvertrag vom Auftraggeber oder von dem Auftragnehmer des Auftraggebers eingeräumt werden. Nicht zulässig und ein Verstoß gegen §§ 10 Nr. 1, 9 AGBG ist es, wenn ohne zeitliche Begrenzung, dazu ohne Bezeichnung der einzelnen Bauunternehmer eine Überlassung geschäftsbedingungsmäßig vereinbart wird. Zwar dürfte es bei zeitlicher Begrenzung genügen, wenn der Kreis der Nutzer beschränkt wird auf die sonstigen an dem konkreten Bau tätigen Bauunternehmer. Bei Gerüstüberlassung ohne zeitliche Beschränkung kann jedoch der Gerüstüberlasser die Dauer der Vorhaltung nicht kalkulieren. Sie hängt vom Baufortschritt, vom Zufluß der Geldmittel oder von öffentlich-rechtlichen Genehmigungen ab. Die Leistungszeit und damit der Leistungsumfang ist unbestimmt und entzieht sich dem Einfluß des Gerüstüberlassers. Es wird vom Leitbild der gesetzlichen Regelungen abgewichen.

Besonders das LG München I und das OLG München haben sich mit solchen Fällen beschäftigt. So lautete die Bestimmung in AGB, mit denen sich das LG München I durch Urteil vom 14. 5. 1985 (7 O 3940/85)[27] zu beschäftigen und solche Klauseln für unangemessen nach § 9 AGBG gehalten hatte: „Der Auftragnehmer für Bauhauptarbeiten hat Gerüste auf seine Kosten zu erstellen und so lange vorzuhalten, daß sie durch andere Unternehmer

---

26) Vgl. hierzu auch *v. Westphalen*, Betr. Beil. 8/84, S. 3.
27) *Bunte* VI § 9 Nr. 44, § 10 Nr. 1 AGBG.

wie Zimmerer, Dachdecker, Maler mitbenutzt werden können." Das OLG München[28] hat
darauf hingewiesen, daß bei einem Vertrag über Gerüsterrichtung, -überlassung und -abbau
schon die Unklarheit, wann die Leistung abnahmefähig sei, den Vertragspartnern des
Verwenders unangemessen benachteiligt.[29] Es handle sich um eine Bestimmung, durch die
sich der Verwender nicht hinreichend bestimmte Fristen für die Erbringung einer Leistung
vorbehalte (§ 10 Nr. 1 AGBG).

Das OLG München hat in einer weiteren Entscheidung[30] vom 15. 1. 1987 diese Rechtsprechung bestätigt und es für unangemessen gehalten, daß der Vertragspartner des Verwenders zu einem inhaltlichen unbestimmten Leistungsumfang verpflichtet werden sollte. Zu
Recht wird in dieser Entscheidung ausgeführt, daß zumindest durch die Unklarheit hinsichtlich der Abnahme ein Hinauszögern von Schlußrechnung und Schlußzahlung möglich sei.

In einer Entscheidung vom 12. 7. 1988[31] (7 O 6825/88) hat das LG München I eine
Klausel an §§ 9 und 10 Nr. 1 AGBG scheitern lassen, die wie folgt lautete: „In den
Einheitspreisen ist enthalten die Stellung, Vorhaltung — auch länger als drei Wochen über
die eigene Benutzungsdauer hinaus — sowie gegebenenfalls erforderliche Umbauten (Dachdecker usw.)."

Ebenfalls in einem Beschluß des LG München I vom 28. 2. 1989[32] (7 O 2105/88) wird ein
Verstoß gegen die Generalklausel des § 9 AGBG angenommen, wenn folgende Klausel
verwendet wird: „Den Unternehmern der übrigen Arbeit sind diese Gerüste unentgeltlich
zur Verfügung zu stellen. Die Entfernung der Hauptgerüste darf nur mit Zustimmung der
Bauleitung erfolgen."

Diese Rechtsprechung der Münchner Gerichte ist im Ergebnis zu billigen. Ein Verwender
verstößt gegen § 10 Nr. 1 und § 9 AGBG, wenn er eine Gerüstvorhaltung von unbestimmter Dauer vereinbart, und zwar unabhängig davon, ob er für die Überschreitung der
Regelfrist eine zusätzliche Vergütung verlangen kann oder nicht. Je nach Vertragsgestaltung
kann er die Abnahme der Leistung erst mit der Demontage des Gerüsts verlangen. Zudem ist
der Zeitpunkt der Abnahmefähigkeit je nach Vertragsform unklar. Dadurch können Schlußrechnung und Schlußzahlung hinausgezögert werden; geht die Gefahr nicht über, beginnt
nicht die Gewährleistungsfrist. Die Erhaltungspflicht des Gerüstvermieters kann unangemessen erstreckt werden.

---

28) NJW-RR 1986/382.
29) OLG München BauR 1986, 580.
30) NJW-RR 1987, 661.
31) Zit. nach *Kienmoser*, Unzulässige Bauvertragsklauseln, S. 39.
32) Zit. nach *Kienmoser*, a. a. O., S. 39.

Bibliographie

I. Monographien, Lehrbücher und Zeitschriften

Bauplanungsrecht, systematisches Lehrbuch zum Bundesbaugesetz, Städtebauförderungsgesetz und zur Baunutzungsverordnung, nunmehr Bauplanungsrecht, systematisches Lehrbuch zum Baugesetzbuch, zur Baunutzungsverordnung und zum Wohnungsbau-Erleichterungsgesetz, unter Mitarbeit von Prof. Birk, 1. Auflage 1964, 5. Auflage 1991, Verlag Dr. Otto Schmidt, Köln.

Baurechtssammlung, Rechtsprechung des Bundesverwaltungsgerichts, der Oberverwaltungsgerichte der Länder und anderer Gerichte zum Bau- und Bodenrecht, begründet von Prof. Dr. Thiel (bis Band 14) 1964 fortgeführt (ab Band 15 bis heute Band 50), Werner-Verlag, Düsseldorf.

„baurecht", Zeitschrift für das gesamte öffentliche und private Baurecht, 1970 mit Hermann Korbion begründet und seitdem − heute im 22. Jahrgang − gemeinsame Herausgabe und Schriftleitung, Werner-Verlag, Düsseldorf.

Bundesbaugesetz, Textausgabe mit Hinweisen, 7. Auflage 1979, Werner-Verlag, Düsseldorf.

Baugesetzbuch, Textausgabe mit Hinweisen, 3. Auflage 1990, Werner-Verlag, Düsseldorf.

Rechtsverordnungen des Bundesbaugesetzes, 1982, Werner-Verlag, Düsseldorf.

Der Umfang des Entschädigungsanspruchs aus Enteignung und enteignungsgleichem Eingriff, Heft 2 der Schriftenreihe der Neuen Juristischen Wochenschrift, 1969, Verlag C. H. Beck, München.

Zivilrechtliche und öffentlich-rechtliche Probleme bei der Nutzung von Spiel- und Sportanlagen in Wohngebieten, Festschrift Korbion, 1986, Werner-Verlag, Düsseldorf.

Die zwei Wege zur Prüfung der Zulässigkeit eines Vorhabens im nicht beplanten Innenbereich, Festschrift Ernst, 1980, Verlag C. H. Beck, München.

II. Fachbeiträge in Zeitschriften

Zweifelsfragen zum Verfahren der Baulandgerichte, DVBl. 1962, 88.

Die Berücksichtigung gemeindlicher Planungsabsichten bei Anwendung der §§ 33 und 34 BBauG, DVBl. 1964, 129.

Die baurechtlichen Probleme bei der Strukturveränderung des Außenbereichs und bei der Aufgabe von Betrieben der Landwirtschaft, BauR 1970, 207.

Die Nachbarklage, BBauBl. 1966, 254.

Zur öffentlich-rechtlichen Nachbarklage, DÖV 1965, 793.

Der vorläufige Rechtsschutz eines Dritten und des Begünstigten im Baurecht, NJW 1970, 1352.

Bauland im Außenbereich als Subvention für ehemalige Landwirte?, BauR 1974, 1.

Die Industrieansiedlung unter Berücksichtigung des Planungsrechts und des Immissionsschutzes, BauR 1975, 145.

Die sofortige Vollziehung von Genehmigungsbescheiden für industrielle Großanlagen und Kernkraftwerke, BauR 1977, 1.

Die „gartenbauliche Erzeugung", eine neue Formulierung zur Anordnung des Gartenbaus zum bauplanungsrechtlichen Begriff der Landwirtschaft, BauR 1987, 485.

Sport- und Freizeitanlagen in Nachbarschaft zu schutzwürdigen Nutzungen, NuR 1989, 29.

Stichwortverzeichnis